2020年度广东省广播影视奖获奖作品精选点评

广东省广播影视协会　编

编　审：张惠建　赵随意
主　编：梁首钢
副主编：白小慧
编　辑：杨尚铭

磨砺·定见

暨南大學出版社
JINAN UNIVERSITY PRESS
中国·广州

图书在版编目（CIP）数据

磨砺·定见：2020年度广东省广播影视奖获奖作品精选点评／广东省广播影视协会编．—广州：暨南大学出版社，2021.12

ISBN 978－7－5668－3294－8

Ⅰ.①磨…　Ⅱ.①广…　Ⅲ.①广播节目—评论—广东　Ⅳ.①G229.276.5

中国版本图书馆CIP数据核字（2021）第242449号

磨砺·定见：2020年度广东省广播影视奖获奖作品精选点评

MOLI·DINGJIAN：2020 NIANDU GUANGDONG SHENG GUANGBO YINGSHIJIANG HUOJIANG ZUOPIN JINGXUAN DIANPING

编　者：广东省广播影视协会

··

出 版 人：张晋升
责任编辑：詹建林　方思倩
责任校对：苏　洁　黄亦秋　黄晓佳
责任印制：周一丹　郑玉婷

出版发行：暨南大学出版社（510630）
电　　话：总编室（8620）85221601
营销部（8620）85225284　85228291　85228292　85226712
传　　真：（8620）85221583（办公室）　85223774（营销部）
网　　址：http：//www.jnupress.com
排　　版：广州市天河星辰文化发展部照排中心
印　　刷：佛山市浩文彩色印刷有限公司
开　　本：787mm×960mm　1/16
印　　张：32.25
字　　数：648千
版　　次：2021年12月第1版
印　　次：2021年12月第1次
定　　价：129.80元

目　录

2020年度广东省广播影视奖评选综述

2020 年度广东省广播影视奖获奖作品精选点评

广播新闻作品

电视新闻作品

新媒体新闻作品

广播节目作品

电视节目作品

网络视听作品

广播播音主持作品

电视播音主持作品

论文作品

电影作品

公益广告作品

附　录

▶ 2020 年度广东省广播影视奖评选综述 ◀

在坚守与创新中探寻融合发展之路
——2020 年度广东省广播影视奖评选综述

张惠建　申启武

2020 年是新中国历史上极不平凡的一年。这一年，面对严峻复杂的形势任务和前所未有的风险挑战，以习近平同志为核心的党中央团结带领全国各族人民，众志成城、艰苦奋战，取得了抗击新冠肺炎疫情的重大战略成果，取得了脱贫攻坚战的全面胜利，“十三五”规划圆满收官，大踏步地向全面建成小康社会的目标迈进，创造了令世人瞩目的、可以载入史册的新辉煌。这一年，广东广播影视工作者同样不忘初心、牢记使命，在内容生产的过程中，一方面坚守广播电视的媒介特性和社会责任，用他们手中的话筒和镜头记录各行各业涌现出来的新人、新事、新气象，反映新时代岭南文化的新成果；另一方面利用新媒体平台，创新运营策略，打造不少新颖时尚、具有新媒体特征的音视频产品，以满足广大用户体验化、互动化、小众化和个性化的信息接受需求。应该说，取得的成绩是有目共睹的。这一点，从 2020 年度广东省广播影视奖的参评作品中可以得到充分印证。

2020 年度广东省广播影视奖评选活动共收到参评作品 1 434 件，涵盖广播新闻、电视新闻、新媒体新闻、广播节目、电视节目、网络视听、广播播音主持、电视播音主持、论文、电影和公益广告 11 种类型，16 个小组按照不同类别对参评作品分别进行评委个人独立的网络审听（看、读）、各组集中的复评讨论和由相关领导以及各组组长参与的最终定评，共评出获奖作品 844 件，其中一等奖 65 件、二等奖 259 件、三等奖 520 件。下面，综合各组的评选意见，本文拟对 2020 年度参评作品的主要特点和存在问题做概括性的阐述。

一、坚守：把握媒介特性，履行社会责任

新媒体时代，融合发展已成为一种潮流和趋势，但融合只是一种手段，而不是媒体发展的终极目标。媒体发展的终极目标是通过满足消费者的信息需求，最大化地占有市场份额，并由此获得社会效益和经济效益。因此，新媒体时代，广播电视媒体必须坚守自身的媒介特性，把握自身的角色定位，维护自身的媒介形象，并在融合发展中通过资源整合、内容优化和科学管理来成长壮大、转型升级。也正是基于这样的认识，广东广播电视工作者在内容生产过程中坚持

服务大局，守正创新，充分把握广播电视的媒介特性和传播规律，根据不同类型节目的规定和要求打造出一些个性鲜明、风格独特的精品佳作。

就广播节目而言，制作者往往从听觉的接受需要去思考声音的广播化表达和音响的合理化呈现。广播长消息《我国首台加速器硼中子俘获治疗实验装置研制成功，可精准“杀死”癌细胞》针对广播新闻通俗性、口语化和浅近性的要求，摈弃一般科技新闻的枯燥生硬，将复杂的技术和专有名词转化为通俗的广播语言，平实生动，深入浅出，以实验装置成功通过评审为新闻切入点，层层递进，不断深化主题，是一件不可多得的科技新闻作品。广播新闻专题《决战ICU》开头即以细腻的描写和同期声迅速将听众带入ICU（重症加强护理病房）场景中，而且记者通过在ICU的长时间蹲守，耐心细致地捕捉细节，采录音响，将广播的特色发挥到极致。因此，该作品中，无论是记者的提问还是受访者的回答，都因穿着厚重的防护服而带有沉重的喘气声，而且ICU内特有的仪器蜂鸣，进一步还原了真实的ICU，无疑会给听众身临其境之感。广播特别节目《英雄回家》把大量的人物采访录音、现场音效和背景音乐融会在一起，以声音元素的丰富来充分显示广播声音的穿透力。特别是抗疫英雄王虎的女友陈慧敏的书信朗读、深圳音乐人创作和演唱的抗疫歌曲，听起来催人泪下。广播文化节目《老广记忆·鸡公榄——2020城市台春节文艺大联播》选取代表岭南文化特色，以许多老广州人都非常熟悉的美食小吃“鸡公榄”作为题材，在主持人穿针引线之中，借助有关鸡公榄的故事解说以及穿插卖榄人的叫卖声、采访声、影像资料的原声以及不同种类有关鸡公榄的歌曲，乃至相关职能部门的领导、专家学者的观点看法，将老广州人记忆中的鸡公榄全方位、艺术化地呈现给广大听众。

就电视节目而言，制作者往往从不同元素和谐统一的角度去处理镜头、场景、画面以及解说、音乐、音响之间的关系，意在强化节目的视听冲击力和感染力。电视长消息《生死竞速！广东医疗队10秒换新ECMO》用手机完整地记录了广东医疗队在荆州市中心医院为一位新冠肺炎重症患者做一台高难度手术的过程。作品有场面、有细节、有气氛、有同期声，没有漏掉任何关键信息，让受众能够身临其境感受到现场的紧张和喜悦。电视系列报道《湾区正青春》既有宏观叙事，又有微观呈现。记者充分调动各种手段，综合运用航拍、延时、动态地图、跟踪字幕等拍摄技术及包装手段，声画语言丰富，具有冲击力、感染力，为观众带来新颖的视听体验。电视社教节目《大咖有约——致敬最美逆行者》借鉴《开讲了》的叙事方式，邀请最美逆行者们直接面对大学生观众，讲述自己的“逆行”经历、所见所闻和心路历程，并辅以较为丰富的相关视音频资料，加强演讲内容的视觉化效果。同时，特别策划设计了互动、讨论、诗朗诵等内容和环节，进一步延伸、深化节目思想主题，提升和传播抗疫精神，深化并讴歌“逆行”者们深厚的家国情怀。

坚守广播电视的媒介特性和传播规律固然重要，但是作为党和政府的“喉舌”以及连接政府与社会公众的“桥梁与纽带”的广播电视媒体应该明确自身的社会角色，意识到公众对自己的角色期待，始终将社会效益放在第一位，并在生产和经营实践中努力实现社会效益与经济效益的双赢。因此，扮演好社会“守望者”角色，满足公众对自身的希望和要求，是广播电视媒体对社会做出的承诺。尤其是在新媒体时代的今天，置身于泛娱乐化的语境中，广播电视更应该坚守主流媒体的社会责任，用实际行动贯彻习近平总书记提出的“坚持与时代同步，坚持以人民为中心，坚持以精品奉献人民，坚持用明德引领风尚”的要求。令人欣喜的是，2020年度广东省广播影视奖参评作品无论是新闻节目、社教节目还是文艺节目大都能站在时代潮头，关注社会现实，聚焦日常生活，反映人情冷暖。2020年，疯狂肆虐的新冠肺炎疫情不仅让成千上万的白衣战士舍生忘死地投身到没有硝烟的抗疫战场中，而且牵动广大广播电视工作者的心绪。因此，热情讴歌白衣天使的抗疫精神，具体展现“一方有难，八方支援”的真情与友爱，成了2020年度广东省广播影视奖参评作品的主要内容。例如，在广播新闻参评作品中，报道抗疫的短消息13件，占31%；长消息14件，占33%；广播系列连续及组合报道7件，占33%。可以说，在本年度的参评作品中，抗疫题材受到各家广播电视媒体的普遍关注。其中，电视长消息《生死竞速！广东医疗队10秒换新ECMO》既展示了广东医疗队高超的医疗技术与大爱精神，也展现了中国人民万众一心、团结抗疫的生动场景。同类题材的电视新闻节目还有《荆州日记：ICU里的战斗》《中山“最美逆行者”妈妈帮孩子补交了一份特殊“作业”》《支援湖北医疗队返韶，我市各界迎接战疫勇士归来》《一线特写：防疫“夫妻档”，上阵“父女兵”》等。广播新闻专题更是佳作迭出、美美与共。像《2020，“歌诗达·威尼斯”号的深圳记忆》《战“疫”声音日记——南海援鄂医疗队抗击新冠肺炎纪实》《阻断，阻断！》《最美英雄花》《全球抗疫：源源不断的肇庆力量》《向死而生，无畏逆行——广东省中医院副院长张忠德的抗疫故事》等都生动地书写了抗疫过程中“逆行”出征的豪迈、顽强不屈的坚守、患难与共的担当、英勇无畏的牺牲和守望相助的感动。

2020年是打赢脱贫攻坚战的收官年，也是全面建成小康社会目标实现年。对此，广电媒体通过不同的节目样式生动展现了扶贫干部或志愿者们的感人形象，具体反映他们扶贫帮困的成功经验和先进事迹。在本年度参评作品中，很多广播电视消息类作品以扶贫攻坚为主题，而广播系列连续及组合报道送评作品中更是有超过1/3涉及扶贫攻坚、乡村振兴题材。其中，广播系列报道《共赴山海，同奔小康——广东参与东西部扶贫协作纪实》从多个角度、全景式地展现广东在东西部扶贫工作中做出的巨大贡献，以及被扶贫地区发生的巨大变化，突显广东在参与东西部扶贫协作中“啃下最硬骨头”，交出“最硬核答卷”。电视新闻专题《共赴山海，同奔小康》以广东对口援助新疆喀什为切入点，从不同角度用不同的方式，讲述了广东援疆的工作成果。电视社教节目《大山里的扶贫人》从木里县大山深处撷取了一组组真实质朴、令人感动的对口帮扶的小故事，将几名佛山来的扶贫干部在产业、教育、医疗等方面真扶贫、扶真贫的场面一幅幅记录下来并徐徐展开，在娓娓道来中诠释了决战脱贫攻坚伟大战役中的佛山答卷。

另外，一些参评作品还关注深圳、珠海特区 40 年来的发展变化，关注大湾区的发展机遇和优势，关注社会建设的新成就和经济、文化、科技发展的新成果。

二、创新：标新立异，融合前行

创新是指在现有的思维模式下提出有别于常规或常人思路的见解，利用现有的知识和物质，在特定的环境中，本着理想化需要或为满足社会需求而改进或创造新的事物、方法、元素、路径、环境，并能获得一定有益效果的行为。新媒体时代，广播电视发展离不开创新，要创新就不能因循守旧、故步自封，而要更新理念甚至改变传统的思维模式，在融合发展中通过改进表达方式或者创造新的形态模式以强化广播电视节目的可听（视）性和感染力。2020 年度参评作品中，不仅新媒体新闻和网络视听节目可圈可点，而且传统的广播电视节目也涌现出一些在表达方式上富有创新意识的优秀作品。

就传统的广播电视节目而言，广播电视工作者在努力追求“硬新闻”实现“软着陆”的同时，对待文艺节目也是极艺术创造之能事，赋予节目灵动机巧的风格特征，进而在受众那里达到“随风潜入夜，润物细无声”的审美效果。广播新闻专题《战“疫”声音日记——南海援鄂医疗队抗击新冠肺炎纪实》，突破传统的解说加音响的节目模式，以医护人员朗读自己的日记为主要手段，讲述援鄂医疗队与湖北患者共同抗击新冠肺炎的故事。值得称道的是，每篇日记之间主播简洁的语言串联和片花、音乐的衬托既承上启下又画龙点睛，较好地彰显了广播的声音优势。广播新闻专题《向死而生，无畏逆行——广东省中医院副院长张忠德的抗疫故事》按照时间的先后顺序，从“一波三折驰荆楚”“一心一意济苍生”“一如既往展风骨”“一路平安返南粤”“一脉相承传国粹”五个不同角度切入报道，情节跌宕、感情细腻、层次清晰、节奏感强，以展现人物内心世界为追求，生动诠释了“生命至上、举国同心、舍生忘死、尊重科学、命运与共”的伟大抗疫精神。而且，节目注重形式设计，版头版花也非常有特色。广播综艺节目《谢谢你，为我们拼过命》热情讴歌武汉疫情期间勇敢前行、舍生忘死的抗疫英雄们。节目突破广播综艺节目长期以来以主持人串联节目内容的传统方式，用散文诗《谢谢你，为我们拼过命》的不同片段串场，而且散文诗内容与不同文艺品种的内容相互呼应，和谐一体。广播综艺节目《珠海，你变了》更是突破传统综艺节目的呈现方式，融合新媒体的语音留言，在脱口秀的呈现方式中，主持人“我”紧紧围绕“珠海，你变了”这一主题，用搞笑段子、听众们对珠海生活体验的真实感受以及珠海的人文地理、自然环境、地标建筑等贯穿节目，展现珠海 40 年来发生的翻天覆地的变化。

当然，广播电视在融合发展的过程中，借助新媒体的渠道进行全媒体传播，或者借助新媒体元素变革节目形态，创新节目形式，从而赋予节目可听（视）性和吸引力。广播栏目《民声热线》是广东电台倾力打造的一档老牌的政风行风热线栏目，早期其典型的节目形态模式是广播与热线电话的有机融合，之后，视频的介入及其在电视台播出，放大了品牌效应。当媒介融合成为一种潮流与趋势，《民声热线》又借助新媒体搭建覆盖各类社交、短视频平台的传播矩阵，分别在抖音、快手、今日头条、微信视频号和公众号等平台开通官方账号，在新媒体端的影响力大增，来自新媒体端的报料数量甚至超过传统热线电话的报料数量。资料显示，《民声热线》抖音号粉丝量从开始时的 4 万人增加到目前的 30 多万人，点赞超过 300 万人次，单条短视频播放量最高达 1 300 万次。电视系列报道《全球，在战役》将大量的 Vlog（视频日记）影像引入电视节目中，通过海外人员的个人视角，有效展现了海外华侨华人在疫情期间的所见所闻、所行所感。然而，制作者并没有完全依赖海外 Vlog 素材，而是充分利用新媒体信息资源，在 Vlog 中穿插新闻素材与解说，既呈现出个性化、生活化的主观叙事，又不乏宏观的、权威的客观表达。电视综艺节目《逐梦·先行——庆祝深圳经济特区建立 40 周年文艺晚会》在剧场舞台的设计上大胆利用景深，“拉长拉宽”空间，体现立体感和动感，为内容的呈现提供了传统剧院舞台无法实现的可能；在创作上借鉴音乐舞蹈史诗的形式，不设主持人，把文艺、电视、互联网有机融合，一改过去传统纪念晚会的选歌、选舞形式，而是以“编年史”手法创作各时期的歌与舞、情景剧与电视纪实片，勾起观众对时代的记忆并产生共鸣。

新媒体新闻和网络收听节目是广播电视媒体适应媒体融合的发展趋势，用互联网思维精心打造的新媒体产品，其本身就带有互联网基因。互联网思维包含用户思维、体验至上、简约思维、迭代思维、极致思维等，其实本质上是用户思维，其他的思维都是服从服务于用户思维的。其中，迭代思维本身就含有创新的意味，而创新的目的与宗旨无非是满足用户的需要。因此，原则上创新应该在新媒体新闻和网络收听节目中充分表现。事实也是如此，创意互动类的不少作品就具有明显的创新性特质。广东台在全国两会召开之前推出的 H5 产品《我为两会“攒能量”》就充分发挥网络优势，采用网络云技术，联动多路新闻栏目记者、特别邀请代表委员拍摄云访谈和云视频，同时将系列视频与设计新颖的立体云词图、动态动效等可视化元素有机结合，在新媒体平台上有效传播代表委员的两会好声音，体现了融合互动的创新特征。广州台制作的《2020 扶贫答卷人》通过原创设计的 H5 小游戏，以扶贫干部为第一视角，展现“扶贫干部”与“帮扶对象”的真实故事，让用户了解扶贫干部的难点，直观感受扶贫之路的艰辛与不易。其中，用原创漫画的互动游戏还原扶贫场景就非常新颖别致。网络视频节目《平凡人的伟大力量》通过连环画素描与新闻事实相结合的表现方式，描画了抗疫人物系列连环画，栩栩如生地展现了抗疫人物形象，表达“细沙汇大爱，微光筑长城”的坚定信念。《我们不怕》采用集锦式的方式，精心筛选出疫情期间各电视台播出的发生在普通家庭、医院等各个场所感人的、真实的细节，并用 MV 的方式重新组织编辑播出，也别具匠心。网络音频节目《德国小伙追梦 3 年，用中文说唱我的深圳故事！》以当下年轻人喜欢的说唱为载体，用英语、德语、中文三种语言共同创作，编曲编词，让海内外人士倾听深圳故事，了解真实的深圳。

三、问题：创优态度和认知能力的双重缺失

2020 年度广东省广播影视奖参评作品中虽然涌现出不少内容精深、思想精湛、制作精良的精品佳作，但是由于有的制作者对待节目创优的态度不够积极，或者是对广播电视不同类型节目的规律性缺乏认知与把握，所以参评作品中依然存在一些问题。

以次充好，报送随意。年度评奖的目的是提升节目制作者的创优意识，强化节目制作者的创优态度，并希望节目制作者能够将这种创优的态度和意识投放到日常播出的节目中去，从而推动日常播出节目质量的提升。然而，在评选活动中，评委发现有的参评作品不是重点打造、精心策划的节目，而是日常播出的一般性节目。当然，节目评选应该鼓励报送日常播出的节目，但问题在于，目前日常播出的一般性节目普遍没有经过前期策划，缺少创意，典范性不够，代表性不足，随意性太强，与优秀作品的标准有太大的距离，将这样的节目拿来参评似乎有些不严肃。

新媒体新闻和网络视听节目的智慧性有待提升。这些年，一些商业性质新媒体平台之所以发展如此迅猛，除了技术赋能，传播力远强于传统媒体以外，其聚合性的内容生产方式赋予其产品的智慧化因素，具有强大的吸引力，而在大数据人工智能技术的支持下，个性化的产品推送则使得其内容生产更能够满足用户的接受需要，也更符合用户的心理诉求。然而，作为主流媒体的广播电视着力打造的新媒体平台在题材的选择上往往只注重正能量，却忽视智慧的融入，在内容生产方面创意不足，缺少必要的吸引力，所以难以产生期望中的影响力。

对评选规则的理解有误，导致参评作品归类混乱。应该承认，本年度广播影视奖的评选办法存在不尽如人意之处，即便如此，评选办法对不同类型的节目都有界定。但是，有的制作者对评选办法缺少必要的学习和领会，或者在认知上出现错位，所以直接导致报送的节目与参评类型严重不吻合，让评委匪夷所思。例如，有的将广播社教知识类的节目当作广播文化节目报送；有的将戏曲节目当作综艺节目报送，有的将益智类的娱乐节目也当成综艺节目报送。如此不严谨，实属不该。

缺少音响、画面不稳、元素搭配不和谐、读音有误、形式单一以及节目中出现常识性错误等过去评选中存在的问题，本年度虽有所减少，但依然未能避免。

总之，2020年度广东广播影视节目在弘扬主旋律、引导舆论方面表现较为充分，而且推出了一些让受众满意的精品佳作，同时在融合发展中积极拥抱新媒体，利用自建的新媒体平台以及借助具有一定影响力的新媒体商业平台，传播体现社会主义核心价值观的音视频信息，切实履行主流媒体应尽的责任，这一点值得充分肯定。但是，存在的问题也应引起高度重视。只要我们不忘初心、牢记使命，锐意进取，砥砺前行，相信广东广播影视事业一定会步入新的辉煌。

（张惠建，广东省广播影视协会会长、高级编辑；申启武，2020年度广东省广播影视奖广播节目二组评委，暨南大学教授、博士生导师）

开掘新闻价值　传播时代声音
——2020 年度广东省广播影视奖广播新闻一组评选作品综述

邓东力

一、参评作品总体情况

2020 年度广东省广播影视奖广播新闻一组评审的作品体裁为广播短消息、广播长消息和广播系列连续及组合报道三大类。参评作品总数是 106 件，其中，广播短消息 43 件，广播长消息 42 件，广播系列连续及组合报道 21 件。本组评委在评选工作中坚持正确的舆论导向、价值取向，注重作品的新闻价值和传播实效，经认真筛选，评出候选获奖作品一等奖 5 件，二等奖 20 件，三等奖 39 件。一等奖候选获奖作品来自 5 个不同的播出机构，二等奖候选获奖作品来自 14 个不同的播出机构，总体来看，获奖面比较广。一等奖获奖作品短消息《我的冬瓜，只捐不卖》出自县级台英德广播电视台，成为本组获奖作品中备受关注的一个焦点。

这些获奖作品主题鲜明，注重挖掘新闻价值，比较全面、真实地反映了过去一年全省各广播媒体记录时代、增进主流价值共识、讲好广东故事的努力。

二、获奖作品特点

重大主题报道被称作社会舆论的风向标，往往反映着社会发展的进程、标识着时代前进的方位。2020 年，我国经历了抗击新冠肺炎疫情、“决胜全面小康，决战脱贫攻坚”、抗洪抢险、经济特区成立 40 周年等一系列重大事件，广播新闻一组评审的许多参评作品反映了这些重大主题，导向性好、新闻性强、角度新颖，是 2020 年广东省广播新闻重大主题宣传报道的真实写照。挖掘重大题材新闻价值的作品多，重大题材作品高度集中，这是广播新闻一组获奖作品的一个突出特点。

（一）抗击新冠肺炎疫情：第一题材，突出主题主线

2020 年新冠肺炎疫情对社会生活的方方面面产生了重大而深远的影响，全民众志成城抗击疫情的磅礴力量书写了一份让世界惊讶的中国答卷，参评新闻

作品真实记录、反映了全民抗击疫情这一重大事件。参评作品中，报道抗击新冠肺炎疫情的短消息占31%（13件），长消息占31%（13件），广播系列连续及组合报道占15%（6件），抗击新冠肺炎疫情题材的作品总体超过30%。一等奖获奖作品短消息《我的冬瓜，只捐不卖!》、长消息《危急时刻彰显国企担当 广汽牌口罩今天诞生》均属于抗疫题材。长消息二等奖获奖作品共8件，其中7件作品直接或间接取材于抗击新冠肺炎疫情，这7件作品是《“临时妈妈”黄彩云获团中央表彰》《深圳科研人员今出征 “硬核”科技驰援国际抗疫》《欢迎回广东！全国首趟湖北始发返岗专列抵达广州》《三个片段记录广东最后一批援鄂医疗队队员回家》《广交会“云闭幕” 海内外企业“云签约” 打通国际经贸合作新渠道》《深圳老师滞留湖北农村，千里之外牛栏直播上课》《惠州“00后”小护士获习近平点赞》，获奖作品如此高度集中于同一题材，这在近年的广播影视奖评奖中是不多见的。

在2020年抗击新冠肺炎疫情的特殊社会背景下，这些抗击疫情题材的获奖作品积极挖掘事件的新闻价值和社会价值，起到了鼓舞人心、凝聚共识、激发力量的作用。广州台长消息《危急时刻彰显国企担当 广汽牌口罩今天诞生》创作于抗疫初期。2020年疫情开始的时候，口罩成为全球的稀缺商品，口罩生产和销售成为大家极度关注的社会热点。作品抓住口罩生产这个热点题材，内容具有较强的新闻价值。生产汽车的广汽集团也生产口罩，这个话题一下子吸引了大家的注意力，全社会都十分关心，作者自广汽集团宣布生产口罩起就密切关注，在正式开始生产的当天深入车间，通过现场采访抓取有特点的音响，报道广汽集团及时转型生产口罩的过程及生产规划目标，既稳定了社会情绪，也反映了广汽集团作为广州市大型骨干国有企业强大的制造能力，展现了广州企业在疫情之下的社会责任担当。作品体现出较强的新闻价值和新闻贴近性。

在新的评奖规则下，部分二等奖获奖作品尤其可圈可点。长消息《欢迎回广东！全国首趟湖北始发返岗专列抵达广州》是反映抗击新冠肺炎疫情后期复工复产情况的一篇作品。突如其来的新冠肺炎疫情让全国很多地方的经济社会活动处于停摆状态，什么时候可以复工复产是一个万众瞩目的社会热点，在全国的大力支持下，湖北的疫情终于得到了缓解，全国全面复工复产迈出最关键的一步，广东湖北两地政府精心组织了全国首趟湖北始发的返岗专列抵达广州，省委书记李希、省长马兴瑞亲自到站迎接，看望慰问返岗务工人员，这是抗击新冠肺炎疫情阻击战取得初步胜利的重要标志，是十分重要的新闻。作者深挖这条颇具新闻价值的消息，既报道返岗的湖北务工人员的激动心情，通过真实的声音表达出他们对复工复产的期待，又传达用工单位对他们的期盼，还有管理部门的措施和做法，作品内容全面，录音素材丰富，6段高质量采访音频可听性很强，广播特色鲜明，新闻鲜活、生动。二等奖长消息《广交会“云闭幕”

海内外企业“云签约” 打通国际经贸合作新渠道》是抗疫题材的又一篇精品。受新冠肺炎疫情影响，举办了63 年的广交会在2020 年创新办展模式，第一次以“云端”形式开展，记者抓住这一有重要价值的新闻，深入采访特殊的“云端广交会”，呈现了数字化时代我国外贸创新的新图景。作为第一次完全以互联网形式举办的全球最大综合性贸易展会，第 127 届广交会这次华丽转型在广交会发展史上具有非常重要的意义，对当今世界贸易方式改变的影响不可低估。作品以广播的形式报道新形势下广交会新的办展模式，在 2020 年新冠肺炎疫情致全球展览业一片萧条的情况下，历史悠久的“中国第一展”有了新的突破，为全球贸易提供了广阔的数字空间。节目层次结构清晰，分析报道全面，是完整记录广交会这次历史性变化的优秀广播作品。

（二）扶贫攻坚：大热题材，唱响时代强音

2020 年是全面打赢脱贫攻坚战的收官之年，广播消息类作品中很多以扶贫攻坚作为作品主题，广播系列连续及组合报道送评作品中有超过 1/3 涉及扶贫攻坚、乡村振兴主题，成为仅次于抗击新冠肺炎疫情的热门题材，这些参评作品包括《共赴山海，同奔小康——广东参与东西部扶贫协作纪实》《我是驻村第一书记》《美丽的蜕变——佛山三水推进“乡村振兴”改革探索的成效》《曲江区全力推进脱贫攻坚系列报道》《第一书记有点忙》《走向我们的小康生活》《我们村里的新鲜事》等，其中，《共赴山海，同奔小康——广东参与东西部扶贫协作纪实》在广播系列连续及组合报道众多送评作品中独树一帜，被评为一等奖。《共赴山海，同奔小康——广东参与东西部扶贫协作纪实》从多个角度，全景式地展现广东在东西扶贫工作中做出的巨大贡献，以及被扶贫地区发生的巨大变化，突显广东在参与东西部扶贫协作的过程中“啃下最硬骨头”，交出“最硬核答卷”。作品体现出作者很高的策划采编能力和驾驭重大题材的能力。节目组精心策划，反复提炼主题，精心挑选典型案例，每一篇章一个主题，报道层层推进。主创人员分四路前往广东对口扶贫协作的四川、广西、云南、贵州四省区，深入大凉山、乌蒙山区、高黎贡山腹地，沉下心来，蹲点扶贫最前线，深入采访，扎实制作，以小见大地折射出决战决胜脱贫攻坚的时代大主题，以生动的作品展现东西部扶贫协作中的广东作为、广东担当。节目结构布局好，以人物和故事为主线，挖掘人物故事和动人细节，细节和场景描述细腻感人。该作品另一显著特点是以高质量的音效、音响取胜，充分凸显广播特色，每一个场景和故事都用音响自然带入、层层深入，使听众有画面感，是一篇顺应时代、展现脱贫攻坚成果的好报道。

（三）经济成就、科技进步宣传：凸显广东特色，作品质量较高

广东是经济强省、经济大省，2020年广东经济克服疫情冲击，展现出较强的韧性和修复力，经济总量继续领跑全国。送评作品中很多是宣传报道全省各地经济发展、经济成就、重大工程的，展示了广东改革开放、经济社会发展的形象。短消息一等奖《深圳成为全球首个实现5G独立组网全覆盖的城市》、二等奖《国家西电东送重大工程乌东德电站送电广东广西　特高压多端柔性直流示范工程投产　工程创下19项世界第一》《全球最大电子束处理工业废水项目在新会投入运行》是其中颇具亮点的作品。2020年是深圳经济特区建立40周年，深圳作为一座以“科技”和“创新”著称的城市，克服疫情影响，完成了4.5万座基站的建设，成为全球首个实现5G独立组网全覆盖、率先进入5G时代的城市。通信领域向来由西方发达国家主导技术升级，《深圳成为全球首个实现5G独立组网全覆盖的城市》报道了第一次由中国城市率先实现的通信领域的突破，5G建设关系到国家核心竞争力、关系到未来经济转型和经济增长的新引擎，是未来发展的一个制高点。作品抓住最能突出深圳“先行示范区”特色、具有里程碑意义的重大题材，从“创新探索”“深圳速度”等维度展现了深圳40年发展的最新样本，信息量很大，报道元素丰富，现场采访到位，广播特色突出，层次分明，新闻背景清晰，是一篇内容扎实的短消息作品。长消息一等奖《我国首台加速器硼中子俘获治疗实验装置研制成功，可精准“杀死”癌细胞》是这次科技新闻获奖作品的代表。作品报道了2020年我国在癌症治疗高端医疗设备整机技术开发方面取得的重大科技成果、重大突破，社会关注度高、与百姓生活关系密切。装置研制成功使我国这一类医疗设备在世界上占有一席之地，显著提高我国在这一领域的国际竞争力，为肿瘤治疗带来重要技术革新，开启癌症治疗的新时代，为癌症患者带来福音。作品中对新装置的描述，摈弃了一般科技新闻的枯燥生硬，将复杂的技术和专有名词转化为通俗的广播语言，平实生动，深入浅出。作品结构严谨、逻辑性强，以实验装置成功通过评审为新闻切入点，层层递进，不断深化主题，是一件有利于传播的科技新闻作品。

（四）民生新闻、舆论监督报道：项目缺失，精品稀缺

广播新闻一组106件参评作品中，接地气、深切关注民生民意、真实反映基层民生问题的作品比较少，佳作、精品更少，一、二等获奖作品没有一件是民生题材。舆论监督题材的参评作品更是一件都没有，积极的、建设性的舆论监督报道“缺席”，舆论监督作品缺失，这是本组节目评选的一个重大缺憾。民生新闻和舆论监督报道是最具社会影响力的节目，收听率、美誉度较高，与百姓生活息息相关，民生新闻、舆论监督报道的缺失在一定程度上反映出传统广播媒体的媒体影响力在削弱、锐气在消减。

三、评选中的突出问题

（一）节目质量参差不齐、分化比较严重

从类别来说，参评作品存在不均衡现象，短消息比较弱，高质量的短消息不多，令人惊喜的作品更少。短消息所报道的多是动态新闻，要能迅速、及时地传播新闻事件的发生、发展和结果。部分短消息新闻点不突出，新闻专业性不够，现场感不强，缺少敏锐的现场发现。长消息总体品质相对比较高，竞争比较激烈，部分二等奖作品质量、水准相当高。广播系列连续及组合报道部分作品缺少策划，视野狭窄，主题不明确，整体框架散，作品格式不合规范。从送评单位来看，高品质的作品主要来自广东台、深圳台，广州、佛山、珠海、东莞、惠州等台节目质量也比较高，部分基层新闻单位送评的作品新闻要素不齐，新闻性不强，新闻价值体现不充分，制作手法单一，缺乏亮点。

（二）部分作品新闻性不突出，新闻价值挖掘不够

43件短消息作品中，题目冠以“首创、首例、首次、首个、第一”等词语的多达18件，将这些词语作为新闻重大性的标识、标签，有滥用的倾向。当然，新闻中并非不能使用上述词语，而是不能以此替代对新闻性的深度挖掘。有些作品题目标注“首创、首例、第一”等字眼，但新闻的内容并未体现出新闻的显著性、重要性，没能真正做好新闻的核心内容，随意使用这些字眼，可能会影响新闻的权威性、真实性。

（三）新闻基本功不扎实，精品意识不足

部分作品题材琐碎、视野狭窄，没有突出的新闻价值取向。作品新闻的基本要素不全，缺少主题策划，没有独到的报道角度和引导力。其主要原因恐是基层广播媒体从业人员年轻化，缺乏基本的业务培训，业务功底不扎实。培养人才，打造队伍迫在眉睫。

总的来看，广播新闻一组评出的获奖作品体现了2020年这一特殊年份的特点，选取重大主题，围绕中心，服务全局，有一定的新闻价值和较好的传播效果。但不容否认，一部分送评作品表现比较平庸，广播作品的整体质量有下滑的趋向，这须引起广播电视管理者、从业者的高度关注。

（邓东力，2020年度广东省广播影视奖广播新闻一组组长，广东广播电视台主任编辑）

紧贴时代脉搏　探索传承创新

——2020 年度广东省广播影视奖广播新闻二组作品评选综述

马杰颖

2020 年度广东省广播影视奖广播新闻二组负责评审的项目有 7 个，包括广播新闻栏目、广播新闻评论、广播新闻专题、广播新闻节目编排、广播新闻访谈节目、广播新闻现场直播、广播对外新闻和广播对港澳台节目。评审作品共 93 件。按照《2020 年度广东省广播电视奖评选办法》，全组评委经过认真细致的审听审看，分头推选和集中逐项逐件分析评议作品，坚持严格标准、突出水平、统筹兼顾等原则，评出获奖作品 54 件，其中，一等奖 4 件、二等奖 18 件、三等奖 32 件。一等奖作品分布在广播新闻评论、广播新闻专题、广播新闻节目编排、广播新闻访谈节目项目各 1 件；广播新闻栏目、广播新闻现场直播、广播对外新闻和广播对港澳台节目项目因参评作品较少，不设一等奖。

整体而言，参评的 7 项 93 件作品，选题关注 2020 年度重大新闻事件和社会经济民生热点的占了较大比例。作品报道手法和表现形式虽不同，但大多都比较重视对新闻热点的深度挖掘，从本土相关事例切入，妙用群众语言，努力增强节目的贴近性，并在传承和创新上作出积极的探索。具体表现在以下几方面：

一、聚焦重大主题，唱响新时代主旋律

2020 年是极不平凡的一年。紧贴时代脉搏，是这一年度广东广播优秀新闻作品的鲜明特征。

2020 年，面对突如其来的新冠肺炎疫情，中国人民众志成城、坚忍不拔，进行了惊心动魄、艰苦卓绝的抗疫大战，书写了荡气回肠的抗疫史诗。在本次 93 件参评作品中，抗击新冠肺炎疫情主题的作品共有 19 件，达到参评作品总数的 20%。体裁上，不仅广播新闻节目编排和广播新闻栏目涵盖了大量直接与抗疫相关的最新消息，而且在广播新闻专题、广播新闻访谈节目里更集中了一批不畏艰险深入一线采访挖掘抗疫感人事迹的深度报道，广播新闻现场直播、广播对外新闻和广播对港澳台节目也有相关的内容；推出这些优秀作品的播出机构，不限于省级台和地市级台，省级、地市级、区县级等各层次台都非常重视抗疫主题，并努力灵活运用各种广播体裁和手法精心制作相关节目。广东台的广播新闻专题《决战 ICU》，在抗疫最前线的“武汉保卫战”迎来攻坚时刻、胜

利曙光就在前方的时候，选取广东医疗队支援的武汉协和医院西院区内救治重症患者的 ICU 为采访报道重点，记者四度进入 ICU 长时间蹲守，耐心观察捕捉细节，采录典型音响，直观体会 ICU 内医务人员的艰辛困难与不懈努力，并在行文和制作上融入了这种切身的真情实感，听来克制而不煽情，以小切口去展现大情怀，用困难衬托出希望。同样聚焦抗疫主题的广播新闻专题如深圳台的《2020，"歌诗达·威尼斯"号的深圳记忆》、佛山台的《战"疫"声音日记——南海援鄂医疗队抗击新冠肺炎纪实》、中山台的《阻断，阻断!》、江门台的《最美英雄花》、肇庆台的《全球抗疫：源源不断的肇庆力量》和番禺台的《向死而生，无畏逆行——广东省中医院副院长张忠德的抗疫故事》，还有广播新闻访谈节目，如汕头台的《我在湖北"抗疫"一线——访汕头市首批援鄂医疗队队员李涛》、河源台的《河源两位女抗疫英雄洒泪话削发故事》、南雄台的《最美逆行者》等作品，都以真实具体的事例生动地反映了"在共克时艰的日子里，有逆行出征的豪迈，有顽强不屈的坚守，有患难与共的担当，有英勇无畏的牺牲，有守望相助的感动"。

2020 年，全面建成小康社会取得伟大历史性成就，决战脱贫攻坚取得决定性胜利。本次参评作品中，决战扶贫攻坚主题的作品共有 10 件，占参评作品总额的 11%。珠海台的广播新闻专题《"总书记，我们等您来喝包谷酒!"》通过深入报道广东珠海对口帮扶我国最为贫困的三区三州之一怒江州过程中的动人故事，以点见面，深刻而生动地反映在党的坚强领导下我国脱贫攻坚的丰硕成果。记者深入怒江雪域高原密林峡谷中的多个贫困村寨，沿线走访、蹲点体验，探寻脱贫攻坚的宝贵经验，挖掘生动事例和动人细节，以一线亲眼所见、当地亲身体验，深切感受边疆少数民族群众摆脱贫困、走向小康新生活的喜悦幸福之情，并将其融入节目的采写制作中。广播新闻专题如广东台的《广东医生的康定情》、广州台的《新时代的青春之歌——追忆西部志愿者李莎》、韶关台的《"光头书记"探新路》，广播对外新闻和广播对港澳台节目如广东台的《外眼看中国脱贫攻坚》、广州台的《融入祖国发展大有可为——对话贵州扶贫创业的 90 后香港青年梁安莉》等关注扶贫攻坚的作品也各具特色，可圈可点。

2020 年，深圳等经济特区建立 40 周年。先行先试变成了示范引领，探索创新成了创新引领。广东台的广播新闻节目编排《深圳，乘风破浪 40 年》和广播新闻访谈节目《圆梦深圳，逐梦世界——"金顶奖"设计师赵卉洲专访》均以深圳经济特区建立 40 周年重大选题为背景。特别是广播新闻节目编排《深圳，乘风破浪 40 年》在深圳经济特区建立 40 周年庆祝大会当天推出，聚焦深圳发展经验，并以此为基础探讨深圳作为先行示范区今后的发展机遇和挑战。该档节目重点突出，内容丰富，编排合理，信息量饱满；采访全面深入，从"深圳 40 年 40 人"对象性人物，到互联网大咖 CEO，再到标志性景点地标处的深圳市民等，采访对象涵盖范围广泛、人物丰满且代表性强；充分运用多种广播表现手法，包括主持人口播、录音报道、新闻特写、记者连线、专家评论，还有网友线上互动等，情绪饱满，组合得当，一气呵成，富有感染力。

2021年是中国共产党百年华诞。百年征程波澜壮阔，百年初心历久弥坚。共产主义远大理想激励了一代又一代共产党人英勇奋斗，成千上万的烈士为了这个理想献出了宝贵生命。优秀的中国共产党人，为祖国和人民无私奉献，他们的为民情怀、高尚情操也在不断被传承、发扬。汕尾台在2020年底推出的广播新闻访谈节目《父亲和爷爷是忠于理想的两代人——对话彭湃的孙女彭洁》专访无产阶级革命家、彭湃烈士的孙女，中国第一任核潜艇总设计师彭士禄院士的女儿彭洁，由她讲述彭湃、彭士禄父子两代人对国家的赤诚之心、为民族之崛起而奋力拼搏的艰辛历程，这正是一件非常及时、生动的党史教育教材。

二、深挖本土独特资源，努力在贴近性上下功夫

地方媒体离基层近，离一线近，离独特的新闻资源近。地方媒体不论是聚焦重大主题还是关注社会经济民生热点采编制作节目，从本土独特资源选取事例或作为切入角度，扬长避短，做自己该做、能做、擅做的事，更有利于发挥在贴近性、独特性方面的优势，以小见大，以点见面，以特扬优，以新取胜。这是地方广播新闻创优一直以来行之有效的法宝，2020年度各台也努力探索如何在传承中把这一法宝发扬光大。本次的参评作品大多数都从与本省或当地相关的人和事中切入，调动各种资源蹲点一线采访，深挖独特的故事和细节，与听众的时空和心理距离都比较贴近。宏大的主题，通过讲述身边人，挖掘身边事，使用熟悉的鲜活语言，听众更容易对节目产生共鸣。

2020年11月16日中央全面依法治国工作会议召开，提出普法工作要在针对性和实效性上下功夫，要不断提升全体公民法治意识和法治素养。广州花都村民私摘杨梅坠亡案2020年5月入选最高人民法院弘扬社会主义核心价值观十大典型民事案例，时近年底再入选最高人民法院指导性案例。广州台即选取这一身边的案例切入，推出广播新闻评论《法不容情——最高法院一个指导性案例告诉我们什么?》，深入剖析“说法”，旗帜鲜明地表明，司法可以同情弱者，但对于违背社会公德和公序良俗的行为不予鼓励、不予保护。作品视角独特，观点鲜明，体现了评论的“亮剑”精神，展现了党媒的责任担当；陈述客观公正，评论求真务实，论证严谨，事理明晰，澄清了大众容易产生的模糊认识和混淆观念，普及法治思想，指导性、服务性强。

技术工人队伍是支撑中国制造、中国创造的重要力量，培养更多高技能人才和大国工匠是促进中国制造和服务迈向中高端的重要基础。佛山台的广播新闻评论《“工匠高地”的启示》选取佛山特色的大城工匠锻造工程实例，论证如

何通过人才自身努力、校企合作培养、政府推动和政策支持等，建设“工匠高地”，打造对中国制造富有重要意义的技术工人力量。作品主题突出，观点鲜明，有较强的时代特色；以述带评，事例典型且本土气息浓厚，受众听来就是身边人身边事。

文化遗产和历史资源是不可再生的，要保护好文化遗产，“让城市留住记忆，让人们记住乡愁”。佛山的桑园围入选世界灌溉工程遗产名录后，佛山台即策划推出了广播新闻现场直播《“走进桑园围”研学直播》。直播中，主持人和记者随佛山科学技术学院水利专业和环境专业的师生到桑园围实地走访，近距离感受、了解这一凝聚古人治水智慧的伟大工程，边走边看边听遗迹的介绍和古村导赏员的生动讲解，以及特邀顾问水利专家对桑园围在研究、挖掘我国水利史上重要意义的专业点评。节目可听性强，对本土的独特性资源做了充分挖掘，在贴近性上下足了功夫，有点有面，有广度也有深度，让文化遗产活起来，让人们通过亲近遗产、触摸历史、感受文化的温度和魅力，产生亲近感，融入个人记忆。

三、注重发挥广播特色，在表现手法和制作传播上积极探索，力争在传承中创新、在创新中发展

广播是“听”的艺术，声音是广播的特色和魅力，优秀的广播新闻作品都离不开出色的“声音呈现”。巧妙运用声音元素特别是真实自然的现场音响，加上精心细致的制作，能令作品主题更突出，节目感染力也更强。

广东台的《决战 ICU》，开头即以 ICU 内发生的一个紧急事件切入，细腻的描写和同期声迅速将听众带入 ICU 的场景中。作品中，无论是记者的提问还是受访者的回答，都因穿戴厚重的防护装备而带有沉重的喘气声。伴随着 ICU 内特有的仪器蜂鸣，最大限度地还原真实的 ICU，带给受众身临其境的听感。

珠海台的《“总书记，我们等您来喝包谷酒!”》紧扣主题，有机地穿插运用大量怒江当地群众和帮扶干部的采访录音、自然对话和现场背景声进行佐证和衬托。节目结尾部分，傈僳族姑娘密珍花的话语：“我们都盼望着总书记来怒江看看，我希望他能喝上我亲手烤的包谷酒!”和阿才富等少数民族老党员一字一句地用普通话学唱《没有共产党就没有新中国》的生动细节和清晰自然的现场音效，更巧妙地对主题做了进一步的升华。

汕尾台的《父亲和爷爷是忠于理想的两代人——对话彭湃的孙女彭洁》交流感强，主持人良好的共情能力能够和受访者达成情感的共鸣。节目制作精良，巧妙地以 95 岁的彭院士与女儿的视频对话开头，十分难得地留下老人人生最后几个月的声音，也展示了老人历经磨难仍风趣爽朗的性格。穿插节目中的录音解说，既补充相关背景，也起到承上启下、提纲挈领的作用。

广州台的广播新闻访谈《潮剧名角姚璇秋》精心地用潮剧唱段和简介人物主要经历的小版头分隔串联并引出故事，令节目层次清晰、可听性强。

广州台的广播新闻节目编排《2 月 7 日新闻在线》以小切口反映抗疫大主题，发挥“新闻贴近性”优势的同时兼顾国内国际其他重要信息。整个编排音响丰富，从援鄂医疗队员出征的现场声到社区防控一线民警的同期声，从广东省发改委领导的权威发布到防疫物资生产企业负责人的采访，均有机融入节目中；精心制作的小版头对节目各部分进行“声音”分隔，使整个版面脉络更为清晰。

佛山台的《战“疫”声音日记——南海援鄂医疗队抗击新冠肺炎纪实》，以医护人员朗读自己的日记为主要手段，讲述援鄂医疗队与湖北患者共同抗击新冠肺炎的故事，每篇日记之间主播简洁的语言串联和片花、音乐的衬托既承上启下又画龙点睛，较好地彰显了广播的声音优势。

广州台的《新时代的青春之歌——追忆西部志愿者李莎》也将丰富的音频素材进行精心提炼和有机串联制作，节目听来犹如一本声音日记，生动感人，直抵人心。

除了精心运用声音元素发挥广播特色提升感染力外，不少作品还注重巧妙构思，在表现手法和制作传播上积极探索创新。

中山台的广播新闻访谈《你好，大桥!》中，建设工程师扮演“班主任”的角色进入直播室，在与学生代表的交流、对话过程中，对“超级工程”——深中通道建设的技术难度、建设者们攻坚克难的毅力和大国工匠精益求精的精神做了深入浅出的生动展现；作品还充分运用诗朗诵、快问快答、新闻短片等多种表现形式丰富节目，可听性强，感染力强。

佛山台的《“走进桑园围”研学直播》选点桑园围内保存较好的烟桥古村，边走边看边交流，多点有序穿插，令整场直播更有现场感；既做广播直播，也在网络平台做同步视频直播，多手段同时呈现，满足受众的不同需求。

广州台的《新时代的青春之歌——追忆西部志愿者李莎》、中山台的《你好，大桥!》和佛山台的《战“疫”声音日记——南海援鄂医疗队抗击新冠肺炎纪实》除了在广播频率播出外，还以音频、图文等形式分发新媒体推送，做到了手法多样、立体传播，通过“广播+”达到更佳的宣传效果。

四、评选中的突出问题

综观本次广播新闻二组的参评作品，也有一些问题值得注意。

（1）各台选送作品数量和质量上参差不齐，极不均衡。几个历年均比较重视创优的省、市台送评量足且能保持较高水平，但也有些台干劲不足，作品冲击力、竞争力不强。区县级台参评踊跃，共有 10 件作品参评，占总量的 11%；

但部分地市台参评积极性不高，7 个项目每项均能各报送 1 件合共 7 件作品参评的台不多，普遍只报送 3 件作品左右，有两个地市台只报送了 1 件作品且质量欠佳未能获任何奖项。

（2）各项目参评作品数量不均。作品高度集中于广播新闻专题和广播新闻访谈，两项共 44 件，接近总量的一半，特别是广播新闻专题总量达 26 件。而广播新闻栏目、广播新闻现场直播、广播对外新闻和广播对港澳台节目三个项目则因参评作品各不足 10 件而未能设一等奖。

（3）部分作品形式守旧，手法单一；有的作品对大段文字材料未根据广播收听特点做广播化处理；个别节目播报欠佳。

（4）极个别作品“投错篮”——报送项目错误的问题仍然出现。比如，将广播新闻专题报送至广播新闻评论项目，将人物访谈报送至广播新闻专题项目。

（5）作品文稿整理还是未得到足够重视，字词错漏和标点符号使用不当等问题不少，特别是文稿中“的、地、得”不分现象相当普遍。

（马杰颖，2020 年度广东省广播影视奖广播新闻二组组长，广州市广播电视台高级编辑）

把握题材　精心策划　专业呈现
——2020年度广东省广播影视奖电视新闻一组作品评选综述

何日丹　李俊良

过去的2020年对电视新闻人来说，无疑是艰难的一年，记者编辑们不仅要克服新冠肺炎疫情下采访的不便以及媒介环境变革带来的影响，还要完成抗击疫情、粤港澳大湾区建设、脱贫攻坚等多个重大题材的宣传报道任务。所幸，广东电视新闻人继续发扬敢为人先的精神，勇于承担媒体责任，较好地完成了讲好广东故事的使命。这一点，从2020年度广东省广播影视奖电视新闻一组的参评作品中可见一斑。

一、总体情况

按照协会的分工，电视新闻一组共对参评“电视短消息”“电视长消息”“电视系列、连续及组合报道”三个项目的145件作品进行了评审和票选，经过评委组反复审看、充分探讨，最终遴选出各项目获奖名单，结果如下表：

表1　电视新闻一组评选结果统计

单位：件

参评项目	参评数	一等奖	二等奖	三等奖	获奖比例
电视短消息	58	2	11	22	60%
电视长消息	55	2	10	21	60%
电视系列、连续及组合报道	32	1	6	12	59%
合计	145	5	27	55	60%

从获奖单位横向分布的情况来看，省台凭借题材、人力、资源等优势领跑全省，深圳台以较强的综合实力紧随其后，下面以各台最为看中的一、二等奖评选统计情况来分析（见图1）：

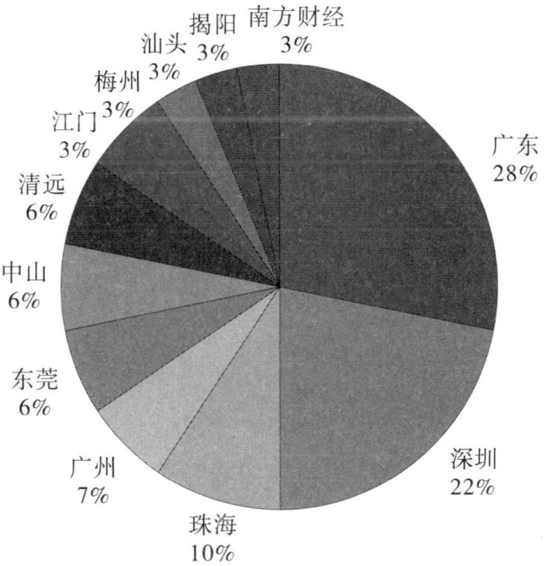

图 1　电视新闻一组获奖单位及占比统计

2020 年度广东广播电视台共有 9 件作品获一、二等奖，占获一、二等奖总数的 28%，获奖数量上居各台之最；在全省 46 家报送作品的单位中，深圳报送了“电视短消息”“电视长消息”“电视系列、连续及组合报道”作品共 16 件，获一、二等奖的作品有 7 件，占获一、二等奖总数的 22%，虽与省台仍有一定差距，但也与省台共同形成了获奖单位的第一集团。珠海台、广州台、东莞台、中山台、清远台等地市台形成第二集团，而粤东、粤西地区单位的参赛作品整体水平不尽如人意，有待提高。从以上数据不难看出，实力强、优势多的广播电视台在节目获奖上有较明显的优势，这与粤港澳大湾区拥有更多新闻题材和更专业的采编播团队是密不可分的。

参评的 145 件作品的选题根据类型及内容可分为 11 大类，分别是：疫情防控、粤港澳大湾区建设、脱贫攻坚、三农报道、经济报道、时政民生、军事及科技、人物报道、生态环保、突发事件、调查监督。其中，岁末年初突如其来的新冠肺炎疫情成为党和人民最关心的事件，这不仅是党和政府带领全国各族人民共同应对的防疫战争，也是电视媒体发挥舆论引导、扛起宣传重任的历史性大考。各单位报送的作品中有 36 件的题材与抗击疫情相关，足以说明省市各级电视台对疫情防控宣传的重视。其次，2020 年是脱贫攻坚的收官之年，这一题材同样受到各台重视，参评作品从脱贫致富、乡村振兴、生态文明建设等多个维度进行了报道，再次显示了全省电视新闻工作者一贯坚持中国特色社会主义新闻事业方针和原则的优良传统。

二、电视短消息

电视短消息是以不超过1分30秒的篇幅报道最新发生的新闻事实的新闻作品，要求语言文字简明扼要，表述准确，逻辑清晰，有完整的新闻要素。本年度参评电视短消息的作品有58件，其中不乏优秀之作，代表了2020年度全省电视短消息的制作水平与现状。总体而言，获奖作品呈现出以下特点：

一是题材上，确保重大新闻题材做实。传播力决定影响力，无论是省台，还是市台、区县台，每逢重大题材，都是体现媒体责任和担当的重要时刻。珠海广播电视台选送的电视消息《称杆乡村民心中有杆“秤”》（一等奖），选题见微知著，通过报道云南怒江傈僳族自治州在脱贫摘帽后的首个阔时节，以映射广东珠海与云南怒江自东西部扶贫协作开展以来脱贫攻坚取得的显著成果。作品以记者出镜和双视窗开篇，很快确立了报道的现场感和氛围感、生动性和丰富性，继而讲述一位丈夫到珠海务工实现脱贫后为妻子补买结婚首饰，妻子因此开心地向记者展示的生动故事，有温度地对主题进行了有力支撑，最后借在中国流传度极高的俗语“老百姓心中有杆秤”与“称杆乡”这一地名的巧合，通过乡干部之口点题升华，一气呵成地完成了政治性、社会性极强的脱贫攻坚题材报道。

二是报道上，力求新闻事实描述准确。让观众通过报道掌握有价值信息，以减少判断的不确定性，是所有报道者的专业追求。这一目标实现的前提就是新闻报道要用事实说话。深圳广播电影电视集团选送的短消息作品《深圳“疫”中经济实现“V”形反弹　在全国一线城市中率先“转正”》（一等奖），以深圳市统计局发布的第二季度经济指标由负转正为新闻由头，通过数据说话、动漫呈现、权威访谈等方式，篇幅虽短，却完整体现了新闻的五要素和信息的有机组合，向观众阐明了深圳应对风险挑战的强劲韧性，更重要的是向国内外发出了疫情背景下中国城市经济全面回暖的强烈信号。东莞广播电视台选送的《虎门大桥停止异常振动今日恢复通行》（二等奖），在抢发新闻的同时，特别做到了时效性与客观性、真实性的平衡，通过持续跟踪大桥修复、检测进程，核实获得的采编信息，体验大桥恢复通车的即时感受，即时回应了社会公众对大桥安全性的关切，以满满的信息量展现出了新闻媒体的公信力和传播力。

三是结构上，做到线索清晰、条理分明。电视短消息以“短、平、快”为特征，让观众在最短的时间内掌握报道要点，因此力求结构简单、条理清晰。广东广播电视台在选送的电视消息《广东碳排放累计成交额连续七年排名全国第一》（二等奖）中，以广东省肇庆市广宁县四个省定贫困村在广州碳排放权交易所成功高价拍卖“优质空气”为新闻由头，尔后通过村主任、驻村第一书记的采访坐实广东林业改革给村民带来的收益，进而带出全省77个省定贫困村碳普惠制核证减排总量与成交金额，然后由第三方代理公司负责人说明广东经验在全国相关工作中的地位，紧接着话锋一转，介绍了广东的碳排放权交易改革的全国背景，以及自2010年始广东启动低碳试点工作至今取得的成就，最后通过专家访谈阐明广东经验的积极意义。村的数据—访谈村干部坐实成果—省的数据—访谈市场负责人坐实成果—全国背景及广东以往的积累—访谈学者坐实广东经验，这就是作品从点到面圈层扩大、圈内横向坐实的叙事结构，从而将广东十余年间碳排放交易的试点成果清清楚楚地呈现出来。

三、电视长消息

从表面上看，长消息的“长”体现在时间上，由1分30秒内扩展为1分30秒至4分钟之间。从实质来看，时长容量的增加，意味着报道对象可以从“点状的事实变动”延展为“线性的事实变动”，报道内容可以从“单纯的事实性信息”扩展为“事实性+意见性信息”，报道手段也有了多样化呈现的从容空间。

2020年度参评电视长消息的作品共有55件，最后获奖作品33件。从整体而言，获奖作品兼具以下特征：一是题材有料，既有时政、经济、文化、社会领域的动态、民生、重点工程等传统题材，也有疫情防控、脱贫攻坚、粤港澳大湾区建设等年度题材。挖掘和把握好题材，是做好长消息的最重要前提。二是作风扎实，围绕报道对象进行细致观察和客观记录已成为长消息报道的创作常态，相较以往作品更加注重对新闻背后各种意义的挖掘与呈现，此举显示出全省电视新闻报道队伍整体作风的可喜进步。三是创作讲究，有的作品在选题上精心策划，从冗杂的社会信息当中精准筛选出具有新闻价值的视点，有的作品灵活运用表现手法，在尊重客观事实的基础上以更加具象化、生动化和亲民化的表达大大增强了消息新闻的可看性，有的作品在切入点的选择上更加深思熟虑，在接到新闻线索后能够寻找到恰当的视角去揭示事实中有新闻价值的部分。

广州广播电视台选送的长消息作品《生死竞速！广东医疗队10秒换新ECMO》（一等奖）是抗疫题材作品中的优秀代表。切入点选择得当，采用新闻特写的形式，现场记录了广东医疗队在荆州市中心医院为一位新冠肺炎重症患者做一台高难度手术的全过程，以此管窥广东医疗队在支援湖北抗击疫情方面的优秀表现，既展示了广东医疗队高超的医疗技术与大爱精神，也展现了中国人民万众一心、团结抗疫的生动场景。作品创作难度极高，既受到医学的限制，也冒着受感染的风险，还有录制条件的掣肘，最难的是手术时间短暂，稍纵即逝，不具有重复性，这就需要创作团队在开拍前有精心的策划和充分的预案，在拍摄时有过硬的能力和心理素质。这些困难都被创作团队一一克服，他们用手机完整地记录了一次高难度的医学操作过程，作品前期交代铺垫、中期手术现场、后期人物采访一气呵成，有场面、有细节、有气氛、有同期声，没有漏掉任何关键信息，让受众能够身临其境感受到现场的紧张和喜悦。同类题材的参评作品还有广东广播电视台的《荆州日记：ICU 里的战斗》（二等奖）、中山广播电视台的《中山“最美逆行者”妈妈帮孩子补交了一份特殊“作业”》（二等奖）、韶关广播电视台的《支援湖北医疗队返韶，我市各界迎接战疫勇士归来》（三等奖）、饶平县广播电视台的《一线特写：防疫“夫妻档”，上阵“父女兵”》（三等奖）等。

脱贫攻坚报道是 2020 年电视长消息的另外一个热门年度题材，同时也是作品难以做好、出新的领域。因为脱贫攻坚战线较长，像国家政策的颁布、脱贫攻坚进展等一些重大的、有价值的热点信息，大多已经各大媒体抢先报道过了，如何挖掘出更加新颖的脱贫攻坚切入视角成了各个创作团队必须绞尽脑汁思考的共同课题。清远广播电视台选送的《县长做网红为大米地瓜代言》（二等奖）和信宜市广播电视台报送的《钱排果农首开直播先河助销三华李》（三等奖），虽同为新媒体助农脱贫题材，但处理手法不同，传播效果也就有差异。前者巧妙运用视听语言设置悬念，以更加丰富的视觉符号，涵盖了网红县长在会场直播的风趣片段、连山县农产品的生产画面、直播平台人员和企业人员采访等多个板块。而后者导语用时过长，核心内容导入过慢，导致节奏拖沓、视觉呈现上略显单调，最终评委们的评价结果也就显示出了差异。

地方特色风貌属于传统题材，也是电视长消息的常客。广东广播电视台选送的《带着国徽去开庭，打通司法为民“最后一公里”》（一等奖），运用多种专业设备，以专题片的拍摄手法记录了湛江市硇洲岛巡回法庭陈道准法官送法出海，在渔排上开庭审理案件、调解纠纷，给渔民们提供司法服务的事迹。同类型题材作品还有深圳广播电影电视集团选送的反映中国大陆首座大型商用核电站——大亚湾核电基地安全运行的《安全运行 5000！中国“核电名片”创世界纪录》（二等奖），汕头市广播电视台选送的反映汕头建设发展的《“世界级挑战性工程”汕头海湾隧道全线贯通》（二等奖），江门广播电视台选送的反映重大技术成果的《全球最大电子束处理工业废水项目在江门投运　填补国际技术标准空白》（三等奖）等。这些获奖节目的共同特点是题材均为发生在地方的重大项目或重点工程，但创作团队并没有当作应景之作消极对待，相反，坚持以多元化表达、多角度记录的创作思路，充分调动各种视听元素将新闻事实具体化、图形化处理，通过影像的力量展现我国现代化建设中各行各业所取得的显著成果，使作品既能全面展现新闻事实、突出表现新闻要点，又能兼顾受众收看习惯，为受众呈现立体化的信息场景。

四、电视系列、连续及组合报道

与电视消息不同，电视系列、连续及组合报道有更长的报道时间、更大的报道容量，在题材的选择、手法的采用、编排的设计上也与电视消息有很大差异。如何利用好更长的篇幅对新闻事实进行报道？如何突破传统老套的创作思维？如何利用精良的制作、灵活的视听手法、流畅的叙事更好地抓住受众的眼球？这些既是创作团队在策划报道时必须直面的问题，也是评委们主要的考察点。

电视系列报道是指围绕某一主题对新闻事实所做的多角度、多侧面的报道，一直是电视系列、连续及组合报道组群作品的大头，本年度共有参评作品28件，占总数的88%，其中，获奖作品共有15件，获奖比例为54%。

广东广播电视台选送的系列报道《湾区正青春》（一等奖），主题重大，是广东地区独有的国家级战略题材，把握好这一题材广东卫视责无旁贷，也不辱使命。作品经过精心策划，从关乎民生的蔬菜运输开始，带出港珠澳大桥在珠澳生命连接线的意义，巧妙地在“湾区正青春”这一大主题下串起了粤港澳三地互联互通、协同创新、产业体系、青年舞台、双城联动、全面融湾六大主线，深刻阐释粤港澳大湾区在基础设施、基础研究、转化应用等方面的突出优势。作品在大处着墨、从小处入手，既有宏观叙事，又有微观呈现，综合运用了航拍、延时、动态地图、跟踪字幕等拍摄技术及包装手段，声画语言丰富，具有冲击力、感染力，为观众带来新颖的视听体验。

随着新媒体的蓬勃发展，移动互联网在媒体行业日渐渗透，新旧媒体的共存与融合已经成为传媒业发展的基本趋势。与大制作的系列报道不同，深圳广播电影电视集团选送的特别报道《全球，在战疫》（二等奖），对电视系列报道的创作方式做出了新的尝试。作品将大量构图一般、色彩不饱和、画框不稳定、主角形象不正式的Vlog影像引入到原本对画面质量要求极高的系列报道中，通过海外人员的个人视角，有效展现了海外华侨华人在疫情期间的所见所闻、所行所感。可贵的是，创作者并没有完全依赖海外Vlog素材，而是充分利用新媒体信息资源，在具有主观色彩的Vlog素材中穿插具有客观色彩的新闻素材与解说，既呈现出个性化、生活化、去表演化的主观叙事，又不乏宏观的、权威的客观传播。不过需要注意的是，电视媒体一贯以信息的权威性、采编播的专业性等优势著称，媒体在尝试媒介融合的过程中不可顾此失彼，在选取新媒体平台上的素材时，对信息的真实性要给予深度实证，对新闻事实也要坚持全面客观报道。

连续报道是指围绕正在发生的新闻事件连续播出的“跟踪式”报道，与系列报道主要是非事件性新闻不同，连续报道主要是事件性新闻。本次参评的连续报道只有汕头、东莞、茂名、清远广播电视台选送的4件作品，最终全部获奖，但也都是三等奖。这既表明评委们对连续报道这种报道形式的肯定，同时也表明评委们认为这四件作品在创作上还有提升的空间。

组合报道是指围绕同一主题、现象、人物、事件在同一节目版面播出的不同体裁的报道，它有三个要素：一是可以是事件性新闻题材，也可以是非事件性新闻题材；二是必须成组在同一期节目中播出；三是必须包含不同的体裁。在本次参评作品中没有一件组合报道，是一个小小缺憾。在所有参评作品中，最接近组合报道形式的是韶关市广播电视台选送的关于省界收费站取消的三篇报道。说“接近”是因为这一选题非常适合做组合报道，而创作团队也提交了动态新闻、人物报道、记者体验三种报道形式的作品，但这三件作品从体裁上来说都是消息，只有一种体裁，并没有满足组合报道要“不同体裁”的要求。如果创作团队再加上新闻背景、新闻专访、新闻评论、新闻直播等不同体裁报道形式中的任意两种，就是标准的组合报道了。

五、总结

综观本次参评“电视短消息”“电视长消息”“电视系列、连续及组合报道”的所有作品，评委们一致的感受是：一线的电视新闻工作者在疫情背景下仍然完成了各项电视宣传报道任务，也产生了一二三等奖等诸多奖项，实属不易，但应该清醒地看到，参评作品中堪称精品的还不多，冲击国家级大奖的底气也不是那么足，在融媒体背景下不少电视新闻报道仍然固守传统的节目采编思维，敢于探索、创新新闻报道方式的激情有待迸发。

对历届优秀电视新闻作品进行分析后不难发现，制作成功的电视新闻报道必须同时做好三件事情：首先是把握好选题。除了重大题材和突发事件外，好题材都是挖掘和积累出来的，这就需要记者编辑们在日常采访报道中通过反复的实践、观察、学习和思考，从而培养出强大的新闻敏感性。其次是精心策划。在新闻报道中，需要策划的不是新闻事实，而是新闻报道的过程，包括对新闻题材的理解、素材的获取与遴选、新闻由头的寻找、新闻眼的发掘、报道段落的起承转合、篇章的规划、主题的提炼与升华等。最后是专业呈现。这一点不仅体现在出镜报道的方式、航拍延时等复杂拍摄手段的运用、声画关系娴熟的转换等视频制作的基本功上，更重要的是体现在新媒体思维和融媒体手段的导入上，具体来说就是要学会综合文字、图片、画面、数据、动图、音乐来直观化、视觉化、生活化叙述，要学会在碎片化、社交化、泛娱乐化的融媒体环境下树立“观众至上”的理念，要学会将以往我拍你看、我播你听、我编你读的单项传播思维转换成顾及观众需求、观众乐见、观众语态的双向传播思维。最后，我们期待2021年度各单位的“电视短消息”“电视长消息”“电视系列、连续及组合报道”能够涌现出更多佳作与精品。

（何日丹，2020年度广东省广播影视奖电视新闻一组组长，原广东省广播电影电视局副局长、电视新闻一组组长；李俊良，2020年度广东省广播影视奖电视新闻一组评委，华南农业大学教授）

万马奔腾　美美与共
——2020 年度广东省广播影视奖电视新闻二组作品评选综述

陈红艳

在 2020 年度广东省广播影视奖评选中，电视新闻二组负责“电视新闻栏目”“电视新闻评论”“电视新闻专题”“电视新闻节目编排”“电视新闻访谈节目”“电视新闻现场直播”“电视对外新闻”等 7 个项目的评选。本组共有 116 件参评作品。根据评选办法，共设一等奖 5 件，其中，“电视新闻现场直播”和“电视对外新闻”两个项目因为报送作品不满 10 件而不设一等奖，其余 5 个类别各有 1 件一等奖。二等奖设 22 件，三等奖设 43 件。经过本组 7 位评委认真讨论、分别投票、反复核对，最终选出 5 件一等奖作品，20 件二等奖作品，41 件三等奖作品。因为今年实施对同一作者参评作品不能超过 5 件、获奖作品不能超过 3 件的新规则，最终二等奖空缺 2 件，三等奖空缺 2 件。

总体而言，本组评出的获奖作品，具有以下三大特点：一是选题覆盖面广，聚焦年度事件、把脉时代潮流，既有抗击新冠肺炎疫情，决战决胜脱贫攻坚、全面小康，经济特区建立 40 周年等重大议题，又有关注智能化生活怎能“隔离”老年人、高空抛物之伤等民生热点话题。二是政治站位高，主题挖掘深，同一年度事件下，从不同角度、不同维度呈现的作品比较丰富。三是整体制作水准比较精良，不乏视觉效果具有冲击力的“大片”。尤为难得的是一些地市台的作品，从画面拍摄到包装，在质感和品相上不乏亮眼之作。

一、电视新闻栏目：周播日播　以少赢多

参评“电视新闻栏目”的门槛是节目须开办一年以上。从本次报送的 13 个栏目来看，日播栏目占了 11 个，周播栏目仅有 2 个。在 11 个日播栏目中，联播类栏目有 5 个，民生类栏目 3 个，都是开办时间较长的主档新闻节目，节目质量、影响力毫无疑问都是各台的“门面担当”。其中广东电视台的《广东新闻联播》和深圳卫视《深视新闻》整体水准较为突出，体现出联播新闻应有的高政治站位和高质量专业水平。尤其是《深视新闻》，在全国两会报道中有深圳卫视记者在外长记者会上提问国务委员兼外长王毅的独家内容；在深圳经济特区四十周年庆祝大会报道中则有《香港名人看特区四十年》独家策划，汇聚两任特首以及十多名港府高级官员的访谈，充分彰显了深圳卫视的影响力。

新闻日播王牌节目固然是常青树，但这也往往意味着栏目的形态、语态、内容范畴都相对固化，展现创新亮点并不容易。这就给制作周期更从容、类型更丰富的周播节目提供了奇兵突围的机会。仅有的两个周播节目是深圳卫视《关键洞察力》和佛山电视台《热线关键词》，前者聚焦国际热点时事，通过多位嘉宾同场论道的方式进行深度解读，节目开播已 8 年，主题聚焦、讨论深入、制作精良。后者则是佛山电视台“十年磨一剑”的周播新闻评论栏目，形式新颖、特色鲜明。节目以关键词为抓手，编排思路得以清晰彰显；主持人与节目融合度较高，语态轻松自然。在日播节目老面孔扎堆的赛场里，这两档周播节目反而以少胜多，俘获了寻新觅稀的评委们的心，最终《热线关键词》夺魁。

二、电视新闻评论：不论则已　一剑封喉

评论归根到底是一种认知能力和表达能力的集中体现。好的评论无外乎几点：一是有宽阔的视野和较高的站位。评论议题虽是具体的，但必须有对时代和历史的观照，有对现实的洞察，绝非是自我感觉良好的自说自话。二是必须敏感敏锐，善于挑出现象里的新闻眼，善于捕捉转瞬即逝的“战机”，善于抓住事物的要害。三是通俗表达，电视新闻评论尤其注重用口语化的表达讲清大道理，在有限的时长里解剖精准、表述到位，达到“不论则已，一剑封喉”之效。

纵观本次参评的 17 件评论作品，完全达到上述标准的佳作难觅。但令人遗憾的是，新冠肺炎疫情这一重大事件没有催生出高质量的评论作品，参评的 5 件抗疫题材作品普遍停留在就事论事的层面，既没有从更辽阔的视野中洞察本质，也缺乏以小见大的微观亮点，从而流于平常。相较之下，两篇与疫情时代背景相关但聚焦老年人如何适应智能化社会生活的评论令人印象深刻，最终一等奖作品也是从这两篇中产生的。

惠州电视台报送的《“老”难跨越的数字鸿沟　莫让“智能”变“只能”》，标题即是论点。节目一开头通过典型新闻事实的陈述指出问题，随即展开论证。一方面，老年人因视力不佳、记忆力衰退和学习能力较弱难以适应数字化技术发展，是数字鸿沟难以跨越的客观事实；另一方面，从人文关怀的角度，一个社会对老年人这一弱势群体的关爱体现一个社会的文明程度，不能让数字鸿沟变成人为鸿沟，因而应该为老年群体提供制度和政策设计上的关照，国务院办公厅公布的关于切实解决老年人运用技术困难的实施方案以及惠州的地方举措即是基于这样的考量，整个论证过程思路清晰。全片论点、论据和论证过程三个完整的评论要素之间互相支撑，逻辑性强，因而有较强的说服力。另一篇同类题材作品是深圳电视台的《现场锐评：智能化生活　怎能“隔离”老年人》，短小精悍、以小见大、论证有力、说理透彻，可惜视频素材中相当多的部分来自手机拍摄，画质不佳，可视性大打折扣。

17 件评论作品中，深圳卫视《习近平深圳重要讲话释放哪些改革开放最强音》是唯一一件直接解读最高领导人讲话的作品。一个地方台对领导人讲话进行分析点评，即便放眼全国也是罕见的。但是该件作品恰恰是体现习近平总书记有关舆论引导“时度效”论述的一篇代表作。在 2020 年 10 月 14 日习近平总书记出席深圳经济特区成立 40 周年庆祝大会并发表重要讲话的当天，该件作品在深圳卫视播出。评论员管姚根据总书记讲话的三个层次，即时代精神、深圳内涵和精准指向进行了深入全面的学思悟践。评论视野开阔、角度新颖、观点鲜明，对“深圳为什么行”做了解答，对总书记总结的“十个坚持”做了阐释，鲜明提出“十个坚持”是“深圳密码”“深圳做对了什么”的全部内涵，是深圳经济特区成立 40 年来积累的最大财富。令人惋惜的是，由于评选规则对机构获奖数和作者署名件数的限制，该件作品最终落选。

沧海遗珠恐怕是评委们最大的无奈。同样令人痛惜的还有佛山电视台报送的《凭什么！顺德又是优等生！》。在 2020 年全球抗击疫情的背景下，稳定经济是全球共同的难题。该件作品从顺德这个县级经济体的季度 GDP 数据切入，分析了顺德抗击疫情提振经济的做法，从而映照出中国大力推行国内国际双循环的新做法的有效性。全片切入角度精准、层次分明、声音多元、制作精良，开始也有评委提议其作为获奖作品，但现场集体审片时被挑出绝对硬伤：全片通篇用“GDP 3%”的表述，漏了“增长”这个定性的关键词，让立论失去了准确的依据，从而被完全排除在获奖范围之外。不得不说，这样的硬伤也再次提醒新闻从业者务必养成严谨的工作习惯，否则就很容易掉进“差之毫厘，谬以千里”的陷阱。

三、电视新闻专题：双璧争辉　各美其美

电视新闻专题是本组评选中候选作品最多的项目，共有 38 件作品，但是一等奖名额同样只有一个。而新闻专题有别于电视消息，往往制作周期较长、投入成本较大，因而整体上会比消息类作品更为精良、更具故事性和艺术性。其中两部作品非常突出，分别是广东电视台《共赴山海》和深圳电视台《敢向潮头立》，从投入来看，均是“年度大片”。

《共赴山海》以广东对口援助新疆喀什为切入点，呈现了广东对口援助新疆的成果，彰显了我国 2020 年决战决胜脱贫攻坚的主旋律。该作品具有如下两个特点：

一是作品中的人物故事具有不同的代表性，每个故事独立成章，但故事与故事之间又能有机地联系在一起，突出了作品主题的统一性。在人物的选择上，既有来自广东的援疆干部，也有当地一线工人、返乡创业的大学生，还有维吾尔族的护边员，每个人物都与援疆工作有关联，片子从不同角度用不同的方式，

讲述了广东援疆的工作成果。

二是制作精良。作品在画面的拍摄上花了很大的心思，画面精美，运用多种拍摄手法，使内容与画面高度契合，用画面语言从另一个角度阐述了广东援疆的故事。作品充分反映了广东援疆党员干部与当地各族群众一同艰苦拼搏、兢兢业业、共同奔小康的坚定决心，是一部立意高、艺术性和观赏性强的优秀新闻专题片。

《敢向潮头立》则是深圳电视台在广东省委、深圳市委全程指导下摄制的一部向深圳经济特区建立 40 周年献礼的专题政论片。全片紧扣主题、选材得当、逻辑严谨、叙述平实、视听新奇，浓墨重彩地点染了深圳 40 年的浩荡历史、恢宏现在和可期未来。该专题片创作可谓融思想性、艺术性、传播性于一体。

风格上，该片大开大合，承续了政论型专题片特有的雄辩与理性，在传统与现代、历史与当下、国内与国际等多重视野中展开阐述，响亮回答了深圳经济特区因何而生、因何而立、因何而兴、向何而去；有力证明了深圳奇迹为何是中国共产党执政的光辉杰作。

影像表达上，该片媲美电影大片的画面质感，视效大气磅礴、先声夺人。片头动画、片中三维特效运用恰到好处。全片视觉元素饱满，充满律动感，镜头表达干脆利落，没有丝毫拖泥带水之感，展现出节奏明快、内容充实、印象鲜明的特质。此外，精巧的听觉设计，也增加了片子的厚重感。不愧为一部全网刷屏、各方竞相留存展示的深圳 40 年影像文献。

两件作品均是年度重大主题，均质量上乘，但又各具特色。《共赴山海》长 50 分钟，为刻画人物留足空间，以故事性动人。《敢向潮头立》在 16 分钟的篇幅里全景展现深圳经济特区 40 年的辉煌历程，必须以空间换时间，因而在视听表达上下足功夫，视觉效果堪称电影级。虽然最终经过综合考虑，《共赴山海》夺得第一，但无损《敢向潮头立》闪耀光辉。

四、电视新闻节目编排：聚焦主题　制胜法门

根据评选办法，电视新闻节目编排评选的是“常设新闻节目的版面”。有别于报纸或网页版面的一目了然，电视节目线性播出的特性决定了展示其编排功力最直观的手段就是聚焦主题。从本次候选的 18 件编排作品来看，聚焦重大主题展开组合式报道的情况最为普遍。

《众志成城　抗疫最前线》是广州电视台《午间新闻》节目的一期编排作品。该期节目的可贵之处，就是高度聚焦抗疫主题，在疫情防控初期信息匮乏阶段，给惶恐笼罩之下的广州市民带来一颗定心丸。节目主打直播态的呈现方式，用记者的第一人称、第一视角看疫情防控下的广州，给群众带来了大量及时鲜活、内容丰富、解读权威、效果突出的报道，公开透明发布疫情信息、正

面击溃网络谣言、传播广州城市温度，体现了媒体的责任担当。谋篇布局上精心策划，版面均衡，重点突出；消息、特写、评论，体裁多样，有力烘托出“众志成城齐抗疫”的主题。

2020 年是经济特区建立 40 周年，在 8 月 26 日特区生日这一天，深圳电视台和珠海电视台都围绕特区 40 年这个主题做了精心策划。深圳电视台《第一现场》发挥民生节目贴地飞行的特色，原汁原味地呈现了深圳市民用各种方式为城市庆生的过程，并通过微信互动方式打通屏幕内外，充分体现市民的参与感。但白璧微瑕，节目中有几处错别字，影响评奖等级。差错率较高是日播新闻节目紧迫的制作周期导致的“常见病”，解决之道唯有在日常形成严谨细致的工作作风。

珠海电视台《珠海新闻》聚焦特区四十年报道则突出时政栏目的宏阔性，采用虚拟现实技术为严肃的主题报道赋能，增强可视性。略为遗憾的是，节目前 15 分钟的时政动态消息跟特区 40 周年主题无直接关系，主持人播报背景的大屏上却全程挂着特区 40 年的主题，稍显突兀。

五、电视新闻访谈节目：善于提问　先声夺人

该项目评选的一个刚性要求是节目时长 60 分钟以内，其中，主持人与嘉宾现场交流谈话时间至少要占整个作品时长的 2/3。本次参评的 15 件作品都基本符合这个硬要求，演播室访谈形式占了大多数。访谈话题选取的新闻性、访谈对象的身份权威性是一个节目能否吸引眼球的基础，但最终决定节目能否成功的关键是谈话内容是否“解渴”，有多少“干货”，要做到这一点，发问者善于提问、善于控场至关重要。

按此标准比对参评作品，不乏可圈可点的佳作。一等奖作品《深圳卫视对话钟南山》，是在 2020 年 4 月 1 日，全国疫情防控转入新的关键阶段采访播出的一期节目。节目以记者独家专访钟南山的形式，对疫情防控中大家最为关注的无症状感染者是否有传染性、药物有效性等问题做出了权威解答。这是钟院士继 1 月 20 日在央视《新闻 1 +1》肯定新冠肺炎病毒存在人传人现象之后的又一次关键发声。该节目精准把脉舆情，通过有针对性的提问让钟院士权威发声，有效破除谣言。50 分钟的节目通过记者层层设问、抽丝剥茧，钟院士一口气回答了二十多个问题，干货十足，既有对疫情的答疑解惑，也有在危急时刻的艰难抉择。专访将事与人有机融合，将故事与科学巧妙结合，鲜活生动、丝丝入扣、引人入胜，达到了全网传点阅量破 10 亿次的现象级传播效果。

新闻访谈节目的高质量很大程度上取决于访谈对象的权威性。广东电视台报送的《黄奇帆：中国经济必须要打好的 5 张牌》是一档演播室访谈节目。该期节目紧扣全国两会期间，习近平总书记提出的推动国内国际双循环、促进经

济发展新格局的重要讲话，邀请曾任重庆市市长的中国国际经济交流中心副理事长黄奇帆解读。黄对访谈话题具有较深入的认识，他提出了中国经济要打好5张牌的观点，其解读具有较强的思辨性，对企业等社会主体具有较好的指导作用。

六、电视新闻现场直播：现场太少　策划太多

电视新闻现场直播是指与重大新闻事件或突发事件的发生和发展同步采集现场信号并播出，集现场报道、背景介绍与事态分析等于一体的新闻作品。作品必须以新闻现场信号为直播主体，采用音像资料时长不得超过作品时长的1/3。有两件作品是与新闻事件发生同步，一个是广东电视台报送的《广东省政府疫情防控第二十四场新闻发布会》，聚焦2020年2月18日广东疫情防控关键阶段召开的一场发布会，原汁原味地呈现了发布会过程，但缺少背景介绍与事态分析，因而显得像“流水账”，无法帮助观众充分理解发布会硬核消息的重大意义。

另一件是深圳电视台报送的《先行示范新使命——庆祝深圳经济特区建立四十周年特别报道》，聚焦10月14日庆祝大会，该节目从庆祝大会结束切入，与当天央视对大会的直播无缝连接，充分展示了深圳各界以及世界各国对习近平总书记重要讲话的反响，政治站位高、时效性强、内容丰富多彩。但真正的直播恰恰是遗憾的艺术，因信号传输问题，节目中有长达十几秒的现场声音丢失，传播效果打了折扣。

纵观参评的8件作品，完全符合评选办法要求的不多。大多数是主题先行之下的“策划现场”，甚至不乏明显提前录制的“假连线”，让现场直播变了味道。根据评选办法规定，因该项目报送作品未满10件，故而未设一等奖。

七、电视对外新闻：属性模糊　仍有精品

电视对外新闻项目的关键词有两个，一是新闻属性，二是对外传播属性。共有7件作品参评，类型涵盖消息、专题、Vlog等，完全符合两个属性的作品少之又少。中山电视台选送的《生死43天》是难得的完全符合对外新闻基本要素，同时又具有故事性、艺术性的佳作。

《生死43天》是中山电视台在2020年2月到3月间，历时两个月时间，跟踪记录数百名白衣天使在一线抗击新冠肺炎的真实经历而成。作品通过纪实手法，展现了数百名白衣天使和医学专家，为挽救一名新冠肺炎重症患者的生命，历经43天的艰巨挑战。作品展现了“人民至上”的家国情怀，诠释了“生命至上、举国同心、舍生忘死、尊重科学、命运与共”的伟大抗疫精神。节目在中央广播电视总台英语环球节目中心纪录国际频道播出，让全世界通过一个真实

的案例，了解到中国人民如何众志成城与病魔搏斗，抗击新冠肺炎疫情。

该片制作精良、传播效果突出，是一部可以冲击国家级奖项的高质量作品，但根据评选办法，因参评作品不满 10 件，未设一等奖，故该片虽然是本项目中无可争议的第一名，却最终屈居二等奖。

近年来，省影视奖评选非常强调一个原则：在坚持质量优先的前提下，适当向欠发达和获奖少的地市台、县级台倾斜，以便提高获奖机构的覆盖面、提高粤东粤西地市台的获奖含金量，充分调动全省广播影视行业从业人员的创新积极性，组织者的良苦用心在本届评选中继续得到坚决贯彻落实。在本组评选中，获奖作品覆盖了全省 21 个地市，甚至包括县级台。

严格落实统筹兼顾原则，这对省台以及深圳、广州等实力相对较强的地市台来说，是痛苦的，甚至是“残忍”的。但对其他地市台来说，多了突围空间，多了夺金机会。离基层近、离一线近、离群众近、离独特的新闻资源近，这是地市台最大的优势。要在竞争中占据主动，地市台就要善于趋利避害、扬长避短，做自己该做、能做、擅长做的事，重点在贴近性、独特性、创新性上下功夫，这样的作品才是受众欢迎、评委看重的。从这点来说，地市台大有可为。

（陈红艳，2020 年度广东省广播影视奖电视新闻二组组长，深圳广播电影电视集团高级编辑）

走在融合传播、分众传播、差异化传播的大道上
——2020年度广东省广播影视奖广播社教作品评选综述

李志良

在南国姹紫嫣红、花开蝶舞的初夏时节，2020年度广东省广播影视奖顺利完成了作品的评选工作。广播社教组共收到包括广播栏目、广播社教节目和广播少儿节目3个评奖项目在内的共60件作品。评委们按照评选办法，严格把关，最后评出3件一等奖、11件二等奖和22件三等奖，获奖作品总数为36件，占送评作品总数的60%，符合设奖数额要求。

纵观本次送评作品，归纳起来有如下四方面特点：其一，瞄准重大题材，集中火力，浓墨重彩。举国上下抗击疫情，扶贫济困精准施策，关心下一代成长各施其法，弘扬地方文化不遗余力等，都成为作品的主题。其二，各播出机构在延续原有品牌栏目生命力的同时，精心打造新的品牌栏目，出现新老品牌相得益彰的喜人局面。其三，节目制作突出丰富的声音元素，广播魅力得以凸显。特别是歌曲音乐与各种现场音效的融合，小主播嵌入和剧场式演绎，都让受众充分领略到广播媒体特有的感染力。其四，融媒传播亮点纷呈。广播媒体已大踏步走出媒介孤岛，在自建平台传播与借助第三方平台传播上双管齐下，各施其法。

广东广播电视台、深圳广电集团、广州广播电视台仍是广东广电节目创优的三大马车。三大播出机构共有6件作品获一等奖和二等奖，占获一、二等奖作品总数的43%。如果不考虑其他因素，三大播出机构的作品将会凭实力获取更多的奖项。可见，多年延续的节目制作强者愈强、弱者愈弱的马太效应依旧存在。至于作品中出现的一些共性的瑕疵如作品题材过于集中、个别表述不严谨、音频与文稿内容不一致等，在此不详细罗列。

本人根据送评作品的栏目定位、节目主题、创作手法、谋篇布局等方面特点，并结合平时观察的部分播出机构的节目生产情况，梳理出几点个人看法：

一、在错综复杂的舆论环境下，面临举步维艰的经营困境，广电媒体要时刻进行灵魂拷问：为了谁？依靠谁？我是谁？

哲学先贤提醒，生命个体要清晰认知我是谁？我来自何方？我将往何处？对党领导下的媒体而言，就必须时刻扪心自问："为了谁？依靠谁？我是谁？"

即要弄清媒体的出发点和归宿点在何处，弄清哪里是媒体的避风挡雨之所，弄清媒体的行为取向和社会价值。中国共产党领导的人民广播事业刚刚走过 80 周年。其间，无论是在风雨如晦的延安时期，还是在百业待举的新中国成立初期，抑或是在凯歌频传的社会主义建设新时代，党中央都反复强调什么是媒体的安身立命之本。习近平总书记明确指出，在新的时代条件下，党的新闻舆论工作的职责和使命是：高举旗帜、引领导向，围绕中心、服务大局，团结人民、鼓舞士气，成风化人、凝心聚力，澄清谬误、明辨是非，连接中外、沟通世界。因此，广电媒体每时每刻都要明确自身的社会属性，在对舆论导向的把握上自觉与党中央保持高度一致，努力成为社会环境的瞭望塔和社会情绪的稳定器。即使在当前传统媒体普遍陷入经营低谷之时，也必须把社会效益摆在首位，确保有充足的力量和充裕的时段去弘扬正气，激浊扬清，讲好中国故事，传播好中国声音，不断把媒体的传播力、引导力、影响力和公信力提高到一个新境界。

从本次参评作品的内容判断，各播出机构在身份认知和价值取向上是高度一致的。这体现在，一是浓墨重彩地回顾全国上下在中国共产党的英明领导下有效抗击新冠肺炎疫情的可歌可泣的艰苦历程。广东广播电视台的社教节目《中国方案背后的故事——“中国好医生”张忠德的抗疫之路》反映了抗“疫”领军人物张忠德在大年三十深入武汉隔离病区的感人事迹，在表现人物面对肆虐的病毒无所畏惧的高尚医德的同时，以事例证明中医中药在治疗新冠肺炎病情上有不可替代的作用，颂扬了中国方案、中医使命和中国精神。东莞广播电视台的社教节目《回家真好》选在“520”（我爱你）这个时间节点，向从抗疫前线胜利归来的医护人员致敬，并通过他们的朴素语言引出了“要把爱家和爱国统一起来，把实现家庭梦融入民族梦之中”的重大主题，诠释了家国情怀的深刻内涵。二是绘声绘色地展现我省在打赢脱贫攻坚战、全面建成小康社会的决胜之年的壮丽举措，歌颂了以习近平同志为核心的党中央在实施精准扶贫伟业中的坚强领导和英明决策。广东广播电视台的社教节目《走向小康　走进连樟村》选取了习近平总书记曾前往考察的省定相对贫困村——英德市连江口镇连樟村，通过村容村貌和村民精气神的前后对比，生动讲述了决胜全面建成小康社会的精彩故事。韶关广播电视台的社教节目《瑶山腾起“金鸪鸪”》从当地贫困户个人命运的改变切入，聚焦乳源县 20 年间在“聚水”“养地”“修路”上的建设成就，反映了这个曾经的国家级扶贫县在国家扶贫政策的惠泽下所取得的翻天覆地的变化。

二、在媒体融合如火如荼的当下，广电媒体要进一步做好融合传播的顶层设计，让媒体肌体里的每一条血管都流淌着融合的血液，以融合传播增强媒体实力，激发媒体活力，释放媒体魅力

媒体融合的大势正逐渐抹平媒体之间的边界，“你中有我，我中有你”的业态已经显现，将来甚至出现“你就是我，我就是你”的传媒新格局。全国广电媒体无不顺应媒体融合发展的趋势，从提升媒体生产力出发，借助数据化、网络化、智能化等新一代技术，敢于尝试，勇于创新，不断完善媒体生产关系，以全程、全息、全员、全效的目标不断增强媒体的综合竞争力。

广东广播电视台在媒体融合中布局较早，也积累了不少成功经验。该台的广播栏目《民声热线》就是一个全媒体呈现的栏目。栏目搭建起覆盖各类社交、短视频的传播矩阵，分别在抖音、快手、今日头条、微信视频号和公众号等平台开通官方账号，栏目在新媒体端的影响力大增。来自新媒体端的投诉报料数量剧增，首次超过传统的热线电话报料数量。抖音号粉丝量从4万人增加到30多万人，点赞超过300万人次，单条短视频播放量最高达1 300万次。曾创造中国广播“珠江模式”的珠江频道创办了广东首个融媒体疗愈式栏目《心情咖啡馆》，栏目风格轻松活泼，选题积极向上，融新闻性、科普性、服务性、互动性于一体。节目除在本频率播出有极高的收听率外，在蜻蜓FM、喜马拉雅FM、心理FM等移动音频平台上的点击累计达1 600万人次，主持人微博的“我的话题”关注人数也达2亿人次。

深圳广电集团的广播栏目《鹏城歌飞扬》以推广深圳原创音乐为己任，可通过壹深圳、蜻蜓FM、喜马拉雅FM、企鹅FM等平台收听，被誉为目前“中国最具影响力的原创音乐活动品牌和造星平台之一”。《鹏城歌飞扬》栏目在深圳抗疫英雄回家当晚推出了一个气势恢宏、荡气回肠的直播特别节目《英雄回家》。作品以独具匠心的策划、鲜明的主题立意、震撼心灵的情感诉求荣获广播社教节目一等奖。节目制作手法多样，不乏创新性，把大量的人物采访录音、现场音效和背景音乐融汇在一起，以声音元素的丰富性来充分显示广播声音的穿透力。特别是抗疫英雄王虎的女友陈慧敏的书信朗读、深圳音乐人创作和演唱的抗疫歌曲，听来催人泪下。节目下篇重播了之前在深圳和武汉两地同步播出的音乐书信《武汉你好，我是深圳》和《深圳你好，我是武汉》，既拓宽、深化了节目的视野和内涵，也使受众的收听情绪得以延续。作品设计精巧，主题突出，结构合理，不愧为能代表深圳广电集团节目制作水平的动情、动心、动脑、动人的精品力作。

三、在注意力资源愈加稀缺的传播语境里，要让有限的公域流量转化为私域流量，广电媒体必须实施品牌 IP 化打造

美国著名的营销学家科特勒认为，品牌是一种名称、名词、标记、符号或设计，或是它们的组合运用。其意图是借以辨认某个销售者或某群销售者的产品或服务，并使之与竞争对手的产品或服务相区别。

本次评选办法规定，凡参评的广播栏目，要“有明确的内容定位和节目方针，有鲜明的风格和特色，有固定的播出时间且开办一个季度以上”。从作品送评要求可以看出，广播栏目评选，从某种意义上说，是广播栏目品牌的评选。广东广播电视台获一等奖的广播栏目《民声热线》已开办 15 年，它在全省问政类广电栏目中覆盖面最广、影响力最大、权威性最高，切实为民把脉问诊，解决了许多政务上的“疑难杂症”，承担了主流媒体舆论监督的社会责任。栏目改版后，突出了“让投诉简单点”的理念，专注于投诉对象，服务更到位，成效更显著。值得一提的是，节目主持人沉稳、冷静而专业，成竹在胸、游刃有余地应对直播中出现的五花八门的投诉和各种不可预知的情况。韶关广播电视台的广播栏目《蒲公英》开办时间也长达 9 年。在该栏目开办之初，少儿栏目在全国广播界难觅芳踪。能开办一档少儿栏目，并在广播栏目更新周期普遍缩短的情形下，《蒲公英》栏目能坚守 9 年，实属不易，值得称道。它始终坚持守护成长、传播真善美的栏目宗旨，围绕未成年人维权、校园文化建设、家庭教育和亲子关系等主题策划组织节目，收到良好的社会效果。

这次送评的广播栏目数量之少出人意料，仅有 16 个，一些播出机构甚至放弃送评。究其原因，主要是广播栏目更迭快，选不出成熟的有竞争力的栏目参评。这里牵出栏目品牌打造和维护的话题。众所周知，品牌锻造不可能一蹴而就，没有时间积淀难成品牌，真正的品牌是经得起时间磨砺的。20 世纪 90 年代以来，广东广播界夜间谈话类栏目风靡一时，造就了一批品牌栏目和品牌主持人。佛山电台主持人邱静创办的《今夜情为证》栏目已有 22 年之久，东莞电台主持人叶纯创办的《城市的声音》栏目也长达 20 年。两人至今仍守候在直播室，向忠实听众传递“城市夜空最温暖的声音”。曾获中国播音主持“金话筒”奖的深圳电台主持人胡晓梅创办了《夜空不寂寞》栏目，在深圳地区保持了连续 15 年的最高收听率纪录，被誉为“中国南方的广播奇迹”。胡晓梅虽业已离开主持岗位，但《夜空不寂寞》栏目仍保留至今。笔者列举上述事例，旨在呼吁业界适度保留一些品牌栏目，并顺应收听场景转换和行业生态嬗变，实施品牌栏目 IP 化和品牌主持人 IP 化改造。IP 是以具像化形象为载体的感情寄托，它自带流量，具有原创性、衍生性、互动性等特征，能引起传者与受者之间的情感共振。在以“内容创意 + 技术传播”支撑起来的营销 4.0 的新时代，品牌 IP

化显得尤为重要。就主持人而言，著书立说，建立忠实的听众群，定期为主持人和听众搭建多元有趣、面对面的交流平台，努力将公域流量转化为私域流量，这些都是品牌主持人IP化的有效手段。

四、在信息传播愈加凸显“去中心化”的背景下，广电媒体要大力实施分众传播策略，见什么人说什么话，到什么山唱什么歌，切实提高信息的到达率和受众的黏合度

社会成员基于民族国籍、经济实力、社会地位、居住地区、受教育程度、工作性质和性格爱好等方面的差异而形成不同的社会圈层，并且他们多以“物以类聚，人以群分”的分布方式存在着，各个社会圈层共同构成一个无形的社会学意义上的金字塔。从传播学视域上看，构成金字塔的这种社会圈层就是基于各种缘由的社会成员在互联网媒介平台聚集功能的作用下所构筑和维系的信息传播圈，而圈层传播也越来越成为全媒体时代信息传播的主流方式。这也为20多年前业界和学界关注的广播“对象化”和“窄播化”的理念平添了充足的理论依据。

广播社教节目和广播少儿节目评选也是基于分众传播理念设计的，而广播少儿节目“对象化”和“窄播化”的倾向更为明显。广东广播电视台报送的节目《那年的花儿——从广东驰援湖北医护战士孩子们的春节假期想到的》，选在国内疫情已经缓和的“六一”儿童节当天播出，让广大青少年和家长一起回顾那段惊心动魄的抗疫历程。节目从孩子们熟悉的场景——网课视角切入，充分考虑了受众的身份，自然而然地把他们引入收听状态中。中山广播电视台报送的节目《李兰娟院士回信了》，在展现全国各行各业众志成城抗击新冠肺炎疫情的广阔画面的同时，针对当前青少年在懵懂的成长期如何选择“偶像”的问题，旗帜鲜明地提出要以“最美逆行者”作为自己的学习榜样，长大后致力成为国家栋梁之材，从而引导年青一代树立正确的世界观、价值观和人生观。

毛泽东指出：“我们无论做什么事都要看情形办理，文章和演说也是这样。”对象性节目除了要根据受众的实际情况设置议题外，还要选择易为受众接受的语言和方式。这次报送的21件广播少儿节目，基本做到播报语言通俗易懂，符合青少年的认知水平。部分节目引入小主持，并采用讲故事、剧场演绎等各种生动有趣的方式，有效增强了特定受众的收听意愿。

“符号共享”是传播学的重要理论，它强调传者与受者之间必须使用彼此知晓的语言符号。农村大喇叭在2020年全国抗击新冠肺炎疫情上再现难以替代的传播威力，它正如加拿大媒介理论家麦克卢汉描绘的那样，就像是在旷远的非洲大地上敲响了古老的部落鼓。麦克卢汉的结论是：“广播有力量将心灵和社会变成合二为一的共鸣箱。”面对疫情，农村大喇叭在这次分众化、族群化、社区

化的信息传播中，有意或无意地采用了传播学认可的语言和方式，一些满含亲情乡情而通俗鲜活的“乡言村语”，如“你这小子就是不听话！想找死么？还不快回家给你爸你妈尽孝？”“你不要以为你到别人家去，别人就会欢迎你！”等，直白而严厉，向特定对象传递了清晰的信息，收到极佳的传播效果。

五、在节目同质同构现象越来越严重的情形下，广电媒体要努力开拓生存的新蓝海，从差异化传播中彰显节目产品的辨识度和个性品位

节目从形成和输出的那一刻起，就处于一个竞争的氛围里。在节目播出时，这种竞争是隐性的，评判标准也是模糊的。而节目集中评选无疑是将节目当作消费产品，按一定的类型和要求同时摆放在一个货架上。这种竞争是显性的，有标准度量的。在专业评委面前，优质产品得到指认，而劣质产品也无可遁形。

“竞争战略之父”迈克尔·波特提出的差异化竞争，要求企业提供有别于其他竞争者的个性化产品、服务和品牌。对节目产品而言，做到人无我有，人有我精，人精我专。与其在血腥的红海里相互倾轧，不如开辟新蓝海寻找脱颖而出的机会。

广电产品如何实施差异化传播？

第一，尽可能做到节目产品“同质异构”。年年岁岁花相似，各播出机构因共同参与某一重大宣传战役而造成节目评选时选题“扎堆”的现象是难以避免的。本次广播社教组收到涉及抗疫内容的作品共 22 篇，占参评作品的 37%。为突出产品差异性，很多主创人员在节目的定位、视角、包装等方面力求做到与众不同。深圳广电集团的社教节目《英雄回家》从欢迎深圳援鄂医疗队返深切入，穿插了两地空中对话、人物采访、家书朗读和抗疫歌曲，展现了深圳医护工作者无畏和奉献的精神。中山广播电视台的广播少儿节目《李兰娟院士回信了》，围绕向李兰娟院士写信、李兰娟院士回信、师生就李兰娟院士回信畅所欲言这一线索制作节目，主题鲜明，结构清晰。茂名广播电视台的广播社教节目《爸爸，打完怪兽早回来》则从青少年视角去讲述抗疫故事。

第二，尽可能凸显节目的地方特色。节目本土化是节目产品差异化竞争的利器，很多创作者都深谙此道。佛山广播电视台获一等奖的广播少儿节目《龙狮小少年　传承大梦想》取材于当地现实生活，具有浓郁的岭南色彩和时代气息。在岭南文化重要发源地佛山，舞狮习俗源远流长，当地一些中小学也开设了舞狮的特色课程。作品以国家非物质文化遗产——龙狮表演和扎狮头作为节目的核心内容，确立了“未成年人传承非遗文化”的深刻主题，真实反映了龙狮文化在佛山校园的传承过程，从一个侧面体现了如何从教育层面增加祖国下一代的文化自信，同时给广大青少年以深刻的思想启迪。汕头广播电视台的广

播栏目《潮剧大舞台》专门展播潮剧、潮曲，周一至周五直播，设有“梨园动态”“名家名段”“好戏好折”“高朋满座”“老唱片”和“以曲会友”等内容，节目富有鲜明的地方色彩，深受当地百姓喜爱。

（李志良，2020 年度广东省广播影视奖广播节目一组组长，东莞广播电视台高级编辑）

在坚守与创新中拓展生存空间
——2020 年度广东省广播影视奖广播文艺作品评选综述

白　玲

2020 年度广东省广播影视奖广播文艺参评作品共 65 件，经过评委独立的网络审听和集中的复评讨论以及终评审定，最后评选出 38 件获奖作品。其中，一等奖 4 件，二等奖 11 件，三等奖 23 件。

一、题材选择：新闻性、地域性与典型性并重

文艺广播虽然不像新闻广播那样强调新闻价值，但广播的喉舌功能和传播特性决定文艺广播在注重艺术性与欣赏性的同时，也要注重新闻性和社会意义的表达。这就要求编辑者能够站在时代的潮头，把握社会的脉搏，密切关注文艺的发展动态和创作走向，时刻注意和留心文坛上不断涌现的热点现象，将广大听众未知、应知和欲知的艺术作品通过广播的有声语言加以解读和评说，迅速及时地传递出来。只有这样才符合文艺广播的传播规律；也只有这样，才能最大程度地满足广大听众的接受心理和审美需求。令人欣慰的是，各家电台在这方面的努力与实践可圈可点。2020 年，疯狂肆虐的新冠肺炎疫情不仅让成千上万的白衣战士舍生忘死地投身到没有硝烟的抗疫战场，而且牵动广大文艺工作者乃至广播文艺工作者的心绪。因此，热情讴歌白衣天使的抗疫精神，形象展现“一方有难，八方支援”的真情与友爱，成了 2020 年度广东省广播影视奖广播文艺作品一道亮丽的风景线。该选题不仅比较多地出现在综艺节目、音乐节目中，而且出现在文化类节目和广播剧里。2020 年是深圳、珠海特区建立 40 周年，为庆祝特区建立 40 周年，广东、深圳、珠海电台用不同的节目样式回顾特区 40 年来的建设成就，颂扬党改革开放的好政策，祝福特区的美好未来。2020 年也是打赢脱贫攻坚战收官年，是全面建成小康社会目标实现年。为此，一些电台也通过文艺节目的形式生动刻画扶贫干部或志愿者们的感人形象，具体展现他们扶贫帮困中的先进事迹。

地域性源于新闻的接近性原则，对于广播电台，尤其是省、市两级的地方电台来说，地域性的题材选择十分必要。地域性选题的关键是立足于地域文化，大力开发具有本土化特色的节目资源，这要求编辑者选择题材时应该首先选取本土的文艺作品或文化现象作为节目的审美和评说对象；而对于一些非本土的

艺术家或艺术作品，编辑者可以用本土化的审美视觉去发现和捕捉其与本土之间的某种联系，并将其纳入选题范围。应该说，本年度广播文艺参评作品的题材选择除了注重新闻性外，地域性特征表现也相当充分，无论是综艺节目、文化节目，还是音乐节目、广播剧，除了广东南方财经全媒体集团的广播文化节目《平凡世界的精彩人生》缺少地域性关照以外，几乎所有的参评作品都是立足于地域文化而进行题材选择的。即便是一些非本土的艺术家或艺术作品，编辑者也会在文本建构过程中将其与本土建立某种联系。

在本年度参评作品中，一些注重新闻性、地域性的节目，蕴涵在其所呈现的人物身上的典型性特征也非常充分，如钟南山、叶嘉莹、林风眠、郑克鲁等。围绕新闻性与地域性选择题材对广播文艺节目的创作固然有积极的作用，但是如果编辑者选题的着眼点仅仅局限于这两个方面，就难免丧失许多有价值的选题。因此，围绕典型性从更大的范围内选择题材无疑成了编辑者的另一条可行之路。典型性要求文艺节目所关注的对象，其思想行为能够给人以心灵的震撼和思想的启迪，具有一定的代表性。中山台的文化节目《倾一生，为一事——缅怀著名翻译家郑克鲁先生》，为听众展现了著名翻译家郑克鲁先生将翻译的过程当作艺术享受的过程，一生翻译文艺著作1 700万字，著或编著2 000万字，自然是翻译家中的典型代表。因此，中山台选择郑克鲁先生作为艺术对象，通过节目让听众全面了解其精彩的翻译人生，以及对几代文学青年的深刻影响。该节目在推荐意见中明确指出了郑克鲁先生是中山人，但我们在节目中似乎感受不到郑克鲁先生与本土中山有什么关联，这不能不说是节目的一个遗憾。

二、理念追求：在坚守与创新中满足听众的审美需求

伴随着数字技术和移动互联技术的普及与运用，新媒体的强势崛起给传统媒体带来了前所未有的冲击与挑战。面对这一严峻而又残酷的竞争格局，传统媒体唯有在坚守中强基固本、在创新中转型升级，才能维护媒体的本质属性，拓展媒体的生存空间。为此，作为支撑广播媒体生存与发展基本要素的广播文艺节目，同样应该在坚守与创新中强化自身的艺术性和欣赏性，进而满足听众的审美需求和收听需要。在评审中我们看到，本年度的参评作品，其基本的理念追求在这方面有一定程度的表现。

对广播文艺节目而言，坚守意味着广播文艺节目具体的运行与操作应该立足于广播的媒介特性，在声音的艺术呈现方面下功夫，针对广播文艺节目艺术性和欣赏性的要求，通过广播文艺节目内各种声音元素的有机组合，构筑和谐完整的艺术整体，满足听众的审美需求和收听需要。

人之于美，有同感焉。真正优秀的精品佳作，是能够征服广大听众的，即便在新媒体时代，用户依然会对优秀的广播文艺作品产生兴趣，目前移动音频

的付费订阅在很大程度上就说明这一问题。其实，实时更新、轮盘播出的广播新闻节目更符合新媒体时代的听众的信息接受需要，因为很少有人会通过移动音频下载收听过时的新闻节目，但这并不代表广播文艺节目就失去其应有的生存机会与市场空间，因为移动音频的精品佳作往往需要付费收听，而广播文艺节目是免费的，若广播文艺节目借鉴移动音频的传播理念，将移动音频的精品IP战略移植到自身内容的生产过程中，根据施拉姆信息接受的“最省力”原则，免费的精品佳作同样会受到广大听众的欢迎。

或许，正是因为考虑到这一点，本年度参评的广播文艺作品在坚守广播的媒介特性和强化自身的艺术性与欣赏性方面付出不少心血与努力，涌现了一些思想精深、艺术精湛、制作精良的精品佳作。例如，时值全国城市广播 2020 年春节文艺大联播之际，广州台的文化节目《老广记忆·鸡公榄》选取代表岭南文化特色，为许多老广州人都非常熟悉的美食小吃“鸡公榄”作为题材，让全国各地的听众在欣赏节目的过程中领略岭南文化的魅力。节目在主持人穿针引线之中，借助有关鸡公榄的故事解说以及穿插卖榄人的叫卖声、采访声、影像资料的原声以及不同种类有关鸡公榄的歌曲，乃至相关职能部门的领导、专家学者的观点看法，将老广记忆中的鸡公榄全方位、艺术化地呈现给广大听众。节目结构清晰、制作精良，可听性强。2020 年 10 月 12 日，习近平总书记视察潮州时在高度评价潮州文化的过程中提到了潮剧，也提到了潮剧名角姚璇秋。为此，潮州台精心策划制作了戏曲节目《潮音今已动宫墙——姚璇秋的表演唱腔艺术》。该节目以姚璇秋 70 余载的艺术人生为主线，通过介绍她如何塑造一个又一个生动具体的艺术形象，充分展示姚璇秋在潮剧方面卓越的艺术成就和执着的艺术追求。节目内容厚重、线索清晰、唱段优美、音响丰富、故事感人，让听众不仅了解了姚璇秋，而且感受了潮剧的艺术魅力。广州台的音乐节目《珠江交响耀湾区》则是一档立意高远、恢宏大气，极具艺术价值的广播音乐节目，之所以这样认为，是因为：从选题的角度看，节目在 2021 年倒计时一个月之际，以在星海音乐厅首演的由著名作曲家李海鹰创作的《第一交响曲（珠江）》为介绍对象，让听众在领略音乐本身所具有的无穷艺术魅力的过程中，感受珠江的气质与灵韵，感受作为改革开放前沿阵地的广东勇立潮头的进取精神；同时，节目的演播张弛有度、把握到位，其语态特征和精神气质与《第一交响曲（珠江）》所呈现的意蕴精神具有高度的一致性。被称为“民族脊梁”的钟南山在抗击“非典”尤其是新冠肺炎疫情过程中那种舍生忘死、勇敢前行的大无畏的英雄主义精神是令所有华夏子孙为之动容的。那张刷爆朋友圈的钟南山在前往武汉高铁餐车里神态疲惫的照片也让无数中华儿女难以忘怀，并试图进一步了解当时情况的具体细节。广东台制作的广播剧《一路逆行》就形象地给听众呈现了当时感人的一幕。节目情节跌宕起伏，故事性强，巧妙地将人间的大爱与小爱通过剧情的演绎交织在一起，进而揭示小爱服从大爱的主题，属于广播剧中的艺术精品。

当然，在本年度广播文艺的参评作品中，类似这样的精品佳作还有一些，这里就不一一列举了。

伴随着新媒体的强势崛起，传统媒体时代的传授关系被彻底解构，新媒体用户既是信息的接受者，也是信息的传播者。而且，新媒体凭借其即时性、交互性、社群化、超文本等特点迎合了受众碎片化的接受需求，传统媒体的受众不断被新媒体分流已成为一个不争的事实。需要指出的是，新媒体用户接受信息的方式、习惯与传统媒体的受众有巨大差异。因此，如何适应新媒体时代受众信息接受方式、习惯与兴趣的新的变化，用互联网思维变革传统广播的内容生产方式，是传统广播融合发展所应思考的问题。基于这样的认识，创新节目形式成了本年度广播文艺参评作品的另一理念追求。例如，广东台的综艺节目《谢谢你，为我们拼过命》热情讴歌武汉疫情期间勇敢前行、舍生忘死的抗疫英雄们。节目在有限的30分钟时间里涵盖了散文诗、广播短剧、歌曲、快板、粤曲等多种艺术品种，而且所有品种所呈现的内容均围绕节目所要表达的思想主题展开，所以节目主题集中，且艺术形式多元，可听性较强。值得称道的是，节目突破广播综艺节目长期以来以主持人串联节目内容的传统方式，用散文诗《谢谢你，为我们拼过命》的不同片段串场，而且散文诗内容与不同文艺品种的内容相互呼应，和谐一体。珠海台的综艺节目《珠海，你变了》更是突破传统综艺节目的呈现方式，融合新媒体的语音留言，在脱口秀的呈现方式中，主持人“我”紧紧围绕“珠海，你变了”这一主题，通过搞笑段子和听众们对珠海生活体验的真实感受以及珠海的人文地理、自然环境、地标建筑等贯穿节目，展现珠海40年来翻天覆地的变化。佛山台的文化节目《寻秘桑园围》以桑园围申遗成功为由头，通过厚重的史实、有趣的故事，生动展现桑园围的千年历史。该节目融角色扮演、新闻采访、现场播讲、音乐配置等多种手段，讲述桑园围的历史贡献，揭示桑园围所蕴含的精神力量与文化价值。前后两段小剧场的融入，不仅创新了节目形态，而且增强了节目的可听性。

三、遗憾与不足

由于受评奖规则的限制以及一些编辑者对不同类型节目的规定缺乏认知和了解，本年度广播文艺参评作品也存在一些遗憾与不足。具体表现如下：

1. 一票否决的常识性错误

梅州台的文化节目《客都风鸣，世界风眠——从林风眠先生诞辰120周年说起》原本是一件内容厚重，节奏紧凑、恢宏大气的广播文化节目，制作者在这个节目所花费的时间和精力也非常多。但是，节目演播者将“1900年11月

22 日，林风眠就出生在这里”的“1900 年 11 月 22 日”读成“1990 年 11 月 22 日”，显然犯了一个常识性的错误，所以一票否决。

2. 过于随意的节目安排

从节目元素看，高州台的综艺节目《逆行而上“疫路”护航——致最美逆行者》基本符合参评要求。问题在于，制作者在处理解说与艺术作品的关系上过于随意，不仅选取的内容与解说关系不大，彼此严重脱节，而且作品时长与解说时长的比例严重失调，在近 40 分钟的节目里，解说仅有一千余字。不仅如此，作品开始配置的背景音乐与解说内容也极不协调。这样的节目惨遭淘汰是必然的。

3. 美感缺失的单一形式

深圳台的文化节目《文化星空——深圳美术馆馆长专访系列》纯粹以主持人与嘉宾对话的方式分享深圳美术馆背后的故事，并由此探讨深圳美术事业 40 年的变迁。节目虽然同时采用微信公众号和视频对作品进行展示，但是嘉宾大段的介绍显得拖沓冗长，可听性不强，而且微信公众号和视频对作品的展示与广播的媒介属性有一定距离。因此，纵然节目内容厚实并充满正能量，但形式上的单一总有些遗憾。

4. 创新不足，形式、手法均缺乏突破性的可听性节目

许多综艺节目依然保持了二十世纪八九十年代的风格、形式，制作手法缺少创新。

5. 广播文艺节目的分类和报送规则不够清晰，难以界定

由于本年度评选办法对广播综艺节目、广播文化节目和广播音乐节目基本内涵的界定存在一些不确定性，一方面导致一些电台报送节目时归类错误，另一方面给评委审听带来不便。比如，深圳台的《2020 年第 21 届深圳读书月经典诗文朗诵会》和《愤怒的钢铁》原本属于文学节目，却以综艺节目报送，似乎不太合适。然而，根据评奖办法对综艺节目的界定——“运用有声语言、音响效果、时空转换等表现手法，广泛融合音乐、舞蹈、戏曲、小品、联播、竞赛、游戏等艺术元素，对文学、艺术、文艺演出、真人秀等原始素材进行二度创作，具有较高艺术欣赏性和审美价值的娱乐节目”，将其放在综艺节目类别下参评也情有可原。也正是因为如此，才会出现佛山台将戏曲节目《一头红巾，“顶”出一片天地》当作综艺节目报送的情形。同样，由于评选办法对广播文化节目的概念界定较为模糊，也会出现惠州台将《从黑洞“心跳”说起》这样的社教知识类节目作为文化类节目报送的情况。因此，建议省级影视节目评选条件与中国影视奖评选条件对标。

四、几点建议

（1）优化分类办法，对不同类型节目的界定应准确到位，不要让节目制作

者产生歧义。当然，目前，各台制作播出的广播文学节目、戏曲、曲艺节目已越来越少，有些类型单独作为一种奖项可能不太现实，但是可以将部分类型合并为一个奖项。取消广播文化节目，因为文化的概念太大，原则上任何一个广播文艺节目都属于广播文化节目的范畴。因此省内广播文艺节目的分类，建议与全国奖项衔接。

（2）广播文艺节目制作者应该在关注社会热点的同时，关注文艺界尤其是本土的艺术家及其作品，对文艺热点、文艺现象以及艺术发展的趋势走向能有一定的把握，这样有利于发掘有价值的选题。

（3）节目制作者应强化文艺理论素养、美学素养，这样能够站在一定的高度审视艺术，解读作品。

（4）收集新媒体时代广播受众的审美需求和欣赏需要的新变化，为制作者制作有收听率的作品提供参考。

（5）对有关规定与规则的一点建议。

本次评奖规则明确规定，在某一小组内，任何一家电台的参评作品获一等奖不能超过一件，这就意味着即使某家电台的优秀节目较多，在小组里某个类型节目评为一等奖后，其他节目只能屈居二等奖甚至三等奖，这一情况在2020年度参评作品中表现较为明显。建议对此规则做适当的调整。

（白玲，2020年度广东省广播影视奖广播节目二组组长，广播电视机构退休专家，高级编辑、一级文学编辑）

电视社教节目的创作与创优
——2020年度广东省广播影视奖电视社教组评选综述

张静民

在2020年度广东省广播影视奖电视社教节目评比当中，本组共收到参评作品108件，其中电视栏目19件，电视社教节目29件，电视少儿节目18件，纪录片（含网络纪录片）42件。经网上审看和现场集中评比，最终评出一等奖5件，二等奖20件，三等奖40件，总计65件，约为参评作品总数的60%，符合本评比活动的相关规定。

在融媒语境下，从电视节目生产与运作的机制、体制与模式，到节目的形态、语态都在悄然发生着变化，这一点即使是在“定势”最稳固和“惯性”最大的电视社教类节目也有较为明显的表现——社教栏目、社教专题和少儿节目越来越具“网感”。而纪录片的创作不仅在选题、故事建构和叙事表达上主动接受网络氛围熏陶，积极谋求改变，而且还迎来了新的创作生力军，也就是网络纪录片创作团队的加盟，这不只是给传统纪录片创作吹进了一股新风，更是在某种程度上直接改变了当下纪录片创作的生态环境与格局。

一、电视栏目：想说爱你不容易

这里的电视栏目，其实是指以往大家习惯通称的“电视社教栏目”。作为公共教养类节目的一种重要形态，电视社教栏目曾经在相当长的一段时间里深受观众的喜爱和追捧。以央视来说，这几十年来，从《为您服务》《人与自然》《今日说法》《开心辞典》《百家讲坛》《夕阳红》，到《开讲啦》《时尚科技秀》《探索·发现》《健康之路》《中华民族》《道德观察》《防务新观察》等，这些大大小小的节目确实涵养了一批又一批的电视观众，任何人如果要撰写《中国电视史》，“电视社教栏目”都将成为非常重要的一个章节。然而在当下，在融媒语境之下，在“娱乐至上”潮流之下，传统的社教栏目由于自身“引流”“创收”速率和能量上的相对弱势而似乎热度不再，甚至在各级电视媒体，尤其是区县和市一级电视媒体里均受到不同程度的“轻视”和“挤压”。但即便如此，作为一种老牌的、底蕴丰厚且具有深厚的受众基础的电视节目形态，电视社教栏目仍以自强不息的姿态为广大受众源源不断地提供着精神食粮。

本次评比共收到参评电视栏目作品19件。在这19件作品里，我们欣喜地看到了老牌、名牌节目做出的新的努力，新节目奋起直追。尤为可喜的是从中“发现”了若干部足可以代表2020年度广东电视社教栏目发展新高度的优秀作品。

获得本项目一等奖的作品是《诗意中国》，这是一档由深圳广播电影电视集团倾力打造的具有自主知识产权的专人传记类电视文化节目。该节目迄今为止已经播出三季，产生了较大的社会影响，对增进民族文化自信有较大贡献。参评的《诗意中国》第三季在前两季的基础上，进行了较大的改变，即由传统文化作品、文化事项等的诗意化的展现，变成现在的中国历史文化名人的专人传记类大型文化节目。该节目以文学名家苏轼为创作对象，对其生平事迹和流芳百世的文学作品进行诗意化表达、趣味化解读和当代化传播。这样做，从节目的选题和内容范围来看似乎变窄了，但是在专和深上却有了巨大突破，以苏轼这两集为例，整个节目看下来，会有一种“苏轼完全手册”的感觉，让观众在代入性比拼、游戏、展示、演绎中，加深了对苏轼的认知和对中国传统文化博大精深的感悟；在节目的环节设计上，策划和编导充分考虑到了当今电视文化类节目的总体趋势、不同层面受众的需求以及节目传播效果，所设计的环节有趣、有味，能为节目内容的呈现搭建“舞台”，又能区别于其他电视文化类节目；在嘉宾和参与节目“选手”的选择和邀约上，也可谓殚精竭虑，充分考虑到了这些嘉宾、“选手”的专业水准、知名度和“流量”；在舞台呈现上，大气、现代、科技感十足，既赏“心”又悦“目”，具有很好的传播效果，足堪成为广东广电优秀节目代表。

《我的白大褂》是深圳广播电影电视集团推出的国内首档医生观察类电视纪实节目。相对于传统的电视社教节目来说，这是一档具有明显创新性和突破性的节目。该节目以关注医生、医疗、健康、生命为主题，通过持续的观察纪录，聚焦并讲述几名规培年轻医生的成长故事，播出后社会反响良好，增进了社会民众对医生、医院的了解，提升了民众的医疗健康意识和对生命的敬重敬畏之情。节目形态较新，观察手法的引入和纪实手法的运用，确保了节目内容的自然、真实程度。在创作理念上，该节目力图以最大限度的接近，最低程度的干扰和最真程度的纪录，清晰而完整地呈现医院的印象和医护人员的形象。节目叙事上，多线索，多机位，多景别，多视角，以及对叙事节奏上的有效把握，这些特点都增加了节目叙事的流畅性和整个节目的传播效果。作为一部带有明显纪录片风格的电视栏目，该节目在镜头语言上保持了生活流的连续性与主题意义板块的有机连接。同时，有些段落连接处所运用的“留白”手法，也给观众留下了较为深刻的印象，取得了比较理想的艺术效果。

《邓璐时间》是广东广播电视台近年来推出的较为优秀的人物访谈类电视社教栏目。该节目立足于广东及粤港澳大湾区经济社会发展，精心选择具有引领性、典型性和较高社会价值的人物进行专访，既介绍人物事迹，又展现人物性格、追求与形象，为中国经济社会发展留存了有价值的面孔和声音。比如第二季第四期对彭斌所做的专访，就让我们认识了一位痴迷农业科技的年轻人，他坚持初心，不断追求理想，可谓当下中国青年农业科技工作者的代表，从他身上足以看出中国农业未来发展的希望；而第二季第一期所选择的专访对象则更为典型——霍启刚和霍启山。若是在其他节目中，选择专访这类人物难免会有猎奇的嫌疑，但由于该节目有着粤港澳大湾区发展的背景，则专访显得“名正言顺”，专访通过对话所传递出的信息，也充分证明了人物选择的得当。从栏目的艺术呈现上来看，节目的形态年轻、新颖，语态平实、温和，同时在叙事上兼顾纪实性和故事性，取得了非常理想的传播效果。

广东广播电视台所选送的节目《全球零距离》是该台老牌拳头节目，在国际热点时事解读方面一直引领国内同题材节目。从选题上看，该节目一如既往地采取国际视野，所选国际新闻时事既有重大性，又有及时性；在解读上，通过主持人的串联、对话，组织国内相关领域权威专家发表观点和声音，从观众最关注的角度，对所选择的新闻事件和话题进行多视角、多维度的解析，起到了答疑解惑的作用；同时，在节目的包装方面，该节目也下了较大的功夫，无论是后期包装上对虚拟技术的熟练运用，还是对叙事与语态的设计与把握，都显示出了一个成熟的老牌拳头节目的艺术功力。

以上这些确属优秀之作，值得我们点赞。但是我们也应该看到一个严峻的事实，那就是送评的这 19 件作品中，方方面面都表现优秀的作品所占比率其实并不高，大多数作品严格来讲还不能称之为“作品”，它们依然停留在日常播出的“节目”的层面，无论是策划、编导，还是拍摄制作，都亟待提高。所以大家还真得加紧努力，不然眼下是“想说爱你不容易”，千万别等到观众“想说不爱你很容易”的时候再后发劲儿，那时候再怎么发奋也只能事倍功半了。

二、电视社教节目：生命中必须承受之重

电视社教节目定义范围相对宽泛一些，它既指传统意义上的电视专题片，比如央视播出的《将改革进行到底》（10 集）、《法治中国》（6 集）、《决战脱贫在今朝》（3 集）；又指一般的社教专题节目，比如广东广播电视台摄制的《乡村振兴大擂台》《众创英雄汇》，广州广播电视台摄制的《大咖有约——致敬最美逆行者》等。

本次评选所收到的 29 件电视社教节目作品主题紧贴时代，积极向上；内容丰富厚重，扎根社会；形式多种多样，富有创意。通过这些电视社教节目，可以把握过去一年整个广东大地的脉动和主旋律。在这个意义上，我们可以说 2020 年度的广东电视社教节目不辱使命，承担了其应负的生命之重。

在本次评比中获得一等奖的《大咖有约——致敬最美逆行者》是由广州广播电视台策划制作的一档主题积极重大，教育性极强的电视社教节目。该节目邀请“全国抗击新冠肺炎疫情先进个人”、“全国优秀共产党员”、广东省中医院副院长张忠德及 3 位曾在武汉与其并肩抗疫的战友，与大学生们一起分享奔赴武汉一线英勇抗疫的亲身经历，赞美最美“逆行者”，弘扬抗疫精神，给青年大学生乃至所有电视观众进行了一次亲切、生动、自然的精神洗礼和情感升华。在艺术创意和表现上，该节目舍弃了喧嚣与繁缛，直接借鉴《开讲啦》的节目叙事形式，首先邀请最美“逆行者”们直接面对大学生观众讲述自己的逆行经历、所见所闻和心路历程，再辅以较为丰富的相关视音频资料，加强演讲内容的视觉化效果。同时，特别策划设计了互动、讨论、诗朗诵等内容和环节，进一步延伸、深化节目思想主题，弘扬和传播抗疫精神，深化并讴歌逆行者们深厚的家国情怀。总之，积极而重大的主题，使该节目深刻而厚重；自然而浓烈的情感，则使得该节目真诚而炽热。

《乡村振兴大擂台》是广东广播电视台承办推出的国内首档乡村振兴主题大型综艺节目。该节目在主题上紧扣时代，通过展示广东乡村振兴实实在在的成果，讴歌党和国家的脱贫攻坚和乡村振兴政策，赞美为脱贫攻坚和乡村振兴而呕心沥血的乡村振兴带头人和扶贫干部，激发全省人民为广大乡村全面振兴发展而尽心尽力。作为打擂型大型综艺节目，该节目在环节设置方面颇下了一番功夫，力争让参加打擂的每一支队伍都能充分展示自己的实力、特色和风采。同时，“户外真人秀 + 沉浸式舞台表演 + 融媒体多屏互动”的摄制与传播理念，也使得节目具有了较高的艺术性、可视性和传播力。

同样由广东广播电视台送评的《浩荡东风》第三集《创新点燃高质量发展引擎》则以改革开放以来广东民营经济发展为表现对象，从另外一个重要的角度，盘点、总结和反思广东在改革开放之路上所取得的成果和经验。该节目紧紧抓住民营企业的发展，尤其是科技引领创新发展的主题，所采取的表达路径是用事例、人物和故事说话，而不是空讲道理；加之视觉元素与特效手段的充分调动，使整个节目很具有传播力。

如何将命题文章做出新意、做出可视性？《思想的田野·深圳篇》用创作实践给出了一个不错的参考答案。该节目将原本的纪录片、专题片的内容，做成了具有体验性和调研性的综合性的节目——记录的是一次沿着深圳新发展路线进行的体验之旅、调研之旅，但以多方声音和多种形式表达出关于中国改革开放与深圳再出发、新发展实践的思索与思想，不仅富有启迪和引领价值，而且还一改以往政论性电视专题片的枯燥与沉闷。

2020 年是我国全面建成小康社会目标的实现之年，也是全面打赢脱贫攻坚战的收官之年，因此在全国各脱贫攻坚大大小小战场上值得纪录和讲述的人和事有许多。《大山里的扶贫人》摄制组远赴木里县大山深处，撷取了一组组真实质朴、令人感动的对口帮扶的小故事，将几名佛山来的扶贫干部在产业、教育、医疗等方面真扶贫、扶真贫的场面一幅幅记录下来并徐徐展开，在娓娓道来中诠释了决战脱贫攻坚伟大战役中的佛山答卷。

在艺术上该节目也很有自己的特点：首先是捕捉并着重表现扶贫干部群像。该节目并没有仅仅落墨在两个主要扶贫干部，而是抓住扶贫的几个主线上的关键人物加以表现，这样使观众既能看到扶贫干部的“面孔”，又能感受到他们矢志扶贫的热情，同时又能体会到对口帮扶的规模与力度；其次是该节目选择了小切口、深挖掘的表现手法，每一个段落的开始，往往都是从小事讲起，在一桩桩一件件小事中讲述故事，塑造人物；最后是该片镜头拍摄比较细致，抓住了很多令人印象深刻的细节，使得片中所见故事生动感人。

而最终在本项目评比中夺魁的是韶关广播电视台选送的《我为什么要跑到这山沟来》。该作品在一众电视社教节目中选题非常有特色，讲述了一位与中国第一颗原子弹爆炸息息相关却鲜为人知的平民英雄的故事。该片故事讲述娓娓道来，尤为可贵的是通过原始采访影音资料的运用，让观众记住了一张令人感动的面孔，听到了发自肺腑的爱国声音。作品立意高远，高扬艰苦奋斗和创业奉献的时代主题；故事性强，叙事流畅生动；史料丰富翔实，运用自然自如；表现手法多元，制作精良考究。总之，这是一部能够让观众再次感受到电视社教节目本身所具有的独特、强烈艺术感染力的作品。

三、电视少儿节目：仿佛越来越不会玩了

说到电视少儿节目，估计很多人脑海里都会不由自主地“循环播放”央视《大风车》主题歌：“大风车吱呀吱呦呦地转，这里的风景呀真好看……”然而以本次评选收到的电视少儿节目来看，在广东电视少儿节目的乐园里，确实还有大风车在“吱呀吱呦呦地转”，但是“真好看”的风景却仿佛愈来愈远——全省上下坚持做少儿节目的电视台已经少了许多，就算坚持做少儿节目的也仿佛越来越不会玩了。

这一方面表现在收到的节目数量远低于预期；另一方面，也是更重要的一方面，各家所送评的节目在形态上单一、陈旧、粗陋，一度叫得比较响的“少儿春晚”，拿到台面上拆开仔细一看，大多数都是歌舞大拼盘，一些益智类的节目缺乏新意，显得陈旧，还有一些从节目内容到摄制包装都简陋不堪。诚然，电视少儿节目从来都不是创收大户，在当今媒介生态下“日子不好过”也不意外，但“再苦不能苦孩子”，所以在这里我们强烈呼吁电视少儿节目生产要列入各级党政的议事日程，要作为本地未来发展重要工程来抓。当然，各级电视媒体自身也需要继续投入，更加努力。

幸好，这次送评的少儿节目中还有一些优秀之作，能让我们继续保有希望和信心。《海孩子·红树林》是珠海广播电视台送评的一档电视少儿作品，该作品以孩子们在红树林里的见闻和“遭遇”为切入点，记录了这群孩子为珠海这座美丽城市的环保而“奔走呼号”的一段有意味的经历。相较其他同类作品，该节目的优异之处在于以下几点：

其一，主题重大、积极。环境保护从我做起，垃圾分类人人有责。该作品的可贵之处就在于没有让孩子去“喊口号”，而是让孩子们从小事做起，人人都行动起来；其二，是将纪实理念引入少儿节目摄制当中，通过记录过程，抓拍细节，讲述故事来表现人物，表达主题；其三，是把少儿“小”节目当“大”节目加以精心制作，无论是镜头拍摄、人物拍摄，还是结构、剪辑、包装，都能看到创作者的用力用心。这再一次证明，没有用力用心的创作，创优就无从谈起。

在电视少儿节目中向受众传播中华传统文化的节目不可谓不多，但佛山电视台摄制并送评的《小时代之24节气——冬至》表现可谓优异：

第一，该节目没有用知识灌输的方式简单化传播，而是邀请了省内著名演员与孩子们一起以情景剧的方式来加以演绎和呈现，可视性高。

第二，该节目能够将中华传统文化知识和本土文化事项完美结合，在丰富内涵的同时，很好地拉近了与传播对象的距离，其中对本地节日习俗的生动演绎，在传播本土文化、增强文化自信方面都发挥了很好的作用。

第三，该节目在编导上，从演员选取、场面设计与调度，到故事演绎、镜头拍摄和后期编辑制作，都下足了功夫，取得了实实在在的效果。尤其难能可贵的是该节目从创意策划到编导制作，都可以明显看出是通过加强网感来向传播对象靠近，整个节目有内容有内涵，轻松、诙谐、有趣，丝毫没有一般的文化类、知识类节目那种枯燥、刻板的感觉。

脱贫攻坚与乡村振兴是全国、全民族性的重大主题，如何将这一主题与少儿节目相结合，这是每一个少儿节目编导都应主动“挑战”的课题。《跟着爸爸去扶贫——决战脱贫攻坚特别节目》在这方面做了有益的尝试——首先，该节目不但没有回避决战脱贫攻坚的重大主题，还在这方面下足了功夫，以“大题小做”的方式，成功解决了时代大主题与少儿节目主体和节目形态之间存在反差的难题。其次，该节目在编导上成效显著，尤其是视点人物和儿童视角的选择，确保了节目的成功。再次，对小主人公的表现把握得很到位，很见效果。在这档节目里，小主人公确实是在表述自己的所见所闻、所思所想，而不是背稿子，其在节目中穿针引线、叙述故事、提升主题的作用十分明显。最后，节目场景安排、镜头拍摄、线索设置以及编辑制作都很用心，确实让观众能感觉到这是做给儿童、儿童也乐于接受的一档节目。

四、纪录片（含网络纪录片）：“我的时代，我纪录”

在这次的节目评比中，电视纪录片（含网络纪录片）堪称大户，共收到参评作品 42 部。这 42 部作品各有特色，各具风采，给人一种熠熠生辉，目不暇接之感。

广东的电视纪录片创作一向有自己雄厚的优良传统和实力。近年来，在广州国际纪录片节的拉动之下，广东的纪录片创作更是佳作迭出，步步登高。这主要表现在——其一，近年来不断有优秀作品推出，且在全国产生了较大影响，比如《美丽西江》《搭上西欧班列的快车》《十三行》《郭亮村》《湿地的力量》《老广的味道》《制造时代》《棒，少年》等；其二，是形成了各具规模和强项特色的多个创作团队，比如广东广播电视台海外中心团队、马志丹工作室团队、深圳广播影视集团纪录片创作团队、广州广播电视台创作团队、中山广播电视台纪录片创作中心团队、佛山电视台纪录片创作团队等；其三，是面铺得越来越开，一些原本“默默无闻”的电视台，不但开始大张旗鼓地“染指”电视纪录片创作，而且已经陆续推出优秀作品，在各级各类评奖当中有所斩获，比如韶关广播电视台、河源广播电视台、汕头广播电视台、汕尾广播电视台、湛江广播电视台，以及羊晚数媒中心、花都融媒体中心、金禾影视传媒等。

在本次评选中，在纪录片项目蟾宫折桂的有两部作品，分别是广东广播电视台的《同饮一江水》和广州广播电视台的《海上来客》。

《同饮一江水》是广东广播电视台与广西广播电视台联手摄制的一部以两地协作决战脱贫攻坚为题材的大型电视纪录片。与同类题材电视纪录片相比，该片有几个突出特点：首先，是选题重大。2020 年是我国脱贫攻坚的收官之年，该片以此为契机，用既宏大又精细的镜头，盘点并讲述了两广脱贫协作中令人感动的故事和故事里的人物。其次，是政治站位高。近年来扶贫脱贫题材的纪录片多不胜数，但像该片这样保持站位高度的却很是难得——粤桂协作脱贫攻坚，其成果惠及两广，其成功经验和效应完美诠释了中国脱贫攻坚伟大战略，为世界减贫事业提供了中国样本。最后，该片在艺术呈现上不生硬，不说教，而是借助于意义板块的精心打造、叙事线索的巧妙安排和蒙太奇手法的灵活运用，在现在、过去和未来的三个时空的穿梭里，讲述了一个又一个感人至深的粤桂协作脱贫攻坚携手奔小康的故事。

广州广播电视台选送的 4K 超高清大型人文历史纪录片《海上来客》是 2020 年足可以代表广东广电，尤其是广东电视纪录片的优秀作品之一。该片选题奇特而又富有超高难度。300 多年前，法国商船“安菲特力特号”在远渡重洋两次造访中国后便神秘地消失在大众视线之外，这当中到底隐藏着怎样的秘密？该片的使命，就是要在一部电影的时间长度里，拨开重重迷雾，揭开历史真相，从而为今天的“一带一路”倡议，增添历史的和现实的注脚。其次是该片的视点人物和媒介人物的选取和运用，为同类历史人物题材的纪录片创作提供了可借鉴的范本。该片讲述的是 300 多年前中法之间一段鲜为人知的经贸文化往来的经历，于是，旅居广州 20 多年的法国作家方索就成了最理想的视点人物和媒介人物人选。在片中，方索无论是在线索、人物、史料和细节方面的发现，情景之下的感叹与表达，还是对于整部作品结构方面所起到的起承转合作用，都证明了编导选择的睿智和作为视点与媒介人物的方索自身的价值。最后，该片在补足历史链条所缺史实与视觉环节、丰富历史事物、人物形象与细节方面所做出的努力和取得的成果，也很值得同类题材作品的编导们认真学习借鉴。

韶关广播电视台选送的电视纪录片《归田》很是吸引眼球。作为纪录片，该片给人最突出的印象就是主题重大，风格朴实，艺术真实。放在一众乡村振兴题材纪录片中，该片的选题乍看起来似乎并不突出。但观看完全片后，会让人惊喜地觉得片子的选题虽“普通”了些，所蕴含的意义却很重大。在如火如荼的脱贫攻坚和乡村振兴战役中，有一种“逆行者”的身影最富有引领性，这就是原本外出打工创业的农村年轻人的“逆行”归来——他们的回来和“归田”，解决的是乡村振兴中的青壮年劳动力短缺的问题、拥有农业科技知识和农产品营销技能的现代职业农民短缺的问题，他们带回来的可以说是乡村的未来，振兴的希望。该片中的两位主人公正是这样的乡村“逆行者”的典型代表，他们一位是回乡从事现代农业生产的大学毕业生，一位是放弃在城市的销售工作而回乡重操父辈旧业——种田的农村青年。该作品在艺术表现上特点很鲜明：首先是原原本本的事，就原原本本地讲。片子对人物和故事不夸大，不拔高，不但不回避矛盾冲突，而且还常常在主人公的喜怒哀乐酸甜苦辣上落墨着笔，给观众一种情绪上和情感上的代入感。其次是该作品对平行和交叉蒙太奇手法运用得纯熟自然，两个主人公时而平行各做各的事，时而交集，帮的帮，学的学，给人一种团结致富共同奔小康的向上感。最后是该片在叙事上大胆舍弃了解说，而完全采取现场收音的方式完成叙事，这一方面显示了摄制者们高超的现场把控能力，另一方面也体现出了后期编辑制作上的用力和用心。

广东广播电视台选送的《2020，不可忘却的春季》在本次的纪录片，尤其是抗疫题材纪录片中得以脱颖而出，靠的则是这样几点：第一，及时性和大体量。全国抗疫大行动开始的同时，摄制团队克服重重艰险，深入一线拍摄记录，最终形成了厚重的四集大作；第二，是全景式关照和特写式聚焦相结合；第三，是对新闻资料与相关影像资料的灵活运用，在增加作品的视野和新闻性的同时，也增加了作品历史史实和影像文献价值；第四，是纪事和人物故事性的有机结合，让观众在把握事件全貌的同时，更认识了那些值得认识和尊敬的最美“逆行者”的面孔。

由深圳广播影视集团摄制的反映深圳改革开放40年的电视纪录片《先行》也是一部力作。该片的主题重大自不必说，但由此带来的艺术呈现上的创新难度可是有目共睹。该片创作团队的解决之道，是紧扣先行示范区五大战略定位的主题，以面、线、点相结合的方式，层层递进，从容不迫地讲述这40年来，深圳在高质量发展和科技创新、法制建设、城市文明建设、提升民生福祉、生态环境和可持续发展等方面所取得的历史性成就以及现行发展的实践经验。片中人物选择全面、立体，既有覆盖面，又有突出典型，采访、访谈细致、深入，见事，更见人。解说词写作很值得借鉴，既有高屋建瓴的观点和见解，也有娓娓道来的故事讲述，二者转换自如，堪称优秀的默默发力的“叙事者”。

通过本年度电视社教节目的评比，我们摸清了广东社教节目创作的实力与现状，也看到了缺陷与不足，但更从中看到了希望，感受到了信心和力量。

相约明年。期待明年。

（张静民，2020年度广东省广播影视奖电视节目一组组长，广州大学教授）

大题材在创新上出彩
——电视文艺的原创性与创新的关系

罗乐生

今年电视文艺的参评作品共有79个，分为电视综艺节目、电视文化节目、电视剧（含网络剧）、动画片（含网络动画片）。总体水平较高，体现了广东电视文艺的一贯实力，其中部分节目具国家级水平。这次评奖，全面检阅了去年广东电视文艺在贯彻习近平总书记提出的“四个坚持”（坚持与时代同步，坚持以人民为中心，坚持以精品奉献人民，坚持用明德引领风尚）的成果，以及重大题材、重大事件和广电新技术应用上的成果。原创性和创新性成为主流，也是获奖作品的共同特点。

一、综艺节目大题材、大制作，但独创性是创优的前提

在参评的综艺晚会等作品中，纪念晚会、节日晚会和中国传统文化类型等作品占送评作品的近一半，都是“拼”实力，“拼”资源的大制作，但能够脱颖而出的作品还是在创新上力压群芳。深圳台报送的《逐梦·先行——庆祝深圳特区建立40周年文艺晚会》，创意十足，领跑所有参评作品。作品首先在剧场舞台的设计上创新，大胆利用景深，“拉长拉宽”空间，呈现立体感和动感，为内容的创作提供了过去剧院舞台不可实现的可能。在创作上，借鉴音乐舞蹈史诗的形式，不设主持人，把文艺、电视、互联网有机结合，一气呵成。一改过去传统纪念晚会的选歌、选舞形式，以“编年史”手法创作富有各时期特点的歌与舞、情景剧与电视纪实片，勾起观众对时代的记忆并产生共鸣。

其实，每年各个台都会接到主题晚会的任务，一般是大歌大舞、朗诵与舞台剧等形式，邀请明星客串，舞台基本上都是四平八稳的，背景是晚会标题，谢幕时放冷烟花等形式。而这台晚会却一改常态，把舞台“拉长拉宽”，一下子就把过去开大会、看电影的舞台变成立体的，把电视与剧场的融合做到极致。同时突出歌曲、舞蹈等作品的原创与地方特色的融入，把时代的印记融进歌曲、舞蹈之中。舞美设计恰到好处的变换，体现时代性，具亲切感，贴近性，达到知名艺人压场都难以达到的效果。这台晚会的成功举办，也对各台承办主题纪念晚会有启发作用，值得借鉴和推广。

大制作需要在形式与内容上创新，更需要在地方特色上着力。广东台的

《岭南春来早——2020 广东卫视春节晚会》就在地方特色上下足了功夫，充满创意。晚会精心挑选各地独特的文化艺术作品融汇于节目中，成为广东文化艺术的百花园、大会演。《国乐大典第三季》把优秀传统音乐进行电视化的新表述，让国乐时尚化。另外，珠海台《海孩子·红树林》、汕头台《歌册民谣唱新声》、佛山台《佛山全民综艺大舞台——舞动全城》、中山台《环卫工人节主题文艺晚会》等，都在内容上具有独创性，对地方文化进行了再创作。

二、电视文化节目在精制作、精构思上出新

首推的是广东台的季播电视文化节目《赞歌》，这应该是广东电视技术创新、艺术创新的力作，具标杆作用。电视文化节目，必须具有文化特质，通过电视手法，集各种艺术形式、新技术手段为一体，呈现内容的美、视觉的美，使受众得到愉悦。《赞歌》除 4K 制作的突破外，形式的创新也是节目成功的重要保证。节目以专家主持的形式，用交流的方式与演出者互动，从讲述、聆听、感悟中带出艺术的魅力。一改目前这类型节目普遍实行的评委专家对演出者的调侃、戏弄，或居高临下，故弄玄虚，故作高深，甚至针锋相对，以制造“惊点”“炸点”来提高关注度的节目形态。《赞歌》像一股清流，使节目更有品质，更有亲和力，而且把高深的音乐理论，通过互动、演唱，深入浅出地传播给观众，从小众的高雅，完美地转换为大众的共赏，为观众上了一堂生动的音乐知识课。节目还在调色、灯光、舞美、构图等方面大胆创新，画面十分亮丽、通透，让人眼前一亮，有张嘴跟唱的冲动。

目前广东省各台基本都普及了高清设备，为电视节目质量的提升提供了很大的空间，但不少台还是沿用过去录制场景的手法，特别是舞美、灯光设计上还停留在“世界光”的布灯，“傻瓜机”制式的拍摄，所以缺乏层次，景深也不够。而《赞歌》的制作为各台提供了很好的示范作用。充分利用新技术、新设备，节目制作质量的提升将会上一个档次。在这方面，广东台的《中国节目》、广州台的《我在春天等你》、佛山台的《粤读时光》等，在制作上与内容的创作上都有成熟的表现，引领广东电视制作的前进方向。

三、电视剧以小见大，故事性是成败的关键

这次共有 13 部电视剧（含网络剧）参评，《湾区儿女》获得一等奖。评委们为什么普遍看好这部电视剧呢？因为它是小人物、大主题。剧情通过描述一班年轻人植根粤港澳大湾区，与城市共同发展，实现自我成长的励志故事。从小渔村到大市场，从小作坊到芯片研发、生产的高科技产业，展现大湾区美好光明的未来。演员也分别来自粤港澳三地，更加接地气。故事围绕着粤港澳大湾区年轻人在观念、生活方式等方面的思想碰撞而展开故事，引人入胜。反映

了特区改革发展、大湾区建设、芯片研发等重大主题，立意高远。

当然参评的不少电视剧也极有竞争力，比如重大历史革命题材的电视剧《太行之脊》，展现宏大的场面外，在故事情节与人物矛盾冲突上刻画细腻，下足了功夫。电视剧《追梦》以特区发展为大背景，跨度40年，讲述了主角从一个士兵到企业家的奋斗史，拍出了时代的厚度和宽度，很打动人。特别是大胆涉足深圳发展各阶段的重要事件，如“股票”“偷渡”等，既惊心动魄又荡气回肠。

这次电视剧参评也有网络电视剧作品，拍得很用心，制作上抓牢网络的特点，在可视性和视觉冲击上下了很大功夫。但这类剧往往在主题立意上处于劣势，这是今后网络剧需要关注的问题。如果在这方面得到改进，很有可能具创优冲击力，因为网络剧本身的制作和故事性也是十分优秀的。

当然，这次送评的电视剧中，不少是“老剧”，如果“老剧”能拍出新意，同样具有竞争力。因为本身已有品牌效应，比新剧更有认同感和共鸣。

四、动画片并非天马行空，剧本逻辑性要注意

获一等奖的《喜羊羊与灰太狼之异国大营救》是老片新作，胜在跳出老故事，闯出新天地。通过重塑主角间的关系，创作出全新的故事。既能让小朋友产生巨大的新鲜感，又能令他们从故事背后读到友情、亲情的宝贵与美好，传递出永不言弃的正能量。这次送评的动画片还有不少意义深刻的作品，如《百变校巴之超学先锋》《果果别动队》《小凉帽之魔法凉帽》等，通过塑造卡通人物，反映出积极向上的精神。

另外，在送评作品中，不少是公益宣传动画片，如反映抗疫、光盘行动、中华文化等内容。其中，广州科协的《抗疫手绘动画》让人眼前一亮，人物形象真实，感情真挚，打动人心。通过手绘的形式，一边描绘不同岗位科技工作者抗疫的场景，一边听着一个个感人的故事，不知不觉，一个个可亲可敬的科技工作者走到眼前。还有不少这类型的片子，但可惜跳不出“硬宣传”的框框。

在动画片评选中，还有一批片子十分引人入胜。如《西行记之再见悟空》，称得上动画片中的大片，较好地利用了中国传统文化元素，对传统文化再创新，视觉冲击力强，音效震撼，观赏性和娱乐性较强。同时情节紧张抓人，节奏紧凑，但遗憾冲击不上一等奖，主要问题在于故事情节逻辑欠妥，包括孙悟空感情戏的“天马行空”，过度演绎。虽然动画片在虚构性上有广阔的空间，但也有逻辑上的界限，当越过了这界限，故事就会像“断线的风筝”。

五、联合共赢，走得更远

参评的作品中，不少是台与台联合制作的，值得鼓励和推广。目前在电视

节目制作上，成本越来越高，特别是综艺节目，题材与演出资源往往成了各台棘手的问题。一个台，特别是地方台很难支撑大制作。怎样解决这一问题呢？从参评作品中也得到了答案。如湛江台与海口台联合制作的春晚，发挥各自的资源优势和人才优势，共舞一台戏。既跳出本地，又丰富了内容，增加了广度和宽度，不但节约了成本，还为编导们提供更多的创作素材，解决过去年年办春晚，年年老面孔的困局，对双方都有利。试想，今年与这个台联合办，明年又与另一个台联合办，优势互补，春晚就不会资源匮乏了。况且各台都必有强项和弱项，强强联手，必能擦出火花。另外，像梅州台的《客家春晚》、江门台的《少年中国说——澳门专场》等，年年都有新元素、新面孔出现，电视节目就会越办越丰富，视野也越来越开阔。

六、老问题制约电视节目的创优和传播

不少参评作品的硬伤都是老问题造成的。比如几个方言节目没有字幕，虽然节目质量不差，但都被一票否决了。电视节目出字幕是最基本的要求，而且有条例规定，已经实行二十余年了，但至今还犯这个错误，说不过去。另外送评作品中，有一些作品没节目形态，没头没尾，就一首 MV，不算一档完整的文化节目和综艺节目。另外，主持人、播音员念白字、读错字现象还是存在。制作综艺晚会，现场音与主持声音打架，对调音台推子的推拉控制显得业余。一些场景的现场音该推上去，却拉下来，让气氛热烈的现场在电视节目上变为静悄悄的，这一条往往是地方台电视人较为忽视的问题，一般是不戴耳机所造成的，应该多向广播人学习。另外，一些动画片的人物形象在设计上存在侵权的嫌疑，如造型与“变形金刚”的人物相似等。这些老问题不痛下决心解决，创优将是一句空话。

（罗乐生，2020 年度广东省广播影视奖电视节目二组组长，广东省广播影视协会副会长，高级编辑）

真实真诚　传播时代的声音

——2020年度广东省广播影视奖广播播音主持作品评选综述

香　凝

一、总体情况

本次评选中，广播播音主持组共收到来自22个播出机构的参评作品56件（包括粤语作品21件），其中，广播新闻播音作品17件、广播节目播音作品21件、广播主持作品18件。根据评选标准“准确生动、应变机敏，具有较高的思想水平、独特的创作风格、鲜明的时代特征，体现广播电视语言传播的风格、魅力与实际效果”的要求，评委们深入透彻地展开评议，综合考虑内容题材、制作质量、主持人的态度状态及语言表达生动性等因素，结合评选规则，评选出一等奖作品3件，分别为广播新闻播音一等奖作品——江门市广播电视台《11月16日侨都之声——开往春天的列车特别节目》；广播节目播音一等奖作品——深圳广播电影电视集团《见信如面》；广播主持一等奖作品——东莞广播电视台《阿钭与四岁女儿的诗和远方》；评选出广播新闻播音、广播节目播音、广播主持三个类别作品的二等奖共10件、三等奖共20件。

本年度三个类别的评选，节目播音作品整体质量较好；广播主持作品以常态节目居多，个别作品有亮点；相对较弱的是新闻播音作品。

本年度的参评作品内容广泛，大部分能贴合年度事件，尤其是获奖作品，题材较重大或重要，节目手法丰富，主持人创作态度积极饱满，应变机敏，充分运用广播元素，内容涉及时政、文化、民生等社会热点，反映社会现实，既有中央的声音，又有本地特色，较真实地反映出各台日常播出的节目形态，体现了各地各台的节目理念及播音员、主持人的状况。总的来说，省台、深圳台等大台送评态度积极，作品质量较好。

在节目播音21件作品中，有12件作品内容涉及抗疫、脱贫攻坚、抗美援朝70周年、深圳经济特区建立40周年等重大题材；相比起节目播音类别，新闻播音作品题材以常态为主，大多内容普通；播音主持类别的参评作品的题材普遍偏轻，呈现方式偏流水帐式，个别内容琐碎，并未能全面反映2020年度的大题材。56件作品中，部分作品在体现思想性、传播价值方面尚有许多不足，有待提升；部分作品在播音、主持的语态方面过于传统，形态陈旧，欠缺时代感；

有的主持人状态松散，讲述感不佳。2020 年的作品依然存在送错类别、播出用语不够规范、错别音与字等现象。基层台在语音调值方面的问题比较突出。

二、作品分析

1. 广播新闻播音

作品整体质量不高，水平参差，大部分仍停留在规范播读。个别作品甚至连规范播读都做不到，还存在语音不准，男女声对播时音频不均衡的情况。新闻播音的 17 件作品来自 12 个地级以上台和 1 个县区台；其中 2 件作品送错类别，1 件作品不符合送评规则。送评作品基本为常态播出的节目，只有 1 件作品为重要时间节点的新闻节目。

广播新闻播音作品要求语音标准，语言规范，简洁明快，平稳顺畅，播报时能体现出新闻内容的新鲜点，播说结合，抑扬顿挫，富于节奏感。获得新闻播音一等奖的作品是江门广播电视台《11 月 16 日侨都之声——开往春天的列车特别节目》，由男女两位主播完成。《侨都之声》是江门台的一档直播新闻节目，分为气象连线（主持人负责）、本地新闻以及国内国际新闻。节目对当天最能体现新闻价值、最吸引听众的新闻事件进行分析，有宽度有广度，既解读事实，又贴近民生。本期内容为广东第四大轨道交通枢纽——珠西综合交通枢纽江门站正式开通的特别节目。该作品新闻内容充实，由播音员口播、记者口述和新闻现场同期声共同构成，节目声音元素丰富。对这一重大的新闻事件，两位主播准备充分，稿件理解到位。声音条件良好，舒服自然。语音准确规范，语流畅达，重音恰当。在整个节目中，主播由始至终保持积极的播讲状态，表达真诚、态度鲜明。男女声对播的声音和谐，配合默契。对于穿插其中的大量采访，前后衔接自然。停连重音恰当，语气节奏得体，逻辑清晰，基本功扎实。整体风格沉稳大气。不足之处是作品整体比较规整，中规中矩。在新闻讲述感上可以再加强。

获得二等奖的深圳广播电影电视集团《景妍资讯早茶》，也是一档非常优秀的新闻播音作品。该作品是一档周末早间新闻资讯节目。本期新闻节目以民生新闻为主。主持人声音干净清晰、亲和贴近、自然流畅，简洁明快，贴近生活语境。播音状态积极，有强烈的传播欲望，对稿件理解充分，内容交代清楚，随着心理节奏表现出相应的语言节奏。有较好的交流感和得当的语流变化，较好地把握了传播内容的核心和基调。内容贴近生活，语言量饱满。另外，广东广播电视台选送的《2020 年 10 月 28 日早晨新闻》、中山广播电视台选送的《中山广播新闻 2020 年 10 月 1 日（晚间）》，也都具有相当的竞争力，主播们表现良好。

纵观广播新闻播音 17 件作品，质量好的作品都具有优质且有分量的内容；

主播播讲状态积极，基调把握准确；节奏简洁明快，语流畅达，讲述感强。而获奖等级较低或被淘汰的作品，内容多为常态播出；主播备稿不充分，状态懒散；个别男女对播的作品还出现男女声音频不均衡的情况；还有基层台的语音问题也比较突出。

2. 广播节目播音

21件节目播音作品选材广泛，其中有12件作品内容涉及抗疫、脱贫攻坚、抗美援朝70周年、深圳经济特区建立40周年等重大题材。另外有3件送错类别。

广播节目播音作品除了要求主持人语音标准，语言规范，还要求有声语言与节目内容、音乐、音效等元素结合紧密恰切，升华节目内容主题，有较强的感染力和艺术性。获得广播节目播音一等奖的作品是深圳广播电影电视集团的《见信如面》。该作品是由深圳交通广播联合沈阳、南京、重庆等地交通广播联合创作的抗疫特别节目。该作品中选读的三封书信在抗击疫情战斗中具有典型性和代表性。以真实的书信为主线布局谋篇，制作精心，配乐恰当，朗读深情。主持人对书信进行了细腻、深入的播音再创作，表现了扎实深厚的播音功力。两位主持人按照信件作者的不同身份特点和情绪状态，分别将面对疫情勇敢坚定、孝心深沉的医生，对孩子无限思念、温柔慈爱的母亲，对学生积极鼓励、热情洋溢的教师，通过播音创作的表现技巧塑造出声音形象，对不同稿件的基调把握准确、情感表达饱满、转换处理得当，讲述感强，温暖积极。该作品主题鲜明，内容充实，真实反映了社会各界在抗击疫情的战斗中所折射出的人文力量。凸显了平凡人的真善美，给听众带来情感共鸣和温暖力量。相比之下，女声在节目中以主持人身份播讲的部分，与男声相比略显分量不足。

获得广播节目播音二等奖的是佛山人民广播电台选送的作品《“组团式”医疗帮扶，走入大山深处的“佛山天使”》。该作品紧扣2020年脱贫攻坚决胜之年重大主题，却没有背负沉重的包袱，而是“以小见大”，从一个个生动具体的小故事入手，延伸至多管齐下的扶贫协作，从佛山“组团式”医疗帮扶的个体事件讲述中，宣传佛山在凉山脱贫攻坚中的创新成果，凸显智慧帮扶的重大意义，传递扶贫协作的两地情。作品为播音员奠定了良好的创作内容，播音员在二度创作过程中，能够深刻领悟作品主题，精准把握作品基调，整个节目风格既大气舒展又亲切细腻。播音员对作品既有宏观整体驾驭又有细节变化处理，通过轻重缓急的语言节奏变化，层次分明地展现故事脉络，而且播音员讲述语言与录音采访之间的语气衔接自然流畅。播音员语音标准、流畅，重音停连等技巧运用准确，藏而不露。特别值得一提的是播音员自然松弛的女中音亲切悦耳，情声气结合自然，灵动自如，动听悦耳，情感入而不陷，分寸得当，可听性和感染力强。但建议播音员在情感分寸的把握和语言表达技巧处理上可以大胆融入更多的个性化处理。此外，广东广播电视台选送的《看不见的面孔，听得到的爱》、惠州广播电视台选送的《一群人温暖一座城——“中医人”正在抗疫最前线》、珠海广播电视台选送的《一个都不能少》等作品都可圈可点，质量上乘。

广播节目播音 21 件作品中，优秀作品的选题都能紧扣 2020 年抗疫、脱贫攻坚等重大题材；作品在布局谋篇上有清晰的思路和策划；主持人对作品的理解准确到位，节奏掌控得当，以情带声，情声交融，既体现了扎实的播音功力，也为作品赋予了真情实感和温度，达到有效的传播目的。相比之下，获奖等级较低或被淘汰的作品，会存在形态陈旧、手法单一、题材不错但缺乏新意的问题；主持人的播讲也缺乏讲述感、态度冷漠疏离、从头到尾用一个腔调和模式。

3. 广播主持

本年度 18 件广播主持作品，有不少是日播节目，题材普遍偏轻，呈现方式像流水账，个别内容琐碎，并未能全面反映 2020 年度的大题材。但也存在有亮点的作品。

广播主持作品，除了对语音语言有基本要求以外，还要求主持人在对节目的掌控能力、与节目对象的互动水平和节目播出的总体效果等各方面有出色的表现。获得广播主持一等奖的作品是东莞广播电视台的《阿钭与四岁女儿的诗和远方》。2020 年一对从东莞出发骑行去西藏的父女成为疫情期间一道独特的风景线。他们像“连续剧”一样的骑行记录在抖音等短视频平台获得大量关注和点赞。这期节目敏锐地捕捉到热点，用广播的方式呈现和记录下这段行程。该作品通过大量采访，巧妙运用了奶爸阿钭和女儿兜兜一路上的实景声音与场景录音作为点缀，很好地统领了他们一路骑行的地点和时间线，并真实生动地呈现了他们在兴奋、疲惫、感动等不同状况下的声音表情；节目有设计，策划精良、文笔优美，能充分运用广播声效、音乐、同期声录音等，听觉元素丰富、画面感强，能带给听者听觉美感。两位主持人声音均衡，状态饱满积极，语气温暖，语言干净，重音准确，层次分明，讲述感强。主持人的语言与访问比例恰当，穿插自然得当。节目中恰到好处的配乐运用和相关歌曲的穿插起到了很好的情绪渲染和感情升华的作用；节目通过父女的对话，父亲对女儿的寄望和教导，传递出具有普世价值的积极的正能量；节目的最后，主持人能引导、提升，让听众自己体悟该怎样与孩子和谐相处、相互陪伴成长，充满浓郁的人文关怀。

获得二等奖的是潮州广播电视台潮语作品《牌坊街又闻潮州歌册声——“唱歌给你听”走近歌册爱好者》。这是一档专门介绍潮州歌册和歌谣的节目，有着浓郁的地方特色。让“歌册”这一非物质文化遗产得以弘扬和传承，是两位主持人倾心努力的方向。两位主持人提前策划，精心准备，走街串巷，走近潮州牌坊街十大名巷甲第乐苑，走进一群潮州歌册爱好者，分享潮州“歌册”非物质文化遗产市级传承人教唱和传承歌册的过程，就潮州歌册在潮文化中的地位和如何更好保护和传承采访了潮州文史专家曾楚楠老师，主持人对节目编排也很用心，真听真看真感受。从主持人的语言面貌以及创作过程中，我们感受到了他们能够根据自己对歌册的了解和感受，通过亲切自然的聊天方式串联起一条主线，节奏感强，层次分明，配合默契，交流状态好，自然接地气。节目整体节奏轻快舒展，张弛有度，尤其是节目中加入了小朋友的元素，扩大了受众面积，起到了普及和传承非物质文化遗产的实际作用，让受众更进一步了解“歌册”这种传统独特的地方文化的魅力，社会效果也十分明显。两位主持人在整个节目进行中把控能力很强，增强了节目的完整性。存在的不足是，节目是纯方言播出，这方面值得主持人思考和斟酌。此外，深圳广播电影电视集团选送的《关爱多动症儿童，让我们不再误解和伤害》、广东广播电视台选送的《梦想让我飞得更高》也均有上乘的表现。

广播主持作品18件，虽大多为日常播出的节目，但仍有好的作品能在选题上紧贴时代热点，在策划上精心布局，运用丰富的声音元素，为听者带来生动的视觉效果；主持人对节目驾驭游刃有余，并能以正确的价值观引导听众，传递正能量，给人以真善美的回味。

相反，获奖等级较低和被淘汰的作品，基本欠策划和提炼，比较松散和琐碎。

三、真实真诚　传播时代的声音

习近平总书记在党的十九大报告中指出，要“坚持正确舆论导向，高度重视传播手段建设和创新，提高新闻舆论传播力、引导力、影响力、公信力”。作为党的喉舌，作为广播传播的参与者和直接体现者，作为社会主流思想、主流文化的直接传播者，作为对社会具有影响力的公众人物，播音员主持人要做到正确解读新闻，准确传达信息内涵，体现媒体的公信力；信息准确、语言流畅以及播音员主持人声音中所潜藏着的能唤起听者感觉的情感和信息，能达到更有效的传播；融媒时代，传播技术的迭代，AI主播的出现，让新媒体时代的主持传播充满了变化和无限可能，传统媒体的主持人面临种种挑战。广播节目主持人播音员作为有声语言的创作主体，单是基本功扎实，已无法满足时代的需求。人工智能技术飞速发展，AI主播或许在某一天会完全替代那些讲流畅“废话”甚至连基本功都未能达到要求的主持人。但是，人之于机器，最大的不同和优势就是复杂细腻的情感，和这些情感推动下声音背后的温度和语势。纵观今年广播播音主持类别获奖等级较高的几件作品，主播们除了表现出扎实深厚的播音功力以外，对作品也进行了细腻、深入的语言再创作，基调准确，讲述自然，情感真切，温暖积极，富有感染力，让听者内心产生强烈共鸣，进一步增强了作品的影响力；作为主流媒体的节目主持人，及时捕捉身边的鲜活事例和打动人心的精彩故事，充分运用丰富的广播声音元素，引人入胜的表达，春风化雨般平实亲切的语气和态度，能更好地引导受众，传递正确的价值观。

融媒时代的特征是“放下姿态、寻求交流”，在作品的演绎上需要有更强烈的讲述感。新时代对主持人的要求，除了基本功要扎实，还需要和创新性相结合。

融媒时代，虽然主持的技术门槛越来越低，自媒体纷纷涌现，还有人工智能等科技蓬勃发展，但不代表传统媒体的播音员主持人会退出这个舞台。真诚地传递出声音背后的温度和质感是时代的要求，也是未来的方向。

（香凝，2020 年度广东省广播影视奖广播播音主持组组长，广州市广播电视台播音指导）

记录时代底色　继承创新并举
——2020 年度广东省广播影视奖电视播音主持组作品评选综述

李峻岭

本年度电视播音主持组共分为“电视新闻播音作品”“电视节目播音作品”“电视主持作品”三个类别，参评数分别为 30 件、19 件、23 件，总数达 72 件。经过视频网络分头初评、复评集中评审、终评会投票表决，共评出一等奖作品 3 件、二等奖作品 13 件、三等奖作品 27 件，获奖总数 43 件，由于评审时需遵循“同一播出机构在同一类别获得一等奖的作品不得超过该奖数额的 1/4，获得二等奖的作品不得超过该奖数额的 1/3”这一具体规则，本年度的作品评审对于人才、资源优势高度集中的广东台等机构的送评作品而言，竞争尤其激烈。综合看来，本年度电视播音主持组评选呈现出以下特点：

一、紧扣 2020 年重大主题

“决战脱贫攻坚、决胜全面建成小康社会的收官之年”“新冠疫情抗疫一线报道”“深圳经济特区建立四十周年”“第七次全国人口普查”等一批年度主题作品脱颖而出，其展现出的大格局、大视野使得本次参评的电视播音主持组作品具有记录时代的厚重底色。

以此次获得“电视节目播音作品”一等奖的《权威访谈特别策划——奔康领路人第一集》为例，这期节目以云浮市南江口镇河塱村和云浮市白石镇石底村两个贫困村为代表，讲述驻村第一书记许伟和李锋，面对年初突如其来的新冠肺炎疫情，坚持一手抓疫情防控一手抓脱贫攻坚，在做好疫情防控的前提下，带领党员干部群众战胜疫情、脱贫奔小康的动人故事。该作品紧扣 2020 年脱贫攻坚决战决胜全面小康的历史节点，选题视角独特，回应民生关切。整档节目内容充实、表达生动，节目清新自然、平实质朴，渗透着时代的朝气和乡村的热情。

为了实现节目优质创作，播音员深入采编一线，与编导一起找思路，写提纲，细致了解节目内容，仔细梳理节目脉络，这些前期准备工作为节目配音解说积累了丰富的创作基础和内心感受，激发了强烈的播讲愿望。配音过程中，播音员能够把握住“同”与“不同”两个层面，对节目内容进行解说创作。虽然节目所涉及的两位主人公都是驻村第一书记，都担负着带领乡亲脱贫奔小康的重任，也同样面临疫情的重重考验，但两个村庄实际情况不同，解决方法各异，两位主人公在人物性格、工作方式上也有各自的特点，解说时，播音员能够根据内容的变化和人物的转换及时调整自己的解说状态，用外部呈现和内部感受上的细致转换调整，呈现两人在扶贫工作中遇到的不同困难、解决问题的不同方式方法和不同的人格魅力。节目播音整体基调稳重、积极，情感真挚朴素，表达细腻流畅，娓娓道来、引人入胜，充分展现了脱贫攻坚道路上领路人的人格魅力、能力作风、内心情感。尤其难能可贵的是，面对这样一个宏大的叙事主题，播音员没有炫技，没有甩高调，而是用极其平实、真切的话语表达，表现出了两位驻村第一书记心系群众，挺身而出，坚决打赢农村基层疫情防控和脱贫攻坚战奔小康这两场硬仗的底气和决心，体现出播音员优异的专业水准。

此次，不少送评作品也都关注重大主题，比如电视主持作品《2020 年中国农民丰收节特别策划“庆丰收　迎小康”》《温暖在身边——脱贫攻坚　靖西大莫村》、电视节目播音作品《脱贫攻坚万里行——一步千年》等关注“决战脱贫攻坚、决胜全面建成小康社会的收官之年”主题；电视节目播音作品《中山战“疫”：（第一集）集结号》《文化珠江——战疫日记（下）》等聚焦新冠肺炎抗疫主题；电视节目播音作品《从短板到潜力板——广东实施乡村振兴战略掠影》等则关注乡村振兴主题。

在这些主题下，有的节目虽然没有选择宏大叙事，但也力图以小见大。电视主持作品《从农场到餐桌》作为一档三农领域的融媒体节目就体现出这样的特点：节目力求讲好扶贫脱贫故事，挖掘“乡村振兴”典型案例，展现优质农产品特点，突出社会主义新农村风貌。主持人以真人秀的方式，深入水晶梨种植基地，体验水晶梨的喷农药、采摘、包装等农活，通过亲身感受反映出果农种养的艰辛与不易。此外，主持人还走访了水晶梨种植地谭岭，报道了该地区自 1993 年引入水晶梨种植后当地农民生活水平的转变。在演播厅综艺厨房部分，主持人与五星级大厨、特邀嘉宾一起，用轻松而亲切的综艺方式让观众更深入了解主食材水晶梨，可谓寓教于乐，雅俗共赏。

纵观此次送评作品，在主题共性、题材显性的前提下，普遍具有独特的创意、独特的见解、独特的事实、独特的表达这些共同特征。

二、以多角度、多路径进行播音主持创作创新，整体制作精良，体现出广东广电媒体的风范与担当

本次电视播音主持作品的表现场景较为丰富，涉及多个演播空间转换、多点连线、航拍取景、巡航叠加访谈等形态，在单位时间内高密度、快节奏、细腻地呈现出节目主题内容及意义，使得电视播音主持作品在内容与样态上，与节目主旨比翼齐飞，相互促进。

电视新闻播音作品《第一现场》（6月29日）报送节目长达80多分钟，穿插了多个环节，节目形态新颖，与互联网的联动更加驾轻就熟。直播连线过程中，主持人通过对连线画面的观察，即兴介绍连线背景并自然抛出问题，与连线记者形成密切互动，将连线内容与整档节目融合打通。在深度报道环节，依据包装内容，将各类数据口语化，使观众即便不看电视画面，也能听清、听懂主持人所说内容，实现语言传播的有序有效，同时以一段现场快评作为整组报道的收尾，提炼升华，体现栏目立意高度和报道温度。整档节目中，主持人通过语速、语态、神色等方面的调整，设立了不同的播报节奏，最终形成整体统一，单列恰当的播音主持效果。

电视主持作品《思想的田野——深圳篇》聚焦特区建立40年的主题，以“巡访+解读”的基本模式，在60分钟的时长里，高密度、快节奏地巡访前海、腾讯、比亚迪、天鹰兄弟无人机公司、鹏城实验室、大沙河生态长廊、深圳北站社区党群服务中心、深圳人才公园等地，立体呈现深圳“五位一体”的发展格局。主持人既青春靓丽，体现出深圳年轻、夺目、魅力四射的城市风格，同时也具有专业的理性视野、全面而过硬的专业能力，能够深度挖掘提炼这些寻访地点的价值和意义，在短时间内顺利达成复杂的节目诉求。

电视主持作品《飞越广东·特区40年——庆祝经济特区建立四十周年大型系列直播节目》则采用大主题、大视野、大策划、大制作、大版面、大传播来定位制作，力求让每一帧画面都有“新闻大片”的特质，充满明快动感。演播室主持人与穿梭在各大现场的记者沟通交流，用数字串起一项项特区成就，让数字活化内容，让内容“声”入人心。节目制作积极使用新技术新手段，在形式上做到了与时俱进，全方位展现出改革开放40年深圳经济特区的飞速发展和取得的成就。

电视主持作品《邓璐时间第二季“发现湾区开局者”——对话极飞科技创始人彭斌》以“发现湾区开局者”为题，通过“对话+记录”的方式，以高拍摄水准，全方位地展示行业大咖的智慧与思考，呈现粤港澳大湾区鲜活的开局。节目通过大量的走访，跟随蒲公英车队一路北上，与新疆当地的棉农共同生活，共同劳动，全程纪实展现了极飞科技把更可靠的科技手段、更有颠覆性的劳作工具——无人机、无人拖拉机、农业机器人送到广袤的新疆，送到当地农民手中的历程。

电视主持作品《粤读时光——生命》聚焦一位两次参与新冠肺炎疫情阻击战的医务工作者，通过“访谈+朗读+轻解析”手法，展现广大医务工作者的责任、担当与大爱。无论是演播厅的设计、灯光的布局、谈话区的布置等方面，都用心精细，主持人节奏稳重而有序，在对话过程中体现出自身的文学素养与人文关怀，传递出节目特有的温度与关爱。

纵观此次送评作品，由于借助了多种新理念及新技术手段，播音主持创作空间得以不断拓展，创作角度日渐多元。

三、粤语电视播音主持类节目专业播出能力及受众认可强劲，具有节目题材贴近生活、播音主体代入感强、视角平视化的特色，亮点频出

本年度电视播音主持组一等奖的三部获奖作品分布于广东广播电视台、佛山电视台、广州广播电视台这三家机构，其中广州广播电视台报送的电视主持作品《2020 年中国农民丰收节特别策划“庆丰收　迎小康”》、佛山电视台报送的电视新闻播音作品《10 月 2 日六点半新闻》两部一等奖作品均为粤语播出，彰显粤语电视播音主持节目的高水准。

电视主持作品《2020 年中国农民丰收节特别策划“庆丰收　迎小康”》整场直播长达 97 分钟，以新闻频道 300 平方米演播室为主会场，在白云、番禺、南沙、黄埔、花都、从化、增城等广州七个区以及英德市黄塘村各选取一个连线点，多角度全方位“庆丰收”。节目全程在 10 个场景实时转换，多路信号随时切换，由演播室主持人完成串联，这是对其业务能力、经验和体力的巨大考验。节目中还引入了访谈环节，主持人负责嘉宾访谈部分，需要将嘉宾的情绪充分调动起来，同时要兼顾分会场的实时连线。由于丰收节不少内容涉及国家方针政策的大背景、广州取得成绩的大数据，这些在表达上必须精准到位，不容有错。同时，丰收节的内容性质也决定了主持人在语言运用上要做到贴近老百姓、热情亲和。主持人在节目全程均能准确把握节目基调和表达定位，熟练流畅，节奏紧凑，一气呵成，实属不易。

电视新闻播音作品《六点半新闻》（10 月 2 日）作为佛山台最权威的时政新闻节目，继去年之后，今年再次摘得电视新闻播音作品的一等奖，显示出这档节目良好的传承。播音员能根据不同的内容分类，对稿件做到深入分析，使新闻播报不再简单停留在平铺直叙上，而是做到从内容出发，以“解读”语态，对新闻内容透彻理解，主动与新闻事件的人物对话，融入不同语气和感情，通过表情、语气、停顿、节奏的变化，使整档新闻鲜活起来。整档节目串联顺畅、不留痕迹，既有整体感，又有细微变化，主播自始至终保持饱满情绪，流畅、真诚，分寸得当，取得良好传播效果。

电视主持作品《我要上外剧》也颇具特色。这档节目初衷是为了给《外来媳妇本地郎》这一开播 20 周年的粤语情景喜剧注入更多新鲜活力，传承粤文化。宋嘉其作为主持人，既要代表剧组把关“选角”，对新人选手的表演进行点评、示范，还要亲自上场助力表演，鼓励和支持追逐演艺梦想的选手们，可谓身兼多职。主持人整体表现自然娴熟，与节目内容相契合，体现出很好的黏性

与驾驭能力。在细节呈现上，主持人运用粤语熟练巧妙，通过接地气的表达和用词，让观众产生强烈的代入感和共鸣。语言节奏紧凑、简练，具有娱乐性表达的同时也不失主流媒体的权威性。

此外，电视节目播音作品《广州新气象》《文化珠江——战疫日记（下）》《我的北纬38度记忆》等粤语播音作品也体现为“播”“说”结合的特点，音质悦耳，表达顺畅，具有较好的可看可听性。此次参评的粤语电视播音主持类节目既有粤语节目一直以来接地气的优势，同时也彰显了主流媒体的审美规格和大气品质，值得关注。

四、存在的问题

当然，本年度电视播音主持组作品评审中也暴露出不少问题，具体归纳如下：

1. 新闻播音佳作有限，整体播音队伍水平亟待提升

新闻播音对从业人员基本功要求高，需要从业人员具有良好的表达表现力及控场力，参评作品能将声音与图像皆优质呈现者不多。代表性问题主要集中在吐字发音不规范，包括发音偏扁、压喉；停顿连接较为随意、缺乏依据，语感欠流畅；有的节目播音看似行云流水，实则内里缺乏态度和温度，欠缺与观众的深度交流；主持过程中“端”“等”状态不时出现，表达刻意、浮于表面的问题也较为明显。

2. 语言表达样态存在误区，有待扭转

不少作品表现为了刻意追求高大上的恢宏气势，而存在播音时声母发力过度、重音泛滥、吐字不轻巧的现象。同时，由于对作品内涵理解不到位，规范有余、融入不足的问题也较为明显，不少作品语言表达缺乏变化与温度，主播与节目中的故事、人物的关联、起伏、变化还不够紧密，此外，主播对不同语态、语体的转换把握也还有不少值得改善之处。

3. 对送评作品分类理解不准确

“电视新闻播音作品”的语态以播报式为主体，“电视主持作品”的语态以主持人谈话访谈式为主体，“电视节目播音作品”则体现为解说、讲述的语态特征。不少节目本应属于“电视新闻播音作品”，却错投“电视主持作品”或“电视节目播音作品”类别，体现出参评人对播音主持语体、语态以及评奖类别的认知不足，专业能力有待提升。

4. 不少基层媒体与广东台业务水准差距呈现扩大态势

由于新技术、新手段的使用，当前播音主持作品也越来越多渗入诸如航拍、多点连线、网络视窗、虚拟现场等多元场景，这对播音主持作品的创新发展都提出了新的命题，对从业者的要求也日益更新。而不少基层台囿于资金、资源、

人才短板，缺乏创新土壤与生产力提升，使得基层媒体报送作品的质量与广东台等大型机构的专业水准差距日益明显，应予以重视。

总体而言，本年度电视播音主持组的送评作品一方面体现了媒体对新闻作品时效性的要求，另一方面也体现了从业者对电视播音主持作品精品化的追求。时代对播音员主持人提出了越来越高的要求：博学明思，笃志敦行，顶天立地，继往开来。播音主持虽然属于听说的艺术，但“功夫在诗外”。《礼记·中庸》有言：“博学之，审问之，慎思之，明辨之，笃行之。”唯有秉承传媒人严谨的传播职责，不断探求语言传播美学境界，将视野、问题、思考、辨识、探索等意识融进播音主持日常实践，勤学笃思，知行合一，胸怀天下，不断创新，方能不断构架出播音主持创作的新格局、新高度。

（李峻岭，2020 年度广东省广播影视奖电视播音主持组组长，广东外语外贸大学副教授）

业者感悟珍贵　理论研究稀缺　需要加倍努力

——2020年度广东省广播影视奖社科论文组综述

彭武军

2020年度广东省广播影视奖社科论文复评共有68篇论文参评，分广播电视内容创作研究论文、广播电视融合发展研究论文、广播电视播音主持研究论文3个类别。

一、广播电视内容创作研究论文：业者感悟，重在总结实践

参评论文32篇，评出一等奖1篇、二等奖6篇，三等奖12篇。

参评论文大都聚焦在广电行业的重大政策、重大事件、发展趋势、难点和疑点领域，主要是业者的经验总结和实践体会。

获得一等奖的论文《事实核查：社交媒体虚假新闻治理研究》（广东广播电视台选送），选取事实核查这一社交媒体时代保证新闻真实性与客观性的重要环节作为研究对象，以此探讨虚假新闻治理过程中事实核查的重要作用。文章系统分析了虚假新闻治理的困境及其根源，提出我国社交媒体事实核查的具体路径：一是在生产维度上增加披露透明度和参与透明度；二是在技术维度上利用高新技术手段进行智能核查；三是在制度维度上健全事实核查的法律制度。为社交媒体时代新闻传播秩序治理提供了较为翔实的对策建议。论文由业者与学者合作写就，选题新颖，观点鲜明，论据充分，论证有力，结构合理，逻辑清晰。提出的观点和建议有较大的理论价值和现实操作性。文章回应了习近平总书记对新闻工作者提出的要求，充分体现了马克思主义新闻观所强调的坚持新闻报道真实性原则；且在理论基础、核心观点、研究方法、研究视角等方面均有一定的创新，是本领域研究较为前沿和重要的成果之一。论文刊发在南大核心、北大核心期刊《中国编辑》上，刊出后引起学界、业界的高度关注，在中国知网的下载量达到369次；文章刊发不足两月旋即被上海社科院的权威期刊《社会科学文摘》（2020年10月）全文转载，且刊发在“热点专题·社交媒体与传播研究”栏目的首篇，该刊的卷首语还重点介绍了社交媒体的流量与信息的真相，下载量也达到182次，影响力可见一斑。

二等奖论文《加快建设与我国大国地位相适的国际舆论主导权》（深圳广播电影电视集团选送），全面阐述了当前我国国际舆论主导权的状况和加快建设我

国国际舆论主导权的迫切性，提出了建设我国国际舆论主导权的思路。国际舆论主导权的建设事关国家安全和根本利益，论文选题重大，立意高远，有很强的针对性。作者能够跳出本行业来进行内省和探索，且格局站位高，尤其是突破了单纯的内容优化和传播技巧应用的思维局限，从目标社会群体心理把握和适配、资本市场化、新技术赋能应用等多维度提出运作策略，令人耳目一新。论文发表后，被中国知网、百度学术收录，仅一个多月，中国知网的下载量就达到了48次。

二等奖论文《马拉松3.0时代如何发力——广东广播电视台体育频道马拉松转播的转型思考》（广东广播电视台选送），作者基于马拉松赛事转播的长期实践，对历年来的技术流程、标准不断升级的转播工作进行了严谨的梳理，逐层深入，分析论证，阐述了转播技术的升级迭代正全面深刻地改变着赛事转播的标准和流程，随之也拓展了它的内涵和外延。作者作为这一领域的先行者、探索者，积极参与到标准的制定研究中，这将对行业发展产生更积极的作用。文章观点鲜明，思考深入，论据清晰，文字语言流畅，可读性强。

二等奖论文《中央广播电视总台抗击新冠肺炎疫情纪实报道创新研究》（韶关广播电视台选送），从“独立个体参与生产，叙事模式多向变迁”“媒介边界消融，场景搭建集体记忆”“主动拥抱生态思维，全面系统引导舆论”等三个维度探究融媒体语境下新冠肺炎疫情纪实报道中所呈现的新特征，为纪实报道在融媒体时代的变革提供了一定借鉴。作者从地方台的视角去研究总台的内容，收集了翔实的资料，做了大量的分析，应该下了不少功夫。

二等奖论文《从新冠肺炎疫情看主流媒体如何做好突发公共事件报道——以深圳广电集团为例》（深圳广播电影电视集团选送），通过总结深圳广电集团在新冠肺炎疫情报道中融合传播的采编实践，为主流媒体在类似事件中快速反应、科学组织、有序应对、牢牢占领舆论场提供有益借鉴，有创新性。

二等奖论文《从〈乡村振兴大擂台〉看媒体的作为与担当》（广东广播电视台选送），将广东广播电视台《乡村振兴大擂台》全媒体项目作为分析对象，以独特视角聚焦乡村振兴，诠释了用全媒体渠道传递广东农业农村改革发展的新亮点，将宣传触角延伸到全社会，积极引导村民“唱主角”，有效发挥主流媒体的参与和推动作用。

二等奖论文《探索文旅体验类电视节目创新创优路径——以广东卫视〈行进大湾区〉为例》（广东省广播电视局选送），从策划选题、表现手法、故事讲述、融媒传播等方面，全方位、多角度、深层次地充分论证《行进大湾区》节目特色。素材丰富，数据翔实。

其他论文还涉及舆情引导、融媒报道、新闻时评、公益传播、微纪录片、短视频制作等领域，都有较强的问题意识，对业界同行有一定的借鉴价值。

二、广播电视融合发展研究论文：聚焦融合，专注对策研究

参评论文 29 篇，评出一等奖 1 篇，二等奖 6 篇、三等奖 11 篇。

此类论文的论题主要围绕媒体融合、4K/8K 超高清电视发展、直播带货、人工智能时代的新闻传播、全媒体记者培养路径等领域，紧扣当下广电行业的发展趋势，密切关注在媒体融合的大趋势下广电实践所面临的种种问题，并从理论层面提出了对策性思考，对业者具有较强的理论指导价值。

获得一等奖的论文《推进传统媒体深度融合流程再造研究——基于企业管理视角》（深圳广播电影电视集团选送），针对传统媒体在推进真融合、深融合过程中要解决的业务层面、管理层面等方面的诸多问题，从企业管理的角度，提出全面实施流程再造是推进传统媒体与新媒体深度融合的重要路径的观点，并总结归纳出流程再造的基本原则和五点措施。论文选题有很强的针对性；论点明晰、新颖；论据基于作者参与媒体融合的工作实践，丰富充实；论证严谨深刻、逻辑性强，文字凝练。为媒体深度融合提供了有参考价值的思考路径。论文刊发后，被万方数据、中国知网、龙源期刊网收录，在中国知网上线仅 1 个月下载量达 17 次，并被行业权威微信公众号“广电业内”等多家新媒体平台转发，得到业内认可。

二等奖论文《打通 4K 超高清产业的最后一公里》（广州广播电视台选送）选题具有前瞻性，4K 超高清应用是目前国家倡导的新基建系统建设的一部分，是新兴影视技术和内容产业，更是引领广电行业发展的新方向，具有较高的研究价值。作者以先行者和探索者的身份，运用新视角、新方法进行探索，提出了创新性的见解和发现，分析了 4K 超高清产业发展的现状、前景和机遇；从视音频设备的硬件、软件及其带来的整个产业链的发展前景，以及对电视行业技术标准的建设、超高清内容产业等多方面进行探讨。论文立论明确，逻辑清晰，使人既能从全球、国家、地方多层面了解 4K 技术的前景和格局，也看到了其面临的机遇和挑战，并引起思考和研究；应用性强，案例分析报告成果对影视行业的实践、对推动行业发展具有积极意义。

二等奖论文《论传统媒体如何转化为电商顶流》（广东广播电视台选送），探讨的是年度热点“直播带货”。新冠肺炎疫情发生以后，除了央媒，地方媒体也纷纷布局直播带货，发挥传统媒体区域影响力。论文从广播频率 2020 年直播带货活动的策划和执行的视角，以广播频率实践为例对媒体向电商顶流转化所具备的优势及劣势进行分析，同时对广播频率的产业经营、团队建设、融合发展等进行研究和论证，提出媒体转化为电商顶流的具体策略，打破了现实中无论是传统媒体、新兴媒体还是融媒体，主营收入基本上是靠广告的旧观念，既有理论研究，也有实践经验，对广电媒体发展具有借鉴意义。此文被中国知网、

维普、万方数据、龙源期刊网、读览天下，以及中国国家期刊库、中国期刊全文数据库、中邮阅读网、博看网、世纪超星、中国核心期刊（遴选）数据库等期刊电子数据库全文收录，对媒体融合发展及经营创收具有现实意义。

二等奖论文《国内 4K/8K 超高清电视发展观察与展望》（广东广播电视台选送）不仅关注、调查、概括了国内行业内 4K/8K 超高清电视前沿发展的三种模式，还从平台、内容、技术、传输等方面分析了当前 4K/8K 超高清电视发展的最新情况，并提出了对 4K/8K 未来发展的思考与展望。文章指出，对 4K/8K 未来发展的关注重心应放在这些前沿技术如何推动传统媒体的改革和发展上，传统媒体要想上马运营好超高清制播项目，需要先找出一个能不断推动发展的内在逻辑，找到一条可持续发展的道路，才会有所作为。

二等奖论文《广电网络点播平台短视频转向的 SWOT 分析》（广东省广播电视网络股份有限公司选送），采用经典的 SWOT 模型对广电网络点播平台短视频转向进行分析，论据充分，观点鲜明。

二等奖论文《媒体融合中的“系统性思维”》（东莞广播电视台选送）指出，广电媒体机构在改进新闻资讯生产中，应该具备系统性思维，并依据系统性思维行动起来，坚持一体化生产、多平台发布、强调移动优先、突出视频特色；并且在规范新闻生产流程和配备充足人力的基础上，对新闻产品进行合理的考核评价，唯其如此，才是推进媒体融合工作的正确方式。

二等奖论文《广播剧的融媒再创尝试——以“视听广播剧”〈守护英雄〉为例》（广州广播电视台选送）一文，既有现状分析，理论依据，也有实践论证，点面结合。论证广播剧扩大受众覆盖面的可行途径——融媒再创，即以传统媒体作品为蓝本再造融媒新品，将不同的媒体介质融合在一起，优势互补。

三、广播电视播音主持研究论文：数量太少，质量堪虞

参评论文 7 篇，评出二等奖 2 篇，三等奖 2 篇。此类论文因送评数量不多，不设一等奖，参评作品水平参差不齐。

论文《有味道的声音创作——广东卫视〈老广的味道〉配音实践探索》（广东广播电视台选送）较为突出，但囿于同一报送单位获奖名额有限，仅被评为三等奖。《老广的味道》是广东卫视推出的现象级美食纪录片作品，作者作为五年来全部五季节目的配音者，写就了《有味道的声音创作——广东卫视〈老广的味道〉配音实践探索》，从创作态度、创作技巧、配音风格三个方面，梳理了自身的创作感悟，提出了“以作品为本”“以感受为桥”“以学养为阶”三个方面的方法论指引，为配音演员、主持人等相关从业者提供了较为明确的实操建议。论文视角新颖，思路清晰，体现了较强的业务水平和思辨能力。

获二等奖的论文《融媒体直播中传统广电主持人的主持状态调整对策》（深

圳广播电影电视集团选送），通过具体翔实的融媒体直播实践案例，对传统媒体主持人在适应新媒体传播规律中亟须调整的主持状态进行了经验总结和理论归纳，提出：主持人在融媒体直播中应当完成从节目主持人到“中心处理器”式的角色转换，全面掌控直播全流程；要强化场景意识和声画配合意识，充分运用直播现场的时间与空间要素传播信息；需拓展多维传播环境，顺应传播生态变化，适应传播媒介多元化发展所形成的多维传播环境。

二等奖论文《网络传播环境下如何打造意见领袖型主持人》（佛山电视台选送）认为，在网络传播环境下，电视媒体亟须打造意见领袖型主持人，以提高自身传播力和影响力；主持人也应与时俱进，在“泛主播”竞争环境中建立“意见领袖”地位。论文从能力培育、话语转换、人文关怀、团队建设等方面探讨了打造意见领袖型主持人的创新路径。

获三等奖的论文《人工智能时代职业主持人面临的机遇与挑战》（广东广播电视台选送）指出，职业主持人应当正确审视新技术带来的传媒变革，思考并研究人工智能背景下遇到的挑战和机遇，并积极探寻破解“本领恐慌”的有效之道。论文认为，只会念稿的主持人确实随时会被AI主持人取代，AI主持人实际上可以帮助职业主持人从频繁的重复性播音工作中解放出来，从而让真人主持人去做更多创造性工作。纵观业内优秀的播音主持人，无不具备独一无二的特质和魅力，那些表达有艺术、思想有深度、情感有温度的职业主持人，永远是节目中最鲜明的特色，更是职业主持人自身不可替代的品牌力和核心竞争力。

四、存在问题

（1）报送论文总量偏少。2019年度参评论文74篇，2020年度参评论文68篇，呈下降趋势。

（2）独到、鲜明、新锐的观点稀缺，不少论文缺乏创新性，吸引力不足。

（3）理论方面的内容较少，大多数论文着眼于操作层面。

（4）3个类别的论文，论题不同程度地“特别”聚焦媒体融合，选题单一化。

（5）有的论文标题不规范，有的行文格式不规范，有的缺乏注释；有的有文字缺失；有的引用的一些概念无出处……

评委们一致认为，于广播影视社科论文而言，业者实践感悟固然珍贵，理论研究的提升更是不可或缺。我们期待各广播影视机构领导充分重视，业者加倍努力，今后能涌现更多实践探索与理论创新相结合的优秀论文。

（彭武军，2020年度广东省广播影视奖社科论文组组长，广东省广播电视局宣传管理处处长）

激励技术应用创新，驱动广电融合发展
——2020年度广东省广播影视奖技术论文作品评选综述

傅峰春

一、总体评选情况

2020年度广播电视技术研究论文组共收到参评论文作品17篇，来自省内10个单位。技术论文组评委们按照《2020年度广东省广播影视奖评选办法》的评选标准和评选要求，对参评作品进行充分讨论，深入评议，最终评选出10篇获奖论文。其中，一等奖论文1篇：《5G通信基站对邻频C波段卫星地球站干扰的分析与处置》，二等奖论文3篇，三等奖论文6篇，论文获奖率为58.8%。

从参评技术论文总体内容来看，2020年度参评论文的内容较为均衡，覆盖了广播、电视、有线网络、无线四个不同专业领域。论文内容题材主要围绕4K超高清、5G、IP化、数字化、智能化等主题开展论述，特别是4K超高清和5G，成了2020年度两个最热门主题，17篇参评论文中分别有5篇论文涉及4K超高清和5G题材。这充分体现我们的技术论文紧跟当前广播电视技术发展前沿，紧扣当前广电业务发展热点和发展重心，技术创新也正在引领和驱动广播电视媒体融合发展。

从论文总体内容质量来看，17篇论文总体论述完整，论证充分，观点鲜明，理论与实际的联系十分紧密，或提出解决方案，或总结实践经验，内容实用性较强，具有较强的现实指导意义。但论文总体在专业技术的深度上稍微欠缺，创新性不强，需加大技术专研力度。

从论文获奖单位分属来看，今年广东广播电视台成绩最为突出，5篇参评论文全部获奖。其次是东莞广播电视台，2篇参评论文全部获奖。广州台、深圳台、省网络公司各有1篇论文获奖。获奖单位分布严重不平衡，全部集中在广州、深圳、东莞三个城市，这与去年的情况一样，说明广播电视技术发展地区间差距是长期存在的，各地级市广电媒体机构需进一步增强技术培训和新技术推广工作，鼓励广播电视技术论文创作和创新，不断提升广电工程技术人员的论文撰写水平和数量。

二、作品内容分析

1. 论文内容热点之一：5G

5G网络技术是当前发展的热点，广电也是我国5G网络建设的重要参与者，未来广电5G网络与有线电视网、无线宽带网、卫星通信网、地面数字电视广播网等“无缝”融合，业务形态也将更加多元化，但也将为广播电视安全播出带来新的课题。

本年度获得一等奖的技术论文《5G通信基站对邻频C波段卫星地球站干扰的分析与处置》就涉及5G网络建设与广播电视信号传输安全的问题。该论文是针对5G通信基站对C波段单收地球站的干扰共存问题，通过工程实验和数据分析研究，找出邻频干扰的临界点，总结得出带外抑制比ACLR是影响邻频干扰大小的主要因素的结论，并提出可根据地球站干扰保护准则和工程实践，计算得出两系统邻频共存时需要保持的ACLR。同时，还初步证明了5G室外基站与3 600MHz—3 700MHz的C波段卫星地球站邻频共存间隔距离能够从4公里缩短至1公里以内，甚至可能缩短到200米以内。论文对提高卫星转发器的使用率，缩短5G基站布点距离，提高5G信号覆盖强度，加快5G技术部署，具有较高指导性和实用价值。

该论文内容全面翔实，紧扣广播电视节目安全播出实际工作，先提出和定位问题，然后研究相关技术原理，提出解决问题思路和方案，从测试数据中分析总结出结论，最后给出问题的解决措施，内容结构合理，逻辑思路清晰，图文并茂，技术性强，在当前5G网络快速发展时代，具有很强的实践指导意义。

2. 论文内容热点之二：4K超高清

超高清视频是继视频数字化、高清化之后的新一轮重大技术革新。国家目前正在大力推进超高清视频产业发展和相关领域的应用，并发布了《超高清视频产业发展行动计划（2019—2022年）》。国内广电媒体近几年加大了4K采集制作、4K总控播出、4K内容分发等技术系统建设投入，加快超高清电视直播频道建设。广东省是国内超高清产业大省，广电4K超高清业务发展也较快，目前省内已经开通了两个4K超高清频道——广东综艺频道和广州市南国都市频道，深圳4K超高清频道也正在筹建中。4K超高清频道技术系统建设，是一个较新的技术课题，技术系统建设实践中的经验交流对加快行业发展能起到很好的推动作用。今年参评的技术论文中，有5篇论文（占比近三成）涉及4K超高清技术，其中有3篇获奖：《4K超高清演播室IP化设计和实践》获得了二等奖，《4K远程制作技术的研究与实践》和《4K超高清电视三维声的选择与探索》均获得三等奖。

其中，二等奖论文《4K超高清演播室IP化设计和实践》一文结合广东广播电视台4K超高清演播室系统的设计、建设实践，阐述了基于IP化的、满足

SMPTE 2110 标准的 4K 超高清系统的设计要点，通过运用 IP 技术完成系统信号调度、节目制作、系统管理等任务，探索广播电视系统由传统 SDI 基带模式向 IP 化模式发展和转变。论文内容紧扣当前热点主题，内容结构清晰，细节清楚，逻辑严谨。4K 化和 IP 化是广电当前发展的方向和重要任务，该论文可为更多电视台 IP 化 4K 演播室的设计建设提供借鉴和参考。

三等奖论文《4K 远程制作技术的研究与实践》以 4K 远程制作为主题，介绍了新的、灵活高效的 4K 超高清制作工艺流程，重点论述了 4K 远程制作在成本、效率和灵活性等方面的优势，阐述了基于 CWDM 和 IP 方式的 4K 远程制作技术特点和系统结构，介绍了作者在 4K 远程制作方面的研究与实践经验，最后对 5G、云计算等技术在远程制作应用的趋势进行了探讨。该论文结构完整，文字流畅，重点突出，符合科技论文要求。论文内容既有技术方案选型要点分析，又有实践测试数据，理论实践结合紧密，对其他台有较大借鉴价值。4K 远程制作是个新课题，其中包含贯光传输、云制作、压缩编码、管理调度的关键技术，代表电视直转播的未来趋势。论文结尾还对未来技术做了展望，包括 5G、多渠道制作分发、云技术、分布制作等，概括准确，也是一篇质量较高的论文。

三等奖论文《4K 超高清电视三维声的选择与探索》涉及国内 4K 超高清电视产业相关技术标准话题，介绍了 4K 超高清电视声音最高标准“三维声”相关技术。该论文通过分析电视声音发展过程，梳理电视三维声从制作到终端的现状，分享实践与探索的心路历程，展望广东乃至全国 4K 超高清电视三维声的产业发展前景。该论文立意清晰，内容聚焦，让人们对 4K 超高清电视声音技术有了更深入的认识。

3. 论文内容热点之三：大数据与智能化

大数据及 AI 人工智能是当前支撑媒体深度融合发展的重要新技术。AI 对媒体带来的改变将是全方位的，将对媒体内容生产、运营和商业变现等环节产生深刻变革，甚至内部技术系统运维、安全保障等都离不开大数据及人工智能技术的支持。

二等奖论文《以大数据和智能化促进广电媒体技术运维治理的现代化》从智能化的角度，阐述了广电技术运维保障的创新手段和运维经验。广电业务互联网化发展趋势下，云计算等互联网与 IT 技术被广泛应用到媒体中，广电技术体系越来越复杂，运维要求和难度越来越高，采用互联网化的方法论和工具来提升自身的运维和研发能力是大势所趋。该论文对广电媒体的技术运维治理进行了深入研究，根据深圳广电的融媒体智能运行治理系统的业务实践，结合业界最新的运维治理指导思想，分配置管理、日志采集分析、运维流程管理、大数据态势感知分析、团队管理等五个方面进行研究和总结，希望将现代化的 SRE 运维治理理念和方法引入广电媒体行业，能用大数据和智能化的工具手段促进广电媒体技术运维治理的系统化、规范化、精细化、智能化、现代化。该论文内容充实，结构严谨，逻辑清晰合理，技术理论水平较强，将业界最新的运维治理指导思想与广电业务实践紧密结合，具有很强的现实指导意义。

三等奖论文《5G+AI技术在融媒体生产中的应用实践》结合广东广播电视台全媒体新闻生产平台建设实践，介绍了5G与AI技术在广电媒体内容制播领域的应用。该论文通过分析5G和AI的技术特点，论述了融合5G和AI技术优势，搭建基于5G+AI技术的智能管理平台，在媒体生产域与传播域开展智能引擎、语音识别、人脸识别、内容结构化等智能化应用实践，探讨了利用新技术提升新闻融合生产能力的途径。

4. 其他获奖论文内容亮点

本年度有多篇技术论文涉及日常工作方法创新和经验总结。二等奖论文《"黑广播"的精准快速定位方法》针对近几年困扰广播电台媒体发展、扰乱无线电波秩序的"黑广播"问题，结合东莞台实际工作经验和做法，先分析"黑广播"的特点，再从数据分析和快速定位两个角度，提出了精准快速定位"黑广播"的方法。该论文内容结构清晰明了，语言流畅，从日常技术工作中总结技术经验和创新工具，其工作经验方法具有较好的现实借鉴意义。

IP化是当前广电技术发展一个重要方向。在4K超高清等业务推动下，广电网络IP化发展在加速推进，既涉及台内生产网络系统，又涉及有线电视传输网络。今年参评论文中有3篇涉及IP化技术，且均获得了奖项。除了前面提到的二等奖论文《4K超高清演播室IP化设计和实践》外，三等奖论文《SDI和IP混播下的同步系统》结合广东广播电视台新播控中心系统建设实践，阐述了IP和SDI混合架构播出系统的同步问题，比较了目前高标清播出系统基带SDI同步系统以及IP和SDI混播新同步系统的差异，并详细分析介绍了新播出系统IP系统的PTP同步协议原理。另一篇三等奖论文《统一DHCP系统在广电网络的应用》则涉及广电有线网络IP化内容，结合广东广电网络推进网络全IP化和规模化IPv6部署工作，论述了广东广电网络统一DHCP系统的特点和部署架构，分析指出了新一代广电网络IP化建设的目标以及融合业务趋势。

节目内容的数字化、数据化和结构化是媒体智能化发展的基础，是智能媒资系统建设的重要一环。节目内容只有在数据化和结构化后，才能发挥更大的媒体价值。三等奖论文《历史新闻素材数字化系统的建设》与内容数据化领域相关，介绍了东莞广播电视台建设"历史新闻素材数字化系统"的必要性、建设理念和实现方案，强调新闻节目内容数字化系统对实现新闻内容共享、提升新闻内在价值的重要意义。论文能促进业内对节目内容数字化、数据化更深刻的认识。

三、存在的问题及意见建议

从2020年度技术论文评选总体情况来看，论文内容不乏亮点，有可圈可点之处，但也有几个问题值得我们关注和重视。

第一，参评论文少。2020年度技术论文组共收到省内10个单位的参评论文作品17篇，参评论文总数比2019年度（24篇）减少29%。2020年参评作品最多的是广东广播电视台（5篇），其次是广东省广播电视网络股份有限公司（3篇），参评单位全部集中在粤港澳大湾区城市群中，粤东、粤西、粤北地市级广电媒体单位参与度低，造成总体技术论文数量少。

第二，论文内容涉及技术深度和业务广度不足。从本年度技术论文内容来看，虽然覆盖了广播、电视、有线网络、无线等不同专业领域，但传统广电技术占比较大，互联网等新技术新业务相关的论文少，这与当下媒体深度融合发展对技术创新发展方向的要求不相匹配。

第三，论文科技创新性不强，总体质量有待进一步提升。尽管今年参评作品中不乏高质量作品，但总体内容质量参差不齐。部分作品立意简单，内容论述泛泛而谈，或是技术概念简单罗列，缺乏个人思考和见解，论述内容结构单薄，与学术论文要求还有一定差距。

针对上述问题及评选总体情况，提两个建议：

一是建议进一步扩大广东省广播影视奖技术论文奖的推广宣传，提升全省广电技术工程人员参与的积极性，增加论文数量，扩大论文内容的覆盖面，从而提升论文的总体内容质量。

二是建议广东省广播影视奖参照中国广播电影电视社会组织联合会举办的“广播影视科技创新奖”或“中国电影电视技术学会科技技术奖”评奖办法，增加广电工程技术项目类的奖项。随着广电媒体融合转型进一步深化，广电技术体系迭代发展较快，各广电机构建设的工程技术项目较多。而工程技术项目往往将技术理论与产业实践结合得更加紧密，技术复杂度、先进性和创新性更高，技术参与人员更广，业务导向和产业带动作用也更加明显，更能反映当前媒体技术发展水平。在广东省广播影视奖中设立“工程技术项目”类奖项，有利于进一步促进和激励广电技术创新和发展，对广东省广播影视奖的宣传推广作用也更大。

（傅峰春，2020年度广东省广播影视奖技术论文组组长，深圳广播电视集团教授级高级工程师）

主力军全面挺进主战场
——2020年度广东省广播影视奖新媒体新闻组作品综述

支庭荣

2020年度广东省广播影视奖评选工作结束了，回望本届评选活动，新媒体新闻作品从内容到形态发展如此巨大，使评委们感慨万千和百感交集，新媒体新闻组作品内容丰富多彩，无一不备，形态千姿百态，应有尽有，在反映重大新闻事件和社会热点问题面前不缺位、不失声，既有2020年度抗击新冠肺炎疫情、复工复产、全面建成小康社会、脱贫攻坚、全国两会、经济特区建立40周年、“一带一路”等重大新闻事件，也有反映群众关切的粤港澳大湾区、广深港澳科技走廊、高质量发展、民法典、依法治国、生态文明、乡村振兴等社会热点话题。

本届新媒体新闻作品获奖作品呈现三大特点：一是全面贯彻落实了国家媒体融合战略，已认识到“互联网已成主战场，主战场要上主力军”的重要精神，获奖作品来自媒体机构的各个部门，并非媒体融合中心，说明了媒体机构已将重点转移到移动端口，将“移动优先，先网后台”策略执行到位。二是新媒体作品制作的方法和手段，有了长足进步，更具移动化特点，创新意识始终伴随作品左右，“短、轻、快、实、简、小”已成为新媒体追求的标准，作品更加重视用户体验感、互动性和个性化，形成了与传统媒体截然不同的风格和区分。三是获奖作品权威性、影响力和传播力不可小觑，每件作品的阅读量比以前大有提升，十万以上阅读量的作品比比皆是，被大型互联网平台链接转发作品也多于以往，证明我们的新媒体作品从内容到质量得到了广大用户的青睐和喜爱，有些爱不释手的感觉了。

新媒体新闻组涵盖五类作品：新媒体新闻短视频、新媒体直播、创意互动作品、新媒体版面编排、全媒体传播作品。新媒体新闻组参评作品共计132件，获得一等奖5件，二等奖24件，三等奖50件，共有79件作品获奖，获奖比例为60%。

接下来按五个作品类型进行总结和解析。

一、新媒体新闻短视频

本届广东省广播影视奖首次将新闻短视频和非新闻短视频分开评奖，这在全国的省级政府奖中也属于首创。由于两项分开评奖，新闻短视频当然就要更加强调新闻的时效性、显著性、真实性、接近性、互动性等理念，从获奖作品来看新闻性是有所提升的，报道重大新闻事件和热点话题时均能大显身手和有所作为，但是也有一些送评作品新闻性不强，应引起有关媒体机构的重视。有三个关系应做区分：一是素材与作品的区分，有些作品只是素材的呈现和叠加，不加以编辑制作处理，不能算作合格的新闻短视频作品。新媒体新闻短视频还是要编辑、制作和加工处理后的作品才行，最低也应将“何人、何事、何因、何果”要素交代清楚。二是公众提供与记者采访的区别，有些视频素材完全是由机构以外他人提供的或是监控录像，不能确定事件是否真实可靠、版权是否会有问题。记者一定要亲自到事件现场，实地核实采访，与当事人面对面采访，这样作品的真实性和临近感会好很多。三是抖音、快手与新闻短视频的区分，抖音和快手的特点是视频工具化，同一视窗与音乐，同一色调与韵律，简便快捷是它们的长处。而新闻短视频是追求差异化的，每一件作品都风格迥异别具一格，就同一新闻事件，不同机构或记者也是千差万别的。

本届新媒体新闻短视频一等奖由广州台制作的《黄明：马不停蹄的“黄志愿”》获得。2020 年是不平凡的一年，更是全民战“疫”之年。全国各地各行各业的人们自觉投身疫情防控阻击战，筑牢疫情防控的人民防线。这些发生在每个人身边、平凡而伟大的抗疫故事，很大程度上呈现了新时代中华民族的精神风貌。该作品有三大特点：一是主题重大意义深远，以正能量吸引高流量。该短视频作品坚守新闻专业性，将志愿者黄明的故事置于疫情防控大背景之下，将新闻性思维有机融入，让短视频在影像化表达和主题化叙事的基础上更具价值传播功能，实现众志成城、抗疫必胜的价值引导。二是视角独特手法新颖，拓展用户认识疫情防控的维度。以小人物故事彰显大时代精神，以短视频形式实现长传播效应，时长在三分钟以内，可近距离倾听“黄志愿”的故事，拓展了用户认识疫情防控现状的新维度。三是具接近性、有温度，通过内容引力重建情感联系。该短视频作品记录的这位主人公名不见经传，其貌不扬，但足够接地气、有代表性。镜头呈现的是服务群众、坚守岗位的劳动，是对生活的热爱，是挥洒汗水的热忱，通过真实展现平凡人不平凡的力量，引发情感共鸣。

获得二等奖的作品《英雄回家！东莞以最高礼遇迎接》也给评委们留下了深刻印象，由东莞台制作。这是一个用心制作的短视频。其有三个特点：一是主题突出，新闻性强。作品反映的是抗疫英雄回家，画面从公安民警在高速路口喊话的同期声开启，展示了沿路市民摇旗、呐喊、鸣笛等动人的场景，体现了摄制团队捕捉细节的能力。二是精心策划，摄制精良。叙述结构的设计、同期声的运用、细节的拍摄、背景音乐的挑选等方面都非常用心，拍摄机位众多，有固定的，有移动的，有天上的，有地下的，给人以很好的视觉感，后期合成精细，短视频特点突出。三是手法奇特，百姓喜欢。开篇的公安民警同期声“欢迎英雄回家，东莞公安全程为您护航”，开门见山直奔主题，还有骑在爸爸背上看英雄回家的孩子这些细节镜头，歌曲配乐更将这一新闻事件再一次升华。作品让老百姓产生了“为英雄点赞、为英雄骄傲”的情感共鸣，体现了作品的传播力、影响力、引导力。

新媒体新闻短视频较为突出的作品还有《佛山　我们回来啦!》（佛山台制作），这是一件描写复工复产的作品。《台山核电法方员工自发捐款支持驻地战疫》（台山台制作）通过展现在我国工作的外国人对抗疫的支持，反映了抗疫无国界。《煤气罐漏气，吓跑路人，但是黄大叔却往前冲》（清远台制作）体现了在危难时刻挺身而出的英雄人物。《共谋民族复兴！两岸必须也必然走向统一》（中山台制作）是一个两岸精英在中山就两岸统一论坛的短视频。《金秋　袁隆平院士向阳春发来“云祝贺”》（阳春台制作）展现了广东省的高产水稻田。

我们对新媒体新闻短视频与电视消息进行了一些比较分析，发现新媒体新闻短视频形成了一些自有特点：短视频开端无须导语，开门见山；新闻六要素不求全，只有几种要素即可；故事化叙事逻辑不复存在，放弃铺陈，直击新闻现场；播音员解说形态下降，而解说型字幕呈现上升趋势；记者出镜率下降，当事人或事件出镜率上升；视频慢节奏韵律消失，改为节奏韵律更快、转换率更高；画面呈现更随性，拍摄设备及像素不限、画面呈现比例更自由；背景音乐成为必须；重视同期声的运用，当事人声音与背景音效是重要因素；更强调整体作品的创意性，允许创作思维和手法介入。

二、新媒体直播

新媒体直播也就是移动端直播，目前在媒体机构中十分流行，远远超过传统的广播与电视新闻现场直播，一个县级媒体机构一年就能有几百场移动直播，从参评数量上说，新媒体直播已经超过广播和电视直播送评作品的总和，这也是时代变迁、技术发展和传播升级的一个缩影。参评节目还是存在一些对新媒体直播的认识问题，首先应厘清三个区别：一是新媒体直播与广播电视新闻现场直播的区别，二者的相同点是新闻现场直播，不同点是一个是新媒体移动端的直播，落脚点是移动手机用户；另一个是广播电视平台直播，目标是收音机的听众和电视机的观众。二是新媒体直播与广电直播节目的区别，新媒体直播讲究全媒体要素，以视音频为主，还有图片、文字、绘画、互动区等要素，注重受众的互动性、体验感和服务性，而传统广播电视直播节目无法以全媒体形态呈现，无法与受众进行及时双向的互动，更谈不上移动体验感。三是新闻现场直播与演播室直播的区别，新媒体新闻现场直播更讲究新闻现场性，无论是主持人还是记者，画面出镜地肯定或者说必须是新闻事件现场，核心是直击新闻现场，而非演播室。有些媒体采用演播室串联现场直播的方式，使本应是新媒体新闻现场的直播回到了传统演播室直播形态。

韶关台出品的《英雄回家！韶关支援湖北医疗队到达韶关》荣获本届新媒体直播一等奖。这个直播节目策划到位，执行到位，是难得一见的成功的新闻现场直播，直播节目能做到这种程度值得总结推广。该作品有三个特点：一是策划周密，完成认真。团队克服了时间紧、变化多等困难，制订了详细的直播方案。同时通过微信推送预告、直播分享等，让直播成为全城期待，为英雄回家营造热烈的氛围。市民通过直播可以实时关注医疗队员回家的动向，还通过直播互动功能向英雄表达敬意。二是布局全面，结构严谨。通过“图片 + 短视频 + 视频直播”多种形式，让直播更丰富更有看点，对医疗队员从湖北出发、上车、抵达进行了全程记录，是所有直播抗疫回家的节目中较为全面的一个。三是影响力大，传播力广，队员们回韶关的路上，通过多点连线、全程跟踪及回顾队员工作场景等多种表现形式，展示了韶关市以最高礼遇迎接英雄回家的细节，与观众的互动性强，在疫情期间起到了鼓舞人心、凝心聚力的作用和力量。

佛山台制作的《佛山复工复产进行时！全网直播：聚焦制造业大市防疫复工两不误》荣获二等奖。该作品有三个特点：一是主题重大，新闻价值高。作为全国乃至全球重要制造业基地，佛山市统筹推进疫情防控和复工复产，佛山电视台通过直播把镜头聚焦佛山三个最具代表性的领域，充分展现了佛山企业为了支援一线防疫和全面复工所做出的不懈努力。二是创新传播方式，多方联动。该作品创新采取室内与室外联合、点与面结合、深度聚焦与全景展示融合等方式，立体全面展现中国制造业之城从地方党委政府、企业到企业员工等各方力量众志成城做好疫情防控和复工复产工作的决心信心。三是传播效果好，凝聚全力战“疫”的正能量。本次直播突出“学习强国”学习平台的龙头引领作用，联合多家央媒客户端同步发声，确保全网直播的权威性，同时通过南方 + 、触电新闻等多渠道分发，极大地提升了受众面和覆盖面。

在新媒体直播节目里较为优秀的作品还有：广东台的《现场直击丨广东援汉医疗队员抵达广州》和《直击台风海高斯登陆！百人出击融媒体大直播》，这两个新闻现场直播各有特色；广州台的《奔跑吧！青春——2020 广州马拉松丨5G + VR 慢直播》是全球疫情期间首场马拉松直播。

新媒体直播节目评选中发现的问题：一是存在不与新闻事件的发生和发展同步采集现场信号的直播，只是以当地纪念会、报告会、活动开幕式、文艺演出、工程庆典、剪彩仪式为内容，达不到直播重大新闻事件或突发性新闻事件的新媒体要求。二是网络直播销售节目，有县委书记或县长直播带货，有主持人播音员直播卖货，还有明星名人直播卖货，等等，这类直播节目均不能归为新媒体新闻现场直播。三是将日常的直播室、演播室直播和新媒体直播节目送来参评，广播电视机构每天都有大量的各类直播节目，送这类节目参评是不符合评选要求的，应该送新媒体新闻现场直播节目。四是有些送评单位没能严格执行送评规定——“对同一新闻事件进行的间断性直播选取其中一个完整直播段参评”。有的将几十小时直播节目制作成一个宣传片来报评，而非以“一个完整直播段”参评。

三、创意互动作品

创意互动作品在新媒体新闻项目里难度最大，送评作品也最少，这类作品难就难在“创意”和“互动”两组词上。“创意”指每一件作品都得有最新的创意，不能照搬，也不能重复，更不能抄袭，所以必须在“否定之否定规律”之上不断创新自我革命。“互动”是这类作品的前提和条件，在智能手机屏幕上通过“点、抹、划、压、摇、摆、拍”等动作产生丰富的互动形态，使人们通过互动体验了解和认识作品所要表达的内容，所以，互动是这类作品的关键和核心。创意互动作品与传统广播电视节目的区别：一是单向与双向的区别，广播电视节目由于技术传输的原因，均是单向传播，无法同步收到受众信息。但是，新媒体创意互动作品由于是通过移动传播技术传送的，所以能够进行同步双向互动。二是大屏与小屏的区别，传统广播电视过去基本是以电视和收音机等固定接收设备为主，所以节目形态多以“高、大、深、全”为主，注重作品的思想性和艺术性。而新媒体互动作品则是以移动接收端为主，所以，作品形态多以“短、小、轻、快”为主，更注重作品的体验感和个性化。三是线性媒体与流媒体的区别，广播电视被人们称为“线性媒体”，广电节目的传播时间是稍纵即逝的，没按时接收就错过了，再要听到和看到很难，并且传播是无算法和泛面积传播的。而新媒体互动作品是流媒体传播性质，首先无须固定时间接收，用户可以随时随地来收纳体验，将相关看法和意见反馈到发布方，还可以收藏并转发，传播方式突出互动性，有算法支持和个性化服务。

广东台制作的《我为两会“攒能量”》荣获创意互动作品一等奖。过去的2020年是特殊之年，因受新冠肺炎疫情的影响，全国两会推迟至5月召开，各地媒体的报道方式发生了重大变化。广东台就如何做好全国两会的宣传报道进行了重大变革，提前策划、精心制作，大会召开之前推出H5产品《我为两会“攒能量”》烘托大会氛围。作品有三个特点：一是在内容上围绕群众关心的十大热点问题，提前收集广大群众关心的话题，用观众的第一视角访问代表委员，回应群众关切。二是在技术上充分发挥网络作用，采用网络云技术，联动多路新闻栏目记者，特别邀请代表委员拍摄云访谈和云视频。新媒体特点彰显无遗，内容丰富，传播力强。三是在互动上十分重视体验感。采编团队紧扣互动，报道形式融合创新。将系列视频与设计新颖的立体云词图、动态动效等可视化元素有机结合，在新媒体平台上有效传播代表委员的两会好声音，体现了融合互动的创新特征。

广州台制作的《2020 扶贫答卷人》获得创意互动作品二等奖。该作品通过原创设计的小游戏，以扶贫干部为第一视角，讲述“扶贫干部”与“帮扶对象”之间真实的故事，让玩家真切了解扶贫干部的难点，直观感受扶贫之路的艰辛与不易。该作品有三个特点：一是主题重大，案例生动，新闻性强。整个 H5 游戏紧扣“脱贫攻坚”重大主题，所用案例素材全部基于记者驻村蹲点的采访报道而策划创作，极具新闻性、生动性。互动游戏选择驻村第一书记邹佳俊，作为湖南人学粤语的案例，为引入线索，使得该互动游戏生动又富有温情，直击心灵。二是原创漫画，场景还原，新鲜感强。该互动游戏所有漫画形象、场景均为自主原创设计。将民宿改造、肉鸽养殖和家政培训等扶贫场景还原，进行艺术优化创作，为玩家带来新鲜真实的体验感。三是形式丰富，游戏体验，趣味性强。通过多媒体形式，制作成线性游戏。设置帮扶对象常见的疑点难点，使人们身临其境、设身处地地从扶贫干部角度出发，互动性强、体验感好。

创意互动作品较好的作品还有：南方财经制作的《叮！你收到一封来自深圳的信件……》、广州台制作的《2020 扶贫答卷人》和深圳集团制作的《H5 | 向逆行英雄致敬！你和他们的距离，就差这张合拍》。

本届广播影视奖创意互动作品存在以下问题：一是创意性不强，创意互动作品难就难在创意性上，这几年能让人眼前一亮的作品越来越少，多数都是在原有积累基础上修修补补，有点旧瓶装新酒的感觉。二是互动性不足，有些作品缺乏互动性，还是以单向思维方式架构作品，只能看或者听，没有任何互动内容和环节，呈现互动方式简单粗暴，既没技术含量也没文化价值。三是体验感不好，这方面问题最多，创作者没有把用户体验感放到一个重要位置来考量，缺憾不少。

四、新媒体版面编排

新媒体版面编排也是广东省广播影视奖的一个创新举动，其他评奖活动中称其为“新媒体品牌栏目、新媒体报道界面、新媒体专栏、页（界）面设计”等奖项，新媒体版面编排的概括性更宽，既有栏目作用也有页面功能，经过几年的努力，广东省广电媒体机构的新媒体版面编排有了长足进步。新媒体版面编排与传统广电新闻编排的区别：一是首页视觉效果的区别，新媒体版面编排更讲究首页的视觉效果，一眼看上去是否能吸引人是关键。而传统广电新闻编排能否吸引人绝非首页之要，因为广电是时间媒体作品，呈现方式为线性传播，所以，就首页而言传统广电新闻首页重要性是弱于新媒体版面编排的。二是时空传送量级的区别，新媒体版面编排分为两种，其一，App类的版面编排，就一个重大新闻事件分为整体版面编排和分布版面编排两大部分，以原创为主，链接转发为辅，两部分相加就是海量级内容聚集平台。其二，公众号类的版面编排，这类作品一般就一个热点新闻事件自主进行报道，版面占用不大，作品也不是很长，所以，是轻量级的内容传送。而广电新闻栏目主要是重大与全面、时政与民生、消息与评论、系列与专访等方方面面的均衡布局。

深圳集团制作的《40年·40天丨深圳经济特区建立40周年倒计时海报》荣获新媒体版面编排一等奖。回望深圳40年，倒计时海报精选影响深圳发展进程的重大事件，将“数字+故事”融合，既体现出事件背后的意义，也强调深化了特区40周年即将到来的记忆点。该作品有三大特点：一是主题鲜明视角独特，“数”说深圳40年的进步和发展。从40到1，每天一张海报，通过倒计时“一个数字，一个故事”的形式，创意讲述深圳40年历程中有意义的事件，献礼深圳经济特区建立40周年。二是内容丰富凸显深度，海报涉及深圳发展的多个领域，包括三大产业、知名企业、重大工程、代表性活动等，通过一系列数字的分析对比，呈现出40年的巨大变化，体现深圳的整体发展脉络。三是形式新颖风格独特，海报视觉冲击传播效果事半功倍。每一张海报都根据具体事件设计单独的风格，借助资料照片、漫画创意、创新元素等，形成日常场景的关联，既不会让人产生视觉疲劳感，也更容易让观看者产生情感共鸣，扩大影响力和传播力。

由广东台制作的《婚姻法实施70周年版面——我能想到最浪漫的事》获得二等奖。2020年5月1日是婚姻法实施70周年纪念日，70年来，在婚姻法的框架下，我国的婚姻家庭制度建设取得了历史性成就。该作品有三个特点：一是主题时效性强，紧抓热点。为了纪念婚姻法实施70周年，让广大群众了解婚姻法，感受时代变迁，在特殊的日子策划推出了该系列报道。二是在版面编排上，整体与分布相互映衬。在开屏页设置了《我能想到最浪漫的事》，旋即梳理婚姻法变化脉络，展示了婚姻家庭观的变革、变迁及转型。三是内容丰富，形式新颖，创新意识强。从内容上展示了婚姻法的法律理性，在形式上兼顾了新闻性与艺术性的高度统一，带给用户历史感的同时，还融入趣味性和体验感。

创意互动类作品中比较突出的还有：广东台制作的《经济特区40年丨勇立潮头，再出发!》、佛山台制作的《小设计，撬动了大工业——工业设计赋能高质量发展》、东莞台制作的《医者无疆——东莞医护的非洲援助日记》。

新媒体版面编排存在的问题：一是有些作品不具有新闻性，这个问题不只是版面编排缺乏新闻性，实际上整体新媒体作品都存在新闻性和时效性不足的问题，就连获奖作品中也有些新闻性不强，这一点要引起我们媒体人高度重视。

二是作品展示手法不对，尤其是 App 的版面编排应录屏处理后报送，有些送评作品只送了一段或几段视音频，根本没有根据要求录屏，无法看到首页视觉效果以及整体布局和分屏内容，这个与扫二维码手机体验作品是不一样的。三是广播电视新媒体特色不突出，毕竟是广播影视奖的评比，重点应突出广播电视机构特点，即音频和视频，而有些版面编排送评作品只有文字和图片，没有一段音频和视频，这种做法不是丢了西瓜捡了芝麻吗？舍本求末不是广播影视奖的方向。

五、全媒体传播作品

习近平总书记指示："全媒体不断发展，出现了全程媒体、全息媒体、全员媒体、全效媒体，信息无处不在、无所不及、无人不用，导致了舆论生态、媒体格局、传播方式发生深刻变化，新闻舆论工作面临新的挑战。"全媒体传播作品这个奖项的设置就是在落实总书记讲话精神，这也是广东省广播影视奖最大的亮点，媒体融合最大成果即是全媒体记者、作品和传播。在实践中全媒体传播作品与传统广播电视作品还是存在一些区分的：一是单一化与多元化的区分，传统广播电视基本都是单元化的呈现形式，广播就是音频节目，电视就是视频节目，制作要素较为单一。而全媒体传播作品，将视频、音频、文字、图片、H5、漫画、动画、评论等要素集一身，要素达到四个以上才能成为全媒体作品，因此制作要素一定要多元化。二是固定化与移动化的区分，广播电视节目是以节目表固定化传播形态为主，什么时间播出节目是按规定动作来的，不能随意改动，因为这是承诺制与预约式传播形态。而新媒体的全媒体传播作品，是随着新闻事件的动态变化随时随地生产传播的，没有时间约定和承诺，抓住边际效益最高点传播出去，新闻性和时效性更强，并且以移动接收设备为主，更方便更快捷。三是主动性和被动性的区分，受众用户接收传统媒体传播的内容是被动性的，播出什么节目，受众只能接收什么。对于受众喜欢什么，想得到什么，需要什么服务，传统媒体掌握的数据不充分，所以，传播作品是被动的。而新媒体的全媒体传播作品，应该是依据丰富的数据，经过数据脱敏、去重和归纳等处理，具算法、有依据、按个性、以需求制作作品并传播给用户的。这也是常说的"过去是人找信息，现在是信息找人"。

珠海台制作的《问政珠海》荣获全媒体传播作品一等奖，新冠肺炎疫情形势趋于平稳后，珠海市委、市政府召开深化机关干部作风建设、优化营商环境专项工作推进会，并出台工作方案，明确提出要用好新媒体（电视）问政平台，切实解决群众企业反映强烈的问题。该作品有三大特点：一是传播有广度，呈现形态更多元。该作品的全媒体传播囊括视频、音频、文字、图片、动图、评论、互动等新媒体要素，事件丰满，整体完美。二是主题有深度，反映问题更深入。该作品第三期节目聚焦关乎国家、关乎珠海发展的重大主题。《问政珠海》由表及里，直指问题，一针见血。三是现场有交锋，探讨问题更理性。由于内容涉及面广，节目组与问政嘉宾、问政代表进行了充分沟通，对节目流程进行了更为精细化的设置。该作品中两名主持人充分发挥了节目引导者和掌控者的作用，恰到好处地把控了舆论导向，现场有互动、有交锋、有火药味，被问政单位负责人红了脸出了汗，但同时更充分体现了实事求是、客观理性、着力于解决问题的问政氛围。

由广东台制作的《中国谈丨一个外国小伙子走进广东复工复产现场，感叹“燃爆了!”》获得作品三等奖。广东是“中国制造”的主阵地，向国际社会做好广东的复工复产报道，有助于对外讲好中国抗击疫情的故事。广东台推出了《中国谈丨外眼看中国复工复产》系列报道，节目组选择了复工复产中的典型代表企业，奔赴广州、佛山和东莞等地进行采访，推出了全媒体传播作品，面向世界讲述真实感人的中国防疫复工的故事。该作品有三大特点：一是题材重大，时效性强，国际传播效果好。二是实地采访，说服力强，体现了中国担当。三是要素齐全，人物丰满，故事真实感人。作品展示了完整的广东复工复产情况和一线工人饱满的精神面貌。

本次给评委们留下深刻印象的作品还有：广东台制作的《我在广东奔小康》和《飞跃广东·特区 40 年“先行示范篇”》、广州台制作的《荆州战记》全媒体报道、深圳集团制作的《英雄回家了“系列报道”》和《见圳 40丨秒懂知识产权发展的“深圳速度”(MG 动画)》、中山台制作的《为了与你相遇，我已走了 3 072 小时!》等作品。

全媒体传播作品存在的问题：一是要素不全，这个问题比较严重，有的只有音频、文字和图片三种要素，还有的只有视频和文字两种要素，更甚者只有一段视频或者几段音频，就认为是全媒体传播作品了，非也！评选文件规定：“同时具有视频、音频、文字、图片、H5、长图、动图、沙画、漫画、AR/VR、评论、互动等四个以上新媒体要素。”所以四个以上要素是判断全媒体传播作品的重要依据。二是投错篮子，有些作品就是当地特产和旅游项目的推广，有些作品就是公益广告或是城市推广宣介，这些作品参评新媒体的全媒体传播作品是不妥的。还有一些作品说是全媒体传播作品，但就内容来看，其实是社交类的知识性节目或是少儿类节目，缺乏新闻性和时效性。三是作品表现手段不平衡，有些作品视频很突出很专业，并且时长很长，但是其他手段要素很差或者是根本不到位，比如一大段视频，就配一张图片和一小段文字，有点头重脚轻、虎头蛇尾的感觉。还有的作品有大量的图片和文字，却只有一段十几秒的短视频，没有突出广电媒体视音频的全媒体特色，有点本末倒置、爱毛反裘的意思。

六、结语

本届广东省广播影视奖第一次将新媒体新闻作品与网络视听作品分开评奖，新媒体新闻作品更加突出新闻性和时效性，而网络视听作品更加关注非新闻的话题。根据新媒体新闻作品获奖作品特点归纳三点谨供参考。一是在“新闻性”上下功夫。广东省广播影视奖新闻作品分为广播新闻、电视新闻和新媒体新闻三个部分，新媒体新闻作品当然是新闻性放在第一位，在突出新闻性的基础上，把握好三个方面：其一是题材重大，就是作品的新闻显著性要突出，评奖就是拼题材，题材重大至关重要，好题材也是稀缺资源，可遇不可求，一定要珍惜、抓住机遇，所以新闻大事件有作为是关键。其二是时效性强，强调新闻时效性是新媒体新闻作品的前提和条件，因为新媒体是用动态流媒体刊播，追求新闻时效性是必然，所以应执行“移动优先，先网后台”的战略。其三是真实权威，媒体机构出品的新闻作品更讲究真实性和权威性，绝不能道听途说、听信传言和他人爆料，不经核实就刊播，必须做到亲临事件现场，事主采访到位，事实核查详尽，结论客观准确。

二是在“互动性”上下功夫。新媒体新闻作品与传统广电新闻作品相比，最大的区别就是互动性，由于新媒体新闻作品的浏览接收主体是移动端口，具有摸、滑、点、压、摇、拍等丰富操作的触摸屏系统成为互动交流首选之地，怎样才能将互动性最大化？紧抓三点，首先是“痛点”要准确，App 或者公众号的战略定位即痛点，痛点找得准，不断向痛点发力，它就是互动性的着力点和落脚点。其二是“爽点”要放大，用户爱不释手的是什么，一定要清晰明了，将其巩固、放大和强化，使之成为与众不同的优点和亮点。其三是“怒点”要消除，每一个系统都会有一些设计和操作的缺陷，缺陷即“怒点”，要及时发现，立即处理，不能让“怒点”问题过夜，所以迭代升级永远在路上。

三是在“体验感”上下功夫。新媒体新闻作品与传统广电新闻作品在体验感方面是完全不同的，传输上单向和双向的不同，传送上固定与移动的不同，传播上大屏和小屏的不同。新媒体新闻作品的体验感是怎样实现的：其一是技术赋能，将人工智能、云计算、大数据等众多高科技技术手段运用其中，使新媒体新闻作品的表现形态趋向多元化，用户体验感变得更容易、更流畅和更便捷。其二是个性服务，通过数据分析，了解用户偏好并形成用户画像，熟知用户喜欢的信息类别，针对用户量身定制个性化作品，实现用户所需的个性化服务。其三是更新思维，要以互联网思维优化资源配置，加快优化整合、深度融合，把人、财、物向互联网主阵地汇集、向移动端倾斜，淘汰落后产能，集中力量打造新媒体新闻作品，为广大群众提供最好的用户体验。

（支庭荣，2020 年度广东省广播影视奖新媒体新闻组组长，暨南大学教授）

创新内容表达　打造视听精品
——2020 年度广东省广播影视奖网络视听节目综述

高　林

近年来，随着技术的蓬勃发展，新媒体不仅重新定义了人类的生活方式，而且重新定义了人类的文化和艺术。网络视听节目内容凭借其直观性和互动性，成为网络用户了解网络社会、把握世界的极佳载体，传递出网络社会中主流人群的价值观念、审美旨趣、社会理想。2020 年度广东广播影视奖网络视听组负责评审共 122 件作品，其中，网络音频 28 件、网络电影 8 件、网络综艺 11 件、网络短视频（非新闻）48 件、网络专题节目（非新闻）27 件。获奖作品件数如表 1 所示：

表 1　2020 年度广东广播影视奖网络视听组获奖情况

单位：件

项目	作品数目	一等奖	二等奖	三等奖
网络音频	28	2	4	10
网络电影	8	0	2	3
网络综艺	11	1	2	3
网络短视频（非新闻）	48	2	9	18
网络专题节目（非新闻）	27	1	5	10

2020 年，广东省网络视听节目积极创新，不断巩固、壮大宣传新阵地。网络视听作品以“短平快”的特点迅速抢占网民的碎片时间，努力扛起新主流媒体的重任。由此，网络视听主题主线传播呈现出的新气象，让网上网下同心圆的强大效应得以更好释放。获奖作品总体来看，体现了如下特点。

一、关注重大新闻事件，弘扬主流价值观

互联网大数据时代无疑丰富了视听节目的内涵，为视听节目的传播搭建了广阔的传播平台。在中华人民共和国成立 70 周年之际，网络视听媒体及网络原创内容制作机构凝聚行业共识，大力推出现实题材作品，充分展现 70 年来特别是党的十八大以来的历史性变革和成就。在此背景下，广东省网络视听平台勇

于承担价值引导的职责担当，继续秉承精品意识，弘扬真善美与主旋律，挖掘节目的丰富内涵，用一系列精品力作反映历史面貌，讴歌社会发展，传递时代强音。2020 年是深圳经济特区建立 40 周年，在这一重要的历史节点，《深圳声音 40 年——新高度上听风声》以深圳新地标——平安金融中心 600 米高空收录的风声作为切入点，先声夺人，角度独特。从深圳经济特区建立 40 年间地标建筑的不断更替，表现深圳城市建设快速发展、日新月异的变化，从中折射出作品的核心主旨：热情讴歌深圳经济特区建立 40 年来取得的非凡成就与不断进取的奋斗精神，体现出深圳经济特区建设的新使命与新担当，激励一代又一代深圳奋斗者，使深圳朝着建设中国特色社会主义先行示范区的方向前行，为努力创建社会主义现代化强国的城市范例提供最强大的精神动力。节目的音响元素丰富，采访录音剪辑得当，音乐烘托恰到好处，极具听觉冲击力。旁白内容翔实紧凑，作品内容饱满，层次感强，感情真挚，以小见大，可听性高。《深圳时光——深圳经济特区建立 40 周年大事件》系列短音频以时间轴为主线，从“深圳元年”开始，每年选择一个在深圳乃至全国具有典型意义的事件，从生动鲜活的人物或紧凑简练的故事切入，辅之丰富的现场声、音效、音乐，带听众回味深圳经济特区建立 40 年来实现历史性变革、取得历史性成就的精彩缩影。

脱贫攻坚是 2020 年最重要的任务，广东省网络视听作品聚焦“实现全面脱贫”目标，采用扶贫记者体验式 + 融媒推广式的形式综合呈现，围绕广东省对口支援地区涌现的典型人物和生动故事展开。《新山海经故事》主题鲜明，阐释广州在脱贫攻坚战中总结出来的一套行之有效的方法、理念和经验。作品全面有效地反映了广州在脱贫攻坚战这场国家行动中做出的贡献，阐释广州在脱贫攻坚战中总结出来的一套行之有效的方法、理念和经验。作品突破传统纪录片的传播形式，大胆创新，运用网络传播特点，短小精悍，既单独成片，又具有整体性，把脱贫攻坚战中的广州方法以及经验以碎片化却又成系列的方式进行传播，为广州脱贫攻坚宣传工作带来了新的模式。本片以小切口讲述大情怀，选题精准、有代表性，选取了一批既有地方特色，又充分反映广州帮扶成效的题材进行制作，具有很高的艺术水准，镜头精良、剪辑流畅、感染力强、故事感人，结合贵州、西藏等地的鲜明民族特色，以一批典型故事为切入点，如国家非物质文化遗产织金蜡染的产业活化、著名景点小七孔的旅游带动、高海拔贫困村落的医疗扶助、香港女孩扎根贫困山区发展鲜花产业助力一方群众脱贫等故事，充分发挥网络传播快捷、直接、精准、有效的特点，扩大受众面，加强了宣传效应。《打开一扇门，打开新世界》跳出了普通扶贫工作总结片、专题片的窠臼，通过“门”这一独特的视角切入脱贫攻坚这一宏大主题，用“门”这一小小的元素将佛山与凉山、墨脱、伽师、云浮、湛江等帮扶地区串联起来。透过这一扇“门”，观众不仅可以清楚且全面地看到佛山的扶贫成果，还可以看到中国在这场史无前例的脱贫攻坚战中取得的伟大成就，甚至可以看到脱贫攻坚对于人类命运共同体发展的重要作用。《粤藏两地情，听见昌都行》系列短音频，从广东新村这一选题角度，展现了广东支援西藏的成果和大爱。

二、展现普通人的日常生活，用好故事打动人心

习近平总书记强调文艺创作最根本、最关键、最牢靠的办法是扎根人民、扎根生活。作为曾经以泛娱乐化为主要特征的网络视听节目，在2020年有了更多深入生活、扎根群众的创作理念，以及沉下心、俯下身的创作姿态。这其中，网络视听节目常见的爱情类、悬疑类题材，逐渐着意脱离依靠怪诞情节、惊悚画面博眼球的创作套路，积极融入家庭亲情、历史社会、艺术文化等丰富内涵，让人物更丰满、情节更真实、主题更深刻。

平凡人的故事最能打动人心。挖掘平凡人的故事，用真实的细节打动受众，最见功力。真正有烟火味的报道就是好报道，一个好报道的内容、主题再宏大，也一定有很接地气的小人物、小故事、小出发点来支撑。《让我再看你一眼》讲述三个牺牲在工作岗位上的年轻警员和辅警的感人故事，节目使用家人和战友的亲身回忆，用朴实的语言、感人的语调，讲述了英雄们平凡一生中的感人故事。《让我再看你一眼》讲述视角独特，没有正面讲述曾文聪的个人事迹，而是从曾文聪的同事、朋友、家人的视角讲述去世后朋友们如何回忆他生前的点点滴滴，讲述中充满大量的生活细节，感情真挚，确实令人感动。同时，选材本身也很有亮点，辅警常常是被我们忽略的一个角色，但这部片子让我们看到了一个辅警复杂的内心世界。同时，片子的制作非常精细、用心，人的“三次死亡”很有概括力，节奏处理也非常好。《爱在两米之外》的角度十分独到：它选在疫情期间的“护士节”之际推出，主人公选取了疫情期间东莞企石医院ICU护士长冯嘉蕙和女儿小菲，以疫情期间为避免传染，妈妈只能在两米外隔空拥抱女儿，而女儿则在两米之外为妈妈跳了一支舞这一感人的事件作为引子，整合并串联起众多身处抗疫前线的白衣战士与亲人隔空拥抱的镜头，让“两米之爱”成为千千万万抗疫战士舍小家为大家，义无反顾战斗在抗疫一线感人精神的生动写照。虽然切入视角“小”“平”“实”，却赋予了作品巨大的感染力，更揭示了中国战“疫”必胜的实质。此片选取了一个微小的切入点，女儿在两米之外为抗击疫情的护士妈妈跳舞。这是一个令人热泪盈眶的情景，在全国支援武汉抗击疫情时，有很多无私奉献的医务工作者以及各行各业的普通人，为了抗疫勇往直前。歌词“两米之爱激荡起万丈情怀”正是本片的主题，很有感染力。《平凡人的伟大力量》作品主题鲜明，凡人勇士用真挚情感讲述一段段质朴感人、饱含力量的抗疫故事。作品以疫情为题材，以时间为线索，讲述了护士、三轮车司机、家具店老板、医生以及建筑工人在疫情面前的同一选择——

身体力行投身抗疫之中。每个人都如此平凡，却在岗位上默默奉献着，为大家守护着一方平安。《忘不了餐厅》直面中国逐渐进入老龄化社会，阿尔茨海默病患者达到几千万级别这样一个社会问题，以网络综艺的形式，向公众传达了该如何发现、如何干预、如何面对老年认知障碍这样一个急迫的问题。《忘不了餐厅》由暖心店长黄渤、两位明星级副店长，携手五位患有轻度认知障碍的老年服务生组成一个“忘不了家族”，共同经营一家可能会上错菜的中餐厅，开启一场遗忘与守望的温暖碰撞。作品采取综艺与科普双向并重的模式，将认知障碍融入故事的讲述中，将容易被大众忽视的老年群体带到台前，通过节目的影响力激发大众对认知障碍和老年群体的关注，以公益和科普传递爱的温度。作品通过纪录老人、明星、食客相处的真实状态，来让观众看到明星与老人之间真实有爱的趣味碰撞，感受食客与老人之间的爱与理解，体会餐桌上的百态人生、平静生活下暗涌的澎湃力量。《忘不了餐厅》第二季是一档满含社会责任感的作品，将镜头对准当代中国老人健康与生活质量，尤其是对老年认知障碍社会群体的关注，反映出作品创作者们对社会的关爱。节目细腻温暖，关心老人的身心健康，透露出全社会的敬老文化。

三、讲好文化故事，增强文化自信

传统文化产品的生产传播具有“特权”属性，受众往往只能被动地接受媒体输出的信息。而在“去中心化”的互联网社会中，用户可以借助新媒体工具主动搜索、传递信息，参与创造内容，创作者、传播者和欣赏者的身份交叉乃至合一，媒介内容生产的权利被下放，文化传播活动的流程被再造。2020 年，网络视听以向上、向善的价值引领作为节目内核，将当代青年植根于优秀传统文化，用文化内涵为作品赋能。系列微纪录片《大匠》题材涵盖面塑、佛山陶塑、潮州木雕、仿生瓷、制笔、木工、漆工、建筑等，所涉领域不拘现代或传统，不限行业和地域，但求展示令人击节叹赏的“手上功夫”。虽然每一位师傅、每一位手艺人只能占据展示舞台 5 分钟，但是主创者实现了在当下时点对“匠人”的全面网罗。美食纪录片《老广的味道》第五季共六集，主题为流转、节庆、地气、点睛、探秘、守候。节目在挖掘广东代表菜系制作秘诀的同时穿插地域特点的介绍，推广岭南文化，在纪录食材挖掘的过程中体现当地人文地理信息，全景式展现广东独特的地理环境和历史条件，让观众看完不仅觉得“好看”“好吃”，也达到用故事细节和人物经历追根溯源地串联起粤菜知识和美食文化的“好记”效果，用讲故事的手法借助美食媒介传播广东文化。《给孩子们讲中国神话故事》在上万篇神话及民间传说故事中择优收录生动有趣、富有教益、适合孩子的故事，并根据儿童心理特点及认知特点进行改编创作，融入现代价值观。

四、注重创新表达，凸显艺术特色

网络视听作品以其个性化、碎片化的特点成为观众应用最为广泛的载体。因此，网络视听作品应当转变传统媒体话语体系，满足广大受众需求，占据媒体传播主阵地。《平凡人的伟大力量》具有极强的艺术性，通过连环画素描的形式以及与新闻事实相结合的表现方式，描画了系列抗疫人物连环画，栩栩如生地展现了抗疫人物形象，表达了“细沙汇大爱，微光筑长城”的坚定信念。作品画面精美，形式新颖，主题突出，在连环画的视频化方向上做出了很好的探索和创新。可以说，作品采用连环画与新闻事实结合的表现形式，以实际发生的抗疫故事为核心，展现了平凡中国人的伟大奉献，讴歌抗疫斗争中的伟大力量。《“无毒青春　舞动阳光”——2020年广州市中小学生禁毒街舞大赛》将“禁毒”跟喜闻乐见的街舞完美融合，旨在通过学生朝气、阳光、炫酷的舞步，以比赛促交流，传递健康生活、热爱生命的理念，牢牢树立拒毒、防毒意识。本网络综艺通过街舞演绎禁毒元素，结合智慧新禁毒，打造智能炫酷舞台，让观众享受视觉盛宴的同时，直观禁毒街舞的魅力。《我们不怕》采用集锦的方式，精心筛选出疫情期间各电视台播出的发生在普通家庭、医院等各个场所的感人的、真实的细节，并用MV的方式重新组织编辑并进行播出。即使疫情基本过去，看到这些细节、这些场景，仍然令人感动。作品MV结合原创新闻立体报道，以大视角、大格局、大历史观进行叙事，以真挚感人的画面、昂扬向上的歌词、直击心灵的旋律，鼓励奋战在抗疫一线的广大医务人员，传递战“疫”必胜信心。作品巧妙地将正能量文艺创作与主题报道相融合，唱出中国力量，引发社会共鸣，彰显了主流媒体在疫情中的责任与担当。作品旋律优美，歌词积极，既不回避疫情，又不渲染悲情，在致敬英雄的同时，传递出了一种温暖人心的精神力量。该原创MV的后期制作手法专业，寓意深长。画面从春节“封城”后一片寂静的武汉开始，随后深入各种繁忙救治场景中，最后以2月15日大雪融化后的武汉长江大桥航拍镜头结束，寓意“挺过寒冬，就是春天”。这种MV特有的画面表达方式，实现了新闻性和艺术性的统一。《人人都爱查尔斯》颠覆了传统的小说连播的广播形式，每集的播出时间大大缩短，平均时长只有3分钟，在有限的时间内，除了播讲人的讲述外，还运用了大量精良、生动、丰富的音响来刻画细节，让听众更容易被吸引和触动。《德国小伙追梦3年，用中文说唱我的深圳故事!》以当下年轻人喜欢的说唱方式，用英语、德语、中文三种语言共同创作，编曲作词，让海内外人士都能听懂、了解深圳故事。《“90后”抗疫日记》文字配乐由录音师精心选曲，以朗诵加配乐、加入混响、根据场景插入音效等音频元素合成录制，以广播剧的分集形式呈现，以人物的心理历程为线索，从最初到武汉的忐忑，再到有序地投入抗疫，最后感受周围人士的关爱温暖，表现了人间浓浓的情义。

新媒体是“所有人对所有人传播”的媒体。同理，网络视听节目的迅速崛起，归根结底是因为“我们在为我们生产内容”。网络视听用户呈现出与传统广电受众差异化的媒介使用习惯，在这种情况下，一批原创的网络视听节目凭借着对互联网文化的深刻理解、对互联网热点的敏锐捕捉、对互联网思维的精准把握，连接和回应了广大互联网用户的审美旨趣与社会理想，因而获得了巨大的市场成功。进入新时代，网络原创视听节目已经成为网络文艺的重要组成部分，更是网络视听发展的新动力、新引擎。期待 2021 年，广东省文艺工作者发扬工匠精神，多出网络视听精品力作。

（高林，2020 年度广东省广播影视奖网络视听组组长，原广东省新闻出版广电局副巡视员）

百花齐放　精彩纷呈
——2020年度广东省广播影视奖公益广告作品组评选综述

星　亮

经过在线推选、线下集中复评和线下终评，2020年度广东省广播影视奖公益广告组的获奖作品已经产生。评审专家组从报送的184件各类作品中，评选出了五类三等共107件候选作品提交给终评会，经终评会评议和投票，全部候选作品通过了终评。根据本年度广东省广播影视奖评审工作的要求，兹将公益广告组的评审工作情况综述如下。

一、本年度广播影视奖公益广告组评审情况

1. 作品报送情况

2020年度广东省广播影视奖公益广告作品组共收到符合要求的报送作品184件，总时长合计4小时15分18秒，其中，广播公益广告长作品35件，总时长37分55秒；广播公益广告短作品17件，总时长8分4秒；电视公益广告短作品45件，总时长20分30秒；电视公益广告长作品30件，总时长48分47秒；网络视听公益广告作品57件，总时长2小时18分。

2. 奖项设置

本年度广东省广播影视奖公益广告作品组的奖项设置，针对上一年度报送和评奖中反映出的一些问题，进行了相应的调整。调整之后，本年度公益广告作品组奖项设置为五类三等，即时长在30秒（不含）以上、2分钟（含）以内的广播公益广告长作品，时长在30秒（含）以内的广播公益广告短作品，时长为30秒（含）以内的电视公益广告短作品，时长在30秒（不含）以上、3分钟（含）以内的电视公益广告长作品，以及网络视听公益作品五类；上述五类作品中，每一类作品均设一等奖、二等奖和三等奖，共三级奖项。各等级奖项的评奖指标执行《2020年度广东省广播影视奖评选办法》的规定。

3. 评审过程与结果

根据《2020年度广东省广播影视奖评选办法》的规定，本年度广东省广播影视奖公益广告作品组的评审工作，按在线推选、集中复评、提交终评三个阶段组织实施。2021年3月15日至4月3日期间，进行了在线推选评审工作，评

委会成员根据评分规则和标准，在线评定了报送作品的分数。根据评选领导小组的安排，于 2021 年 4 月 14 日举行了集中复评会议，经过紧张的讨论和评议，最终评选出了 107 件各级奖项的候选作品名单，报终评会评审。其中，评出一等奖候选作品 9 件，二等奖候选作品 32 件，三等奖候选作品 66 件。在 2021 年 5 月 14 日召开的 2020 年度广东省广播影视奖终评会议上，公益广告作品组推荐的 107 件获奖候选作品均通过了终评，获得了相应奖项（见表 1）。

表 1　2020 年度广东省广播影视奖公益广告组获奖作品统计

作品类别	参评作品数（件）	获奖作品数（件）			
		一等奖	二等奖	三等奖	合计
广播公益广告长作品	35	2	6	13	21
广播公益广告短作品	17	2	3	5	10
电视公益广告短作品	45	2	8	17	27
电视公益广告长作品	30	2	4	11	17
网络视听公益广告作品	57	1	11	20	32
合计	184	9	32	66	107

二、本年度公益广告作品组的显著特点

与往届相比，本年度广东省广播影视奖公益广告作品组的评审呈现出如下几个方面的特点：

1. 报送单位数量较多，但报送作品的机构集中度较高

2020 年度报送评审作品的单位共计 45 家（含联合报送单位），其中，各级广播电视播出机构 37 家，占报送主体总数的比例高达 82.22%，播出机构成为本年度报送公益广告评奖作品的绝对主力；此外，还有全媒体机构 1 家，占总数的 2.22%；社会专业制作机构 6 家，占总数的 13.33%；政府部门 1 家，占总数的 2.22%。作品报送工作呈现广播电视播出机构主导、多主体共同参与的特征（见图 1）。

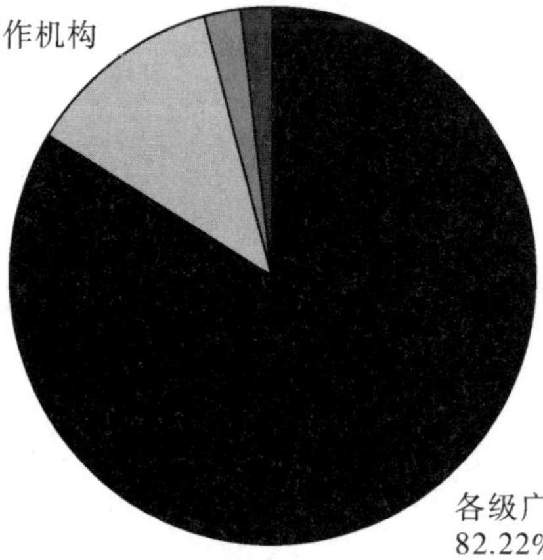

图1　报送主体类型结构图

从报送机构的区域分布情况来看，全省各地区广播电视播出机构均能积极参与本年度的公益广告奖评奖工作，踊跃报送作品，充分体现出了全省各地广播电视播出机构对此项工作的重视程度。

从各相关主体报送作品的数量统计来看，与上届相比，一些大台报送的积极性十分高，一方面，说明这些机构非常重视公益广告工作；另一方面，也说明这些机构很重视广东省广播影视奖的评审工作。在各相关报送主体中，广东广播电视台报送的作品数量达到了创纪录的28件，占本年度全省报送作品总数的15.22%，且与往届相比，报送作品的增幅较大，该机构对公益广告工作的力度和重视程度由此可见一斑；在各报送主体中，广州广播电视台紧随其后，报送作品的数量也有18件之多，较上届也有少量增加；而深圳广播电影电视集团则以15件报送作品数名列第三。与上届相比，报送作品前三名的机构顺序没有变化，全省公益广告奖报送主体中的第一梯队已稳步形成。除此之外，本年度广播电视新闻奖公益广告组报送作品数量进入前10名的单位还有：佛山人民广播电台10件，东莞广播电视台和中山广播电视台各9件，广东南方财经全媒体集团股份有限公司8件，河源广播电视台、汕头广播电视台、韶关广播电视台各6件（见表2）。值得注意的是，在37家广播电视播出机构中，县区级播出机构的数量达到了15家，与往年相比有显著增加，表明基层广播播出机构越来越重视公益广告工作，也越来越积极参与广播影视新闻奖的评审工作。

表 2　全省报送作品数量排名前十的机构统计

排序	报送机构名称	报送作品数量（件）	占总数比例
1	广东广播电视台	28	15.22%
2	广州广播电视台	18	9.78%
3	深圳广播电影电视集团	15	8.15%
4	佛山人民广播电台	10	5.43%
5	东莞广播电视台	9	4.89%
5	中山广播电视台	9	4.89%
7	广东南方财经全媒体集团股份有限公司	8	4.35%
8	河源广播电视台	6	3.26%
8	汕头广播电视台	6	3.26%
8	韶关广播电视台	6	3.26%
合计		115	62.50%

从上表统计来看，报送作品数量排名前十的机构，报送作品总数为 115 件，占公益广告组报送作品总数的比例达到了 62.50%，显示出本届广东省广播影视奖的报送具有较高的机构集中度特征。

2. 作品题材广泛，公益广告选题呈现出百花齐放的特征

2020 年是一个特殊年份，具有重大宣传主题多、重大突发事件急的特点，因此，在公益广告作品的报送中，极易出现题材过于集中的问题。然而，从实际报送和评奖两个层面来看，本年度的公益广告作品不仅未出现这一现象，反而呈现出作品题材广泛、各类题材作品精彩纷呈的特点。首先，从报送作品的主题来看，184 件报送作品中，既有反映“抗击新冠肺炎疫情”这一重大应急事件的题材，也有有关“扶贫攻坚”“一带一路”“深圳经济特区 40 年”等重大宣传主题的题材，更有“环境保护”“勤俭节约”“关爱老人”“垃圾分类”“防止电信诈骗”等常规题材的作品，从报送环节来看，题材分布广泛的特征已然比较明显；其次，从获奖作品的题材分布来看，仅就获得一等奖的作品而言，9 件一等奖作品，涉及“关爱老人”“环境保护”“公共卫生”“励志”“抗疫”“全面小康”“一带一路”等 7 个主题（见表 3），因此，从获奖题材层面来看，公益题材广泛的特征则表现得更为显著。

表 3　一等奖获奖作品题材分布统计

获奖作品标题	获奖作品类别	获奖作品题材
“扶”助老年人跨越“数字鸿沟”	广播长作品	关爱老人
红树林合唱团——守候护鸟，守护天籁之音	广播长作品	环境保护
广泛使用公筷分餐　关爱你我健康	广播短作品	公共卫生
大自然的情话	广播短作品	环境保护
一只手转动梦想	电视短作品	励志
野生动物别乱吃　病从口入你要知	电视短作品	公共卫生
大医精诚	电视长作品	抗疫
从黑白到五彩斑斓的世界	电视长作品	全面小康
小苹果实现大梦想	网络视听作品	“一带一路”

3. 作品质量较高，创意、制作均有所突破

这一特点主要体现在获奖作品的创作质量和创作水平方面，尤其是在一等奖的获奖作品中体现得更为明显。

技术发展是推动人类进步的重要力量，在当代中国，数字技术的创新应用深入人们工作生活的方方面面，在给人们带来方便的同时，也造成了一些困惑。如老年人所面对的“数字鸿沟”就是一个十分值得关注的问题。广州番禺广播电视台创作的广播公益广告长作品即以此为题材，分别通过车站、医院、菜市场这三个最为生活化的应用场景，用生动的声音要素重现了老年人在数字应用中所遇到的难题和窘境，并以一个老人的独白来反映老年人的心声，进而通过三个典型生活场景的内容呼应，给出了有效的解决方案。该作品虽是常规公益题材的选题，但仍属当下社会里一个值得关注的公益命题，而作品根据场景对声音要素的运用不仅十分专业，对问题的反映和问题的解决也表现得非常自然合理。因此，无论从选题、创意还是制作来讲，均不失为一件质量上乘的广播公益广告作品。特别值得注意的是，作为一家县区级播出机构，广州番禺广播电视台的创作团队能够在强手林立的激烈竞争中脱颖而出，殊为不易，是创作团队具有突出创意制作能力的一种有力呈现。

广州广播电视台创作的“大自然的情话”，是一件以环境保护为主题的广播公益广告短作品。该作品的选题虽较为常规，但作品的创意表现却极富新意。该作品以鸟的环境适应性为创意原点，通过不同环境下的鸟叫声，呈现了不同环境影响下鸟儿间不同“音色”的情话：山林中鸟儿清脆的“情话”，城市噪音中鸟儿嘶哑的“情话”。作品的音效精准，表现力突出，特别是鸟儿“情话”音色的对比之强烈，形成了较大的艺术张力，使得整件作品极具情感冲击力。该作品在创意原点的巧妙性和声音要素的运用两个方面均达到了较高的水准。

“抗疫”是 2020 年影响到全人类共同命运的历史性重大事件，关注这一事

件，讲述这一事件中的人和事，自然是本年度公益广告工作的一个重大历史使命。广东广播电视台创作的电视公益广告长作品“大医精诚”，是一件以抗疫英雄楷模钟南山院士为主人公而创作的“抗疫”题材作品。该作品以钟院士在疫情初起之时逆行北上武汉为创意原点，围绕着钟院士劝人不要北上和自己“逆行”北上的冲突展开故事，讲述了一个在大疫面前最勇敢“逆行者”的壮美故事，也正是从这一冲突性故事的讲述中，讴歌了钟院士“大医精诚”的国士形象，以公益广告的形式，为历史留下了一段伟大的抗疫战争的影像。对此，完全可以认为，该作品也是公益广告工作者为可歌可泣的抗疫战争奉上的最美献礼。

在四件获得一等奖的电视公益广告作品中，广州广播电视台创作的《一只手转动梦想》是一件励志题材的作品。该作品是以云浮市高村镇的“独臂少年”张家城为原型创作的反映其单手打篮球的励志故事。该作品的人物真实，故事感人，通过一些典型场景的运动镜头，展现了“独臂少年”张家城克服常人无法体会的身体限制，在篮球技术上所取得的惊人能力。以真实人物的真实事件为创意原点，注定了作品的创意难以“出彩”，但张家城这个特殊人物的“普通”行为，本身就是一件十分不普通的“励志”故事，而讲好这个故事的最佳策略，就是没有策略，就是以直白的画面直接展示“独臂少年”拼搏和成长的过程，而这一过程，恰恰是整件作品产生力量的本源，也是给受众以强烈震撼的根由。一件“没有”创意的作品，却产生了任何“创意”都难以企及的强烈的冲击力和震撼力，这不能不说是公益广告作品创意上的一种突破。

实事求是地讲，整体而言，本年度的网络视听公益广告作品乏善可陈，但广州市少爷影视传播有限公司创作的动画作品《小苹果实现大梦想》，却是其中的佼佼者。该作品以二维动画的表现形式，以拟人化的手法，从两个苹果的视角出发，讲述了一个小苹果坐巨轮“游历”全球的故事。作品以生动的造型、风趣的叙事和夸张的语言表现了“一带一路”倡议的实施过程中中国与“一带一路”沿线国家的经济往来和文化交流。整件作品从选题、形象设定、动画技法、叙事方式、整体效果等多方面来衡量，都算得上是一件公益广告精品。尤为值得肯定的是，该作品在画面背景的创作中还采用了“底纹”处理技术，这在国内公益广告动画作品的创作中是一次尝试和突破，取得了良好的效果。

4. 获奖面广，获奖单位数量多

本年度广东省广播影视奖的评审所呈现出的第四个特点，就是获奖面广、获奖单位多。获得一等奖的 9 件作品，分别来自 7 家单位，其中既有省级大台，也有广州番禺广播电视台这样的县区级“小台”，还有 2 家专业制作机构。而获得二等奖的 32 件作品，则来自 16 家单位，同样分布在三级播出机构、专业制作机构和有关政府部门。至于获得三等奖的 66 件作品，获奖单位更是多达 32 家之多，单位类型则涵盖了所有不同类型的主体。而全部获奖单位的数量则高达 41 家，获奖单位数量占报送单位总数的比例为 91.11%，获奖面广、获奖单位数量多的特点极其突出。

三、本年度公益广告作品评奖反映出的问题

总体来看，本年度广东省广播影视奖公益广告作品组的评选没有特别突出和明显的问题。过往存在的作品新闻痕迹重、创意不足、制作欠佳等突出问题已然得到了明显改善。但即便如此，本年度的评审仍然有以下两个问题需要引起重视：

一是作品报送规则的严密性需进一步加强。由于本年度广播影视奖的评审实行获奖单位和获奖个人双限制的规则，即同时对单位的获奖数量和个人的获奖数量规定上限，这就造成分组复评中，评奖结束时间靠后的组别，出现获奖候选作品突破上限的问题。在本年度的线下集中复评环节，由于公益广告作品组的复评工作结束得比较晚，造成了不少获奖作品因突破单位或个人数量上限而被取消资格的情况。这种情况的出现，一方面让一些优秀作品未能获奖，留下了遗憾；另一方面，则使得一些不太优秀的作品有机会替补获奖，对评奖的公平性多少有些影响。

二是本年度网络视听公益广告作品的报送规则执行得不够严格。本年度报送的网络视听公益广告作品有 57 件之多，占报送作品总数的比例高达 30.98%，作品数量在 5 类公益广告作品中排名第一。但严格来讲，真正具有网络技术属性和网络应用特性的作品则几乎为零。考虑到近几年的网络传播恰好是小视频热、直播热、AR 热的时代，这种报送无网络特性作品的情况是极不正常的，应当引起重视。

四、对未来广播电视公益广告工作的建议

（1）进一步强调公益广告在新闻宣传中的重要作用，并进一步认识公益广告在思想宣传领域所应承担的重要历史责任，重视在重大事件和重大宣传主题上积极作为，创作更多具有鲜明中国话语特色的优秀公益广告作品。

（2）紧紧抓住互联网作为新闻宣传主战场的历史性转变机遇，加大网络视听公益广告作品的创作力度，提高网络视听公益广告作品的创意水平和创新能力，创作出更多具有鲜明网络技术特性和网络传播属性的网络视听公益广告作品。

（星亮，2020 年度广东省广播影视奖公益广告组评委，暨南大学教授）

2020，在困境中“逆行”的粤产电影

刘海玲

对于中国电影产业而言，2020 年是特殊的一年。影院停业，剧组停工，限制排片，隔座售票，禁售商品……180 天的闭关只是时间数据，行业复苏、业态调整、士气重振，当是无法以时间度量的曲折过程。因此 2020 年广东省广播影视奖申报数量明显减少，动画片并入故事片类别。但在困厄重重的一年里，粤产电影却亮点多多，捷报频传。《拆弹专家 2》（广州市英明文化传播有限公司、寰宇娱乐有限公司联合出品；导演：邱礼涛）、《掬水月在手》（广州行人文化传播有限公司、广东方所文化投资发展有限公司联合出品；导演：陈传兴）、《我的女友是机器人》等 10 余部影片进入院线公映，其中《拆弹专家 2》票房 13 亿，引爆国产电影贺岁市场；纪录片《掬水月在手》票房 790 万，成为中国艺术联盟纪录片票房冠军。《空·巢》等 10 余部影片在爱奇艺等头部视频平台首发；《掬水月在手》《点点星光》《刑场上的婚礼》《空·巢》等四部影片荣获金鸡大奖（含提名奖）；《回南天》《老师别哭》等近 10 部新片在国内外电影节展中展映并获得好评。

一、《拆弹专家 2》：工业化与艺术性俱佳的主流商业大片

高投入、大制作的电影商业大片同时意味着高风险和高收益。因此精细化分工、标准化生产、流水线制作，每一道工序都科学精算、强强组合、验收苛责、恪守契约的工业化制作成为品质基础。但习惯观赏好莱坞大片的中国观众不仅仅满足于视听感官层面的场面烈度。因此优质的技术是票房基础，故事强度、人物力度、主题深度才是征服观众的核心。《拆弹专家 2》把年度国产商业电影和港式警匪片推向一个新的高度。

首先是场面烈度。影片开场即模拟地铁火光冲天、机场被夷为平地的惨烈场面，点明“复生日”恐怖袭击的可怕后果。然后倒叙 5 年前的表店抢劫，潘乘风舍己救人承接“压力手雷”。继而与董卓文同步行动拆除连锁炸弹，但是救猫事件炸断潘乘风的一条腿。后续还有教统局自杀式爆炸、酒店剪彩现场高空泳池爆炸、医院枪战、街巷追逐、承受狙击手射击的广场拆弹、地铁站枪战、地铁控制室枪战、国际金融中心地下枪战、地铁车厢里的核弹、青马大桥炸毁、

冲天海水涌向堤岸等。强大的工业制作和技术水准，使每一个火爆场景都极其逼真，带来强烈的视觉震撼和情感冲击。

影片的故事强度令人赞叹。强烈的冲突在多个层面展开：有警与匪的主线冲突，也有警员之间的个人冲突，有个人与体制的冲突、个人与社会的冲突，更有人物内心“善与恶”“真与假”的自我冲突。密布的悬念充满事件进程。悬念是未知引起的吸引力，悬念的一次次设置和解开令故事充满张力。每一次面临的爆炸危机、枪战追逃，每一次人物身份的追问和重新确认，每一次对“善恶”“爱憎”的选择，都紧紧牵动观众的心。还有身份反转、植入记忆，董卓文和庞玲的回溯讲述在故事节点和时间衔接巧妙契合。高密度快节奏的叙事推进，人物情感过程的逻辑推演，无不呈现出警匪类型的守成与创新。

影片的独特性在于人物力度和主题深度。潘乘风仿佛只为拆弹而生。他是技术水平最高、最具有舍身精神的拆弹专家。但在一次任务中他为放生一只猫引爆炸弹而致残，队友也因此牺牲。潘乘风用苦练钢铁之躯重返拆弹岗位来战胜这次身心重创。但面对上级不允许他重回一线的决定时，他终于崩溃。他越来越偏激，越来越愤怒，直至加入“复生会”策划一场足以毁灭这座海湾之城的核爆案。影片的难点不仅在于演绎主人公从善到恶的“黑化”过程，更难在塑造他又一次人性逆转的合理性和可信度。从重伤失忆，前女友庞玲设计植入记忆使他恢复善良的本性，到“你信我你就是警察，不信就是恐怖分子”的逻辑玄机，直至记忆恢复后“弃恶扬善”，自主选择做一个“好人”，牺牲自己拯救一座城市，从而完成人性救赎。无论是潘乘风的“黑化”、博士的自杀式爆炸，还是“复生会”头目马世军的成长史，连缀人物“憎恨”“愤怒”“报复”的情绪生成脉络，从某种角度揭示了资本原罪、制度缺陷、社会弊端与人性之恶的关联性，加深了主题深度。

《拆弹专家2》获评“2020年广东省广播影视奖一等奖”。

二、《掬水月在手》：载入电影史册的诗电影

纪录片《掬水月在手》讲述了叶嘉莹先生在诗作、诗学、诗教中的人生经历和诗学理念，并融入台湾导演陈传兴在空间、雅乐、物象等镜语中包蕴的美学观念，在“声画”“虚实”“情景”“有无”等交融中呈现的“诗”与“禅”的美学风格。影片以700万的票房成为年度纪录片票房冠军，并获得第33届金鸡奖最佳纪录片奖，其美学旨趣和手法成为学界乐于探讨的谜题。

《掬水月在手》是叶嘉莹先生唯一授权拍摄的纪录片。剧组历时三年远赴美国、加拿大等多个国家（地区）的几十个城市，采访了四十多位与叶嘉莹先生有交集的朋友、同事、学生、邻居，并对叶嘉莹本人做了17次较长时段的访谈和实录。

影片以叶嘉莹先生陈述、解说或吟诵为主调。从最早的诗教启蒙“朝闻道，夕死可矣”，求学生涯对诗歌的领悟，到经受苦难后“开始欣赏杜甫诗的好处”，一字一字誊抄整理关于《秋兴八首》评注的研究过程；从诗歌用词用韵的鉴赏评点到融入自我情感美感的古音吟唱，用具有代表性的诗句和诗人带出“兴发感动”“弱德之美”等诗学概念。叶先生与古典诗歌、诗人的精神遇合，串联起庞杂散乱的材料，勾连起叶先生的诗学脉络。众人言说作为和音。依据叶先生的生活履历，依次穿插台湾时期的白先勇、痖弦、席慕蓉等，哈佛时期的郑培凯、田晓菲、张凤等，温哥华时期的刘秉松、陈山木、谢琰等，南开时期的陈洪、徐晓莉、张静等几十位同事、友人、学生，以及邻居。这些学养深厚、身份独特的受访者，讲述他们亲历的叶先生的诗教学问和人格魅力。一部纪录片就呈现出声情并茂、意义外溢、余味悠长的诗意效果。

影片从个人的幽微记忆开始：一片清雾弥漫的水面上静泊着一叶小舟，画外音响起，“您第一次记事，是什么时候?”叶先生略带北京口音的画外音，“是在4岁的时候儿”，苍老却中气十足的声音像是划着桨橹的一叶扁舟，把观众，也把传主自己渡到迷离久远的时间彼岸。镜头对准叶嘉莹先生的祖居察院胡同23号四合院，建筑的空间结构成为追溯生命历程的时间标识，“大门”安放着宗族家谱，“脉房”为伯父对她的诗歌熏陶，“内院”是求学时与老师顾随诗歌的唱和与诗艺的成长，“庭院”和“西厢房”是辗转美国、加拿大的诗教西传，到了第六章，建筑的空间标识成为“无”的省略。“记忆其实就像一种空间，一种集结。”无论是为了记忆建造空间，还是利用空间印证记忆，时间的记忆和空间的表征融合为一体，和谐地呈现在影片结构中。

叶先生对古诗词的吟唱独具特色，几无人及。她主张吟诵者不仅是还原“平仄上去”的古音和原有古韵，也是自己对诗歌的深切理解与“诗魂”的一次相遇，“诗人的意境情感在你的声音里复活，这就是吟诵”。陈传兴导演则说：“叶先生的吟诵，就像萨满一样在祈求天地的神灵。”吟诵之声，与《掬水月在手》悠长深沉的音乐一起，如空谷足音，叩响了心灵之门。影片的音乐主调是由日本著名作曲家佐藤聪明依杜甫的《秋兴八首》创作的雅乐《秋兴八首》。雅乐，即典雅纯正的音乐。曲风庄重、浑厚，是一种宫廷和祭祀的音乐，在西周时期即已形成。音乐的美感与“心平德和”联系起来，成为君子的操行，体现了“善”的伦理价值。雅乐《秋兴八首》则是以杜甫为代表的古典诗人与今人的灵魂遇合，实现了“善”的最高境界。

当雅乐《秋兴八首》的乐音“神圣性、宗教性的吟唱”响起，自然物象的枯荷、幽竹、雪丛，建筑物象的门廊、屋檐、庭院，生活物象的石砚、织物、锦缎，古迹物象的壁画、碑刻、铜镜、石雕等，以静态影像反复、舒缓地浮现时，“禅定”二字自然生出。

陈传兴导演以西方现代哲学框架下的记忆为起点，通过记忆、回忆的长廊，过滤生命中的大悲大喜，沉淀了生命的至纯，通过传主自然超脱、广阔无边的生命之境，抵达彻悟生命的东方美学之境。

《掬水月在手》获评“2020 年广东省广播影视奖二等奖”。

三、《活着唱着》《空·巢》《围屋喜事》：富有人文情怀的粤产电影精品

广东电影制作公司数量多但规模普遍较小，广东电影从业人数多但头部编、导、演少，加之电影市场的高风险和广东人趋于务实的风格，“小成本”成为粤产电影的总特征。80% 的影片投资不超过千万。可喜的是，2020 年出现了一批“小成本”“大情怀”“正能量”的优质电影。

《活着唱着》（深圳市明时代文化传播有限公司出品；导演：马楠）讲述川剧团的十几个演职员挤在成都郊区一座破旧的老剧院里，每天画着各色脸谱，穿上戏服，坐着简陋的三轮车，给上了年纪摇着蒲扇的老客们演出。观众能来，能坐下，能与演员相呼应，就是他们最大的愿望。但这么简陋的条件也将失去，老旧剧院面临拆除。戏班班主赵丽必须找到新地方才能保住剧团、留住团员。编导极其真诚地讲述中国传统剧种在现代遭遇困境的故事。

《活着唱着》将写实与写意结合起来。朴素的场景和人物，穿插着虚拟的戏剧片段。亦真亦幻的现实和戏里的人生，无处不在的“拆”与“散”，让影片有了荒诞感。影片结尾剧团的十几个人在已成为废墟的剧院前粉墨登场，活着和唱着融为一体、彼此隐喻的坚守成为时代变迁的痛点。

《活着唱着》获评“2020 年广东省广播影视奖三等奖”。

《空·巢》（深圳市华浩影视有限公司制作出品；导演：张唯）把镜头聚焦于中国的空巢老人群体。故事人物不多，场景单一，线索简单。女主人公赵一梅一辈子教书，年老后一个人过着孤独、寂寞、病痛的日子，远在北京的儿子只是给她打打电话。随着保健品推销员小雷逐渐走进赵一梅的生活，她开始变得有了笑容，有了牵挂，也有了人生特有的美丽。即使知道小雷与电信诈骗有关，她也用自己的方式去感化和挽救心存善念的年轻人。

编导的控制力和表现力很强。如影片开头，一个毫无生气、寂寞孤独的空巢老人，挨着行将就木的日子。缓慢的镜头节奏，令人窒息的静默无声，黯淡无光的室内空间……再加上老艺术家祝希娟真实感人的演绎，令观众与一个空巢老人产生共情。随着小雷走进老人的生活，赵一梅的情绪、情感变化层层递进、丝丝入扣。祝希娟也因此获得第 33 届金鸡奖最佳女主角提名。

《空·巢》获评“2020 年广东省广播影视奖二等奖”。

《围屋喜事》（深圳市礼乐文化传播有限公司、广州市艺奢文化传播有限公

司联合出品；导演：韩荣声）讲述客家人马伯夫妇坚持住在古老的围屋里，即使地产商为征收改造围屋出重资，马伯也不为所动。马伯的女儿理解父亲，在与一位民俗青年学者从相识到申报老屋为文化遗产保护单位的过程中喜结连理。影片直观表现了客家人的饮食、建筑、山歌等文化元素，如故事的主场景是梅县松口镇的一座老的客家围龙屋——崇庆第。对白也采用了客家方言，包含大量的客家民谚、格言，充满了客家族群的智慧和幽默。客家人面对祖屋拆迁，不同的价值观彼此冲突，不同年代的交叉叙事使围屋具有了传统和精神家园的符号意义。

《围屋喜事》在“2020 年广东省广播影视奖”申报入围。

如上影片题材不同、人物各异、手法多样，但其共同点是主创在精品化制作中同时拥有深厚的人文情怀，对“人”的精神层面、文化层面，对“人”的主体性、差异性、完整性的价值追求给予充分的认可和尊重。影片以最大的诚意刻画生活中一个个普通的小人物，并勾勒我们这个时代的精神面貌，如对国家命运的关心，对传统文化的坚守，对弱势群体的关怀，激励人心向上、向善，以人文情怀温暖电影中的生命和俗世中的我们。

四、《士兵顺溜》等：粤产类型电影的新亮点

广东省本是国产动画片大省，如《熊出没》《喜羊羊与灰太狼》《潜艇总动员》等系列动画电影占有一定的市场份额。但疫情让 2020 年动画电影只有一部《士兵顺溜》（深圳市环球数码影视有限公司出品，导演：卢德响）进入院线。作为中国首部军事题材的动画片，电视剧《聪明的顺溜》全网播放量超五十亿，粉丝累计突破 2 000 万。时隔六年，电影版《聪明的顺溜》与观众见面。《士兵顺溜：兵王争锋》取材于现役王牌特战旅，凝聚王牌部队实战经验，围绕“兵王”争霸比赛，为大家讲述了一部关于勇敢、友情、男儿血性的自我成长、青春修炼的故事。题材独特新颖，人物个性鲜明，各种武器、格斗等设计是青少年学习军事科学的生动教材。

《我的女友是机器人》（宁洋影业佛山有限公司出品，导演：王韦程）是科幻爱情类型影片，斩获 4 000 多万票房，取得了粤产电影较好的票房成绩。影片讲述一个普通导游方元邂逅了一个美丽潇洒的女孩，开始了朝夕相处又令人啼笑皆非的生活。女主角扮演者辛芷蕾驾驭的机器人形象形神俱佳，大地震时惊心动魄的场面逼真而震撼，意味深长的结尾方式也独具匠心。但终因是日本同名电影的翻拍，在故事原创方面现出不足。

《南拳之英雄崛起》（广州小象影视文化传媒有限公司出品，导演：吴俊贤）是功夫动作片。刘远跋要为被江湖传言污蔑的师傅正名，远赴广州学习武术。他匡扶正义，勇敢无畏，冒死销烟，拯救百姓，最终自创吞吐拳，成为一代南

拳宗师。影片在功夫设计、武打场面等方面较为精彩。

如上影片均获评“2020年广东省广播影视奖三等奖”。

总览2020抗疫之年的粤产电影，无论票房高低、口碑好坏，都值得记录和书写，都会成为电影产业进步的阶梯。而工业化生产、有创意的故事、真诚的人文情怀、艺术至境的追求，会让粤产电影在困境中大放异彩。

（刘海玲，2020年度广东省广播影视奖电影组组长，广东省电影行业协会驻会副会长，广东外语外贸大学教授）

▶ 2020年度广东省广播影视奖获奖作品精选点评 ◀

广播新闻作品

深圳成为全球首个实现 5G 独立组网全覆盖的城市

深圳广播电影电视集团 潘家玉 王国玉

导语：昨天，在“点亮深圳 5G 智慧之城”发布会上，深圳宣布正式实现 5G 独立组网全覆盖，成为全球首个 5G 独立组网全覆盖的城市。请听记者潘家玉的报道。

正文：

“我宣布，深圳市实现 5G 独立组网全覆盖，深圳率先进入 5G 时代!”随着市长陈如桂的宣布，深圳成为全球首个实现 5G 独立组网全覆盖的城市。

陈如桂表示：“深圳率先进入 5G 时代，这会为高品质的智慧城市建设插上腾飞的翅膀，赋能产业发展，提升社会治理现代化水平，助推打造民生幸福标杆。”

5G 独立组网就是告别依托 4G 改造的组网形式，将 5G 基站和 5G 核心网结合，带来完整的 5G 网络特点和功能。为此，深圳已建成 5G 基站 4.6 万个，基站密度全国第一，5G 应用示范已推广到智慧港口、智慧医疗等多个场景。

中国移动深圳分公司王毅：“在妈湾港实现 5G 封闭式网络环境，为港口岸桥、场桥远程操控、无人机巡检提供了大带宽、低时延的能力支撑。”

5G 独立组网具有高速率、低时延、海量链接三大特点，能加快推动万物互联、万物智能。

深圳市工信局局长贾兴东：“我们将重点抓好 5G 技术攻关，在基础材料与核心零部件方面率先实现零突破，深化工业互联网、车联网等行业融合应用，将深圳打造成为 5G 全球标杆城市。”

【点评】

疫情，是 2020 年发生的所有事件无法回避的背景。深圳的 5G 建设工程在因疫情停工近两个月的情况下奋起直追，提前一个月完成了 4.5 万座基站的建设任务，使深圳成为全球首个实现 5G 独立组网全覆盖、率先进入 5G 时代的城市，这对于正处于复工复产关键时刻的全中国是莫大的鼓舞，对于以美国为首的西方国家对中国科技发展的打压也是响亮的回应。全球首个实现 5G 独立组网全覆盖城市被深圳夺得，这在向来由西方发达国家主导的通信领域的科技升级中第一次由中国城市率先突破，具有里程碑意义。作品敏锐地抓住这一最能突出深圳“先行示范区”特色、最能显示“创新中国”引领作用的重大题材，在短短 1 分 30 秒的时长里，充分发挥广播特色，作品一开始就运用现场同期声，让听众如身临其境，融入十分丰富的报道元素，新闻现场采访到位，新闻背景清晰，在有限篇幅内介绍了 5G 建设成果、具体应用与发展前景，从“创新探索”“深圳速度”等维度展现了深圳 40 年发展的最新样本。作品短小精悍、主题突出、层次分明，不失为一篇内容扎实的佳作。

（黄中才）

我的冬瓜，只捐不卖！

英德市广播电视台　吴永全　黄巧玉　姚天虹　谭耀基

今天（2月24日）上午，东华镇的两户贫困户冯华春和罗德兴一起将自家采摘好的13 000斤冬瓜运到镇政府集中装车，运往武汉。

【录音】贫困户冯华春："我的冬瓜，只捐不卖！能帮到武汉的兄弟姐妹们，你好我好大家好，武汉加油，中国加油！"

冯华春和罗德兴所在的东华镇九郎村是省定贫困村，他们以前是村里出了名的贫困户。近年来，在当地党委政府和挂扶工作队的帮助下，靠种植冬瓜已基本脱贫。得知武汉因为新冠肺炎疫情物资紧缺，于是合计将自家的冬瓜全部采摘，无偿捐给武汉。

【录音】贫困户冯华春："以前家里很穷，都是党和政府帮助我们，现在生活好一点了，武汉有疫情，我也希望自己尽一点能力去帮助他们。"

【录音】九郎村驻村扶贫工作队第一书记杨旭："他们主动联系了我们，说要捐这一批蔬菜。我们劝他们，说这批蔬菜用来出售，可以有点收入。他们说：'我们困难的时候，党和政府没有忘了我们，我们现在生活有起色了，也要尽力去帮助别人，我们只捐，我们不卖。'"

【录音】贫困户罗德兴："希望武汉尽快渡过难关，有党和政府，一定能战胜疫情。"

据了解，明天冯华春和罗德兴所捐的13 000斤冬瓜将和我市其他支援物资一起集中运往武汉。

记者：吴永全　黄巧玉　姚天虹　谭耀基

【点评】

《我的冬瓜，只捐不卖!》在全民抗击新冠肺炎疫情这一特殊时期，将报道对象聚焦基层民众，尤其自身还是贫困户的乡村基层民众，以小人物的质朴故事讲述大爱无疆的高尚情怀，以独特的视角讲述中国抗疫故事，以"扶贫扶志"的良好社会效应弘扬积极向上的正能量，不失为一件唱响主旋律的好作品。一是作品选题贴切。将2020年抗疫大事件作为新闻选题，既体现出了新闻作品的时度效，也彰显了新闻工作者的责任担当。二是报道视角独特。跳出全民抗疫的宏大叙事场景，将切入点对准小人物，以个体故事讲述人间大爱，既接地气，又亲切感人。同时与“脱贫攻坚”这一主题巧妙结合起来，讲述贫困户脱贫不忘党恩，从“被关怀者”成为“关怀者”，既是“一方有难、八方支援”爱心传递的有力表达，更是对脱贫攻坚这一伟大历史工程“扶贫更要扶志”的最好诠释。两个重大主题的碰撞，令作品增色不少。三是作品编排合理，阐述清晰，尤其驻村干部的现场采访录音堪称点睛之笔，很好地呼应了作品主题，既流畅自然，又准确到位。作为基层广播电视台作品，具有这样的水准实属难得。

（胡喜华）

危急时刻彰显国企担当　广汽牌口罩今天诞生

广州市广播电视台　卜　涛　陈善恒

【主播】目前正值新冠肺炎抗疫期，今天（2月20日）上午，广汽集团跨界生产的首批医用口罩在广汽集团部件研发中心诞生。广汽集团首批共启动5条生产线，日产能达到25万只。这批医用口罩将优先支援抗疫一线人员。记者陈善恒报道。

【现场同期声】我们是在更换无纺布，它是有3层无纺布的，我们刚才更换的是中层绒层无纺布……

【记者】记者在广汽集团部件研发中心的无尘车间看到，5条生产线同时开工，而这一切距离广汽第一台口罩生产设备安装调试仅仅过去了一周的时间。

【采访】无尘车间负责人：之前我们没有制造口罩的经验，我们技术中心组织了一个大的团队跟专业的厂家进行联合开发，进行了培训和学习。都是我们自己的员工，但我们之前是做汽车行业的，现在临时调过来的都是我们的老员工，广州市的老员工，有经验的上手比较快的，火速上岗。

【记者】从生产汽车跨界到生产口罩，车间负责人坦言，这比想象中要复杂得多，但同事们都乐于接受这份挑战，这恰恰是广州汽车工业世界级制造能力的体现。广汽集团零部件事业本部部长李进表示，下一步，广汽口罩生产将陆续启动其余25条生产线。

【采访】广汽集团零部件事业本部部长李进：预计本月（2月）底，我们完成30台设备的资质，另外，广汽将严格按照相应的技术标准生产口罩。

【记者】生产线全部启动以后，广汽集团医用口罩的日产能将达100万只。对于广汽跨界生产口罩，广汽集团董事长曾庆洪认为，当前疫情防控期，为一线的抗疫人员提供防护物资保障是头等大事。

【采访】广汽集团董事长曾庆洪：广汽的产业以整车生产为主要业务，但是它是一个生态链，包括上游的生产，到下游的服务。我们如何一起共同努力，实现正常的生产，确实是作为一个国有企业更加应该有的担当。我们希望第一批口罩是给我们的（抗疫）一线，包括我们的公共服务系统，我们的出租车、公交车、地铁。

【记者】曾庆洪还提到，为了保证各行业陆续复工复产，广汽集团生产的医用口罩由市政府统筹。岂曰无衣，与子同袍，我们为武汉加油。广州交通电台记者陈善恒报道。

【点评】

在不寻常的2020年，突如其来的新冠肺炎疫情对全世界都造成深远的影响。在疫情开始的时候，口罩成为全球的稀缺商品，口罩的生产和销售也成为大家极度关注的社会热点。

广播长消息《危急时刻彰显国企担当　广汽牌口罩今天诞生》抓住口罩生产这个热点问题，内容重要，具有较强的新闻价值。生产汽车的广汽集团也生产口罩了，仅仅是这个话题就很容易吸引大家的注意力，广汽集团为什么要生产口罩？他们怎么生产口罩？他们生产的口罩用到什么地方？围绕着这些全社会都十分关心的热点问题，作者从广汽集团宣布生产口罩开始就密切关注，在正式开始生产的当天深入无尘车间，通过收集有特点的现场音响和现场采访，表现了广汽集团及时从汽车生产转型到口罩生产的过程，也及时报道了广汽集团口罩生产的规划目标，既稳定了社会情绪，也从中反映了广汽集团作为广州市大型骨干国有企业强大的科技研发水平和制造能力，表现了广州企业在疫情之下的社会责任感和担当。

作品内容重要，具有较强的新闻价值和新闻贴近性，音响丰富，广播特色鲜明，时效性较强。不足之处是作品内容偏重于工作性质，站在生产者的角度进行表达，缺乏对口罩使用者的采访，以此表现广大人民群众对口罩的渴求，使作品稍显单薄、不够立体饱满。在表现手法方面，缺乏创新，中规中矩，不能给人耳目一新的感觉。

（吴铭东）

我国首台加速器硼中子俘获治疗实验装置研制成功，可精准“杀死”癌细胞

东莞广播电视台　田飞跃　谭　倩　王红君　阳玉明

中国科学院高能物理研究所今天在东莞宣布，我国首台加速器硼中子俘获治疗实验装置成功通过评审，为医学加速器硼中子俘获治疗装置整机国产化和产业化奠定了技术基础，将为肿瘤治疗带来技术性革新。请听报道：

【现场音，压混】

八位来自放射医学、粒子加速器、中子物理与技术、硼药等领域的专家齐聚位于东莞松山湖科学城的中国散裂中子源，对中国科学院高能物理研究所东莞分部研发的加速器硼中子俘获治疗实验装置进行评审。专家组评审意见认为，这一装置的成功研制，是我国在癌症治疗高端医疗设备整机技术开发方面取得的又一重大成果，显著提高了我国在这一领域的国际竞争力。

【出录音】

中国科学院高能物理研究所副所长陈延伟：这台实验样机从设计、制造、安装都是我们国内自己做的，完全有我们国内的自主知识产权，同时达到了国际的先进水平。

加速器硼中子俘获治疗，简称BNCT，是目前世界上最先进的癌症治疗手段之一。治疗时，先给患者注射一种含硼的药物，这种药物与癌细胞有很强的亲和力，会迅速聚集于癌细胞内，这就相当于给癌细胞做了“标记”，随后对患者进行中子照射，从而精准“杀死”癌细胞。

【出录音】

中国科学院高能物理研究所东莞分部副主任梁天骄：这台装置的原理是通过加速器加速质子打靶产生中子，通过慢化后引出，照射已经注射硼药的患者，可以杀死皮下8厘米以内的癌细胞。

东莞市人民医院副院长周建平：这个项目对于疑难肿瘤和部位很尴尬的肿瘤是个很好的治疗手段，比如脸部的肿瘤、脑胶质瘤，对这些肿瘤目前的常规治疗手段是很艰难的。

以往，用于BNCT治疗的强中子束流主要通过核反应堆产生。与基于核反应

堆的BNCT装置不同的是，加速器BNCT装置可以在位于人员密集区域的医院使用，未来可往市、县一级拓展，能够在较广的范围实现个性化与例行性的BNCT治疗，有广阔的应用前景和深远的发展潜力。

【出录音】

中国科学院院士、中国散裂中子源工程总指挥陈和生：在国际上是先进的，因为它体积小，方便。

目前，科研人员正在利用这台实验装置开展细胞和动物实验，为后期临床试验奠定基础。

2018年，中国散裂中子源在东莞建成，而BNCT装置是利用中国散裂中子源相关技术催生的首个产业化项目。中国科学院院士、中国科学院高能物理研究所所长王贻芳表示，这一实验装置的成功研制，对于示范带动散裂中子源关联产业发展具有重要意义，同时也充分证明，大科学装置在基础研究和应用研究之外，还将大力促进相关产业发展和技术革新。

【出录音】

王贻芳：采用这种加速器的技术应该说还是很先进的，所以我们解决了很多以前没有的各种各样的关键技术问题，有这样技术的团队，在国际上应该说也是很少。

（东莞广播电视台2020年8月13日播出）

【点评】

1. 主题重大，新闻价值高

我国成功研制首台加速器硼中子俘获治疗实验装置，是2020年我国重要的科学科技成果，这一装置的成功研制，使得中国的大型医疗设备在世界范围内占有一席之地，而且可以助力实施健康中国战略，开启癌症治疗的新时代。加速器BNCT设备和硼药物已经获批进入临床应用，展现了中国科技发展的实力，造福人类健康事业。

2. 采访扎实，时效性强

科技新闻报道，既要有严谨的态度，也要运用群众语言，让高深的科技知识通俗易懂。如新闻中提到的专业名词：加速器硼中子俘获治疗，简称BNCT，是目前世界上最先进的癌症治疗手段之一；给癌细胞做了“标记”，随后对患者进行中子照射，从而精准“杀死”癌细胞等。新闻报道访问了多位专家，采访充分，专家解释深入浅出，将复杂的技术和专有名词转化为通俗易懂的广播语言，使得新闻有更多的声音和内容素材，大大增强了可听性，有利于科技新闻的传播。

3. 结构严谨，逻辑性强，社会效果好

作品以中国科学院高能物理研究所在东莞宣布我国首台加速器硼中子俘获治疗实验装置成功通过评审为新闻的切入点，结构层层递进，不断深化主题，实验装置研发成功有力地说明，科学技术的发展和不断进步，一定能够助力提升医疗智能化的水平，为社会创造更大的价值，为癌症患者带来福音。

（李卓文）

共赴山海，同奔小康
——广东参与东西部扶贫协作纪实

广东广播电视台　集体创作

第一篇：《日子越过越红火》

2020 年，中国现行标准下的农村贫困人口全部脱贫，困扰中华民族几千年的绝对贫困问题得到历史性解决。在这场脱贫攻坚战中，东西协作、山海同心，广东啃下了“最硬的骨头”，在贫困程度最深、脱贫难度最大的地区描绘了色彩鲜明的时代画卷：高山峡谷里的社区有火红的日子，脱贫致富路上结出金黄的硕果，政府与市场的力量在西部蓝海激荡，绿色可持续发展的方式守护着绿水青山。今天起，本台推出系列报道《共赴山海，同奔小康——广东参与东西部扶贫协作纪实》，请听第一篇：《日子越过越红火》。

【柴火噼啪作响的声音……彝语：爸爸，来吃饭了】红红的火苗在洛古有伍家的火塘里欢快跳跃，火光映红了一家人的脸。奶奶打开热气腾腾的蒸锅，给孙女夹了一块坨坨肉。上五年级的二女儿洛古阿嘎正在念她的作文《最难忘的事儿》。【录音：“我最难忘的事儿，是下雪的那一天，我们全家人都到了新家……”】

搬家那天是 2019 年 2 月 11 日，地处四川大凉山腹地的三河村开始易地搬迁。短短三公里，不到五分钟路程，从旧村到新村却仿佛穿越了两个世纪。旧村，满是低矮破旧的土坯房，是起居室，也是火塘、杂物间，进出要弯腰，门口就是牲畜圈。新村，黄墙黑瓦，宽敞整洁，屋檐下是牛头造型的斗拱，玻璃窗外加装了两扇木窗，雕刻着彝族特有的花纹。

这样的新房，建档立卡贫困户洛古有伍过去想都不敢想。【压混：洛古有伍：这个房子好，这是砖和木的房子……】

2018 年春节前夕，习近平总书记到三河村考察调研，鼓励村民：“日子一定会越过越好！”广东（佛山）对口凉山扶贫协作工作组驻扎三河村开展立体帮扶，只读到小学一年级的洛古有伍开始学习科学养殖，一跃成为三河村第一养羊大户。【录音：“国家给了我们（建）羊圈，培训的是打羊疫苗、给羊吃的药。”】

正午的太阳晒得人暖暖的，女儿阿嘎端出一大盆热水在院子里洗头。洛古有伍感慨：【录音："以前我妈妈背那么大木桶的水，够喝四五天的。自来水来的时候，打开那个水龙头就能洗了。"】

大凉山三河村这些年才用上自来水。在深度贫困地区，即便是守着奔腾不息的怒江，自来水也不会自己流入农民的家庭，改变更不会顺其自然就发生。

【压混：怒江河水流淌的声音……】大凉山西南方向400公里外，是中国西南边陲的怒江大峡谷，这里98%是山地，村民祖祖辈辈居住在高山上。要让贫困户下山进社区，就要找准他们最关心的问题。珠海市建筑设计院副院长张震山：【录音：我们首先解决他们搬得出、稳得住。他们下山最大内在动力就是为了小孩，他们的子孙要读书。】

怒江边的维拉坝珠海社区【压混：校园嬉闹声……】在最中心的位置建了小学和幼儿园，把最平整的一块土地建成了足球场，红色塑胶跑道上学生们在追逐、游戏。明明是周末，学校却热闹如常，这里依然还维持着连续上课10天休息4天的习惯。因为过去家住在高山上，孩子来回一趟要走10个小时，现在不少孩子回家只要几分钟。

半个月前，维拉坝珠海社区菜市场附近，第一次有人摆摊卖盆花和苗木，第一天就卖了三千多块钱，摊主杨绍仙打算在维拉坝多待几天。【录音：互相观赏，你买了我看到感觉到好看了，慢慢地也会买。】

鲜花开始装点这里的生活，居民的阳台晾晒着红彤彤的草果。维拉坝，傈僳语的意思是"有福之地"，【压混：张震山：蓝花楹，外面撒那个三叶草。】突出幸福感正是维拉坝珠海社区的核心设计理念。【录音：把这些老百姓自己的一些需求，用设计把它串起来。用到四合院的方式，半围合式把它围起来，我有几个亲戚一起下山，还能感受到原来村里生活的那种感觉。】

急当地所需，尽广东所能。易地扶贫搬迁是脱贫攻坚的"头号工程"。广东在四川凉山、云南怒江、广西百色等深度贫困地区援建76个易地搬迁点。广西百色市田阳区南山实验小学校长梁祖记计划开设扎染民俗项目兴趣班。【录音："把我们壮族的优秀的传统文化在（孩子们）心里面埋个种子，埋个根，让它能够走出去，知道我是壮族我是骄傲的。"】"背着娃、守着家、绣着花、养着家"，简单的十二个字概括了蜡染刺绣的再度兴起给苗寨村带来的新变化。广东省第一扶贫协作工作组毕节织金县工作队队长江文铸【录音：通过皮具、皮革把这个元素融入包的设计上，实现价值的提高，期待明年有一个好的提升，看得到希望。"】

搬进新房，挪出"穷窝"，深度贫困地区要过上幸福新生活还需要更深度的改变。四川甘孜藏族自治州新榆林村，一户村民家中飘出了浓浓的炒鸡蛋香味，正在做晚饭的老人往锅里放了整整4大勺盐。

【录音：又加了，第 4 勺盐，这边的高血压的发病率比我们高多了。】

广东省第二人民医院心血管内科主任医师靳文正在开展家庭探访，这是他第三次执行对口帮扶甘孜藏族自治州人民医院的任务。【压混：靳文家访录音：盐少放一点，对身体更好。】

幸福生活需要健康的身体和健康的生活方式。2020 年，《甘孜藏区动脉粥样硬化血栓性疾病与女性闭经的前瞻性队列研究》项目正式进入实施阶段，这是广东对甘孜州援助最大的基础性医学研究项目。【录音：我们希望能够在推动这样一个慢性病的防治策略方面，减少因病致贫，因病返贫这样一个问题。】

【甘孜州人民医院党委书记石锐录音：整个甘孜州有史以来最大规模的一次人群队列的样本研究，也为我们几百名藏族老乡建立了他们人生的第一个健康档案。】

脱贫摘帽不是终点，而是新生活、新奋斗的起点。啃下脱贫攻坚这块“硬骨头”之后，广东队不会离场，将接续推进全面脱贫与乡村振兴有效衔接。

【压混：分红仪式现场】

十天前，四川凉山州喜德县鲁基乡现代农业循环产业园举行 2020 年度分红大会，【压混：黄礼泉：“今天是我们鲁基乡有史以来第一次的分红。”老乡们（彝语）：“共产党卡莎莎！（谢谢共产党！）”】总额 115 万元的分红，对于老乡们来说简直是天文数字，而在喜德县挂职县委常委、副县长黄礼泉看来，火红的日子、美好的生活（才）刚刚开始。【录音：“随着人居环境的打造、乡风文明的提升，再进一步引进乡村旅游、第三产业等，把这个乡做得产业强、农民富、乡风好！”】

第二篇：（略）

第三篇：《激荡西部产业蓝海》

产业园里轰鸣的机器，流水线上忙碌的工人，很难想象，这一切都发生在西部集中连片特困地区。东西协作，产业先行，广东与西部扶贫协作地区共建优势产业，推动多地实现现代农业产业“零”的突破。引导一万多家企业到西部投资兴业，帮助当地打造百亿级产业。东西协作中的产业扶贫，帮助当地脱贫奔康的同时，助推西部产业结构升级，为适应新的经济发展格局打下坚实基础。系列报道《共赴山海，同奔小康——广东参与东西部扶贫协作纪实》，今天请听第三篇：《激荡西部产业蓝海》。

云南怒江州兰坪县通甸镇，67 岁的张纺翠戴着一顶蓝色的棉布帽子，背着筐、弯着腰，熟练收割着地里的西蓝花。【录音：我 60 多（岁），我天天干活，一百斤我还背得起。（张纺翠笑声）】

张纺翠一个人扛起了家庭的重担，丈夫 38 岁时身患重病失去了劳动能力。过去通甸镇的地里大多种玉米，一年只有在播种和收割的季节张纺翠才有空做几天工。自从广东珠海帮扶的 2 600 亩蔬菜基地建起来后，张纺翠就再也不用到处打散工了。

【录音：一天 80 块，一个月 2 400（元）。有些时候加班就是 90 块一天、100 块一天，现在政策好。】

已经成家的大女儿劝她，辛苦一辈子该歇一歇了，看着这么便利的工作机会，张纺翠坚持再干几年，她还想存点钱留给小女儿结婚用。4 000 多个和张纺翠一样的贫困户在家门口解决了就业问题，顺利脱贫奔小康。过去这里的农民为什么富不起来？通甸镇党委书记和义松算过一笔账，以前种玉米，除去劳动力、农药、肥料、地膜等成本，干得好一亩地纯利润 100 块钱，差一点还要亏本。农民种玉米为的是养猪，过年猪吃一年。【录音：我们叫的是过年猪，真正的一年就要靠那头猪来维持他的肉食、油料。】

在通甸镇工作了三十年的和义松深知，改变来得并不简单。【录音：咱们这里应该说过去很贫困，大家吃不饱。一直以来，大概用了 15 年的时间，一直在探索农业产业结构调整。种植了辣椒、高粱等，都以失败而告终。引进蔬菜基地这一家以后，实现了农业的转型升级。】

产业扶贫是脱贫攻坚强有力的后盾，上亿元的投资一到位，万亩产业基地就能拔地而起，就能带动上千贫困户脱贫致富。中山市在云南省永善县海拔 2 000米的山顶上种了万亩的蓝莓，产品供不应求。【录音：像上海、南京等地纷纷打电话给我们说：你们蓝莓盛产的时候，我们来帮你们销售，这些都来了。】

广药集团帮助贵州发展百亿级刺梨产业，打造贵州省“第四张名片”，目前正朝着 5 亿元的销售额大步迈进。【录音：广药 2020 年总共生产了 370 多万标箱，大概需要 4 万亩的种植面积，可以解决差不多将近 1 万户的就业问题。】

广西百色出品芒果，每年向深圳供应上千吨。【录音：用工量是非常大的，在芒果季节的时候，就算不来我们基地，很多地方都很缺员工。】

扶植产业的同时，打通消费市场。广东的消费扶贫模式不只是简单地买买买，在广州建立广东东西部扶贫协作产品交易市场，推动扶贫协作产品对接粤港澳大湾区“菜篮子”工程，协作地区农产品直接从山区到湾区。近三年来，累计实现消费扶贫金额 591 亿元。激荡西部市场蓝海的，不止农业产业。在云、贵、川接合部的乌蒙山区腹地，一个电子产业集群正在形成。【机器音响压混……】云南昭通市昭阳扶贫产业园里，一排排蓝色的机器和穿着蓝色工作服的工人一起忙碌着。这里聚集了来自东莞的 12 家电子信息企业，短短几年间，昭通实现从工业基础薄弱到多个当地“第一”：生产出第一部手机、第一台电视、第一个电脑显示器。工业产业在贫困地区的生长，不只为贫困户提供了更多脱贫致富的机会，也改变了不少普通人的命运。立时科技公司在昭通的第一号员工张翠，是地地道道的昭通人，在市区工作几年后卖掉房子回老家绥江县，生了三个孩子，做了点小生意。【录音：以前的话这里车都没有，你看现在天天堵车，堵得不得了。你看发展很快的，近五六年，北边才发展起来，作为一个昭通人还是觉得挺骄傲的。】

进入立时科技后，张翠就决定在昭通市区重新安家。两个月前，她在当地的碧桂园全款买了一套 190 平方米的房子，加上车位花了 150 多万元。挺进西部的企业，改变别人命运的同时，也在为自己开拓市场蓝海。

【立时科技负责人史正平录音：像以前东莞从无到有可能用了 15、20 年，但是这边，至少它是有那种基础或者有经验的。走捷径，那三五年还是要的，整个供应链都很成熟的。】

广东已经和协作地区共建产业园 147 个，13 710 家企业到协作地区投资兴业，实际投资额 3 543 亿元。2020 年，新冠肺炎疫情肆虐，全球市场和发展环境被深刻改变。习近平总书记提出，要推动形成以国内大循环为主体、国内国际双循环相互促进的新发展格局。在东西协作中向西部进发的企业正是顺势而为。总部位于深圳的高新技术企业华威世通在广西建造了一个智能终端全产业链基地。【广西华威科技有限公司经理汪敏录音：我们跟大型的国有企业也达成了一些合作，可能会在明年的 6 月份引过来，接下来出口的比例可能会慢慢地下降。】

华威世通还计划将研发和人才培养全部落地广西。【录音：那接下来的方向我们还是会以自主品牌为主，包括设计和自己的核心技术专利。】

云南怒江州通甸镇的蔬菜基地正在加建大棚，怒江最冷的乡镇，农业产业发展热火朝天。2 600 亩蔬菜基地、2 000 亩中药材种植加工基地、首期面积 5 000亩的水果基地，加工、仓储、配送，农业产业化的全链条都建起来了，怒江州现代农业产业园实现了“零”的突破，背后蕴藏着当地产业结构转型升级的潜力。【通甸镇党委书记和义松录音：现代农业产业的推动以后，不仅仅是种点菜、卖点菜，这个仅仅是第一产业，到加工的时候又进入第二产业，旅游进入第三产业，第一二三产业共同融合，推动发展。】

第四篇：《守护盘活绿水青山》

南海之滨，珠江奔腾，东西协作，山海相拥。在广东参与的东西部扶贫协作地区，高山巍峨、气势磅礴，有大凉山、乌蒙山、高黎贡山；大江大河奔腾不息，有金沙江、澜沧江、怒江、大渡河，东西部扶贫协作既是翻山渡江战贫困的攻坚战，也是守护绿水青山的保卫战。系列报道《共赴山海，同奔小康——广东参与东西部扶贫协作纪实》，今天请听第四篇：《守护盘活绿水青山》。

【现场音响……】

四川省甘孜州泸桥镇海子环环村位于大渡河西岸，与当年红军长征“飞夺泸定桥”的地方直线距离 2 公里。村支部书记姚在文以前经常听老人讲起，海子环环村曾经云雾缭绕、水草丰美，村里有多个海子波光闪烁、绿如碧玉。

【录音：我们家祖祖辈辈都生活在这个村上，以往我们这个村上的海子多。像我们这个方位属于大海子。】

海子是四川方言，在甘孜阿坝高原一带生活的少数民族把高山湖泊称作海子，言下之意大海的孩子需要人们倍加珍惜。由于地质变化加上多年的过度开垦，很多海子已经不复存在。

【录音：老百姓都想种地嘛，（海子）干一头就种一头，现在蔬菜（地）增加，慢慢它就越来越少了。】

人们口口相传的海子慢慢消失了，严重的时候，村民喝水和灌溉都成问题。好在广东的对口帮扶来了，广东援建资金近 2 000 万元，对海子环环村进行生态环境整治，全村脱贫后，村民退耕还湖，原先干涸的海子经过修复后终于回来了。

【录音：现在的话是通过我们这个挖掘机来修坝子，退耕还林起到了很大的作用，下一步我们要把海子更好地保护起来，我相信我们这个大好的河山要变好。】

绿水青山是自然财富，也是经济财富。深度贫困地区的绿水青山如何真正变成群众口袋里的“金山银山”，这是东西部扶贫协作中绕不开的考题。

【现场音响……】

云南昭通大关县向阳村村民石国宽儿时的记忆里总有一抹绿色挥之不去，这抹绿色来自乌蒙山云海深处的 10 万亩筇竹林。尽管守着巨大的绿色宝藏，但村民并不知如何利用和保护，很多竹林被过度砍伐贱卖。

【录音：当时都是老百姓从山里面采出来，卖给那些小摊贩，8 毛钱一斤就拉走了。】

走出大山后的石国宽一直对家乡的筇竹念念不忘，他回乡创办了昭通国丰筇竹有限公司，重点开发竹笋产品。泡椒竹笋包装袋上，石国宽加了一句话：大自然的礼物。【录音：我们既然把它叫成大自然，那我们就要做成生态型的，采伐是有科学性的采伐，4 月 1 日开始采，只能采一个月到 4 月 30 日，其他时间就封山育林把它护起来。】

让石国宽高兴的是，广东中山市对口昭通扶贫工作组投入东西部扶贫资金 7 748万元，建设起大关县筇竹扶贫产业示范园，到 2022 年底，大关县的筇竹种植规模扩大至 55. 37 万亩，届时全县将成为一片绿色的海洋。

来自南海之滨的广东，与协作地区共同走绿色发展之路，积极探索出一条生态美、产业兴、百姓富的脱贫致富之路，交出一份“以绿生金”的答卷。

【跑步声……】

珠江流域上游，贵州黔南三都水族自治县，广东省第一扶贫协作工作组三都县工作队队员陈介升每天都会沿着凤凰山跑上一圈，站在凤凰山顶往下看，绿油油的梯田映入眼帘。

梯田往南大约 30 公里的地方正是三都吉尔斯羊的养殖基地。一年前，陈介升等广东省第一扶贫协作工作组队员多次进行考察，最后他们决定将 1 000 万元对口帮扶资金投入三都吉尔斯循环农业有限公司养羊的绿色项目。【录音：引进这个项目的时候我们考虑到的是首先对三都环境友好。第二是它的带贫效果，同饮一江水，三都人民守住绿水青山，拿我们广东的资源来帮他们建设“金山银山”。】

【小羊叫声……】这是刚出生三天的小羊的叫声，刚来到这个世界的它，还不知道自己的命运将和几公里外的一千多亩绿油油的桑叶、三万只鸡【鸡叫声】以及上千斤的食用菌产生紧密联系。三都吉尔斯循环农业有限公司董事长张景青一直致力于循环农业，在广东东西部对口扶贫资金的帮助下，三都的养殖业走上了绿色环保的快车道。【录音：我们是以种桑养羊、羊粪来做双孢菇，双孢菇下脚料我们用来养蚯蚓，蚯蚓再养鸡，蚯蚓粪和剩余的羊粪返草、返田，所有的肥料没有一滴废水出去。】

习近平总书记指出，“人不负青山，青山定不负人”。绿色发展的理念在东西部扶贫协作中得到生动诠释和实践。生态保护与扶贫开发相结合的生态扶贫之路越走越宽。

【录音：自然环境我们就靠一条盘阳河，负氧离子很高的，离我们 100 米左右……压混。】

说起巴马长寿的秘诀，广西百色巴马瑶族自治县坡纳村支部书记黄大善笑得露出了八颗大白牙，70 多岁的他在村里还算年轻。【录音：93（岁）啊、95 岁这样都有，像我们农村人健康的，七八十岁的还可以去劳动的。】

目前巴马有百岁以上老人 96 位，是名副其实的“世界长寿之乡”。坡纳村所在的区域已经成为国家级旅游度假区，和其他景区不一样，很多人来这里一住就是小半年，当地称为“候鸟人”。【深圳巴马大健康合作特别试验区管理委员会副主任李雅琴录音：常年居住的“候鸟人”，一年以内就有 30 多万人次，外来的中老年人比较多，就考虑怎么样去给他们提供养生养老条件。】

随着广东深圳帮扶巴马共建“深巴试验区”的深入，依托良好的生态环境发展康养旅游的巴马，正逐步成为国家级大健康综合改革试验区，走上一条绿色的康庄大道。

【聊天的声音】进入寒冬腊月，巴马坡纳村的空气依旧温润，清澈的盘阳河如一条绿色的翡翠将坡纳村环绕，80 多岁的老奶奶围坐在火盆边聊天，他们身后的绿水青山永不褪色。

【点评】

2020 年，在以习近平同志为核心的党中央领导下，全国各族人民以不获全胜决不收兵的劲头，一鼓作气，决战决胜，如期完成新时代脱贫攻坚目标任务，现行标准下农村贫困人口全部脱贫，贫困县全部摘帽，历史性解决困扰中华民族几千年的绝对贫困问题，创造了人类减贫史上的奇迹。在这场脱贫攻坚战中，东西协作、山海同心，肩负中央重托的广东啃下了“最硬的骨头”。系列报道《共赴山海，同奔小康——广东参与东西部扶贫协作纪实》浓墨重彩勾勒了这一恢宏的时代画卷，多路记者分赴四川、广西、云南、贵州四省区，深入大凉山、乌蒙山区、高黎贡山腹地，穿越金沙江、澜沧江、怒江、大渡河，采访行程过万里，以生动的画面呈现东西部扶贫协作中的广东作为、广东担当。报道贯穿“记录历史的情怀、讲述故事的表达”的主线，以日子火红、硕果金黄、市场蓝海、绿水青山赋予每一篇章一个主题色，通过色彩、细节、场景描绘出共赴山海、同奔小康的精彩故事，勾勒出曾经的深度贫困地区正在发生的深刻变化，让听众真切感受到东西部区域协调发展、先富帮后富的生动实践，感受到社会主义制度的优越性。

（张敬忠）

法不容情
——最高法院一个指导性案例告诉我们什么?

广州市广播电视台　徐　宏　周文源　李素卿

成功入选最高人民法院弘扬社会主义核心价值观十大典型民事案例的广州村民私摘杨梅坠亡案，10 月再入选最高人民法院指导性案例。

该案再审判决明确对广州私摘杨梅坠亡者吴某不文明行为作出否定性评价，改判其对坠亡后果自行担责。案件表明，司法可以同情弱者，但对违背社会公德和公序良俗的行为不予鼓励、不予保护。案件判决结果引导公民树立规则意识，倡导契约精神，弘扬公序良俗。如果“谁闹谁有理”“谁伤谁有理”，那么我们共建共享的社会文明将遭受沉重打击，长此以往，法将不法!

广州中院执行局局长黄志明：要考虑到这个案件对社会风尚的引领，作为社会的行为规则来进行，来把案件办好!

下面请听广州市广播电视台记者徐宏采制的述评：《法不容情——最高法院一个指导性案例告诉我们什么?》

一场因坠亡引发的诉讼

广州市花都区红山村是国家 AAA 级旅游景区，村委会在河道两旁种植杨梅树。2017 年 5 月，村民吴某私自上树采摘杨梅，不慎跌落受伤。随后，有村民将吴某送至红山村医务室，村委会主任拨打 120 急救电话，但救护车迟迟未到。后来红山村村民李某开车将吴某送至花都区梯面镇医院治疗，吴某当天转至广州市中西医结合医院医治，后经抢救无效死亡。

吴某家属以村委会未采取安全风险防范措施、未及时救助为由，将村委会诉至花都区法院。一审、二审认为吴某与村委会均有过错，酌定村委会承担 5% 的赔偿责任，判令向吴某家属赔偿 4.5 万余元。

2020 年 1 月，广州中院再审认为，红山村 2014 年通过的《红山村村规民约》第二条明确：“每位村民要自觉维护村集体的各项财产利益，如有故意破坏或损坏公共设施，要负责赔偿一切费用。”吴某因私自爬树采摘杨梅跌落坠亡，后果令人痛惜，但行为有违村规民约和公序良俗，且村委会并未违反安全保障责任，不应承担赔偿责任，驳回吴某家属要求村委会承担赔偿责任的请求。

5%赔偿责任的争议

村委会作为景区管理责任方、杨梅树种植和管理方，对进入景区旅游的人应尽到安全保障责任，但村委会应尽的这个责任应该是有限度的，比如设置安全提示、放置救援设施等。

爬树有危险，这是一个具备完全民事行为能力且具有非常丰富生活经验的六旬老人完全可以凭借生活常识识别和判断的，对爬树带来的后果也完全是能够预知的。对这种人尽皆知的风险，不需要再进行风险提示，否则所有的树都应该围蔽起来，挂上“攀爬危险”等字样的警示牌。所以，私摘杨梅坠亡事件虽令人惋惜，但要求村委会承担因未尽到安全保障责任的侵权责任，没有法律依据。

另外，从安全保障责任看，景区配备了一定的安全设施设备，村委会主任在事故发生后及时拨打急救电话，附近村民在救护车抵达现场前已经将老人送到医院进行救治，认定村委会已经履行安全保障责任有理有据。

在再审判决中，法院认为老人私自爬树摘杨梅的行为有违乡规民约和公序良俗，老人对自己的死亡后果存在重大过错。家属要求村委会对老人的死亡后果承担侵权责任，没有事实与法律依据。

红山村村委委员表示，再审判决体现了司法公正，在规范社会治理、尊重村规民约和公序良俗上，起到了很好的启示作用。

【录音】红山村村委委员：“如果判决因为同情而做出一些有利于他或者倾向于他的决定的话，对于我们整个社会来说，是一种道德上的误导，更是对现在的法律体系、法治社会的一种羞辱。这次（再审）的判决，它给我们，特别是我们村一个公正的结果和我们认为是更全面合理的答案。”

“同情不等于支持”的判决

从政治效果上来看，再审判决向社会传递出司法公正的信念。人民法院经过司法改革和政治重塑，已经以一个全新的姿态展现在世人面前：面对违反乡规民约和公序良俗的行为绝不姑息纵容，努力让人民群众在每一个司法案件中感受到公平正义。

近年来，个别事件激活了“劣币驱逐良币”的社会焦虑：遵纪守法者忍辱负重，无理取闹者跋扈嚣张；仗义执言者苟且偷生，为虎作伥者肆无忌惮。如果真的形成这种局面，那是司法的耻辱，更是法治的危机。所幸，再审判决让司法公正成为新时代的精神内核、温润人心的甘露。

从社会效果上来看，再审判决对人民向往法治公正给予最有力的回应。吴某私摘杨梅本不应招致身亡，但不能以后果超出预期就随意纵容，甚至违反法律公正原则，让不相关的主体蒙受冤屈来平衡受害人的损失。红山村并未向村民或游客提供免费采摘杨梅的活动，杨梅树本身并无安全隐患，不能要求村委会对景区内的所有树木加以围蔽、设置警示标语。

从法律效果上来看，案件充分体现了法律和司法维护社会道德、守护社会底线的立场。原审判决村委会承担5%的责任，这也算是法律对死者家属的一点“安慰”，但无意中却让司法“好心办了坏事”，忘了“勿以恶小而为之”的教训，最终可能导致恶劣的社会影响。现代化的国家治理，需要坚如磐石的核心价值体系，今天司法让步给“同情”，明天可能整个社会的道德就会滑坡。司法不会强令行善，但也不允许有人逾越最底线的社会秩序。在再审判决中，我们看到了司法对公平正义的坚守：“我同情你，但我无法支持你。”

黄志明认为，坚守我们的核心价值，矢志追求美好崇高的道德境界，我们的民族就永远充满希望，我们的国家必将不断触及发展新高度。

【录音】“只有把这三个效果结合起来：一是政治效果，二是法律效果，三是社会效果，（然后）运用法律和我们的经验，对案件进行处理，才能够得到社会的认同和群众的认同！”

核心价值观承载着一个民族、一个国家的精神追求，体现着一个社会评判是非曲直的价值标准。构建具有强大感召力的核心价值观，关系社会和谐稳定，关系国家长治久安。党的十八大以来，习近平总书记多次就培育和践行社会主义核心价值观作出重要论述、提出明确要求。

最高人民法院民一庭庭长郑学林强调，人民法院作为国家审判机关，担负着执法办案、定分止争、惩恶扬善、维护正义的神圣使命，必须用司法公正引领社会公正。

【录音】“要在全社会大力弘扬和践行社会主义核心价值观，使之像空气一样无处不在、无时不有，成为全体人民的共同价值追求，成为我们生而为中国人的独特精神支柱，成为百姓日用而不觉的行为准则。”

【点评】

这则评论视角独特、观点鲜明、论据充分、论证严谨，彰显了广播新闻评论的“亮剑”精神。

广州花都村民私摘杨梅坠亡案2020年5月入选最高人民法院弘扬社会主义核心价值观十大典型民事案例。对这起案件的深度剖析，体现了习近平“要努力让人民群众在每一个司法案件中都感受到公平正义”的法治思想。

这则评论有很强的舆论引导力。评论运用“私摘杨梅坠亡案”进行“说法”，旗帜鲜明地表明：司法可以同情弱者，但对于违背社会公德和公序良俗的行为不予鼓励、不予保护。这对弘扬社会公德和公序良俗有着标志性的意义。

这则评论逻辑清晰、层次分明。评论选取的案例是本土发生且备受关注的群众身边事，既有当事方的观点，又有专家的意见；既接地气，又讲法理。这对普及法治思想有很强的指导性和服务性。

这则评论结构完整、制作精良。评论条理清晰，层层深入。三个篇章各有清晰鲜明的主题，采访录音和现场音响运用得当，广播特色明显，可听性强。

这则评论展现了主流媒体党性和人民性的责任担当。

（李　键）

“总书记，我们等您来喝包谷酒！”

珠海广播电视台　黄　华　黄卫星　潘文海　陈苏栋

【宣传带】庆祝中国共产党成立99周年！走向我们的小康生活，决战决胜脱贫攻坚特别报道！欢迎收听。

【导语】

6月的怒江，像骏马一样奔腾南下。

2020年，是坚决夺取脱贫攻坚战全面胜利的收官之年。珠海传媒集团“决胜脱贫攻坚”蹲点报道组沿怒江美丽的公路北上，随处可见一处处崭新的易地扶贫搬迁安置小区；走进老百姓的家里，一户户少数民族同胞用热情的笑脸迎接着我们。

这里，就是珠海按照中央部署对口帮扶的云南省怒江傈僳族自治州。

作为“三区三州”深度贫困地区之一，这里的人们牢记着总书记的勉励和嘱托，正在奋力打赢高质量脱贫的决胜之战！

今天是党的生日，这里传出振奋人心的好消息，全州建档立卡贫困人口已经全部实现“两不愁三保障”，千百年来压在怒江各族人民头上的贫困大山即将被彻底挖掉！

请听珠海广播电视台怒江蹲点记者阳光发回的新闻专题：《“总书记，我们等您来喝包谷酒！”》

【录音】这是总书记给我们回的信，乡亲们！（欢呼声、掌声，压混）

【正文】2019年4月10日，是怒江人民永远铭记的日子。习近平总书记给怒江州独龙江乡群众回信，祝贺独龙族实现整族脱贫，勉励乡亲们为过上更加幸福美好的生活继续团结奋斗。这一天，人们聚集在独龙江广场纵情欢歌。

【录音】（独龙族歌声）

【正文】“三区三州”之一的云南省怒江傈僳族自治州，是全国脱贫攻坚的“上甘岭”“硬骨头”。总书记的回信极大地鼓舞了怒江两岸各族同胞的斗志。今天，记者在怒江州了解到，又经过一年多时间的艰苦奋战，全州脱贫攻坚任务已经取得决定性成效！怒江州委书记纳云德：

【录音】到目前，全州建档立卡贫困人口全部实现“两不愁三保障”，贫困村达到退出标准，可以如期实现脱贫摘帽。千百年来压在怒江各族人民头上的贫困大山即将被彻底挖掉！

【正文】怒江州是中国唯一的傈僳族自治州，在这片高黎贡山和碧罗雪山之间的狭长河谷地带里，生活着21个少数民族，少数民族人口占比超过97%，其中独龙族和怒族是怒江特有的少数民族。

【正文】崇山峻岭的包围，原始森林的封堵，曾经让这里与世隔绝。直到新中国成立后，在党和政府关心下，少数民族同胞们才一跃千年，结束了刀耕火种、结绳记事的历史。纳云德：

【录音】怒江从原始社会末期一步跨千年，进入了社会主义社会，这是第一次跨越，第二次跨越是随着脱贫攻坚任务的完成，怒江的贫困群众，怒江的百姓，将会从农耕文化进入城市文明，我们10万群众将会由农民变为市民，实现第二次跨越。

【正文】纹面女，是独龙族原始社会时期的独特文化符号。今年已经75岁高龄的纹面女李文仕激动地说：

【录音】以前没有共产党的领导，我们过得很艰难，没有很好的条件，现在在共产党的领导下，我们住上新的漂亮的房子，穿着干净的衣服，学生也上得起学，很感谢共产党给我们独龙族带来的好日子！

【正文】坚决打赢脱贫攻坚战，让贫困人口和贫困地区同全国一道进入全面小康社会是我们党的庄严承诺。2016年，一群来自珠海的党员干部在独龙江畔的密林峡谷之中扎下根来。珠海市第一批派驻怒江的干部樊建国说：

【录音】刚刚进去的时候有两个感觉，第一个就是山路崎岖很难走，路上还掉石头。当初独龙江乡的产业是很薄弱的，只种草果，产品比较单一，我们也根据他们当地的这个特色，找到两个脱贫的产业，一个就是种植羊肚菌，这种野生菌价格比较高，鲜货100（元）一斤，它是适合在这种高海拔地区种植的，羊肚菌的鲜货在他们当地可以搞到300斤以上亩产，亩产高，然后质量又好；另外一个因为他那里到处都是树，到处都是野花，养蜜蜂也是比较合适的，蜂蜜生产出来不见得都是甜的，有的是带苦味的，因为它是药材制的，有一定的疗效，价格很昂贵，要卖300块钱一斤。

【正文】可是，天有不测风云。独龙江群众刚刚尝到羊肚菌种植的甜头，2018年就遭遇了难题。樊建国：

【录音】2018年的时候下大雪，独龙江乡跟别的地方不一样，它是紧挨着缅甸的，出来县城这边要翻过担当力卡山。有时候要是大雪封山也不见得能出得来，有货都运不出来！羊肚菌种出来了没有运出来，可能就烂在地里了！后面我们就要大批量地去采购烘干机，也就是说能卖鲜货最好啦，往外运，卖不了鲜货就加工，把它烘干，卖干货！

【正文】在独龙族群众的努力和包括珠海在内的全国社会各界的大力帮助下，独龙江乡在安居温饱、基础设施、产业发展、劳动力转移就业、生态环境保护与建设等方面都取得了可喜的进展。

【正文】2019 年 3 月 8 日下午，独龙族唯一一名全国人大代表、贡山县人大常委会主任马正山在北京向全国人民分享了一个喜讯：

【录音】“去年底，作为人口较少的直过民族，独龙族从整体贫困实现了整族脱贫！”

【正文】如今，独龙族群众的日子越过越红火，相当一部分家庭都已经购买了汽车，加快融入现代文明。贡山县独龙江乡党委书记余金成：

【录音】我们定能让我们独龙江老百姓的日子越来越好过，我们定能实现产业兴旺、生态宜居、乡风文明、治理有效、生活富裕的目标！

【录音】樊建国：整个怒江州，独龙江乡是第一个整乡脱贫整族脱贫的，那么在 2019 年我们贡山县就全县脱贫了，也是在整个怒江州率先脱贫的。能让老百姓尽早脱贫，过上好日子，我觉得这个就是我们最大的成果。

【宣传带】怒江州 95% 以上面积都是高山峡谷，可耕地稀缺、自然环境恶劣。像独龙江乡这样风光秀美、林木资源丰富的地区尚可通过各项就地帮扶措施实现老百姓脱贫增收的目标，而另外一些土地贫瘠的深山地区则更是植被稀少、交通闭塞、地质灾害频发。在怒江 15 000 平方公里的峻岭千峰之间，遭遇“一方水土难养一方人”的各族老百姓多达 10 万人！他们，又该如何摆脱贫困的枷锁呢？欢迎您继续收听。

【正文】从怒江州州府所在地六库镇北上 30 公里，怒江西岸，高耸的碧罗雪山和高黎贡山之间，一座充满少数民族风情的现代化小学及幼儿园展现在眼前。这就是全国东西部扶贫协作开展以来教育领域单体投资规模最大的捐赠项目——由珠海市格力集团出资 5 000 多万元捐建的怒江维拉坝格力小学及幼儿园。

【录音】珠海市建筑设计院党总支书记张震山：基本上这个学校的建筑面积 10 240 多平方米，足球场是 200 米跑道的，另外我们从风貌上听取了州里还有当地民俗专家的意见，所以现在我们看到的是一个土黄色的外墙，纵坡式的连廊屋顶，给人一种很飘逸的感觉，所以说现在整个怒江州安置房的外墙形制基本上会参照维拉坝来建设。我们这连廊的宽度还是比较宽的，应该是有四米多，学生在学校里面的时候，吃饭、上学、休息；在下雨天的时候不用打伞，下雨的时候还可以当体育课的场所。图书馆的设计方面，我们考虑得比较细，一部分给学校的师生使用，另外一部分对外开放给社区的居民使用。刚建好以后，学校扶贫的几个老师从珠海过去，他们都说：“我都不敢发朋友圈，因为我发了朋友圈，他说你到底是扶贫还是度假啊？硬件很好，环境很好！”

【正文】对于“一方水土难养一方人”的深度贫困村，最好的也是最彻底的解决办法就是异地搬迁。维拉坝民族特色小镇是珠海市帮助怒江州打造的易地扶贫搬迁样板工程。而在国务院扶贫办对东西部扶贫协作的考核方案中，并没有援建学校的硬性要求，配套建设学校是珠海市的自选动作。那么，珠海为什么要高标准高质量地去建设这样一个配套工程呢？

【录音】（校园广播的音乐回荡在小区里）

【正文】今天的维拉坝，楼房崭新，交通便捷，集市热闹，学校设施一流，曾经那个乱石滩上脏乱破旧的小集镇一去不复返，一个宜居宜游宜业的民族特色小镇已经容光焕发地展现在人们眼前。记者随机走进了一户人家。

【录音】

村民甲：日子还是变化大！感恩党啊，感恩主席，不是他们，我们就搬不到这里。

村民乙：这里好，山上不好，交通不方便。

村民甲：山上太远了，娃娃学习也不方便。

村民丙：我们从美丽公路上去有12公里。

记者：要爬山爬上去12公里吗？

村民丙：是的。

村民甲：现在搬到这里就方便了，学区也在格力学校旁边，医院也在旁边，可方便。

【正文】下楼来到院子里，记者又碰巧遇到一位刚刚送孩子上学回来的年轻妈妈密珍花：

【录音】在山上的话只要一下雨就害怕，就去看那山上的石头会不会滚下来。因为我们家是住在有点偏僻有点陡的地方，半夜有的时候随时都滚石头的，然后我就叫着家里人抱着我的小孩往前跑。现在到这里真的不用担心这些了，睡觉睡得特别熟，一觉就睡到天亮了。

【正文】风景秀丽的维拉坝社区，居家养老服务中心、农贸市场、卫生院等公共设施一应俱全。那么，这样一个高标准的住宅小区，为什么当初却有部分少数民族同胞不愿意住进来呢？居民们说：

【录音】

村民丁：老百姓，在山上就是养养几头猪，栽栽几棵包谷。他们说：“搬下来环境改变了，搬到这边靠什么生活？”

村民甲：农民就是喜欢种地，在山上菜自己种，在老家自己杀几头猪，养的鸡自己杀，来到这里就没有了，杀不了鸡杀不了猪。

【正文】易地扶贫搬迁是个系统工程，绝不是一搬了之，要想让群众搬下山、稳得住、有就业、能致富，需要破解一系列难题。首先为了破解群众不愿下山的难题，珠海工作组决定，从建设学校入手。不出所料，学校建成后，不但一举扭转了当地教育基础设施薄弱的状况，对搬迁动员工作也起到了重要的推动作用。大兴地镇党委书记李雪花：

【录音】这个作用就很大了！因为孩子可以说是每个家庭的希望嘛！格力小学不论是从硬件上、软件上都可以说是特别好的。我们去动员异地搬迁的时候，农户给我提了一个要求，搬下来以后就是要让他的小孩能够转到格力幼儿园上学。有一个家长他当时不愿意搬的最大原因，就是担心下来以后如何解决生产生活的问题，但是后来我感觉他特别关心他的孩子，我就带他到格力小学转了一下，第二天我们到他们家的时候，他就同意抽签了，然后就搬下来了。在整个大兴地镇实现了适龄学生零辍学，学校的吸引力可以说起到了很大的作用。

【正文】从山上到山下，群众离开故土搬出大山只是第一步，接下来，如何让大家稳得住、能增收至关重要。记者跟着密珍花来到社区旁边一栋宽敞明亮的厂房，这里是当地党委政府从广东引进的手机数据线加工扶贫车间。

【录音】

记：在这里工作多久啦？

密：快一年了。

记：以前有在外面工作过吗？

密：以前是在江苏那边，还有上海那边。

记：怎么不想到外面去工作，就在家门口就业呢？

密：是因为家里面有老人还有小孩需要照顾。小孩在学校那边读幼儿园，老人他不会用电，还不习惯。然后就在这边陪家里人，就在家门口工作了。

记：在家门口工作有什么好处呢？

密：就不用出去外面啦，自己家乡都可以挣钱了，是吧？

记：现在这边大概收入是多少呢？

密：平均下来是一百二三（十）吧。

记：每天？

密：对，工位不一样，有些工位工资高一点。

【正文】维拉坝珠海社区工作队队长桑娜妞介绍说，目前社区还聘用了 317 名建档立卡贫困群众担任生态护林员、河道管理员、地质灾害监测员、护路员及社区保洁员等，同时，社区产业发展也已经做好了多层次的整体布局：

【录音】这里是一个综合性的加工厂，我们从珠海那儿引进了一个数据线加工厂，迟点还有一个铁核桃加工厂，还引进了一个大企业孵化产业基地，把州里的 30 余家企业落地到我们这边，种植了很多药材，这个滇黄精是药用价值最高的，然后这是天门冬，今后发展这一块已经埋下了很多伏笔。海拔一千米以上的我们就种植黄精、草果、核桃，老百姓适应什么，他们能做什么，我们就引进什么，发展什么。咱们已经脱贫了，接下来就是发展，把发展放在第一位，就把这个老百姓心思全部安下来了。

【正文】为让搬下山的群众稳得住、能发展，怒江州已经在各个安置点建设了41个扶贫车间，设立了52个就业创业服务站，“楼上居住、楼下就业”已经成为搬迁群众津津乐道的生活新方式。同时对45周岁以下的劳动力进行烹饪、电工、建筑工、汽修等技术技能培训，“培训一人、转移一人、就业一人、脱贫一户”。据桑娜妞介绍，仅维拉坝劳动力转移工作站就帮助300多名搬迁群众到珠海等发达地区务工。一位正在社区内接受免费烹饪技术培训的小伙子充满期待地表示：

【录音】珠海如果有就业岗位的话，那我当然想去了。一是多挣点钱，二是可以提高自己的手艺。

【正文】从村民到市民的转变，变的不只是身份，更需要同步完成思想观念和生活习惯的转变。2019年8月8日，怒江州乃至整个云南省首个易地扶贫搬迁安置点垃圾分类示范点建设在维拉坝启动。维拉坝珠海社区工作队队长桑娜妞：

【录音】

记：咱们是全省第一个启动垃圾分类的？

桑：对。

记：咱们为什么这么超前呢？

桑：也是珠海的理念吧，要告别过去那种脏乱差的现象，现在就是一个干净健康的城市，这块我们可以说是一个典范吧。

【正文】从某种意义上说，让山村群众转变为文明市民是一个润物细无声的过程，需要更加长久的努力。今天（7月1日），与维拉坝珠海社区结对帮扶的珠海市香湾街道办香凤社区有关领导再次来到怒江，双方签署合作协议，共同培育怒江本土的社工组织——海之花社工服务中心。香凤社区相关负责人塔娜：

【录音】通过培育这样一支怒江本土的社会服务队伍，精准地提供适应搬迁点需求的社工服务。为了使社会组织服务的水平向我们珠海看齐，签约之后香湾街道将邀请海之花社会工作服务中心的成员前往珠海考察学习，培训合格之后请他们返回维拉坝社区，为社区提供珠海模式的先进方法和服务手段，最终达成建设人人有责、人人尽责、人人享有的社区治理共同体。

【正文】脱贫攻坚已进入决战决胜关键时刻，怒江通过实施有史以来最大规模的易地扶贫搬迁行动，让10万贫困群众搬出了大山，同时抓牢产业扶贫、就业扶贫等关键手段，使全州贫困群众实现稳定增收。广东省第三扶贫协作工作组组长、怒江州委常委、副州长叶真：

【录音】自从2016年对口扶贫怒江工作启动以来，我们珠海市累计已经投入帮扶的财政资金超过13亿元。我们启动了166个产业帮扶项目，对怒江州的教育、医疗，我们分别投入了150多人和198人的支教支医的专业队伍。同时，专门安排2.04亿元的财政资金参与怒江州6个异地扶贫搬迁点以及4个危房改造点的建设，发动了珠海社会各界的力量，共同参与到怒江州的脱贫攻坚工作当中。

【正文】今天的怒江大峡谷，山更青了、水更绿了、天更蓝了！村民搬出大山以后，开垦的山坡地重新种上了经济林木，全州森林覆盖率已提高到78.08%，居云南省第二位。目前，这里正在创建全国民族团结进步示范州和全国生态文明示范州。曾经深度贫困的怒江州，正成为中国西南边陲一颗亮丽的雪山明珠！

【录音，音乐起】

怒江州委书记纳云德：自2016年以来，全州在脱贫攻坚一线献出生命的同志有9人，其中发生交通事故7人，失踪1人……

【正文】贫困群众从穷窝穷业到实现安居乐业，人民生活水平发生翻天覆地的变化，参与脱贫攻坚战役的广大党员干部付出了艰辛的努力。昨天夜里11点多，记者采访了刚刚回到宿舍的维拉坝珠海社区工作队队长桑娜妞。

【录音】驻村工作三年多了，想想这几年确实不容易。来到这边以后，我几乎就没有回去过过什么节日，我和家里的人也交代过，真的，我家里的人非常支持我，特别是到这个安置点以后，过节不和他们在一起，我心里就放不下，就怕他们心里没有依靠一样，所以说我在这里开展工作，就像是当妈一样，把搬下来的各个村的人民群众……（女人尖叫声，男人吵架声，跑步声）

【正文】采访到此戛然而止。深夜，桑娜妞又投入纠纷群众的调解工作当中去了。珠海市第一批派驻怒江的干部樊建国：

【录音】路上掉石头七八次都见过，挺大的一个直接就掉下来，非常危险！看到他们的生活你就能够有更深的感触，我们只要能帮到一点，我们就尽量地去帮他们，能够让他们过上好日子。到现在为止，我觉得我们这辈子有这么一个人生经历，真的是非常让人自豪！我们在怒江工作的从珠海过去的有几百人，有个群，这个群里到目前为止我没看到任何一个人后悔的！

【正文，音乐起】今天是党的生日。

【正文】晚上7点，75岁的独龙族同胞李文仕像往常一样准时打开电视机，收看中央电视台《新闻联播》。

【录音】现在我每天都要在新闻上看看总书记，他牵挂着我们，我们也想念着他。怒江现在变化很大，生活越来越好，真希望总书记能来我们这儿看看。

【正文】傈僳族姑娘密珍花给家里的老人孩子做完晚饭又下楼来到扶贫车间，她说要加班一小时，补回干家务活耽误的产量。她一边干着活，一边告诉我，有个心愿在心里边已经藏了很久了。

【录音】我们怒江比较传统，酿那个包谷酒嘛，（记者问：自己烤包谷酒吗?）嗯，我也会，我们都盼望着总书记来怒江看看，我希望他能喝上我亲手烤的包谷酒！

【正文】中缅边境，“国门第一村”片马村，景颇族老党员阿才富和村里几位少数民族老党员一起围坐在村里的火塘边，一字一句地用普通话学唱起了《没有共产党就没有新中国》，党的颂歌在边境的小村庄里深情回荡。

【录音】歌曲《没有共产党就没有新中国》。

【点评】

新闻专题报道《“总书记，我们等您来喝包谷酒!”》，题材切合大众关注热点。2020年是坚决打赢脱贫攻坚战的决战决胜之年，也是全面建成小康社会和“十三五”规划的收官之年。这篇专题报道深刻而生动地反映了最为贫困的三区三州之一怒江州脱贫攻坚的丰硕成果。习近平总书记一直牵挂怒江州的发展，怒江两岸人民牢记总书记的亲切关怀和殷殷嘱托，以实际行动打赢了脱贫攻坚战，交出了一份满意的答卷。记者克服重重困难，深入贫困村寨，通过扎实深入的采访写出了这一报道。作者善于挖掘对口帮扶过程中涌现的动人故事，收集的素材丰富、典型，因此故事丰满而且生动。作品通过一个个生动的事例系统讲述了珠海、怒江两地干部群众改变怒江当地落后面貌的故事。

该篇作品立意高远，结构层次严谨，语言把握准确、到位。播音稳重大气，语速适当，不失严肃的同时又让人感到亲切，令人深受鼓舞。因此该作品播出后受到广大听众的一致好评，并被权威党媒平台转发，引起良好的社会反响。

（赵　泓）

深圳，乘风破浪 40 年

广东广播电视台　黄　缨　章　艺（原名：章毅）　司徒昌

【宣传带】

（女）1980 年 8 月 26 日，深圳经济特区获批成立。（男）罗湖口岸、（女）市民中心、（男）深南大道、（女）世界之窗、（男）国贸大厦、（女）宝安机场……（男）40 年，从无到有；40 年，乘风破浪。深圳因改革而生，因开放而强。（女）40 年，风起云涌；40 年，春华秋实。深圳，敢试敢闯，敢为天下先。（合）大鹏一日同风起，扶摇直上九万里。（男）建设中国特色社会主义新型示范区，深圳正奔走在再次腾飞的大道上。

【版头】

（男）大潮起珠江，敢为天下先。（女）1979 年蛇口工业区诞生，炸响中国开放第一炮。（男）40 年间，中国经济特区 GDP 增长超 1 万倍。（女）深圳经济特区建立 40 周年。（男）40 年，沧海桑田，深圳特区——新一轮改革开放的先行示范区，整装出发。（男）珠江经济台《珠江速递》特别新闻专辑：《深圳，乘风破浪 40 年》。

主播 A：各位，今日是 2020 年 10 月 14 日。欢迎收听《珠江速递》，我是章毅。

主播 B：大家好，我是黄缨。这次节目我们共同关注——

10 月 14 日，深圳经济特区建立 40 周年庆祝大会在广东省深圳市隆重举行，习近平总书记发表了重要讲话；

主播 A：深圳市民畅谈特区 40 年来的发展变化；

主播 B：深圳民营企业家认为，深圳是创业创新的热土；

主播 A：新闻评论：建设中国特色社会主义先行示范区，深圳面临机遇与挑战。

主播 B：下面是新闻的详细内容：

【题目】10月14日，深圳经济特区建立40周年庆祝大会在广东省深圳市隆重举行，习近平总书记发表了重要讲话

主播B：10月14日，深圳经济特区建立40周年庆祝大会在广东省深圳市隆重举行，习近平总书记发表了重要讲话。

习近平指出，广东是改革开放的排头兵、先行地、实验区，是建立经济特区时间最早、数量最多的省份。深圳是改革开放后党和人民一手缔造的崭新城市，是中国特色社会主义在一张白纸上的精彩演绎。

【新华社观察：习近平总书记为何在这三个节点南下深圳】

主播A：今日上午，习近平总书记出席深圳经济特区建立40周年庆祝大会并发表重要讲话。这是继2012年和2018年之后，习近平总书记第三次前往深圳。关键节点，是三次南下深圳，也为世界提供了观察中国改革开放的窗口。请听新华社观察：习近平总书记为何在这三个节点南下深圳。

【录音】音频名：三次南下/时间2分10秒

2012年12月，党的十八大之后接过历史接力棒的习近平总书记，离京考察首站就来到深圳前海。

就在那次深圳之行，世界听到了中国在新起点上，将改革开放进行到底的庄严宣示：

“这次调研之所以来到广东，就是要到中国改革开放中得风气之先的地方，现场回顾中国改革开放的历史进程，将改革开放继续推向前进。”

6年之后的2018年10月，改革开放40周年之际，总书记又一次来到深圳。

此刻，国际国内形势发生广泛而深刻的变化，改革发展面临着新形势、新任务、新挑战。总书记更加坚定地对外释放出改革开放的信心：

“党的十八大后，我考察调研的第一站就是深圳，改革开放40周年之际来到这里，就是要向世界宣示中国改革不停顿、开放不止步，中国一定会有让世界刮目相看的、新的、更大奇迹。”

此次总书记再赴深圳，恰逢经济特区建立40周年。

今年也是决胜全面建成小康社会之年，“十三五”收官、“十四五”将启，中华民族将踏上向第二个百年奋斗目标进军的新征程。

经济特区建立40周年之际，全面深化改革开放的步伐更大、力度更强。

10月11日，中共中央办公厅、国务院办公厅印发的关于《深圳建设中国特色社会主义先行示范区综合改革试点实施方案（2020—2025年）》公布，在中央改革顶层设计和战略部署下，赋予深圳在重点领域和关键环节改革上更多自主权。

此时此刻，中国期待，世界期待！聆听中国改革开放迈向下一程的时代强音。

【题目】深圳市民畅谈特区 40 年来的发展变化

主播 B：曾经落后的小渔村，如今腾飞的大都市。市民中心、深南大道……今天深圳街头热闹非凡。广东广播电视台记者张琛和不少市民聊过天，他们感觉这 40 年，深圳发生了翻天覆地的变化。来听听她的报道。

【录音】音频名：南粤之声/时间 3 分 32 秒

记者：我现在位于深圳福田区的市民中心广场，可以看到很多市民朋友们，有的是一家大小过来这里，有的是朋友结伴而行。而且我发现大家很喜欢在广场中一个主题叫“扬帆正当时”的绿雕前面合影。这个绿雕表现的是深圳在改革开放的时代浪潮当中扬起风帆、破浪前行的景象，所以真的非常有寓意。而市民中心广场，前面有一条深南大道，也是深圳很有代表性的一条主干道，因为它串联起了深圳的罗湖、福田和南山区最繁华的地段。所以有人说，深南大道就是深圳改革开放的一个窗口。在这一路段，我们可以看到有很多不同的主题装饰，到处体现着深圳朝气蓬勃的发展新气象。在我身边也有很多市民朋友们，希望和他们一起来分享一下，生活在深圳，工作在深圳，他们所看到的一些变化。首先邀请到的是我身边的这位何百俊（音译）先生。何先生，您好！

群众 1：大家好，我在深圳从事艺术跟创意产业的工作。

记者：来深圳多少年了？

群众 1：我从 1997 年来到深圳，就以文化、创意来创立自己的工作室，然后慢慢地在深圳扎根下来了。深圳的包容、开放给了我很多空间。我在这里慢慢有了自己的工作室、自己的公司。我也在这里组建家庭，也就安顿下来了。现在深圳很多地方都有我的作品，现在在深圳生活得很好！

记者：好，谢谢何先生，谢谢您！接下来，我身边的这位，是雷女士，她在深圳从事公交行业。雷女士生活在深圳、工作在深圳那么多年，驾驶了那么多条线路，看到了深圳有哪些变化和发展？

群众 2：大家好，我叫雷思华（音译），我是深圳巴士集团的一名驾驶员。整整 20 年了，当时我们去前海，那一片都是大海，还有一些渔船。后面工作了几年，我再去那个地方，一栋栋楼就已经建起来了，搞得非常漂亮。深圳速度，真的是三天一栋楼的感觉吧。

记者：谢谢雷女士。接下来邀请到的这位是李先生。他今天非常特别，带着自己的爸爸妈妈，带着自己的女儿，来到广场当中。

群众 3：大家好，我是 2002 年大学毕业以后就来到深圳工作。这么多年以来，我确实感受到了深圳的变化。我住在福田中心区，当时中心区开始建设的时候，到处都是一片洼地，现在变得越来越漂亮，周围到处都是公园，天气比较好的时候出去都能够感觉到空气的质量是让人非常舒服的。

记者：好，也正是今天每一位被采访到的市民朋友们，他们用自己的行动，铸造了现在繁荣的深圳。所以从市民朋友们的沟通还有笑脸当中，真的很高兴可以看到深圳特区40年来的发展取得了那么大的成就。好的，主持人，我的报道到这里就结束了。

主播A：感谢张琛。莲花山公园位于深圳市中心区北端，是国家红色旅游示范基地、广东爱国主义教育基地、深圳市党员教育基地等。小平铜像广场就位于莲花山之巅，这几天来参观的市民和游客络绎不绝。广东广播电视台记者纪瑞报道。

【录音】音频名：纪瑞报道/时间1分35秒

记者：我现在是在深圳市的莲花山上，我们来看一下前来参观旅游的市民。您好，请问您贵姓？

群众1：我姓张，是从东莞来的，是来旅游，看邓小平画像。改革开放这么多年，变化非常大，我们老百姓都富起来了，日子都过得特别好，特别幸福。感谢国家，感谢党。

记者：请问您贵姓？

群众2：我姓蒋。

记者：您是深圳本地人吗？

群众2：我2016年在这里就不走了，在石厦那边买了房子。以前那边都是空地，后面陆续盖了楼，变化很大。特别是南山区那一片，现在发展也很好，去那里玩都不用开车，都坐地铁。

记者：先生请问您贵姓？

群众3：姓张。

记者：您原来是哪里人？

群众3：北方，内蒙古。毕业以后就一直在这边工作。

记者：在这生活期间，您感觉深圳变化大吗？

群众3：我感觉挺大的。我刚来的时候在南方科技大学那边，那边以前都是空地，经过这几年发展现在建设得很好。挨着大学城有一些学校、医院，还有办公楼、企业都进驻到那边了。

记者：好的，40年来，深圳可以说是因改革开放而生，因改革开放而新，因改革开放而强！我们相信深圳特区在明天一定会更好！

【题目】财经专家盘和林解读深圳“大礼包”

主播A：近日，中央印发了《深圳建设中国特色社会主义先行示范区综合改革试点实施方案（2020—2025年）》，涉及土地管理探索、劳动力制度、资本市场改革、国企改革等方面。这份“大礼包”对深圳未来发展，特别是在经济方面有哪些影响？中南财经政法大学数字经济研究院执行院长、著名财经评论员盘和林对此进行了解读：

【录音】音频名：盘和林/时间2分37秒

盘和林：我觉得实施方案中有一个很大的亮点，就是支持深圳在资本市场的先行先试。资本市场的含金量很高。一方面，是它本身对经济、财税的拉动。另一方面，可能支持一些创新的企业。这次提出了创业板4点注册制其实已经在做了，而且会有一系列的配套改革措施。我觉得这一块，经济特区建立40周年改革进入深水区，在机制上，有些是更为复杂的金融机制上进行的探索，是这次的亮点。这次实施方案也给了非常具体和明确的范围以及指导。那么为什么资本市场先行先试会选到深圳？我觉得深圳这一块是具备很好的条件的，比方说深交所设置在深圳，而且创业板已经实施了那个注册制的试点工作。另外，我觉得注册制实际上试点工作还有一系列的配套设施也可以在深圳先行先试。其实这次不仅仅是我们传统意义上的A股改革，它有一系列的、多层次的资本市场的构建，比方说不动产的证券化，包括金融科技的创新。粤港澳大湾区，深圳实际上具有很多很强的先天条件。比方说，包括央行的数字货币也在深圳实施测试，深圳的民营金融也是非常活跃。我觉得这些对金融深化改革、资本市场深化改革有积极的探索价值。经过40年的洗礼之后，深圳的金融业实际上在与外界的竞争中也成熟了，我觉得也具备了进一步扩大开放的条件。俗话说，“在战争中学习战争”。只有跟金融巨头在家门口“真刀真枪”地竞争，才能真正提升金融改革的竞争力，我觉得这也是一方面的意义。这可能是文件背后更深层次的，可能比表面上带来的价值更大。我们从金融业也可以看到，原来改革开放的时候，我们金融业是非常薄弱的。恰恰是在这种不断的竞争中，我们的金融业实际上目前在全球范围内来说，规模也好，风险控制也好，都还是占据了前列的。我觉得这次金融业的制度性开放有可能给深圳金融业的提升带来一些契机，这个是值得我们期待的！

【新闻特写】40周年40人——创新创业人物和先进模范人物陆建新

主播B：在刚刚结束的深圳经济特区建立40周年庆祝大会上，中建科工集团有限公司华南大区总工程师陆建新等40人作为创新创业人物和先进模范人物受到表彰。陆建新还作为代表在会上发言。请听记者薛琦采写的新闻特写：《40周年40人——创新创业人物和先进模范人物陆建新》。

【录音】音频名：陆建新/时间2分18秒

陆建新：40周年40名创新创业人物和先进模范人物，很荣幸啊，我也当选了。

记者：40年，陆建新从基层测量员成长为世界一流的钢结构施工专家，国内七栋百层地标建筑，他主持承建了四栋，参与的建筑高度总和超过3 600米，被称为“中国楼王”。

陆建新：我是18岁那年，就是1982年来到深圳的，建造的第一个大楼就是深圳的国贸大厦。来的时候，其实深圳都没有高楼，所以国贸大厦它当时号称中华第一高楼，它创造了三天一层楼的深圳速度。当然这也不是那么一帆风顺的，其实中间经历了很多的曲折。我是从20世纪80年代的国贸、90年代的地王、21世纪00年代的京基100和10年代的深圳平安国际金融中心，在不同时期的4个地标，我亲手把它建造。

记者：从160米的深圳国贸到600米的深圳平安，从农村青年到刷新中国钢结构建筑高度的总工程师，深圳特区建立的40周年，陆建新是见证者，也是建设者。

陆建新：我们改革开放的时间仅仅是40年，但是我们高楼的数量，占到了全世界的50%，中国的水平就代表了国际的水平啊。我作为一个城市面貌发生变化的建造者和见证者来说的话，这40年全部经历过了，所以为深圳的这个改革开放取得的成果，应该说非常自豪。

记者：参与变革也感受变革，对于改革开放的深入加强，陆建新满怀希望。

陆建新：我将倍加珍视难得的人生机遇，按照总书记的嘱托，继续奋勇拼搏，生命不止，奋斗不息！

记者：40年，南岭巨变，深圳用加速度腾飞和高质量发展，向世界证明了特区的强劲动力。改革不停顿，开放不止步。

【题目】深圳民营企业家认为，深圳是创新创业的热土

主播B：40年来，深圳涌现出一批引领世界前沿发展的民营企业，当中包括世界500强的华为和腾讯。两家企业的掌门人均认为，深圳是创新创业的热土。

【录音】音频名：任正非＋马化腾/时间2分05秒

记者：任正非，华为技术有限公司主要创始人兼总裁，1987年在深圳创办华为，担任总裁至今，他带领华为成为世界500强，服务了全球170多个国家和地区、三分之一以上的人口。回忆起华为的成长，任正非说，得益于深圳这片创新创业的热土。

任正非：我们得益于开放改革的大环境，也得益于深圳率先走在全国前面的环境，才有我们今天走向世界的机会。

记者：作为伴随深圳一起长大的本土世界500强企业掌门人，任正非表示，对深圳未来的发展充满信心和期待。

任正非：我们继续扎根深圳，这里将来是一个世界级的管理中心、技术的核心中心、各个项目的核心中心，都聚集在这一块。

记者：马化腾，腾讯科技深圳有限公司董事会主席，首席执行官。1993年马化腾从深圳大学计算机专业毕业，1998年，马化腾和同学张志东注册成立了深圳市腾讯计算机系统有限公司。

马化腾：我处在深圳这样一个改革开放的热土，觉得非常幸运。所以在大学毕业出来，工作了6年之后，我和我的同学投身创业，所以可以说我是中国改革开放40年的见证者、亲历者，也是最大的受益者之一。

记者：2018年12月，党中央、国务院授予马化腾“改革先锋”称号，颁授改革先锋奖章。

马化腾：尽管现在有这样或那样的困难，但是我们看到中国其实是广阔的一个市场，产业在不断地转型升级，这里面蕴含着巨大的空间，我觉得这都是一个非常好的、千载难逢的机会。

主播A：40年来，深圳的民营经济十分活跃，并且不断壮大，比亚迪和大疆就是在这片热土上成长起来的典型企业。

【录音】音频名：比亚迪+大疆/时间2分00秒

记者：十年前，比亚迪的第一台电动公交大巴在深圳上路，但不被看好，社会舆论充满质疑。在巨大压力下，深圳市帮助比亚迪制定电动大巴标准，提供试运行机会。

比亚迪集团总裁王传福：都是为了绿色的梦想，我们一直贯穿绿色的发展、绿色的技术。希望用行动来成就我们的梦想。

记者：凭借技术上的先发优势抢得先机，2018年，比亚迪成为首家新能源汽车销量突破50万的品牌，新能源车销量连续4年全球第一，运营足迹遍及全球6大洲50多个国家和地区。作为深圳民营经济发展的亲历者和建设者，比亚迪掌门人王传福对未来的市场充满信心。

王传福：作为一个企业家，钱已经不是大问题。更多想的是如何通过产业来保护中国人民的、石油的安全，改善空气质量这些紧迫性的问题，我们怎么去变革。因此，我们的目标就要发展零排放的电动车，进而取代燃油车，改善空气的质量。

记者：大疆创新是改革开放四十年历程的“后浪”。2006年，在香港科技大学攻读硕士学位的汪滔创办了深圳市大疆创新科技有限公司。经过几年的蛰伏期，2011年到2015年，大疆创新销售额增长近100倍。目前，全球消费级无人机市场中，大疆的产品占据了7成。

汪滔：我一直有一个梦想，要做一个人人都能用的、用得起的、会飞的照相机。要把目标定得足够远大。如果你定在比如说“深圳第一”，那我做出来的产品最多也就是个“深圳第一”。我把产品定位在“世界第一”，可能虽然这个难度的确是大一些，经过努力、克服困难以后，最后还真的做到“世界第一”了！

【新闻评论】建设中国特色社会主义先行示范区，深圳面临机遇与挑战

主播 B：改革开放的四十年间，深圳一直扮演着改革的“试验田”以及对外开放的“窗口”角色。2019 年 8 月，中央宣布在深圳建立“中国特色社会主义先行示范区”，并制定了四个阶段的目标。

主播 A：到 2025 年，深圳的经济实力、发展将会跻身全球城市前列；到 2035 年，深圳高质量发展成为全球典范，建成具有全球影响力的创新创业创意之都；到 2050 年，深圳将会成为竞争力、创新力、影响力卓著的全球标杆城市。深圳要实现上述目标，将会遇到怎样的机遇与挑战呢？中山大学岭南学院经济系教授林江表示：

【录音】音频名：林江/时间 1 分 38 秒

林江：我国如何进一步扩大对外开放，并通过对外开放来更好地倒逼并深化改革，这已经成为当前摆在我们面前的一大难题。深圳如何进一步强化与香港这个国际金融中心和国际城市的合作与融合，怎样配合国家的整体战略，走出一条全新的发展道路？这是第一个问题。第二，与国际惯例接轨是深圳模式和样本得以让世界瞩目的抓手。随着“一带一路”的拓展，中国经验、中国模式在世界范围内的崛起，那深圳未来的发展如何在国际惯例和中国模式之间取得平衡？如何把深圳前海自贸片区在金融创新、治理体系创新等领域所取得的经验复制、推广到全国各地，同时又得以通过强化与香港的现代服务业领域的合作，从而进一步吸引全球的先进制造业、战略性新兴产业的项目和资源进入我国市场？第三，深圳如何通过不断创新政府职能，从而有利于更好地实施粤港澳大湾区战略，确保“一国两制”行稳致远。我们期待深圳在下一个四十年的伟大实践中给出精彩的答案，再次谱写亮丽的华章。

【版头】

（男）大潮起珠江，敢为天下先。（女）40 年沧海桑田，深圳特区——新一轮改革开放的先行示范区，整装出发。（男）广东，牢记嘱托，不负使命，奋发有为，走在前列。（女）您现在正收听的是珠江经济台《珠江速递》特别新闻专辑：深圳，乘风破浪 40 年。

【网友留言】

主播 B：珠江经济台庆祝深圳经济特区建立 40 周年 14 小时的特别版面《深圳经济特区 40 年珠江关注》，从今天上午 7 点钟就开始直播了。我们在珠江经济台的微信公众平台收到了很多听众和网友的互动留言。这位网友“Yuko”说，这座城市有我太多美好的记忆，大爱深圳！

主播 A：另外，网友“和也”说，深圳 40 年是中国 40 年快速发展的缩影，祝福祖国更加繁荣富强，我骄傲！

主播 B：网友“安心”说，深圳是一个朝气蓬勃的城市，年轻人向往的地方，一直用无限可能创造一个个历史。40 年的光阴初成长，盼未来！

主播 A：另外，还有网友说，见证和经历了深圳这些年的变化。就好像网友“Angela 颜如玉”说，曾经落后的小渔村到现在高楼林立，现在腾飞的大都市深圳，是当今世界让大家刮目相看的现代化、高效率的大都市。深圳速度、深圳质量都是全世界有目共睹的。记得曾经在 20 世纪 80 年代中期，我们时不时都会去深圳沙头角买点“港货”，每次在那里都要办“边防证”，感觉挺麻烦的，但心情还是很开心！能够去买到好东西，感觉好像挺威风的。

主播 B：网友“蔡文建”同样也见证了深圳的发展。他说，80 年代初有很多同事去深圳发展，当时去探望还要办“边防证”，坐火车大概 4 个小时。当时只有罗湖附近比较旺，深南大道还属于偏远荒芜之地，有个香蜜湖可以游玩一下。今年再去深圳，真的是超级城市，高铁只需要 39 分钟，地铁发达，要赞一赞！

主播 A：满满的都是记忆！珠江经济台庆祝深圳经济特区建立 40 周年 14 小时特别版面《深圳经济特区 40 年珠江关注》将会持续到晚上 9 点。欢迎大家继续在珠江经济台微信公众平台给我们留言，参与互动。

主播 B：在我们这次新闻专辑结束之前，再来看看天气方面的状况：今天中午 12 点，今年第 16 号台风“浪卡”（热带风暴级）中心位于北纬 19.6 度，东经 106.9 度，也就在距离越南清化市偏东方向大约 120 公里的北部湾海面上，中心附近最大风力 9 级，达到 23 米/秒的风速。

主播 A：受到“浪卡”外围的环流影响，14 日白天到 15 日早上粤西市县有大雨到暴雨，局部大暴雨。受到弱冷空气的影响，15 日白天到 17 日广东省大部分多云，昼夜温差比较大，请各位朋友注意添加衣物。

主播 B：好，章毅和黄缨主持的这一段新闻就到此结束了，稍后还有我们特别节目的精彩内容！

【点评】

深圳经济特区建立 40 年来，大胆试、大胆闯，实现了从一个小渔村到现代化大都市的华丽转身，成为我国的科技创新中心、区域金融中心和商贸物流中心。纪念深圳经济特区建立 40 周年，是 2020 年的重大新闻题材。

10 月 14 日上午，深圳经济特区建立 40 周年庆祝大会在深圳隆重举行，珠江经济台就在中午的《珠江速递》及时推出了新闻专辑《深圳，乘风破浪 40 年》，体现了广播的时效性。

这个新闻专辑内容丰富，包括了“新华社观察”；深圳市民畅谈特区 40 年来的发展变化；财经专家解读中央印发的《深圳建设中国特色社会主义先行示范区综合改革试点实施方案（2020—2025 年）》；新闻特写：创新创业人物和先进模范人物；深圳民营企业家谈未来奋斗目标；中山大学经济学专家点评，等等。

这个新闻专辑编排巧妙，既有当天的最新动态，又有丰富的背景资料，既有现场的市民采访，又有特别的人物专访。整个编排脉络清晰，前后呼应。

这个新闻编排的语言运用简洁明快，无论是主播串词，还是现场采访，以及人物专访都清晰流畅，情绪饱满，整个新闻专辑一气呵成，很有感染力。

（李　健）

父亲和爷爷是忠于理想的两代人
——对话彭湃的孙女彭洁

汕尾广播电视台　胡　芳　陈海珊　周贵良　陈鹏飞　李　宽　陈　星

节目版头：【下午茶座】

片花：【解说】这是一个女儿与年迈父亲定期要做的功课，阻隔父女之间的是医院特护病房那堵厚厚的铁门。铁门里边的是我国核动力专家，年届 95 岁的彭士禄，和他对话的，是他的女儿彭洁。

彭洁：嗨，老爸，您好！老爸，您看见我了吗？

彭士禄：看见了。

彭洁：我现在在家呢。

彭士禄：你在家里好吗？

彭洁：我在家很好。你今天好不好呀？

彭士禄：很好！

彭洁：你今天挺好的，高兴吗？

彭士禄：高兴！

彭洁：你笑一个我看看。

彭士禄：嘿嘿。

彭洁：嘿嘿，真好！

【解说】在女儿眼里，父亲好像一本书，从简单到复杂，越读越深，后来已然超越了亲情。

彭洁：刚开始，就觉着他心里头是一种感恩的心，感谢老百姓的培养教育，感谢党组织的关怀培养，而这些，全都是无私的爱，再慢慢到后来，我就觉得他这种感恩，实际上是很博大的胸怀，爱他的祖国，热爱党，爱他的核事业，爱他的百姓。

【解说】对话彭洁——无产阶级革命家彭湃的孙女，核动力专家彭士禄的女儿，解读忠于理想的两代人。

彭洁：爷爷的这种革命精神，他是烈士，为了中国革命事业抛头颅洒热血，包括彭家整个家族，这个家族有六位烈士，这是从地主家庭走出来的革命者，我的父亲继承了爷爷这种无私奉献、敢为人先的精神，他用科学报国，为祖国的建设事业奉献了自己的力量，我觉得他就是核潜艇，在海底下行驶，默默无声，守卫着祖国的海洋。

主持人：听众朋友们，大家好，我是汕尾广播电视台的节目主持人海珊，光华工程科技奖是中国工程院主管的工程科技类奖项，用以表彰在工程科学技术及工程管理领域做出重要贡献、取得杰出成就的华人工程科技专家，被誉为“中国工程界最高奖项”。11 月 8 日，广东汕尾籍核动力专家彭士禄获颁第十三届光华工程科技成就奖，成为继张光斗、师昌绪、朱光亚、潘家铮、钱正英、钟南山、徐匡迪后第 8 位获此殊荣的科学大家。1988 年 9 月 27 日，中国导弹核潜艇发射运载火箭成功，彭士禄作为中国第一任核潜艇总设计师、中国第一个核动力装置的主要设计者走进人们的视野。而在这之前，他隐姓埋名 30 年，他的名字和他从事的工作一样，都是中国的最高机密！此外，他还有另外一个身份——无产阶级革命家、烈士彭湃的儿子。今年，彭士禄已经 95 岁高龄了，住在北京某医院特护病房的他，生活起居和日常事务都由女儿彭洁照顾。在彭院士获奖的次月，我们节目组来到北京，采访了彭院士的女儿彭洁，彭洁的讲述，或许能让我们更深入地了解她的爷爷和父亲，彭家两代人对国家的赤诚之心，为民族之崛起而奋力拼搏的艰辛历程。

【主持人访谈彭洁】

主持人：彭老师，在上个月 11 月 8 日，您父亲获得了第十三届光华工程科技成就奖，汕尾市委市政府为您父亲发来了贺信，您也代表父亲领奖了，对于这份荣誉您是怎么看的呢？

彭洁：父亲常常对我们说，这种成绩和荣誉不仅仅是属于他个人，更属于大家，属于核潜艇人，属于核电人，属于核事业人。

【解说】作为我国第一代核潜艇首任总设计师，彭士禄曾先后获得国家科学技术进步奖特等奖（第一完成人）、全国科学大会奖、“为国防科技事业作出突出贡献”荣誉奖、何梁何利基金科学与技术进步奖、何梁何利基金科学与技术成就奖等。

主持人：您父亲在从事核动力领域的相关研究当中，可以说是付出了毕生的精力了？

彭洁：父亲其实一辈子都在做垦荒牛，他主持第一座核潜艇陆上模式堆的设计、建造和运行，主持第一艘核潜艇的设计建造，力推第一座核电站采用的技术路线，同时还组织引进第一座百万千瓦级核电站大亚湾核电站，指挥自主设计建造第一座商用大型核电站秦山二期核电厂，所以他在这五个方面都作出了他自己的贡献，

【解说】20 世纪 50 年代，中国的核潜艇事业还是一片空白，面对一些国家的核威胁，毛主席发出“核潜艇一万年也要搞出来”的号召。然而，当时一穷

二白的新中国想要制造核潜艇，简直比登天还难。

彭洁：他当时想的就是，作为科研人员，1万年太久了，只争朝夕。

【解说】1965年，在党中央的领导下，八千军民从祖国四面八方汇聚到四川西南部的密林深处。彼时，彭士禄告别妻子儿女，隐姓埋名，参与筹建中国第一座核潜艇核动力装置陆上模式堆试验基地。

主持人：从事这个研究过程中，他特别难忘的时刻和专业上取得很大成就的，是哪些时候呢？

彭洁：一个是陆上模式堆达到满功率的那一刻，因为达到满功率就说明我们国家发出了陆上第1度的核电，那么这样也意味着我们有动力建造核潜艇了，也发出了这种核能的电。另外一个就是第一艘核潜艇下水的时刻。这两个时刻我觉得都是他终生难忘的。

主持人：您父亲作为主要技术负责人，从1965年到陆上模式堆基地参加第一座陆上模式堆的设计建造到1970年12月第一艘核潜艇成功下水，仅仅用了6年的时间，事业全心投入的父亲，在您心目中是怎么样的形象呢？

彭洁：曾经有过一张照片，就是1988年的夏天，他在做计算，在家里面穿着背心，然后桌子上摆着资料，他的计算本，那个时候已经由计算尺改作计算器了，一直就在那做计算，我们都睡了。等到半夜一两点钟起来的时候，他还是这个姿势，还在那里做计算，我就用相机把这张照片拍下来了，这其实就是他在家里头工作的一个缩影，他非常喜欢计算工作，作为一个科学家，他就是以科学为依据，用数据来说话。

主持人：大家给他取了一个外号，叫彭大胆、彭拍板？

彭洁：对！

主持人：怎么解读这个外号呢？

彭洁：这个外号是他的同事们送给他的，因为当时研制核潜艇，面临的困难是难以想象的，一个是缺乏国外的援助，一个是缺乏技术资料，而且加上没有过成功的经验，所以这样的情况下去研制核潜艇，那是极其困难的，特别是核动力装置这一块儿，关键技术就是解决核潜艇的心脏问题——核动力装置，就是说在这种情况下，核动力装置不解决，那么就不可能有核潜艇，最关键的技术也是这个问题，所以中央专委为核动力装置的问题开了几次专委会，父亲也都参加过。这个问题，很难解决，大家都争论，你说你的，我说我的，最后谁来决定呢？没有人来决定，这个时候就是父亲站出来了，他听取了各方面的意见，拍板，解决了许多问题，所以大家都对他很敬佩，就送给他绰号叫彭大胆、彭拍板。他胆子也大，很多问题真的是冒着风险去解决。

主持人：搞科研工作是非常辛苦的，据我们了解，在核潜艇后续调试试验进行的时候，您父亲的身体出现了问题？

彭洁：突发急性胃穿孔，非常严重。当时他正在船厂调试核潜艇的试验当中，突发急性胃穿孔，马上就报告这边的海军，海军领导非常重视，派了专机将当时海军总医院的外科主任和麻醉师送到核潜艇所在地，然后在当地的海军医院进行的手术，胃被切除了3/4。

主持人：当时应该说他为工作而达到了忘我的境界了？

彭洁：对，而且在手术过程当中，医生切开他的胃一看，里面有一个已经自行愈合的、曾经胃穿孔的疤痕，就说他的忍耐力很强，而且这个胃穿孔是什么时候发生的，没有人知道，他自己也不知道。

主持人：得知父亲的病挺严重的，胃被切除了3/4，当时作为孩子的你，或者是你们家人，心情怎么样？

彭洁：我当时比较小，但是我知道我妈妈听到这个消息以后就流出眼泪了，所以看到我妈妈流眼泪，其实我们也挺难受的。

主持人：父亲在从事核潜艇工作当中，会不会对家里也造成一些忽略，可能没有很多的时间去陪伴你们？

彭洁：从孩子的角度来讲，其实每一个孩子都希望父母的陪伴，但是我的父母，是为了核潜艇事业，和很多孩子的家长一样，为事业工作在一线，奋战在现场，当时我在读小学一二年级，我比较“傻”，不知道父母在干什么。我印象最深的，就知道两个数字，一个是718，一个是909，就觉得好像父母都在为718这个批示在努力工作，但是什么内容我不知道。909呢，是因为我上学的学校叫909工地子弟小学，就知道是909，但是具体做什么，也不知道。现在回想起来，实际上那个时候我们的父母都是在那里奋战，为了我们中国核潜艇能尽早地研制出来，他们都顾不得家，我们也是从小好像没有人能够陪伴，陪伴我们的经常就是小人书。

主持人：父亲对事业的执着和对国家的热爱，对您有什么样的影响呢？

彭洁：会有一种感觉，感觉到父亲真的是一本书，越读越深，好像永远读不完。我举几个例子，一个是他获得了何梁何利（何梁何利基金科学与技术成就奖），那个是有奖金的——100万元，然后我就问他，奖金有100万元，打算怎么处理？当时他就说了，不要。我说，那不要怎么办呢？他说把它捐了，我说捐给谁呀？他说捐给国家吧，我说国家那么大，也得捐个地方啊！他就问我，觉得捐哪儿好啊？他的朋友、同事都给他出主意，后来，就把钱捐给了这个中核集团，他的组织。中核集团党组和领导都很重视，专门设立了一个奖叫彭士禄核动力创新奖，鼓励青年人才在核动力事业方面取得的成就，这个奖就这样定下来了。全部捐完之后，因为捐也得办理一些手续，账户是他的名字，他又不能去银行，所以得我代他去办理。但这办理又得要这个手续那个手续，还得去公证，说你是谁，然后公证还得去考察他本人是不是一个正常的人，你授权给谁，所以经历了这一系列手续，最后终于办成了。然后我就跟他开玩笑，我说老爸呀，你获奖得了那么多钱，给我点儿多好啊，我就这样逗他，他就这样看着我，他说这个钱是我的，意思就是这钱是他的，和你彭洁没有关系。后来我一看他这么说，就说既然钱是你的，咱们就花点儿吧，一起到外面去吃个大餐庆祝一下，多好啊。这个时候他又说这个钱也不是我的，它是国家的。听到这儿我那个眼泪就出来，保姆也是特别感动，眼圈都红的，因为我们当时是跟他开玩笑的，但是他这样说，我就能够感受到，他对我的那种影响，那种教育，他绝对不是说这个钱你不能要，这个钱你应该怎么样，他从来没说过这种话，或者说学习上你应该考多少分，你应该排第几名，也从来没有这种要求。但是，他常常就是用这种方式来影响我、教育我，我就感到他胸怀比我们要大得多、广得多。这种事情经常在我跟他的这种交流、对话、玩笑中可以去体会、去感受，所以我越阅读“父亲”这本书，我就越能感受到他那种说不出来的博大的胸怀，那是一种深深的热爱。有一次媒体也采访他，说那你对祖国、对事业有什么想法呢？他就说，我爱我的祖国，我爱核事业。

【解说】彭士禄的爱国情怀，还要从他的父亲说起。1925 年 11 月 18 日，彭士禄出生于海丰县，他的父亲是中国共产党早期著名领导人，被毛泽东称为“农民运动大王”的彭湃。20 世纪 20 年代，出身工商大地主家庭的彭湃，在海陆丰掀起了中国农民运动的怒海狂潮，建立了具有划时代意义的中国第一个苏维埃政权，开创了影响深远的海陆丰革命根据地。

主持人：当时的彭家是工商大地主家庭，据说特别富有，田地很多，是吗？

彭洁：“鸦飞不过的田产”，对，就是形容乌鸦飞了一天都飞不出彭家的地界。你就能想象当初彭家的地有多大吧，然后按照爷爷自己的话说，他们家里拥有的农民有一千五百余人，而他的家庭呢，还不到 30 口人，平均每一个人就有 50 个农民，就是这样一个富有的家庭。地那么多，为他们家服务的人这么多，然后还有 40 多间商铺，还有那么大的房子，所以是相当富有。

主持人：后来（父亲）有没有跟你们说爷爷烧田契这样的一些故事？

彭洁：那是 1922 年的 11 月，爷爷把自己的田契烧了，然后他拿着这摞纸上台怎么说的，说彭名合（彭家的商号）的田不是彭名合的，更不是我彭湃的。

【童谣】咚啊咚咚咚，田仔骂田公，田仔耕田耕到死，田公在厝吃白米，做的颠倒饿，懒的颠倒好，是你不知想，不是命不好。

【解说】这是当时由彭湃亲自编写的一首宣传农民革命运动思想的童谣，在老百姓中广为传唱。

彭洁：童谣里头提到田公在厝吃白米，这个厝在这儿的意思就是指房屋，居住的地方，在这儿就是讲，田公在家里面吃着白米饭，做工的反过来过着饥饿的生活，懒的不做工的地主反过来过着好日子，造成这种结果的原因是你不去想为什么会这样，而不是说你的命不好。

【解说】1924年春，彭湃被党组织安排到国民党中央农民部担任秘书工作，在此期间，他创办了广州农民运动讲习所。1927年，作为中国共产党前敌委员会的成员之一，彭湃和周恩来等一起参加领导了“八一”南昌起义，并且取得了最初阶段的成功。之后，彭湃随南昌起义部队南下广东，和当地的农民军一起举行了海陆丰第三次武装暴动，建立了中国革命史上第一个红色政权——海陆丰苏维埃政权。1929年8月，彭湃因叛徒出卖，在上海被捕，英勇就义。此时彭士禄年仅4岁。

主持人：他从8岁开始好像是有一段经历特别坎坷？

彭洁：其实是从他父母牺牲以后，确切地说就是1919年苏维埃政权失败，他就开始过起了颠沛流离、流浪的生活，从一家转到另一家，从一处转移到另一处，几十个养育过他的养父母都是这样的生活，但是8岁时由于叛徒的出卖，他最后被国民党逮捕，坐了两次监狱。

【解说】早在彭士禄3岁时，母亲蔡素屏就遭敌人逮捕杀害，时隔一年又失去了父亲，失去双亲的彭士禄，成为全国悬赏搜捕的“通缉犯”，做过乞丐，当过童工，蹲过监狱。直到1940年，15岁的彭士禄才遇到命运中的一次转机。

彭洁：香港地下党安排他跟着一批华侨去延安，但是，只把他带到桂林，在那儿让他等一个人，这个人就是龙飞虎，是周恩来的副官。当时就是周恩来专门派他去接父亲的。所以他跟着龙飞虎从桂林到重庆。在重庆，周恩来第一次见到了父亲，周恩来摸着他的头说，孩子，终于找到你了，现在要送你去延安，你要无条件服从组织的安排，然后要继承先烈遗志，努力参加革命斗争。

主持人：可见他这么多年是一直都在寻找？

彭洁：一直在寻找，对！

主持人：他跟彭家有着怎样的情谊呢？

彭洁：我觉得是源于我的爷爷彭湃。爷爷彭湃和周恩来总理一起在广州工作过，在南昌工作过，共同参加领导了“八一”南昌起义。因为都是前敌委员会，周恩来是书记，彭湃是委员，之后又在上海工作，所以爷爷在上海被捕，周恩来就连夜组织召开会议，要设法营救。可惜几次营救都没有成功，1929年8月30日，爷爷牺牲了。牺牲的当晚，周恩来流着眼泪写了一份宣言，很出名的一份，其中有一句话就是：谁不知广东有彭湃，谁不知彭湃是中国农民运动的领袖。

【解说】被党组织寻回的彭士禄，在周恩来的安排下，结束了颠沛流离的生活，开始努力学习文化知识。1951年，26岁的彭士禄以优异的成绩考取赴苏联留学的资格，先后在喀山化工学院、莫斯科化工机械学院学习，以全优成绩毕业并荣获“优秀化工机械师”称号。

彭洁：1956年，就在父亲即将毕业的时候，正在苏联访问的陈赓就把他叫到大使馆，告诉他说，中央已经决定要选派一批优秀的留学生改行学习原子能专业，并且问他，你愿意改行吗？父亲这时候坚定地回答，当然愿意，只要祖国需要。

【解说】1958年，彭士禄学成回国，先后任中科院原子能所核动力研究室主任兼中国科技大学近代物理系副教授、国防科委七院715所副总工程师。从此，彭士禄开始了漫长的核动力研究事业，工作占据他大半的时间，他就如一头垦荒的牛，默默耕耘，不分昼夜，直至成为两鬓霜白的老者。

主持人：作为革命的后代，爷爷、父亲两代人对您有着什么样的影响呢？

彭洁：我觉得从他们那儿学到的，还是这种精神上的传承，我们现在的年代和那个年代不一样了，爷爷和父亲他们是忠于理想的两代人。爷爷呢，是为了中华民族的站起来在奋斗着，父亲是为了中华民族的强起来在努力奋斗着，我们这一代人，实际上是在为中华民族的富起来而奋斗着。

主持人：您作为科学家精神报告团的成员，会到全国各地去讲述爷爷和父亲的故事，您觉得做这件事情有着什么样的意义？您有着什么样的情怀呢？

彭洁：我觉得中国科学家精神报告团成员去各地讲课，重点强调的是科学家的精神，我在里面属于比较特殊的例子，我讲的是两代人，通过科学家精神报告团讲述每一位科学家的故事，来激励年青的一代，特别是青少年这一代人，向他们心里头播撒这种科学的梦想、科学的种子，让他们也会自己去努力学习，将来这颗种子会生根发芽长大，也会成为茂盛的树林，为我们国家的科技事业作出他们应有的贡献。

主持人：父亲一生为核潜艇事业一直在努力地奋斗着，如果说把您父亲本人比作一艘核潜艇的话，您觉得他会是这艘核潜艇上的哪个部分呢？

彭洁：我觉得他就是核潜艇，在海底下行驶，默默无声，不是核潜艇的哪一部分，就是整个核潜艇在水下默默无声地行驶，守卫着祖国的海洋。

【访谈结束】

主持人：听众朋友，今年是陆上模式堆首次实现满功率运行和我国第一艘核潜艇下水50周年，中国核动力研究设计院（909基地）建院55周年，也是彭士禄院士95岁华诞，回顾彭院士为我国核动力事业的奋斗历程，从核动力研究室、研究所到陆上模式堆基地、核潜艇试航现场；从领导岗位到大亚湾、秦山核电站建设现场都留下了他辛劳的汗水和辉煌的业绩。追根溯源，就是延续了其父亲彭湃的爱国精神，为民族的崛起而穷尽一生的精力。彭院士钻研攻克高科技、军事难关。他赓续无私无畏、勇挑重担的坚强意志，以奋勇拼搏、敢于担当的工作作风和开拓进取的科学精神，将平易近人、淡泊名利的高尚品德融进爱国爱家、关心民众的情怀，成为我国广大科技人员的一代楷模，是一盏指引我们前进的精神灯塔。致敬彭湃，致敬彭士禄，致敬忠于理想的两代人！好的，听众朋友，感谢收听今天的节目，下次节目时间我们再会。

【点评】

这篇作品的获奖，略显迟到。因为就在前不久，彭士禄同志刚刚去世。彭士禄同志不仅仅是我们国家一位杰出的科学家，他本身也是一个传奇。作为无产阶级革命家彭湃烈士的儿子，他从小就是在艰难困苦、颠沛流离中长大的。这篇作品最感人的部分之一就是：很多老百姓冒着生命危险掩护烈士遗孤，这是非常有教育意义的。

今年是中国共产党建党100周年。习近平总书记要求我们加强党史学习。这篇报道正是一篇非常生动、非常好的党史教育题材。从彭湃、彭士禄父子两代人身上，可以看到中国共产党人的奋斗。父亲从富家子弟成长为无产阶级革命家，儿子则从孤苦伶仃的孤儿成长为共和国的栋梁；父亲是早早地献出了自己的生命，儿子则过了30年“隐姓埋名”的生活。父子的奋斗路程是不一样的，但他们都有一颗为中国谋富强、为人民谋幸福的初心。

这篇专访通过彭士禄的女儿彭洁的眼睛来叙述彭士禄同志传奇的一生。客观而言，节目整体的组织略显凌乱，一些细节还可以做更深入的发掘。不过，从整体上来看，这篇专访仍能带给我们很深的触动，给我们留下深刻的印象。其教育意义非常突出，获奖是恰当的。

（朱克奇）

电视新闻作品

深圳“疫”中经济实现“V”形反弹 在全国一线城市中率先“转正”

深圳广播电影电视集团　黄　涛　钟鹏超　康晓明

【导语】28 日，深圳市统计局发布了 2020 年上半年全市经济运行情况，深圳地区生产总值实现正增长。

【正文】根据广东省地区生产总值统一核算结果，上半年深圳地区生产总值 12 634. 30亿元，同比增长 0. 1%，增速较一季度回升 6. 7 个百分点。

【采访】深圳统计局局长郭驰：（深圳）市里面抓紧研究、出台了惠企十六条等促进企业复工复产若干措施，这些措施很快见效。在第二季度，经济逐月呈好。

【正文】全市固定资产投资同比增长 7. 8%，增速较第一季度提高 23. 9 个百分点；全市社会消费品零售总额 3 640. 15 亿元，降幅较第一季度收窄 8. 1 个百分点；全市进出口总额 13 356. 75 亿元，降幅较第一季度收窄 11. 2 个百分点。

【采访】香港中文大学（深圳）高等金融研究院研究员吴海峰：重大的投资项目，其实是给市场一个非常大的信号。它对于整个全民投资、全社会投资的信心起到引领作用，反弹的结构已经非常明显。

【正文】深圳在“北上广深”中率先实现上半年 GDP 正增长，给中国城市经济带来全面回暖的信心。

【采访】中国（深圳）综合开发研究院常务副院长郭万达：常态化的疫情怎么办？以国内的循环为主体、同时实现国内外双循环的新格局，我觉得这也是深圳这两年走得不错的原因，就说明大家的信心开始在恢复。

【点评】

2020 年，深圳经济数据经历了一系列由负转正，率先第一。得益于疫情防控取得的阶段性成果，作为经济中心城市的深圳，市场信心快速恢复，经济运行势头趋好。如何抓住其中最有价值的信息，并以电视新闻独特表现方式和大众化语言呈现？

《深圳“疫”中经济实现“V”形反弹　在全国一线城市中率先“转正”》，

记录了深圳这份“半年报”所发出的经济复苏强劲信号。记者通过对权威部门负责人、经济领域专家的深入采访，并以浅显易懂的旁白解说，向观众阐明了深圳应对风险挑战的强劲韧性、澎湃活力，以及对给中国城市经济带来全面回暖的信心。

作品篇幅虽短，却完整体现了新闻的五要素和信息的有机组合，节奏流畅。稿件并没有停留在成绩的表面，而是从复工复产措施、重大项目投资等方面对为何会实现这一正增长进行分析。通过相关信息补充、图版制作，让发展成效得到生动鲜明的体现，揭示了深圳经济发展数据在全国一线城市中率先“转正”的秘诀所在。深圳的这一实践也充分印证了党和国家顺应时代发展规律，总结深化提出的“双循环”新发展格局的时代意义。

新冠肺炎疫情对经济产生的负面影响，中外概莫能外。作品以深圳市统计局发布的第二季度经济指标由负转正为新闻由头，通过数据说话、动漫呈现、权威访谈等方式，向观众阐明了深圳应对风险挑战的强劲韧性，更重要的是向国内外发出了疫情背景下中国城市经济全面回暖的强烈信号。

该作品没有停留在简单发布消息的层面，也没有仅停留在数据的可视化上，而是从数据切入，进行专家解读，阐释数据变化背后带来的积极信号。记者抓住时机，在权威部门公布数字的当天，及时播出翔实的报道，时效性强，可信度高，并且作品图表画面精良，新闻元素结构完整。在进一步探究这一数据转变背后原因的同时，更强调挖掘经济数据变化带来的深刻意义，充分显示了创作团队把握题材的能力。

（陈海燕）

称杆乡村民心中有杆"秤"

珠海广播电视台　胡志刚　董晓宇　玖南益　马玩璇　甘颖恒

【导语】今天，云南省怒江州泸水市称杆乡自把村里年味儿十足，村民们舂糍粑、杀年猪，庆祝傈僳族整族脱贫后的首个"阔时节"。

【同期声】记者董晓宇：

"阔时花花"是傈僳族语言当中"新年快乐"的意思。从前听村民说，他们过年杀一头猪制作成腊肉，这一头猪能吃一年。但现在日子好了，不一样了，新鲜的猪肉想什么时候吃就什么时候吃。

姐姐，能教我跳舞吗?

【同期声】怒江州泸水市称杆乡自把村村民二妹：

可以呀!

【正文】庆祝一年中最隆重的传统节日，村民们都会把珍藏已久的服饰穿戴出来，而二妹今天刚收到一份礼物，却不舍得戴。

【同期声】怒江州泸水市称杆乡自把村村民二妹：

给你们看一下吧，好吗?（丈夫给我）买了金戒指和金项链。

【同期声】怒江州泸水市称杆乡自把村村民二妹丈夫乔进华：

以前家里的条件很不好，去珠海那边打打工，现在赚到一点钱，买一点礼物送给她。

【正文】吃穿不愁了，还戴上了金首饰。现在，称杆乡全乡贫困人口已全部实现"两不愁三保障"。二妹一家也和村里的400多户贫困户一起住进了新建的二层小洋楼，日子越过越红火。

【同期声】怒江州泸水市称杆乡副乡长杨忠江：

有一位花甲之年的老人拉着我说，他嘱咐他的子孙好好学习、报效祖国。我想这就是称杆乡人民心里面的那一杆"秤"。

【点评】

珠海、怒江自东西部扶贫协作开展以来，在两地政府和人民的共同努力下，脱贫攻坚取得显著成果。作为国家三区三州深度贫困地区之一，怒江傈僳族自治州在2020年末实现了整州脱贫摘帽，欢欣鼓舞地庆祝脱贫摘帽后的第一个“阔时节”。在得知这个消息后，记者提前数日深入怒江，了解当地风土人情、民情民意，感受当地节日气氛，并于庆祝活动当日用镜头记录下了这一喜庆的时刻，题材选取精准，时机恰到好处。

（1）标题构思巧妙，主题明确。中国自古流传着“老百姓心中有杆秤”这样一句人人耳熟能详的俗语，正好与“称杆乡”这一地名相得益彰、异曲同工。该作品标题巧妙地抓住了两者的这一联系，将二者有机结合，并在文末通过村民之口点题升华。

（2）作品有故事、有细节。该作品敏锐地抓取到了一对当地夫妻的脱贫故事，通过讲述丈夫到珠海务工实现脱贫后为妻子补买结婚首饰，妻子因此开心地向记者展示的生动细节，丰富了作品的故事性、可视性，不做作、不生硬、有温度地对主题进行了有力支撑。

（3）电视制作手段丰富。作品开篇的双视窗，丰富了画面和信息量；航拍的运用，大气呈现了节日隆重的场面和氛围；片尾的在线包装，全面展现了怒江州的脱贫成果。全片整体制作精良。

（张　晋）

带着国徽去开庭　打通司法为民“最后一公里”

广东广播电视台　黄剑明　张　巍　范晟基　邹炜旻　严彦子

【导语】

近日，习近平总书记在中央全面依法治国工作会议上发表重要讲话，当中提到，要把体现人民利益、反映人民愿望、维护人民权益、增进人民福祉落实到全面依法治国各领域全过程。在湛江的硇洲岛，当地有一个漂流在茫茫大海之上的“海上法庭”，基层司法人员就地开庭、流动办案，把法律的公平与正义传达到海上每一个角落。今天一起来听听他们的故事。

【同期声】

国徽是代表国家的标志，悬挂国徽表示人民法院是在代表国家行使审判权，代表着至高无上的权威与尊严。所以国徽在哪，法庭就开在哪，这就是为什么我们无论去哪开庭，都要把国徽背在肩上。

【同期声】

左边一点好，再正中一点，可以了。

【正文】

挂上国徽，拉上横幅，再用塑料箱搭起审判台……一个简易但不失威严的临时法庭，在晃晃悠悠的渔排上开庭了。

【同期声】

湛江经济开发区人民法院巡回法庭，现在开庭。

【正文】

陈道准是这场巡回法庭上的审判员，同时他也是湛江硇洲岛上硇洲法庭唯一的一名法官。硇洲岛是一个被渔船包围的海岛，很多渔民长期生活在渔船或渔排上，白天出海打鱼作业，晚上才会回来，每个月几乎没几天在岸上。

【采访】硇洲法庭法官陈道准：

他们长期生活在海上，起早摸黑的。他们有时候上来法庭开庭都很不方便，我们宁愿辛苦一下，就下来船里，帮他们开庭，目的就是想帮他们把纠纷矛盾早日化解。

【正文】

身处小海岛，大案要案不多，邻里关系、婚姻家庭、经济纠纷这些家长里短的事，是他们日常主要受理的案件。

在岛上为民奔波的这 31 年，陈道准已然忘记在茫茫大海上开过多少次庭，但他深知一起案件虽然宣判容易，但是解开原被告双方的心结才是关键。

【同期声】

他（被告）也是抓鱼虾，产量不好，但是现在有诚意还钱给你（原告）。

你（被告）打算怎么还钱?

被告诉讼代理人：分两期还。

【同期声】

（一锤定音）

【正文】

过去六年来，硇洲法庭总收结案超过 1 300 件，结案率达 100%，连创无错案、无重审、无再审、无申诉、无上访、无超审限、无抗诉、无民转刑的“八无佳绩”。这份斐然的成绩单给当地老百姓带来了踏踏实实的安全感。

【采访】硇洲法庭法官陈道准：

这几年，国家的法制建设越来越全面，国家对公民的普法意识越来越高，群众对法律的认可度也越来越大，所以我们当一个为群众办事的法官，荣誉感也越来越提升。

【正文】

而如今在全省还有 416 个像硇洲法庭这样的人民法庭，从海岛到深山，从田间到地头，因地制宜、就地化解矛盾纠纷，为群众提供更精准便捷的司法服务及保障。只要有国徽高高挂起的地方，就是公平、正义所在。

【CG】

记者　黄剑明　张巍　范晟基　邹炜旻

【点评】

2020 年 11 月，中央全面依法治国工作会议首次提出习近平法治思想。习近平总书记指出，要把体现人民利益、反映人民愿望、维护人民权益、增进人民福祉落实到全面依法治国各领域全过程。记者正是在此契机下，策划挖掘的这个新闻选题。

在湛江市硇洲岛，作者跟随当地唯一一名巡回法庭法官前往茫茫大海的渔排上开庭，在采编过程中使用了专业摄像机、微单相机、无人机和运动相机等多种设备，多角度全方位完成海上拍摄。通过记录“小岛大法官”的工作，以小见大引出目前广东全省人民法庭的建设状况，展现了司法工作者秉承司法为民、为群众提供更精准便捷的司法服务及法律保障的精神。

作品题材重大，主题突出，制作精良。记者利用多种拍摄设备，通过专业的镜头语言，展现在茫茫大海中开庭的震撼场景，再配上朴实的文字，传播效果相得益彰。

作品在大小屏同时发力，除了在电视新闻栏目中播出外，还通过微信、荔枝网、荔枝台 App、触电 App 等平台进行全网推送，获得良好的社会效果。

（谭伟新）

生死竞速！广东医疗队10秒换新ECMO

广州市广播电视台　林欣杰　陈智萌　谢晓清　沈　妍　朱凯东

【导语】

广东支援荆州医疗队昨日（15日）成功为一名危重症的新冠肺炎患者“换膜”，用时仅10秒，再创新速度。我台特派湖北荆州记者在ICU病房现场记录了这一惊心动魄画面。以下内容可能引起您的不适，请选择收看。

【正文】

荆州市中心医院新冠肺炎重症救治中心ICU的11号床病人，已经接受ECMO治疗接近一个月，“人工肺”开始出现栓塞，医护人员决定为他换一台新的ECMO。

【采访】广东支援湖北荆州医疗队队员张银英：

当这个膜肺的功能达不到我们目标设定的效果的时候就要换了，膜肺是有一定的使用期限的。

广东医疗队和荆州的医护人员用了3个小时调试准备替换的ECMO。为了降低手术风险，医护人员不断演练，做好万全准备。

【现场声】这里一撤就插上去（减少断电的时间）。对对对，所以我们先看看那些管、电源，漏不漏，等下怎么撤走旧的。

【现场声】你的手干净吗？（干净的，把那个碗给我）……消毒15公分，再上下15公分。

更换ECMO的手术，要在上面的颈静脉和下面的股静脉同时动刀，接入新ECMO管道，医护人员需要上下分工。患者仅能耐受20多秒的缺氧时间。

【现场声】麦聪：

这个是静脉段，这个是动脉段，先剪开……哎呀，我这里还要剪短一点，打点盐水给我……

一切准备就绪，竞速的时刻到了。（精彩手术）

【现场声】可以了吗？123！停机！按掉！OK完毕！下面可以了吗？OK！打点水，我们下面完成了！上面还没行……上面好了！

【现场声】血氧30……31，在回升了。好了好了，搞定！（掌声响起）

【采访】张银英：

他血氧饱和度下降的时候，我心跳是这样子，随着他的数值变化，我心跳加速很快。当它一开放两条管，血氧饱和度上升的时候，我的心才定下来，起码病人有好转。

【采访】廖小卒：

他血氧下来了，再往下掉他心脏就要停了，我看掉到 30 没再往下掉又起来了，哇，我们成功了。这个不是一般的高难度啊，心脏一旦缺氧就很难复苏的。

目前，患者生命体征平稳。广州电视全媒体特派记者林欣杰、陈智萌湖北荆州报道。

【点评】

抗击新冠肺炎疫情是 2020 年新闻报道的热点题材之一，创作团队受命跟随广东支援湖北医疗队进行报道，无疑是抗疫报道前线的主力部队，显示出创作团队的业务素质值得信赖。

作品切入点选择得当，以广东医疗队在荆州市中心医院为一位新冠肺炎重症患者做一台高难度手术为主要内容，以此管窥广东医疗队在支援湖北抗击疫情方面的优秀表现，既展示了广东医疗队高超的医疗技术与大爱精神，也展现了中国人民万众一心、团结抗疫的生动场景。

作品创作难度极高，既受到医学的限制，也冒着受感染的风险，还有录制条件的掣肘。最难得的是手术时间短暂，稍纵即逝，不具有重复性，需要创作团队有精心的策划、充足的预案、过硬的能力和稳定的心理。所幸这些困难都被创作团队一一克服，用手机镜头完整地记录了一次高难度医学操作的过程，有场面、有细节、有气氛、有同期声，没有漏掉任何关键信息，且后期处理得当，前期交代铺垫、中期手术现场、后期人物采访一气呵成，让受众能够身临其境，感受到现场的紧张和喜悦。

（李俊良）

湾区正青春

广东广播电视台 黄天文 傅群山 曾小强 刘灿娇 陈 琨 陈 壮 吴帆航

【标题】**互联互通　心心相通**

黄天文、傅群山、曾小强、刘灿娇、曾广添、郭丹、陈柱峰

【导语】

建设粤港澳大湾区是习近平总书记亲自谋划、亲自部署、亲自推动的国家战略，是新时代推动形成全面开放新格局的新举措，也是推动“一国两制”事业发展的新实践。从今天起，本台推出《湾区正青春》系列报道，聚焦《粤港澳大湾区发展规划纲要》正式公布一年多来，广东如何紧抓重大历史机遇，推动三地经济运行的规则衔接、机制对接，加快大湾区的各类要素高效便捷流动。今天我们播出第一集《互联互通　心心相通》。

【正文】

这里，拥有世界上最繁忙的机场群。运输规模遥居全球湾区机场群之首。

这里，是全国高速公路网密度最高的地区之一，核心区密度超过纽约、东京都市圈。

这里，坐落着6个亿吨大港，集装箱吞吐量稳居世界第一。

这里，还有一系列的超级工程，激活着这个世界级城市群的交通脉搏。

【字幕】

晚上22：00

珠海供港澳蔬菜加工配送中心

【现场声】

配送中心外车水马龙。

【正文】

每当夜幕降临，这里的蔬菜商贩就会展开一天里最忙碌的工作，他们以最快的速度对蔬菜进行分拣包装。

【字幕】

深夜23：00

【正文】

每天深夜11点，陈师傅都会准时出现在配送中心。今天，他要运载整整5吨的新鲜蔬菜，驱车向南出发。

【现场声】

司机上车的场景过渡。

【同期声】货车司机陈建光：

（以前）开一段很长的路，都是一个人孤零零地在车上开。现在不一样了，现在人又多、车又多，特别像晚上的话，物流的大车就特别多。

【正文】

从珠海到澳门南粤批发市场，全程不到20公里。先抵达澳门的蔬菜往往可以卖出更好的价格。

借助港珠澳大桥的优势，珠海正在从交通“末梢”向珠江西岸综合交通枢纽转变。来自粤西和我国西南地区的货物商品在这里汇聚，等待踏上跨境旅程。

【字幕】

次日凌晨6：00

【现场声】

珠海拱北口岸“鲜活产品绿色通道”闸门打开，第一辆货车通过。

【正文】

早上6点整，拱北口岸的“绿色通道”准时开启。满载鲜活产品的跨境货车徐徐驶入海关查验区。每天，近七成的出入境车辆从这里通过。这条连接珠澳两地的“生命线”正在以分秒为单位，持续刷新着通关速度。

【同期声】拱北口岸闸口海关监管五科副科长苏长军：

实施智能卡口系统，通过仓单系统来验放鲜活产品和车辆，现在已经实现了即到、即验、即放。

【字幕】

上午8：00

中山码头

【正文】

同在珠江口西岸，40公里外的中山，超级工程——深中通道，也在夜以继日地建设中。中山与深圳隔海相望，虽然直线距离仅有20公里，刚从深圳调研回来的工程师刘建波，却要开上120公里、两小时的车程。

今天，他要爬上140米高的东索塔，检查施工平台的进展。

【正文】

全长24公里的深中通道，有17公里宛如风筝引线，那是全球最高、跨度最大的海中离岸悬索桥。建设这样的超级工程，往往需要破解超级难题。平静的海面之下，是复杂的海床结构、频发的台风天气、超长的跨海距离。而对于工程师来说，最大挑战就是它的安全性和耐久性。

【同期声】中交二航局深中通道项目部副总工程师、副经理刘建波：

目前这个混凝土的钢筋保护层厚度，在70毫米到88毫米之间。满足这个要求之后，通过我们的研究，可以保证这个混凝土桥拥有至少使用一百年的工程品质。

【正文】

按照规划，深中通道将在2024年建成通车。届时，中山、珠海、粤西等地到深圳、粤东等地的过江时间，将从目前的2小时缩短为20分钟。

【正文】（薇姿制作）

桥梁和通道，意味着联通与融合。像港珠澳大桥、深中通道这样的跨海通道，它们将共同支撑起珠江口的“A”字结构。如今，大湾区1小时交通圈正在形成。以此为“弓”、以跨江通道为“弦”、以珠江西江经济带为“箭”，大湾区“弓箭形”格局已经蓄势待发，从而实现大湾区至粤东西北各市陆路2小时通达，至周边省会城市陆路3小时通达。

【同期声】中山大学港澳珠三角研究中心副主任林江：

客观上来讲它可以做到“123”这种生活圈，但是硬件目标要得以实现，必须要有软件的配合——一个是数字化的基建对接，一个是这种有形的基建对接。两种基建一对接起来，我们可以实现立体化的基建融合。

【字幕】

上午10：00

广州CBD核心区

【正文】

立体化的湾区融合，香港青年杨晓欣深有体会。在她眼中，日新月异的花城广州，不仅仅是综合交通枢纽。

【同期声】公司同事VS香港青年杨晓欣：

香港的快递到了，谢谢。

【正文】

还是一座可以用数据帮助企业解决问题的智慧之城。

【同期声】香港青年杨晓欣：

资料都齐了，你上去“一网通”做登记吧。

【正文】

2020年的疫情，为粤港澳三地的人员流动带来不便。不过，大湾区的追梦者，在云上找到了“漫步湾区”的新方法。“粤商通”为许多港澳青年提供了线上开办企业的便利服务。截至目前，市场主体注册量已经突破500万。而这背后，有另外一群工程师，正在用代码和数据搭建起湾区融合的智慧城市群。

【同期声】数字广东网络建设有限公司工作人员范琛：

下一步我们在现有的基础之上，把我们“粤商通”的服务，争取更好地提供给更多的用户群体。

【正文】

智慧城市，让信息的互联互通无处不在。

大湾区，拥有全国数量最多的5G 基站、40 个大型数据中心、每天交换超过5 000 万条数据。由“智慧城市云”组成的参天大树，有力支撑起智慧教育、智慧医疗、智慧交通乃至智慧人文的互联互通。

【正文】

各大口岸的跨境车辆，依旧往来不停。

超级工程中的年轻工程师，开始独挑大梁。

越来越多的创业青年，在这里找到淘金的机会。

当世人纷纷感叹这里的效率和活力时，殊不知青春的脉搏下，智慧联通也如心脏供血一般温暖有力。在这片 5.6 万平方公里的土地上，粤港澳三地的人们正在互联互通中加速着心心相通。一个个发现梦想、成就梦想的“湾区故事”

【尾句】

正在悄然发生。

【标题】**链接湾区　未来已来**

黄天文、傅群山、曾小强、吴帆航、鄢婧雯、陈晨、曾宇熹、华晓倩、梁爱华、倪树鑫、梁成斌

【导语】

党的十九届五中全会明确提出“加快发展现代产业体系，推动经济体系优化升级”。《粤港澳大湾区发展规划纲要》同样指出，粤港澳三地要构建具有国际竞争力的现代产业体系。

对此，广东携手港澳，充分发挥大湾区不同城市产业优势，促进产业优势互补、紧密协作、联动发展，着力培育多个世界级产业集群。

【正文】

粤港澳大湾区，中国经济最为发达、产业规模最大的地区之一。

这里的产业模式正在经历一场史无前例的巨变。

从汽车到手机，从小家电到金融服务业，

这种蜕变一旦完成，

粤港澳大湾区将构建起全球最为强大的现代产业体系。

【字幕】

湾区正青春

【同期声】（汽笛声）

【字幕】

广州：广州港南沙港区

【正文】

广州港，中国最大的港口之一。

凭借着超6亿吨的年吞吐量和165条航线，足以将货物运送到全球任何角落。

今天，一批新型智能汽车正在装船，即将启航运往海外。

作为汽车年产能高达310万辆的粤港澳大湾区，如今，这里的汽车制造业正在悄然发生变革。

【字幕】

广州：广汽埃安智能生态工厂

【正文】

距离广州港60公里，坐落着被誉为大湾区“世界级汽车硅谷”的新能源生态工厂。

在这个高度无人化的生态工厂，两分钟，是新车出厂的间隔。

为达到这个速度，工厂每天要接收超过8 000种，近10 000立方米的各类零部件。

这意味着工厂的生产链条不能有丝毫差错。

【同期声】广汽埃安新能源汽车有限公司物流管理科科长徐宝石：

现在这个是我们的AVG小车，它将我们产线上用完的空车拉回来之后，将零件做一个交换，然后再自动拉到生产线上去。

【同期声】（压铸机压铸成形特写伴随巨大的压铸声）

【字幕】

肇庆：广东汽车零部件产业园

【正文】

这是一台重达4 400吨的世界顶级压铸机。它的每一次冲压，将产生相当于40辆重载卡车重量的力度。

如果不是业内人士，很难想到拥有这样一个“巨兽”的企业，会坐落在大湾区的北部城市——肇庆。

为了在新能源汽车领域实现“弯道超车”，湾区各地必须做好分工合作。

【同期声】广东鸿图科技股份有限公司压铸（本部）副总经理张国光：

目前这台设备是国际最先进的。广州、深圳是我们整个湾区主要的整车企业，肇庆是汽车零部件的一个产业集聚的基地。目前肇庆主要是以金属加工、精密成型、轻量化的材料应用汽车零部件为主。

【正文】

新能源汽车的发展，获益的绝不仅仅是车企。

上下游产业链研发带动了包括电池、电机、零部件等诸多领域的变革和创新。

【正文】

大如汽车，小到智能手机，现代产业体系的威力在大湾区显现无疑。

这里是全国最大的智能手机生产基地，中国年产 17 亿台智能手机，广东独占 7 亿；这里是全国快递业务最繁忙的地区，2019 年累计快递业务量高达 168 亿件；这里也是改革思想最活跃的地区，数字人民币在这里先行先试。

但是，如果用一个世界级湾区的标准来看，目前的成绩还不够。

【同期声】粤港澳大湾区发展研究院研究员陈鸿宇：

国际产业中心、国际科创中心和国际金融中心，这三个中心同时具备，它才能形成一个现代产业体系。要围绕着产业链来布局创新链，我们的融合还不够紧密。掌握着核心技术的、真真正正门槛比较高的产业，在大湾区本身还不是特别多。

【正文】

要实现真正的创新，不光是产业链，更是理念上的彻底颠覆。

【字幕】

珠海：格力精密模具车间

【正文】

工程师王亚东，今天将带领他的自动化系统开发与集成团队进行一项高难度实验——钢件加工生产线的无人运转测试。

这项实验一旦成功，意味着我国的产线自动化达到行业领先水平。

【同期声】珠海格力精密模具有限公司设备动力部副部长王亚东：

收到卡盘已经夹紧的信号，说明机床内部是没问题的。现在如果把程序正常调动起来，就可以启动加工了。我们如果运行两周以后没有什么问题，这条线就可以马上推广。

【正文】

几天后，这条生产线将彻底摆脱人工操作，实现 24 小时全自动生产。

在创新链条的牵引下，一个全新的现代产业体系，正在向我们快速走来。

【正文】

大湾区为全球企业带来的机遇，不仅在于其强大的产业链和创新能力，更在于区内不断涌流的资本链。大湾区通过发挥科技金融的优势，构建多层次、多功能的普惠金融服务体系。

香港和澳门，一个是世界级金融中心，一个是连接葡语国家的桥梁——都在这样的体系中起到了至关重要的作用。

【同期声】香港特区立法会议员何君尧：

香港 GDP 超过 93% 是服务性行业贡献的，所以金融服务占了我们一大块。我们把香港内部的环境搞好，加强和“9 +2”（城市群）的关系。不单是中资公司，也有一部分西方的上市公司也到香港来上市的时候，（香港）应该是一个理想的地方，可以成为协助整个大湾区发展的一个重要引擎。

【正文】

产业链带动创新链，创新链吸引资本链。从高速度到高质量，从传统制造到智能智造，粤港澳大湾区正在构建协同发展的现代产业体系，加速向全球价值链

【尾句】

高端昂首迈进。

【标题】**凝心聚力　加速融湾**

黄天文、傅群山、曾小强、金翔、王雅楠、梁峰、梁成斌

【导语】

习近平总书记在考察广东时明确要求：要加快形成区域协调发展新格局。近年来，广东牢记嘱托，正确把握构建“一核一带一区”格局与参与粤港澳大湾区建设的关系，抓住大湾区建设这个“纲”，让“一核一带一区”全面对接大湾区、融入大湾区，促进全省区域协调发展。

【正文】

粤港澳大湾区，世界上经济最为活跃的城市群之一。

湾区之内，城市之间合作发展，互利共赢。

湾区之外，周边城市也在抓住机遇，加速融湾。

从能源供应到制度衔接，从向内融入到对外辐射，

这一新时代改革开放的大机遇、大文章，正在广东大地抓紧做实。

【字幕】

湾区正青春

【正文】

能源，是支撑现代人类社会生存和发展的基石，而传统的发电方式给环境保护带来巨大的挑战。

今天，大湾区的产业要走向高质量发展，首先要做的就是选择更多清洁环保的能源供应方式。

【字幕】

阳江珍珠湾

【正文】

在离岸最远 35 公里、水深最深 31 米的这片南海海域上，73 台高度超过 100 米的庞然大物如长龙列阵，蓄势待发。

【现场声】

徐永华坐着吊篮上风机

【正文】

对徐永华来说，这是他职业生涯中最为重要的一天。当检查完这台风机的线路后，所有风电机组将全部并网，这也意味着国内在运单体容量最大的海上风电项目正式全容量投产。

【同期声】中广核新能源阳江海上风电公司项目技术总监徐永华：

每年发电量是 10.15 亿度，节约标准煤大约 31 万吨，碳排放减少量是 82 万吨。

【正文】

阳江，有着广东十分之一的海岸线，海域面积达 1.23 万平方公里，风能资源优势得天独厚。

【同期声】中广核新能源华南分公司副总经理刘强：

阳江市提供了一个完备的产业链，在本地制造相关的设备，我们就在本地及时地把这些设备变成我们的经济效益的输出。

（删节）

【正文】

输电线路的这头，清洁能源源源不断地并入电网。输电线路的那头，连接着粤港澳大湾区内大大小小的企业。

【字幕】

深圳蛇口网谷

【正文】

深圳蛇口网谷，400 多家高新技术企业汇聚于此。在这片创新的热土上，企业分秒必争，比拼的就是核心技术的研发。

这块屏幕看似平平无奇，却蕴含了超窄边框、超薄厚度、超高分辨率等多项技术创新。

（删节）

【同期声】深圳市中光电发展集团有限公司董办主任白云：

以一个手机液晶显示模组为例，它包含有四大部分，其他公司可能就只生产某一个环节，我们公司是全部整合在一起。（删节）这样就可以提高（生产）

效率，降低成本，根据不同客户的需求定制产品。

【正文】

承载这样一条完整的产业链，需要十几道工序，完成几十个零部件的组装。如果在深圳设厂，用工、用地成本都是大问题。

视线北移，公司最终决定把生产基地放在离深圳不远处的河源。

【字幕】

河源高新区

【现场声】河源中光电通讯技术有限公司研发经理刘玉祥：

到时候我们会在生产的过程中重点去关注和解决这些问题。

【正文】

刘玉祥，正在和同事们为一款新产品的最终调试认真讨论。屏幕另一侧，便是深圳总部的研发团队。仅需要一条网线，深圳的前沿技术、市场动态便能迅速传输过来。

在这个10万平方米的无尘车间里，一条智能化生产线能够整合所有工序，一个月可以生产120万片显示屏，一年销售额增加到100亿元。但对于这种“研发在深圳，制造在河源”的发展路子，公司最初也有一些顾虑。

【同期声】河源中光电通讯技术有限公司运营副总经理倪毅：

产业转移之后的话，（当地的）政策扶持优势、办事效率问题都是我们顾虑的地方。

【正文】

解决企业顾虑的最佳途径就是制度创新。企业落户园区要辗转不同部门，办理几十个事项，这样的“漫漫长征路”在高新区的服务中心汇聚到了一个窗口，一枚行政审批章统盖所有材料。

【同期声】河源市高新区党工委委员、管委会副主任邓彬斌：

园区要吸引人、留住人，我们要大力推进城市功能建设，投入了70多亿建设一大批公共配套设施。

【正文】

栽下梧桐树，引得凤凰来。高新区的330多家工业企业中，70%是电子信息企业，90%来自大湾区。

（删节）

【同期声】广东省社会科学院经济研究所副所长万陆（做地图动画盖画面）：

“融”一定是双向的：粤东西北要依靠源源不断地承接大湾区的产业转移来支撑它加快发展；（也要）加紧发挥他们自身的优势，应该跟（粤港澳）大湾区形成一种优势互补的高质量发展格局。

【字幕】

汕头澄海

【现场声】

海关卸货、过检、开箱、查验、填单、锁柜流程

【正文】

不到十分钟，这车玩具便通过了海关的查验，即将运往港口。

汕头澄海，完善的玩具产业链、粤东桥头堡的区位优势，成为许多企业选择这里的理由。

【画面】

（接 3 秒“超级飞侠”动画片）

【正文】

小小“超级飞侠”在全球拥有众多粉丝。企业在广州总部开发出了这款超级 IP，系列玩具便能迅速在汕头基地投产。每天 5 万多个玩具在汕头下线，直接销往全球 180 多个国家和地区。

【同期声】奥飞娱乐股份有限公司总经理助理杨毓生：

（删节）（汕头）有着经济特区和保税区的优势，我们的产品在这里生产，直接发往欧美和东南亚国家，能够节省通关成本和物流成本。

【同期声】汕头海关所属澄海海关查检二科副科长李创岳：

支持地方特色产业出口，推进跨境电商可持续发展。（删节）助力汕头融入湾区建设，扩大湾区影响力和辐射能力。

【正文】

南海上的风机还在不知疲倦地旋转，

汕头码头上的往来货船依旧忙个不停，

在河源的深圳企业，又在推动着一项新技术转化落地。

人流、物流、资金流、信息流，正在湾区内外顺畅流动，

它们如同一个个跳跃的音符，不断谱写着粤东西北加速融湾、高质量。

【尾句】

发展的新篇章。

【点评】

该作品聚焦《粤港澳大湾区发展规划纲要》发布一年多以来，广东紧抓重大历史机遇，推动三地经济运行的规则衔接、机制对接，加快大湾区各类要素高效便捷流动。该作品有以下三大突出特点：一是主题重大，策划精心。建设粤港澳大湾区是习近平总书记亲自谋划、亲自部署、亲自推动的国家战略。记者精心策

划，选取了深中通道、广深港澳科技创新走廊等重大项目和工程，采用系列报道的形式，通过互联互通、协同创新、产业体系、青年发展、城市联动、加速融合六大主线，深刻阐释粤港澳大湾区在基础设施、基础研究、转化应用等方面的突出优势。二是深入挖掘，讲好故事。该作品深挖大湾区发展中基层奋斗者的“追梦故事”，反映粤港澳大湾区建设热火朝天的场景和蓬勃向上的潜力，折射出广东紧抓大湾区建设重大机遇，推动全省形成全面开放新格局、实现高质量发展的新担当新作为。三是精致化表达，视听体验新颖。该作品运用了航拍、延时拍摄、动态地图、跟踪字幕等拍摄技术及包装制作，快节奏的配乐贯穿全片，声画语言丰富，具有冲击力、感染力，为观众带来新颖的视听体验。

（范　文）

热线关键词

佛山电视台 梁凯赞 黄柏琳 马 涛 李 丹 徐宇榴 张嘉杰

关键词【党旗飘扬】

【正文】

2019 年 12 月 30 日，武汉官方首次确认在武汉发现不明原因肺炎。随后，由这种新型冠状病毒感染的肺炎确诊病例迅速上升，疫情蔓延至全国各地。一场疫情防控阻击战骤然打响，全国各地各行各业迅速行动起来，一个个战斗堡垒迅速成立。1 月 29 日，上海医疗救治专家组组长、复旦大学附属华山医院感染科主任张文宏接受采访时，一段悲壮的话瞬间刷屏。

【同期声】上海医疗救治专家组组长、华山医院感染科主任张文宏：

我今天做了第二个决定，换岗！把所有在年底到现在为止的医生全部换岗，换成谁？换成科室的所有共产党员！共产党员在宣誓的时候不是说吗，把人民利益放在第一位，迎着困难上。我说现在开始，把所有人都换下来，共产党员上！共产党员的口号你平时喊喊可以，平时我不管你有什么想法，对不起！现在，你马上给我上去！不管你同意或者不同意，你都得上去。心理上，为了信仰上去也好，是因为党的约束上去也好，没有讨价还价，肯定是上去。

【正文】

说得非常好，当前疫情防控正处于关键时期，更需要各级党组织和广大党员干部扛起责任。其实在佛山的疫情防控阻击战中，就涌现出许多优秀的党员干部，面对疫情，他们冲锋在前，全身心投入抗击疫情的最前线。本期的关键词就来聚焦“党旗飘扬”，我是党员我先上，急诊护士长带着党员上一线；我是党员我站岗，公安民警筑牢疫情防控网；城管组建“党员 +”突击队，筑起防疫“安全墙”。

一、关键词【我是党员我先上!】

【正文】

佛山市第一人民医院是新冠肺炎省级定点救治医院，急诊科更是筛查病人和救治的第一战场。连日来，这里的党员干部发挥先锋模范作用，带头“请战”，并全身心投入这场没有硝烟的疫情阻击战中。

【采访】市一医院急诊科党支部书记、护士长罗银秋：

我不记得现在是年初几，也不记得现在是星期几，我就知道每天上班。

【正文】

本周四是市一医院急诊科护士长罗银秋连续奋战在抗疫第一线的第 20 日。1 月 20 日，她首先接诊佛山首例新冠肺炎确诊病例。

【采访】市一医院急诊科党支部书记、护士长罗银秋：

帮病人调整体位、吸氧、上监护器、盖被子、打针、抽血，做完一切的护理措施下来，当时我什么都没想，就是想我是党支部书记，我一定以身作则，做个榜样给其他人看。护理完这个确诊病人后，大概一个多小时，我马上收到第一份请战书，“我是党员，我要上!”一天之内 70 个人向我请缨，要加入战斗的第一线。我很感动，当时感动到流泪!

【同期声】

我志愿参加抗击疫情最前线，始终把人民群众生命安全和身体健康放在第一位!

【正文】

她的专业和勇敢，让身边的医护人员迅速定下心来，而“万事唔使惊，秋妈系大厅”，更是这段时间科室的流行语。

【采访】市一医院急诊科护士饶卉：

我们不知道会打到什么时候、不知道前方的战役会怎么样的时候，秋妈总是给我们一种坚韧不拔的精神。只要她（“秋妈”）在，我们的心就非常定，觉得什么都不用怕!

【正文】

其实，医务人员是和患者接触最密切的人，也是感染风险最大的人，但在疫情面前，他们毫不畏惧，冲锋在前。各位街坊，对于他们的勇敢和坚守，你有什么话要对他们说呢?

【正文】

网友“孙小米”：非常时期，医护人员是最美的逆行者，希望他们保护好自己，平安归来!

网友“咸蛋黄”：英雄之路，注定与众不同，“保证完成任务”这句话，是我听到最有安全感的话，谢谢他们！

二、关键词【我是党员我站岗！】

【正文】

这次疫情暴发恰逢春节假期。为了坚决阻断输入性疫情，佛山公安、交通、卫健等部门在重点道路出入口启动上百个联合检疫检查站，禅城公安还成立了党员抗疫先锋队。关键时候党员带头，坚决打赢疫情防控阻击战。

【同期声】

列队！成立党员先锋队就是发挥我们党员在这次抗疫中的先锋模范作用，大家清楚没有？

清楚！

【同期声】高彬 VS 车主

高彬：最近有没有出去外省？

车主：没有，哪里敢去。

高彬：都在附近是吧？

车主：对对对。

【正文】

今年41岁的高彬入党已经19年，现在是警务保障室的普通民警。为了把好防疫检查关，他从除夕到大年初七基本都在执勤点度过，一站就是六个小时。但他没有喊过一声累，只是觉得有愧于家人。

【采访】禅城公安分局党员抗疫先锋队队员高彬：

（家人）也比较理解，因为疫情严重的时候，更是要体现党员的先锋模范带头作用，这个也是我们为人民服务的一个基本要求。

【正文】

现在，全市重要交通出入口设立了132个联合检疫检查站，做到24小时逢车必检、逢人必检。

【采访】佛山市公安局交警支队高速公路一大队大队长黄永强：

疫情就是命令，防疫就是责任。作为基层的党组织、一名基层的党员，我们必须发挥好先锋模范作用，带领其他党员、带领其他群众，共同打好这场防疫战争。

【同期声】

“防控疫情，我们在一线。”

【正文】

有困难，找警察，而在各种危急时刻，总能见到警察的身影。对于公安干警的坚守，我们同样心存敬意。各位街坊，在这场防控疫情的阻击战中，公安民警让你感动的瞬间又是什么呢？

【正文】

网友“一斤奶糖”：我的一位同学是一名警察，连日在外执勤，为了保护家人安全，现在连家门都不敢进，挺让人感动的！

网友“长腿欧巴”：同事的老公也是警察，一直坚守在岗位，生病了都来不及去医院。希望疫情快点过去，让他们好好休息一下。

三、关键词【“党员＋”突击队】

【正文】

防控疫情，需要做好户外场所的人员管控，不允许聚集，同时做好垃圾清运和环卫保洁，这些都同城管息息相关。禅城城管发动党员组建起疫情防控“党员＋”突击队，他们每日奔波在防控第一线。

【现场】

路人：在人多的地方就戴（口罩），在外面基本上就不戴。

工作人员：不是，要养成一个习惯。

路人：好吧。

【正文】

这班“红马甲”，就是禅城城管新组建的“党员＋”突击队，他们分布在公园、市场等人群密集场所，开展基层疫情防控工作。有 24 年党龄的卓剑年初二接到返岗通知，马上连夜从梅州老家赶回。

【采访】禅城区城管和综合执法局“党员＋”突击队队员卓剑：

当时我们执法线对南庄的 17 个市场进行了全面的排查。疫情就是命令，所以我们觉得党员应该要站在前面。

【正文】

禅城区城管自 1 月 31 日成立“党员＋”突击队以来，已经组建了 11 支疫情防控突击队，每日严格管控公园和公共场所。党员陈洁英同样从年初三至今都未休息过，因为公园的管控任务非常重，她就主动申请到中山公园防疫一线，希望发挥党员模范作用，为大家筑起防疫的“安全墙”。

【采访】禅城区园林绿化中心公园所所长陈洁英：

要求做的我们一定要做好，还没有要求做的，我们也第一时间冲在前面。

【正文】

其实在这场疫情阻击战中，除了各行各业的党组织和党员干部，其他普通工作人员、普通街坊都没有缺席，而他们感动的瞬间每日都在上演，为他们的无私付出点赞！好了，休息一会，回头继续关注这场疫情阻击战。

词立方【疫情阻击战】

【正文】

欢迎回来，继续关注新型冠状病毒感染的肺炎疫情。今年的春节无疑是特殊和难忘的，来势汹汹的疫情，激活了佛山全市上上下下抗击疫情的细胞，全市医护人员、党员、制造企业、普通民众纷纷挺身而出，以各种形式加入抗击疫情的队伍中，一起守护共同的家园。面对疫情，我们是怎样携手走过的？下一步又要如何面对？又有哪些值得记住的面孔呢？一起来聚焦这场开春的战“疫”。在这场战斗中，感人的场面非常多，首先我们要记住的面孔，是众多医护人员。面对突如其来的疫情，他们放弃休假，逆行冲向疫情的最前线。

一、词立方【疫情阻击战：挺身逆行】

【正文】

南海区人民医院作为抗击疫情的市级定点救治医院，医护人员从年前开始就进入连轴转的状态。年三十凌晨，刚值完夜班准备下班的姚维敏，临时接到通知，要收治一名疑似病例，她重新穿上隔离服，备好医疗物品，忙到早上 5 点才安顿好病人。因为接触过暴露人群，她和十几名同事，来不及吃上一口团年饭，就留在医院集中居住隔离，持续投入抗击疫情工作中。

【电话采访】南海区人民医院感染科主任助理、副主任医师姚维敏：

我们同事每个人家里都有小孩，方便的时候微信或者电话（和家人沟通）。我们自己觉得有点愧对他们（家人），但是没办法。我相信很快就会好起来的。

【正文】

医院方面也迅速组织专家团队，成立“新型冠状病毒”专项应对队伍，全力投入疫情阻击战。

【同期声】南海区人民医院副院长陈振华：

进入一级状态之后，我们就号召全院的留在佛山的工作人员回来上班，值班的领导 24 小时都在一线待命，全院都已经进入战斗状态了。

【同期声】南海区人民医院护理部副主任区洁芬：

在感染科，全部人都没有休假。还有一些护理的志愿者，也积极要求回来支援，真正体现了作为医者的担当！

【正文】

为了打赢疫情阻击战，全市各大医院的医护人员也主动放弃休假，并向所在党组织递交上一线的“请战书”，冲向救治的最前线。

【同期声】

我自愿加入南科党支部抗击疫情先锋队，坚决做到“召必回，回必战，战必胜”！

【正文】

除了医务人员，其他行业的一线员工也纷纷请求参加一线战斗。佛广交通集团15名公交司机主动请缨，配合政府应急部门紧急运送隔离人员。面对已知的危险，他们瞒着家人，嘴上说没事，但也忍不住落泪。

【采访】佛广公汽高新分公司280线公交司机朱振华：

我每天跟她（老婆）视频，我都不敢说这个事。说担心肯定是有的，但想到职责所在，如果这项工作谁都不去做，那么疫情就得不到有效控制。

【正文】

疫情来势汹汹，全社会积极行动起来，以各自的方式加入抗击疫情一线。我们记录下的镜头很多，有放下棋牌的退休老人，走上社区大门口上岗，也有日夜守候的公安民警、城管人员等。大家温情守望，守护共同的家园，成为一个个值得留念的春节画面。

二、词立方【疫情阻击战：温情守护】

【正文】

禅城石湾镇街道这栋没有物管的旧楼，外来人员出入登记存在漏洞，一群退休大妈就自发组成“家园健康保卫队”，每天9点准时在居民楼出入口设卡，对外来人员进行登记，并为出入人员测体温。

【现场】

队员：你怎么没戴口罩？

居民：我买菜。

队员：买菜更要戴口罩，要注意安全，为你点赞！

居民：谢谢了。

【正文】

她们的坚守也影响了越来越多的居民，大家纷纷自发参与到志愿者队伍当中。

而在顺德，张大伯1月19日带着孙子从湖北回到乐从大闸村过年。随着疫情形势日益严峻，需要居家隔离，张大伯对此十分彷徨。大闸村党委了解到他的困境，为他特别“定制”了服务。

【同期声】乐从镇居家隔离人员张大伯：

你们每天都来关怀我和我的孙子，送了不少的菜，油盐菜米，鸡蛋小菜都很多。我真的感激不尽，党和国家的关怀，我真的……

【正文】

面对疫情，有大型商业体也主动选择与商户共度时艰，如顺联国际购物中心从年初一起就对禅城区这个商场内的租户开展 36 天租金费用减半措施，分担商户的经营压力；并表示还会根据疫情变化，后续调整减租降费。

【同期声】顺联国际购物中心副总经理王莉：

这部分的（减免）费用算下来，我们初步的估计也接近千万，相当于我们去年整个营收方面的增长。也希望和我们的商户、员工一起守望相助、同舟共济、共战疫情！

【正文】

一方有难八方支援，社会各界众志成城，迸发出巨大的爱心力量。为了支援疫区抗击疫情，不但医疗队伍义无反顾驰援湖北，后方各界力量也积极行动，驰援疫区。有佛山企业接到通知就放弃休假，加班加点，支援抗击疫情。

三、词立方【疫情阻击战：驰援疫区】

【正文】

武汉雷神山医院的地下室基础地面防水材料，由佛山企业免费提供。1 月 26 日下午 3 点多，企业接到通知，必须在当日晚 11 点将 200 吨防水材料从高明生产基地发出。企业迅速组织临时团队，争分夺秒一直干，只用了四个多小时就完成物料装卸，保证了货物准点发车。

【采访】佛山市科顺建筑材料有限公司副总经理涂新华：

赶车的时候，我们开始电话联系相关同事，组建了一个微信群。有些可能还在饭桌上，有些可能在路上。我电话一联系，他们都很主动。

【正文】

而另一家佛山企业生产的 1 400 个医用隔离病房集装箱，经过紧张的调运，也迅速运抵武汉，用于支援火神山和雷神山医院建设。

也有佛山医务工作者，利用自己的专业和经验，撰写出一份医院信息化建设方案，支援武汉火神山和雷神山医院建设，方案最终被武汉卫健委采纳落实。

【采访】佛山市妇幼保健院信息科主任马丽明：

因为“三个臭皮匠胜过一个诸葛亮”，可能在这么着急的情况下有遗漏的地方，那么我们能够提点一点是一点，能帮助一点是一点。就这么简单，希望自己的经验能给予他们帮助！

【正文】

除了驰援湖北，佛企还向其他疫情防控需要的地方伸出援手。钢贸大镇乐从年初七收到1 200吨医院病房建设钢材需求，用于香港临时搭建病房。于是，他们马上组织货源，短短几个小时就连夜发货钢材600吨，随后又一连四天将所需钢材全部筹集发出。

【采访】佛山首钢钢铁（集团）有限公司董事长范志刚：

在这个疫情国家一级响应的情况下，一方有难八方支援，我们必须要去完成这个任务。

【正文】

另外，自疫情发生以来，碧桂园、格兰仕、新宝电器、昭信集团等一批佛企也纷纷捐款捐物，助力全国疫情防控阻击战。

【正文】

看到这一幕幕，让我想起2003年"非典"发生时，佛山也是最早一批发生疫情的地方之一，当时正是因为有全国各方的关心和支持，我们才能挺过难关。今天是元宵节，意味着传统春节就要过去，而本周二，也是二十四节气的第一个节气——立春，意味着寒冬过去，我们将迎来春暖花开。面对目前严峻的疫情，我们相信在党中央的坚强领导下，在社会各界以及每一位普通民众支持下，大家坚守相望，共同努力，一定能够战胜疫情。

关键词【"发飙"教师】

【正文】

7月毕业季，学生纷纷毕业，走向人生的新阶段。可以说，这个时节美好难忘，也是不舍的时刻。但山西省朔州市7月17日就发生一件事，让原本温馨的画面添加了一些不愉快的味道，到底怎么回事？

一、关键词【"发飙"教师被处罚】

【同期声】王老师：

恶心，人不能有这毛病，不能贪小便宜。如果遇到像今天这种情况的话，就像王老师这样，记住了吧？你们毕业之前，王老师给你们上一课，有人欺负你的时候，就这样。

【正文】

视频显示，在某小学毕业班会上，这名老师不满学生只给班主任送花，当着大家的面生气地扔掉鲜花，还让全部学生起立罚站，批评送花同学，且向其吐口水。

涉事学校校长表示，涉事老师姓王，是该班的数学老师。事发当时，学生家长给班主任送花，没给她送，她觉得自己的教学成果未得到肯定，于是当场发火。学校已将此事上报教育局。

7 月 19 日，山西朔州市教育局发布事件的处理通报：涉事老师的言行给社会造成了恶劣影响，依法依规给予其留党察看两年、撤销教师资格和一切荣誉称号、将其降到最低岗位等级的处分，并调离教育系统；同时，涉事学校的几名校长也被免职；另外，还将在全区中小学校、幼儿园开展师德师风集中整治行动。

【正文】

作为一名老师，仅仅因为没有收到鲜花就出口谩骂学生，这让我想起儿童文学作品《小王子》里的一句话：既然有所羁绊，就要承受眼泪的风险。对于这句话，我的理解是：想要得到什么，就要付出什么。放在这里，我想说：没收到鲜花就生气，确实有点过了！

二、关键词【付出和回报】

【正文】

有时候，在孩子的眼里，尤其是低年级的孩子，他们的世界黑白分明，他们认为好的，或者说对他们好的，他们会从心里尊敬，反之可能会出现不同的结果。

即便是高年级孩子，一位网友讲述了他的亲身经历。高中时，有一次对老师测评打分，很多同学就给其中一位老师打低分，原因是这位老师上课总是提问固定的几个学生，对其他学生几乎不管不问。最终老师质问大家为什么给他打低分，同学们都说，你既然只在乎那几个学生，就让他们几个给你打高分吧，我们可能也不配。

毫无疑问，掌声和鲜花，都有一定的寓意：掌声响起，是肯定，是敬佩；鲜花递送，是感恩，也是爱。而想要得到这些，作为学生，就要好好学习；作为老师，需要为人师表，并为学生付出辛劳和爱，或者每天晚上都陪着学生学习，或者不停地鼓励学生：通过努力，你一定能实现自己的理想。

【现场】

这份（师生）情，我觉得就像自己家里的父母。他们永远只记得你的好，但是永远都忘了自己的苦。今天毕业了，老班（班主任老师），我正式向您宣告，今天您的孩子长大了，长大了。谢谢您！

【正文】

鲜花掌声属于值得的人，如果没有任何付出，又有什么权利要求回报呢？或许很多时候，很多老师根本就没有索取回报的念头，他们想的只是对得起自己的职业，对得起每一位求知的学生，让他们收获知识与成长，拥有更好的明天。

贵州支教乡村女教师罗忠花，因为要上课没有时间，把婚纱照搬到学校里拍。

还有四川渠县的邓礼映老师，为山区的孩子，他独自一人包揽全部课程，坚守大山35年。

他们的这些举动，让网友纷纷点赞，敬佩不已，掌声和鲜花自然也随之而来，因为他们值得。

【正文】

确实，鲜花和掌声都是送给值得的人，这样才有更深层含义和价值。不过，在一片谴责声中，也有人冷静地指出，一位老师会在公开场合对学生这样发飙，背后的原因难道仅仅只是一束花吗？继续看片。

三、关键词【“发飙”仅因鲜花？】

【正文】

在网友几乎一边倒地谴责王老师的同时，有人提出不同的声音。抛开这名老师的身份不谈，看到学生只给班主任献花，而不给同样站在一起、又是班上的数学老师，从现实生活来看，难免会令当事人尴尬。在指出涉事老师错误的前提下，也应理解，这位老师之所以会如此口不择言，可能是因为感觉到某种程度上的“不公”。也许这位老师并不在乎这束花的价值，真正刺激她的，正是学生对老师之间的差异对待。换位思考，假设在同样的情况下，你或者我，会不会也有些失落和尴尬呢？

老师的个人修养、品行固然重要，但让教师拥有职业尊严和职业荣誉感的社会氛围，同样很重要。

【电话采访】21世纪教育研究院副院长熊丙奇：

师德师风建设实际上有两个层面：第一个层面是教师的个体行为、个体修养，要加强对教师的教育，要求他们要做到教书育人、为人师表，同时对违反师德的行为要进行严厉处罚；第二个实际上是保障教师的权益和待遇这个层面，你只有保障教师的权益、保障教师的待遇，才能够让教师感受到职业的尊严，有职业荣誉感。

【正文】

再来梳理整件事的经过，7月17日发生，第二天视频就被传上网，第三天当地教育主管部门就做出处理结果。短短三天，可以说十分快速，也契合部分网友“把戾气如此重的教师赶出教师队伍”的期待。

然而，当地的调查只是确认了视频的真实性，却没有进一步调查并向公众交代导致教师“发飙”的原因，所以主管部门不能只是为了应对舆情快速处理，而要深究事件背后的原因，对症下药。只有这样，才能从源头找到问题，并避免类似事情发生。

【电话采访】21 世纪教育研究院副院长熊丙奇：

调查清楚所有情况，然后给出处罚的意见。如果老师本身有意见，还可以上诉，再组成调查仲裁委员会，再进行调查，得出最终的处理结果。进一步去反思避免这类问题，再次发生的话，才能够对症下药。

【正文】

不管怎样，这位王老师已经为她的错误行为付出了代价，而且这件事也只是个案，但个案背后的深层原因，也许更应该引起重视。好了，休息一阵，回来聊聊“谢师宴”。

词立方【谢师宴】

【正文】

欢迎回来，7 月份，高考、中考相继结束，不少同学会选择请老师吃一顿饭，感谢老师多年以来的栽培。尊师重教是中华民族的传统美德，学生毕业了，请老师吃顿饭本来也没什么不妥，但现实是，谢师宴助长铺张之风，不值得提倡。最终，摆不摆“谢师宴”成为考试之后又一个令人纠结的问题。

一、词立方【谢师宴：考后的纠结】

【正文】

中考刚一结束，小朱所在的班级群就有家长发出倡议，以一场隆重的谢师宴来感谢老师们的辛勤付出，包括聚餐费用、赠送老师礼物、感谢牌匾等，预算一共三万多元，每位学生平均 1 200 元。面对这笔费用，有家长犹豫，组织者就不停地打电话，反复劝说。最终全班 43 名同学，有 35 位报名，宴会在一家高档的酒店进行。

事后，部分同学觉得，感谢师恩本来应由学生组织。可这场谢师宴，不仅价高，还把家长掺和进来，心里很不是滋味。

【同期声】学生小朱：

半强制的感觉，叫每个家长说那些话，觉得这种风气很不好，本来都是学生组织的。

【正文】

其实，谢师恩，是我们自古以来的传统，这是对老师辛苦付出的一种感谢，其内涵是知恩图报。但随着物质生活的丰富，谢师宴也逐渐变味，不但消费越来越高，而且还成为摆阔甚至攀比的一种手段。继续看片。

二、词立方【谢师宴：变味了！】

【正文】

从道德和礼教上看，教师教书育人付出很多，应该得到学生和家长的尊敬，因为感恩而自愿“出血”宴请一下老师，这完全可以理解。从这个意义上说，谢师宴是表达尊师、敬师、谢师的礼仪。

苦读多年的孩子，学业有成，顺利进入人生的另一个阶段，忙前忙后的父母终于长舒一口气，诲人不倦的老师们也迎来了桃李芬芳，大家都由衷高兴。人逢喜事，独乐不如众乐，学生和家长邀老师小庆一下，小酌两杯，也没有什么不妥。

然而，问题就出在一些宴会庆祝的方式过了界、变了味。纵观近年来出现在各地的“谢师宴”，从形式上看，早已冲出家门，成为商家的招牌。动辄上千、数千元的高消费，让原本人人都可以表达的“谢师”有了门槛。

比如，某酒楼推出的“谢师宴”围菜，最贵每台 5 888 元，还没算 15% 的服务费，菜单包括澳洲龙虾、雪花牛柳、四宝鱼翅等，而且一位难求。

【同期声】酒楼部部长张小姐：

房间会紧张一点，你看这些都提前订了。

【正文】

而从内容上来看，时至今日，谢师宴也已经不单纯是为了答谢师恩，很多家长借此搏面子、讲排场，大操大办、互相攀比，让普通的工薪家庭难以承受。而作为“陪衬”的老师，也因为碍于面子而不得不疲于赶场，觥筹交错的背后是苦不堪言。如此这般，好端端的谢师宴硬是笼罩上了庸俗的阴影，结果是，谢师宴偏离了“谢”的本意，改变了“谢”的味道。

没错，一味大吃大喝的谢师宴，已经不符合时代的节拍，谢师宴应该选择新方式、有意义的方式，这才是最重要的。既然谢师宴已经变味，那就应该想办法让其回归本源。到底这个本源是什么呢？继续看片。

三、词立方【谢师宴：应回归本源】

【正文】

吃饭，对中国人而言，有着特殊意义，既是一种社交手段，也是一条沟通感情的纽带，更是一个互动交流的场所。一顿谢师宴，可以实现学生、家长与老师的互动，感激过去的教导，请教未来发展的良言，这才是“谢师宴”的本意所在。而这样的“谢师宴”，完全没必要在豪华酒店，也没必要山珍海味，更没必要推杯换盏。简单一顿便饭，哪怕一杯清茶、一碗面条，也不影响推心置腹地聊天，甚至更能让师生无障碍交流。

至于礼物，当然也可以送，但更应该鼓励学生以自己的方式感谢老师。一张亲手做的贺卡、一条自编的短信，一样可以表达对老师的敬意。

【同期声】市民张小姐：

写一封感谢信，写一张贺卡，我觉得都是一样的心思。

【正文】

谢师贵在用心，一个电话、一句问候、一次探访，形式看似简单朴实，照样表达感恩。而这样纯洁的形式，更符合我们千年不坠的文教传统。

【正文】

没错啦，学生毕业谢师是感恩的体现，完全没必要用某种看似约定俗成的宴请形式进行。有意义的谢师方式，更能让孩子感受到尊师可贵，为他们的成长注入正能量，也为社会带来一股清流。

四、词立方【谢师宴：毕业与传统相结合】

【正文】

7 月 13 日，一班小学六年级的毕业生来到江苏镇江南山文心书院，举行一场特殊的毕业送别会。

现场，孩子们穿着统一的汉服，分别向恩师、向家长一一行拜感谢礼。

在古代，这种行礼方式叫射策礼。射策原是汉代考试方法之一，后泛指应试选拔人才。在毕业之际，将传统文化和毕业送别结合，是想让孩子们表达对长辈的孝道和师长的感恩之情。

【同期声】六年级学生王楠楠：

六年了，举行这个仪式，也是想表达对老师和家长的感激之情，感谢六年的陪伴和关怀。

【同期声】家长吴先生：

举行这次活动非常好，让小孩子学会感恩，感谢师恩、感恩学校、感恩社会！

【正文】

相比于谢师宴这种既无新意、也很俗气的感恩方式，我就觉得这种毕业方式很好。要我说，谢师，不必宴，有心方觉甜。学生对老师表达感恩之心，并非只有“吃喝”二字，也并非只能用金钱来埋单。设想一下，如果谢师宴办完之后，学生就无影无踪，再也没有联系，那谢师宴就成了一时的热闹。对老师表达感恩有很多方式，一束鲜花、一句问候、一场促膝长谈，足以让老师感受到诚意。谢师，不忘师，不时打个电话问候一下，交流几句，如果条件允许，多几次探望恩师，用自己的成长与成才来表达，这才是对师恩的最好感谢。

【点评】

《热线关键词》是佛山电视台全力打造的一档周播新闻评论栏目，已开播10年。节目定位和播出时段相适应，形式新颖、特色鲜明，颇受观众欢迎，在佛山有相当的权威性和影响力。

从今年选送参评的上、下半年各一期节目来看：首先，节目版面、编排、包装、制作大气精良。其次，主持人与节目融合度较高，语态轻松自然。再次，选题得当，点面结合，既有新闻热点，又有覆盖面。最后，节目信息丰富，主题突出。比如2月8日播出的《热线关键词》，在选题和策划上节目组都是用了心、下了功夫的，紧紧围绕热点话题——“疫情突然而至”展开宣传报道，节目深入采访挖掘。面对突如其来的疫情，全社会都积极行动，党员干部以身作则，带头冲在抗疫第一线，公交车司机每天坚持给车辆消毒杀菌，普通市民也自发行动，各尽所能，共同打响了众志成城的疫情防控阻击战。这样的节目既坚持了主流正面的舆论导向，又起到了温暖人心、坚定信心、鼓舞斗志的积极作用。

（江　凌）

“老”难跨越的数字鸿沟
莫让“智能”变成“只能”!

记者　范　洲　刘美娟　梁淑珍　易俊熙　黄铭坚

【标题】**破除老年人“数字鸿沟”**

“智能”变“只能”　老年人遭遇数字时代的困境

【导语】数字时代对于绝大多数年轻人来说，享受到的是数字科技的红利，但是对于很多老年人来说，面对的是“数字鸿沟”。要跨过这个“鸿沟”不仅仅需要政策、制度设计上的关照，更需要我们全社会的努力。今天的节目我们来关注，如何破除老年人“数字鸿沟”这个话题。我们先来看几条最近冲上热搜的视频。

【现场声】老人交社保被拒

【同期声】这里不收现金，要么告诉亲戚，要么你自己手机支付，这两种方式。

【正文】在湖北秭归县，一位老人冒雨用现金交医保费被拒引发关注。事发后当地政府在情况通报中提到，已上门为老人办理了居民医保，相关调查还在进行。

在这段视频中，湖北广水一位行动不便的 94 岁老人，为了激活社保卡，被亲属抬到银行里抱起来进行人脸识别。不久后涉事银行发布声明称，工作人员已及时赶到老人家中道歉，涉事银行也会展开专项整治行动，着力提升服务质量。

在两个视频中，两位老人迟缓的身影、茫然的眼神让人揪心。数字时代，技术革新带来的种种便捷本来是要给大众带来方便，然而对于大多数没有跟上时代的老年人来说，在他们这儿“智能”变成了“只能”。技术的革新不仅没有带来方便，反而让老年人在生活中遭遇了数字时代的困境。这两件事情反映的不仅仅是数字鸿沟对老年人造成的生活不便利，它也提醒我们，在智能化时代到来的时候，应该尊重老年人的权利，满足老年人的需求，解决老年人不适应的问题。

【标题】**破除老年人“数字鸿沟”**

老年人享受数字化生活，“鸿沟”在哪里?

【导语】有人说科技必然发展，老年人有时间为啥不学呢?一项调查研究显示，尽管大多数的老年人都想学习使用智能手机，但仅有41.4%的老年人掌握了手机拍照，近半数的老年人无法掌握手机支付，超过七成的老年人无法独立操作健康码。

【正文】今年62岁的张阿伯，几天前带孙女看病，却因不会手机预约挂号被挡在了医院外。

【同期声】市民张阿伯：

这个（预约挂号）老年人不会，最后把她（孙女）爸爸叫来。她爸爸是年轻人，能做。他要是不来，我就得找大夫帮忙了，确实非常麻烦。要真是我们自己有病，到医院以后就只能干等。

【正文】像张阿伯这样岁数的人，本该是移动互联网时代最需要提供便利的群体，可生活中却常常感受到不便。正在办理社保业务的黄阿姨，十多年来退休金一直是发到存折，可最近却被通知要用社保卡才能取钱。这对习惯存支一目了然、用惯存折的她来说有些不适应，因为她不知道自己的卡里到底有多少钱。

【同期声】市民黄阿姨：

我感觉十分不方便。（记者：为什么不方便?）第一，我不懂。第二，我脑力、眼力也赶不上，电脑屏幕一下子就闪过了，我看不到、看不清。

【正文】其实，当“数字化”遇到“老龄化”所暴露出的，远不止就医看病和金融服务中的不便。在疫情防控、交通出行、移动支付等领域我们同样看到了老年人努力追随时代脚步的力不从心。

【同期声】市民陆伯伯：

预约20天后才能去看病，那我不去检查了。

【同期声】市民张阿姨：

教都教不了，老太婆一下就忘记了，记性不好。

【正文】目前，看不清、听不清、记不住，这是很多老年人在使用智能手机时经常遇到的问题，有时候反复练习也很难掌握智能手机的新操作。在数字鸿沟面前老年人步履蹒跚。

当前，我国社会正处于一个数字化过渡期。很多互联网企业在开发产品和服务时，主要瞄准的是年轻消费群体，强调功能齐全和选择丰富。而老年群体受视力不佳、记忆力衰退、学习能力较弱等条件制约，更看重安全度和便利性。因此，围绕老年人的一些公共服务，不能盲目追求技术的便利性而忽略了服务对象的具体特质，让“数字鸿沟”成了“人为鸿沟”。

【标题】**破除老年人“数字鸿沟”**

惠州：线下办事渠道提质增效，为老年人提供兜底保障

【导语】数据显示，2019 年，我国 60 岁以上人口数已经达到了 2.54 亿。其中，接触过网络的老年人却只有 6 065 万人。要让老年人群体共享智慧生活的便利，日前，国务院办公厅公布了《关于切实解决老年人运用智能技术困难的实施方案》，方案聚焦老年人日常生活的出行、就医、消费、文娱、办事等 7 类高频事项和服务场景，提出了 20 条具体举措解决老年人面临的数字鸿沟问题。其实，在惠州，为破除数字鸿沟，一些老年人频繁活动的场所“适老化”改造已经安排上了。

【正文】数字化时代，我们既要鼓励老年人使用新技术、拥抱数字生活，也要兼顾一些老年人对传统线下服务的需求，保留“非数字化”的传统服务选项。近日，记者在中国银行惠州长寿路支行采访时看到，营业网点外部设有无障碍通道，内部有特殊服务通道，配备各类便民设施，在营业大厅设立了老年人服务窗口，仔细询问老年人需求，安排专人帮助老年人办理业务。

【同期声】中国银行惠州长寿路支行副行长覃刊纳：

这些家具的高度都调低了，这样比较方便老人家坐下跟起身。我们配备了紧急医疗箱，还配备了轮椅。

【正文】考虑到多数老年人视力和听力退化，营业大厅还配置了大尺寸触控屏幕，并适当增大设备字体显示和调高提示音量。遇见不会使用电子设备的老年人，大堂服务专员就会帮助操作。记者在现场观察了半小时，有十几位老人在工作人员的帮助下办理业务。

【同期声】银行客户陈阿姨：

比以前感觉宽敞了很多，看着很舒服，他们的服务也很好。

【正文】在河南岸办税服务大厅，这里从 2018 年就全面推广“全预约”办税。此举引得不少老年用户怨声载道，强调不该搞一刀切。不过，近来记者了解到，惠州税务局已针对不会使用微信的纳税群众开通绿色通道，重点服务老年群体。

【电话录音】国家税务总局惠州市税务局工作人员：

绿色通道是有要求的，优先年长的人员或者老弱病残孕。

【正文】对老年人的态度，体现着社会的文明程度。破除老年人“数字鸿沟”，社会力量还要不遗余力。如城市社区敬老院和老年大学可以举办一些公益培训，开设智能手机使用班，开展与老年人生活密切相关的 App 教学，引导老年人使用自助设备；政府和公益组织可以组织志愿者到老龄化比例较高的农村地区，以“一人对接一户”的形式推广。此外，家庭成员尤其是子女也要尽到自己的责任，帮助父母熟悉智能化产品，让他们能用、会用、敢用、想用智能

化产品。

【标题】**破除“数字鸿沟”　适老化改造要先拆“心墙”**

【编后语】是呀，面对在数字鸿沟面前步履蹒跚的老年人，我们的思路是该调整，不能总让老年人去适应新科技，能不能让新科技去适应老年人？比如，推出关怀模式、老年模式。工信部有消息说，互联网的适老化改造目前已经在推进，首批适老化改造就包括微信、支付宝、滴滴出行等。其实，科技适老的背后，真正要适老的是人的理念，还有大家心中的人文关怀。

有一句老话叫“老吾老以及人之老”。心中有了对老人的关心和敬重，有些事情要找到办法其实也并不难。就比如，有的老人坐城轨不会用自动售票机来买票的问题，如果有人能够及时主动掏出手机来帮着买一张，这举手之劳虽然不能代替适老化改造，但是也能帮老人解决问题。“老”问题要大家用心解决，这“老”难跨越的鸿沟就不那么难了。

【点评】

该作品针对当前智能化社会发展中的一个突出问题——老年人因难以跟上数字技术发展而面临生活不便展开论述，敏锐地捕捉到当前社会发展中的热点现象，是一则优秀的电视新闻评论作品。该评论突出的优点主要有两点：

其一是论证的层次分明，挖掘深入。开头通过典型新闻事实的陈述指出这一问题的普遍存在，随即展开了论证。一方面，老年人因视力不佳、记忆力衰退和学习能力较弱难以适应数字化技术发展，这是数字鸿沟难以跨越的客观事实；另一方面，从人文关怀的角度，一个社会对老年人这一弱势群体的关爱体现一个社会的文明程度，不能让数字鸿沟变成人为鸿沟。因此，基于以上理由，应该为老年群体提供制度和政策设计上的关照。国务院办公厅公布的关于切实解决老年人运用智能技术困难的实施方案以及惠州的地方举措即是基于这样的考量，整个论证过程思路清晰。

其二是作品包含的论点、论据和论证过程三个完整的评论要素之间互相支撑，逻辑性强，因而有较强的说服力。评论将观点建立在充分的新闻事实和引用的数据基础上，点面结合。多个老年人使用手机遭遇困难的具体个案增强了论据的真实性和可看性，同时引用的统计数据展示了该群体遭遇困难的普遍性，反映了面上存在的问题，既避免了评论陷入抽象和枯燥，又增强了评论的说服力。

（杨　凯）

电视新闻专题

共赴山海

广东广播电视台　涂心怡　阮拥军　卓庆林　麦　霖　韩　栋　游　渊

【开篇引子】

【字幕】

新疆　克孜勒苏柯尔克孜自治州　乌恰县

【解说词】

北京时间晚上九点，柯尔克孜族小伙哈里别克依然沐浴着夕阳，悠闲地把羊群赶回羊圈，准备送走最晚一缕阳光。这里是中国大陆的最西端，世界上离海洋最遥远的地方。昆仑山脉、天山山脉在这里交汇，构成“世界屋脊的屋脊”帕米尔高原的一个隐秘角落。托云牧场，离乌恰县吐尔尕特口岸只有 20 公里，与吉尔吉斯斯坦接壤，边境线长 72 公里。这里是新疆建设兵团第三师唯一的边境团场，也是柯尔克孜族人世世代代游牧的家园。

【现场声】广东省东莞市谢岗镇党委书记胡毅峰：

把（羊肉）做成品牌，把品牌打响，把价钱提升。

【字幕】

2020 年 9 月 16 号，广东东莞谢岗镇代表团赴托云牧场开展结对交流活动

【同期声】胡毅峰：

我们谢岗镇响应东莞市委的号召，到这里来做好援疆工作。感觉到我们要学习戍边干部，不畏艰辛，把青春、把生命都奉献在这种戍边的工作当中。

【本集片名】共赴山海

【解说词】

托云，柯尔克孜语中的含义是“白色的山崖”。九月，高寒山区的牧场，没有绿草如茵，起伏的山脉与其说是草场，更像是长了零星灌木的戈壁。托云牧场总面积 493 平方公里，相当于近 5 个东莞谢岗镇的大小，每年的牧草资源却只够养活 10 000 只羊。2003 年曾被列入国家级边境贫困团场。

【现场声】吐尔买买提 · 马提和妻子：

这些西红柿快熟了，最好的菜给连队的人（送去）。

【解说词】

托云二连连部，62 岁的吐尔买买提·马提和妻子正在收拾菜园子。五年前，在三师农业局的帮助下，连部有了蔬菜大棚，高寒山区的柯尔克孜人民从此告别了建场 60 多年来吃不上新鲜蔬菜的历史。

【同期声】柯尔克孜族　新疆生产建设兵团第三师托云牧场护边员　吐尔买买提·马提：

我退休了，我们是种菜的，给（驻托云牧场二连纺惠聚）工作队免费送，也不要他们的钱。

【现场声】吐尔买买提·马提：

连长，这些菜是我们的一点小小心意。

连长：菜很漂亮，谢谢，谢谢！

【解说词】

客厅的墙上挂满了照片，那是吐尔买买提大半辈子的缩影。

【同期声】吐尔买买提·马提：

这是我第一次骑马，在冬天。这次我儿子也一块去，我孙子也看到界碑了。

【解说词】

守边，是柯族人的血脉传承。吐尔买买提·马提的父亲是托云牧场的第一代护边员。1975 年，吐尔买买提接过了父亲的马鞭，一干就是 41 年。

【同期声】吐尔买买提·马提：

冬天下雪，结冰，路不好走，特别滑，骑马也走得很困难。

【解说词】

道路未通的 20 世纪 90 年代，为了巡边，他往往一离家就是一个多月，住毡房、喝雪水…… 41 年来，吐尔买买提走过的行程有 13 多万公里，相当于绕地球 3 圈多。脚下的土地还是那片土地，身边的环境却在悄悄地发生改变。3 年前，吐尔买买提退了休，儿子哈里别克接过父亲的重任，儿子巡边的方式与父亲又有了不同。

【同期声】吐尔买买提·马提的儿子哈里别克·吐尔买买提：

我是从 2008 年开始当护边员的，一边放羊，一边戍边。我老婆也是护边员，一个月有 2 600 块工资，现在生活好了。

【字幕】

如今，托云牧场 1 079 人，除去职工、民兵，其他人全部加入了护边员的队伍，这也意味着家家都有了稳定的收入。

【同期声】吐尔买买提·马提：

政府帮我们盖了房子，现在路也修好了，交通方便多了。这都是国家和党的好政策，所以我感谢党和国家，我永远都不会忘记。

【解说词】

在过去很多个节日里，吐尔买买提的妻子都没能等到丈夫回家团聚。如今，家里的护边员更多了，离别的忧思不再笼罩在这个家庭上。朝霞升起，哈里别克和其他的族人们，又将继续放牧巡边的生活。他们总是最晚迎来日出，可撒向这片土地的阳光，每一缕都同样温暖和煦。

【字幕】

为了帮助改善牧场基础条件和民生设施。9 月 17 日，谢岗镇向托云牧场捐赠帮扶资金 65 万元。2016 年至今，广东援疆资金共支持第三师托云牧场安居保障房、干部人才周转房建设及配套项目等 4 个民生项目。

【解说词】

帕米尔高原的东边，是世界第二大沙漠——塔克拉玛干沙漠，而在这两处人迹罕至的荒原地带，有一处绿洲，传承千年。喀什，是古丝绸之路重镇、南疆最大中心城市。名声大，家底却不厚。喀什地区下辖 12 个县市，都是贫困县，被国家确定为“三区三州”重点深度贫困地区之一，大多数农村人口仍以农牧业为生，产业基础薄弱。按照中央统一部署，自 2010 年开始，广东省支援“两县一师”——疏附县、伽师县、新疆生产建设兵团第三师图木舒克市。其中，深圳作为单列，援助喀什市及塔县。

【解说词】

塔什库尔干塔吉克自治县，中国最西端的县城，它与塔吉克斯坦、阿富汗、巴基斯坦三国接壤，这里生活着中国唯一一个纯正白种人民族——塔吉克族。塔吉克族人把鹰作为民族的象征，称自己为“鹰的部落”，这与他们生活的环境密不可分。帕米尔高原平均海拔超过 4 000 米，冬季最冷气温可达零下 30℃ ~ 40℃，一年中有 4 个月的时间大雪封山，许多人一辈子没有见过山外面的世界。被高山阻挡的梦想，只有借助想象的翅膀才能抵达。

【字幕】

塔吉克族　鹰舞

【解说词】

坎尔洋，是塔吉克民歌《花儿为什么这样红》的诞生地，距离塔县 55 公里，总面积相当于整个深圳大小，总人口却只有 807 人，全村户数 227 户，散居在南北纵深 27 公里的沟谷里。2014 年，坎尔洋被列为国家重度贫困村。和大多数塔吉克家庭一样，牧羊也曾是达尼亚尔一家的主要收入来源。

【同期声】塔吉克族　新疆塔什库尔干塔吉克自治县坎尔洋村村民达尼亚尔·阿热甫江：

我上大学期间我们村特别特别穷，（家里）都是土房子，放牧畜牧业不多。情况是从 2014 年开始好转的，国家也给我们很多补贴。

【解说词】

依靠政策性收入，2017年岁尾，坎尔洋村脱了贫。然而，很多村民依然是“边缘户”“监测户”。输血，不如造血。2018年，自治区党委组织部办公室副主任熊七洲到坎尔洋村任第一书记。经过“诊脉”，他决定从旅游入手发展坎尔洋。达尼亚尔家，就是第一块“试验田”。

【现场声】新疆维吾尔自治区党委组织部办公室副主任、调研员，驻塔什库尔干塔吉克自治县坎尔洋村第一书记熊七洲：

你看现在这个院子也比较干净。

【同期声】坎尔洋村村民达尼亚尔·阿热甫江：

去年书记进来我们家，倡导我们开农家乐。当时游客也不多，我们有一点犹豫，后来接待了好几批游客以后我们有信心了。

【解说词】

2018年，在内地读完大学的达尼亚尔选择了回乡发展。第二年年初，他们有望将这支舞搬上深圳的舞台，为特区献出一份贺礼。

【同期声】熊七洲：

深圳乃至广东首先就是从资金项目上给了一些支持和帮助。他们多次派旅游专家，还有一些宣传人员，帮助我们吸引游客到村里面来，有效推进了我们旅游扶贫产业的发展。

【同期声】塔吉克族达尼亚尔·阿热甫江母亲尼牙孜汗·肖吾拉木：

现在我们很幸福，很开心，随时出去旅游，有吃的，有穿的，没有任何困难了。

【解说词】

七彩山，是天山的余脉。亿万年的地壳运动，把这里揉搓成千沟百壑，形成中国最大的断层陷落带。七彩山下，原本波光粼粼的西克尔水库，早已干涸，汽车驶过，激起沙尘阵阵。西克尔村里，艾萨·图尔迪和买买提·亚合甫正在人工浇灌村里的草木。他们，是这个仅有八百多人的小镇，最后留守此处的村民。2020年1月19日，伽师县发生里氏6.4级地震，地震波及伽师县10个乡镇。一夜之间，这个刚刚凭借着交通优势脱贫的小镇满目疮痍。西克尔人失去了赖以生存的家园。由于处于柯坪地震断裂带，地县经多次研究后决定，将西克尔库勒镇西克尔村整体搬迁到县城进行安置。

【转场】

【航拍　西克尔库勒镇安置小区】

【现场声】

女：一个馕多少钱？

男：两块钱，好吃。

女：来三个。

【解说词】

在广东省佛山市委市政府、广东援疆资金的支持下，今年 6 月，西克尔安置小区顺利完工，用时仅 100 多天。西克尔村 209 户、836 人全部安置入住。

【同期声　画外音】维吾尔族　艾萨·图尔迪妻子　新疆伽师县西克尔库勒镇西克尔村村民　哈尼克孜·麦麦提敏：

搬到这里后我们晚上不用出门上洗手间，厨房里也有自来水，这里的条件很好。

【现场对话】维吾尔族　艾德汗木江·吐逊　新疆伽师县西克尔库勒镇人民政府干部与家人

艾德汗木江：大姐你好，最近过得还好吗？

穆萨江：好着呢！

艾德汗木江：有什么生活上的困难及时给我们反馈。

【同期声】哈尼克孜·麦麦提敏：

感谢党和政府，说一辈子表示感谢也说不完他们对我们的恩情。地震受灾房子倒塌，也没有把我们留在外面。

【同期声】维吾尔族　艾萨·图尔迪儿子　新疆伽师县西克尔库勒镇西克尔村村民穆萨江·艾萨：

当时我们很感动。我们背后有一个强大的力量，就是我们的党和政府，我非常感恩。我现在担任的是一家咖啡厅的店长职位。党和政府给我们做得已经够多的了，我们要靠自己的力量，靠自己的努力，坚持下去。

【解说词】

为了完成搬迁村过渡期的一些善后工作，艾萨选择了留守在老西克尔。

【同期声】哈尼克孜·麦麦提敏：

我非常支持我自己的丈夫留在那。能帮上党和政府一点小忙，就在那个地方帮忙，贡献一下自己的力量。

【解说词】

夕阳西下，安置小区的院子里，孩子们在球场享受着属于他们的快乐时光。那笑容，恰如他们家乡七彩山的色彩，热烈、夺目，充满希望。

【转场】

【解说词】

金秋时节，疏附县乌帕尔镇的核桃迎来了丰收，可亚日吾村的核桃种植户仲哈尔古丽却高兴不起来。

【同期声】维吾尔族　新疆疏附县乌帕尔镇亚日吾村核桃种植户仲哈尔古丽：

今年买核桃的人没有，我们的收入也很低。

【解说词】

疏附，自古就是南疆瓜果飘香的一颗明珠。乌帕尔镇的核桃种植面积占全县 50% 以上，是村民们的主要收入来源。独特的地理气候赋予了这个古老绿洲丰富的瓜果资源，却并没能给村民们带来太多的经济收益。

【邬镇长坐车打电话现场】

一会再一起去看那个坚果，等我 40 分钟。

【现场声】广州市第九批援疆干部、挂职疏附县乌帕尔镇党委委员、副镇长　邬国平：

阿布力克穆，好久不见了，这次来找你是请求帮忙的。核桃销售有点困难，还得请你帮帮忙。

【现场声】维吾尔族　新疆疏附县乌帕尔镇核桃合作社负责人阿布力克穆·麦麦提明：

现在我的库房还有 60 吨核桃。我去年的收购价是 16 块钱，现在七八块钱还卖不出去。

【同期声】邬国平：

听到我们核桃合作社负责人（的顾虑），我当时压力也比较大。为了解决他的后顾之忧，也拜访了很多协会。

【打电话现场声】邬国平：

你们还是过来看一看，老百姓一年就那么点收成，还需要你们多多支持。那就明天上午见。

【同期声】邬国平：

有的企业只是讲电话时热情，过后就没有了音讯；有的企业老板是来了，看了之后总会说这个毛病或那个问题的，最终还是没有落户。总之，想吸引客户到南疆来投资，还是有很大的困难的。

【解说词】

招商的企业迟迟未到，可农时从不等人。核桃皮裂口，标志着核桃已经生长成熟。如果此时不及时采摘，再往后，营养价值和价格都会大打折扣。仲哈尔古丽一筹莫展。核桃的收入是准备给儿子上大学交学费的，如果卖不上价钱，儿子的学费都成了问题。

核桃园里，邬国平也深感无奈。作为中共中央组织部安排的第一批在乡镇挂职的援疆干部，他带着心中的一团火踏上南疆这片土地，却转眼被现实浇了个透。看着眼前一个个已经开裂的核桃，邬国平想到了一个人。

【转场】

【解说词】

乌帕尔镇核桃丰收的同时，布拉克苏乡 10 村的鲜枣采摘已经进入尾声。这些鲜枣，都将通过一个名为疆果果的广东援疆企业48小时内发往全国各地。今年，疆果果已经销售疏附的鲜枣近300吨，邬国平找到他们的时候，他们正在进行今年最后一波的鲜枣收购。

【现场对话】

邬国平：我先下车，您把车停在前面，我去和疆果果的负责人沟通一下。

邬国平：你好，艾姆拉，是吧？

艾姆拉：对，你好。

邬国平：你好，我是乌帕尔镇挂职的副镇长。现在我们镇的核桃都成熟了，准备上市了，目前农民也比较担心，看看能不能收购销售一下我们的核桃？

艾姆拉：可以呀，这样更好，我们也不用跑这么远了。

邬国平：谢谢你。

【解说词】

疆果果核桃销售的体量有限，但是这次的成功经历给邬国平拓展了思路，将视线投向了在当地有一定渠道和基础依托的企业。

【同期声】邬国平：

一家是我们喀什疆南农副产品批发市场，准备要大量订购。此外，在前段时间我们也招到了一家广州的企业，直接到我们疏附县投资建厂。

【字幕】

在广州援疆资金的支持下，阿布力克穆·麦麦提明的合作社核桃加工厂顺利扩建，以远高于其他收购商的价格，收购镇里核桃近500吨。合作社规模扩大后，带动了本地近60人的就业。其中，建档立卡贫困户有15人。

【同期声】阿布力克穆·麦麦提明：

真心感谢帮助我们卖农副产品、支持我们的广东省援疆干部，谢谢你们。

【现场对话】

阿布力克穆：这些核桃是什么品种？

仲哈尔古丽：新疆二号核桃。

邬国平：好好干，生活会越来越美好的。

仲哈尔古丽：我们的收入越来越好。

【同期声】邬国平：

感觉很开心，其实援疆工作是一件很光荣的事情，所以说我是带着激情来的。希望通过我三年的援疆工作，当地的种植方面能够有所改善，至少在走的时候能让当地百姓说，小邬这个人对我们维族兄弟还是做了一些成绩的，我就心满意足了。

【转场】

【解说词】

努尔古丽，在维语中是太阳花的意思。努尔古丽这几年的生活，也像是一朵追逐太阳的花朵。6年前，只有18岁的努尔古丽刚嫁过来时，一周才吃得上一顿这样的拉面。在这个维族小院里，住着努尔古丽一家六口人。受传统文化和社会环境影响，当地妇女就业阻力不小。一开始，努尔古丽要去工作的想法并不被丈夫和婆婆支持。在村干部的组织下，努尔古丽第一次走进深圳产业园。

【同期声】维吾尔族　喀什市深圳产业园美丽奥服装有限公司工人努尔古丽：

第一天去上班的时候，看到我们领导是女人以后我很高兴。我也想自己赚钱，想我们收入高一点。

【解说词】

经过几年的努力，如今，努尔古丽当上了企业生产办组长，收入甚至超过了丈夫。

【同期声】维吾尔族　喀什市深圳产业园美丽奥服装有限公司工人努尔古丽：

原来生活也是，老公给我钱，我可以买东西，可以用。现在我赚钱以后，自己想买的东西可以买，想吃的东西可以吃。

【解说词】

工作，让努尔古丽看到了自己的价值和潜力，而吐汗·色来则用柔弱的肩膀撑起了一个家庭的希望。

【字幕】

东纯兴是广东援疆的标杆项目，也是援疆各省市中投资额最大的产业援疆项目，少数民族员工占72%。

【解说词】

2016年4月，一场意外夺走了吐汗丈夫的双腿，抚养三个孩子的重任全部落在了吐汗·色来的身上。对于只有小学学历、从未工作过的吐汗来说，独自到一个陌生环境工作是一个巨大的挑战。

【同期声】维吾尔族　新疆东纯兴纺织有限公司工人吐汗·色来：

我一旦害怕、不舒服了，那个援疆书记就说，放心吧，那个地方有领导。我自己也不怕苦，能干的。

【解说词】

为了解决语言问题，东纯兴每周都会举办国家通用语言教育班，吐汗·色来总是学得很认真。

【现场声】汉语学习课

打包，梳棉，条并卷

【同期声】吐汗·色来：

来这个地方快三年了，会写、会说，我觉得自己非常厉害。东纯兴很好，我也不怕苦，真的。

【解说词】

厂房里，一排排现代化的纺纱机器正将雪白的棉花纺织成顶级的纱线。它们，也编织出了吐汗·色来的美好未来。

【解说词】

秋冬时节，西克尔镇的棉花迎来了丰收。艾萨看顾村民们回乡收完棉花，便打算回县里的家，享受久别后的团聚时光。邬国平开始计划接下来的工作，怎么让疏附的瓜香飘到珠江。

【解说词】

从广东到喀什，从岭南到西北，跨越大半个中国，大海与大漠牵手，绘就了一幅沙海相依的美丽画卷。

【字幕】

自 2017 年至今，广东（含深圳）助力 32.82 万建档立卡贫困人口脱贫，共投入财政资金 104.5 亿元。2020 年 11 月 24 日，伽师县公告退出贫困县序列。至此，广东（含深圳）对口支援喀什的全部县、市、师实现脱贫摘帽。

【点评】

《共赴山海》是一部立意高、艺术性和观赏性强的优秀新闻专题片。该片以广东对口援助新疆喀什为切入点，呈现了广东对口支援新疆的成果，彰显了我国 2020 年决战决胜脱贫攻坚的主旋律。该作品具有两个特点：

一是作品中的人物故事具有不同的代表性，每个故事独立成章，但故事与故事之间又能有机地联系在一起，突出了作品主题的统一性。在人物的选择上，既有广东的援疆干部，也有当地一线工人、返乡创业的大学生，还有维吾尔族的护边员，每个人物都与援疆工作有关联。片子从不同角度、用不同的方式，讲述了广东援疆的工作成果。

二是制作精良。作品在画面的拍摄上花了很大的心思，画面精美，各种拍摄手法的运用，使内容与画面高度契合，用画面语言从另一个角度阐述了广东的援疆故事。作品充分反映了广东援疆党员干部与当地各族群众一同艰苦拼搏、兢兢业业、共同奔小康的坚定决心。

（高　崴）

1月30日《众志成城　抗疫最前线》

广州市广播电视台　周　丽　叶　青　郑　瑾　郑瀚菁　蒋　栎　胡晓燕

一、节目串联单

1. 节目版头
2. 1月30日特别节目提要
3. 特别节目开场白
4. 首例患者治愈出院现场视频

共4个标题：

（1）广州首例新型冠状病毒肺炎患者治愈出院

（2）治愈患者起初以为是普通感冒

（3）患病期间有咳嗽　头疼　胸闷等症状

（4）治愈患者：感谢广州　广州医疗水平高

5. 午间直击：广州疾控举行誓师大会一（郑瀚菁）
6. 午间直击：广州疾控举行誓师大会二（李泊霖）
7. 午间直击：郑瀚菁讲述见证首例患者出院实况
8. 午间直击：市八医院
9. 众志成城小版头二
10. 最新通报！全国确诊7 711例　西藏首例确诊
11. 广东确诊病例311例　广州新增16例
12. 午间直击：广州公布22家定点酒店接待湖北来穗人员
13. 曾光：预计正月十五　防控取得初步成效
14. 众志成城小版头三
15. 午间直击：供应充足　肉菜价格回落

共4个标题：

（1）市场人气旺　市民档主做足防疫措施

（2）蔬菜供应充足　价格大幅回落

（3）猪肉价格浮动不大

（4）市场开档率进一步提升
16. 午间直击：广州淡水鱼供应充足
共 2 个标题：
（1）新型养殖技术　注重生态及技术创新
（2）现代“瘦身”车间　安全提质
17. 午间直击：钟落潭镇梅田村春耕播种好时节
共 3 个标题：
（1）春耕好时节　菜农播种忙
（2）各单位做好生产记录　确保区域供应
（3）菜价预计会在正月十五前回落
18. 爱心接力：湖北父亲需隔离　7 岁幼女街道看
19. 把党旗插在“疫”线　坚守岗位护平安出行
20. 掷地有声：“一线岗位全部换上党员！”
21. 广视快评：阻击疫情　党员干部冲锋在前
22. 众志成城小版头四
23. 广州市区天气
24. 特别节目结束语 + 音乐

二、节目文稿

1. 节目版头
2. 1 月 30 日特别节目提要
【正文】
最新消息，也是好消息。今日上午 11 点 10 分，广州市第八人民医院嘉禾院区一位感染新型冠状病毒肺炎的患者治愈出院，这是广州首例治愈出院的患者；
来广州旅游，爸爸需要留医观察，7 岁女儿无人照看。党员先锋队成立“关爱小组”爱心接力，帮忙照顾 7 岁女儿；
上海医疗救助专家组组长、华山医院感染科主任张文宏一夜之间成“网红”。“一线岗位全部换上党员！”他的话掷地有声。
3. 特别节目开场白
【口播】
权威报道，主流声音。各位，欢迎收看全媒体特别报道《众志成城　抗疫最前线》。您正在收看的是广州市广播电视台综合频道，我们的节目在花城 + App 同步直播。
4. 首例患者治愈出院现场视频
共 4 个标题：

（1）广州首例新型冠状病毒肺炎患者治愈出院

（2）治愈患者起初以为是普通感冒

（3）患病期间有咳嗽　头疼　胸闷等症状

（4）治愈患者：感谢广州　广州医疗水平高

【导语】

首先来关注一条最新消息，也是好消息。今日上午11点10分，广州市第八人民医院嘉禾院区一位感染新型冠状病毒肺炎的患者治愈出院，这是广州首例治愈出院的患者，我们的记者郑瀚菁直击了全过程。来看看早前的新闻画面。

【正文】

是的，我们现在可以看到，首位确诊患者已经康复，正在走出医院，她神情非常轻松。我们的医护人员也立即送上鲜花，向她表示祝贺。

治愈患者：我以为是普通的感冒，感冒好了才过来医院的。（有发烧或者其他症状吗？）15日发烧了一天，当天打针后退烧了，当时就当普通的肺炎治疗。（有咳嗽吗？）当时有咳嗽，后来好了。我来医院就诊的时候，咳嗽基本好了。（你是什么时候在广东的？）21日。（在患病后你会不会觉得很不舒服啊？）那肯定不舒服了。（例如有哪些不舒服？）咳嗽，头疼，胸闷。（自己有采取什么措施吗？）我一直自我隔离，我是自己一个人住，自我隔离。我觉得广州的医院真的很好，医护人员都非常热情，水平也高，态度也非常好，他们不停地鼓励我。因为当时确诊后自己觉得很无助，他们鼓励我，“没事的，你在这里安心治疗就好”，所以我就很安心。感谢，感谢医护人员，感谢你们。

5. 午间直击：广州疾控举行誓师大会一（郑瀚菁）

【导语】

广州市疾控中心誓师大会正在举行。午间直击，马上连线现场记者郑瀚菁。郑瀚菁交给你讲一下。

【正文】

是的，现在市疾控中心正在进行宣誓，这是因为在这次疫情中市疾控中心有一个很重要的部门，所有可疑的样本包括患者和疑似患者的病毒样本都必须经这里进行检测。如果样本检测呈阳性，收治医院的治疗及疾控中心下一步的隔离等措施都要抓紧进行。这里的检测速度越快，后面的措施就能更快进行。目前，市疾控中心执行三班倒，24小时不停地做检测。在这次疫情发生后，全体员工取消休假，就为了尽快地做好检测工作。另外，市疾控中心除了做检测，也包括应急处置的工作，万一我们发现有患者在某处逗留，他们也要立刻到现场进行应急处置；他们还会去医院，随时帮助医院进行院内感染的防治和消杀，跟进医院方面的防疫工作；他们还要接听热线电话，12320是非常重要的热线，平时市民如果有任何关于这次疫情的情况，都可以拨打疾控的12320热线进行咨询……所以疾控在这次疫情中起到了非常重要的作用。这次，他们就组织全体工作人员重温入党誓词，为所有的工作人员加油鼓劲，继续为广州抗击疫情加油。我在这里的报道暂时就是这些，下面把时间交回给高晞。

6. 午间直击：广州疾控举行誓师大会二（李泊霖）

【导语】

我们的另一路记者李泊霖也在大会现场，马上连线她，泊霖。

【正文】

谢谢主持人，我是广州市广播电视台全媒体记者李泊霖。这里是在广州市疾控中心综合南广场雕塑下，市疾控中心党委号召中心人员，在防控新型冠状病毒肺炎疫情再动员再部署誓师大会的现场。这次誓师大会由市疾控中心党委书记何蔚云领誓，主任杨智聪等广州市疾控中心主要领导、科室负责人、党员和群众代表参与宣誓。全体人员喊出"疫情就是命令，防控就是责任"的振奋誓词。新型冠状病毒肺炎疫情发生以来，习近平总书记高度重视，作出一系列重要指示，要求各级党委党组、各级领导班子和领导干部、基层党组织和广大党员要不忘初心、牢记使命，挺身而出，英勇奋斗，踏实工作，团结带领广大人民群众坚定不移地将中共中央决策部署落到实处，坚决打赢疫情防控阻击战。面对疫情加快蔓延的防控工作，事关人民群众健康，事关社会大局稳定，考验着每一位党员干部的忠诚度、责任心和执行力。疾控中心上下迅速将思想和行动统一到习近平总书记重要讲话精神和党中央决策部署上，把疫情防控作为树牢四个意识，坚决做到两个维护的检验标尺。在前期，广州市疾控中心已经全面动员，全面投入。下面将时间交回主持人。

7. 午间直击：郑瀚菁讲述见证首例患者出院实况

【导语】

好的，谢谢泊霖。刚刚泊霖在市疾控中心给大家带来了现场宣誓大会的情况。市疾控中心也提到，现在是考验党员干部忠诚度的时候。下面的时间，我们再次连线在市疾控中心的郑瀚菁，瀚菁刚刚在市第八人民医院见证了广州首例治愈患者出院的全过程。瀚菁，我想问下，你当时在现场看这位女士的身体状况是怎样的？

【正文】

是的，高晞，刚刚我看到广州首例治愈患者精神状态挺好的，脸色不错，而且她在整个救治过程中病情不算严重，所以今天出院的整体状态都挺不错的。她觉得我们广州的医术很精湛。患者可以顺利治愈出院，在场的记者也很感动。

【导语】

是的，瀚菁。我最关注的是，这位女士康复出院之后，回到家以后她还需要做些什么？相关医疗机构是否会继续追踪这个个案呢？瀚菁。

【正文】

是的，高晞。这次疫情我们都在第一线——广州市第八人民医院。因为市八医院这里收治了最多的广州重症患者及最多的确诊患者，我们切身感受到他们一线工作的辛苦，因为他们没有办法回家，下班后也要进行自我隔离，不能与家里人团聚，不能与他们有太多的接触。同时，我们作为一线的记者，同样也要感谢家里人的体谅，因为我们也不能与他们有太多的接触。按照医院的说法，我们也算是半个密切接触者，所以我们回家后，也要进行自我隔离，也非常感谢所有人员对我们的理解。我们也在这里再次提醒广大观众，希望大家继续做好个人防护工作，毕竟目前的疫情还没有结束。所以呼吁大家做好防护措施，这也能大大减轻医护人员的压力。好的，我在这里的报道就是这些，下面把时间交回给高晞。

【口播】

好的，谢谢郑瀚菁。刚刚谈到家里人的时候，心情也是有些激动，我们也听到她的呼吁。在这个时候，大家不能放松警惕，我们要照顾好自己。保护好自己，其实这也是在某一个层面减轻医护人员的压力。

8. 午间直击：市八医院

【导语】

我台另一路记者陈智恒也在现场，马上连线他，智恒。

【正文】

谢谢主持人，我是广州市广播电视台全媒体记者陈智恒。我现在还在广州市第八人民医院嘉禾院区住院楼门口。刚刚大家也看到广州首例治愈患者出院的情况，我给大家补充点信息。这名首例治愈出院的患者，女性，55 岁，1 月 22 日入院，入院的时候症状消失。按照国际诊疗标准，必须体温正常三天，肺炎症状全部消失，而且连续两天两次核酸检测呈阴性才可以出院。这名患者在此标准上，再进行多一次核酸检测都是呈阴性，才批准出院。我会在这给大家带来更多的信息，也希望广州市民听到更多的好消息。下面把时间交回给高晞。

【口播】

好的，谢谢陈智恒。

9. 众志成城小版头二

【口播】

您现在收看的是全媒体特别报道《众志成城　抗疫最前线》。我们的节目正在花城 + App 同步直播。

10. 最新通报！全国确诊7 711例　西藏首例确诊

【口播】

来看新闻的详细内容。国家卫健委今日通报，1月29日0到24时，31个省（区、市）和新疆生产建设兵团，（放像）报告新增确诊病例1 737例，其中，西藏出现首例确诊病例。全国新增死亡病例38例，其中，湖北37例、四川1例。截至29日24时，国家卫健委收到31个省（区、市）和新疆生产建设兵团累计报告确诊病例7 711例，累计死亡病例170例，累计治愈出院病例124例，共有疑似病例12 167例。

11. 广东确诊病例311例　广州新增16例

【口播】

广东省卫健委今日通报，截至29日24时，（放像）全省累计报告新型冠状病毒感染的肺炎确诊病例311例，广州市79例，潮州、云浮未有确诊病例。29日全省新增确诊病例70例。新增的确诊病例中，广州市有16例。其中，重症病例7例、3例好转、危重病例2例。广州累计的79例中，天河区有20例、白云区18例、海珠区11例、黄埔区9例、番禺区8例、越秀区6例、南沙区3例、花都区2例、荔湾区1例、增城区首次报告1例。

12. 午间直击：广州公布22家定点酒店接待湖北来穗人员

【导语】

继1月28日广州公布首家优先接待改签广州的湖北武汉出境游组团游客的酒店后，昨晚（29日）广州再公布增加21家定点接待酒店，这22家分布于全市各区的酒店，成为湖北籍来穗游客朋友们在广州的“新家”。我们的记者马东明现在正位于人民北路的新世界大酒店。马东明，上午有没有看到游客过来入住？

【正文】

是的，高晞。我是早上9点30分来到新世界大酒店，从9点30分到12点30分这3小时里，我一共遇到6名办理入住的湖北籍游客，他们分别是两对夫妻和一对父子，分别来自湖北武汉、孝感和十堰。这对游客父子当中，小朋友是7岁，据我了解，是目前入住新世界大酒店中年龄最小的一名湖北籍游客。酒店方面介绍，从28日开始，陆陆续续有湖北籍的游客办理入住，目前一共有二十多名湖北籍游客办理入住，他们当中大部分以家庭游客为主。

【导语】

是的，东明。那你有没有和一些游客聊过，他们现在的情况是怎样？

【正文】

可能大家都比较关注刚刚入住新世界大酒店武汉游客的信息。其实我也和他们聊过，他们是搭乘1月23日的高铁从武汉到珠海后再去澳门玩，玩了三天后准备回家。但受疫情影响，湖北多地都封城，所以这 6 名游客暂时不能回家。他们来到广州进行自我隔离，分别住在三家不同的酒店。他们说，之前入住的酒店也特别照顾他们，比如主动提供口罩、消毒液等物资，定期帮他们测量体温。配餐方面，酒店也非常主动帮他们订餐、送餐。值得一提的是，刚刚湖北籍的游客也说，入住的酒店非常照顾他们，并没有出现不好的情况。他们主动转到定点接待的酒店，是因为他们考虑到在定点接待的酒店，无论是服务方面，还是医疗保障方面都会比较周到、专业，所以主动转到定点接待的酒店。

【导语】

东明，那我也想知道，新世界大酒店作为今次定点接待湖北籍来穗游客的酒店，在防护方面有没有什么特别的安排呢？

【正文】

是的。其实大家可以看到，我身后就是酒店的大门，已经安排了工作人员在这里值班。当有游客要求入住的时候，他们都会主动询问是不是湖北籍的游客，如果是就先测量体温。其实刚刚也遇到了一段小插曲，那对湖北籍父子游客，小朋友看到有记者在采访，非常雀跃，蹦蹦跳跳，又或者是刚刚打车过来，在车上闷了一下，所以体温达到临界的 37℃左右。但经过现场驻点的专业医疗人员复检之后，最终确定体温是 36.4℃，体温正常，可以入住。其实，所有入住新世界大酒店的湖北籍游客全部都要进行登记。这份登记表上，除了有他们的身份信息外，还有一栏特别写着他们具体什么时候到广州，以及到广州后在什么地方逗留了多久时间。酒店方面为了更方便照顾湖北籍的游客，对入住的楼层通风设施都进行了改造，比如加大了进风量，保持通风，而且他们居住的楼层都加装了紫外线消毒灯。目前，三人一组的专业工作组已经进驻新世界大酒店，他们会每天两次帮湖北籍游客进行体温的测量，由专人送餐。酒店每天对公共区域的消毒增加到 2 次，保证卫生。好的，我在这里的报道就是这些，下面把时间交回给演播室。

13. 曾光：预计正月十五　防控取得初步成效

【导语】国家卫健委高级别专家组成员、中国疾控中心流行病学首席科学家曾光，昨晚（29 日）表示，预计在正月十五左右，从武汉输出的病例基本没有，防控将取得初步成效。

【正文】

国家卫健委高级别专家组成员、中国疾控中心流行病学首席科学家曾光：

现在出现的病例都是在一个潜伏期前感染的，说明我们近期的围堵工作收到了一定的效果，它才能是这样的。同样的，这个效果也体现在全国各地。武汉的输出病例逐渐减少，预期在正月十五左右，我觉得是基本上没有了，就是从武汉输出的病例没有了，我觉得这些变化是会出现的，这都表明防控取得了初步的成效。在湖北省以外地区延长三天以后就可以上班了，因为这个时间不能再拖了。可是对湖北和武汉应该另当别论，可能时间再拖长点好，因为我们预期在正月十五会刚刚取得初步胜利，武汉往外播散的病例要减少，这个是来之不易的。如果武汉的疫情还没有控制好，会出现第二个高潮。

14. 众志成城小版头三

【口播】

继续全媒体特别报道《众志成城　抗疫最前线》。我们的节目正在花城 + App 同步直播。

15. 午间直击：供应充足　肉菜价格回落

共 4 个标题：

（1）市场人气旺　市民档主做足防疫措施

（2）蔬菜供应充足　价格大幅回落

（3）猪肉价格浮动不大

（4）市场开档率进一步提升

【导语】

来看新闻的详细内容。我们继续连线市内多路记者。广州肉菜供应充足，价格逐步回落。昨天我们报道说，肉菜市场的开档率在六成左右；到了今日，已经提高到八成以上。午间直击，马上连线甘锦文看看珠光市场的情况，锦文。

【正文】

是的，我现在在越秀区的珠光市场，市场位于广州老城区，所以在中午时候人气仍然非常旺。可以看到，整个市场现在还是人来人往，所有的档主和过来买菜的市民全部都戴上口罩。在这次防控疫情期间，珠光市场做足了准备功夫，所有进入市场的市民必须佩戴口罩，而且在市场入口设置了一个关卡，测量体温正常后才能进入市场。现在大家留意一下广播的内容。市场从下午 1 点 30 分开始进行消毒，在卫生防疫方面也是做足功夫。再来看看市场供应方面，可以看到这个菜档供应的菜类非常丰富，供应量充足。至于价格方面，今天菜心卖 6 元一斤，而昨天还是卖 8 元一斤的，便宜了 2 元。本地的菠菜也是卖 6 元一斤，昨天也是要卖 8 到 9 元一斤，价格降幅比较大。大家在冬天打火锅常吃的生菜，今天卖 2.5 元一斤，比昨天便宜了 1 元多。而且经过早上买菜的高峰后，现在市场的蔬菜供应仍然是非常充足的。我自己也去过江南果菜市场，在那里来自全国各地的蔬菜正源源不断地向广州供应，现在每天的供应量突破了 6 千吨。再来看看肉类方面，中午时分，肉档供应仍然很充足，价格方面浮动不大，五花肉和上肉今天的价格是 48 元一斤，瘦肉稍微贵一点，要 68 元一斤，排骨要 78 元一斤。这个价格比平时贵一点，不过与昨天比差别不大。其他食品方面，如鸡蛋，刚刚听到市场的档主说“益街坊”，这些词春节期间听得比较少，因为疫情期间，大家都知道，运输成本比较高，价格贵一点也是情有可原。我们看到，珠光市场的开档率已经超过九成，大部分肉菜市场的开档率已经超过八成。随着档主陆续营业，相信供应和配送会更加及时，肉菜价格将会进一步回落。好的，我在这里的报道就是这些，下面把时间交回给演播室。

16. 午间直击：广州淡水鱼供应充足

共2个标题：

（1）新型养殖技术　注重生态及技术创新

（2）现代“瘦身”车间　安全提质

【导语】

春节期间，广州人饭桌上总不能少了一条鱼，寓意“年年有余”的淡水鱼成为不少人过年饭菜的首选。那么广州的淡水鱼供应如何呢？鱼的质量是否有保证呢？记者董婷就在养殖场，下面交给她介绍一下，董婷。

【正文】

是的，高晞。在我心目中，养一池鱼就只要一个池塘，但是我来到的这个养殖场真的令我大开眼界。如我身后的大池塘，池塘只是蓄水作用，并不是用来养鱼的，养鱼的池是这一边，就是眼前的这十几个水槽。每个水槽大概养了三四吨家鱼，四大家鱼分池养殖。可以看到，棚上架设了很多电线，这些都是全自动化的捞鱼装置，以前需要十几个人才能捞完一池的鱼，而有了这套设备后，三四个人就能简单完成。我们也看到，旁边有一个沉淀池，它是将水里的泥沙、杂质沉淀后，再通过抽水设备将上层的干净水抽到厂房内。这个厂房大有来头，名字叫“瘦身厂房”。这个“瘦身”和我们平时谈到的瘦身并不一样，厂房主要是养殖一些准备卖出的鱼，鱼在卖出前10天就禁止喂养投食。让鱼在净水中进行养殖，可以去除身上的药物残留以及泥腥味，让鱼吃起来更加鲜甜健康。我们也看到，这些水经过10天养殖后，水质会比较浑浊，浑浊的水会排到另外一个沉淀池，另一个沉淀池养殖了一些下层鱼，通过下层的鱼吃这些粪便对水进行净化，实现生态链环境的内循环。好的，我在这里的报道就是这些，下面把时间交回给高晞。

【口播】

好的，谢谢董婷。淡定，年年有“鱼”。

17. 午间直击：钟落潭镇梅田村春耕播种好时节

共3个标题：

（1）春耕好时节　菜农播种忙

（2）各单位做好生产记录　确保区域供应

（3）菜价预计会在正月十五前回落

【导语】

近期气温回升，正是春耕播种好时节。农户们正在抓紧时间，投身春耕，确保蔬果供应。下面将时间交给正在钟落潭镇梅田村的叶慧媛，让她和我们介绍一下今年的春耕情况，慧媛交给你。

【正文】

好的，谢谢主持人。我现在就在白云区钟落潭镇梅田村，这里供应瓜果生产的基地达到上千亩。据了解，每亩土地的产量可达四千多斤，所以保持区域的供应是没问题的。在现场，我们可以看到，现在主要种植叶菜为主，如生菜、油麦菜等。目前，大部分农户已经恢复生产，呈现出一派春耕的美好图景。菜农果农正在松土、浇水、播种，到了下午两点左右就会进行收割，并送到太和农贸市场进行交易，再过几个小时就能上到市民餐桌。这些新鲜的瓜果相信也会给大家生活提供更多更好的选择。好的，我在这里的报道就是这些，下面把时间交回给演播室。

【口播】

好的，谢谢叶慧媛给我们带来春天的气息、春天的希望。

18. *爱心接力：湖北父亲需隔离　7 岁幼女街道看*

【导语】

一对来自湖北宜昌的父女 1 月 22 日来广州旅游。其间，爸爸曾出现疑似新型冠状病毒病征，1 月 27 日至 29 日需要留医隔离观察。这 3 日，他 7 岁的女儿何去何从呢？番禺区市桥街党员先锋队连夜组建“关爱小组”，解决了这位爸爸的后顾之忧。汪颖报道。

【正文】

35 岁的罗杰为了实现女儿看广州塔、游野生动物园的愿望，在 1 月 22 日来到广州番禺，不料从 23 日晚上开始出现咳嗽、胸闷、头疼等症状。由于症状加重，罗杰在 1 月 27 日凌晨到番禺区中心医院就医，需要隔离观察。去医院前，他向市桥街求助。

采访　湖北宜昌市旅客罗杰：怕是有新型冠状病毒，需要隔离吃药。

得知情况之后，由街道妇联、社区居委、社区医院等党员先锋队成员组成的“关爱小组”连夜分工，照顾罗杰的女儿 3 天。

采访　番禺区市桥街妇联专职副主席康珍：跟罗杰随时汇报孩子的情况，例如孩子喜欢吃什么不吃什么，听到这个细节，相信罗杰是放心的。

采访　湖北宜昌市旅客罗杰：非常感动，相关部门一直照顾我的女儿，带了书，还教我女儿安全常识，街道、妇联和社区医院都过来消毒、测量体温，解决了我的后顾之忧。

幸运的是，罗杰经过两次新型冠状病毒的检测，都为阴性，可以解除隔离，在 29 日回到酒店与女儿团聚。

湖北宜昌市旅客罗杰：全国人民紧密地站在一起，对抗疫情，疫情结束后我还会再来广州，畅游广州。

市桥街方面说，这次临时成立的“关爱小组”，是一次隔着口罩的“爱的接力”。这次经验为之后更好地保障本地居民和外来人员防疫安全，提供了参考。

采访　番禺区市桥街妇联专职副主席康珍：政府给予我们物资上的保障，身边的人给了我们信心，孩子的家属，以及孩子的支持，让我们携手共进抗击疫情，这不是一个人能完成的，这是广州多年来文明建设的一个成果。

广州市广播电视台记者汪颖报道。

19. 把党旗插在“疫”线　坚守岗位护平安出行

【导语】

为了做好新型冠状病毒肺炎疫情防控工作，广州客运站场的党员守土有责、守土担责、守土尽责，最大限度确保乘车旅客不被病毒传染，确保站场内不发生疫情。徐浩荣报道。

【正文】

在省汽车客运站，党员孙红新作为班长，主动提出取消休假，在入站口这个一线岗位值班，为旅客测量体温、提供防疫指引、协助旅客完成行李安检等。

采访　省汽车客运站党员孙红新：从 1 月 10 号开始每天都值班，每天都会提早一个小时左右到岗，检查设备设施、体温监测仪，检查班组人员是否有发热的情况。

抗击疫情是突如其来的遭遇战，不仅考验个体的勇气和意志，而且考验整体系统的协调能力。经历过 2003 年抗击“非典”的党员林风，负责的班有 50 多名同事，除了每天布置工作之外，还会不断叮嘱同事做好自身防护。

采访　省汽车客运站党员林风：每天我们的班组会，都会对同事们进行心理疏导和安抚工作，跟他们说勤洗手、做好防护，做好自己防护才能服务旅客。疫情出现以来，车站客流大幅减少，目前平均每天只有五千人次左右的客流量。但是，省汽车客运站的全体党员，在这个特殊时期都选择挺身而出，为旅客平安出行提供保障。

采访　省汽车客运站党员林风：每一位党员都身先士卒，起到带头作用，都坚持加班加点，甚至下班也不回家的。

广州市广播电视台记者徐浩荣报道。

20. 掷地有声：“一线岗位全部换上党员！”

【导语】

昨晚，上海医疗救助专家组组长、华山医院感染科主任张文宏一夜之间成为“网红”，包括央视新闻、人民日报在内的多个网络平台和众多网友都转发了他的采访视频，掷地有声的话语成为这个春天的最强音。

【正文】

上海医疗救助专家组组长、华山医院感染科主任张文宏：其实我们华山医院的病房不需要我去查房，我去查房的主要原因只有一点，要消除我们医生的恐惧。就是说你主任老是在后面指手画脚，不进去跟病人亲密接触，然后老是让我们在危险的第一线，我怎么可以接受呢？所以我们今天做了两件事情，第一件事是我自己每个星期都要进去查房，至少一到两次；第二个决定是换岗，把所有从年底到现在的医生全部换掉，全部换岗。这一批都是了不起的医生，在对疫情的风险性、传播性、致病性一无所知的时候，就把自己暴露在疾病的面前，暴露在病毒的面前。我认为他们都是非常了不起的医生，所以我这里做了这个决定，把所有岗位的医生换下来。换成谁？换成科室所有的共产党员。共产党员在宣誓的时候说，把人民的利益放在第一位，迎着困难上。从现在开始，我把所有人换下来，共产党员上，再做出样子来。所以我在前面还开了一个党小组的会议，就是说共产党的口号你平时喊喊可以，平时入党我不管你有什么想法，现在对不起，你必须马上给我上去。

【口播】

“一线岗位全部换上党员，没有讨价还价的余地！”张主任说得真是好！

21. 广视快评：阻击疫情　党员干部冲锋在前

【口播】

这个本该喜气洋洋的庚子新年，因为一场突如其来的疫情防控阻击战，变得骤然紧张。我们看到，在这个没有硝烟的战场上，一名名共产党员挺身而出，一个个战斗堡垒巍然矗立。鲜红的党旗在疫情防控一线，高高飘扬。

我们看到，各级党组织和广大党员干部牢记人民利益高于一切，挺身而出、冲锋在前。

在湖北武汉，金银潭医院的张院长今年57岁了，身患绝症的他，自去年底以来一直奋战在抢救病人的第一线。他同为医务人员的妻子，却因感染新型冠状病毒肺炎在另一家医院接受隔离治疗。幸好，昨天传来好消息，他的妻子康复出院了。张院长是一名老党员，疫情发生的时候他就说过，身为党员，非常时期、危难时刻，必须不忘初心、勇担使命，坚决顶上去！

出征号角吹响，冲锋战鼓擂起。在广东广州，当医护人员收到赴武汉共抗疫情的通知时，报名去武汉，去一线的热潮一批又一批，席卷了各大医院。他们用一个个鲜红的手印、用浸出水的隔离服、用口罩长时间绷住鼻梁产生的压疮、脸上勒出的血痕……践行着共产党员的承诺，诉说着人间大爱的故事。

哪里任务险重，哪里就有党组织坚强有力的工作，哪里就有党员当先锋作表率。疫情就是命令，越来越多的共产党员正在前赴后继地投入这场抗击疫情的阻击战中来。

我们看到，在城市、在农村，一线党员站在了抗击疫情的第一线。省汽车客运站的党员孙红新说，党员就应该身先士卒；增城下围村的党员郭庆东说，村里的 84 位党员来保洁；青年志愿者、党员梁修飞说，在祖国需要我们的时候，党员就应该积极做好榜样。

疾风知劲草，烈火见真金。今天，我也专门戴上党徽，坐上主播台。在网络谣言满天飞的当下，在广大市民宅在家中期待听到权威声音的此时此刻，我和我的小伙伴，希望用我们的努力、我们的奔跑、我们的汗水，为众志成城、抗击疫情，略尽绵薄之力。堡垒无言，却能凝聚强大力量；旗帜无声，却能鼓舞磅礴斗志。让我，让我们，一起用实际行动，践行初心使命；一起以担当作为，给党旗增辉添彩。

22. 众志成城小版头四

23. 广州市区天气

【口播】

节目最后，来看下广州市区的天气情况。今天中午到傍晚，晴间多云，13℃到 18℃，相对湿度 29% 到 40%，吹和缓的偏北风。

24. 特别节目结束语 + 音乐

【口播】

今天的全媒体特别节目《众志成城　抗疫最前线》就到这里，关于抗击新型冠状病毒肺炎疫情的最新消息、权威报道，欢迎关注“花城 +”、花城 FM 手机客户端，以及“掌中广视”微博、微信。再会。

【点评】

回想疫情初期，可谓人心惶惶。《众志成城　抗疫最前线》最可贵之处，就是在疫情防控初期的信息匮乏阶段，给惶恐笼罩之下的广州市民带来一颗定心丸。节目主打直播态的呈现方式，用记者的第一人称、第一视角看疫情防控下的广州，给群众带来了大量内容丰富、解读权威、效果突出的相关报道，公开透明地发布疫情信息、正面击溃网络谣言、传播广州城市温度，体现了媒体的责任担当，以及在重大社会热点事件面前不失声不缺位，为广东省广州市打赢疫情防控阻击战提供有力的舆论支持。

该节目时效性强，内容丰富饱满，体现了很强的新闻性、电视手段的多样性和鲜明的本地特色。记者第一人称出镜报道，真切传播信息，凸显了电视新闻报道的纪实性、现场性和真实性。谋篇布局上也是精心策划，版面均衡，重点突出，开篇率先发布广州首例治愈患者出院这一重磅消息，还摘发多条当日最新消息，涵盖百姓关注的方方面面，各种新闻体裁布局合理。最后推出的“自选动作”——“广视快评”不失为编排报道的有力烘托。此外，值得一提的是，广州市广播电视台一直勇于创新，多种现代先进的电视技术手段在节目的播出呈现中功不可没，增加了节目的视觉冲击力和感染力。

（叶晓明）

深圳卫视对话钟南山

深圳广播电影电视集团　何嘉琪　徐华强　刘小燕　钟鹏超　郭广豪　陈晓星

【大导视】

【正文】新冠病毒肆虐，未知造成惶恐，谣言充斥网络，但每每他一发声，总能喝退流言，以正视听。

【同期声】中国工程院院士、国家卫健委高级别专家组组长钟南山：我认为（无症状感染者）是值得警惕的。但是从整个形势来看，不会像第一波那样，引起大暴发。

【正文】17年前“非典”暴发，钟南山冲锋在前，主动要求“把重病患者都送我这里来”。2020年春节，84岁的钟南山再次临危受命，担任国家卫健委高级别专家组组长，还是一贯的“南山风格”。

【同期声】钟南山：应该说17年前，我们的有关部门是有隐瞒的，这一次中央政府则是完全透明的。

【正文】斩钉截铁，肯定新冠病毒人传人，针对病毒来源，钟南山直抒己见，不排除任何可能性，在疫情风暴中直言不讳，真的毫无压力吗？

【同期声】钟南山：越考虑得通盘，就越平（圆）滑了，还是需要把主要的问题讲出来。

【正文】回应疫情热点、会见中外专家、研究治疗方案、接受媒体采访，耄耋医者从坐上赴武汉高铁的那晚开始，就没有停下忙碌，跟随着国内外疫情变化，不断给出科研最新成果。

【同期声】深圳卫视记者何嘉琪：好像现在也有一个说法，说羟氯喹加阿奇霉素可能会是有特别好效果的一种药物，您怎么看？

【同期声】钟南山：因为科研跟临床是两回事。科研是可以做很多的研究，但是你推荐了临床，广大的患者要用的话要非常慎重。要考虑有效性，还特别要注意它的安全性。

【正文】全球感染者突破百万，新冠疫情已成世界性灾难。各国协力防控救治，疫情拐点距离我们还有多远？

【同期声】钟南山：所有的国家都要共同采取措施，这不是由我们决定的。

每个国家的政府要能够这么决定，我相信 4 月底应该是下来了！

【正文】深圳卫视独家对话钟南山，为您还原抗疫一线“老斗士”如何书写自己的责任担当。《决胜制高点》即刻播出。

【正文】奋战在抗疫最前线的这段时间里，位于广州医科大学附属第一医院的办公室，是国家卫健委高级别专家组组长、中国工程院院士钟南山进行科研、与国内外专家远程交流的主阵地。钟南山在战“疫”的 70 多天里，始终忙碌，但面对社会大众对疫情走势的最新关切，他还是挤出时间在自己的办公室与深圳卫视记者聊开了。

小标题：钟南山“逆行”武汉　疲惫照片令人心疼

【正文】2020 年 1 月 18 号，是中国农历“小年”。钟南山院士在疫情不明的情况下，呼吁大家待在安全的地方，自己却连夜踏上了前往武汉的高铁。正当春运，去武汉的高铁票早已卖光，手持无座车票的他只能在餐车上找了一个位置坐下，开了一天会议、又在列车上看了许久资料的他，最后疲惫地靠在椅背上睡着了。

小标题：中国边抗疫边总结经验　便于与世界共享

【同期声】深圳卫视记者何嘉琪：

这两个多月以来，您一直都在前线。您最近的工作常态是什么样子的？

【同期声】钟南山：现在基本上跟我们绝大多数医务人员一样了，两三个月都没有什么星期六、星期天，因为这不允许我们有，都是在赶。

一个就是跟 17 年的 SARS 有些不太一样，以前就比较重视医疗，重视我们国家的政策走向，倒不太重视总结和学术。所以在那个年代的话，我们并没有发表很多的文章，没有总结。但这次又不同，一方面进行积极的防治，另一方面我们也积极总结，所以中国现在很多经验在国际上被人采纳，这是一个很大的进步。

小标题：钟南山：还在摸索控制疫情大战略大方案

【同期声】钟南山：所以我自己应该每个阶段有一些不同的重点，早期当然是对疾病的认识，以及考虑怎么样治疗，那么到近期主要就是对各种各样的尝试和治疗进行总结。总结出来才能够发表，才能够得到世界的认可，同时对世界的防治也起了很好的作用。

另外想得比较多的是战略，如何更好地在上游能够控制病情的战略。到最近更多地就是跟国际上的交流，我们的一些经验和教训能够跟国际包括欧洲、美洲共享，所以有每个阶段的重点。

小标题：工作强度大并不觉累　体育运动有所减少

【同期声】何嘉琪：说实话，您觉得累吗？

【同期声】钟南山：要是有一个很明确的工作追求的时候，一般不会觉得很累。

【同期声】何嘉琪：每天还有像此前一样，坚持做运动吗？

【同期声】钟南山：少了，但还是有。

小标题：疫苗研发很紧迫　保证安全有效都需要时间

【同期声】何嘉琪：您现在还在担忧的是什么？

【同期声】钟南山：我们也是在第一线发展新的药物，还有研发疫苗。(3 月 31 日)晚上开会开得很晚。因为疫苗是个大问题，我们现在赢得时间研发疫苗了，但是疫苗绝对不是很快就能做出来的。它需要时间，它有两个重点：一个是安全性，一个是有效性。

你做了以后确实安全了，但是效果不大，没有用。因为什么呢？新冠肺炎就有点像以前的天花，还有脊髓灰质炎，它们的传染性很强，大概是一个人传 3 个、4 个。新冠肺炎假如说不控制的话，也会有这么高，这个将来是要靠疫苗来解决的。所以这是我们努力的一个很重要的方向，也是我们在这个领域的追求。

小标题：被视作抗疫权威　敢言敢行会否有顾虑？

【正文】深圳卫视以“钟南山”为关键词对网友评论进行了分析，词频最高的是“钟南山说动才动”。百度搜索指数显示，关注“钟南山”的网民中，超过一半是“20—29 岁”的网友。在年轻用户聚集的视频网站上，有关钟南山的早前纪录片再度翻红。当然也有人对他颇有微词，比如他说中国不一定是疫情发源地，又比如他开记者会摘掉了口罩，都引发争议。17 年前，钟南山在接受央视采访时，曾被问道：“你关心政治吗？”他回答说：“我只想搞好自己的业务工作，这本身就是我们最大的政治。”

【同期声】何嘉琪：您的每一次发声都会引起大家广泛的关注，这个时候讲真话会有压力吗？会根据证据来说，还是说会通盘地去考量其他的因素？

钟南山：要是越考虑得通盘，就越平（圆）滑了，还是需要把主要的问题讲出来，我想这一次跟上次有很大不同。应该说 17 年前，我们的有关部门是有隐瞒的，这一次中央政府则是完全透明的。

小标题：中国抗疫行动透明　针对性强效果明显

【同期声】钟南山：记得我们汇报了以后，也就一两天，全国就采取了行动。一是围堵武汉；二是全国的群防群治；三是透明，要求所有的城市都要报疫情情况；四就是强化对个体的检测。所以这个工作一做的话，我们就取得成功。比较欣慰的就是，在早期是有很多的议论，对我们国家的措施，包括一些对人的自由，对各方面的看法。现在回头看，我们做法是对的。

【导视】

【正文】回应疫情热点、会见中外专家、研究治疗方案、接受媒体采访，耄耋医者从坐上赴武汉高铁的那晚开始，就没有停下忙碌，跟随着国内外疫情变化不断给出最新科研成果。

【同期声】何嘉琪：好像现在也有一个说法，说羟氯喹加阿奇霉素可能会是有特别好效果的一种药物，您怎么看？

【同期声】钟南山：因为科研跟临床是两回事。科研是可以做很多的研究，但是你推荐了临床，广大的患者要用的话要非常慎重。要考虑有效性，还特别要注意它的安全性。

【正文】全球感染者突破百万，新冠疫情已成世界性灾难，各国协力防控救治，疫情拐点距离我们还有多远？

【同期声】钟南山：所有的国家都要共同采取措施，这不是由我们决定的。每个国家的政府要能够这么决定，我相信4月底应该是下来了。《决胜制高点》稍后回来。

【大导视】

【正文】新冠病毒肆虐，未知造成惶恐，谣言充斥网络，但每每他一发声，总能喝退流言，以正视听。

【同期声】钟南山：我认为（无症状感染者）是值得警惕的。但是从整个形势来看，不会像第一波那样，引起大暴发。

【正文】17年前“非典”暴发，钟南山冲锋在前，主动要求“把重病患者都送我这里来”。2020年春节，84岁的钟南山再次临危受命，担任国家卫健委高级别专家组组长，还是一贯的“南山风格”。

【同期声】钟南山：应该说17年前，我们的有关部门是有隐瞒的，这一次中央政府则是完全透明的。

【正文】斩钉截铁，肯定新冠病毒人传人。针对病毒来源，钟南山直抒己见，不排除任何可能性，在疫情风暴中直言不讳，真的毫无压力吗？

【同期声】钟南山：越考虑得通盘，就越平（圆）滑了，还是需要把主要的问题讲出来。

【正文】回应疫情热点、会见中外专家、研究治疗方案、接受媒体采访，耄耋医者从坐上赴武汉高铁的那晚开始，就没有停下忙碌，跟随着国内外疫情变化，不断给出最新科研成果。

【同期声】何嘉琪：好像现在也有一个说法，说羟氯喹加阿奇霉素可能会是有特别好效果的一种药物，您怎么看？

【同期声】钟南山：因为科研跟临床是两回事。科研是可以做很多的研究，但是你推荐了临床，广大的患者要用的话要非常慎重。要考虑有效性，还特别要注意它的安全性。

【正文】全球感染者突破百万，新冠疫情已成世界性灾难。各国协力防控救治，疫情拐点距离我们还有多远？

【同期声】钟南山：所有的国家都要共同采取措施，这不是由我们决定的。每个国家的政府要能够这么决定，我相信4月底应该是下来了！

【正文】深圳卫视独家对话钟南山，为您还原抗疫一线“老斗士”如何书写自己的责任担当。《决胜制高点》即刻播出。

小标题：钟南山率科研团队不断更新病毒认知

【正文】面对新冠病毒，钟南山两个多月无休。除了不断宣讲防控知识外，依然把大量时间和精力投入科研，他所带领的广州医科大学呼吸疾病国家重点实验室科研团队联合广州海关P3实验室于2月初成功分离出新冠毒株，并从患者粪便和尿液标本中分离出病毒，对疫情防控具有重大意义。他的科研团队开展临床研究的血必净注射液、连花清瘟胶囊、氢氧混合吸入气等疗法都已纳入了国家的诊疗方案。可以说与疫情赛跑，钟南山的实验室里是另外一场没有硝烟的战斗。

【同期声】何嘉琪：首先我们来谈一谈新冠病毒无症状感染者这样一个话题，他的传染性到底有多强？

小标题：无症状感染者会传染　目前该人群数量不大

【同期声】钟南山：无症状感染者其特征就是无症状。那是不是所有没有症状的人都是无症状感染者呢？这不能画等号。我们平常所关心的无症状感染者，实际上主要是两群人：一个就是说曾经跟一些真正的患者有密切接触的人；另一个就是从一些疫情比较严重的国家或地区回来的人。这两群人是最值得关注的。这种新冠肺炎跟SARS不太一样。SARS一般来说，没有症状就是没有传染性，但是（新冠肺炎）无症状感染者是有明确的传染性，这个已经得到了证实。但是不是有很高的传染性，现在则没有证据来说明，但从推考考虑，这个人群（比例）是不是很高？我不认为是很高，即并不是说在全国里头有非常多的无症状感染者。

小标题：无症状感染者不会导致疫情二次暴发

【同期声】何嘉琪：会不会因为这些无症状感染者，再出现一次大规模的传播，或再一次影响疫情的发展？

【同期声】钟南山：我估计不会，因为我们有很强有力的监测系统。也就是说，一旦发现这样的情况，我们立即隔离，同时对接触的人也立即进行隔离观察。那么在第一时间切断传播链的话，就不会引起暴发。所以我认为（无症状感染者）是值得警惕的。但是估计从整个形势来看，不会像第一波那样，由无症状感染者而引起大暴发。

小标题：无症状感染者隔离十四天就够了吗？

【同期声】何嘉琪：基于我们现有的一些认识，您觉得不管是在国家的防控还是个人的防护上，我们还有哪些漏洞是值得警惕的？

【同期声】钟南山：重点就是针对这两群人，一个就是密切接触者，这个我想在国外一开始不太注意，现在当然也开始改变了。有一些国家，特别是美国，现在不光是关心有症状的患者，无症状的（患者）也有可能发展为有症状（患者）。或者，有少数人（症状）很轻，但是能传染给别人，最要害的是这个。所以要重点关心这两种人。

我们现在都是隔离 14 天。14 天，我们想是应该有双重的检测，也就是说除了核酸检测以外，比如到 7 天，到什么时候，我们还要做一些抗体的检测，这样的话，用双重的检测就能证实他有没有感染。另外一个是时间。按一般的规律，无症状变成有症状，一般也是 0 到 14 天。初步的一些调研里头，是 2 到 7 天为主要的。恐怕还是这么一个情况，他这一阶段虽然没有症状，但是跟 SARS 不一样，他是有传染性的。

小标题：不排除有个体长期携带新冠病毒

【同期声】何嘉琪：但是还有一类（患者）会一直持续无症状。有没有可能他就成为一个病毒的携带者，导致新冠病毒一直跟我们长期共存呢？

【同期声】钟南山：这个我估计也可能有很少见的病例存在。比如说有一些免疫功能低下的。我们在调查里头（发现），携带（病毒）14 天以上的（患者）这个占的比例是很小的，1 000 多例里面只有 13 例，那么到 24 天（才发病的患者）1 000多例里只有 1 例，所以这个是非常少的。你可以说他是携带病毒者，但我想，他应该不会引起比较大的危害。

小标题：康复者会产生抗体“复阳”不一定是“复发”

【同期声】何嘉琪：除此之外，还有一部分“复阳”的患者，到底他是真的有“复阳”情况，还是说他（体内）病毒的载量可能并没有完全清除？

【同期声】钟南山：现在做核酸检测是检测它的片段，并不是检查全病毒，也不是培养它的全病毒。我想绝大多数的患者当他康复了以后，他会产生比较强的抗体，具体来说是IgG抗体，这个是对人体有保护作用的。将来生产了疫苗，打疫苗就是打这些。大多数患者康复了以后，血液里增加了4倍IgG抗体，一般他不会重新感染。那么现在发现的有些片段，包括是在口腔、咽部、深部痰，甚至粪便、肛拭子这些发现阳性的话，都说它是一个核酸的片段，核酸的片段不等于病毒。少数的一些研究，也对这些患者的样品，比如痰、粪便进行了培养，没有培养出活病毒来。

所以这样的话，第一，他自己绝大多数（情况下）不会再感染。第二，应该说他传染给别人的机会比较少。所以我不认为“复阳”了以后就会出现感染（症状）。

小标题：康复者会有后遗症？现在下结论太早

【同期声】何嘉琪：最近香港医管局也发布了一个调查，针对香港境内首批康复者进行了研究，发现新冠肺炎康复者的肺部功能是有一定受损的。所以我们想了解一下这些康复者，会不会有一些什么样的后遗症？

【同期声】钟南山：我想到现在为止还很难讲，因为这个病的时间还太短了。后遗症就是说患者完全康复以后存留下来什么东西。一般病毒首先侵犯的靶器官最主要是肺。

我们观察SARS的时候，康复者的肺功能会有些影响，因为有些会引起肺的纤维化。但是相当多的患者经过了半年，甚至不用一年，他就会康复的，不产生永久性的纤维化。

那么在我所观察的这非常有限的患者，以及这么短的时间里看起来，相当一部分（肺的纤维化）是可逆的。所以我觉得现在谈有很严重的后遗症，为时太早了。

疫情发生前前后后也就三个月，三个月就发现很多后遗症，还不合适。17年前SARS（康复者）的一些后遗症不是因为病，而是因为过量使用激素，引起股骨头坏死等，但这并不是病理性的。

小标题：氯喹被中国首先证明有效　暂无特效药

【正文】针对新冠肺炎的治疗，有无“特效药”，疫苗何时能面世，全世界都异常关注。近来，曾被认为是“特效药”的瑞德西韦在国外实际使用时治愈率似乎并不乐观，另一药物洛匹那韦也被证实疗效欠佳。日本、法国医药研究人员相继报道称萘莫司他、羟氯喹与阿奇霉素对新冠肺炎疗效明显，或为治疗提供新思路。美国总统特朗普也三番两次力荐所谓治疗新冠肺炎的“特效药”羟氯喹，并要求美国食品与药品管理局颁发对该药的紧急使用授权。

小标题：海外新药方还需临床验证　安全性待考证

【同期声】何嘉琪：好像现在也有一个说法，说羟氯喹加阿奇霉素可能会是有特别好效果的一种药物，您怎么看？

【同期声】钟南山：羟氯喹加阿奇霉素目前看起来只是理论上的有效。我看了一下，到目前为止，只是在法国做了二十几例的病例，病例太少了，特别是加阿奇霉素的更少。因为我们知道氯喹的药和阿奇霉素药都会引起心脏传导的一些障碍，我们叫作 QT 间期延长传导阻滞，所以这个我觉得必须有充分的证据。

我们在中国就使用氯喹，已经证明了它是有效的。在国外开始用羟氯喹，因为他们比较少氯喹，就加了一个羟基，叫羟氯喹。羟氯喹现在看起来初步的研究也有些效果，我们的离体研究也有些效果。至于加上阿奇霉素，我觉得从理论上以及从实践上都是需要更多的时间。还没有任何结果以前，现在不太适合就把它推广使用。

我们一直到现在第 7 版所有的诊疗指导里，都是有初步的结果才推荐的，不能说理论上可以就去推荐了。因为科研跟临床是两回事。科研是可以做很多的研究，但是你推荐了临床，广大患者用的话要非常慎重。要考虑有效性，还要特别注意它的安全性，这需要认真的考虑。

小标题：目前暂无新冠肺炎靶向药　中国药物方案证明有效

【同期声】何嘉琪：所以截至目前，还是像您此前所讲的，只有有效药，还没有特效药是吗？

【同期声】钟南山：没有特效药，即使是瑞德西韦，现在国内国外都在做（临床试验），当然也等待最后的结果，看起来应该是有效的，但不是特效。什么叫特效呢？是专门针对冠状病毒的靶向的治疗，用上以后很快把病毒杀死，这个特效还不明确，但是关于氯喹，我们初步的结果也是在广东做的，已经总结了，它的效果应该是比较肯定的。所以这个应该是中国第一个搞出来的。

小标题：与海外各国专家交流频密　互相吸取诊疗经验

【同期声】何嘉琪：接下来我们再谈一谈关于新冠病毒您在科研方面的合

作。我们看到其实您跟美国哈佛大学医学院已经建立了一个科研攻关的小组去进行技术的攻关，不知道现在有没有一些最新的进展，可以跟我们分享？

【同期声】钟南山：我们设立了6个小组从流行病学、诊断学、发病机制、治疗，还有人工智能等方面（进行攻关）。到现在为止（我们）已经进行了6次（视频交流会诊），每一次都有进步。远程的交流、会诊，从哈佛医学院以及他们相关的附属医院来说，他们（疫情）发展是很快的。

我想美国现在确诊数量是全世界第一，但是他们有一条还是做得不错的。他们核酸检测的筛查技术快速，我们也有些交流，有些技术只要是好的，我们要吸收学习，不是说样样都是要中国自己做，所以我们观念非常一致。

当然前几次基本上是谈我们的一些经验以及教训。从上个星期开始，我们有更多的互相交流，比如说他们有一些先进的诊断方法，还有一些机制的研究。（因为）新冠肺炎的影响主要是两个方面：一个就是病毒直接对肌体的损害，另外一个是病毒破坏了免疫系统，引起免疫系统的过度反应，我们叫作细胞因子风暴。这些他们原来有一些比较好的研究基础，跟我们在这些方面可以碰撞、开展一些合作。

小标题：全球新冠肺炎确诊病例超113万

【正文】尽管目前中国疫情防控形势持续向好，但根据世卫组织的最新数据显示，全球确诊病例超113万例，死亡病例超6万例。其中，美国确诊病例累计突破33万例，病例数已远超排名第二的意大利两倍多，疫情十分严峻。死亡病例破万的两个国家分别是意大利及西班牙。

小标题：防控疫情刻不容缓　各国需携手统一共识

【同期声】何嘉琪：从您的角度来判断的话，（全球）疫情的蔓延会持续到什么时候？我们需要做些什么才能够让这样的关键性拐点尽快出现？

【同期声】钟南山：我想不是我们，而是世界上每个国家（都要努力）。中国已经认真地做了，我们知道对待这种传染性很强，应该说死亡率很高，相对比起流感是高十几、二十倍的情况的话，有两个办法：一个就是压制，把病毒压制到最少，不让它播散，再争取时间；另一个是延缓，即推出了一些措施，让患者少一点。但是现在这个病传染性太强了，所以它会造成几个地方大暴发以后，医疗人员、医疗器材、后勤、病床都来不及准备。一旦失控，就会出现非常被动的局面，这样的话，对我们防控是极为不利的。所以中国是采用强力压制的办法，一个是把高暴发区封堵起来，一个是全国进行所谓的群防群控。群防群控的意思就是早防护，即自己戴口罩，不上街，早防护。早发现，有点不舒服立即看医生。早诊断，我们早在1月份就开始把诊断的权力下放到大医院，而不是放在CDC（疾控中心），有的国家拖了好几个星期。还有就是早隔离，这个是非常有效的办法。1月23日采取（武汉封城）措施，两周（疫情）一直在发展，到3月3日、4日、5日就达到高峰了，从那以后就下来了。那么，到3月又经过两周，也就是3月底不到，就两个月的时间，就恢复到原来的水平。

小标题：全球共同努力　4月底或可迎来曙光

【同期声】何嘉琪：针对全球疫情蔓延，您有一个什么样的判断？

【同期声】钟南山：不是所有国家都采用（封堵压制），它是有这样的思想，但是没有强有力的措施。但这不奇怪，对这个病的认识，它的传播力以及它的病死率等，没有任何国家经历过，所以都会有一个过程，但是这个时间不能太长。你看现在的话，凡是不采用这个方法的地方，经过三四周了疫情还没有得到控制。

当然我相信现在随着各个国家采取强有力的措施的话，是能够控制下来的，我的估计应该是4月底，应该都下来了，因为现在包括美国都采取强有力的措施。这个时候是必须采取强有力的措施，就是居家隔离。因为这是一个全世界的病，任何一个国家，特别是大国，不采取这个（措施）的话，那么（疫情）在全世界消除不了。所有的国家都要共同采取措施，这不是由我们决定的。每个国家的政府要能够这么决定，我相信4月底应该是下来了！

小标题：病毒中间宿主未明　难言会否再暴发

【正文】实际上，新冠肺炎疫情发生以来，新冠病毒的起源、传播及演变备受关注。多位国内外专家表示，根据目前已有证据还无法确认新冠病毒起源于哪里，重要原因就是新冠病毒的中间宿主一直成谜。因为中间宿主承担着把自然宿主的病毒向人类身体细胞转移的作用，找到病毒的中间宿主，是杜绝和预防病毒再次来袭的关键。

【同期声】何嘉琪：那么4月底下来之后，病毒有可能会在明年的春季继续暴发吗？

【同期声】钟南山：没有人能够估计。SARS（非典）过去17年了，它是在（暴发）第2年的时候，我们狠狠地抓住了中间宿主，那时候它很明确就是一个食肉类猫科动物，特别是果子狸以后，就切断了源头。现在新型冠状病毒传播途径，中间宿主还不是很清楚，穿山甲可能是其中一个，原始的（病毒）是在蝙蝠身上存在的。中间宿主是不是只是一种也不一定，所以它是不是会像流感那样每年都暴发，现在不知道。

小标题：新冠病毒可能随环境变异　高温会延缓传播

【同期声】何嘉琪：也不知道它（病毒）会不会随着高温的到来消失？

【同期声】钟南山：随着高温到来的话，这个病毒活性肯定会降低。在整个的环境温度比较高的环境下，病毒的生长、繁殖以及传播能力也会降低。但是会不会每年都会出现，这个没有任何人能够预测。因为病毒它自己会变异，它变异到适应人类的话，病死率没有那么高的话，就有可能（每年出现）。流感的变异力就很大，所以每年用的流感疫苗是不一样的。

小标题：病毒起源地未知　仍需科学研究确定

【同期声】何嘉琪：（您说）武汉是疫情暴发地，但是它并不代表就是疫情的起源地。您现在有什么样的证据能够证明病毒的起源地可能会是在哪里？

【同期声】钟南山：没有，各种各样的说法。暴发地是在武汉，这是事实。它的起源就是表示这个病毒的上一代、再上一代在什么地方？现在有一些资料（说）在美国、在意大利，原来在2019年就有过这样类似的情况，它们怎么联系？只能是需要很多的搞病毒分子生物学的，或者进化树的，经过科学（训练）的人能够把它搞清楚。所以到现在的话，没有人能够下任何结论。

小标题：两千万人口的深圳为何能打好这场战“疫”？

【正文】深圳人都还记得，钟南山“逆行”去武汉的前一天，曾率队到深圳调研疫情防控工作。

【同期声】何嘉琪：其实我们看到您在1月18日逆行去武汉之前，就已经到过深圳做调研考察。在深圳一系列的防控措施、诊疗方法，您怎么评价？有没有让您觉得印象比较深刻的地方？

【同期声】钟南山：深圳应该说在广东是发现患者最多的城市，我想深圳因为是广东人口来往、流动最频繁的大城市之一，接近2 000万的人口中，流动人口接近百分之四五十，相当大。在这样的情况下，深圳并没有出现暴发；同时呢，也只是三位数的确诊数量（截至4月2日24时，确诊病例为455例）。首先这个成绩还是非常值得肯定的。

我觉得深圳最突出的，第一个，政府有比较好的防护意识。预防输入比较早地采取一些行动，这个做得比较好。第二个，比较重视（预防）家庭聚集性感染。据我所知，在深圳，现在统计大概有50%的病人有家庭聚集性感染。这个做得就比较好，因为家庭聚集是人传人的一个非常重要的表现。第三个，就是在公共场所比较早进行隔离，没有什么办法比保持距离能够更好地控制疫情。

意大利这么严重，患病率、病死率这么高的一个国家，就有一个小村镇极少（病例），为什么？它很早就进行这样的一个隔离措施，在公共卫生这方面做得比较好。第四个，在深圳定点医院的防护工作还是做得不错的。在医院里头没有出现医务人员的感染，这个非常重要。你知道现在包括在武汉、意大利，都有几千的医务人员感染，六十几个医生死亡，这个对整个的防疫工作的影响是极大的。但是在深圳没有出现。还有一个我觉得深圳市第三人民医院，它对危重病人的救治，是集中了深圳一些优秀的力量、ICU 的力量来共同救治，这一条也做得比较好。所以我觉得深圳能够把患病的人数减到最少，根本不可能完全没有，减到最少，我觉得这个成绩还是很突出的。

【同期声】何嘉琪：刚刚您提到的深圳市第三人民医院现在已经推出了第 2 版的“深圳版诊疗方案”，还翻译成了一些外文版，供国内和国外的同行来参考，不知道您有没有关注到一些诊疗方法呢？

【同期声】钟南山：我觉得深圳市第三人民医院应该说还是做得不错的，敢于探索一些新的治疗方法，比较解放思想，能够采用很多的方法来进行治疗，其中一个就是用法匹拉韦。当然现在就是说还存在一些争论，但是（三院）也用法匹拉韦取得一定效果。深圳还采用一些血液净化的办法取得比较好的效果，那么最近也还登载了关于深圳采用康复者恢复期血浆。深圳也参与了我们全国的对 1 099 例病人（千人样本研究报告）数字的提供，以及提出相应的意见，所以深圳市第三人民院也是共同的第一作者。同时深圳比较早地在患者得病以后，（研究）关于血清里头抗体的变化规律，也是比较早报道的。能够对新的东西比较敏感，而且又敢于试验，勇于观察，我觉得还是很值得学习的。

【同期声】何嘉琪：那么您觉得深圳在相关体系完善上还有哪些方面是应该提升的？

【同期声】钟南山：深圳在很多方面都是做得很突出的。在这个阶段，强化包括对无症状感染者的监测等。还有一个，深圳有大量的工厂复工，有一些工厂甚至有一两千名工人在同一个厂房工作。比起广东其他的城市，深圳要更加重视传染的问题。这个我希望能够采取更强有力的措施来预防出现这样的情况。因为深圳规模大的企业很多，工人也很多，所以我希望能够通过深圳的工作，在全国带个头，所以我是相信深圳能够做好这个的。这对深圳是个大的考验。

【导视】

【同期声】钟南山：其实我们人类对新冠病毒并没有很深的认识，所以将来冠状病毒再出现的话，都要高度警惕。但更重要的就是以预防为主。这次就说不管是冠状病毒，还是其他的传染病，都是一个很大的、非常值得重视的教训。要是早期不重视，它就会发展到全世界，影响整个社会稳定和经济的发展，甚至人类的生存。所以从这个理念来看，预防为主就更加重要。《决胜制高点》稍后回来。

【导视】

【正文】新冠病毒肆虐，未知造成惶恐，谣言充斥网络，但每每他一发声，总能喝退流言，以正视听。

【同期声】钟南山：我认为（无症状感染者）是值得警惕的。但是从整个形势来看，不会像第一波那样，引起大暴发。

【正文】17年前“非典”暴发，钟南山冲锋在前，主动要求“把重病患者都送我这里来”。2020年春节，84岁的钟南山再次临危受命，担任国家卫健委高级别专家组组长，还是一贯的“南山风格”。

【同期声】钟南山：应该说17年前，我们的有关部门是有隐瞒的，这一次中央政府则是完全透明的。

【正文】斩钉截铁，肯定新冠病毒人传人。针对病毒来源，钟南山直抒己见，不排除任何可能性，在疫情风暴中直言不讳，真的毫无压力吗？

【同期声】钟南山：越考虑得通盘，就越平（圆）滑了，还是需要把主要的问题讲出来。

【正文】回应疫情热点、会见中外专家、研究治疗方案、接受媒体采访，耄耋医者从坐上赴武汉高铁的那晚开始，就没有停下忙碌，跟随国内外疫情变化，不断给出最新科研成果。

【同期声】何嘉琪：（在美国）好像现在也有一个说法，说羟氯喹加阿奇霉素可能会是有特别好效果的一种药物，您怎么看？

【同期声】钟南山：因为科研跟临床是两回事。科研是可以做很多的研究，但是你推荐了临床，广大的患者要用的话要非常慎重。要考虑有效性，还特别要注意它的安全性。

【正文】全球感染者突破百万，新冠疫情已经成为一场世界性的灾难。各国协力防控救治，疫情拐点距离我们还有多远？

【同期声】钟南山：所有的国家都要共同地采取措施，这不是由我们决定的。每个国家的政府要能够这么决定，我相信4月底应该是下来了！

【正文】深圳卫视独家对话钟南山，为您还原抗“疫”一线“老斗士”如何书写自己的责任担当。《决胜制高点》马上继续。

【正文】新冠病毒肆虐，带来的破坏与痛苦还在持续，那么面对公共卫生体系突发危机，人类应该如何未雨绸缪、管控风险？深圳卫视对话钟南山院士，试图解开迷思，启迪大众。

【同期声】深圳卫视记者何嘉琪：这一次整个疫情对于我们的预防医学或者我们的公共卫生体系，是一次警醒和一个巨大的考验。那您怎么看这次疫情？对我们接下来不管是预防医学还是感染学科的建设，在公共卫生体系上面应该有一些什么样的新的审视？

小标题：病毒不会消失　治疗不如预防

【同期声】钟南山：这是一个非常好的教训，不但是对中国，对全世界（也是），因为现在看起来冠状病毒已经在这个世纪发生过三起。2003 年是 SARS，2012 年是 MERS，2019 年是新冠病毒 COVID－19。凡是冠状病毒它都会引起比较大的流行，同时有比较高的死亡率。

其实我们人类对新冠病毒并没有很深的认识，所以将来冠状病毒再出现的话，都要高度警惕。但更重要的就是以预防为主。现在我们国家提倡的是“健康中国”，并不仅仅是医疗卫生，而是说把“健康理念”贯彻到整个医疗卫生的过程。当然最重要的是，我们在想，在 SARS 以后，我们这也是重点研究和收治 SARS 的地方，经过了一段时间的研究，后来慢慢就淡化了，或者说是队伍也就不那么强了。为什么呢？觉得好像过去了就这样了，现在就不同了。这次不管是冠状病毒，还是其他的传染病，都是一个很大的非常值得重视的教训。要是早期不重视，它就会发展到全世界，影响整个社会稳定和经济的发展，甚至人类的生存。所以从这个理念来看，预防为主就更加重要。

改变我们的生活习惯，还有就是把预防以及健康这个理念放在第一位，而不只是单纯地提高医疗的治疗水平、诊断水平。我们国家曾经在 SARS 之后改进非常多，建立很多哨点，所以我们很快就找到了这个病毒，也很快地就明确了这个病毒，很快就找到一系列预防的措施。所以预防为主不单是要预防疾病、传染病，而且对所有影响我们全国最大最多的慢性病，也要有这个观点。

现在的慢性病，人们不太自觉，比如肺癌（患者）过去 30—40 年增加了 3 至 4 倍。它因为是慢性，大家感觉不到，再不注意，以后就越来越多，就很难搞了。所以这些慢性病也是预防为主。现在包括心血管病、糖尿病、高血压病，还有慢性阻塞性肺病，稍微搞得好一点的是高血压病、心血管病，糖尿病也搞了（好）一些。像慢性阻塞性肺病都是到三到四期才治疗，用处不大了。所以我们现在致力于早期发现早期治疗，将来这个理念可能会更加强化。

【点评】

深圳卫视《决胜制高点》栏目在全国疫情防控的关键时刻，及时根据社会关切和公众需求专访了钟南山院士，制作播出了电视新闻访谈《深圳卫视对话钟南山》。节目以访谈的形式，对疫情防控中大家最为关注的问题作出了权威的解答。该节目策划到位，主题把控、访谈提问等都可圈可点，作品主题集中、节奏明快，紧扣热点和民众关切点，既有高度也有深度，层层递进，吸引力较强。节目制作精良、播出及时，传播力、影响力、引导力、公信力表现突出，使受众通过访谈节目对疫情防控有了更进一步的了解。该作品有以下三个特点：

一是精准把脉舆情，有效破除谣言，回应社会关切点，提振民众信心，展现出齐心协力科学抗疫取得的阶段性进展。

二是访谈权威人物，节目传递出的重要信息为节目播出时各地有序复工复产提供了科学指引，使受众消除疑虑。

三是节目制作精良，作品将故事与科学巧妙结合，鲜活生动、丝丝入扣、引人入胜，具有较好的观赏效果。

（梁首钢）

新媒体新闻作品

黄明：马不停蹄的“黄志愿”

广州市广播电视台　赵耿之　古司祺

作品二维码：

情景一：
“喂，你好？”
“黄志愿，黄志愿，能不能帮我家送两袋米两桶油？”
“好的好的，我马上送过来。”

情景二：
“喂，黄志愿，我们的口罩用完了，你那里有口罩给我们吗？”

情景三：
“黄志愿，黄志愿，家里没有米了，也没有菜了，来的时候帮我带点挂面，带点鸡蛋。”
“我到了以后给您打电话。”

“谁是黄志愿？”
科韵社区居民 1：“他好像在那边测体温。”

科韵社区居民2："他去那里了。"

科韵社区居民3："他可能去送东西给隔离户了。"

社区中心工作人员1："黄志愿？你是说黄明大哥吧，他刚去巡查了。"

社区中心工作人员2："诶，你看那个就是黄志愿。"

黄明："你好！我是黄明，是天园街科韵社区的党员志愿者。"

黄明，群众口中的"黄志愿"，一位有着30年党龄的审计干部。

黄明："我是湖北武汉人，我的父母就在武汉疫区，也受到志愿者的精心照顾。我不能回武汉助力，最大的心愿是在广州做志愿者，为疫情防控做点事。"

自新冠疫情暴发以来，黄明成为市直机关党员干部下沉社区的急先锋。

黄明："科韵社区有800多家企业，3万多名IT产业园员工，3 000多位居民，没有封闭管理的单体楼特别多。在防疫工作前期，社区只有5名工作人员，时间紧、任务重，一接到号召党员参与基层防疫工作的通知，我就加入这个队伍。

科韵社区也有湖北籍返穗居民，按照规定，他们必须居家隔离14天。在这期间，他们的生活物资采购和生活垃圾处理，需要志愿者上门服务。其实上门服务还是有风险的，一些好心的街坊邻居提醒我，注意安全，做好防护。我想我是一名老党员，也是湖北武汉人，这个时候我必须上。每天通过电话、微信，了解他们大大小小的生活所需，上门解决各种实际问题，处理生活垃圾，保障他们在隔离期间正常的生活，也让我的湖北老乡有一种回家的感觉。"

科韵社区居委会负责人："黄明同志利用下午和晚上时间，与我们社区工作人员并肩作战，周六、日他也不休息。只要社区有活，他都争着干，抢着干。时间长了，邻居们都热情地叫他'黄志愿'。"

【点评】

2020年是不平凡的一年，更是全民战"疫"之年。全国各地各行各业的人们自觉投身疫情防控阻击战，筑牢疫情防控的人民防线。这些发生在每个人身边、平凡而伟大的抗疫故事，很大程度上呈现了新时代中华民族的精神风貌。该作品的三大特点：一是主题重大意义深远，以正能量吸引高流量。该短视频作品坚守新闻专业性，将志愿者黄明的故事置于疫情防控大背景之下，将新闻性思维有机融入，让短视频在影像化表达和主题化叙事的基础上更具价值传播功能，实现众志成城、抗疫必胜的价值引导。二是视角独特手法新颖，拓展用户认识疫情防控的维度。以小人物故事彰显大时代精神，以短视频形式实现长传播效应，节目时长在三分钟以内，可近距离倾听"黄志愿"的故事，拓展了用户认识疫情防控现状的新维度。三是具接近性有温度，通过内容引力重建情感联系。该短视频作品记录的这位主人公名不见传，其貌不扬，但足够接地气、有代表性。镜头呈现的是服务群众、坚守岗位的劳动，是对生活的热爱，是挥洒汗水的热忱，通过真实展现平凡人不平凡的力量，引发情感共鸣。

（支庭荣）

英雄回家！韶关支援湖北医疗队到达韶关

韶关市广播电视台　集体创作

第一部分：高速公路口

主持人李珊珊：《韶城花开　战疫英雄欢迎回家》特别直播，我是主持人李珊珊。

现在是晚上 7 点 49 分，我们来到韶赣高速乐村坪出口。今天是韶关支援湖北医疗队回家的日子，稍后，载着“白衣天团”的大巴就会从我身后的乐村坪高速出口这里驶出高速，返回我们的家乡。

那么，在现场大家可以看到，交警已经列队，警车的警灯也亮起来了，不停地闪烁着。虽然现在已经是晚上，但闪烁的警灯既是我们韶城万家灯火的一个缩影，也象征着我们对支援湖北医疗队返回的期待。

稍后，车辆会从高速出口驶出，现场列队的交警同志会用最高规格的礼遇来向我们的“白衣战士”表达敬意和欢迎。

医疗队在回家的路上，都是由交警高速大队一路护送，确保车辆在高速上的行驶安全。警车在车队前面开路，两侧也有警车护航。大家可以看到后面还有浈江交警大队的铁骑们，他们已经做好了迎接的准备。医疗队的大巴到达后，会在铁骑的护送之下，一路前往定点隔离的酒店。

在去往酒店的路上，沿途的各个路口都有交警在值守，经过的每一个红绿灯路口都已经提前设定好绿灯，确保载着医疗队的大巴可以直接到达目的地。

2 月 9 日，我市第一批由 15 人组成的援助湖北医疗队正式出征！2 月 11 日，第二批支援湖北医疗队的 16 名队员也正式出征！经过了一个多月在战“疫”一线的艰苦奋战，如今他们圆满完成任务，即将回到家乡。这次返回的医疗队共有 29 名队员，另外还有 2 名队员继续坚守在湖北。我们在欢迎英雄们回家的同时，也衷心祝愿继续坚守的医护人员平安顺利归来。

今晚，返韶的医疗队员们将分两批陆续到达，他们将在交警的护送下前往定点隔离的酒店，进行 14 天的自我隔离。为了表达对他们的敬意，稍后在酒店也将举行一个欢迎仪式。今晚我们将为您滚动直播医疗队回韶的全过程。

现在可以看到现场所有的工作人员都做好了准备，迎接载着医疗队的大巴。现场除了交警之外，还有收费站的工作人员，他们排起了整齐的队列，等待这激动人心的一刻。

说实话，现在我的心情也是十分激动，可以参与见证这一过程。

已经有相关的工作车辆驶出高速出口，很快，我们就能见证这个重要的时刻。其实在过去 30 多天的抗击新冠肺炎疫情的过程当中，我们的医疗队员在湖北冒着生命危险奋战在抗疫一线，取得了阶段性的成果，和当地的人民及患者建立了深厚的友谊，发生了许多动人的故事。稍后，我们直播过程当中会通过视频的方式，展示医疗队在工作、生活中的点滴。

现在时间是 7 点 54 分。在直播开始之前，我们收到最新的消息，载着医疗队的大巴距离出口还有 5 公里的路程，相信 5 ~ 10 分就能顺利到达。

现场除了车辆的声音，非常地安静，大家都在等待这一激动时刻，还有很多媒体朋友举起手中的设备等待着记录这个时刻。

前方已经出现闪烁的车灯，应该就是返程的车队。在收费站前方还有交警在指挥引导，确保车队顺利抵达。

现在我们跟着镜头来记录这一刻，让所有观众一起来见证英雄回家之路。

前方向我们驶来的就是车队领航开路的警车，大巴跟随在后面缓缓地驶出高速出口。现在出现在我们眼前的是载着“白衣天团”返程的大巴车，现场的交警、工作人员在路旁立正敬礼，用最高规格的礼遇向“白衣天使”们致以敬意。通过车窗也可以看到车上的医护人员们手中举着国旗向我们挥动。欢迎我们的英雄们回家！

现在大巴已经驶下了高速，铁骑们也已经出发，接下来他们将护送医疗队到下榻的酒店。大巴车在我们的视线中渐渐远去，稍后我们会对欢迎仪式进行现场直播，欢迎这些最美的“逆行者”回家。

下面我们把时间交给记者叶铭珠。

第二部分：韶关市区北江中路

记者叶铭珠：相信大家刚刚通过现场直播视频都已经看到我们医疗队的大巴离开了高速，准备进入市区，待会他们就会经过我现在所在的北江中路。在马路两边有许多市民和本地的医护人员自发地来这里迎接医疗队。此时此刻，看到这个场景，我回想起医疗队在离开武汉、荆州的时候，有不少本地市民也自发在街头送别医疗队，对医疗队员挥手、鞠躬表示感谢。和湖北人民不同，他们怀着的是感恩和不舍，而我们怀着的是骄傲和自豪。

现在我们就来随机采访一下现场的韶关市民。您好！我看到你们几个在这边，是等医疗队的车吗？

市民一：对啊对啊！

记者：你们是自发过来的吗？大概几点到的？

市民一：我们大概7点钟就到这里了，是通过电视台播放的新闻和朋友圈分享的信息了解到大概这个点，医疗队就会经过这里，所以就自发地约朋友一起过来了。

记者：为什么会想到自发地过来这边接医疗队呢？

市民一：因为他们是代表我们韶关“逆行”的英雄，所以很感谢他们在抗疫前线上为人民作出的贡献。作为韶关市民，来到这里欢迎他们平安回家，心情也是特别激动。

记者：我明白您的意思，也感到非常骄傲和自豪。他们是带着我们韶关市民的希望前往疫区的，您来迎接他们也是为了表达对他们的感谢，对吗？

市民一：对的，也觉得他们在前线辛苦了，是时代的“逆行”者，所以期盼他们能平安归来。现在是春分日，春暖花开，等待英雄们归来。

记者：没错，今天是春分日，春暖花开，我们等待英雄们归来。在这里，我们也看到有一位医护人员家属，是一位支援荆州的女医护人员的老公在这里。您好！您是支援荆州的医护人员的家属吗？当时出发仪式上，您也在现场是不是？

韶关支援湖北医疗队队员家属一：是的。

记者：现在等老婆回家，心情是不是很激动？

韶关支援湖北医疗队队员家属一：挺激动的，她能平安回来，比较兴奋、期待。

记者：那现在的心情和当时送她出发的时候不一样吧？

韶关支援湖北医疗队队员家属一：不一样。当时是比较担心，担惊受怕；现在回来，心里踏实了。

记者：感觉心里的石头放下来是吧？那在她支援湖北的时候，你们有没有经常联系？

韶关支援湖北医疗队队员家属一：隔三岔五会联系一下，主要看他们有没有时间，有空的情况下会视频，平均两三天视频一次。

大家可以看到，在马路对面的医护人员也举起手中的横幅，上面写着“战疫英雄，欢迎回家，向韶关支援湖北医疗队致敬”。他们是粤北医院的医护人员，也是和此次支援湖北医疗队同一个科室的。知道医疗队回来，他们就自发地迎接他们回家。稍后，医疗队就会经过这里，到解放路、熏风路，再到碧桂园凤凰酒店。

看得出，现场的志愿者和本地医护人员都非常激动，一直探着头往来车的方向看，期待着医疗队车辆的到来。

记者：我看您之前也出现在送我们队员去湖北的仪式上是不是？您是不是刘娟的护士长？

韶关支援湖北医疗队队员同事：是的，我是他们科室的护士长。

记者：今天也是带着科室的小姑娘们在这边等她吗？

韶关支援湖北医疗队队员同事：我们前几天就接到通知，一直怀着兴奋的心情，等着她今天晚上归来。

记者：我看您一会看手机一会看马路，是不是很怕错过？

韶关支援湖北医疗队队员同事：是的，她发微信来说快到了，很紧张，担心错过了，因为这里是不停车的，只是路过，一直在看能不能搜索到她的身影。

记者：你们在她支援湖北的时候有没有保持联系，有没有哪些话是触动到您的？

韶关支援湖北医疗队队员同事：一个多月了，每天都有和我做一个思想汇报和工作上的交流。他们一去到就主动申请去重症监护室里面，感触最深的就是她在护理一个婆婆的时候，婆婆从重症转到轻症，再到康复出院，整个过程体现了我们作为一个护理人员的责任和成就感。

记者：您刚刚好几次说到重症和护理，我想问你们是什么科室的？

韶关支援湖北医疗队队员同事：我们是烧伤美容整形科，虽然是负责烧伤、美容，但是涵盖了很多重症病人的监护。使用呼吸机、重症病人的护理和一些疑难病症，我们科室负责很多的。在这次选拔过去的时候，也是考虑到这些综合因素，她完全能胜任这些重症护理。

记者：我有了解到，医院有挺多医护人员写了请战书，是吗？

韶关支援湖北医疗队队员同事：是的，我们科室每个人都有请愿，但刘娟是第一个。综合考虑她的素质后，选拔她去。

记者：您的意思是首先得具备一个非常有经验的条件才能够去支援湖北，要挑选最精英、骨干的医护人员过去？

韶关支援湖北医疗队队员同事：对的。

记者：那她有没有和您说过在隔离区里工作，要穿好几层的防护服，非常不方便之类的话？

韶关支援湖北医疗队队员同事：其实她第一天上班，一个多小时就透不过气了，但是都坚持过来了。他们的班次是持续4～6个小时的，中途不能喝水，不能停。因为在重症区，每一个时间段都是在忙碌着的，停下来之后，整个人都是湿透了的。

记者：穿着几层防护服，不能吃不能喝，非常地不容易。

韶关支援湖北医疗队队员同事：每天都要穿着纸尿裤和护理垫。

记者：在送出发的仪式上，我看到您除了上下级的关怀之外，更多是亲人的关心，是吗？

韶关支援湖北医疗队队员同事：是的，因为她家在湖南。她家人不在身边的时候，我这个护士长就是她的家人，对她的生活和工作都得照顾到。

记者叶铭珠：随后，我们陆续看到警车在前面开路，大家可以看到现场的气氛是十分火热的。马路对面的本地医护人员已经喊起欢迎的口号，车上的医疗队队员也在向道路两旁的市民和本地医护人员挥手示意。

后面陆陆续续地有车辆在缓慢通行，相信他们也知道前面是医疗队的车，所以非常有礼貌地让行。

其实在 2 月 9 日就有首批 15 名医护骨干驰援湖北，两天后又有 6 名医护人员带着我们韶关人的期盼奔赴荆州。在到达湖北之后，他们经过两天的集中岗前培训，就陆续进入了临床救治的工作。像刚刚我采访的那位护士长说到的，穿上防护服工作是非常不方便的。

我也记得当时我们韶关支援湖北的医疗队队长薛冰说过，进入方舱医院，一个人就要管 100 个病人，这个比例在韶关是比较少遇到的。进去 40 分钟衣服就已经全部湿透了，为了防止护目镜起雾，全部都在上面涂了碘酒。碘酒有刺激性气味，戴上之后对眼睛有一定的刺激。口罩露出来的部分也用胶带缠得严严实实，密不透风。在这样的状态下工作，是非常辛苦的。与平时的医疗工作不同，他们要穿上厚厚的防护服，做好一切防护措施。有一些医生甚至要戴三四个手套，大大地减弱了手部的敏感度，所以这一次挑选的医疗队员是要非常有经验的，可以直接进入工作状态。

包括大家在网上看到的一些图片，不少医护人员被 N95 口罩和护目镜勒出了深深的痕迹，可以看得出他们工作的艰辛。我相信 31 位医护人员他们在刚进入湖北、进入疫区工作的时候是非常不习惯的，但是渐渐地适应了这样的工作状态和特殊的工作环境。

在第一辆载着医疗队的车经过之后，路边的本地医护人员依旧在原地，没有离去，相信他们是在等第二辆医疗队的车辆。

在韶关的街头巷尾，不少市民都可以看得到有横幅、LED 屏幕显示“欢迎韶关支援湖北医疗队回家”的字样。他们是我们韶关的骄傲，让韶关人自豪，所以我们也用自己的方式向“战士”们致以十二分的敬意。

刚刚我采访的那位先生，他的妻子是此次韶关支援湖北医疗队队员之一，在湖北一线战斗。他是粤北医院的一名药师。我们再来找他聊一聊。

记者：您好！您是粤北医院的一名医护人员，是吧？

韶关支援湖北医疗队队员家属一：对的，我是药师。

记者：其实，很多人觉得药师只是在后方，不用近距离接触病人。通过这一次疫情之后，您和妻子的感情是否有一个升华？比方说平常像同事，现在更像战友，她在前方一线，您在后方保障。

韶关支援湖北医疗队队员家属一：是的。有一种她在前方一线抗疫，我在后方保障的感觉。

记者：您之前说的，和她联系的方式是不定的，得看那边的工作情况，有时候是一天都联系不上是吧？

韶关支援湖北医疗队队员家属一：他们的工作时间和我们这边是对不上点的，刚开始至少6到8个小时，四班倒。经常是1点到6点多钟，我们睡觉他们下班，碰不上。有时候得两人刚好休息才能通得上话。

记者：非常不容易，像这种抗疫期间的爱情。妻子出发前有没有嘱咐过好好照顾孩子之类的话？

韶关支援湖北医疗队队员家属一：有，让我在家多点照顾孩子的学习情况，特别是疫情期间不上学、上网课的时候。我负责带孩子上网课、做作业。

记者：当时你们是都有主动申请支援，是吧？

韶关支援湖北医疗队队员家属一：是的，当时都第一时间申请，只不过是到后面筛选要临床的，特别是ICU的护士过去。我们这些相当于后勤保障部门，所以基本不被挑选，而且最关键的是夫妻不能同时去，去了一个，另一个就得看家了。

记者：妻子有没有和您说过在那边最辛苦的是什么？

韶关支援湖北医疗队队员家属一：最辛苦的就是他们看到那些病人，很难受，流眼泪。为那些需要吸痰的病人吸痰时会比较辛苦。

记者：现在她回来了，有没有网上沟通，做一桌好菜？

韶关支援湖北医疗队队员家属一：暂时还没有这个想法。听你这样说可以考虑一下，到时学一两手，给她炒一下。

记者：家里的小孩有没有说想妈妈？

韶关支援湖北医疗队队员家属一：想是想，但是讲不出口，小孩比较内敛一点。

记者：其实我也有了解到，韶关共青团、妇联这些组织会对医疗队家庭提供一下帮助，像平时工作忙，没时间买菜，会帮忙买菜这类。

韶关支援湖北医疗队队员家属一：他们市团委那些人在这一方面做得确实是不错，每周三、周六会给我们送两批菜。这样好很多，有时候我们就不用买这么多菜，特别是像我们这种双职工的，平时没什么时间买菜、煮饭。我们是有老人家带小孩的还好一点，如果是自己带的话，那就惨了。

记者：你们是怎么和他们联系的？让他们得知有这个需求，他们才来帮助你们的吗？

韶关支援湖北医疗队队员家属一：他们主动联系我们的工会。其实我们当时都不想让他们帮助，我们做的这些事，感觉都是微不足道，是很正常的。我们就是国家需要，就直接奔赴战场的感觉。其实也没有你们想得那种好像很伟大的感觉，也就是很平常的一件事情，你们好像宣传得比较伟大。

记者：好的，其实确实是这样。在医护人员的眼中这些事情对于他们来说是微不足道的，因为他们毕竟是学医的，他们的想法就是国家有难、国家需要我的时候我就到一线上面去。但是呢，他们在我们心中依然是最可爱的人。

好，我们再来看看现场的情况。在现场，市民跟医护人员还有志愿者们不但没有减少，反而还在增多。在对面有三面旗帜，一面是党旗、一面是团旗，还有一面是粤北医院的旗子。相信他们今天也组织了不少党员和团员来这边迎接英雄，向他们学习。

我们看到这边，他们正在合照，待会也去采访他们看看。

记者：您好，你们是市民还是？

韶关支援湖北医疗队队员同事粤北人民医院医护人员：我们是粤北医院的。

记者：有什么想对即将归来的同志说？我看到你们刚刚在这边等他们是不是？

韶关支援湖北医疗队队员同事粤北人民医院医护人员：对，我们在欢迎我们的战友，因为他们已经出去一个多月了，我们都非常想念他们，盼望他们平安回来。今天他们终于回来了，所以我们都很兴奋，自己已经兴奋了很多天了。三天前就大概知道他们要回来了，所以特别兴奋。

记者：现在的心情是兴奋，那当他们去湖北的时候，你们的心情是什么样的？

韶关支援湖北医疗队队员同事粤北人民医院医护人员：去的时候当然是非常担心他们了，因为我是粤北医院重症医学科的，我们是刘主任过去。他过去的时候我们都很担心，因为他的年龄也不算小了，然后那边的疫情也很严重，所以当时我们还是很担心，希望他能够做好个人的防护。

记者：现在他们马上就要归来了。

韶关支援湖北医疗队队员同事粤北人民医院医护人员一：非常激动，我们今天是，刚才是刘主任的爱人，我们是陪着她们一起来迎接刘主任的，当然只能在路边看一下。其实我们很希望能够见到他们，然后给他们一个大大的拥抱吧，这是我们最想做的事情。

记者：像他们去湖北的时候，你们是不是时时刻刻关注他们的动态？

韶关支援湖北医疗队队员同事粤北人民医院医护人员：对的，我们一直都有关注，有一个微信群，每天关注他们的动态。然后我们也要做好后方的工作，包括本职工作、做好韶关一线的这个新冠肺炎的防治，还做好后勤保障。他们的家庭有什么困难，我们也会去拜访，希望给他们解除后顾之忧，让他们全身心地投入到新冠肺炎的救治工作当中。

第三部分：韶关支援湖北医疗队定点隔离酒店

主持人 李珊珊：各位观众朋友们，刚才我们看到的这一幕，就是韶关支援湖北医疗队员在向护送他们的交警铁骑的队伍表达谢意。

现在，我们已经来到了他们定点隔离的酒店。我们看到第一批队员们已经到达。今天分两批返程，还有一辆车在路途当中。

刚才我们看到第一辆车走了之后，在现场，交警以及一部分的铁骑还是留在了现场。一会儿第二辆车到达的时候，他们同样会享受到交警部门的最高礼遇，会有铁骑一路为他们送行，一路护送他们来到酒店这里。等所有医疗队员到达之后，这里就会举行一个简单的欢迎仪式。

稍后，我们也会全程为大家直播，大家可以一直关注我们的节目。

在过去的这一个多月的时间当中，医疗队员们不仅圆满地完成了救治任务，而且和荆州以及武汉的患者、医护人员，还有普通老百姓结下了深厚的情谊。当中，发生了很多动人的故事。

现在我们的医护人员们在做一个行李的整理，接下来就会进到酒店里面去休息。我们本来是想进入到酒店里面去拍摄的，但是工作人员提示里面是一个防护隔离区，所以建议暂时先不要进入。

韶关支援湖北医疗队现在已经进入酒店，而媒体，目前只能在酒店的门口进行采访和报道。那么正如我刚才说到，在过去的一个多月的抗疫的这个时间当中，他们发生了很多动人的故事，可能大家已经有所了解，也有可能一些朋友不太知道。接下来，就通过我们的一些视频、一些资料来和大家了解一下他们在湖北工作和生活的情况。

回顾视频一：《我市支援湖北医疗队正式投入战斗》

12日7时，韶关市支援武汉医疗队队长薛冰从驻地出发，8时许正式进到方舱医院的B仓A区，在里面连续工作了6个多小时，昨天凌晨2点半离舱。她是韶关医疗队伍中第一个进舱的医务人员。

韶关市支援武汉医疗队队长薛冰：平均下来一个医生要管100个病人。我们接班后先巡视了一遍，前两个小时很忙，很多病人过来，要处理各种问题，比如开药。同时，身体也会不舒服，进去大概40分钟的时候，全身的衣服都湿了，出了一身汗在里面，感觉比较憋；而且护目镜上是涂了碘的，戴上后对眼睛有刺激；口罩不严实的地方也用胶带缠了，胶带也是有味道的。好几种味道夹杂在一起，刚开始的时候比较刺激。

薛冰说，随着工作的开展，自己渐渐习惯了舱内的特殊环境。

韶关市支援武汉医疗队队长薛冰：我们也是穿了纸尿裤的，出来之后一个感觉是饿，另外一个感觉是比较渴。在舱内，手碰下护目镜或口罩都要消毒，所以都不能随便碰。

回到驻地，已经是凌晨4点多了。虽然又累又饿，但是薛冰说很踏实。接下来，其他医务人员将会被陆续调配进入舱内工作。

韶关市支援武汉医疗队队长薛冰：基本上患者情绪还是比较稳定的，对我们态度也挺好的，对我们挺感谢的，都很配合我们。希望自己能越来越熟练，加快自己的操作速度，更好地帮助队员们。放宽心，我们经过了这么多天的培训，队员们已经做得很好了，希望大家放下焦虑心态，我们是可以很好地完成任务的，多帮助里面的患者吧。

在荆州的韶关医疗队分别去到了荆州市第一人民医院和荆州市第三人民医院。了解到当地医院情况后，医疗队一致表决，要冲到最前线，替换当地已经连续奋战18天的医务人员。

韶关市支援荆州医疗队队长刘易林：医院形势很严峻，有200个病人，危重病人有26个，但是大家心态都很积极，因为荆州医务人员确实很疲劳了，我们来了就是帮他们解决问题。医生护士们非常踊跃要去ICU，到最危险最困难的地方去，我们会做好防护。

回顾视频二：《我市支援荆州医疗队：病人需要我们　我们不能倒下》

按照相关规定，韶关的14名医护人员加上5名来自广州的医护人员在荆州市第一人民医院工作，另外有2名韶关的医护人员分配到荆州市第三人民医院开展工作。本月14日，医疗队投入一线治疗工作，替换当地已经连续奋战18天的医务人员。其中，12名护士全部报名去ICU，到最危险最困难的地方去。队员康聪说，目前大家正在抓紧时间熟悉环境、设备及流程。

韶关市支援荆州医疗队队员康聪：昨天我们已经全部进了病房了。我们进的是重症病房，里面是一些病情比较重的病人。病人都是戴着呼吸机的，我们采用的只能是一些简单肢体上的交流。我们一般工作是6个小时，从穿上隔离衣到最后从里面出来，差不多有8个小时。我们每个人脸上身上都有防护器具压出来的勒痕。

有过ICU工作经验的队员魏晨说，这和之前的工作有很大不同。

韶关市支援荆州医疗队队员魏晨：这个病种是新型的，我们还不太熟悉，要慢慢摸索。刚开始进去的时候会有缺氧嗜睡的状态，需要我们克服。防护用具压在脸上真的比较疼，刚开始脱下来我的鼻子都是红的，觉得自己的耳朵都快掉了一样，很疼。不过咬着牙告诉自己要挺过去，病人需要我们，所以我们不能倒下。

从事八年护理工作的队员吴丽丹从未进过ICU，一进去就要负责两到三个病人。

韶关市支援荆州医疗队队员吴丽丹：一个护士就照看两到三个病人。有一个生活不能自理的婆婆，我帮她擦身、喂药，我觉得能帮她做一点点就感到很开心，感觉自己有能力帮助他们，希望他们早点好起来。

“95 后”队员刘娟进去 ICU 后，身体出现各种不适，但她还是坚持到了最后。

韶关市支援荆州医疗队队员刘娟：进去后就感觉后背开始出汗了，然后呼吸也比较快，当时我想可能自己比较紧张，心里有点着急，我就告诉自己不要紧张，要慢慢平静下来。在里面待了两个小时以后，就开始出现头晕和头痛，感觉很缺氧，干起活后，就感受不到头痛了。虽然很想吐，但是当时我想着宁愿咽回去，也不愿意吐出来，我要坚持住。

有辛苦有劳累，甚至还有未知的危险，但这群可爱的队员们依然迎着风雪，无畏向前，来听听他们的抗“疫”心声。

韶关市支援荆州医疗队队员康聪：我们还是有信心能够把这些患者都照顾好，也会鼓励这些病人要有战胜疾病的信心。

韶关市支援荆州医疗队队员魏晨：想告诉我的爸爸妈妈，我爱他们。

韶关市支援荆州医疗队队员吴丽丹：我会平安回去的。

韶关市支援荆州医疗队队员刘娟：下雪了，荆州人民给我们准备了秋衣秋裤，又给我们买了很厚的外套和电热毯。虽说很冷，但我们的心都很暖。

主持人李珊珊：观众朋友们，我们的援鄂医疗队队员现在已经全部到达了酒店，而现在我所在的位置也是他们定点隔离的酒店。刚才第一批迎回来的队员们，他们是从武汉回来的医护人员；现在刚到达的第二批，是从荆州返程的医护人员，他们也是刚刚到达酒店。虽然说现在的时间已经比较晚了，但是我们可以看到在现场还是有很多欢迎的人群。

比如说，有我们的公安干警同志在两旁列队欢迎，同时也喊出了欢迎的口号。在现场，也有一些志愿者们拉起了横幅，上面写的是“向支援湖北医疗队的白衣战士们致敬”。同时，也喊出了他们的口号。

通过现场的这个声音，我想大家都能够听到志愿者们喊出非常嘹亮、非常鼓舞、振奋人心的口号。现在队员们都已经在现场排好了队伍，虽然他们脸上还有着长途跋涉的疲惫，但是精神依然很好。接下来在这里就举行一个简单的欢迎仪式，下面我们将为大家直播欢迎仪式的现场情况。

欢迎仪式现场

各位观众朋友们，欢迎仪式已经结束。随后，队员们就返回房间去休息。今天晚上，迎接医护人员返程的过程非常地顺利。今天是春分，春分这个节气寓意着春暖花开的季节正式到来。之前在看其他报道的时候，我记得支援荆州医疗队的队员康聪医生曾经说“希望能够赶在今年看一看广东盛开的木棉花”。那一束束、一丛丛的木棉花，鲜艳的红色象征着喜庆，也象征着希望。如今他们平安、顺利地归来，韶城大地的满园春色将为这些最美的逆行者们绽放，让我们再一次向他们致以崇高的敬意，希望他们在今后的工作中顺顺利利，继续守护我们韶城百姓的健康。

好了，那今天我们的直播节目就到这里，感谢各位的收看。

【点评】

这个节目策划到位、执行到位，是难得一见的成功直播，直播节目能做到这种程度值得总结推广。该作品有三个特点：一是周密策划，认真完成。团队克服了时间紧、变化多等困难，制订了详细的直播方案。同时通过微信推送预告、直播分享等，让直播成为全城期待，为英雄回家营造热烈的氛围，让市民通过直播实时关注医疗队员回家的动向，还可以通过直播互动功能让市民向英雄表达敬意。二是布局全面，结构严谨。通过“图片＋短视频＋视频直播”多种形式，对医疗队员从湖北出发、上车、抵达进行了全程记录，是所有直播抗疫回家的节目中较为全面的一个，让直播更丰富更有看点。三是影响力大、传播力广。队员们回到韶关路程上，通过多点连线、全程跟踪及回顾队员工作场景等多种表现形式，展示了韶关市以最高礼遇迎接英雄回家的细节，与观众的互动性强，在疫情期间起到了鼓舞人心、凝心聚力的作用和力量。

（张兴电）

我为两会“攒能量”

广东广播电视台　林勤生　郑敏璇　焦　阳
李　静　朱剑锋　万雅欣　关则伟　柯尊仁

策划背景

2020 年是全面建成小康社会和“十三五”规划收官之年，是实现第一个百年奋斗目标、为“十四五”发展和实现第二个百年奋斗目标打好基础的关键之年。在此大背景下，全国两会拉开大幕。广东广播电视台在媒体融合报道上持续发力，聚焦全国两会，多方位展现作为我国改革开放的排头兵、先行地、实验区的广东，如何在新时代展现新气象、实现新作为，实现人们对于美好生活的新追求。

产品形式

1. 主题：《我为两会“攒能量”》

2. 策划逻辑

紧扣群众关心的十大热点问题，精炼盘点代表、委员建设性建议、提案要点，划分具体话题领域，将有关建议、提案用清晰直观的热词图形式展现给用户，用户自主选择感兴趣的话题内容进行浏览并互动。随着两会新闻热点的持续更新，可随时上传更新话题，市民也可以在 H5 观看到更新迭代的内容。

3. 交互设计

在具有科技感的立体场景界面当中，点击、放大缩小、滑动的手部动作轻巧易懂且交互成本低，让群众真正参与进来，调动群众了解两会热点的积极性。

时间规划

在两会前推出 H5 交互产品，烘托会前气氛，前瞻两会热点。

产品定位

传递代表、委员的两会“好声音”，回应网民关切，拟瞄准关心时政内容的用户，把广大群众的呼声一起带到全国两会。

产品内容

主要由以下几个内容构成：

1. 民生热点关键词

按照民生热点话题，提炼关键词，上传代表、委员关于提案、建议的相关视频。

2. 代表、委员列表

由关键词页面点击进入，展示不同代表、委员的头像、头衔和围绕着上层页面关键词对应的两会“发声”。

3. 用户评论

视频浏览界面设置用户评论通道。

4. 交互分享

通过点击的手部动作，产生交互动态，为代表、委员的提案、建议“攒能量”。

内容架构

在具体呈现形式上，将在客户端首页以焦点图为入口上线，以民生热点主题、交互板块、视频板块为具体内容载体，注重交互体验。为增加活动曝光量，可在客户端首页设置浮标作为活动 H5 页面入口。

本次活动主要布局有以下几个部分：

1. 民生热点关键词

首页为活动简介，进入 H5 页面后，用充满立体感的主视觉设计直接呈现民生热点关键词。关键词由代表、委员的建议、提案亮点提炼得出，界面实时显示该关键词话题的热议度数据。

关键词通过滑动选择进入，可分为（暂定）：房价物价、教育保障、医疗保健、脱贫奔康、交通出行、环境保护、就业、养老托幼、食品安全、便民服务。关键词页面将根据新近热点不断加入新的关键词内容，吸引用户每天浏览更新信息。

用户滑动点击选择后，进入到具体代表、委员的建议、提案列表，层级清晰地表现出两会热议话题。

2. 视频内容

用户进入代表、委员的详细页面后，展示 1 条自动播放的短视频。短视频内容可包括代表、委员对关注的话题的提案、建议、讨论、介绍等。

3. 民意评论

在短视频界面下方设置评论通道按钮，用户点击相应的按钮进行评论。评论界面通过易盾、人工逐个双重审核。

4. 为代表、委员“攒能量”

“攒能量”交互设置在视频下方，以点击动作为基础，配合对应的特效 UI 设计，方便用户操作，增加参与度。

关键词图标以用户的“攒能量”动作、评论数为展示依据。随着用户的交互，更受热议的关键词将会在画面占比中更大，实时向用户推荐热议内容。

5. 分享页

用户通过“攒能量”的动作，生成对应的分享页，可将其分享至社交平台引导好友参与，使两会热议话题内容深入人心，激发代表、委员、网友广泛参与。

【点评】

过去的 2020 年是特殊之年，因为新冠肺炎疫情的影响，全国两会推迟至 5 月召开，各地媒体的报道方式发生了重大变化。广东台就如何做好全国两会的宣传报道，在新媒体创意互动作品的呈现角度上，进行了重大变革，提前策划、精心制作，在大会召开之前推出 H5 产品《我为两会“攒能量”》进行预热，烘托大会氛围。作品有三个特点：一是在内容上围绕群众关心的十大热点问题，提前收集广大群众关心的话题，用观众的第一视角访问代表委员，回答群众关切。二是在技术上充分发挥网络作用，采用网络云技术，联动多路新闻栏目记者、特别邀请代表委员拍摄“云访谈”“云视频”。新媒体特点彰显无疑，内容丰富，传播力强。三是在互动上十分重视体验感和个性化。采编团队紧扣互动，报道形式融合创新。将系列视频与设计新颖的立体云词图、动态动效等可视化元素有机结合，在新媒体平台上有效传播代表委员的“两会好声音”，体现了融合互动的创新特征。

（黄少江）

40 年·40 天丨深圳经济特区建立 40 周年倒计时

深圳广播电影电视集团 李天南 芮 沁 李雄飞
潘纯凤 马塬凯 苏新云 曾红清 姚炳文

40 个内容·40 岁
对一个人意味着什么?
对一座城市又代表着什么?
一天一张图
献礼深圳经济特区 40 岁生日
回看过往，不惑前行!

【40】
2020－07－17
40·不惑
1980 年 8 月 26 日
深圳经济特区正式建立

深圳经济特区成立 40 周年
倒计时 40 天

【39】
2020－07－18
39 年前
可乐在深圳冒泡生产

1981 年，深圳市罐头厂与美国百事可乐合作兴办深圳市饮乐汽水厂。百事可乐，成为投资深圳的第一家世界 500 强企业

深圳经济特区成立 40 周年
倒计时 39 天

【38】
2020 - 07 - 19
20 世纪 90 年代
国际贸易第一单
38 美金

20 世纪 90 年代
华为开始进军国际市场
俄罗斯是华为国际化的第一站
当时获得的第一笔订单
只有 38 美金
2019 年华为已实现全球销售收入
达 8 588 亿元人民币

深圳经济特区成立 40 周年
倒计时 38 天

【37】
2020 - 07 - 20
1979 年，深圳农业比重达 37%
40 年来，深圳产业结构日趋合理
农业所占比重持续下降
从 2007 年开始
下降到 1% 以下
2019 年，深圳农业比重仅占 0.1%

深圳经济特区成立 40 周年
倒计时 37 天

【36】
2020 - 07 - 21
1987 年
第一家完全由企业法人持股的商业银行——招商银行成立
成立之初
只有 36 人

如今
招商银行已成为世界 500 强

深圳经济特区成立 40 周年
倒计时 36 天

【35】
2020－07－22
1984 年，新中国成立 35 周年的国庆庆典上，写有“时间就是金钱，效率就是生命”的蛇口工业区彩车驶过天安门。这句口号从此响彻全国

深圳经济特区成立 40 周年
倒计时 35 天

【34】
2020－07－23
1995 年 5 月 8 日，深圳率先推行自愿无偿献血。1995 年 5 月 8 日，全国第一辆捐血车进驻东门，当天就有 34 位志愿者上车捐血

深圳经济特区成立 40 周年
倒计时 34 天

【33】
2020－07－24
青春圳好
人口平均年龄 33 岁
无数年轻人　勇于拼搏
创造了一个又一个中国奇迹

深圳经济特区成立 40 周年
倒计时 33 天

【32】
2020－07－25
由“荔枝节”变身的首届高交会

吸引了32家知名跨国公司参会
如今高交会已成为“中国科技第一展”

深圳经济特区成立40周年
倒计时32天

【31】
2020-07-26
1979年末
深圳常住人口仅约31万人
2019年深圳常住人口突破1 343万人
40年间增长了约42倍

深圳经济特区成立40周年
倒计时31天

【30】
2020-07-27
腾讯的第一个办公室
在华强北赛格科技创业园
一栋坐北朝南的老楼里
仅30多平方米
如今腾讯已发展成为全球五大互联网巨头之一

深圳经济特区成立40周年
倒计时30天

【29】
2020-07-28
深圳首条速度最快的地铁快线
11号线开通运营
最高时速达120公里/小时
市民从福田站到机场站
最快只需29分钟

深圳经济特区成立 40 周年
倒计时 29 天

【28】
2020－07－29
2009 年，创业板首批 28 家公司在深交所挂牌上市
2020 年，改革创业板并试点注册制，资本市场改革迈入“深水区”

深圳经济特区成立 40 周年
倒计时 28 天

【27】
2020－07－30
深圳成为全国首个无农村城市
2004 年底　深圳宝安　龙岗两区全面实现城市化
两区的 27 万村民全部转为居民
“村”在深圳成为了历史

深圳经济特区成立 40 周年
倒计时 27 天

【26】
2020－07－31
2011 年的那个夏天
第 26 届世界大学生运动会
在深圳隆重开幕

深圳经济特区成立 40 周年
倒计时 26 天

【25】
2020－08－01
1982 年
深圳成立了全国首个社保机构

向港资投资的竹园宾馆
收取第一笔劳动保险费
标准为员工工资的 25%
这笔钱作为退休后的养老金发放
解决了工人的后顾之忧
提高了劳动积极性

深圳经济特区成立 40 周年
倒计时 25 天

【24】
2020 - 08 - 02
2003 年 1 月 27 日零时起，皇岗口岸旅客 24 小时通关政策正式实施，成为我国第一个实行 24 小时通关的口岸
2020 年 6 月 20 日，拆旧建新后的口岸临时旅检场地具备开通条件，新大楼预计 2023 年底建成

深圳经济特区成立 40 周年
倒计时 24 天

【23】
2020 - 08 - 03
建市之初，深圳工业基础“一穷二白”
1980 年，规模以上工业只覆盖 23 个行业大类，传统产业为主，鲜见高新技术企业身影
如今，深圳工业已涵盖 37 个行业大类，建立起了门类相对齐全，具有较高发展水平的工业产业体系

深圳经济特区成立 40 周年
倒计时 23 天

【22】
2020 - 08 - 04
2016 年 10 月 31 日，当时全国唯一可停靠 22 万吨级游轮的蛇口太子湾邮轮母港正式运营，集“海、陆、空、铁”于一体的现代化国际邮轮母港，让深圳

由此昂首跨入“大航海时代”

深圳经济特区成立 40 周年
倒计时 22 天

【21】
2020－08－05
1987 年 12 月 1 日，深圳敲响中国土地“第一拍”
为了做好这次土地拍卖
深圳曾派人去香港学习观摩
拍卖当天香港派出 21 人组成“深圳第一次土地拍卖参观团”
来到现场见证这一历史时刻

深圳经济特区成立 40 周年
倒计时 21 天

【20】
2020－08－06
1982 年建成的电子大厦，20 层的高楼，是当时深圳的第一高楼，也是名副其实的地标建筑

深圳经济特区成立 40 周年
倒计时 20 天

【19】
2020－08－07
1989 年，19 名热心人士组成的义工队伍，开通热线电话为来深创业者提供帮助
1990 年，深圳成立中国内地第一个义工法人社团。“有困难找义工，有时间做义工”，成为深圳最温暖的口号

深圳经济特区成立 40 周年
倒计时 19 天

【18】
2020－08－08

“18 号文”催生深圳民营科技企业
这份被称为“18 号文”的《暂行规定》
(《深圳市人民政府关于鼓励科技人员兴办民间科技企业的暂行规定》)
后来被视作中国民营科技企业的“准生证”
深圳对制度的大胆改革
率先打开了科技创业的大门
正是看到这份文件
任正非决定成立华为

深圳经济特区成立 40 周年
倒计时 18 天

【17】
2020－08－09
1983 年 7 月 8 日，新中国第一张股票——“深宝安”
由深圳宝安县联合投资公司向社会公开发行
次年，联合投资公司获纯利润人民币 17 万元

深圳经济特区成立 40 周年
倒计时 17 天

【16】
2020－08－10
怀揣着“卖了裤子也要把深圳大学办好”的决心
1983 年 9 月
在一片滩涂和荔枝林里
特区的第一所高校破土而出
深圳的高等教育梦想也由此起步
当时深大共设置 16 个专业

深圳经济特区成立 40 周年
倒计时 16 天

【15】
2020－08－11

2010 年 8 月 26 日
“特区中的特区”
前海深港现代服务业合作区获准成立
总面积 15 平方公里

深圳经济特区成立 40 周年
倒计时 15 天

【14】
2020－08－12
深圳国家高新区扩容 14 倍
1996 年
深圳市高新技术产业园成立
被视为深圳创新驱动的核心引擎

2019 年
《深圳国家高新区扩区方案》发布
高新区总规划面积从 11.5 平方公里
扩大到 159.48 平方公里

深圳经济特区成立 40 周年
倒计时 14 天

【13】
2020－08－13
诞生于蛇口的中国平安
最初员工 13 名
如今
已发展成超过 180 万人的大型综合金融集团
连续多年登上世界 500 强榜单

深圳经济特区成立 40 周年
倒计时 13 天

【12】
2020－08－14
1984 年 1 月 15 日
深圳笋岗跨线立交桥正式通车
这是深圳经济特区的第一座立体交叉桥
高 12 米

深圳经济特区成立 40 周年
倒计时 12 天

【11】
2020－08－15
2004 年，深圳队夺得首届中超联赛冠军。22 轮比赛 11 胜 9 平仅 2 负

深圳经济特区成立 40 周年
倒计时 11 天

【10】
2020－08－16
1999 年 9 月 28 日，深圳滨海大道通车
全长约 10 公里
是连接福田、罗湖的主要快速干道
激活了南山片区的经济
同时也是深圳重要的海滨自然风景带

深圳经济特区成立 40 周年
倒计时 10 天

【9】
2020－08－17
自 1990 年以来
深圳先后与全国 17 个省（市、区）
有关地区开展帮扶合作
对口帮扶全国 9 省（区、市）
54 个县市

书写着决战脱贫攻坚的时代新篇
感恩改革开放　回报全国人民

深圳经济特区成立40周年
倒计时9天

【8】
2020－08－18
1983年
深圳兴建
8大文化设施
科学馆、博物馆、电视台、图书馆、大剧院、深圳大学、体育中心、新闻文化中心成为特区最亮丽的文化风景

如今
深圳又启动并加速了歌剧院等
“新十大文化设施”建设
为城市打造动力持久的文化引擎

深圳经济特区成立40周年
倒计时8天

【7】
2020－08－19
最初的深南路于1980年建成
全长只有2.1公里，7米宽
是当时特区最长的路
仅够两台车双向并行
如今，深南大道成为深圳的东西向主干道，中心区最宽达350米，全长达25.6公里

深圳经济特区成立40周年
倒计时7天

【6】

2020－08－20

20 世纪 80 年代

国务院批准沿深圳“二线关”

设立 6 个检查站

对进入特区人员实施检查

2018 年

国务院批复

撤销深圳经济特区管理线

“二线关”退出历史舞台

特区一体化迎来加速期

深圳经济特区成立 40 周年

倒计时 6 天

【5】

2020－08－21

1988 年 4 月，“深发展”股票在新中国第一家证券公司——深圳经济特区证券公司挂牌柜台交易。“深发展”与之后的“深万科”“深金田”“深安达”“深原野”，被称为“深市老五股”，点燃了深圳证券市场的第一把火

深圳经济特区成立 40 周年

倒计时 5 天

【4】

2020－08－22

“4 分钱打破大锅饭”

1979 年

蛇口工业区宣布

工地将实行定额超产奖励制度

工人每天必须装运 40 车的石料

但超过定额多拉一车

就奖励司机 4 分钱

工人的劳动热情迅速被激发出来

深圳经济特区成立40周年
倒计时4天

【3】
2020－08－23
3天1层楼
国贸大厦
成为20世纪80年代深圳城市标志
“深圳速度”
作为中国改革开放的奇迹被载入史册

深圳经济特区成立40周年
倒计时3天

【2】
2020－08－24
1983年，2万基建工程兵集体转业深圳，支援特区建设

深圳经济特区成立40周年
倒计时2天

【1】
2020－08－25
深圳经济特区建立40年来
共创造了1 000多项
全国第一

深圳经济特区成立40周年
倒计时1天

【点评】

回望深圳40年，倒计时海报精选影响深圳发展进程的重大事件，将“数字＋故事”融合，既体现出事件背后的意义，也强调深化了特区40周年即将到来的记忆点。该作品有三大特点：一是主题鲜明视角独特，“数”说深圳40年

的进步和发展。从 40 到 1，每天一张海报，通过倒计时“一个数字，一个故事”相结合的形式，创意讲述深圳 40 年历程中有意义的事件，献礼深圳特区建立 40 周年。二是内容丰富凸显深度，海报涉及深圳发展的多个领域，包括三大产业、知名企业、重大工程、代表性活动等，通过数字背后的意义、过去与现在的分析对比、40 年的变化等多个角度，来体现深圳在该领域的整体发展脉络。三是形式创新风格独特，海报的视觉冲击使传播效果事半功倍。每一张海报都根据具体事件设计出独特的海报风格，借助资料照片、漫画创意、创新元素等，形成日常场景的关联，既不会产生视觉疲劳感，也更容易让观看者产生情感共鸣，激发传播欲望。

（赵随意）

问政珠海

珠海广播电视台 李 蓉 林景静 陈伊琼 杨秋敏 魏 磊 张祖伟 李 想

作品二维码：

【点评】

新冠肺炎疫情形势趋于平稳后，4月17日，珠海市委、市政府召开深化机关干部作风建设、优化营商环境专项工作推进会，并出台工作方案，明确提出要用好电视（新媒体）问政平台，切实解决群众、企业反映强烈的问题。一是传播有广度，呈现形态更多元。《问政珠海》的全媒体传播囊括视频、音频、文字、图片、动图、评论、互动等新媒体要素，事件丰满，整体完美。二是主题有深度，反映问题更深入。《问政珠海》第三期节目聚焦关乎国家、关乎珠海发展的重大主题。《问政珠海》由表及里，直指问题，一针见血。三是现场有交锋，探讨问题更理性。由于内容涉及面广，节目组与问政嘉宾、问政代表进行了充分沟通，对节目流程进行了更为精细化的设置。该作品两名主持人充分发挥了节目引导者和掌控者的作用，恰到好处地把控了舆论导向，现场有互动、有交锋、有"火药味"，被问政单位负责人红了脸、出了汗，但同时更充分体现了实事求是、客观理性、着力于解决问题的问政氛围。

（李国荣）

广播节目作品

2020 年 11 月 6 日广东“民声热线”节目

广东广播电视台　龙俊峰　张宇航　余素琳　陈红艳　梁星月　金　亮　胡志慧

（文字稿略）

2020 年 12 月 31 日广东“民声热线”节目

（文字稿略）

【点评】

这是一档开播已经超过 15 年的老品牌节目。开播以来，该节目不忘初心，坚持宗旨，为广大听众解决了无数实际问题，既具有广泛的社会影响力，也彰显了主流媒体的社会责任和担当。栏目综合运用各种新媒体手段进行传播，既增强了节目的影响力，也促进了政风、行风的改变。而这样的一档老节目能够做到长盛不衰，影响力持久，常播常新，其奥秘就在于创新。

2020 年，该节目再次改版、创新，使得节目更加充满活力，更有冲击力。比较以往，目前的《民声热线》的创新主要体现在三个方面。一是形式新。采访直播化，直接拨电话。这样，往往让被咨询采访对象措手不及，少了周旋推诿的空间。二是燃点新。接投诉、拨电话、听反馈，大多是随机的，充满不确定。这对被咨询采访对象是冲击，对听众则是刺激。三是理念新。专注服务投诉人，力争投诉简单化。如此一来，使得这个本来宗旨就是反映民声、开展舆论监督的节目，舆论监督更直接，解决问题更高效，从而进一步扩大了影响力，提升了传播力。

（范干良）

英雄回家

深圳广播电影电视集团　刘伟明　王　帅　李娇娜　孙　岩

【节目上半段】

【《我的战疫我的城》片头】

没有谁是生来勇敢的，但我们此刻敢和危险较量。

（同期声："全国各地的医护人员紧急动员"，"国家医疗队志愿武汉即将出发"。）

没有人生来就是英雄，每个灵魂里都存在伟大的可能。

（同期声："我和我的队员们，一定能打胜仗，零感染"；

"昨天刚登记的，今天刚接到命令，准备出征"；

"等你回来以后，我们就办婚礼"；

"赵英明，平安回来，一年的家务我做啊！"）

因为被需要，所以勇往直前。

众志成城，共同抗疫，用声音传递温暖力量。

飞扬971系列报道——我的战疫我的城。

【王帅】欢迎收听飞扬971特别节目《英雄回家》，我是主持人王帅。

【钮钮】我是钮钮。今天中午，深圳首批支援湖北医疗队踏上回家路。

【王帅】深圳首批援鄂医疗队由13名深圳医疗尖兵组成，2月9日从深圳出发奔赴武汉东西湖方舱医院，承担420张床位的治疗任务。经过40天的奋战，他们今天要回家了。

【钮钮】今天上午在武汉火车站，武汉市民自发为深圳医护人员送行。

【压混】武汉站同期声

【王帅】发车前，乘务员向每位队员递上了特制的纪念火车票。票面上写着"武汉站发车，抵达美丽家乡站"。

【压混】医疗队声音10秒

【钮钮】今晚深圳将全城亮灯迎接医疗队归来，地标楼宇大屏、市民中心、深圳湾人才公园以及宝安海滨广场将联动灯光表演，致敬新时代最可爱的人。

【王帅】在此，我们发起暖心号召，请您在自家阳台上，打开手机闪光灯点亮小星星，欢迎英雄回家。

【钮钮】深圳市委市政府一直非常关心医疗队在鄂的工作、生活情况，并且做好了充分的保障工作，让医疗队没有后顾之忧。

【王帅】深圳首批支援湖北医疗队出发以来，飞扬 971 推出了“安心家书”“我的战疫我的城”系列节目，充分采访发掘最美逆行者的感人事迹，将深圳各条战线的基层党员在疫情中的先行示范作用，通过一个个真实故事呈现出来，引起社会强烈反响。

【钮钮】其中，特别是飞扬 971 和湖北广播电台联合推出的《双城对话》在深圳、武汉两地引发共振。今天，我们将用最温暖的声音方式，迎接深圳首批支援湖北医疗队回到深圳，让爱充满城市！

【王帅】首先您将听到的是首批支援湖北医疗队队员王虎的女朋友陈慧敏——同样身为深圳市中医院护士的她——在今天中午为王虎写的一封家书，或者说是一封压抑了 40 天的情书。

【音频 1：王虎家书】

■收信人：深圳市支援湖北医疗队队员、深圳市中医院重症医学科护士　王虎

■写信人及朗读者：深圳市中医院肾病科一病区护士　王虎女友　陈慧敏

虎哥：

你听出我是谁了吗？我是慧敏。

现在你应该在回家的路上了吧？我悬着的一颗心终于可以放下了，我终于能把这 40 天想对你说的话通过收音机说给你听。

我还记得你刚接到支援武汉的通知时，原本第二天是要去支援咱们医院的发热门诊的。那天，你对我说：“要随时准备去武汉了。”我听完便开始帮你打包行李。

但还是忍不住问你，什么时候回来？你说，归期未定。

其实那时候，你从外地结束半年的进修回到深圳，我们才刚刚团聚不久。但身为同行，我们有着许多共同的信念，我也知道此行必定会有风险，可我必须理解并支持你。就像你上次报名参加支援发热门诊时一样，我负责为你分忧解难，提供后方保障。这次也一样。你怕爸妈担心，出征的事瞒着他们。为了让我放心，你总爱把事情自己扛着，告诉我的都是好消息。每次我问你，今天进舱顺利吗？有没有不舒服？你总笑着跟我说，还好。但我知道，“还好”这两个字，包含着你脱去防护服时后背湿透的疲惫、鼻梁上压疮的疼痛，以及六小时禁饮禁食的难受。我只能将心疼放在心底，尽量逗你多笑笑，来缓解你的疲劳。

你知道吗？这段时间让我感到最开心的事情就是你跟我说，舱里逐渐出现了空床的现象，这意味着出院人数逐渐大于入院人数，你们的努力和汗水都有了回报。我说过，我一定不会是你的后顾之忧，而是你坚实的后盾。每每想到，我们一起在不同的战场上战斗，心里就越加期待你回来的这一天。

虎哥，在你出征那天，我跟你说过，上班那天我送你；回家那天，也一定会去接你。

慧敏

2020年3月20日

【钮钮】在深圳，有很多像王虎这样的90后，在疫情来临的时候，能够暂时放下家庭和亲人，第一时间奔赴前线。你问他们怕不怕，他们会说，我怕；但你问他，上吗？他们一定会说：上！在我们这次采访中，看到很多90后在疫情防控中忠诚担当、无私奉献，在风雨洗礼中破茧成蝶、淬火成钢。

【王帅】抗疫英雄们今天回到深圳，但疫情还没有完全结束。这些勇敢的逆行者在短暂的修整之后，将再次投入到抗疫战斗中。

【钮钮】他们之所以能够一往无前，充满勇气和斗志，一方面是我们的市委市政府给予了坚强的保障，另一方面是他们身后家人的鼓励。深圳首批支援湖北医疗队队员戎晓函说，她在前线最暖心的力量就来自身后的哥哥。

【王帅】哥哥戎晓聪给妹妹戎晓函写的这封信，虽然记录的是生活琐事，却包含着满满的鼓励与支持，他告诉妹妹：疲倦时想想远方的亲人，家里在为你祝福和鼓劲儿。

【音频2：戎晓函家书】

■收信人：深圳首批支援湖北医疗队队员、深圳市中医院重症医学科护士戎晓函

■写信人：戎晓函哥哥　戎晓聪

晓函：

“烽火连三月，家书抵万金。”虽然每天能够和你保持电话沟通，但还是决定给你写这一封家书，希望这封家书能够给你带来更大的动力和温暖。

听了你很多讲述，我也给你汇报一下家里的情况吧。老爸老妈身体都挺好的，老妈的血压、老爸的血糖都控制得挺好，每天都坚持吃药，我也有监督他们，你可以放心！我和你嫂子已经复工了，有时也会在家办公。

要说最想念你的应该是家里的几个小朋友了，只要听到“小姑姑”三个字，就会像打开按钮一样，单曲循环“小姑姑加油，小姑姑加油……”

说一千道一万，只是想告诉你，家里一切都好，你不用牵挂，好好照顾患者，保护好自己，安心在武汉做好支援工作。

前天听你说，因为有治好的病人陆续出舱，你们 C 舱要准备闭舱了。我们都替你们高兴，证明你们的努力没有白费，取得了阶段性的成功。都说你们是“白衣战士”，但是请你务必在上战场的时候穿戴好你的防护装备，口罩一定要戴紧一点，因为，“救人要‘紧’”，哈哈……是不是很久没有听我讲冷笑话了？没事的时候可以想想我讲过的冷笑话。你工作压力一定很大，但希望你用一个轻松的心情去工作。

对你支援湖北的决心和工作能力我从不怀疑和担心，就怕你冲得太狠，累垮了身体。记住遇事不要急，要冷静冷静再冷静。其实我最担心的还是你的睡眠，长期三班倒的工作导致的失眠已经困扰你很久了，希望你在武汉不要失眠，下班在驻地的时候要多睡觉，足够的睡眠才能保证你有一个较强的免疫力。这些你比我更懂，我只是想再唠叨一下。

我就不问你啥时候能回来了，只想告诉你，我们都在家等着你，等你回来一家人齐齐整整地吃一顿饭，那也将是你抗疫成功的庆功宴。

加油！保重！

哥哥

2020 年 3 月 2 日

【王帅】信里一句“家里一切都好”，是哥哥给戎晓函无声的支持。时刻叮嘱妹妹口罩一定要戴紧。纵使知道你会做好防护，却还是忍不住一遍遍叮嘱。知道你面对的困难，也相信你有能力解决，但还是忍不住提醒你注意休息。

【钮钮】此时，战士们已经在大巴上离深圳越来越近，他们出发时脸上的坚毅，洪亮的嗓音，必胜的决心，我依然历历在目。

【压混】出发誓师口号

【钮钮】我们也记得，他们出发后家人的挂念、同事的祝福，还有全市人民的期盼。

【王帅】在深圳首批支援湖北医疗队中有这样一个女孩，她叫龙翔，是家里的独生女。

【钮钮】龙翔的父亲龙际银，是湖北医药学院副教授。在女儿出征之前，他将鲜红的党徽交到她手上，让她做一名合格的共产党员。

【王帅】龙翔自告奋勇申请前往前线后，父亲龙际银用文字代替细声叮嘱，为她写下家书。

【钮钮】接下来，让我们一起倾听这封满含关爱与鼓励的家书。

【音频3：龙翔家书】

■收信人：深圳市支援湖北医疗队队员、北京大学深圳医院呼吸与危重症科副主任医师　龙翔

■写信人及朗读者：龙翔父亲　龙际银（湖北医药学院副教授）

龙翔：

你是爸妈唯一的女儿，是爸妈的精神支柱。细算起来，你去武汉已经半个多月了。爸妈在家里每天都掰着手指计算。盼你一切都好！

疫情出现，你报名请求去一线，爸妈很支持你。从小学、中学、大学到读研、考博，你学习努力刻苦，没让爸妈操过心。我们了解你的性格，争强好胜，不服输，不怕牺牲，为人热情，豪爽仗义。你想去做的事情，没人阻止得了你。

你是共产党员，爸妈都是老党员。在国家急需用人之际，我们纵有万千不舍，也支持你前行。你与爸妈分别时，爸爸把一枚鲜红的党徽郑重放在你的手中，叮嘱你要积极工作，为党徽增辉，做一名优秀的共产党员。

在送你上车前，你和爸妈合影，三人拥抱成一团。你上车，爸妈转身热泪盈眶，泪眼蒙眬地看着你乘车远去。后来看到你们医疗队出发的视频，我们的心情更是难以用语言表达。

从新闻上看到，进入方舱后，你与同事克服困难、加班加点，将450余名患者情况，整理成一张大的流程表，让医院的诊疗变得更有序，让有限的医疗资源用在了刀刃上。爸妈为你感到高兴。

你出发后，市里、医院的领导对我的生活很关心，市妇联等组织还不断为我们送来蔬菜、水果等生活用品。家里有爸妈，一切安好，放心。

你在前方，爸妈希望你尽力为患者服务，减轻他们的痛苦，为家乡人多做些事。

你们要注意防护，要和队友互相关心、互相帮助，争取早日战胜病毒，早日平安归来。到时，我们还去车站接你。要说的话很多，千言万语化作一句"保重，加油！"

爸爸　龙际银

2020年2月26日

【王帅】此时此刻，在大巴上的医疗队队员们，如果你们现在从车窗望出去，会看到深圳交警铁骑警卫队的交警们正在护送你们回家。

【钮钮】在他们之中，有一位队员叫郭峻淞。他不但是一位风里来雨里去的

城市守卫者，也是优秀的音乐创作者。今天，在出发接你们回家前，他接受了我们的采访。

【音频 4：郭峻淞采访】

郭峻淞：

我是深圳交警郭峻淞，今天傍晚，援鄂医疗队已经到达了广州南站，而我们深圳交警的先行部队已经派出了摩托车手在广州南站进行先期的迎接。在路上我们会组成前面有箭头，旁边有侧翼以及后面有押尾组成的这样一个阵容，欢迎我们的英雄们回家。

当我们的车队行驶到深莞交界处的时候，我作为卫队中的一员，也会加入其中来，组成护卫方阵，来护送医疗队的英雄们回到深圳市区。作为一名在战“疫”期间，一直在一线执勤点工作的一名深圳交警，我把自己工作的感受融入音乐当中，创作了一首歌《启程》。这首歌出品的时间，也刚好是在我们 3 月 15 日由深圳联检检疫点全部撤出这一天。所以这首歌也是为我们的市民所写，我相信所有的市民都是同样一个心情，都是希望我们的疫情早点过去，我们共同向未来的生活和事业全新启程。

今天刚好是春分，医疗队的英雄们也从湖北回到了我们深圳，那么也用这首歌向他们致敬，欢迎他们，也祝愿他们平安健康。在经历短暂的休整之后，和我们一起面对未来的生活、事业，全新启程，元气满满。

其实我现在内心也很激动，很期待。其实他们和我们一样，都是在各自工作岗位上的一个平凡的人，但今天他们的壮举感动了我们，所以我们今天怀着这样的心情去迎接他们。

【王帅】接下来，我们就来听郭峻淞创作并演唱的《启程》这首歌，感受深圳人对抗疫战士的感谢，和对即将恢复平静的美好生活的向往。

【音频 5：歌曲《启程》】

【钮钮】此时此刻，深圳首批支援湖北医疗队乘坐大巴即将回到深圳，他们的队长孟新科，终于可以暂时舒一口气。2 月 9 日，他带领全队 13 人前往武汉，开始了 40 天的医疗援助。出发的那一刻，他的心情可不轻松。

【王帅】接下来请听本台稍早前对孟新科的独家采访。

【音频 6：孟新科采访录音】

【记者】孟新科，深圳市第二人民医院重症医学科副主任、主任医师。2 月 9 日，他临危受命，勇担重任，作为深圳首批支援湖北医疗队队长，带领 13 名队员驰援武汉东西湖方舱医院，承担起 420 名患者的治疗任务。

【孟新科】2 月 9 号一早我就出发了，有一种很神圣的使命感和责任感，以及一种豪情。

我们深圳队力量是很强的，我们医生基本上都是副高以上的，护士都是非常有经验的。

我们12号正式“入舱”了，工作量很大，最多的时候一天收了800多个病人。我们刚开始进方舱医院的时候，是摸着石头过河，比较忙乱。病人更是比较焦虑，因为他觉得找不到医生，没有主心骨。后来我们发现这个问题，马上就改进工作方法，我们40个医生，每个医生管10张床位，建立一个微信群，通过微信来进行交流。这样我们在一个星期之内工作基本上就理顺了。后来，这种方法在我们A厅和B厅都广泛推广，在其他的医疗队也推广，大家都反映很好，病人明显地感觉到和医生之间的距离拉近了。

我们整个方舱医院在这一个多月的诊断和治疗过程当中做到了零投诉，医护人员零感染，病人零死亡，治愈病人零复发，安全事故零发生。

【记者】孟新科带领深圳医疗尖兵在前线科学抗疫，精准施策，除了在方舱医院率先推行手机无障碍沟通外，还带领病患做广播体操、洗手操等。多样化的医患交流方式有效缓解了方舱医院内的紧张情绪和病患的焦虑心情。

【孟新科】我们一般查房查完了，到九、十点钟，就去跟他们一起跳洗手操、广播体操八段锦。因为这个可以转移注意力，拉近和病人之间的关系。我走过每一个床，都一定要去打招呼，如果没什么事就表扬他一下；如果有问题就马上帮他解决。

病人就觉得广东医生好，很负责任，有亲切感。医生护士都和病人结下了深厚的友谊。要闭舱的时候，还有病人专门托其他队给我们深圳的护士带信，说要感谢我们深圳的护士。他们现在都还有来往，我们病人的微信群都没有解散。

【记者】随着湖北疫情形势好转，方舱医院，这一在武汉市新冠肺炎疫情防控关键时期，发挥了关键作用的特殊医院，开始逐步休舱，援助武汉的医疗队进入休整状态。但孟新科休整不休息，在武汉开始着手总结新冠肺炎的病理研究，还在网上开设讲座，将一线经验和全国分享；最重要的是，他在前方还递交了入党申请书，希望接受党组织的进一步考验。

【孟新科】当我们听说可能第二天休舱，心情是非常激动的，感觉总算完成了一个阶段性的任务。我们虽然休舱了，但是我们休整不等于休息，我们不能松懈，我们还要继续学习。

第一个，就是我们的临时党支部，加强组织纪律性，加强学习，大家要汇报思想工作，写个人总结，总结经验教训。很多党员用自己实际的行动、高标准的要求，让我们看到我们周围的这些榜样。在党员的感召下，在这种抗疫前线的氛围体验到党组织的重要性，我提交了入党申请书。

第二个，要抓紧时间学习重症的理论、新冠肺炎的诊治文献，我就做了一系列的幻灯片。我在全国最大的生物医学网站做了一次公开课，专门讲了新冠肺炎的影像学与临床，有 3 600 多人在线听。

【记者】今天，孟新科将带领深圳首批支援湖北医疗队凯旋，深圳人终于等到战疫英雄回家。无论你正在哪里收听这期节目，请让我们用最热烈、最持久的掌声向勇敢的最美逆行者致敬！

【孟新科】今天是 3 月 20 号，我们就要回深圳了。

我想对我们 13 名队员说，我们光荣地完成了深圳市民的嘱托，圆满地完成了我们的任务。但是疫情还没彻底结束，我们回深圳过后经过休整，要继续投入工作当中去，预防输入性病例，大家继续努力！

对深圳市领导和全体深圳市的人民，我想真诚地说一句：感谢大家给我们的支持和关心。有我们深圳市这么强大的人民群体做后盾，给我们这么多的荣誉、这么丰足的物质资源，让我们完全没有任何后顾之忧。谢谢大家！

我的战疫我的城，我是孟新科！

【钮钮】今天深圳首批援鄂医疗队回家了，但就如队长孟新科所说，疫情尚未结束，他们这些在一线战斗了 40 天的战士们，有着丰富的经验和坚强的意志，他们将继续投入到抗疫之中，继续做我们的健康守护者。

【王帅】我们再次发起暖心号召，请您在自家阳台上，打开手机闪光灯点亮小星星，欢迎抗疫战士们回家。也借由深圳原创音乐人何沐阳创作，徐千雅演唱的《愿平安归于你》祝愿你们平安，祝愿深圳平安，祝愿祖国平安，愿平安归于你。

【音频 7：歌曲《愿平安归于你》】

飞扬 971 特别节目《英雄回家》

【节目下半段】

【《我的战疫我的城》片头】

没有谁是生来勇敢的，但我们此刻敢和危险较量。

【同期声】“全国各地的医护人员紧急动员”，“国家医疗队志愿武汉即将出发”。

没有人生来就是英雄，每个灵魂里都存在伟大的可能。

【同期声】“我和我的队员们，一定能打胜仗，零感染”；

“昨天刚登记的，今天刚接到命令，准备出征”；

“等你回来以后，我们就办婚礼”；

“赵英明，平安回来，一年的家务我做啊！”

【解说】

因为被需要，所以勇往直前。

众志成城，共同抗疫，用声音传递温暖力量。

飞扬971系列报道——我的战疫我的城。

【王帅】欢迎继续收听飞扬971特别节目《英雄回家》，我是主持人王帅。

【钮钮】我是钮钮。2月21日，由飞扬971制作了一期节目《武汉你好，我是深圳》在深圳和武汉同时播出。作为深圳市委组织部发起的“安心行动”的一部分，节目在两地引起强烈反响。

【王帅】一周之后，湖北广播电台制作了一期节目《深圳你好，我是武汉》回应了深圳人民的问候。这是两座城市的广播首次通过声音进行对话，也是两座城市的人民在相互加油打气。

【钮钮】接下来，我们将和各位重温这两座城市的对话，让声音传递温暖力量，让爱充满城市。

【音频8：《武汉你好，我是深圳》】

【主持人】武汉你好，我是深圳。虽然你生病了，但我们是一家人。这里是《安心手册之武汉安心》。我是深圳电台飞扬971的主持人刘洋。今天我选择了一些深圳人写的歌、唱的歌，希望这些音乐让远方的你安心。

深圳湾距离武汉长江大桥1 068公里，每天我们都想问：“武汉的你，你好吗？下雪路滑，出门小心。这已经到了冬天最冷的时候了，等雪融化了，春天，你就来了。”

【歌曲：《武汉你好吗》】

【主持人】经常有人问我，这到底什么时候是个头？这个问题我也经常问自己。疫情终将会结束，但我们因为这次疫情而受到的影响，可能还会持续一段时间。

好在这个世界上有无数曾经发生的，我们认为特别艰难的时刻，我们都坚持下来了。就像那些曾经共患难的人告诉我们的：“越危险的时候，我们的心才靠得越近，心和心团结在一起才是必胜的决心。”

请拿出勇气，我和你在一起。

【歌曲：《拿出勇气》】

【主持人】音乐家姚峰，1953年生于武汉，1998年来到深圳。至今他的女儿姚贝娜依然是武汉人的骄傲。

《每个人的战争》是他和词作家唐跃生刚刚完成的作品。在深圳的一家录音棚里，已经67岁的他戴着口罩连续工作了15个小时，就是希望用这种进行曲式的合唱，来鼓舞身处疫情中的每一个人。

【歌曲：《每个人的战争》】

【主持人】再有一个月八一路的樱花就要开了。经历过风霜雨雪后的樱花和武汉，应该会绽放得更加坚强。

我仿佛看到每一片樱花上都写着一句话——愿平安归于你。

【歌曲《愿平安归于你》】

【主持人】这里是《安心手册之武汉安心》。

我是深圳电台飞扬 971 的主持人刘洋。就像你曾经看到的那样，志合者，不以山海为远。武汉、深圳心连心共命运，愿守望相助，并肩战“疫”，盼河山无恙，江城平安。

【王帅】您正在收听的是飞扬 971 特别节目《英雄回家》。

【钮钮】刚刚是 2 月 21 日，在深圳、武汉同步播出的《武汉你好，我是深圳》。

【王帅】同时，飞扬 971 和市委组织部联合推出的系列报道：《我的战疫我的城》，也正在飞扬 971 全天播出。

【钮钮】全天在 8：30、11：30、14：30、17：30、19：30 共同讲述抗疫战士的动人故事。并且同步推送：“学习强国”“深爱听”“壹深圳”“读特”“企鹅 FM”“深圳先锋”“福田先锋”“龙岗先锋”“宝安先锋”。

【王帅】接下来我们一起重温湖北广播电台 2 月 28 日给深圳人的“回信”。

【音频 9:《深圳你好，我是武汉》】

【主持人】深圳你好，我是武汉。

感谢你从 1 068 公里之外发来的问候。这个春天格外地不同寻常，我们正经历着前所未有的困境和挑战。封城的每一天都异常艰难，可是请你放心，武汉从来就是一个火热和倔强的城市。我们不畏惧，也会在你们的鼓励声中迎难而上，守护我们深爱的家乡。

此刻，我希望通过武汉音乐人的歌声，把当下这座城市所经历的、感受到的一切，唱给你们听。

【歌曲:《武汉伢》】

【主持人】这首歌叫《武汉伢》，其实我们这都叫“武汉伢”，由湖北广播电视台、音乐广播事业部与西瓜音乐共同发起，武汉籍歌手段思思联合众多音乐人创作，由 17 位来自武汉的文艺工作者共同演唱。歌里唱的是我们深爱这座城市的理由。

当我们承受着新冠肺炎疫情带来的痛苦，当我们因为封城感到恐惧和害怕的时候，这些美好的记忆就会浮现在我们眼前，让我们有勇气给自己加油，去期待那个最美的明天。

【歌曲:《明天依然最美》】

【主持人】这首歌《明天依然最美》是武汉音乐人夏璐、刘思远联合 35 位身在全国各地的武汉音乐学院的校友共同创作的。就像歌里唱的，14 亿人会撑起你们的脊背。大家都在拼尽全力驰援我们，这就是我们坚持下去的底气和力量。

这其中也要特别感谢我们的友好城市——深圳。一批又一批的深圳医疗队奔向火神山、雷神山医院。深圳人民捐款捐物，深圳企业更是运用技术和疫情斗争，与时间赛跑。华大基因建火眼实验室，每天进行上万人的核酸检测；华为、中兴为武汉一路搭建通信桥梁；腾讯用AI辅助医生提高CT检查效率。每一份情谊和问候，我们都铭记在心中，千言万语化成一句感谢。由武汉音乐人陈芳、莫小天、郭老五唱给你听。

【歌曲：《献给武汉》】

【主持人】这首歌叫《献给武汉》，是身处加拿大的27岁武汉男孩俞诗宇创作的。歌中唱到的是他眼中的武汉——日思夜想的家乡。感谢你深圳。

虽然我们相距1 068公里，但是我们也有很多的相似之处——深圳是改革开放先锋之城，而当年武汉的汉正街也是敢为人先之地；深圳是鹏城，武汉有黄鹤，我们遥遥相望，但是我们心手相连。

最后为你送上的是有着武汉名片之称的武汉民谣歌手冯祥带来的这首《汉阳门花园》。刚刚过了农历节气雨水，春天的脚步更近了，等风雨过后，武汉诚挚邀请深圳和全国的朋友，来看看最真实动人的武汉风景。

到时候让我们摘下口罩，给彼此一个大大的拥抱吧。

【歌曲：《汉阳门花园》】

【点评】

极不平凡的2020年，全国人民在党中央坚强领导下，同舟共济、守望相助，凝聚成伟大的抗疫精神。在这场举国同心的抗疫战斗中，广大医护人员舍生忘死，舍小家、为大家，从四面八方紧急驰援武汉，涌现出大量可歌可泣的英雄事迹和感人故事。主流媒体也纷纷花大气力、向险而行投入报道，书写媒体的责任担当和命运与共。本广播节目《英雄回家》就是2020年众多“抗疫”的作品中，弘扬主旋律、充满正能量、综合水平上乘的优秀作品。

作品选取3月20日、深圳援鄂医疗队返回深圳的特殊时间节点，精心策划、精良制作，以“英雄回家”为题推出大体量特别节目，现实意义突出，社会关注度极高，体现出主创团队较强的组织策划能力和出色的专业素养。特别是节目开头慧敏的朗读，写于回家当天的一封信，在晚上播出，设计精巧，时效性强，令人动容。

作品播出时，疫情防控形势依然严峻，但节目制作一丝不苟，既包含了新闻解读、实时直播的现场感，又调动了多种手段，背景音乐及音效运用出色，家书、采访、双城空中对话等，设计用心，对象选择出色。如龙翔父亲龙际银老人的家书朗诵，配衬古老的时钟摆动声，让人坠入一种深沉的氛围中，很好地烘托了气氛。为抗疫专门创作的原创音乐，由创作者自己演唱也是作品一大亮点。

作品整体策划优秀，时效性强、制作精良，既深情讴歌了深圳医务工作者的专业与勇敢，也展现出深圳各行各业广大市民对英雄的敬意，体现了深圳作为中国特色社会主义先行示范区的担当和温暖，同时增强了民众抗疫必胜的信心。

（杨　华）

龙狮小少年　传承大梦想

佛山人民广播电台　俞　菲　梁健婷　潘思嘉　黄倩儿

版头：走进校园，拉近你我，欢迎来到《同学面对面》

小主持：大家好，我是《同学面对面》的小主持邝圣杰。最近到了年末，我们镇上好多大哥哥都在练习舞狮子，可热闹了！菲菲姐姐，你喜欢看舞狮吗？

菲菲：当然喜欢啦，你见到的是南派舞狮，也就是我们常说的南狮。

小主持：舞狮也有门派之分？

菲菲：是的呢，呼唤 AI 花宝，来跟我们讲讲南狮的来历。

AI 花宝：舞狮是我国优秀的民间艺术，有“北狮”和“南狮”之分。其中南派舞狮又叫醒狮，它融合武术、舞蹈、音乐为一体，富有阳刚之气，被认为是驱邪辟害的吉祥瑞物，每逢节庆或有重大活动必有舞狮助兴，长盛不衰。南狮盛行于珠江流域一带，又以佛山为主要发祥地。

小主持：佛山和舞狮竟有如此渊源。作为佛山娃，难怪我每次看到舞狮都想跟着学！

菲菲：想学舞狮？我们身边就有这样的机会，刚好张槎中心小学就有舞狮特色课程，肖春华老师用轮胎训练同学们的基本功，想不想看？

小主持：想，我们快去吧！

【传承第一步：从培养兴趣到执着爱好】

【现场采访】

菲菲：这个手法叫什么？

肖春华老师：擂鼓。

菲菲：擂鼓？

肖春华老师：对，我们要把手腕放松，练得灵活一点。

菲菲：这个是练习鼓？他刚刚有敲两边？

肖春华老师：那个是打镲的，我们只是用手掌去打。

菲菲：这个训练的方法只是用手掌？

肖春华老师：对，手掌，先是手掌，然后再拿那个镲。

肖春华老师：抬头、扎马步、挺胸……我们是舞狮。什么叫舞狮？一个是舞蹈的舞，一个是武术的武。马步，眼睛看前面。

菲菲：后边鼓掌的是什么意思？

肖春华老师：就是打镲！其实鼓掌就是打镲，要配合打镲，就是有鼓有锣有镲，这个音乐就很好听。

小主持：这看起来很简单很有趣呀，拍拍打打就能学会舞狮？

菲菲：诶！你想得太简单了，用敲轮胎和拍手来代替敲鼓和打锣是为了让同学们更快地掌握技巧，这都是老师们的创意教学方法，但是该练基本功的时候，可一点都不能偷懒。

小主持：基本功？

菲菲：瞧那边！

【现场采访】

肖春华老师：一二，一二，马步、腰、平衡……整个狮子平衡了，你要把你的思想也融入狮子里面。狮子看哪里啊？眼睛看哪里？抬头看前下方，OK？预备走，左右，1、2。嚓嚓嚓嚓嚓嚓嚓，很好，腰又往前压了。

肖春华老师：虽然看起来是很简单的动作，但没有吃苦耐劳的精神，是很难练成的。

菲菲：一般这样扎要扎多长时间？

肖春华老师：至少 1 分钟，然后到 1 分半，2 分钟或者 3 分钟、4 分钟、5 分钟都应该没问题的，腰和屁股都要往后坐，抬头。

菲菲：马步是第一步，第二步也要同步练手部的力量，因为要举狮头。

肖春华老师：对对对，手部的力量我们就是用那个哑铃。

菲菲：是吧？刚刚说，然后师傅觉得行了，我们就上那个透视的那个狮头。

肖春华老师：对。

菲菲：圣杰，你知道吗？张槎中心小学的龙狮队，每天都要这样训练一个半小时呢。

小主持：每天一个半小时，同学们不会觉得累吗？

菲菲：我们来听听他们怎么说……

【现场采访】

菲菲：你们练习舞狮多长时间了？

同学们：两年半、三年……我两年半。我父母教我，然后我当时挺想参加的。就是想着给自己弄一下好的社团活动，锻炼一下身体。

菲菲：我刚才看到你们扎了一下马步已经满头大汗了，平时的训练都是这么刻苦吗？

同学们：差不多，差不多就是这样，练体能。

菲菲：那你们会不会觉得很累？

同学们：累是会累的，有点辛苦，习惯就好了。

菲菲：有没有那么一个瞬间，觉得自己坚持不下去了？

同学们：没有！习惯成自然。

菲菲：家里人怎么说啊？就是支不支持你们每一天在这儿练？

同学们：非常赞同，同意啊，可以锻炼身体就行，还可以磨炼意志。因为我们班主任说过学习每一样东西都是修行，都是看个人的潜质的；而且我也觉得可以在龙狮方面，向比较好的学霸学习。

菲菲：训练的时候应该挺艰苦的，但是我们在学习的时候也会遇到一些难点，真的不会的时候你们怎么解决？比如说你敲鼓怎么都打不中那个节奏？

同学们：就是去寻求教练帮助，并重复把这个错的地方练多几遍，直到自己练会了为止。

菲菲：你们未来有没有什么愿望？

同学们：在全国性的比赛中拿到更多的奖项，现在只拿到了省奖。

菲菲：省奖也很厉害了。

同学们：他们拿了全国奖。我们去了两次全国比赛。

菲菲：如果你们遇到了一个不太了解龙狮的人，怎么介绍？

同学们：告诉他龙狮是一项非常好的传统民族文化。在中国很多地区也都有舞龙舞狮的习俗。比如春节或者开工大吉，升平之年，都会有舞龙舞狮的。

小主持：同学们都太棒了，我要向他们学习！

菲菲：是啊，更值得一提的是，大家花时间舞狮不但没有落下功课，反而借助这个特长，贯穿了各个学科的学习。

【现场采访】

肖春华老师：在舞龙舞狮的文化这一块，每个班都有十大学科都参与进来。像体育的话就是以技术为主，音乐就唱一唱歌、舞龙舞狮，然后美术的话就画狮头、画狮子的表演。

菲菲：民乐有没有融入舞龙舞狮？

肖春华老师：我们去年民乐就是醒狮舞蹈，以舞蹈的形式，融合我们这个大的狮头。这个南狮的一些技术与这个舞蹈、音乐融合在一起。现在每个班大课间做龙狮板凳操，我们就是拿那个小板凳，小红红的小板凳当作那个狮头，把南狮的基本动作融入这个大课间，每个学生都会做。然后那个龙呢，五六年级大课间，一到四年级的学生，就是玩这个小狮头，因为我们小狮头有 600 头。龙的话就五六年级有，每个班三条龙，给学生舞起来，每一次大课间我们都是给学生去玩。

小主持：舞狮课堂实在是太棒了，同学们舞狮的时候特别威风。菲菲姐姐，你看，狮子在眨着眼睛呢！

菲菲：你观察得很仔细哟，其实这些漂亮的狮头也是出自我们佛山手艺人的创作呢！

小主持：真的吗？狮头是怎么做出来的呀？

菲菲：呼唤 AI 花宝！

AI 花宝：狮头的制作又称为“彩扎狮头”，简称“扎狮”。佛山的扎狮工艺源远流长，是国家“非遗”。扎作过程由扎、扑、写、装四大步骤组成，一般会用竹篾、纸、纱、绸来绑扎和裱糊狮头，在狮头的狮额、狮角、狮鼻、眼盖等地方还要装饰上各种绒毛，所以扎狮也是一道细致繁杂的工作。

小主持：哇！有同学会扎狮吗？

菲菲：有！在我们身边就有一群孩子，从小学习扎狮工艺，并对这项传统文化产生了浓厚的兴趣。来，我们这就去铁军小学的扎狮特色课程，跟着欧琦辉老师一探究竟！

版头：走进校园，拉近你我，欢迎来到《同学面对面》

【传承第二步：把传统变得不传统】

【现场采访】

欧琦辉老师：怎样去扎狮头，除了用扎作的方法，你们还能想到其他的方法吗？作为一种传承和传播，我们要有扎实的专业基础，这个狮头有多少个扎点呢？

同学们：1 300 多个扎点！

欧琦辉老师：嗯！它有很多的扎点，以前的老师傅都要花费 8 年的时间才能够出师，所以我们要更加扎实地去学习，对不对呀？

同学们：对！

欧琦辉老师：嗯！然后扑纸的时候要注意什么啊？谁还记得扑纸是怎么样的？好，你说说看。

同学：扑纸要重叠起来。

欧琦辉老师：哦！不然？

同学：要两张重叠。

欧琦辉老师：要两张重叠，如果一个狮头要兼顾，需要怎么样？有几层？

同学们：3 层！

欧琦辉老师：对！里 3 层外 3 层，中间夹着一层纱绸。

欧琦辉老师：对呀，我们的狮头之所以出名，是因为它足够怎么样？

同学们：坚固。

欧琦辉老师：对了。好，那扎完狮头之后要进行什么？

同学们：写色。

欧琦辉老师：写色。好，那传统的写色来说，我们有分什么狮头啊？

同学们：刘备、关羽。

欧琦辉老师：嗯，还有呢？

同学们：张飞。

欧琦辉老师：好，那这个你们觉得是谁？

同学们：关羽。

欧琦辉老师：对！关羽。其实啊，应该说是突破了传统，它并不是最传统的刘、关、张。这个呢，是我们国家级的大师黎师傅，他在原有传统的狮头上面，进行了一个创新，我们来看一下它上面的色彩。它的色彩，并不是像传统的那种配色，而是现在的人可能喜欢的一些颜色。比方说红色很喜庆啊，对不对，他就把这个红色进行了重新的调整和搭配。另外一个是它改变了材质，你们知道吗？最传统的材质呢，我们是要用什么来扎呀？

同学们：竹篾。

欧琦辉老师：对，是用竹篾。可是黎师傅的这个狮头呢，它是用了不锈钢。

同学们：嗯？

欧琦辉老师：你们想想，为什么用不锈钢啊？

同学们：更坚固。

欧琦辉老师：对啊，它可以让它变得更加坚固。所以我们每一代人既要传承传统的文化，也要实现怎么啊？有所怎样？

同学们：创新！

老师：对！

菲菲：圣杰，你可知道，尽管传统扎作狮头用竹篾扎作，但是凭借科学的力学原理，上面可站立一个100斤的大人。

小主持：太强大了吧，同学们也能扎出这么厉害的狮头吗？

菲菲：同学们呀还要勤加练习，因为扎狮工艺要数年才能掌握，师傅们经常会练到手指起茧、破损。欧老师在课堂上为了趣味性，也为了保护同学们的小手，用了很多办法。

【现场采访】

欧琦辉老师：我会去思考，第一个是作为个人，你的专业，在传承的过程中自己怎么去革新。另外一个就是你有这么多次跟孩子们去不停实践的经验。我发现如果一开始用竹篾，容易有倒刺，而且困难太大了，学生们未必掌握得了，他们就容易放弃，那我们就可以变通。所以我们从一开始是用竹篾让他们去体验。再到后来呢，我们是用铁丝。用铁丝的时候，就要教他们去裹砂纸。这一块的话，严格来说适合高年级的孩子，中年级的孩子因为手指小，从生理发展来说，他们还是不够灵活的。我们轻而易举能够做到的事情，对于他们说还是难。

孩子们天生对色彩的感知是跟我们不一样的，他们喜欢那种特别亮眼、扎眼的东西。我突然想到一个非常好的办法，就是更简单，我用铝丝。还有呢，你看到我手上拿着的，其实就是我们扭面包的那个小扎带。第一，它有漂亮的颜色，通过它可以学习色彩的搭配。第二，它扎作起来非常容易，然后我们还会给孩子配备一些。你看，这是我们的一些基础的扎法。比方说，这是一个平衡的扎法，我们会拿它对比真实的狮头，那么平衡扎法一般会用在什么地方呢？十字扎法又会用在什么地方呢？然后呢，一个狮头它需要怎么扎，才扎得紧呢？有了这种比较容易操作的一种材质的时候，孩子们就非常容易上手，然后当他们能够体验到成功的时候，自然会想再扎一个更难的。我说那没问题呀，那下学期的时候可能老师就教你们扎一个角了呀。然后等他们再高一点年级，手发展得比较灵活的时候，我就可以让他们尝试一下挑战更高难度，比如用竹篾扎。所以孩子们会觉得，如果我能够扎一个最传统的东西出来，那是最牛的一件事儿，那这时候我们已经不需要再去教孩子们什么叫敬畏传统了。通过一次又一次的实践，他们已经知道什么叫敬畏传统。

菲菲：在欧老师的创新教学办法带领下，同学们也开拓思维，迸发出很多基于扎狮的延伸想象。

【现场采访】

吴俊熙同学：我叫吴俊熙，现在读三年级。

菲菲：你现在有没有自己的作品？

吴俊熙同学：有啊，就是我现在设计的这一幅乐高狮。当时呢，我想着怎样设计这个乐高狮，因为我长大就是想建一个房子。扎狮嘛，要和狮头有关，而且要有创新、创意，我当时就想到乐高狮，可以画一些乐高的特点。用公仔头、积木来突出这个狮头的特点。以后长大了，也想把这个当作一个模型，建造一个狮头一样的房子。我在家呢，也会想着用乐高怎么拼搭一些狮头出来。

菲菲：预计什么时候能拼出一个小作品，有没有给自己定一个小目标？

吴俊熙同学：可能是寒假吧。

菲菲：到时候真的做出了一个乐高的狮头，你想怎么用它？

吴俊熙同学：我想把它送到丹麦的乐高设计师那里，让他认识我，也想让他知道我们中国也有这样子的乐高狮头的创意。狮头在我们中国是一个伟大的非遗项目。

小主持：我真想早点看到乐高狮。原来龙狮文化离我们这么近。

菲菲：是啊，很多同学在学习了扎狮之后，发现龙狮元素其实随处可见。

舞狮和扎狮的课堂也启迪了孩子们发现传统文化的眼睛。

【现场采访】

徐欧洋同学：我叫徐欧洋，三年级。

欧琦辉老师：你去旅游的时候，你爸爸妈妈告诉我，你在这么多的小瓷片里面发现了一个狮头。这是景德镇的吗？

徐欧洋同学：对，景德镇的。

欧琦辉老师：当时你爸爸妈妈一发过来的时候，我真的整个人感动得不得了，非常非常开心。

菲菲：当时是怎么找到的？

徐欧洋同学：这个也是我自己找到的。就无意间就看到这个狮头，然后我就比较喜欢这个嘛，所以我就想送给欧老师。

欧琦辉老师：为什么想到送给我？

徐欧洋同学：因为如果下学期我不在的话，还可以给老师做一个纪念。

欧琦辉老师：这里的每一个孩子……

菲菲：老师说说您当时收到它的心情。

欧琦辉老师：就觉得我的孩子们是我前行的动力。因为就像你说的，本来这个非遗的传承就非常困难，之前有个毕业的学生拍了一张照片给我，就是一张缩小图，他说老师你有没有发现这是一个狮头的造型，是一个抽象的表现。毕业了的学生他们都会时时刻刻地关注着这个文化，让我很感动。更感动的是，就像刚才你听到很多孩子会说的一句话，很多时候你给孩子这么多潮流的新玩意儿去感受狮头的文化，那他对传统是一种什么样的态度？你会发现这些孩子最终是回归到了对传统的一种敬畏，是对传统的一种传承。

【传承第三步：文化传承贵在实践应用】

小主持：我觉得好感动呀，同学们学习扎狮，铭记师恩，这就是一种传承。

菲菲：对的，我更感动的是老师们也都想着法子，让大家在生活中把传统文化也能用起来。欧老师就做了这样的尝试，她发明了“狮享信箱”，狮子的狮，分享的享，让狮头帮助孩子和家长沟通，我们来听一听。

【现场采访】

廖亦然同学：我是三年级的廖亦然。

菲菲：你现在这个狮头在哪儿啊？

廖亦然同学：在家里的电视机上面。

菲菲：当初你把这个作品拿回家的时候，爸爸妈妈看到，他们开心吗？

廖亦然同学：很开心，说我手工真好。

菲菲：你在家里面是怎样操作这个信箱的？

廖亦然同学：我在里面放了几封信，然后有一次，我妈妈打扫时候，翻开以后也顺便塞了一张纸进去。后来呢，我们就慢慢通过这种沟通方式，亲情又增加了。

菲菲：妈妈当时知不知道你放了信进去？

廖亦然同学：不知道，她是无意中发现的，我没告诉她。

菲菲：你就等她自己发现？

廖亦然同学：嘴巴合上就代表有信，嘴巴张开就代表没信。说一些想对妈妈说的但是又不能面对面讲的话。

菲菲：那么妈妈很快就给你回信了，你也看到了那个回信？

同学：我觉得很开心，因为妈妈发现了我写的信。

小主持：哇，真是生活处处有狮头，没想到狮子的嘴巴一闭一合，就能产生这么多创意。

菲菲：没错！传统文化不应该只放在博物馆里，更应该与时俱进地融入我们的生活。这才是文化传承的意义呀。

【现场采访】

欧琦辉老师：很多时候我们会觉得，你给孩子这么多潮流的新玩意儿去感受狮头的文化，那他对传统是一种什么样的态度？因为在这之前有很多人会质疑，你怎么不是用最传统的方法去教孩子扎狮头？但是在我看来，所谓的传承应该是分成两种的，一种叫作技艺的传承，一种叫作文化精神的传承。而现在的孩子，我们只是开玩笑地说一句，先把任督二脉打通了，把文化传承下去了，自然能够激发他自己内在的对传统技艺的传承。

菲菲：狮头扎作的传承是欧老师肩上的责任，她也循序渐进地在课程中渗透，希望能够在同学们的心里也埋下种子。

【现场采访】

欧琦辉老师：我们的这个班不仅要有扎实的专业知识，也应该意识到这是一个国家级非遗项目，所以每一个人的身上都肩负着非常大的责任。这个责任是什么？谁来告诉我？

同学：我们中国狮头传播到各地。

欧琦辉老师：嗯，因为只有你懂，对不对？懂的人太怎么样啊？

同学：少了。

欧琦辉老师：对啊，所以我们有这个责任，你怎么想的？

同学：要把它传播下去。

欧琦辉老师：哦，就是我们要把文化去传播，手工艺要怎么样？你怎么想的？

同学：我应该把这件事传承下去，让所有人都知道怎么扎狮头。

菲菲：其实，在校园中，为了守护和传承龙狮文化，还发生了好多故事呢。

小主持：我为同学们骄傲，他们的故事我还没听够呢！

菲菲：好！节目的最后，我们就来一起来欣赏铁军小学原创的情景剧《责任》的节选。这一部《责任》讲述的就是扎狮头课堂上发生的感人故事。

小主持：好嘞，那我们下次节目再见！

《责任》（节选）

学生：老师，我来了。

老师：好，那咱们先开始点名，许佳琪。

学生：到！

老师：很好，老师今天非常欣慰，没有一个同学迟到！那咱们今天先抽查一下昨天留的扎狮作业。

学生：老师，我问您一个问题。

老师：好，你说。

学生：就我一个学生，这叫抽查吗？

老师：啊！这当然算抽查啦，只是对你来说，这抽查的概率是……啊，百分之一百而已嘛！

学生：两只狮头鸣翠柳。

老师：我说佳琪啊，这年后你就要毕业了，你还想继续学扎狮吗？

学生：老师您能不能教我还不一定呢……老师，您怎么了？

老师：没什么，佳琪你过来，你说的都是啥啊，只要这课堂啊，还有一个学生，老师呢就会一直教下去的。

学生：那为啥呀？

老师：因为这是老师的责任啊！

【点评】

（1）作品选题新颖、立意高远。作品以国家级非物质文化遗产——龙狮表演和扎狮头作为节目的核心内容，确立了"未成年人传承非遗文化"的深刻主题，真实反映了龙狮文化在佛山校园的传承过程，从一个侧面体现了如何从教育层面增加祖国新一代的文化自信，同时给广大青少年以深刻的思想启迪。

（2）节目取材于当地现实生活，具有浓郁的岭南色彩和时代气息。作者深入张槎中心小学、铁岭小学进行实地素材收集，针对性地采访教师和学生。作品较好贴近"少儿节目"这一栏目特定的收听人群，适合他们人群的收听兴趣和认知能力，一些新元素的嵌入，如"AI主播"技术的运用，使作品更加有趣。

(3) 作品在制作上颇有创意。采用了“大小主播对话”与“现场体验课程”双线叙事方式，并巧妙融入了相关人物采访录音和各种音效，让听众有身临其境之感，从而有效提高了节目的可听性。

（李志良）

敢立潮头唱大风
——2020年第21届深圳读书月经典诗文朗诵会

深圳广播电影电视集团　刘伟明　杨　文　李娅岚　刘　宇　吴维玮

（节目版头）

今晚，我们吟哦诵读，向那些芳香的文字致敬！

今晚，我们回首追忆，向那些流金的岁月致敬！

今晚，我们品读激情，敢立潮头唱大风！

2020年第21届深圳读书月经典诗文朗诵会，现在开始——

（以下文字略）

【点评】

该节目从“敢立潮头唱大风——2020年第21届深圳读书月经典诗文朗诵会晚会”创作而来。有四大亮点：

（1）题材特别重大，以特区文化之美体现了中国文化自信。作品围绕“深圳经济特区建立40周年”这一重大主题进行策划打造。精选千古名篇、现当代经典诗文内容展开创作，弘扬中国传统文化之美，同时凸显“变革、创新、进步、文明、富强”之特区精神和城市气质，以城市文化之美、文明之盛致敬“特区”、讴歌“祖国”、献礼“新时代”，展现了以深圳为代表的创新型城市特有的中国文化自信！

（2）艺术性高，观赏性、可听性极强。作品具有很高的艺术欣赏性和审美价值。整体构思巧妙，立意清晰、策划到位，用艺术化的手法展现出经典作品的艺术美感和现实意义。晚会各个环节制作精良，节目起承转合衔接流畅，细节处理精益求精，无论在现场抑或节目内，都具有很强感染力。

（3）表现力丰富，显高度广度。作品表现形式丰富，充分运用了散文、诗歌、歌曲、电影配乐等表现形式，把特区文化建设历史、城市故事、文明发展进程等元素通过多元艺术形式，在创作里高度统一、融合并呈现。

（4）具有很强的融媒体属性。作品宣传、制作、刊发均由深圳广电集团融媒体团队完成，并通过融媒体矩阵向全网传播，点击率近千万，用户评价高，社会影响力巨大。

（李　静）

老广记忆·鸡公榄

——2020 城市台春节文艺大联播

广州市广播电视台　陈　颖　李熙郁

【版　头】

现在是全国城市广播电台 2020 春节文艺大联播节目时间。

【主持人】

2020 全国城市广播电台春节文艺大联播，全国的听众朋友们，（粤语）大家新年好啊！恭喜发财！您收听的是由广州广播电视台金曲音乐广播制作的特别节目，我是主持人熙郁。用一句广州人最常说的粤语祝福来给大家拜年，就是希望让各地的听众朋友们都能通过电波感受到最地道、最纯粹的广府味道。当然，节目里我们同样准备了精彩的传统老广州特色，在这个春节里，带您感受来自羊城的浓浓岭南风情。

(场景声音)“嘀嘀哒、嘀嘀哒”……

【主持人】

每年的农历新年，广州的荔枝湾涌就显得格外热闹，特色的古老建筑、热闹的水上花市、地道的广州美食，这里的西关风情天下仅有。就在熙攘的闹市中，有一位身上挂着个七彩大公鸡的大叔，吹着唢呐乐此不疲地游走在人群中，展示着广州西关的特色行当——售卖鸡公榄。

【鸡公榄售卖者】

鸡公榄，有辣有不辣！(唢呐声：嘀嘀哒……)

【主持人】

所谓的鸡公榄，实际上就是广东的一种特产白榄，用上好的白榄经过复杂的工艺腌制加工而成，有甜的、咸的，还有辣的！甜的是和顺榄，咸的是甘草榄，辣的就是辣椒榄。鸡公榄入口清甜爽脆，回味无穷，是广州人普遍喜爱的传统零食。

在 20 世纪零食并不丰富的年代，鸡公榄在广州、香港等地都是非常受欢迎的。只要唢呐声一响起，街坊们就知道：卖鸡公榄的货郎来了！当年珍贵的影视录像里，还保存着这样一段：

(影视录像声音资料)

女：丁香榄，肉桂榄，一毛两包真正盏（划算）！

男：好东西啊！老友记，要买就赶紧啦！

丢个硬币下来，抛上六、七楼包（保证）不会撞板！

【主持人】

刚才这一节唱段里，有一句唱到“抛上六、七楼包不会撞板”，这又是什么意思呢？诶，说起这鸡公榄，原来还有这么一段故事呢！

那个年代的楼房并不多，即便有，三、四层高已经了不起了，可以住在楼上的多数是有钱人。人们会把住在这种楼房豪宅里富贵人家的千金，亲切地称之为“西关小姐”，就是这群小姐、太太们闲在家中，嘴巴可闲不住，喜欢吃零食，却又懒得移动玉步，于是她们就会在阳台上扔下零钱，卖榄人在楼底下把包好的鸡公榄精准地往上一抛，就像飞机一样完成售卖。所以，鸡公榄还有一个形象的名字，也叫“飞机榄”。西关小姐、鸡公榄，感觉一幅昔日的老广州画面就这样生动地展现在我们眼前。

（歌曲：《月光光　照羊城》——东山少爷）

【主持人】

一首由广东本土音乐人创作的歌曲《月光光　照羊城》，将许多老广州人记忆里的童年往事唱在了旋律里，表达在歌词中，有熟悉的童谣、艇仔粥，还有忘不掉的鸡公榄。不过关于鸡公榄衍生的文化又何止音乐？粤语中的俚语文化，其中就有一个词，叫“湿水榄核”。湿水榄核，两头尖，暗喻一个人不靠谱。你看呀，榄核中间肥大，两边尖，湿水之后会两头滑，寓意着小孩子很难管教，或者指这人古灵精怪，很难相信。这就是我们岭南人热爱生活、善于观察，总结出来关于美食和语言文化相结合的衍生文化啊。

为了带大家更深入了解关于鸡公榄的文化和历史，我们前往了在宣传广府文化工作方面做得非常出色的广州市荔湾区文化广电新闻出版局，采访了文化市场管理科的科长谢焯华：

【采访】谢焯华（粤语转普通话，压混）：

鸡公榄就是我们广州西关的一个特色，一个传统的民风民俗。提到文化这个层面，应该说是与商业，以及我们的生活有关的一种遗留下来的产物。它为什么叫鸡公榄呢？主要是因为它为了吸引人们的注意，不但是一个公鸡的形象，而且售卖的人还要吹唢呐，吹出“鸡公榄”的三个音“嘀嘀哒”，所以就叫鸡公榄。

【主持人】

说到这个公鸡形象，这也是卖榄者为了招揽顾客想出的妙招：用竹子和纸，糊起来制成一个七彩的大公鸡，中间腹部中空，卖榄人就套在中间，用一条过肩带把彩鸡背起来，人走鸡也走，再戴上一顶小斗笠，吹着一把唢呐，整副行头十分抢眼，非常有喜感！在荔枝湾涌的职业卖榄人是这样告诉记者的：

【采访】荔枝湾涌卖榄人（粤语转普通话，压混）：

鸡对广州人来说，是有历史渊源的。公鸡有吉祥的意思，金鸡报喜；而且公鸡本身色彩够鲜艳，把公鸡的造型做出来可以更吸引眼球；顺便又可以拿出唢呐吹出“鸡公榄”几个字，不用自己叫卖得那么辛苦。

（音频剪辑：广东音乐＋唢呐声）

【主持人】

鸡公榄还叫“卜卜榄”，曾经在二十世纪三四十年代的西关流行。那时候的小孩子们闻风而动，好不容易扯着妈妈的衣角，口水、眼泪、鼻涕一起来，才求得一些零钱，然后快活地夺门而出，飞奔上街，寻着卖榄人的唢呐嘀哒声而去。人群中的卖榄人最抢眼：头戴小尖竹笠，背着个大纸公鸡，“有辣有不辣”的榄尽收在鸡胸内，这些都给曾经的老西关留下了美好的童年回忆。时至今日，当年一把鼻涕一把泪追着鸡公榄的小孩子，现在都大多都已经年过花甲，但是提到鸡公榄，老街坊们还是特别有感情的：

【采访】西关老街坊们（粤语转普通话，压混）：

街坊A：以前整条上下九路都卖鸡公榄，那时候很多，“卜卜榄”什么的……

街坊B：小时候就吃过，很久了！（笑）

街坊C：当然吃过了！吃得多呢！一分钱两粒。

街坊D：以前在楼上叫买鸡公榄，他就会给你抛上去的！“鸡公榄、鸡公榄，飞到上天棚！”

【主持人】

20世纪80年代中后期开始，由于经济的高速发展、社会物质的极大丰富，各式各样、五花八门的零食开始充斥市场。传统小吃由于生产模式落后、经营方式守旧、口味单一等条件限制，逐渐在市场中被取代，鸡公榄也越来越少人问津。

【采访音】谢焯华（粤语转普通话，压混）：

说到这里，也就是提到我们对于一些传统的风俗文化的东西，如何去保护、去传承，不一定是要将它市场化，做到很大，这也跟这个社会的需求不一致。但作为一种历史的印记，或者是一种当年文化的体验，我们都想将它保留下来。

【主持人】

为了更好地保护和传承鸡公榄这一地道的广州传统民俗文化，据了解，在政府相关部门和社会一众热心人士的努力下，现在在广州的一些闹市街头，会看到一些依旧穿着五彩大公鸡的职业卖榄人。他们不是普通的走鬼档或者卖艺人，而是荔湾区文化交流协会的工作人员。其中一位就是在上下九卖榄多年的黄志敏。他从事鸡公榄售卖工作已有将近 20 个年头了，当初又是为什么会入行呢？

【采访音】卖榄人黄志敏（粤语转普通话，压混）：

我们协会的一位领导问我有没有兴趣出来宣传一下广州这么好的文化，那我说好吧！怎么知道，一做就坚持了下来。在没有接班人的情况下，没办法，我就继续做下去、宣传下去吧！做到我站不住的时候！

【主持人】

今天的广州，传统卖榄人已是寥寥无几，但在繁华的上下九商圈，你还可以见到他独自一人，依旧风雨不改、坚持天天背着个纸扎大公鸡出现在街头上。虽然辛苦，但在卖榄人黄志敏的眼中，却是简单而快乐的。

【采访】卖榄人黄志敏（粤语转普通话，压混）：

宣传西关文化很有意义哦！是吧？你看多少游客都来跟我合照！我觉得做这份工作很开心，有时不是什么都为了钱的。

【主持人】

为了宣传和传承西关民俗，曾经沉寂过的鸡公榄如今再次出现在广州的街头，让第一次碰见它的人们都充满好奇。像鸡公榄这类传统的民俗文化产物，与我们相伴多年，给这个城市留下的印记，是一份宝贵的文化积淀。如何更好地传承与发展它，也是许多专家学者们研究的方向。广州市社科院科研处处长彭澎博士谈到他的看法：

【采访】社科院彭澎博士：

传统文化不能仅仅存在于观念当中、传统习惯当中，或者是理论、书本当中，它可能有很多具体的载体，但我们怎么样保护它、让它发扬光大？一方面可能就要靠政府，大力地支持弘扬传统的文化，让它更加现代化、国际化；另一方面我觉得还是很重要的就是我们怎么样让它市场化，让它在社会上获得民众的喜爱，形成一个良性的循环，获得市场的认可，从而让它本身形成一个自我生长的功能。

（歌曲：《鸡公榄》副歌剪辑部分）

好靓嘅鸡公大个榄，止咳啊又化痰。

名扬西关风情榄，好啊味道，真够醒啊！

快啲啦帮衬莫呀迟慢！

【主持人】

除了卖榄人、专家学者、政府有关部门等社会各界人士一直为鸡公榄这种广州传统文化的传承不遗余力，曾经一度引领流行音乐风向标的广东，也有一众本土音乐人，在用他们的方式来弘扬鸡公榄文化。广东省音乐家协会理事、著名作曲家、歌手兼制作人陈辉权老师就创作了这首同名歌曲《鸡公榄》。

【采访】著名本土音乐人陈辉权老师：

鸡公榄是广府文化非常有象征性的符号，是值得记录下来的，所以我就很想写一首这样题材的歌。正好就有一位很出名的说书人，有个活动要他扮演卖榄人，当时他就喃喃自语临时写了一些叫卖的句子“好靓的鸡公大个榄，止咳又化痰……”嘿！我说这不就正好了吗？有这样最原生态的叫卖调和叫卖词，然后配上广东的粤曲小调卖货调，这个唱片发行了以后很快就传到了很多地方。在街上听到这首歌时，我觉得很欣慰、很开心。

【主持人】

曾经熟悉的鸡公榄叫卖声随着时代的更新迭代渐渐远去。为了记录下这熟悉而亲切的声音，对岭南文化有着深深情结的陈辉权老师，就在广州西关实地采样后，改编创作了这样一首粤语小曲，运用了唢呐、锣鼓，加上其浑厚粗犷的声音，令粤曲生动有趣又不失豪迈活泼，把卖榄人的鲜活形象表现得惟妙惟肖！

（歌曲：《鸡公榄》演唱版——陈辉权）

【采访】著名本土音乐人陈辉权老师：

早几年我就把它改编成适合跳广场舞的版本了，舞蹈队就是凭借这首《鸡公榄》拿到了金奖。这首歌跟舞蹈有很深的缘分，有些拿去参加全国的比赛，有些拿来表演。通过这首音乐作品可以传播广府文化，让更多的人认识这种传统，将它传承下来、推广出去，我的初心就达到了，当初希望做的事也做到了。

【主持人】

这首朗朗上口的粤语歌旋律部分取材于粤曲小调及二黄过门音乐，辉权老师的演唱亲切诙谐非常接地气。经过多次改编后的版本，民乐、电音配合广场舞的节奏，可谓是时尚与传统风味共冶一炉，以点带面地折射出广州人务实的工匠精神！

【采访】著名本土音乐人陈辉权老师：

去年这首歌选送去参加全球微粤曲大赛时重新再改编，受到所有评委的一致好评。很难得黄俊英先生很喜欢这首歌，如今这位80多岁的广东语言艺术家，相声、小品表演非常优秀的一位前辈，就演唱了这首歌，这就更加生动了！黄老师一出马，那种传统的粤韵味道马上就出来了，非常接地气！所以《鸡公榄》这首歌也是我那么多年创作以来自己比较自豪的一部作品，在这里也希望广大的听众朋友能喜欢这首歌。

（音频剪辑：黄俊英老师演唱《鸡公榄》）

【主持人】

小小的一颗鸡公榄，作为老广州西关文化的一种民俗特色，它带着一个时代的特殊印记；久远的故事，对于现代人来说，缺少了时间和思绪去了解老一辈人经历的风雨，但燃起了我们广州儿女搭建文化桥梁的决心！

广州，一座历史悠久的文化名城，一个荣耀千年的商贸之都，新中国成立以来，城市的进步、社会的发展让羊城的老百姓们喜闻乐见！广州人一直用务实的态度，打拼出敢为人先、自强不息的城市精神！沧海桑田，风云变迁，不变的是我们对家乡这片土地的热爱。在这美好的传统欢乐中国年，借着新春大联播的契机，我们希望把更多广州的文化名片展现在全国听众的面前。节目的最后带来一首充满浓浓广府年味的本土原创音乐《红红的中国年》，让我们一起为这个伟大的时代共同努力、共同传唱！

【点评】

（1）紧贴弘扬传统文化主题，彰显保护广州优秀的传统文化，让老城市焕发新面貌、新机遇的主题思想。以小角度“鸡公榄”，抓住了文化发展创新的大主题，生动再现了广州经典、生动的传统文化形象“鸡公榄”的演变历程。传统文化不断发出的时代光彩，凸显了广州岭南文化的地位。广州城市文化繁荣的新机遇离不开深厚传统文化的“源头活水”。

（2）作品赋有深刻的时代气息。作品没有死守传统文化的内容表现，通过“鸡公榄”形象，从物资匮乏的旧时代，到经济腾飞的新时代，“以点带面”介绍岭南文化，体现了广州这座历史名城的日益变迁和城市进步。

（3）作品制作精良，可听性强。作品运用了多种广播元素，包括现场采访、影视录像资料、歌曲、音乐等，活灵活现地呈现了“鸡公榄”文化。表现手段生动活泼，街头闹市、鸡公榄售卖时吹奏笛子的声音，真实再现了鸡公榄盛行年代“老广”的生活文化。

（何　泓）

潮音今已动宫墙
——姚璇秋的表演唱腔艺术

潮州市广播电视台　邱清旭　黄柳平　唐秋英　丁纯泓　黄武杰　邱梦泽

【呼号】悠悠潮乐韵，曲曲总关情。潮州人民广播电台戏曲广播，FM103.1兆赫。

【节目刊头】梨园内外多少事，一切尽在漫谈中——《梨园漫谈》

【主持人】听众朋友，大家好！欢迎收听潮州电台戏曲之声的《梨园漫谈》节目，我是晓宏。今天已是2020年的最后一天了，在这样一个时间节点，我们总会回顾、梳理一年来所发生的大事好事。今年，整个潮剧界可以说是大事、喜事连连！有很多新剧目在全省献演中获奖，而更让我们欢欣鼓舞的是，10月12日，习近平总书记来到潮州视察，对潮州文化给予高度评价，还提到了潮剧，他说“潮剧也不错啊”，他还特别提到“有一个名角叫姚璇秋”。总书记的这些话，让广大潮剧工作者深受感动和鼓舞，更让著名潮剧表演艺术家姚璇秋激动万分，感到无上光荣！

【姚璇秋】哇，这个是整个潮剧的光荣，我也感到很光荣。我是一个普通演员，应该做好我这个职务，做好潮剧的工作，演好戏这是责无旁贷的，我应该这样想。这次（习近平主席）来潮汕，提到我这个名字，就更加惊喜。

【主持人】本期节目，我们一方面来享受这一份喜悦，这份潮剧荣光；一方面，也一起来领略姚璇秋精湛的表演和唱腔艺术。虽然这些唱段是20世纪60到80年代录制的，但是，现在听起来仍韵味十足。下面我们先来简要了解一下姚璇秋老师：

【旁白】姚璇秋，1935年出生，著名潮剧表演艺术家、国家一级演员、潮剧代表性人物、国家级非物质文化遗产潮剧项目代表性传承人、广东潮剧院名誉院长、广东省戏剧家协会名誉主席。从事潮剧艺术表演逾70年，其主演了《扫窗会》《陈三五娘》《辞郎洲》《春草闯堂》《革命母亲李梨英》《江姐》等一大批剧目，塑造了一系列不同性格的舞台人物形象，这些剧目已成为潮剧经典。

【《曾把菱花来照》】一段，1分多钟，压低，作背景乐

【主持人】刚才大家听到的这一曲是姚璇秋在潮剧折子戏《扫窗会》中扮演

主人公王金真的唱段。《扫窗会》是姚璇秋踏上潮剧艺术道路后出演的第一部剧目，也是她的成名之作。1957 年，年仅 22 岁的姚璇秋带着这部剧进京演出，受到毛主席、周恩来等国家领导人的亲切接见。谈起当年的情景，老人家仍然记忆犹新。

【姚璇秋】我们化妆化好啦，偷偷看，哇，真是毛主席、周总理，重要领导人通通都排队进来。哇，更紧张了，又高兴又紧张，等一下演出有差错怎么办？当时他（毛主席）看汉剧、看潮剧都写有字幕，主席很认真看（演出）。演出很成功，毛主席带头上台，跟三个剧组的人都握手了。做梦都没有想到主席会来见我们，好幸福，而且很光荣，潮剧很光荣！

【主持人】《扫窗会》描写的是书生高文举于穷途潦倒中得到王员外的资助，又将女儿王金真许之为妻。高文举上京赴试中了状元，被奸相温阁强迫入赘。王金真千里寻夫至京，落入温氏圈套。后得温府老仆相帮，深夜到高文举书房扫窗，夫妻遂得相会。

剧中经典的一幕，就是刚才听到的姚璇秋扮演的女主人公王金真刚一出场，面对无法相认的丈夫，内心苦闷万分，一声长长的“苦啊——”，萧瑟凄凉，既是一种悲情女性身份的说明，也是一腔堆积已久的伤情宣泄，如泣如诉，揪人心肠。这一声“苦啊——”，一下子压住了全场，摄住了观众的心。

国家级非物质文化遗产潮剧项目代表性传承人、著名潮剧作曲家陈鹏这样评价：

【陈鹏】一声叫苦啊，叫出了王金真当时的神情、心境，使人一听就知道她是什么心情；一声苦啊，叫出她千里迢迢上京寻夫的磨难，到了相府还受尽千般的折磨，这一声叫出她内心复杂的感情。

【姚璇秋】第一句台词，一个字苦啊，叫苦还带韵，苦啊……这个戏学到可以彩排天天叫，坐下来天天叫一个字，那个《四朝元》的板眼，这些唱腔是最难的。接下来就是《曾把菱花来照》，这段就得学很久。

【主持人】这看似简单的一声“苦啊——”，姚璇秋练足 8 个月。而这一声“苦啊——”取得的艺术效果，则折射出姚璇秋精湛的艺术功力，映射着她对艺术的执着追求和用心钻研的精神。这一切，与她从小的成长经历是分不开的。

【旁白】1935 年，姚璇秋出生在穷困的家庭，四个姐姐，两个哥哥。她排行最小，加上父母，一家九人。父母不堪家庭的重负，在她幼小时便先后离世，无儿无女的“大姆”收养了她，两个哥哥走投无路，被收进澄海救济院。救济院的东家则利用这里的人力，雇请一些艺人前来教戏，办成业余戏班。姚璇秋两个哥哥都在戏班里，她就常常来观看哥哥的排练。潮剧在她幼小的心灵里便投下了种子，唱潮剧也自然成了她每天的生活内容，而生活的困苦也使她更会体贴人、辨是非、能吃苦。

1949 年读小学的她参加澄海阳春国乐社，1953 年被正顺潮剧团吸收为演员，从此开始了她的潮剧艺术之路。

【姚璇秋】白天早晨起来学脚步手角，起来就要走台步，学十二指功，开口、收口、分口、指天指地、十二个指功，还有水袖功，用水袖怎样倒袖，怎样转袖，怎样摔袖，就是练这些功。但脚酸软，连去厕所都蹲不下去，蹲下去起来很困难。

【主持人】特别刻苦加上天资聪颖，姚璇秋很快在舞台上露出“尖尖角”，成为剧团的担纲演员。好的各位，我们继续来欣赏这首《曾把菱花来照》。

【《曾把菱花来照》唱段】

【主持人】王金真历尽艰辛终于与丈夫见面时，她对着丈夫说“冤家，我恨呀”，丈夫说“你恨我何来”，她有千言万语，一时却也说不出来，随口说了一句“我恨不得把你一扫”。可当她执起笤帚，想狠狠一扫时，却“哇”的一声，眼泪夺眶而出，笤帚也从手上滑下来……

这一折《扫窗会》，保存了潮剧比较古老的唱腔曲牌，是一支传统曲牌体唱腔，有严谨典雅、抒情缠绵、一音数韵、起伏变化等特点，是难度较大的唱段。但姚璇秋以情入曲，以曲传情，唱来古朴、委婉、优美、深沉，特别是演唱“正是愁人来听见寒蛰语”“哎官人我的夫”等拉腔句更臻层次鲜明、细腻柔润、声情俱佳的艺术之境。在姚璇秋的精湛演绎之下，这一折《扫窗会》成了潮剧中的经典，这一曲《曾把菱花来照》也成了潮剧青衣曲的典范。

【间奏乐】

【主持人】姚璇秋主演的另一部经典剧目是《陈三五娘》。

【旁白】《陈三五娘》讲述的是：福建泉州人陈三，路过广东潮州，在元宵灯会上与富家女子黄五娘邂逅，互相爱慕。黄父贪财爱势，将五娘允婚富豪林大，五娘不满，心中愁闷。陈三重来潮州，两人又得巧遇，五娘在绣楼投以荔枝和手帕示爱。后在五娘丫环益春帮助之下，几经曲折，两人终于私奔回泉州，成就爱情佳话。

【主持人】姚璇秋在剧中扮演黄五娘一角，属于闺门旦行，而《扫窗会》中的王金真一角属于青衣。这两者在表演程式和唱腔上有很大的不同。而这种行当的转换，姚璇秋游刃有余。下面，我们来欣赏五娘在绣楼上见到日思夜想的楼下的陈三，经过激烈的思想斗争，抛却少女的羞怯，掷下荔枝和绣帕传情达意的唱段。

【《陈三五娘》唱段】

【主持人】在这个唱段中，姚璇秋的唱腔急切婉转而又珠圆玉润，把少女既羞怯又炽热的情怀形象表现得淋漓尽致。

《陈三五娘》这部剧后来由香港大鹏影片公司摄制成潮剧艺术影片。

【刊头】梨园内外多少事，一切尽在漫谈中——《梨园漫谈》

【主持人】听众朋友，大家好，欢迎继续收听《潮音今已动宫墙———姚璇秋的表演唱腔艺术》专题节目，我是晓宏。前面我们分别欣赏了姚璇秋主演的《扫窗会》《陈三五娘》两部戏中的经典唱段。姚璇秋在这两部剧的两个行当的转换中驾轻就熟，得心应手。更值得一提的是，姚璇秋在另一部潮剧《辞郎洲》中，更是同时将闺门旦、青衣、武旦等几种行当的表演和唱腔糅合在一起，随着不同的场景以及剧情发展自如地转换，对人物情绪的表现达到炉火纯青的地步。下面，我们先来欣赏“劝郎”中的唱段。

【劝郎——《辞郎洲》选段】

【旁白】《辞郎洲》这部戏讲的是南宋末年，元兵南下，直逼广东潮州一带。宋帝被逼至崖门，下诏大将军张达督兵勤王。张达因屡遭奸臣陷害，只顾领兵在潮州抗敌。张达夫人陈璧娘深明大义，力谏夫婿以江山社稷为重。张达听从妻子劝告，举兵勤王。后元兵火攻崖门，张达被捕，威武不屈，以身殉国。陈璧娘率义军赶到，元军招降。陈璧娘得知张达死讯，悲痛万分，掩护百姓撤退后，与元军血战沙场，最后也以身殉国。

【送郎——《辞郎洲》选段】

【主持人】在“劝郎”“送郎”这两场戏中，陈璧娘的身份是潮州都统张达夫人，是一个劝说丈夫、送别丈夫的妻子，她深明大义，柔情款款。姚璇秋用的是闺门旦的程式和唱腔来诠释，显得优雅大方，充分表现了璧娘对丈夫的柔情关爱，也表现了陈璧娘深明大义、忠贞爱国的情怀。

国家级非物质文化遗产潮剧项目代表性传承人、著名潮剧作曲家陈鹏这样评价：

【陈鹏】在那段“出征人在话别声中”，她是以复杂沉重的心情在丈夫面前表现出她的刚毅、抗敌卫国的决心。知道他（丈夫）此一去凶多吉少，为了鼓励丈夫的斗志，用调是轻三重六调，稳重大方。她唱出了强抑心中的牵挂，外松内紧，语重心长，一字一珠玑。

【骂贼——《辞郎洲》选段】

【主持人】而在刚才听到的是陈璧娘被捕后“骂贼”的唱段。家仇国恨，融贯于胸，在这样强烈的情感里，姚璇秋则融合了青衣与武旦，从表演和唱腔上演绎了陈璧娘面对丈夫去世的悲哀，面对国贼的仇恨，面对潮州父老的挚爱，彰显了其“柔情似水，烈骨如霜”的个性，更加丰满地表现了陈璧娘的人物形象。

【刊头】梨园内外多少事，一切尽在漫谈中——《梨园漫谈》

【主持人】各位听众，大家好！欢迎继续收听《潮音今已动宫墙———姚璇秋的表演唱腔艺术》专题节目，我是晓宏。在上面，我们已领略了姚璇秋对古装角色的经典演绎。而姚璇秋对现代人物的塑造也是独树一帜、相当成功的。她塑造的现代潮剧《江姐》中江姐的艺术形象，感人至深。

【《松涛松涛我的亲人》(《江姐》选段)】

【主持人】江姐准备上山进行长期的革命斗争，此去也即将与阔别多年的丈夫相会。可途中却看见了惨遭敌人杀害挂在城头的丈夫的头颅，此情此景，江姐心如刀割，悲痛万分，可又只能强忍，不能暴露。

国家级非物质文化遗产潮剧项目代表性传承人、著名潮剧作曲家陈鹏这样评价：

【陈鹏】《松涛松涛我的亲人》一段，她唱现代戏的特点不同于五娘与王金真，在这里她是一个革命志士，她的唱法有所改变，即运用潮剧传统唱腔技法，又结合了现代戏的英雄人物气质，刚音则慷慨激昂，柔音则委婉细致，表达了江姐这个人物正气凛然、热血激荡的大无畏精神。

【主持人】除了《江姐》，姚璇秋主演的现代剧还有《革命母亲李梨英》《龙江颂》《万山红》等。

姚璇秋在表演艺术上细腻深情，唱功圆润，角色生辉，是潮剧艺术新一代的旗帜，也是女性从事潮剧最有成就、影响最大的杰出代表，获得极高的荣誉。2000年，姚璇秋光荣退休，但她不忘初心，仍然忙碌在潮剧舞台上，在国内外各地演出，到各剧团指导剧目排演，并且收徒传艺，为潮剧艺术的传承继续发着光和热。

【姚璇秋】如果后面没有人演，这些剧目就像被关起来，装在箱子里一样，这些剧目就会慢慢消亡。重新拿出来，大家来继承，和观众见面，一代一代继承下去，传承目的就要做好这个。

【主持人】姚璇秋对潮剧的热爱以及奉献的精神，也深深地感染和激励着年轻一代潮剧人。姚璇秋老师的得意门生张怡凰，现在已是广东潮剧院副院长、中国戏剧梅花奖得主。张怡凰这样说：

【张怡凰】能够成为姚璇秋的学生，我觉得非常地荣幸！姚璇秋老师她把身上的艺术毫无保留地传承给我，我早在1998年就是她的弟子，那个时候学她的《陈三五娘》，还有《江姐》《扫窗会》等好几个戏，她都是亲力亲为，言传身教。虽然年龄很大，但她还是亲自去给我们做示范，我觉得这一点也真的值得我们学习，很让我们感动！亦师亦母，她又像慈母一样谆谆教诲你，教你做人，学艺先学做人，所以我们在她身上学到很多优良的传统、很多美德，她有今天的成就真的离不开她这种德艺双馨的艺术品德。现在我就作为一个传承人，我也把老师《陈三五娘》这个戏教给了下一代，因为潮剧艺术必须薪火相传，必须把我们传统的东西代代传下去，这是我必须做的，责无旁贷。

【主持人】一级潮剧演员、姚璇秋的学生余琼莹，谈起姚老师，一种敬重之情洋溢于心。

【余琼莹】作为姚璇秋老师的弟子，我感到无比荣幸。我非常感恩老师对我毫无保留的教导。老师将咬字、行腔、韵味、人物内心的体现、唱腔的艺术精髓毫无保留地传授给我，很感恩老师的悉心栽培。我也谨记老师的教诲。近几年我也在做传承的工作，把潮剧潮曲推进学校、基层，培养了新观众新苗子，潮剧的发展和传承要繁花壮根。

【姚璇秋在现代潮剧有关展望未来的唱段】

【主持人】这一首曲目叫《满怀热血荡激情》。是的，对于潮剧艺术，姚璇秋老师可以说是“满怀热血荡激情”。在此，我们衷心地祝愿姚璇秋老师艺术之树长青，继续焕发出熠熠的艺术魅力！也祝愿我们的潮剧之花在祖国戏曲百花园中越开越鲜艳、越动人！

节目最后，就让我们以 1957 年潮剧进京演出，时任中国剧协主席田汉观看演出，欣喜之余为潮剧赋就的诗句作为本期节目的结语吧：

清曲久曾传海国，潮音今已动宫墙……好，各位，谢谢收听，再见。

【乐起，渐隐】

【点评】

2020 年 10 月 12 日，习近平总书记在视察潮州的时候，提到潮剧代表人物“有一个名角叫姚璇秋”。该作品紧跟新闻热点，及时围绕著名潮剧表演艺术家姚璇秋的艺术人生展开创作，节目以姚璇秋塑造的王金真、黄五娘、陈璧娘、江姐等经典艺术形象为主线，充分展现姚璇秋 70 余载的潮剧艺术生涯和成就。该节目注重对潮剧艺术家姚璇秋经典唱段的赏析，结合著名潮剧作曲家、导演陈鹏以及姚璇秋的得意门生张怡凰、余琼莹的采访，多角度展示姚璇秋不忘初心，培养潮剧接班人，在追寻“中国梦、潮剧梦”的艺术征途上不断前行的高贵品格。该作品为弘扬潮剧文化自信、保护和传承好潮剧艺术提供了原动力。

该节目可贵之处在于把握时机迅速推出，题材独特，主题鲜明，素材珍贵，原汁原味。曾经受到毛泽东、周恩来亲自接见，并得到习近平总书记在民众面前“点赞”，潮剧艺术最高成就的突出代表，86 岁高龄的著名潮剧表演艺术家姚璇秋口述从艺七十余年难忘的艺术经历，留下了宝贵的声音史料。节目线索清晰、语言平实、故事感人、可听性强，节目播出后，听众深受鼓舞的同时，也增强了潮人的文化自信。

建议为广播音乐节目一等奖候选作品。

（张竹梅）

一路逆行

广东广播电视台　集体创作

编剧：寓　冰

剧中人：

钟南山　男　84岁　中国工程院院士　国家卫健委高级别专家组组长

郝　林　男　35岁　钟南山学生　办公室工作人员

邝惠妹　女　23岁　钟南山办公室工作人员

吴　老　男　82岁　重症研究专家（只出声音）

李少芬　女　84岁　钟南山夫人（只出声音）

各行业单位男女人物甲、乙、丙、丁等

【音乐】

解说：总是要到这时候才想起他，总是要到这时候才看到他的身影，总是要到这时候才体味到他的话字字千钧，他就是中国工程院院士钟南山！17年前——2003年那段SARS肆虐而最终被彻底剿灭的岁月，我们认识了他，他是那场生死搏斗中无畏的勇士、我们民族的当代英雄！那年，他67岁。17年后，当武汉新型冠状病毒感染的肺炎疫情告急、千千万万人的生命受到威胁的严峻时刻，他依然英姿勃发，再度出征，算来，老英雄已经84岁了……

【主题歌起】

如果那是熊熊烈火

如果那是死亡之门

为了神圣使命

他也要奋不顾身往前冲

一路生死逆行

几度唤回春风

啊　向你致敬　致敬

百姓生命的守护神

……

第一集

【钟南山办公室　键盘急速跳动的声音】

【电话铃声】

惠妹：郝林，电话！

郝林：我这不就赶来接了吗！我说惠妹，声这么高干嘛，老师在里屋用电脑写东西啊……（拿耳机）啊，是吴老啊……我是钟老师的学生郝林……

吴老：你们钟老师还有一个叫惠妹的学生吧，上回就是她接的电话，声音好甜啊。

郝林：哦，惠妹啊，她刚来不久，负责给老师搜集整理材料……

吴老：你们的老师呢？我想和你们的老师说几句话，他在吗？

郝林：钟老师在，他一直在对疫情病毒进行研究。（转对钟）老师，吴老电话，你在房间里接啊。

钟南山：（接电话）哦，吴老弟啊……

吴老："采菊东篱下，悠然见南山"，现在南山我是很不易见到了。老兄啊，今天 1 月 18 日的通报你看了吗？

钟南山：通报我天天看，天天研究，吴老弟有何高见？说真的，我时常想起 17 年前我们并肩战 SARS 的情景。

吴老：好汉不提当年勇啊，我今年 82 啦！

钟南山：你别忘了，转眼我都 84 了。

吴老：谁能跟你比啊。要我看，这回感染的规模比当年的 SARS 还要凶猛啊，你看呢？大敌当前，老兄如何应对哟？

钟南山：1 月上旬，我们就确定了新型冠状病毒为此次疫情的病源，对它的严重性已有足够的估计，正严阵以待。我们医科大附属第一医院已经被定为指定治疗医院。就在昨天，医院防控工作领导小组一成立，就进行了收治和防控的工作部署，在新住院大楼 23 楼，开设了收治患者的负压病房……

吴老：好啊，你是分秒必争啊，"雄姿英发，羽扇纶巾，谈笑间，樯橹灰飞烟灭"！当年的气概和劲头丝毫未减啊。

钟南山：干这一行的，职责所在啊。老弟身体怎么样？

吴老：马马虎虎吧……哦，我看报上登了你担任国家卫健委高级别专家组组长的消息，临危受命，你还对大家说没有特殊情况不要去武汉，我举双手赞成！

钟南山：吴老弟，难得的重症专家，大敌当前，我们再度携手……

吴老：（迟疑）心有余而力不足，惭愧了惭愧了……（哽咽）

钟南山：吴老弟……（对方电话挂了）唉，心有余而力不足，心有余而力不足……（挂断）

【电话铃声复起】

钟南山：哦，我是钟南山。

对方（女）：我是北京，会议很重要……

钟南山：呃呃呃，十万火急，呃呃，武汉……本来我也是要去的……明白。

对方：钟老辛苦了，保重身体，北京见！

钟南山：北京见！（放下电话，向外）郝林——

郝林：钟老师，有事？

惠妹：钟老师，看，您要的第二批材料找齐了！

钟南山：哦，惠妹啊，放这儿。郝林，现在几点了？

郝林：现在的时间，2020年1月18日下午2点31分！

钟南山：嗯，（自语）应该还有车。小郝，你在网上订两张广州到武汉的高铁票。

郝林：……

钟南山：哎，郝林，我说的话你没有听见吗？

郝林：老师……

钟南山：你把我的话重复一遍。

郝林：您要我在网上订两张广州到武汉的高铁票……

钟南山：那你就订啊。

郝林：老师，您刚刚说过不要去武汉。

钟南山：啊，是吗，我是怎么说的？

郝林：您说，没有特殊情况不要去武汉。

钟南山：对啊，特殊情况，这一条就是给我预备下的。

郝林：我知道，您是国家卫健委高级别专家组组长，仅凭这一条就够得上“特殊情况”。

钟南山：知道了还不快去搞车票？

惠妹：老师，就订两张票啊？能不能多订一张啊，我也想陪老师去武汉。

郝林：别插嘴，我跟老师说正事呐。

钟南山：这回惠妹就不要去了，在家好好守电话。

郝林：老师，我们对“特殊”的理解不一样。您现在已经是84岁高龄了，老师，84岁啊！万一……

钟南山：84岁怎样？要不要现在就到楼下院子做10个引体向上？别看你30

多岁，做不到5个你就得从杠上掉下来！

郝林：好好好，我说不过您，可是我有“尚方宝剑”！

钟南山：你是说我的老伴给你授权啦？

郝林：老师，奶奶她给我留言了，您听听——

【出李少芬声音：如果不是中央召唤，就不要离开广州，尽量帮我看住他。他年纪大了。不比当年，拜托！】

【音乐声中，郝林和惠妹轻声议论】

惠妹：听声音，李奶奶身体一定很硬朗。

郝林：那当然，李奶奶年轻时是国家女篮的主力，大名鼎鼎的“女篮5号”啊！

惠妹：啊……

郝林：（轻声）两人可恩爱了……（拨弄电话）老师，接通了，您跟奶奶说吧……

钟南山：（电话中）哎，我的夫人啊……我哪能不晓得我钟南山已经84岁了，我也想像吴老那样，安安静静地颐养天年！可这是呼吸系统的事，纯属我的本职工作。

李少芬：这话，我听得很熟啊，17年前你也是这么说的。

钟南山：搞医学的嘛，就是这样子的啰。这回的疫情来者不善，病毒每天每时每刻都在滋生蔓延，每天每时每刻都在侵入我们健康人的身体，有的人已经不幸倒下。这种新型冠状病毒正在疯狂肆虐，在向人类发出强势挑战，而我们对它的许多方面却不了解，这种病毒又偏偏选择我们传统的大节日进行袭击，疫区的老百姓是否筑好了防控疫情的铜墙铁壁？还是那句老话，疫情就是战场，作为战士，我们不冲上去谁上去？得跟它比速度抢时间啊！“不入虎穴，焉得虎子”……

李少芬：唉，要是倒退10年，我也不会多说一句话。

钟南山：我会注意的，戴好口罩穿好防护服，再说，还有郝林监督嘛。

郝林：奶奶，有我呢，保证没事，您就放心吧……

钟南山：夫人，想想17年前，我不是也闯过来了吗，我有经验，做好个人防护，不要紧的，出生入死平常事，与死神擦肩也要瞪它一眼！哈哈哈……

李少芬：唉，人家着急，你还乐……我都没同你讲，这几天，你每天都是12点、1点才回到家，眼睛都熬红了，我看了又是生气又是心疼，我想劝劝吧，但我知道劝不住，因为你太在乎你的病人了，我拦不住你，你去吧！

钟南山：少芬，别担心，我去去就回。

李少芬：一定要平平安安的……

【音乐声中，高铁行进声】

郝林：嚯，人真多啊，请让一让……

钟南山：大家都是回武汉过年的啊？

众人：是啊是啊……

郝林：列车长，请帮忙找一个座位啊……

【议论纷纷】

众甲：哎，这不是钟南山钟院士嘛……

众乙：钟老师难道去武汉过年？

众甲：他来武汉不是坏消息就是好消息。

众丙：怎么讲？

众甲：钟老师是干什么的你们知道吗？

众丁：干什么的？

众甲：说出来吓死你！他是专门抓病毒妖魔的，17年前SARS就是他抓出来剿灭的！

众丙：所以这一回，我猜他不是去武汉过年的，是去武汉抓妖魔的。

众丁：嗯，这是好消息。

众丙：那坏消息呢？

众甲：那就是说我们大武汉呼吸道传染严重了，把钟南山惊动了。

众人：那我们怎么办……

列车长：来来来，请大家让一让。钟老师，对不起，春运期间座位紧张。

钟南山：不要紧的，有个地方靠一靠就行了。

列车长：我在餐车里找了两个座位。

钟南山：行行。

列车长：喏，就是这儿，都靠角落了。

钟南山：一样能坐能靠。

列车长：钟老师，时间不早了，你们快休息吧。

郝林：列车长，谢谢了。老师，您坐这儿。

钟南山：嗯，把文件给我拿来……

郝林：钟老师，您已经十几个小时没有合眼了，您靠一靠，闭目养养神，能睡呢就……

钟南山：我倒是想睡，可睡不着啊。你看，时间很紧，要做的事很多，我想啊，这次到武汉来至少要回答这么几个问题……

【钟南山说着，终于响起了轻轻的鼾声】

【高铁匀速行进】

解说：钟南山清楚，这次对武汉的考察，对整个疫情的评估和今后抗疫防控行动无疑具有重要的意义，他将把武汉疫情最新动向的第一手材料带到北京的会议上。晚上11点到达住处后，简要听取了武汉有关方面的情况通报，第二天一早就到一些重点的地方调查了解……

【脚步声】

郝林：老师，就是这里。（念）“华南海鲜市场”……老师，看，这墙上贴了个通告——（念）“接上级通知，本市场从 2020 年 1 月 1 日起休市，何时重新开市等候通知……”

钟南山：嗯！休得好！

郝林：啊，老师，这里还有一张野味价目表。

钟南山：啊，都卖什么野味，一目了然。

郝林：有点意思，我把它照下来。（手机拍照声）

【移动皮靴　扫笤帚　冲水管的声音】

众甲：看看，这海鲜市场的地面，冲扫了好几天都没搞干净。

众乙：这大门里边就是卖野味的。

众丙：说得对嘛，里边曲里拐弯的，全是摊位，什么野味都有。

众丁：我进去过一回，不看不知道，看了吓一跳！那刺鼻的味道差点没把我熏晕倒，一些动物死了没清走，那动物肚子里的烂肺叶、烂肠子就乱扔在地上，泡在粪便和血水里，臭气熏天，这种地方不长怪病毒才怪呢！

众甲：听说有卖野味的老板感染了怪病毒住进医院了。

众乙：还不止一个两个。

众丙：我的一个邻居昨天去中西医结合医院看病，一进医院大门就感到气氛有些紧张，一问才知道，医院陆续收治了 7 个感染怪病毒的病人。

众丁：收治这 7 个病人的是张继先医生，用中西医结合疗法给他们治，太厉害了！

众甲：听说这些病例都和这海鲜市场有关联。

众乙：这就说明，这市场早应该关了！

众丙：那也未必，你没看那布告上写的是“休市”，它休息了呢？

众丁：哎，这两位戴眼镜的先生，是、是报社的记者吧？你们帮我们老百姓反映一下。

郝林：我们一定反映。

钟南山：你们都住在附近吗？

众人：都离这里不远。这里的脏、乱、差由来已久，离这里 100 米，喏，看见了吧，那是小区幼儿园。不到 500 米，是小区小学。我们反映好多回了，都没有下文。

钟南山：我看啊，这回是要永远休市了！

众人：这么肯定……这人是谁啊？挺有派头啊……

众甲：这样子，挺熟啊！

众乙：要是摘了口罩，我肯定认识。

众丙：啊，我认得了，他是钟南山，17 年前抗非典，在电视里经常看到他，是不是啊？

众丁：对，没错，是钟南山！

众人：钟老——钟南山……再见……

【汽车鸣笛声，开走】

郝林：老师请坐稳。

【手机铃声】

郝林：喂，你好，我就是……哦哦哦，知道了，会报告的……（挂了）老师，疾控中心从野味摊位的残留物里分离到了病毒。

钟南山：新型冠状病毒？

郝林：是新型冠状病毒！

钟南山：完全证实了我们的判断。

郝林：老师，下一站？

钟南山：我想了解一个情况，还是到金银潭医院看看吧。

郝林：老师傅，请把车开到金银潭医院……

【音乐：主题歌】

【第一集完】

第二集

（文字稿略）

第三集

【回忆的音乐】

钟南山：是的。我小的时候很顽皮，把父母给我交学校的伙食费偷藏了起来，自己买东西吃，一直撒谎瞒着直到败露。我想这下完了，肯定要挨父亲的一顿打，没想到父亲只问了我一句："你认为你这样做对吗？"这一问，陪伴了我一生。我知道，这回讲真话真的很难，心里就反复地问："爸爸，怎么办？您能为儿子指明一条路吗？"其实我清楚父亲已经为我指出了明道，就看我敢不敢走了……

郝林：当时老师到了北京，相关部门立刻就和老师打招呼，叫老师不要讲太多，讲话要注意一下。

钟南山：其实我是很注意的，也没有讲太多，只是讲了事实。他们问我：是不是疫情已经得到了控制？我总不能睁着眼说假话吧，我回答他：根本就没有控制！现在还不知道病源，病情还在传染，怎么能说是控制了？我们顶多是遏制，不叫控制！

惠妹：过后，老师有压力吧？

钟南山：会上的问答，国内各地媒体都做了报道，也有一个地方的媒体没有动静，我的心里当然有数。过了两天，我们召开了一个新闻发布会，宣布广州非典防治协作组与协作单位共同证实：非典病原体就是冠状病毒，这是一个历史时刻！许多的压力和郁闷都化开了。

郝林：老师就是老师啊！惠妹，我的记录本记下了这样一段话，这是庆祝新中国成立 60 周年时，评选 100 位英雄模范人物，老师榜上有名，这是对老师的评语……

惠妹：我来看……老师，我念了啊：“在抗击非典中，他以实事求是的态度、勇往直前的大无畏精神，主动请缨收治危重病人，全力以赴地精心制订医疗方案，以医者的妙手仁心挽救生命，显示出了科学家治学严谨的作风与高度的责任感。在关系抗击非典成败的重大问题上，他能置自身荣辱得失于度外，力排众议，坚守科学家的良知……”（因感动而哽咽）

郝林：我不知读了多少遍，每读一遍都有新的收获，“科学家的良知”是什么？是在事关全局、事关百姓生死、事关真伪的关键问题上，要敢讲真话！

钟南山：这是一个永恒的课题，明天的记者采访会还是这个课题……

郝林：老师有点累了，我给老师看一个视频——

【打开手机　出武汉市民唱《国歌》】

郝林：老师，听到了吗？这是武汉小区市民在唱《国歌》……

钟南山：这是晚上啊！

郝林：这是市民自发组织的。晚上八点开始，打开阳台窗户一起唱，唱《国歌》、唱《我和我的祖国》，然后大家一起高呼“武汉加油！”

钟南山：啊，武汉，了不起的城市……

【音乐】

【记者联合采访会】

主持人：朋友们，眼下疫情汹涌而来，严峻势态的发展变化，牵动着全国人民的心！病毒从何而来、如何感染、普通人怎样预防、疫情高峰何时到来？面对种种疑问和忧虑，我们组织了这次多家媒体联合采访会，特别邀请到了中国工程院院士、国家呼吸系统疾病临床医学研究中心主任、国家卫健委高级别专家组组长钟南山来回答记者的提问。为避免聚集，今天安排了视频采访。好，开始吧。

【话筒声】

记者甲：新型冠状病毒肺炎，对我们来说是个陌生的概念，它跟 SARS 的区别是什么？

钟南山：现在出现的新型冠状病毒，既跟 SARS 不一样，也跟中东呼吸综合征不一样，是完全不同性质的一个病毒。因为这个疾病处于一个起始阶段，现在的病死率不能说明全面，我们应该提高警惕。这几天的情况，在一定意义上说明，这个疾病在局部发展是比较快的。

记者乙：从仅湖北武汉一地发现，截至目前 30 个省份报告感染确诊病例，您对新型冠状病毒感染的肺炎疫情走势如何判断？它是一个多点局部爆发，还是一个大面积蔓延的态势？

钟南山：现在的情况是，确诊病例病死率是 2.3%。病死率并不是特别高，但传染性比较强。1 月 19 日，我们特别提到了有人传人，特别是有医务人员感染。全国防控措施启动很快，我们采取了比较积极的措施，但病例数还是增加的，它是什么态势？是全国大暴发、全国的多点暴发，还是局部大暴发？我的看法，还是局部大暴发，我不太同意这是一个全国多点大暴发，现在还是一个局部的大暴发。

记者乙：跟 SARS 比较，这次集中在武汉，而且像上海、广东等地都是输入性的病例，这对防控来说是一个好消息吗？

钟南山：任何急性的传染病出现都不是好消息！从流行病学看，它不单是集中在武汉，而且集中在两个区，这两个区大概占了 45%。这两个区有同一个特点，有一个比较大的所谓海鲜市场。实际上并不是海鲜，而是野味、野生动物。从各方面初步进行流行病学分析，它实际上通过野生动物传到人，这是比较大的可能。要特别指出的是，现在出现人传人的现象，这是我们应该提高警惕的时候。

记者丙：怎么判断是人传人的？

钟南山：目前资料显示，在武汉有这样的肯定证据，在广东有两个病人没去过武汉，但是家人去了武汉以后，染上了新型冠状病毒，所以现在可以肯定是人传人。

记者丁：因为是一种新型冠状病毒，我们对它的了解到了哪个程度？距离知道它的病源还有多远？

钟南山：现在对它的了解还是很不够。我们只能从原则上判断，第一，它是一个新型的冠状病毒；第二，它的源头是什么动物，基本上还不清楚。只是从各方面的流行病学调查，来自一个野生动物的可能性比较大。

记者甲：从医学专家的角度，包括整个医疗体系，该怎么办？普通人应该怎么防范？

钟南山：它的传染性强，现在已经存在人传人的现象，同时医务人员也有传染。对这种快速传染要提高警惕了。关键的几条：一是预防，没有特殊的情况不要去武汉，这个是很重要的。老百姓首先做到不参加集会，出门戴口罩，注意洗手卫生，防自己也防别人。二是如果有不舒服或者感冒，应该到当地的发热门诊去看，必要的时候进行排查。总之抓住两个要害，一是早发现，二是早隔离，这是现在最原始也是最有效的办法。现在对老百姓自己来说，最重要一条是不要到处跑，特别是武汉这一带，要非常严格地执行，这不仅是个人的事，也是社会的事。

记者乙：目前确诊病例有递增之势，预计什么时间疫情将达到高峰？

钟南山：没有人能够非常准确地预计。它现在已经不是动物传染了，是人传人的问题，而人传人有个潜伏期。发病的潜伏期我们正在进行更准确的评估，可能是 3 到 7 天，一般不超过 14 天，当然也会有例外。

记者丙：新型冠状病毒究竟源自哪里？有研究说首例感染者并没有华南海鲜市场接触史。

钟南山：你怎么知道第一例没有接触这个海鲜市场就不是因为这个病毒？人们发现的第一例并不等于先前没有这样的病人。

关于新型冠状病毒究竟源自哪里，这是个非常复杂的问题，从科研角度看，疫情首先出现在中国，但不一定是发源在中国。“首先发现”和“发源”不能画上等号，只有对新冠肺炎病毒进行溯源，有了结果，才可能回答这个问题。

记者丁：接下来，返程春运即将拉开序幕，这对疫情防控带来哪些影响？对于返程人员是否应该有排查措施？

钟南山：返程春运涉及差不多数千万人回流。但我不觉得返程春运是一个很大的问题。因为外头过春节了，如果延长几天假期，就超过 14 天了，要感染病毒的话，有病就有了，在当地治疗了，没感染也就没有了。

记者甲：您预计疫情还要持续多长时间？

钟南山：当年 SARS 持续了差不多五六个月，但我相信这个新型冠状病毒不会持续那么长，2 月中下旬全国病例数将达到峰值，因为我们在第三波疫情开始后，国家层面已经采取强力的措施，特别是早发现、早隔离，这两条做到了，我们有足够的信心防止大暴发或者重新大暴发。但要补充一点，达到峰值并不意味着达到峰值后就会马上下降，峰值也不等于拐点，一些地方的疫情还有可能随着务工人员返程再次出现新的高峰。

记者乙：您认为目前武汉还将面临哪些风险点，应该如何应对？

钟南山：目前武汉最关键的是如何减少医院内的感染。因为医院人群密集，很多人来了，到发热门诊来，互相传染是个大问题。这个工作需要全国来支持，同时武汉要建立一个相当于小汤山这种类型的医院……昨天晚上我的学生给我一条信息，就是武汉小区市民组织唱《国歌》，还有《我和我的祖国》，晚上八点开始，打开阳台窗户一起唱，然后大家一起高呼“武汉加油”，很感人（哽咽）……他们心情有很大的改变，现在他们觉得大家的斗志都上来了，全国人民都支持他们。全国帮忙，武汉是能够过关的。武汉本来就是一个英雄的城市……

【音乐　轿车前行　大街静静的】

郝林：老师累了，靠一靠，休息休息。用这点时间，我把您后面几天要做的事说说：除参加省市组织重要会议外，老师要到广州医科大学附属第一医院听取专家组关于重症患者病情的汇报并给予临床指导；1月29日下午3点，您担任总顾问的重症临床专家组，对5名危重症病例进行远程集体会诊；1月30日上午9点您要乘飞机赶到北京开会。

钟南山：那前一天夜里到达广州的国际病毒专家利普金怎么办？他这次来是要和我见面的。

郝林：只能安排在开往机场的车上与您讨论交流了。

钟南山：一定是一次难忘的交流，行啊。

郝林：北京的会是国家疾控中心召开的高级别专家的座谈会，李克强总理出席听取汇报，就先说这些吧。老师现在可以休息了。

钟南山：我不累，就是心里总想着疫区。

郝林：今晚，您讲到武汉老百姓唱国歌，讲到武汉是一个英雄的城市，我看见，老师眼里含着泪水，这是我跟随老师这么多年，第一回看见……

钟南山：武汉的巨大付出、殊死拼搏、众志成城、乐观向上和必胜信念，时时让我感动……老师一生奋斗，城市在变，岁月在变，不变的是我们这代人对祖国对人民的情怀……我读过许多诗，但最让我动容的是诗人艾青的这两句："为什么我的眼里常含泪水，因为我对这土地爱得深沉"……

【音乐】

解说：听众朋友，我们这部带有纪实性风格的三集广播剧到此就告一段落了。尽管依依不舍，我们还是要向剧的主人公、我们尊敬的钟老说声"再见"，有他在，胜利就与我们同在……

【主题歌起】

【剧终】

【点评】

被称为"民族脊梁"的钟南山在抗击"非典"尤其是新冠疫情过程中那种舍生忘死、勇敢前行的大无畏的英雄主义精神是令所有中华儿女为之动容的。那张刷爆朋友圈的钟南山在前往武汉高铁餐车里神态疲惫的照片，也让无数中华儿女难以忘怀，并试图进一步了解当时情况的具体细节。广播剧《一路逆行》就形象地给听众呈现了当时那一感人的一幕。剧中选择了几个真实的故事，生动展示了钟南山从抗击非典时秉承“非典不可怕，非典可防治”到新冠来临逆行赴武汉的英勇壮举。该剧还展现了在抗疫一线的广大医务工作者的感人事迹。该剧情节跌宕起伏，故事性强，巧妙地将人间的大爱与家庭的亲情小爱，通过剧情的演绎交织在一起，进而揭示小爱服从大爱的主题。该剧思想精深、艺术精湛、制作精良，配乐的选择和专门制作的主题歌对剧情起到较好的烘托气氛、抒发情感的作用，人物角色演绎准确，语言符合性格特征。该剧2020年3月1日首播，时效性强，不仅温暖感人，而且振奋人心。

（申启武）

电视节目作品

诗意中国

深圳广播电影电视集团 张 艺 朱文婕
张笑然 李晓君 张悦如 赵菡青 张 军 张 潇 张雯雯

（文字稿略）

【点评】

《诗意中国》是深圳广播电影电视集团推出的具有自主知识产权的专人传记类电视文化节目。该节目迄今为止已经播出三季，产生了较大的社会影响，对增强文化自信有较大贡献。《诗意中国》第三季在前两季的基础上，进行了较大的改变，即由传统文化作品、文化事项等的诗意化的展现，变成现在的中国历史文化名人的专人传记类大型文化节目。节目的选题和内容范围似乎变窄了，但是在“专”和“深”上却有了巨大突破。以苏轼这两集为例，整个节目看下来，很有一种“苏轼完全手册”的感觉，让观众在带入性比拼、游戏、展示、演绎中，加深了对苏轼的认知和对中国传统文化博大精深的感知、感受和感悟；在节目环节的设计上，策划和编导者充分考虑到了当今电视文化类节目的总体趋势、不同层面受众的需求以及节目传播效果，所设计的环节有趣、有味，能为节目内容的呈现搭建“舞台”，又能区别于其他电视文化类节目；在嘉宾和参与节目“选手”选择和邀约上，也可谓殚精竭虑，充分考虑到了这些嘉宾、“选手”的专业水准、知名度和“流量”；在舞台呈现上，节目大气、现代、科技感十足，既赏“心”又悦“目”，具有很好的传播效果，足堪成为广东广播电影电视优秀节目代表。

（汪忠民）

我为什么要跑到这山沟来
——记解放军原基建工程兵王明健

韶关市广播电视台 温盛远 黄 云 王靖文
曹 曦 陶宣伊 林 桃 张 冀 董 炜 陈 海

【字幕】胶片视频由广东省地质局第三地质队提供。

【解说】这段珍贵的胶片资料，打开了一段披荆斩棘的历史，也见证了一段功勋：韶关提供了第一颗原子弹的核原料。

【黑框字幕 王明健 解放军原基建工程兵】党需要你，国家需要你，就需要你去执行，就要干工作。比如我原来在北京工作，我为什么要跑到这山沟来，工作需要，哪里困难，共产党员就要到哪里去。

【标题】我为什么要跑到这山沟来——记解放军原基建工程兵王明健。

【第一颗原子弹成功爆炸资料画面】

【字幕】1964 年 10 月 16 日，中国第一颗原子弹成功爆炸。

【字幕】历史资料。

【解说】这惊天一爆，有力地打破了超级大国的核垄断和核讹诈。

【解说】韶关提供第一颗原子弹的核原料，而核原料的提炼，经历了艰难曲折的过程。

【解说】20 世纪 50 年代中期，中华人民共和国刚刚成立不久，一个新生的国家想要在世界上站稳脚跟，靠的就是领导层的高瞻远瞩，靠的就是那一代中国人的勇气和担当。正是在这样的大背景下，一个大学刚毕业的年轻人将要在一个新的领域中，从事一项中国人从来没有做过的事情，他叫王明健。

【黑框字幕 王明健 解放军原基建工程兵】我（19）56 年大学（中南矿冶学院）毕业，因为我在大学加入共产党，是共青团员，又是优秀生，学习第一，拔尖的，所以被挑到长沙 309 大队。

【解说】309 大队属秘密机构，归国务院第三办公室直接管辖。在 309 待了不长时间，他又被调到北京，并连续换了几个岗位。

【黑框字幕 王明健 解放军原基建工程兵】人事科张科长跟我讲，需要你再改行。我说你让我改三次行，还要改，事不过三，他都不好意思开口。我说干什么？跟苏联专家学制造原子弹。你看到的、听到的，出了这个门，都不能再说了，连你的父母都不能说。我搞原子弹、搞原子能，这话不能说的啊。

【解说】1958年6月的一天，在苏联专家工作组学习还不到一年时间的王明健，突然接到一个通知，要他到二机部去开会。

【黑框字幕　王明健　解放军原基建工程兵】去了之后，我就坐在宋任穷对面，我们局长坐这儿。宋任穷马上传达毛主席指示，中国第一颗原子弹提前爆炸，所以后面急需核原料。要我在半年之内建一个工厂，生产出合格产品。

【字幕】宋任穷，1956年起任国务院第三机械工业部、第二机械工业部部长，是我国原子能事业大规模建设时期的主要领导者。

【解说】当时还很年轻的王明健，只顾着兴奋了，因为这可是来自中国最高领导层的任务，在那个年代，这几乎就是最高的荣耀。可是回到单位一想，他傻眼了，这能完成吗？

【黑框字幕　王明健　解放军原基建工程兵】压力很大，睡不着觉啊。感觉恐慌，害怕了，这个时候才感到害怕。苏联专家很多对我们都是保密的。从来没有提到铀从矿石里怎么提取出来，苏联工厂是怎么提取出来的，都不讲这个东西，什么流程、什么设备不提。再加上当时的中国既没有不锈钢，也没有塑料，连个一般的过滤锅都没有。又要半年建成，拿产品出来，就是按照苏联的办法，这些东西都具备，我半年也建不来工厂啊。

【解说】没有关键技术，怎么办？王明健毅然走上了一条艰难的自主创新之路。

【黑框字幕　王明健　解放军原基建工程兵】7月份北京很热的，干燥。去洗澡堂冲个凉，把衣服一脱，把水管子一开，一下子，突然我想到了，我为什么不能用稀硫酸给矿石洗澡呢？这些问题都解决了，是吧！有门道了！找到这个门道了，很好！很兴奋了！澡都不洗就跑出来了。

【解说】王明健从澡堂子里跑出来后，就回到单位找了一些医院打葡萄糖用的瓶子，一把锤子、一些矿石、几个筛子，做起了实验。做完实验之后，他就画下了这张图纸——这就是中国第一张简法炼铀设计图。

【黑框字幕　王明健　解放军原基建工程兵】做完实验我就画出来了，不能忘记，马上我就记在这上面嘛，（这张图）为什么重要？中国第一颗原子弹（制造）从这开始！

【解说】于是，当时年仅24岁的王明健就带着一身冲劲、一个任务和一张在澡堂子里想出来的简法炼铀设计图纸，来到了韶关翁源县下庄。

【黑框字幕　王明健　解放军原基建工程兵】当时在下庄，他们找到了在花岗岩里的铀矿，而且是富矿，平均（含量）千分之五，最高的达到百分之一。所以没这个条件，在广东不可能建这个厂。

【解说】《华南地质勘探局铀矿地质工作发展史》（1955—1987），收录了一篇来自华南地质勘探局293队魏求光的回忆文章《土法炼铀作贡献》："建厂初期，在一无技术、二无厂房、三无原料、四无设备的情况下，真是头顶蓝天、脚踏荒山，确实是白手起家、困难重重。”

【解说】从王明健在北京领任务，到下庄 202 铀冶炼厂建厂投产，不到两个月的时间。

【字幕】1958 年 8 月 27 日，下庄 202 厂正式投产“黄饼”（重铀酸铵）。

【黑框字幕　王明健　解放军原基建工程兵】没什么奖金，没什么节假日休息，白天干了晚上干，晚上干了白天干，可是人都干得这么有精神啊。

【字幕】八一制片厂电影资料《土法炼铀的一面旗帜》。

【解说】工厂刚刚上马，事情千头万绪。正在这个时候，家里来了电报：奶奶病危，速回。可是作为工厂唯一懂技术的人，他不能走啊。

【黑框字幕　王明健　解放军原基建工程兵】两天之后，电报又来了，奶奶去世了，让我速回，我还是不能回去啊。我从小跟我奶奶长大的，回不去，你没办法回去啊，这是国家大事啊！要对国家忠，尽孝就达不到了。要尽孝，你就达不到忠。家里来个电报，我马上跑回去，工作撂在这儿，那能行吗？忠孝不能两全，我感受特别深刻。

【解说】这封周恩来署名的邀请函，从中南海寄往千里之外的韶关，王明健由此走进了新建成的人民大会堂，参加全国群英代表大会。这支钢笔，就是这次大会的纪念品。

【字幕】1988 年 10 月，荣获中华人民共和国国防科工委颁发的“献身国防科技事业”证章。

【黑框字幕　王明健　解放军原基建工程兵】我在年轻的时候，参加了中国人民最需要最辉煌的事业，而且做出成绩，为中国人民争了一口气，这比给我什么都好。

【字幕】2019 年获得中共中央、国务院、中央军委颁发的“庆祝中华人民共和国成立 70 周年纪念章”。

【字幕】王明健事迹入选中国原子能出版社出版的“两弹一艇”人物谱——与国家命运结缘的人们。

【字幕】2020 年 7 月 1 日。

【同期声】爸爸，今天是党的生日，建党 99 周年，跟医生推着蛋糕来，我们一起为党庆生，好不好，那我们唱党的生日歌，来。

【同期声】爸爸，我们唱首你的全厂指战员唱的那首歌。

【字幕】这是军人王明健生前的最后一个敬礼。

【字幕】2020 年 7 月 7 日上午 8：35，王明健在广东韶关逝世，享年 87 岁。

【基建工程兵研究会副秘书长　聂进良】王明健本身就是我们基建工程兵的（一员），因为这是基建工程纪念园，又是有这样一个名人，一个我们尊重的科学家进入我们这个园区，是我们的光荣、一种荣耀，是我们的骄傲。

【王明健女儿　王琴】如果爸爸他生前知道的话，我想他一定很欣慰。因为他也是基建工程兵的一员，这个是基建工程兵拓荒史的纪念园。爸爸他是搞原子弹的，搞原子弹第一步，第一步也就是拓荒史，也是开路石，作为我们子女也感到非常地高兴。

【黑框字幕　王明健　解放军原基建工程兵】人生最美好的莫过于，当你停止生存时，还能以你的发现、发明、创造为人类服务，把知识和智慧留给人民。不是你住着多宽敞的房子，不是你穿着多漂亮的衣服，人类的社会进步都是这样一步一步走过来的，没有那些无私奉献的人，社会哪能进步得这么快。

【字幕】王老一路走好。

【片尾字幕】

【点评】

该片讲述的是我国第一颗原子弹的铀原料功臣王明健在极其困苦的时期，攻坚克难，自主创新、发明土法炼铀的故事。“小切口”表现“大主题”，“小人物”反映“大发展”，“小故事”演绎“大变化”。史实翔实，故事性强，情感真挚，具有较强的可视性。老一辈革命者长期默默无闻、不图名利、甘于为国奉献的精神嵌入到故事当中，生动、自然，人物形象立体丰满。

(1) 作品立意高远，弘扬了时代主旋律，具有很强的现实意义。王明健身上的“艰苦奋斗、甘于奉献、坚韧实干、追求卓越”的精神，正是这个时代需要弘扬的精、气、神。

(2) 作品故事性强、极富感染力。“在澡堂里脑洞大开，画出了我国第一张简法炼铀设计图”、生前最后时刻还在研究攻克化学难题、弥留之际和女儿共唱红色歌曲等故事感人至深。

(3) 充分运用多种素材和视听手段，具有较强的传播力。通过电影胶片、文献记录、文物、口述历史等多种手段，立体呈现一个时代，一个平凡人不平凡的感人故事；通过富有感染力的视听语言表达手法，勾勒出一幅波澜壮阔的自主创新画卷。

(4) 本片史料翔实，填补了省内工矿题材电视节目作品的空白，具有重要的文献价值。

（刘　昊）

海孩子·红树林

珠海广播电视台 王浩浩 张剑宇 李炎强 王洪力

【画外音】

珠海，有绵延的海岸线，自然资源得天独厚，对于生态环境的保护，珠海人有着朴素的认知和自觉的行动。珠海不仅是经济特区，更成为一个生态特区。提到珠海红树林，你会想到什么？是不是招潮蟹、跳跳鱼的乐园？红树林对生态环境的保护起到了必不可少的作用。

小朋友：那个是红树的树叶吧。应该是。里面那些都是红树。大的是用来挖洞的，小的是用来攻击的。我把枝都画出来了。太美丽啦，我要画幅画寄给北方的姥爷。

巡查员：小朋友慢点跑啊，红树林好玩吗？

小朋友：好玩！叔叔你在干吗呀？

巡查员：捡瓶子、捡垃圾啊。

小朋友：他们为什么要扔垃圾？为什么不扔到垃圾桶？

巡查员：有些游客不讲文明，他要丢垃圾，就说他啦，不要乱扔垃圾，要注意环保。

小朋友：这些洞是哪来的？

巡查员：招潮蟹。

小朋友：能抓吗？

巡查员：不能抓。

小朋友：这么美丽的环境为什么还有人乱扔垃圾？太可恶啦。我们想一想怎么才能让他们不乱扔垃圾？那我们能做点什么呢？我们当环保小卫士吧！

小朋友：阿姨好！

曾主任：小朋友好。

小朋友：我想了解一下垃圾分类的知识。

曾主任：好吧，跟我走吧。

小朋友：阿姨你好！我们是环保宣传员，我们想了解一下垃圾分类的知识。

曾主任：垃圾分类有很多好处，但是首先我们要学会区分各种垃圾，阿姨手上有一些图片，像这个面包它是厨余垃圾；这个其他垃圾就是一些污染过的纸巾呐，一次性的筷子呀；有害垃圾就包括一些过期的药品。那你知道这个垃圾桶它有什么作用吗？

小朋友：进行垃圾分类，把不同种类的垃圾放到不同颜色的桶里面。

小朋友：阿姨我们想去小区做垃圾分类的宣传。

曾主任：阿姨这里面正好有一些宣传单，我们去给小区的居民派送吧，好吗？

小朋友：好！

曾主任：来。

【画外音】

通过学习，我们懂得了垃圾分类的重要性，人口稠密的地方肯定存在垃圾处理难的问题。我们决定先从小区开始，在小区派发宣传单做调查。

【同期声】

小朋友：爷爷，你们知道垃圾分类吗？

居民：不太清楚。

小朋友：垃圾分类分为可回收垃圾、有害垃圾、其他垃圾、厨余垃圾，我为你们讲的是可回收垃圾，可回收垃圾就是有一些纸和……

居民：和可利用的。

小朋友：有害垃圾就是，比如说废灯管，电池、纽扣电池和充电电池或者是污染过的纸巾。

居民：你们要多到一些小朋友家里去做宣传。

小朋友：再见！

居民：谢谢啊！

小朋友：爷爷！看一下垃圾分类。电池就放在其他垃圾里，厨余垃圾放面包那些。

居民：我明白啦，谢谢你们。

小朋友：不用谢，爷爷再见！

居民：再见！

【同期声】

小朋友：累死了！宣传了一天啦，休息一下吧。哎呀，最近我们可真是好忙啊，好久都没有出去玩啦。不过我觉得这样也挺有意义的。可是你们想过没有？我们几个人宣传垃圾分类是远远不够的呀。我们来拍一个垃圾分类的小短剧吧，这样子能让更多人了解垃圾分类。

【画外音】

当我们把这个想法告诉爸爸、妈妈，他们都非常支持，还帮我们写了剧本。老师帮我们编排了角色、购置了道具。

【同期声】

老师：道具都到了，过来试一下，这是你的。

【画外音】

就这样，在排练几次后，我们决定这个周末在小区进行现场拍摄。

【垃圾分类小短剧】

人物：李大妈—姜雅媛、小龙哥—周浚龙、张大爷—邓靖潼、社区志愿者—魏子聿坤。

李大妈：张大爷，出门溜达呢？

张大爷：李大妈，家里的电池用完了，正好下楼买东西，顺便把电池扔掉。什么时候垃圾桶变得这么多啊！厨余垃圾、有害垃圾、可回收物、其他垃圾……这个，这个是什么意思啊？管他呢，反正扔在垃圾桶里就行了，随便扔一个。

社区志愿者：张大爷等一下！您这是要干吗？

张大爷：在垃圾桶边能干吗？当然是扔垃圾啊！

【画外音】

曾主任：你好，请问是电视台王导吗？王导是这样子，我这里啊，有一个小朋友自编自导的一个关于垃圾分类的小短剧，我觉得特别好，问一下王导，这个小短剧可以让电视台播出吗？

电视台王导：这样吧，你把视频发过来，我们审核一下，审核通过的话应该没问题的。

曾主任：好的，谢谢！

张大爷：你看，别人也支持我吧！再说了，我把垃圾扔在垃圾桶里有什么不对？我又没有乱扔垃圾，你制止我干吗？

社区志愿者：把垃圾扔进垃圾桶是没有错，但是扔在错的垃圾桶里就是乱扔垃圾。

李大妈、小龙哥、张大爷：啊？什么？这样也是乱扔垃圾？

社区志愿者：张大爷、李大妈、小龙哥，你们知道垃圾分类吗？

李大妈：啊！垃圾还要分类的呀？

小龙哥：我也不知道。

社区志愿者：现在我们珠海正在倡导垃圾分类，我们小区也即将开始倡导低碳环保生活概念，提高我们居民对于垃圾分类的认识和意识。

李大妈：怪不得现在的垃圾桶这么多，还有不一样的颜色。

小龙哥：就是就是，有四个呢。

张大爷：红的、灰的、绿的、蓝的……这，这怎么分啊？

社区志愿者：蓝色的垃圾桶是用来扔可回收物的，比如废纸、塑料、玻璃、金属、电子废弃物等。

张大爷：电池外面是金属做的，金属是可以回收的，那电池应该是可回收垃圾，对！一定是可回收垃圾！

李大妈：对的！对的！

社区志愿者：别别别！电池是有害垃圾，应该扔在红色的垃圾桶里。

李大妈、小龙哥：啊？为什么呀？不是金属的吗？

社区志愿者：电池中含有镉、铅、锌等重金属有毒物质，会污染环境，是有害垃圾。还有废日光灯管、废弃水银温度计、过期药品等都属于有害垃圾，要扔在红色的桶里。

李大妈、小龙哥、张大爷：哦，原来是这样啊。

社区志愿者：这个绿色的垃圾桶是用来扔厨余垃圾的，厨余垃圾呢……

李大妈：我知道，我知道！这可难不倒我这个超级厨娘。厨余垃圾，顾名思义就是厨房里剩下来的垃圾，像剩菜剩饭、菜梗菜叶、瓜果皮核等，对不对？

社区志愿者：是的，李大妈，还有废弃食物、废弃食用油脂等易腐垃圾都属于厨余垃圾。

张大爷：那还有一个灰色的垃圾桶是干吗的呢？

社区志愿者：灰色的垃圾桶是放其他垃圾的。

小龙哥：其他垃圾就是可回收垃圾、有害垃圾、厨余垃圾之外的垃圾，对吧？

社区志愿者：对，大家想想有什么是属于这一类垃圾的呢？

李大妈：食品袋。

小龙哥：保鲜膜。

张大爷：用过的纸巾。

小龙哥：不要了的瓶子和罐子。

李大妈：烟头。

张大爷：灰土。

小龙哥：啊！还有还有！猫猫狗狗的粑粑。

社区志愿者：对！大家说得一点都没错。现在知道怎么分类垃圾了吗？

李大妈、小龙哥、张大爷：知道啦！

李大妈：废物利用是个宝，蓝色的桶儿要记牢。

小龙哥：厨房垃圾一包包，绿色的桶儿要记牢。

张大爷：有害物品要管好，红色的桶儿要记牢。

李大妈、小龙哥：其他垃圾也不少，灰色的桶儿全部包。

社区志愿者：垃圾分类只是举手之劳，却可以减少占地，减少环境污染，节约资源，绝对是非常有意义的事情。

李大妈：嗯！我们快去把垃圾分类的方法告诉楼道里的阿姨大叔去。

众人：耶！

【画外音】

蔚蓝的天空，清新的空气，绿宝石般的海岛镶嵌在碧蓝的大海中，海风拂面，夹带着海洋的芬芳，珠海在晨曦与余晖中尽展风情，散发着祥和、浪漫的气息。人们在碧海蓝天下，享受大自然的温馨。这就是珠海，你我共同的家！

【同期声】

小朋友：红树林我爱你，红树林谢谢你，红树林我爱你！

【点评】

《海孩子　红树林》作品风格清新明快，用记录跟拍的方式跟着孩子们的脚步，把环保宣传一路推进，在孩子们的小行动中切入了环保和垃圾分类的知识，作品中孩子的情感自然流露，真实呈现孩子们对大自然的热爱，对环保理念的践行。

（1）主题立意好。选材角度好，环保教育垃圾分类，从娃娃抓起，意义重大。

（2）大主题，小切口。少儿特色鲜明，通过孩子的角度看世界，看自然。通过孩子们提问大人回答的方式，把一些环保知识自然表达，不生硬地说教，易于让孩子们接受。

（3）在制作上，电视元素运用充分，画面构图讲究。内容紧凑，节奏明快，表现手法细腻，剪辑流畅，包装制作精良。细微之处体现了编导的功力。《海孩子　红树林》在少儿题材类的节目中，是少有的用心之作。

（曲　实）

同饮一江水

广东广播电视台　卢镇平　施燕峰　雷锋学　陈乾章　曾宪益
谢　冰　翟　佳　叶雨桐　林敏熙

第一集：山高水长

字幕：广西壮族自治区环江毛南族自治县

【谭美春劳作】

【解说】自从给习近平总书记写信得到回复，谭美春的日子更加充实了。

【字幕】谭美春（毛南族）村民　环江毛南族自治县波川村

【莫仕长跟美春聊天】

去换件衣服跟他们（记者）聊聊。

老同学，需要拍照吗?

我没空了，我还要去割牛草。

【解说】既要照顾果园，又要接待不断来访的记者，谭美春夫妇俩收工比平常要晚。

【解说】广西壮族自治区环江毛南族自治县是中国唯一的毛南族自治县，谭美春所在的下南乡是毛南族聚居的地方，珠江水系西江流域上游的支流打狗河从这里流过。

【解说】环江毛南族自治县境内有着大片的喀斯特地貌，景色奇绝，但生态脆弱，一方水土养不好一方人。

【解说】广西壮族自治区生活着壮族、汉族、瑶族、苗族、侗族、仫佬族、毛南族等民族，许多少数民族同胞像毛南族一样，居住在缺水少土的大石山区里。

【字幕】环江毛南族自治县波川村

【同期声，毛南话】每人负责一行。

【解说】谭美春承包了 65 亩砂糖橘，眼下正是护理的季节。

【解说】2015 年，谭美春家中老人患病，孩子上学，一家五口的生活靠着 4 亩玉米地和打零工维持，全年人均收入不足 3 000 元，谭美春家被列为贫困户。

【谭美春】30 多 40 岁，纳入贫困户，那肯定不是一件很光荣的事。

【解说】为了尽早摘掉贫困户这顶帽子，谭美春利用国家扶贫政策得到了10万元的无息贷款，加入村里的合作社，种植砂糖橘。

【解说】谭美春和丈夫又向亲戚借钱买了一辆二手车跑运输，只用了一年多的时间，家庭收入就达到了脱贫标准。

【解说】2019 年，谭美春种下的砂糖橘获得丰收，一家人过上了小康生活。

【谭美春】（年收入）30 万元以前对于我来说，想都不敢想。

【解说】2020 年 5 月 9 日，环江毛南族自治县退出贫困县序列，毛南族整族脱贫。

【解说】谭美春按捺不住喜悦的心情，她想给习总书记写信，报告毛南族整族脱贫的喜讯。

【字幕】下南乡集市

【解说】在圩日的市集上，谭美春遇到老同学莫仕长，她说出自己的想法，没想到老同学一口拒绝。

【字幕】莫仕长（毛南族）村民　环江毛南族自治县波川村

【莫仕长】（当时）我是有点反对她，我觉得不可能，习总书记他的工作都是大事，他能看到我们小小的一封信吗?

【字幕】谭美春（毛南族）村民　环江毛南族自治县波川村

【谭美春】很果断地拒绝，他说不可能，你想做这种事，简直是一个笑话。

【解说】老同学不支持，谭美春转过身又去联系其他人。

字幕：谭会权（毛南族）村民　环江毛南族自治县希远村

【谭会权】我们说那是做梦的事情，不可能，习总书记这么远。

【字幕】谭仲青（毛南族）村民　环江毛南族自治县中南村

【谭仲青】她说我们全族脱贫了，我们感谢党中央，感谢习主席，写一封信给他，（我说）好，那我们就写信给他试试看吧。

【字幕】莫仕长（毛南族）村民　环江毛南族自治县波川村

【莫仕长】劝来劝去，然后就跟她（说），那我们就一起写吧。

【谭美春】他（莫仕长）以前是住在大山里面，不通水不通电不通路的，现在他已经移民（搬迁）到这边来了，有政府的这个优惠政策，交通水泥路都通到家门口，赶圩什么都很方便，那对于这些，他肯定有感恩之心。

【字幕】环江毛南族自治县景阳村

【解说】莫仕长 2015 年被定为建档立卡贫困户，在 2017 年搬迁到波川村移民安置点前，他居住的景阳村是典型的石灰岩山区，粮食依靠在一小块一小块的山窝间种植玉米，耕作面积靠播种了多少斤种子来计算。

【字幕】环江毛南族自治县波川村

【解说】搬出大山后，莫仕长开始学习种养技术，如今家里养有 8 头菜牛，这一项每年能增加3万元收入。

【解说】在离家几百米的田里，莫仕长种上了水稻。

【莫仕长】去年种了两亩，现在都还剩一亩，（稻谷）吃不完。这个（稻子）可能还有20天有收获了。

【解说】5月10日，谭美春和其他9位毛南族村民聚在一起，写信把自己的脱贫经历告诉习总书记。

【谭壮兵】我们几个想办法，怎么写信给习总书记，感谢党中央，说我们现在的生活好了，也脱贫了。

【解说】环江毛南族自治县有养菜牛的传统，过去满山放养，脆弱的生态植被遭到破坏。2016年，广东省深圳市对口帮扶环江毛南族自治县，两广扶贫协作探索治理石漠化和脱贫攻坚新路子，发动农户种植牧草养殖菜牛，既解决了牛的饲料，脆弱的生态系统也逐渐得到恢复。

【解说】借助粤桂帮扶资金，环江毛南族自治县实施“贷牛还牛”产业项目，村民贷款养牛，卖了牛再还贷款。

【解说】谭壮兵利用贷款养牛，不仅自己脱了贫，还成了村里的致富带头人。

【解说】给习总书记的信寄出后不到10天，5月20日，谭美春在果园里劳作时，得知习总书记给他们回信了。

【字幕】谭美春（毛南族）村民　环江毛南族自治县波川村

【谭美春】看到微信就自己笑了，心里面肯定是无比地高兴。那时候不知道周边跟谁说，在路上没人，就直接把它发到微信群，跟大家一起分享。

【字幕】谭会权（毛南族）村民　环江毛南族自治县希远村

【谭会权】刚开始我都不相信，后来我再打电话给第一书记，（驻村）第一书记说是的，习总书记给你们回信了。

【字幕】谭仲青（毛南族）村民　环江毛南族自治县中南村

【谭仲青】哎呀，太激动了，我们写信他都可以回信，那这样子，他相当关心我们这个老百姓了。

【字幕】莫仕长（毛南族）村民　环江毛南族自治县波川村

【莫仕长】我们得到总书记给我们回信作指示，接到这封信，就像亲自见面一样。

【《新闻联播》声音】本台消息，中共中央总书记、国家主席、中央军委主席习近平近日对毛南族实现整族脱贫作出重要指示……

【解说】全面建成小康社会，一个民族都不能少。毛南族整族脱贫，是党的十八大以来中华民族脱贫攻坚战的丰硕成果，是东西部扶贫协作的真实写照。

【解说】广东与广西一衣带水。珠江发源于云贵高原乌蒙山系的马雄山，流经云南、贵州后进入广西，汇成浩浩汤汤的红水河，在汇聚了广西将近 90% 的水资源后，奔腾的西江流入广东珠江三角洲。千百年来，这条大江奔流不息，灌溉万里沃土，滋养着两广人民，也见证着彼此的厚谊深情。

【解说】广东、广西扶贫协作源远流长。1996 年，广东、广西两省区在北京形成《两广负责同志座谈纪要》，拉开了粤桂扶贫协作的序幕。2016 年，习近平总书记提出切实做好新形势下东西部扶贫协作工作的指示，广东、广西两省区党委、政府，认真贯彻落实党中央关于东西部扶贫协作的决策部署，广东的 5 个市与广西的 33 个贫困县结对开展携手奔小康行动，两广同饮一江水，真心扶真贫，协力共圆小康梦。

【解说】在中国南方，在西江流域，奔走着一群满怀信念充满信心的人。

【字幕】广西壮族自治区融水苗族自治县

【解说】在九万大山里，广东医生走村入户，让大山里的百姓在家门口就能看上病；

【字幕】广西壮族自治区马山县

【解说】在大明山北麓的山村里，广东支教老师用知识为山区孩子打开一扇看世界的窗；

【字幕】广西壮族自治区安乐县

【解说】在世界天坑之都，广东扶贫干部正带领大家发展产业，脱贫致富。

【解说】有一个人比他们来得更早一些。

【同期声】

陈主席，13 年了，好久了。很盼望你来，走吧走吧，辛苦了，见到你真是欣慰。

【解说】每次到百色，陈开枝都像在走亲戚。

【同期声】尝尝玉米粥，甜过当年的味道。

【解说】到村民家尝上一两口饭菜，已成了他的习惯。1996 年，陈开枝第一次来到百色。

【字幕】1996 年拍摄

【字幕】陈开枝　中国扶贫基金会理事

【陈开枝】我们去了就感到，要充满感情，你必须让他看见你是他的兄弟，跟他拉近感情，而不是我来救他。兄弟有困难，要帮他。

【字幕】广西壮族自治区百色市

【解说】百色是革命老区，1929 年，邓小平、张云逸等老一辈无产阶级革命家，曾经在这里发动著名的“百色起义”，创建中国工农红军第七军和左右江革命根据地。但在这个革命老区，山区面积超过九成。

【字幕】资料

“九分石头一分地，推开房门就爬坡。”这里一年之中有三分之一的时间极度干旱。1996年，百色的12个县市中有10个是国家级贫困县，全市300多万人口中三分之一的人没路走、四分之一的人没水喝、36 000多名儿童失学。

【字幕】陈开枝　中国扶贫基金会理事

【陈开枝同期声】（当时）老百姓还是过着这样的日子，我们确实对不起他们，所以就产生了一种强烈的使命感。

【陈开枝同期声】广州市所有的群众、单位、团体发动起来，一对一到百色对口帮扶，每个单位都要来，每个区都要来，所以真的掀起了一个东西部协作帮扶的热潮。

【字幕】资料

【解说】大石山区的孩子都知道，进村的车子里坐着从广东来帮扶的亲人，要敬个礼表达自己的感激。

【字幕】资料

【解说】24年弹指一挥间。这位来自广东的全国扶贫状元已经到过百色老区110次，他从一个健步如飞的中年人变成了步履蹒跚的80岁老人。

2016年以来，粤桂两省区扶贫协作创新，成为全国东西扶贫协作的典范。

【陈开枝】扶贫，关键还是要扶智、扶教育。知识就是力量，有了知识，可以战胜一切困难。

【解说】当时，整个百色地区还只有百色中学一所重点高中，教育资源极其匮乏。2000年，经陈开枝牵线，一位企业家被广东广西携手脱贫攻坚的精神感动，出资兴建了百色祈福高中。如今，从祈福高中走出了3万多名大学生。

【解说】2008年，一位名叫黄文秀的姑娘从祈福高中考上大学。2016年，她从北京师范大学研究生学成毕业后回到家乡，一头扎进大山深处，投身脱贫攻坚事业。

【字幕】广西壮族自治区乐业县百坭村

【字幕】2018年拍摄

字幕：黄文秀（壮族）　乐业县新化镇百坭村党组织原第一书记

【黄文秀】大家好！我是哲学学院思想政治教育专业2016届的硕士毕业生黄文秀，毕业之后我选择回到家乡工作，目前在百坭村担任扶贫第一书记。

【解说】没想到一进村，工作却根本无法推进。

【黄文秀同期声】百爱、百步、百坭、者乐，是哪几户比较困难，然后我们才要过去，重点召开会议，然后大家商讨决定。

【解说】这个大山里走出来的壮族妹子有着山里人的拧劲，她到村民家，村民不搭理，她就帮忙做家务，和大家一起下地干活。

【字幕】韦乃情（壮族）　广西壮族自治区乐业县百坭村

【韦乃情】第一次到我家，把我家门口脏的地方都扫（干净），第二次来我就不给她扫了。

【黄文秀绘制的村民地图】

【解说】百坭村是自治区级深度贫困村，全村2 068人中有超过两成的贫困户，他们分散在不同山头的11个自然屯里，黄文秀挨家挨户走访，画了一幅详细的百坭村贫困户分布图。

【解说】百坭村出产油茶、八角、砂糖橘和枇杷。路不通，过了收获的季节，砂糖橘掉光了烂在地上，村民们泄了气。

【解说】没技术、缺管理、路不通，黄文秀找出了百坭村的发展短板，她白天走村串户遍访贫困户，晚上与村干部研究脱贫对策。

【字幕】黄文秀日记

【女生配音黄文秀驻村日记】今天虽然周六，一共入户了8户贫困户，是道路尚未硬化的几个屯之一，他们生活确实比较困难。

我们村的产业园的牌子一直在努力中，5个致富带头人也在培养中。每天都很辛苦，但心里很快乐。

【解说】7月，山上的油茶开始挂果，韦乃情到地里除草。

【字幕】韦乃情（壮族）　广西壮族自治区乐业县百坭村

【韦乃情】2018年，她来到我们村，帮我们申请买油茶苗的本钱，我们没有这个钱，她就去到乡里面，还有县里面汇报，我就得到了3万元的贴息贷款，给我买了（油茶）苗来种植。她叫我种那么多茶果，现在我种有茶果50几亩，不富也足够用了。

【解说】大山里的好货如何走出去？黄文秀多方奔走，帮百坭村最困难的5个屯申请到修建硬化通屯道路。

【解说】路像彩带连接起外面的世界，大山深处村民用勤劳的双手撑起脱贫致富的梦想。一年出头的时间，百坭村砂糖橘的种植面积从500多亩发展到2 000亩，山茶油、砂糖橘、八角、蜂蜜走出大山，百坭村成为全镇贫困户摘帽最多的村。

【解说】这个曾经被村民拒之门外的研究生女书记，成了大家常常挂在嘴边的文秀书记、文秀姑娘、文秀。

【字幕】黄文秀（壮族）　乐业县新化镇百坭村党组织原第一书记

【黄文秀】作为驻村第一书记，我有信心在党中央的正确领导之下，不获全胜，决不收兵。

【解说】2019年6月16日夜晚，一场强降雨席卷百色。

【解说】黄文秀惦记着村里的农田灌溉渠，连夜赶回百坭村。

【解说】持续暴雨引发山洪，冲毁狭窄的山路，黄文秀在扶贫的路上不幸遇难。

【解说】一个对生活充满热爱的生命定格在芳华绽放的30岁。

【解说】村部这间小屋子还保留着黄文秀生前的原状，每隔一段时间，村民们就会来打扫擦拭，好像他们的文秀书记并没有离去。

【韦乃情】文秀书记，我们一年比一年过得好了，你不要挂念那么多。

【字幕】黄态度（壮族）村干部　广西壮族自治区乐业县百坭村

【黄态度】以前文秀书记刚来到我们百坭村的时候，一个人煮饭不方便，经常叫她到我家来吃饭，每次她到我家吃饭都坐这个位置，我在家吃饭的时候，次次都想到她，每次我都少不了这个，时时都怀念她。

【解说】黄文秀走了，她的音容笑貌留在人们心中，她的青春热情融入家乡的土地。大山连绵，江水滔滔，述说着这位壮家女儿的博大情怀。

【解说】黄文秀被追授为“时代楷模”，她用美好青春诠释了共产党人的初心使命，谱写了新时代的青春之歌。

【字幕】广西壮族自治区东兰县东里村

【解说】从百坭村往东190多公里，是革命先烈韦拔群的家乡广西壮族自治区东兰县东里村。村边的小河，是一条有故事的河。

【解说】1930年4月，邓小平、韦拔群等百色起义领导人在东兰县开展土地革命试点，实行耕者有其田，成立了右江地区第一个共耕社——“东里共耕社”，探索共同富裕的道路。

【解说】红军带领群众修建了一条长1 300米的“共耕渠”，可以灌溉附近群众900多亩水田。

【解说】斗转星移，共耕渠默默流淌。

【解说】2016年，东里村两委带领群众，成立了新的共耕社——红渠种养专业合作社，开始引进脱贫致富项目。

【解说】东里村的水土气候适宜种植葡萄，连通地下河水的共耕渠四季不断流，正好可以解决葡萄园灌溉用水量大的问题。

【字幕】梁贤欢（壮族）广西壮族自治区东兰县武篆村东里村党组织第一书记

【梁贤欢】我们把群众的土地整合过来，开发这个葡萄园产业，我们起的名字就叫共耕社，目的就是让所有的贫困群众，包括村里的群众，有共同参与的理念。

【解说】梁贤勇早年离开家乡在外打拼，2016年，他从广东回到东里村创业，共耕渠激发了他要和家乡人民实现共同富裕的理想。

【解说】梁贤勇邀请好友——广东云浮的梁达超一起创业。在共耕渠边，投资建设了首期占地 100 亩的葡萄园。

【字幕】郭志丰　广东挂职副干部　东兰县人民政府副县长

【郭志丰】我们拿出粤桂扶贫资金 100 万（元），支持他们搞共耕社、搞合作社。广东广西扶贫协作，实际上是共耕精神的一种传承，一种延续，一种创新。

【解说】利用广东帮扶的 100 万元资金，东里村把葡萄基地的面积扩大到 300 亩。

【解说】这片东兰县最大的葡萄园吸纳了几百位村民入园帮工，并优先给贫困户提供就业机会，大家共同耕耘，共同收获。

【解说】依托葡萄种植、肉牛养殖、乌鸡养殖等产业脱贫系列项目，曾有 23% 贫困发生率的东里村，如今已经全部脱贫。

【解说】共耕渠年年流淌，从 90 年前的共耕社，到今天的粤桂扶贫协作，从乐业县百坭村的山乡巨变，到环江毛南族整族脱贫，从老党员陈开枝、勇于担当献出生命的黄文秀，到千千万万致力于脱贫攻坚事业的人们，生活在这片土地上的人们携手相助，同饮一江水，亲如一家人。

第二集：咬定青山

（文字稿略）

第三集：江水润物

（文字稿略）

【点评】

《同饮一江水》是广东与广西两地的广电部门联合摄制的一部以两地协作脱贫攻坚为题材的大型电视纪录片。与同类题材的电视纪录片比，该片有几个显著的特点：首先是题材重大。2020 年是我国脱贫攻坚的决战之年、收官之年，该片以此为契机，用既宏大又细致的镜头，盘点了两广协作推进脱贫攻坚工作中令人感动的故事和故事中的人物。其次，该片在同类题材中，选取角度非常独特——粤桂协作脱贫攻坚，其成果不仅惠及广西，同样也带动广东的发展。这种协作，其成功经验和效应完美地诠释了中国脱贫攻坚的大战略，展现了党中央、国务院有关东西部扶贫合作的重大战略部署，为世界减贫事业提供了生动的中国样本。再次，该片虽然选题重大，但艺术呈现上不说教不僵化，而是用生动活泼的形式，借助于板块的精心打造、叙事线索的巧妙安排和蒙太奇手法的多变运用，在现在、过去和未来三个时空里自如地穿梭，讲述了一个又一个感人至深的粤桂协作脱贫攻坚、携手奔康的故事。最后，该片的社会反响强烈，在央视一套、广东卫视的播出，均取得很好的收视效果。在多个纪录片专业评奖中获得了很好的成绩，是同类型脱贫攻坚纪录片中难得的一部精品力作。

（卢　战）

海上来客

广州市广播电视台　李　林　黄震洲　邱瑞泓
王小娟　吴日初　梁星燎　谢文栋　程　璐

第一集　双重使命

【配音】我来这里寻找一个300年前的故事。每个地方都是一片大海，蓝色的深处，埋藏着迷人的过去。要接近它们并不容易，但我喜欢这样未知的旅途。没错，我就是一个以打捞故事为生的人。

【出第一集片名字幕】双重使命

【出身份字幕】作家　方索

【现场同期声】

我想写一本书，关于一条法国船。这条船是300年以前，到广州的第一条法国船。

【出地点字幕】广州南沙　珠江出海口

【配音】珠江口密密麻麻的水道，纵横交织成一张谜一样的大网。300年前，第一艘来到广州的安菲特利特号，是怎样如同一条大鱼般穿过这张网的？它是什么样子的？它经历过什么？

【出地点字幕】广州南沙　舢舨洲岛

【配音】在珠江航道的中心，我发现了一座小岛，小到让人觉得一个浪就能把它淹没。更让人惊讶的是，岛上还有一座西式灯塔。

【现场同期声】

可不可以参观一下这座灯塔？

不行，不是旅游的地方。

【配音】为什么在广州的海上，会有一座西式灯塔？这座小岛像磁石一样吸引了我。于是，在被守岛人拒绝登岛之后的那个傍晚，我还是偷偷地上了岸。

【出身份字幕】舢舨洲灯塔　守塔人　黄灿明

【现场同期声】

黄灿明：怎么又是你？这里不能上来的。

方索：不好意思，我真的很感兴趣，想参观你的灯塔，我是从法国来的。

黄灿明：你会不会法文？

方索：肯定。

黄灿明：那跟我上来一趟吧。

方索：好。

【配音】守塔人黄灿明告诉我，岛上只有他和老婆两个人居住。他已经是家族里的第三代守塔人。

【出身份字幕】舢舨洲灯塔　守塔人　黄灿明

【现场同期声】

黄灿明：我爷爷我爸爸都说，这个灯塔是法国人建的，你帮我看看这个标记是不是法国的，整个灯塔，包括围墙和地上，都有这个KMA。

方索：有可能是法文，有可能是建筑师的名字，或者这个灯塔建筑公司的名字。

黄灿明：我带你上去看看灯塔。

方索：很高。

黄灿明：对，这里灯塔13米。

方索：上面是那盏灯，你住在这里已经有多少年？

黄灿明：21年。

方索：你习惯吗？

黄灿明：习惯。

方索：明哥，我不太明白，为什么建一个灯塔在这么小的岛上？

黄灿明：因为这边是航道，每天的船舶有4 000多艘，我们建这个灯塔，就是怕船撞到暗礁，暗礁浅滩。

黄灿明：今天委屈你在这里过一晚上，明天再回去。

【配音】这座神秘的法式灯塔究竟是什么时候、由谁修建的呢？300年前的法国船来到广州，还没有现代灯塔的导航，它又是如何通过如此复杂的海域的呢？

【出地点字幕】中国　广州

【出地点字幕】广州　中山大学

【配音】为了揭开安菲特利特号的神秘面纱，我来到了中山大学，拜访两位教授。哲学系的梅谦立教授和我一样是法国人，长期研究中外文化交流。

【出身份字幕】中山大学　哲学系教授　梅谦立（法国）

中山大学　历史系教授　章文钦

【现场同期声】

我给你们介绍这本书，乘坐这艘船的人，他们到广州之后写了很多封书信。所有这些书信寄到法国，然后被整理出版。他们说这艘船是1698年11月份到广州的。那时候广州有一个地方叫天字码头，所有广州的大官都在这边接待船长等人，所以应该算是非常高规格的一次接待。你看这也是说得很清楚，任何外国人都不曾受过这般的接待，他们的接待是最好的。

这个是官方正式场合，而且就是梅教授讲的，最高规格。

【配音】第一次来中国的安菲特利特号，为什么能享受与众不同的待遇？两位专家有着不同的见解。历史系的章文钦教授说，1698 年的时候，只有两种外国船能进入广州，一种是遣使朝贡的贡船，一种是来贸易的商船，但贡船的待遇与一般商船截然不同。

【现场同期声】

那个时候，中国是朝贡体制，认为别的国家都是藩属国，葡萄牙、西班牙，还有荷兰的贡使，他们到了北京，都是要行三跪九磕头大礼的。

按照法国的传统，是没有贡船的概念的。因为在欧洲，所有的国家都是独立的国家，他们都是平等的，所以没有贡船。

如果是贡船，它就是等于代表所在国的国王来这里，它的接待规格是比较高的，广东的地方官员就会出现。当时就是说，中国官员应该认为它是一艘贡船。

那时候，路易十四是欧洲最强大的君王，法国是最强的国家，当然不愿意说我们是中国的属国，说了就是承认中国比我们高，这是不可能的。

我找到的清初文献，还没有发现专门讲这艘船的。

【配音】安菲特利特号到底是一艘贡船，还是一艘商船？如果是一艘商船，为什么能享受如此高规格的接待？如果是一艘带有特殊使命的贡船，为什么没有留下任何朝贡文书呢？如果我不能解释这些疑问，就难以写出让人喜欢的故事。

【采访　作家　方索】我喜欢船，我喜欢到奇奇怪怪的地方。所以我想安菲特利特号上的人第一次到中国，打开他们的眼睛，（发现）都不一样，但是很有意思。

【出地点字幕】中国　深圳

【采访　作家　方索】我第一次来广州是 1994 年，之前在欧共体工作，差不多每天一样的工作，觉得没有意思，所以我决定离开。来中国以后开始写小说，写了九本都是关于中国。我喜欢中国，我喜欢法国，我写的是现代的人，但是故事的根是我们中法的历史。

【出地点字幕】法国　巴黎

【出地点字幕】法国国家档案馆

【配音】历史学家奥德莱尔，对 18 世纪早期法国远东贸易的档案非常熟悉。他告诉我，要查找安菲特利特号的档案并不容易，它们可能分散在法国甚至欧洲各地的档案馆、图书馆里。

【出身份字幕】法国东印度公司贸易历史学家　奥德莱尔

【出说明字幕】安菲特利特号的航海图

【现场同期声】

这些都是当年安菲特利特号中国之旅的见证。首先，这张是印度洋和周边地区的海图，那些去往中国的船只，先经过非洲最末端的好望角，这是航行中一个非常困难的时期，成功通过这段路程后，船将穿过印度洋。困难之处在于要考虑季风运动的影响，去程时可以利用吹往亚洲的夏季风，回程时则利用从大陆吹出的冬季风，把船送回好望角。要做到这些，必须严格按照航海日历出行，有时船偏离了航线，就很难再遵循日历。

【出说明字幕】安菲特利特号拉洛克船长的航行日记

【现场同期声】

奥德莱尔：这是安菲特利特号船长拉洛克的航行日记。他必须每天在日记中汇报情况。他记录下各种事件、天气状况、遇到的事情、到达的地方、看到的海岸，他都记录在这日记里呈献给国王。

方索：我有一个问题，就像您刚才所说的，是呈给国王的日记？

奥德莱尔：是的。

方索：不是给船商的？

奥德莱尔：不是。你听我读几句，“听取了尊敬的白晋神父、军官和引水员的意见，我没有浪费更多时间就启程前往亚齐”。

【配音】船长为什么每天要向国王汇报航行情况？那个似乎掌握着某种权利的神秘人物白晋又是谁？他们为什么要冒险去中国呢？奥德莱尔告诉我，这跟法国著名的“太阳王”路易十四有着密切的关系。

【出说明字幕】路易十四

【出说明字幕】柯尔贝

【出说明字幕】油画《凡尔赛宫》

【配音】路易十四，5岁就继承了法国王位，1661年开始亲政时，年仅23岁。他任用柯尔贝担任财政部部长，推行重商主义政策，发展科学和艺术，通过一系列改革，把日渐强盛的法国推向了欧洲中心地位。1685年初的一个夜晚，47岁的路易十四没有一丝睡意。因为连年征战，加上装修凡尔赛宫，1683年柯尔贝去世后，留下了巨额的财政赤字。内忧外患，让路易十四倍感焦虑，也许只有通过海外扩张和对外贸易，才能缓解国家面临的政治和经济危机。就在这时，他听说中国放开了海禁，招揽西方科学人才。这无疑是法国在远东扩大影响力的大好时机。谁愿意背井离乡去一个陌生国度呢？正当路易十四为派往中国的人选发愁的时候，有一个人来向他毛遂自荐。白晋，出生于法国勒芒的一个富裕家庭，自小就对中国文化有着浓厚兴趣。从 15 岁起，他就确立了自己的人生目标，像意大利人利玛窦那样到中国去。为此，他用了 10 年的时间，广泛学习了数学、天文、医学、哲学等多种知识。在路易十四眼里，博学多才，又精通拉丁语、希腊语等 8 国语言的白晋，是到中国去的绝佳人选。1685 年 3 月 3 日，白晋开始了第一次中国之旅。这支队伍一走就是 3 年，音讯全无。1688 年 8 月，心急不已的路易十四，又派了另一队人走陆路去中国，并给素未谋面的中国皇帝写了一封信。

【出说明字幕】路易十四给康熙的亲笔信（藏于法国外交部档案馆）

【出书信字幕】海路遥遥，不仅分隔了你我两国，也充满了意外与危险。为了满足陛下，我们派送同样的科学家，以较短与较安全的陆路，以便能率先抵达您的身边。——路易十四 1688 年写给康熙的信

【书信配音】海路遥遥，不仅分隔了你我两国，也充满了意外与危险。为了满足陛下，我们派送同样的科学家，以较短与较安全的陆路，以便能率先抵达您的身边。

【配音】遗憾的是，这支队伍由于受到俄罗斯的阻拦而折返，路易十四写的信并未到达康熙手中，海路成为他唯一的希望。

【出地点字幕】法国国家图书馆

【出说明字幕】白晋《康熙皇帝》（藏于法国国家图书馆）

【配音】那么，白晋有没有顺利到达中国呢？在法国国家图书馆，东方文献部的莫奈主任知道我的来意后，为我找出了一本 1697 年在巴黎出版的古书《康熙皇帝》，书的作者正是白晋。他在书中记录了这次去中国的经历。原来，欧亚航线虽已贯通，但法国还没有直航中国的船，他在海上辗转了两年多时间，才在 1687 年 7 月踏上了中国的土地，并在钦天监负责人南怀仁的推荐下，见到了中国皇帝——康熙。

【出说明字幕】康熙

【配音】康熙，16 岁开始亲政，先后平定三藩，收复台湾。1684 年，见到清王朝的政权逐渐稳固，他下令放开已持续 300 多年的海禁政策，允许对外贸易。

【出书信字幕】我们有幸见到了一位于法国之外从未见过的伟大君王，他同陛下一样具有高尚的人格、卓越的才能，更具备帝王才有的坦荡胸怀。——白晋《康熙皇帝》（1697 年）

【书信配音】我们有幸见到了一位于法国之外从未见过的伟大君王，他同陛下一样具有高尚的人格、卓越的才能，更具备帝王才有的坦荡胸怀。

【配音】这次见面时，康熙 33 岁，白晋 31 岁。康熙对博学而又勤勉的白晋青睐有加，请他担任自己的科学老师。

【出书信字幕】皇帝总是非常认真地听讲，并反复练习，亲手绘图，不懂即问。他每天都要花几个小时和我们在一起，常常是起早贪黑。——白晋《康熙皇帝》(1697年)

【书信配音】皇帝总是非常认真地听讲，并反复练习，亲手绘图，不懂即问。他每天都要花几个小时和我们在一起，常常是起早贪黑。

【出地点字幕】北京　古观象台

【配音】康熙不但对科学知识充满兴趣，还特别喜爱各种西洋科学仪器。他让钦天监采用西洋方法，为皇家观象台设计和制造了赤道经纬仪、地平经仪等一批大型天文仪器，进行天文观测。

【出书信字幕】他最喜爱观测天体的双筒望远镜、两座挂钟、水平仪，这些仪器精确度很高，他把它们放在自己的睡房里，以便随时都能进行观测。——白晋《康熙皇帝》(1697年)

【书信配音】他最喜爱观测天体的双筒望远镜、两座挂钟、水平仪，这些仪器精确度很高，他把它们放在自己的睡房里，以便随时都能进行观测。

【配音】1692年，一件意外事件的发生，将康熙对西方科学的兴趣推向了高峰。这年年底，康熙染上了严重的疟疾，命悬一线。就在太医们束手无策之际，白晋献上了西药奎宁。康熙服用后，病情很快就得到了控制。这次经历让康熙深刻地意识到，西方科学不仅仅是新奇有趣的“洋玩意儿”。他心头上有一件大事，还需要借助西方科学来完成。

【出书信字幕】这位皇帝希望能有更多的科学家带来科学和艺术，他想在皇宫设立一个像法国那样的皇家科学院。中国人深具智慧，如果他们受到现代科学的启发，无论是现在还是将来，都将走在其他人的前面。——白晋《康熙皇帝》(1697年)

【书信配音】这位皇帝希望能有更多的科学家带来科学和艺术，他想在皇宫设立一个像法国那样的皇家科学院。中国人深具智慧，如果他们受到现代科学的启发，无论是现在还是将来，都将走在其他人的前面。

【配音】1697年3月，凡尔赛宫里来了一个风尘仆仆、装扮怪异的法国人。他一身中国长袍装束，提着一箱中国书籍，自称是中国皇帝派来的钦差。这个怪人正是白晋，他途中辗转了4年才回到了巴黎。这次别出心裁的出场，在王公大臣们中间引起了轰动。凡尔赛宫派往中国的使者，竟反转成了紫禁城中国皇帝的钦差。白晋带来了康熙赠送给路易十四的礼物——49册中文古籍。

【出身份字幕】法国国家图书馆　中国古籍专家　莫奈

【现场同期声】

莫奈：有很多的科学作品，还有许多文学经典、历史著作、地理著作等非常严谨的作品，还有一些小说。

方索：你刚说这本书来自广州，广州是当时图书的主要来源之一吗?

莫奈：正确。这是一本在中国很有名的药典，《本草纲目》。白晋对自然科学非常感兴趣，在漫长的海上行程中，他已经翻译了一些段落。我们看到从金、银和宝石开始，每个物品都会有对应的图画和中文名称。例如这里，我们看到人参的插图，就是法国人说的 ginseng。在这以前法国人不了解人参，后来才对人参有了极高的评价。

【配音】激起了国王和贵族们强烈的好奇心之后，白晋又献上了两份精心打造的报告，《中国现状》和《康熙皇帝》。

【出说明字幕】白晋《中国现状》

【配音】在报告中，他向国王汇报了自己在中国的所见所闻，热情洋溢地描绘了中国的风土人情，也高度评价了中国的康熙皇帝，将他比喻成可以和路易十四媲美的另一个“太阳王”。

【出身份字幕】法国凡尔赛宫文物管理部主任　罗什布朗

【采访】路易十四和康熙都是很小就成了孤儿。路易十四 5 岁的时候，父亲去世了。同样，康熙还很小的时候，顺治帝就逝世了。他们开始统治的时间也很相近。准确地说，路易十四在 1661 年开始独自掌权，同一年，康熙丧父，登基，他当时只有 7 岁。他们在科学和艺术上的交集，是白晋对康熙和路易十四进行对比的主要原因。

【出说明字幕】白晋《康熙皇帝》(藏于法国国家图书馆)

【配音】在报告的结尾，白晋请求路易十四向中国派一艘皇家御船，直接与中国开展贸易，并运送一批新的科学家到中国去。

【出书信字幕】中国皇帝希望每年都看到法国船舶驶向中国的港口，并赐予法国所希望的经商自由和优惠待遇。现在，我一面热切地期待起航，一面等候着幸福的新同道。——白晋《康熙皇帝》(1697 年)

【书信配音】中国皇帝希望每年都看到法国船舶驶向中国的港口，并赐予法国所希望的经商自由和优惠待遇。现在，我一面热切地期待起航，一面等候着幸福的新同道。

【出身份字幕】法国东印度公司贸易历史学家　奥德莱尔

【采访　法国东印度公司贸易历史学家　奥德莱尔】为了这个行程，白晋花了 4 年，很长的一段时间。他先乘其他国家的船来到印度，接着渡过地中海。其路线是先经过波斯湾，再穿过沙漠来到地中海，最后才到达法国。这是一段又长又艰难的旅程，按照这样的路程，把一群科学家从法国送到中国是很困难的，他问国王怎么办?

【出说明字幕】白晋《康熙皇帝》(藏于法国国家图书馆)

【出说明字幕】油画《凡尔赛宫》

【配音】这两份报告引起了轰动，很快就在巴黎出版，越来越多法国人都在期待着国王派船到中国去。此时的法国，虽已跻身为欧洲强国，但在海洋贸易上却远远落后于荷兰、葡萄牙等海洋强国。从它们手中分一杯羹，与中国贸易增加财政收入，是路易十四的夙愿。可除此之外，还有一个重要的原因。从16世纪起，温润如玉的中国瓷器就被看成“白色的金子”，在欧洲王室和贵族中流行。向来追求高雅品位的路易十四，不惜重金收藏了不少中国瓷器。

【出身份字幕】法国凡尔赛宫文物管理部主任　罗什布朗

【出说明字幕】《特里阿农瓷宫》

【采访法国凡尔赛宫文物管理部主任　罗什布朗】特里阿农瓷宫是供王室休闲娱乐、享用便餐的地方，它建在凡尔赛宫的花园里，瓷宫的外墙是用方块彩陶铺的，为了仿制中国瓷器，用的陶器都是白底蓝花的。

【配音】如果法国也有船直航中国，就不必再从其他国家高价购买这些宝贝了。然而，怎么派船是一个难题。路易十四早就听说，中国自开天辟地以来，在帝国里从未接待过贡使以外的外国人。如果派一艘御船，就会被康熙认为是遣使朝贡，这让路易十四无法接受。思来想去，他拒绝了派御船的请求，决定先派一艘商船探探路。

【出地点字幕】巴黎　东印度公司办公楼旧址

【配音】由前财政大臣科尔贝创办起来的法国东印度公司，拥有对远东贸易的绝对特权。然而此时，公司债务缠身，无力发动新的商业攻势。不过，他们愿意转让贸易垄断特权以偿还债务。

【出身份字幕】法国东印度公司贸易历史学家　奥德莱尔

【出说明字幕】蓬查特兰

【采访　法国东印度公司贸易历史学家　奥德莱尔】蓬查特兰是当时的海军部和财政部部长，这是一件很幸运的事。作为财政部部长，他可以接触到商界，他找到玻璃公司帮忙。蓬查特兰是柯尔贝的继任，也和他走相同的路线。他说，听着，儒尔丹，如果你能把玻璃卖到中国去就太好了，我们会安排船只的备货。蓬查特兰提供了一个重要的解决办法，他鼓励其他法国商人也参与投资这次航行，儒尔丹负责领导这群商人。

【配音】热衷于装备船舶的大玻璃商人儒尔丹，正渴望能把玻璃卖到中国去。路易十四时代，法国的玻璃制造技术世界一流，凡尔赛宫内著名的镜厅，就是因为17面由400多块镜片组成的落地镜而得名。儒尔丹欣然接受了蓬查特兰的建议，1698年1月，儒尔丹专门成立了一家“中国公司”，与东印度公司达成了多项协议。

【出书信字幕】新购买的安菲特利特号，被授权两次去中国贸易，但这艘船不能在途中的任何港口停留经商，船上要有东印度公司经理随行，返航后，所

有货物须由东印度公司出面销售并提取 5% 的利润。——中国公司与东印度公司的协议内容

【书信配音】新购买的安菲特利特号，被授权两次去中国贸易，但这艘船不能在途中的任何港口停留经商，船上要有东印度公司经理随行，返航后，所有货物须由东印度公司出面销售并提取 5% 的利润。

【配音】接下来的关键，是装备一艘满足远洋航行条件的大型船只。它将肩负首航中国的使命，不容有失。

【出地点字幕】法国　罗什福尔

【配音】位于法国西南部的罗什福尔，是 18 世纪欧洲最著名的造船基地之一。

【出说明字幕】17 世纪的罗什福尔造船厂

【配音】“谁能控制海洋，谁就能控制整个世界”。路易十四独立掌权后不久，就开始大力整顿法国海军，在罗什福尔发展造船业。1661 年，法国仅仅拥有 30 艘战舰，而到了 1671 年，法国的庞大舰队已拥有 196 艘战舰，在 1672 年爆发的“法荷战争”中，重创欧洲的海上霸主荷兰。

【出身份字幕】罗什福尔造船厂博物馆馆长　方丹尼

【现场同期声】

罗什福尔可以说是一个造船厂的典范，它具有造船厂的所有职能、所有部门，比如说金属部门、木材部门、纤维部门、食品部门，还有重要的医药部门。归根到底，当时罗什福尔沿河修建了一条合理排列的船舶产业链，可以将它看作是流水线，如果您愿意的话。从 1666 年到 1927 年，这里制造了近 500 艘各种尺寸、不同类型的船。在安菲特利特号时代，即 16 世纪 90 年代左右，罗什福尔造了很多大船，如三层甲板的风帆战列舰，也毫无困难地制造了一些轻型巡洋舰。

【配音】强大的海上实力，为远洋贸易创造了条件。然而，从法国到中国，海路 6 万多海里，法国以前还从未航行过这么远。三桅帆船，风帆时代的海洋霸主。它有着 17 世纪时世界上最科学的船体构造，可以装载大量货品在海上航行数月。1698 年 1 月，一艘大型三桅帆船从罗什福尔船厂出厂，它有一个浪漫的名字——安菲特利特号。这是希腊神话中海神妻子的名字，所以人们也叫它海神号。在温柔的面纱下，它有着极其强悍的功能，这是一艘 500 吨级的双层战舰，装备费及其舱货耗资超过 50 万镑。

【出地点字幕】罗什福尔　海事博物馆

【出身份字幕】罗什福尔海事博物馆馆长　罗兰

【现场同期声】

今天，航海史学家把安菲特利特号定义为护卫舰，是中型的。在前往广州

时，装备的大炮很少。船上只装了 30 门，但其实可以装 42 门。这是为了更大的载货量，腾出空间运货物。这是当时建造的最好的船，只有国家才能资助这样的项目，它混合了战船和商船两种功能。

【配音】罗什福尔海事博物馆的罗兰馆长，对法国不同时期的船舶都非常了解，他找到了几张安菲特利特号建造时的设计图。

【现场同期声】

方索：这幅安菲特利特号的图来自哪儿？

罗兰：通常由路易十四来决定是否通过一个项目，因此需要这个项目的草图，就像这幅，我们有侧视图和后视图，能明显看出它的象征意义和国王宣扬的政治观。你看安菲特利特号的船尾图，虽然还是草图，但我们可以看出，这是一个很重要很雄伟的构思，中间是法国军队和三朵百合花。

方索：这是法国国王的象征，然后是安菲特利特号的名字？

罗兰：对，是安菲特利特号的名字。船尾的大舷灯，不仅是为了美观，还起照明作用。安菲特利特号的特殊经历，让它在法国航海史和本地史上都具有特殊地位，让它和其他 550 艘在罗什福尔建造和下水的船区别开来。

【出地点字幕】法国　拉罗谢尔

【配音】美丽的夏朗德河穿过罗什福尔，缓缓来到拉罗谢尔，汇入大西洋。14 到 17 世纪时期，拉罗谢尔老港是法国的重要港口之一，两座遥遥相望的灯塔，已静静地守护着这个港口小城 700 多年。1698 年 2 月 8 日，正停泊在拉罗谢尔港口装载货物、等待出发的安菲特利特号，收到了来自凡尔赛宫的密令。富有远洋航行经验的海军军官拉洛克，被国王任命为安菲特利特号的船长。

【出身份字幕】作家　方索

【采访　作家　方索】我想他给了拉洛克五封密令，然后告诉他，每一封密令有一个编号 1、2、3、4、5。然后他可能告诉拉洛克，第一封在什么地方打开，第二封在什么地方打开，我想是这样，一步一步打开。所以他们在出发时打开第一封，有两个公司的那份合同，儒尔丹公司商人不可以随便出售货物，规定比较清楚。

【出说明字幕】路易十四的敕令（1698 年）

【出书信字幕】这艘船经过国王的批准驶向中国，但它不是一艘皇家御船，而只是一艘普通的商船。沿途不能在其他港口进行贸易，也不能向沿途欧洲其他国家的船舶致敬，或者与它们联系。在中国的每个港口，你们都要仔细观察季风、潮汐、气候，以及与航行有关的一切情况。——路易十四的敕令（1698 年）

【书信配音】这艘船经过国王的批准驶向中国，但它不是一艘皇家御船，而只是一艘普通的商船。沿途不能在其他港口进行贸易，也不能沿途向欧洲其他国家的船舶致敬，或者与它们联系。在中国的每个港口，你们都要仔细观察季风、潮汐、气候，以及与航行有关的一切情况。

【配音】为什么路易十四会下达这些看似矛盾的命令？

【出身份字幕】拉罗谢尔大学人文科学学院　教授　白志敏

【采访　拉罗谢尔大学人文科学学院　教授　白志敏】当时这个海上的航海权，实际上是由梵蒂冈教皇，还有葡萄牙、西班牙来决定的。所以在当时，西班牙和葡萄牙的势力在欧洲是很大的，一切都要经过这两个国家，因此法国国王自己并没有权利直接派船去中国。

【出说明字幕】油画《路易十四在法国皇家科学院》

【配音】成立于1666年的法国皇家科学院，在路易十四的财政支持下，聚集了全世界最优秀的科学家。为了征服海洋，绘制一张精确的世界地图，是科学院此时最重要的任务。让白晋和他的同伴们都加入皇家科学院，成为“国王的科学家”，法国再对外宣称派出一个科学考察团，就不会带来任何麻烦。

【出身份字幕】拉罗谢尔大学人文科学学院　教授　白志敏

【采访　拉罗谢尔大学人文科学学院　教授　白志敏】实际是三个使命，第一个使命，和中华帝国要建立贸易联系，也就是外交联系。那么同时要做科学考察，填补法国在这个方面的空白，当然最终还有一个（目的）宗教传播。

【配音】我从不知道有一艘船，像安菲特利特号一样肩负如此众多的使命。出发前，为了表达诚意，路易十四还给康熙准备了价值1万法郎的厚礼。

【采访　作家　方索】最漂亮的办公桌，两个书架，也是最漂亮的金线与银线织成的布，两个角柜，还有两幅画像，还有最好的玻璃器，他们写道，我们送给皇帝的礼物一共大概有1万件。

【出说明字幕】《法国使团首航中国日志：1968—1700》

【配音】安菲特利特号的副船长弗朗热，在日记里记录了船上的乘客名单，拉洛克船长和150名水手，白晋等9名“国王的科学家”，意大利画家聂云龙，2名法国东印度公司代表，还有15名儒尔丹公司的职员，其中包括8名玻璃工匠。

【采访　作家　方索】贝纳克是儒尔丹公司的大班，在船上是最高的，他们写，我们想卖这些东西，可以多带一点，因为我们知道中国人喜欢什么。

【配音】1698年3月6日，安菲特利特号满载着玻璃、呢绒、钟表等法国商品，向着遥远的东方启航了。

【出地点字幕】法国　卢瓦尔河谷

【配音】卢瓦尔河谷，法国西北部重要的葡萄酒产区。和300年前安菲特利特号上的商人们一样，这里大大小小的葡萄酒庄，都热切地希望进入中国市场。

【采访　作家　方索】

所以他们会让我写文章，介绍中国和亚洲市场。我们选的葡萄酒庄是家庭葡萄酒庄，比较小，他们没有办法出口他们的酒到中国，他们不会投资，应该有人帮助他们。

【现场同期声】

中国的顾客们，特别是女性顾客，特别喜欢这种酒和莱昂丘产区的酒。

她们是很有眼光的，谢谢她们。

不愧是佳酿。

【出地点字幕】中国　深圳

【配音】在中国生活20多年来，我发现喜欢法国葡萄酒的人越来越多。

【采访　作家　方索】我老婆有很多朋友很喜欢喝红酒，所以他们问我们，可不可以告诉他们应该买什么酒，然后我们慢慢开始考虑，我们可以进口一些酒，给她的朋友介绍，安排品酒会。

【出身份字幕】方索妻子　罗红波

【现场同期声】

其实桃红酒的颜色，每一款，每个地方，是不太一样的，刚才我们喝到的是卢瓦尔河谷的起泡酒。

【出身份字幕】顾客

【采访　顾客】你可以接触到更多的品种，葡萄酒太复杂了，法国人太会喝、太会吃了。喝了两三年，大家都喝成朋友了。

【出书信字幕】一场我们从未见过的猛烈的暴风雨骤然降临，天空如同着了火，海面怒涛汹涌，狂风夹着暴雨令人发怵，我们差一点就葬身海底。——马若瑟书信

【书信配音】一场我们从未见过的猛烈的暴风雨骤然降临，天空如同着了火，海面怒涛汹涌，狂风夹着暴雨令人发怵，我们差一点就葬身海底。

【配音】大海茫茫，深不可测。在这之前，欧洲曾先后派出过600多人前往中国，可只有不到100人能够最终到达，其余的人都葬身在漫长的路途中。

【出身份字幕】罗什福尔海事博物馆馆长　罗兰

【采访　罗什福尔海事博物馆馆长　罗兰】我们很难想象海上生活的艰难，有着各种问题。首先海上世界非常危险，像安菲特利特号这样的船，帆缆就有四五十米长，不管什么天气，帆缆晃动的时候，人可能会摔倒在甲板上，甚至掉进海里。在船上，疾病传染速度很快，他们会感染各种传染病，斑疹、伤寒、霍乱，因为船上卫生条件的欠缺，疾病能毁灭一切。要么就是陷入战争，面对强而有力的对手。就算没有战争，也常常有可疑的海盗。作为水手，他们咬紧牙关，希望能活下来，但在海上世界中，死亡、疾病、伤害，常常浮现在人们的脑海中。

【出说明字幕】水手弗朗索瓦的遗书（1698年）

【采访　作家　方索】他写道，如果上帝决定我要死了，我要把我的遗产留

给我的两个姐妹，送给她们我的钱和房子。他是这个地方的贵族，所以他写了遗书，并去做了公证。

【出书信字幕】9 月 29 日，我们已在长达 100 多海里的巴拉塞尔大暗礁群附近，深陷其中，夜幕降临，水深变化无常，海底林立着尖利的礁石，大家惊恐万状，都以为没救了，等待着船只像玻璃杯一样破碎的时刻。一阵微风从船的后方吹了过来，正是它把我们从死亡的门槛拉了回来。——马若瑟书信

【书信配音】9 月 29 日，我们已在长达 100 多海里的巴拉塞尔大暗礁群附近，深陷其中，夜幕降临，水深变化无常，海底林立着尖利的礁石，大家惊恐万状，都以为没救了，等待着船只像玻璃杯一样破碎的时刻。一阵微风从船的后方吹了过来，正是它把我们从死亡的门槛拉了回来。

【配音】季风是远洋航行的幕后推手。欧洲商船在每年夏天的西南风期到达中国，在冬天的东北风期扬帆回国。中国最活跃的贸易季是 8 至 12 月，商人们必须赶在今年的盛宴落幕前到达。

【出书信字幕】船一直航行，直到 7 月 31 日才看到苏门答腊，巽他海峡已经在我们身后 60 多海里，再折回去已经不可能，驾驶员肯定在经度上出了大错，这样今年到中国就难了。——马若瑟书信

【书信配音】船一直航行，直到 7 月 31 日才看到苏门答腊，巽他海峡已经在我们身后 60 多海里，再折回去已经不可能，驾驶员肯定在经度上出了大错，这样今年到中国就难了。

【配音】安菲特利特号最初的目的地，是离中国京城更近的宁波港。因为错过了作为欧洲商船重要航道的巽他海峡（位于印度尼西亚），要在季风结束前到达宁波已经不可能了。船长拉洛克接受了白晋的建议，决定驶向中国南部的大港口，广州。

第二集　千年商都

（文字稿略）

第三集　风云变幻

（文字稿略）

【点评】

大型历史人文纪录片《海上来客》，是 2020 年出现的足以代表广东省纪录片水平的优秀作品。该片驾驭宏大历史题材的能力很强，创作态度科学、严谨，前期采访认真、细致，看得出对文稿的形成付出了很多心血。该片在保持历史

真实性的同时，追求影像画面的艺术性，内容与形式结合得比较完美。通常历史人文纪录片的最大难点是如何再现历史，该片对历史事件和人物“情景再现”尺度的把握可以说是恰到好处，人物的扮演也比较含蓄，没有虚假的通病。对博物馆里收藏的文物，古籍书里的文字记载，遍布各地的历史遗迹都做了很到位的画面表述。此外，对东西方文化、经贸的双向交流，如中国对西方工业制造、医药用品的引进，欧洲对中国瓷器、布匹、丝绸的需求，都有很生动的描述。后期制作也能做到精益求精，完全没有辜负“4K”技术的精良制作。

作为广东省委宣传部“文化走出去”重点纪录片项目，此片以扎实的学术基础，生动饱满的人物、事件，扣人心弦的故事叙事，丰富多彩的影像表达，深入挖掘了一段300多年前的鲜为人知的真实历史。

（黄慰汕）

逐梦·先行
——庆祝深圳经济特区建立40周年文艺晚会

深圳广播电影电视集团　集体创作

（文字稿略）

【点评】

《逐梦·先行——庆祝深圳经济特区建立40周年文艺晚会》以纪实手法为主，充分展示深圳经济特区建立40年来，特别是党的十八大以来取得的辉煌成就，全面展现深圳为实现中华民族伟大复兴中国梦、建设中国特色社会主义先行示范区的新精神、新风貌、新风采，形成浓厚的庆祝氛围，激发特区乃至全国人民的成就感、自豪感和荣誉感。

晚会主题鲜明，站在政治、文化、艺术的高度，将艺术与科技完美结合，通过激情致敬“四十年”、深情礼赞“新时代”、真情唱响“示范区”三大主题，以文艺的形式将深圳经济特区从偏远农业县蝶变为国际创新创意城市这一波澜壮阔的发展历程进行重新演绎，艺术化地再现了特区40年的无限精彩，激情展示中国改革开放40周年举世瞩目的巨大变化和意义深远的划时代影响。

晚会特征显著，以纪实短片与舞台表演相结合的方式，形成纪实性与艺术性互为关联、互动递进的呈现样式。将每个篇章的表演形式进行规范化地设定，形成结构清晰、布局有序、节奏鲜明、张弛有度的整体形态。

晚会叙事创新，打破传统编年体的模式，打通40年、8年和1年的内在逻辑关系。站在新时代的高度上，以纪实的视角、丰富的情感、艺术的形象、生动的方式，回答“深圳特区是怎么来的”“深圳特区给全国做出了什么贡献”“十八大以来贯彻习近平总书记的要求做了什么”“中国特色社会主义先行示范区为什么是深圳”等问题。

晚会传播效果卓著，实现了政治效果与艺术效果的有机统一、节目内容与呈现形式的有机统一、立足本土与兼容并蓄的有机统一、传统歌舞与高新科技的有机统一、节俭办会与综合效益的有机统一。《逐梦·先行——庆祝深圳经济特区建立40周年文艺晚会》2020年10月15日在央视一套、三套、深圳卫视并机播出取得良好收视率，央视网络点赞量两小时破三亿，取得空前影响。晚会播出后，获得央视和省市领导、晚会演员等社会各界的一致肯定，好评如潮。

（张　峥）

赞 歌

广东广播电视台 周 敏 李绮莹 余 琼
王智宽 伊 然 庄 宇 唐 强 吴培俊

开篇预告：奇妙的和声，错落的演唱技法，多声部的歌唱，宛如轻巧的乐器。曾经，人们认为中国没有多声部合唱的歌曲形式，直到大歌的出现，改变了世界对中国的看法。记忆中乡土气息的歌声，承载着穷苦生活的高尚。不一样的合唱，一样的大歌。在生命的无畏里，是先祖、英雄与平凡世界的吟唱，《赞歌》——看得见的音乐。

演唱：走进深山伐良木，做把琵琶和果吉。歌声阵阵邀好友，共祝来年好收成。

主持人：我们先把掌声送给我们那些小朋友们好不好。特别可爱，你们太让我们惊讶了，没有想到，是不是慧慧？是啊，那个是老师，是不是？

赵娜：侗族大歌我们刚才听了，它首先就是特别天籁的一个声音，所以孩子们第一次听到的时候就特别喜欢。

赵娜：因为我在 2017 年的时候，专门到贵州省黎平县，跟当地的歌师学侗族大歌，然后回来之后，我就在我们学校组建了这个侗族大歌合唱团，也是为了传承我们中华优秀的传统文化。这也是我们世界级的一个非物质文化遗产，一定要把这个即将失传的优秀的传统文化传承和弘扬出去。

主持人：我们今天的内容是大歌，大歌，从今天的嘉宾席上，我就看出来了，这得多大呀，大场面的歌。

赵娜：对，你要这么粗浅地理解也是可以。但是这个歌说到它那么宏大，或者是声部那么多的这个感觉，我原来一直有一个顽固的想法，我认为中国没有什么丰富的和声。现在我要改正这个错误说法，就是很多民族，他们的和声概念是非常强的。我们搞音乐的人认为，就是现在我们流行音乐用到的这些和声体系，实际上都是从西方传来的，中国好像还没有这个系统的和声体系。但是也是那一年我第一次在电视上看到侗族大歌的表演，它那个和声真是把我给震撼了。下面我给大家分享一个特别震撼的团体，来自我们中央民族大学合唱团，蒙古族的同学们，演唱一首传统的宫廷音乐，潮尔道，宫廷音乐。

唐吉斯·道日吉演唱。

主持人：好震撼呀，非常震撼！据我了解，刚才这首潮尔道，如果是全部按他们标准的规制上来，那人数可不只这些，还要更多。对，今天我听他们唱歌，都已经感觉到整个空间都共鸣了。你说对了，特别好听，咱们现场和我们这个乐团，来自中央民族大学的乐团，聊一聊好吧。这位是唐吉斯吧？

主持人：介绍介绍，咱们这个潮尔道，这种音乐形式。

唐吉斯·道日吉：咱们潮尔道，就是蒙古族的一种原生态的宫廷音乐，它跟长调又不同，长调是只有单旋律的一种，蒙古族的喉音唱法的一种歌曲。潮尔道是在长调的基础上，又增加了低声部，它是属于声部式的音乐，所以这个潮尔道，也是我们蒙古族非常珍贵的一个非物质文化遗产。

主持人：是。

唐吉斯·道日吉：它也是我们国家级的非物质文化遗产，我父亲是传承人，我跟我父亲就是从小学习这个潮尔道。我们锡林郭勒盟，有著名的长调歌王，哈扎布爷爷，对，我父亲是跟随哈扎布爷爷学习的这个潮尔道。父亲告诉我，“我当时是怎么学的，也是跟你这种情况一样”。因为像这些歌词，用的都是以前那种寓意。就是它不单是发音出来这么简单，它还有更深层次的一种，像歌颂自然、人与自然、宇宙，万物和谐的那种状态吧。所以这首歌它不是简简单单的一首蒙古族这个宫廷音乐而已。

主持人：刚才我听这个潮尔道的时候，有两点令我特别惊奇跟咋舌，我不知道你们是怎么感觉的，一是，我第一次看到呼麦不间断，也许他们就是轮流的分工，但是真的产生了一个不间断的呼麦，持续低音。还有一个我不知道你们听到没有，就很惊奇，就是大家一起唱的时候，他们在这儿唱，我观察到的是他们这个声音的声场，但是我听到了第三个维度的声音，我也不知道为什么就是在场上开始串。

主持人：对，真的是，那真的是很神奇啊。

唐吉斯·道日吉：它之所以叫潮尔道是因为这个伴唱的低音，它不是呼麦。它跟呼麦又不一样，呼麦用的发声的这个位置，跟潮尔道的位置是不一样的，它这个低声部的喉音艺术叫作潮尔。它跟呼麦的那种粗犷的声音又不一样对，它们发声的位置是不一样的。

主持人：又长知识了，纠正咱一个错误看法。对，能给我们发一个你们刚才说潮尔道的那种低音吗，请用低音声部，这样我们能比较清晰地让观众体会一下。

艾基木儿童合唱团演唱。

主持人：谢谢，谢谢，艾基木的孩子们。好，请坐请坐。好，我们今天听了很多中国少数民族特别根源的那种和声，带有和声声部的歌曲。咱们现在换换口味，听听现在的年轻人他们在唱什么，好不好？好。我想推介一个特别年轻的，阿卡贝拉，阿卡贝拉团体，让他们给我们唱上一首歌，好不好？好，这一定精彩。欢迎 Sunday 昊乐团。掌声欢迎。

Sunday 昊乐团演唱。

主持人：谢谢，谢谢我们的 Sunday 昊乐团，真的是非常棒，对，我觉得这样，咱就这样聊可不可以，今天聊大歌所以场面特别大，我们得敞开了聊。我听说他们都是北大的学霸，这应该叫学霸合唱团。学霸当中唱歌最好听的吗？是，特别棒。你们都是大一还是？

Sunday 昊乐团：我们从大一到博士都有，遍布各个年级。

主持人：是吗，大一的是谁呀？

Sunday 昊乐团：我们大一的同学要不请他上来？

主持人：好，今天到场的团员就凑齐了，都站在一起了。刚才我一度在闭着眼睛听那个《乌兰巴托的夜》，我就是闭着眼睛听，那真是一股年轻的，那种阿卡贝拉的声音。声音特别悦耳，特别好听，而且，知道吗，（你们是）学历最高的阿卡贝拉吧，全国范围内学历最高的，是吗？可以这么说吧。北大是每年有歌手大奖赛，还是几年一办来着？

Sunday 昊乐团：对，我们每年都会有歌手大奖赛。

主持人：对，就前两年有一次歌手大奖赛，朋友请我给他顶个补缺去当评委，我就说帮他个忙，没想到我坐在台下一下震惊了，因为北大的社团活动，做得特别活跃，阿卡贝拉社不只一个吧？

Sunday 昊乐团：阿卡贝拉社的话，在我们学校只有一个，但是全国其实好多学校都有这个社团。

主持人：但是你们一个阿卡贝拉社，下边有好多乐团。

Sunday 昊乐团：对，现在我们那个社团是有 7 个乐团，我们是其中一个。

主持人：他们的阿卡贝拉还能分成 7 个乐团，人员壮大了，就是咱四个人高兴了就组一个，他们几个高兴再组一个，可以不固定，真了不得。刚才我听不但有人体音响在这个阿卡贝拉，还有卡农在里边，还有整个把这个《乌兰巴托之夜》改成巴萨诺瓦，巴萨诺瓦这种风格你知道用人声来就纯唱那得多难呢！对吧！是不是你们排起来非常难？

Sunday 昊乐团：对，就是因为巴萨诺瓦，这个乐曲形式可能最早不是中国的，所以大家不是那么熟悉，对这个节奏的话，我们可能还要听很多其他的歌曲，然后来了解这个音乐类型。

主持人：你来自哪里？

Sunday 昊乐团：我是英国人。

主持人：我应该用普通话跟你交流，根本不用说英语，你是来自英国哪个城市？

Sunday 昊乐团：我是牛津人。

主持人：国外有没有这种，类似于阿卡贝拉这样的团体，应该有吧？

Sunday 昊乐团：有，但是没有唱很特别的民族歌的，阿卡贝拉的。

主持人：你们唱什么？他们在英国唱什么？

Sunday 昊乐团：如果是阿卡贝拉的话，可能是比较流行的歌。对，流行音乐，所以我觉得这个机会，就是很特别的。

主持人：真的是很特别，是你们给我们带来的特别，谢谢，谢谢我们的 Sunday 昊乐团。好，下面请出我们的安达乐团。

安达乐团演唱。

北京市海淀区枫丹实验小学侗族大歌合唱团演唱。

主持人：太神奇了，我从来没有听过其他民族来演唱侗族大歌。

赵娜：因为我们这些孩子呢，也经常跟贵州的那些孩子们交流，当地的孩子，他们也到我们学校去，跟我们孩子手拉手去交流。我们孩子出去演出，好多贵州当地人都以为他们是贵州的孩子呢，就很地道。

主持人：老师您是汉族还是？

赵娜：我也是汉族。

主持人：您也是汉族，您也是因为纯粹自己喜欢这个侗族大歌，专门去到……

赵娜：我也是有缘听到了这个侗族大歌，这种天籁的声音也是深深地吸引了我，因为我也是北京海淀区的一个小学音乐老师嘛，所以我觉得也有义务去把我们这个优秀的传统文化弘扬出去。况且我们孩子还这么喜欢，所以我们共同努力，把我们这个侗族大歌唱到全世界。在今年的 7 月份，我们到了维也纳，参加了维也纳的第 10 届世界和平合唱节，然后我们也得了银奖，组委会特地给我们颁发了一个最具民族特色的特别奖。

主持人：就是这些小朋友是吗？

赵娜：对，他们已经唱到世界了。

主持人：赞，很棒哎，你们真的很棒，给你们点赞！哪个孩子，麦克风给到他。谁愿意跟阿姨说一说，为什么喜欢侗族大歌，能坚持下去啊？

北京市海淀区枫丹实验小学侗族大歌合唱团：我觉得侗族大歌它声部多，然后无指挥，可以千人百人合唱，然后特别地好听，那种天籁声音我特别喜欢。

主持人：孩子们去过贵州吗？

赵娜：刚才发言的那个孩子，还有他们，就是特别喜欢这个侗族大歌，然后去年的暑假跟着妈妈去到贵州当地，还到了歌师的家里边，跟老的歌师围坐一团，唱侗族大歌，然后老的歌师就感觉特别的……

主持人：神奇，不敢相信。

赵娜：特别神奇、特别感动，说北京的孩子怎么到这儿来，唱我们侗族大歌，他们觉得特别好。

主持人：就是咱们这个合唱团里，女孩子占了98%，只有两个男孩。

赵娜：也是学校合唱团的共性，可能优秀的小男孩少了点，那两个小男孩也是特别优秀。

主持人：小帅哥，小帅哥站起来，你们两个小帅哥，跟我们说说，你们两个人参加进来是怎么回事？

主持人：好，谢谢，谢谢你，谢谢你们。刚才听了那么多震撼的大歌，我真是被这个人类的和声所感动，太美妙了。但是很多和声不一定要人多，不一定是几十个人才震撼，声音只要在一起就是包容的，三个人也可以演唱出非常棒的和声，来自内蒙古大草原的黑骏马组合，好。

黑骏马组合演唱。

主持人：感谢黑骏马，感谢，谢谢你们，三个人也很棒，非常感谢。今天到场的还有一位我的老朋友，也是长得非常漂亮，歌唱得非常好的，王馨。王馨可不简单，她曾经获得中国中央电视台“少数民族歌王争霸赛”的侗族冠军，当时名称叫侗族歌王，欢迎我们的侗族歌王。

王馨演唱。

主持人：声音太甜美了，谢谢王馨，谢谢，太美了。侗族我知道是在贵州，居住得特别多。

王馨：对，侗族一般都是在贵州、广西，还有我们湖南。

主持人：湖南在哪个地区比较多？

王馨：在通道县，它是通道侗族自治县，那里的侗族大歌还是很不错的。

主持人：我没有真正欣赏过，人家上百人的侗族大歌，听说是非常震撼。

王馨：以前我们过年的时候，大家也会一起唱侗族大歌。

主持人：你估计有多少人同时在唱？

王馨：那得上百人吧，因为我们每个村都有自己的歌队，然后有侗年的时候我们还会一起赛歌，就每个寨子跟寨子之间都会比赛。

主持人：刚才王馨唱的歌叫作侗锦，我想问一下你身上的……

王馨：我身上的就是侗锦。

主持人：这就是侗锦，是吧？

王馨：对，这叫侗锦。对，因为这个也是我们侗族特有的一个花纹。

主持人：真的好好看，好别致，对，非常精致。好，谢谢，谢谢。今天这个场面不一样啊，你看小姐姐小哥哥们，都是穿着同样的服装。

阿卯嘟彩合唱团：我们是来自云南的民间合唱团，阿卯嘟彩。

主持人：这样吧，迫不及待了，对对对，请他们上来表演一下好不好，欢迎。

阿卯嘟彩合唱团演唱。

赞歌——《赞歌》

开篇预告：崇高的旋律，宏伟的赞颂，人类初始的激情，升华出神圣的歌唱，源自灵魂的呼喊，聚合高尚的力量，曾经的苦难、辉煌，终将化作歌声，游吟、传唱，《赞歌》——看得见的音乐。

拉苏荣演唱。

主持人：谢谢，谢谢拉苏荣老师，拉苏荣老师的嗓音啊，就是不得了，真的是天籁呀！

拉苏荣：《赞歌》这个歌曲，实际上大家都知道是怎么诞生的，这个歌曲的作词是谁，是胡松华老师，写的是汉语词，就现在我唱的这段，曲子上面写着“内蒙古民歌，胡松华编曲”。那么拉苏荣的功劳是，我把它用蒙古语翻译了以后，蒙古语版可能就是我的了。

主持人：您刚才唱的也是汉语版。

拉苏荣：因为我以前是唱这个歌的，刚才唱的这版是汉语的，蒙古语版是我唱的，所以总的来讲，这个歌曲，是向全国介绍这么一首蒙古族经久不衰的经典歌曲，胡松华老师有大大的功劳，符合我们主席讲的，延安文艺座谈会上的讲话，给文艺界的这些人们，指引了一个正确的路线，正确的道路，这个道路就是为人民服务的道路。

主持人：好，谢谢，谢谢，今天来到我们《赞歌》现场的，有我们著名的艺术家、歌唱家德德玛老师，德德玛老师，您好！还有我们拉苏荣老师，拉苏荣老师，欢迎您的到来。当然呢，还有我们《赞歌》的新老朋友，来自各民族的，我们优秀的歌手和艺术家，欢迎到来！谢谢！我还没有给大家介绍，我们几位主持人，我们的胡玲女士，胡玲老师好，我们的国慧姑娘，文艺女青年，今天又换造型，对对对，我们的叶谦老师，谦哥。

《赞歌》我是这么理解啊，如果说颂歌，我们更多地搜集了一些少数民族地区还有我们汉族地区过去古老的歌曲，比如说《成吉思汗颂》《十二英雄赞》，还有我们高山民族这边，山地民族这边，像彝族、傈僳族很多，实际上他们最高的文学成就，就是他们的赞歌。这个风雅颂的颂，颂歌，我觉得还是在歌颂一些人啊、事物啊，还有美好的东西。我觉得，赞歌和咱们 1949 年以后大批涌现的红歌，就是很相近了，红歌基本上都可以归为我们的《赞歌》主题。

主持人：你们两位说的都太学究了，我觉得我跟慧儿的理解，你们就赞呗，对吧，好东西咱就赞。像我们家老公，给我们家儿子起名字的时候，当时就翻了辞典，各种辞海、成语辞典，就想起一个，必须得风雅，这个词，最后想了半天，在屋里头把自己关了整整一天，出来说，老婆算了吧，我觉得我们家儿子就叫一个字，赞，罗赞。所以说赞字，其实是最直接的。我们说了很多的形容词，但是最民间生发出来的就是好嘛，就是赞，其实这是一切的源头。所以今天呢，在我们《赞歌》现场，我要向大家再次隆重介绍，对我影响至深的一位歌唱家老艺术家——德德玛老师。德德玛老师，您好，德老师因为身体的原因，今天就不给我们献唱了，在我们和德老师交流之前，我们先放一首她的歌，感受一下好不好？

主持人：德德玛老师，拉苏荣老师，其实我爸爸跟你们两位是同岁的，然后因为节目组之前跟我们说好像你们两位会来，我爸爸说一定要我转达他对你们的喜爱。其实他当时就还说了一句说，德德玛老师今天能够到节目组来，不知道她身体怎么样，其实他们真的是非常非常关心您现在的情况，而且真的是非常非常喜爱您的歌曲。

德德玛：非常感谢你爸爸，可以说自己就唱了几首歌，但是大家都喜欢我的歌，我就觉得非常幸福。

主持人：您从（一九）五几年开始已经是文化团体中的骨干了，那时候才十三四岁吧，是不是？

德德玛：我是 13 岁参加了我们家乡额济纳旗的乌兰牧骑，我是乌兰牧骑最初的老队员了。

主持人：给我们讲讲当年的故事好不好啊？谢谢您！

拉苏荣：这个实际上翻开历史的这个篇章，你都明白。当时的条件很差很差。

主持人：差到哪种程度，在您当年的记忆里。

拉苏荣：1960 年，国家三年自然灾害。

主持人：对。

拉苏荣：你说困难到什么程度，那个时候哪有公路呢？

德德玛：走很远很远的地方，才能走到一个苏牧，苏牧就是过去的公社，现在变成苏牧了。给牧民演出，冬天特别冷，就穿着一件薄薄的蒙古袍子。也是到牧民家里，门口铺一张毡子，那毡子就是我们的舞台。完了以后灯也没灯，怎么办呢？那个时候有汽油灯、汽灯。打气以后呢，几个小汽灯挂起来，挂起来以后就在下面唱。我记得特别清楚就是，我们有一个女声小合唱，唱着唱着那个虫子全跑到那个汽灯里面，有的跑到嘴里头，有的跑到女孩的头发上，所以就笑场，笑场下来以后让队长给骂的，说怎么回事，实际就是这种条件，没办法。但是这样走，我就觉得非常非常开心。

主持人：我刚才特别注意了一下，德德玛老师说这一番话时的表情，脸上真是洋溢着一种幸福。绝对是美好的、幸福的回忆。我们听着都特别能感受到您那份快乐和幸福。我查了一些资料，说您当时三个月培训期的时候表演了一首蒙语的《洪湖水浪打浪》。是吧！能不能给我们表演一下？因为我知道您可能身体不太方便，但能不能？我特别想听一听。

德德玛：《洪湖水浪打浪》，我拿一下歌词。

卞英花演唱。

主持人：实在是太美了，真漂亮！谢谢谢谢，谢谢卞英花老师，请就座。《红太阳照边疆》，红色经典系列歌曲，这个照到了祖国各个河、山川，现在又照到了咱们朝鲜族那边，是吧。卞英花老师我特别想了解，您小时候听过的红色经典多不多？

卞英花：我觉得挺多的，而且像这首《红太阳照边疆》，不是学会的，而是听会的。我们经常在节日或者是家庭里边聚会的时候，都齐唱这首歌，或者是《延边人民热爱毛主席》，因为这几首歌的旋律都特别欢快。我觉得这首歌给我最大的收获是，近几年中央民族歌舞团，就是走向全国的各个边远地区的少数民族地区，然后我就带着这首歌，给当地的观众朋友们演唱，他们也特别激动，我也受到了非常大的感动。因为这首歌，我一直以为只能在我们那个地方受朝鲜族喜欢，我也没想到全国的观众朋友们都喜欢这首歌，我也觉得是挺开心的一件事情。

主持人：这种赞颂类的诗歌也好，歌曲也好，我觉得更像是一个精神图腾。我印象中两首歌，一个是《没有共产党就没有新中国》，一个是《学习雷锋好榜样》，那个是幼儿园唱的。比如说像《没有共产党就没有新中国》，是我们天津籍的一个作曲家创作的歌曲，所以你听和我们当时这个天津快书的那种旋律有点像。这是天津快书，然后呢，他把这个旋律慢慢给化到了这首《没有共产党就没有新中国》里。所以说这个作曲家，他的创作都带有自己的地区、地域、民族的符号在里边。其实在音乐学上，这也是一个值得研究的话题。

阿旺演唱。

主持人：巴扎嘿，谢谢，谢谢阿旺，请就座。阿旺老师我刚才了解到，您是歌队队长是吧？

阿旺：我们已经更名叫歌唱团了，这次机构改革嘛，中央进行的机构改革。

主持人：那您就是团长了，阿旺现在是歌唱团的团长。

主持人：阿旺团长，好嘞，我们给他鼓鼓掌，队长到团长。

阿旺：其实说实话，刚才我们也一直在细心地听着我们的前辈、专家，他们的一些历史过程，今天我们来参加这个《赞歌》，特别是今天《赞歌》这个活动，我觉得特别有意义。今年本来也是咱们新中国成立70周年。

主持人：对对。

阿旺：也是各民族兄弟同心同德奋进了七十年。我们各民族兄弟姐妹，携手并进，创造了美好生活，我们相信未来也会更辉煌。

主持人：对对。

阿旺：这些就是我们必须得点赞，所以能参加《赞歌》这个节目，我觉得非常高兴。我又是叫阿旺，我希望越来越旺。

主持人：越来越旺，好，我们为未来点赞，好。我一直在说咱们这个《赞歌》节目真的就像一列高铁，由南开到北，由西开到东，现在我们高铁应该开到哪里呢，开到南方。南方，开到我们胡玲老师的老家，云南。下一位歌手还是我特别特别好的朋友。好，孔会英姐姐上台，景颇族的孔会英老师。

孔会英演唱。

奥云格日乐演唱。

主持人：太美妙了，谢谢，谢谢奥云格日乐，请就座。这个咱们话题进行到现在，我其实特别期待的就是，我们的草原歌王，我们的蒙古族歌王拉苏荣老师，拉苏荣老师，我们热烈掌声，邀请您给我们演唱一曲好不好。

拉苏荣演唱。

主持人：这个真不一样啊，谢谢，谢谢拉苏荣老师，太棒了。来，请回到座位，谢谢。德德玛老师，还是当年那个印象当中的样子……

德德玛：所以说呢，那时候的牧民特别喜欢拉苏荣，一说拉苏荣来了，哎呀，很多牧民都奔向那个演出的地方去看。我那个时候还没有什么名气，谁也不认识我，那时候我非常羡慕。那时候我不知道，我父亲崇拜他，跟着他跑的时候，我都特别奇怪，我父亲干什么跟着他跑，后来我才知道什么叫粉丝，那就是真正的粉丝。

拉苏荣：有人说乌兰牧骑给一个人演出过。

主持人：这是真实的故事。

拉苏荣：这个是我经历的一个故事，亲身经历的，我们乌兰牧骑经历的一个故事。那是在炎热的夏天，上午的时候，草原也热，我就开始一个劲地这样，这样擦，擦汗，擦来擦去，就这么擦。那个下面坐着看我们演出的马倌，这个时候，他从这个蒙古袍大件里头，拿出来一个毛巾来。一般情况下马倌出汗啊，手绢可是擦不住的，必须得用这么长的毛巾。那么毛巾拿来以后，递给我，说擦擦汗吧。我什么也没有想，把毛巾拿来以后，啊，大夏天的，他擦了那么多次汗，还有点发酸，那味现在还记得呢。那是什么颜色，我也没看清楚，反正不是黄色的，就是白色的。那么我看到，递给我的时候这已经不是那个颜色了，我擦完以后又还给他，他自己拿走了。我唱完歌以后，再回想起来，我就说他凭什么到那以后让我拿他自己的毛巾擦汗呢？我认为他没把我当外人。

主持人：对。

德德玛：牧民特别喜欢他，那时候他的名气名声，跟现在的小鲜肉比，一点也不弱，非常非常棒。

主持人：草原歌王，开玩笑，对对，被誉为草原蒙古歌王嘛。偶像，实力的明星，特别棒，特别感谢。

拉苏荣：我都不好意思了。

主持人：不好意思，害羞了。说不定那个牧人他现在的后代可能还留着呢，镶在镜框里面，拉苏荣老师用过的毛巾。

德德玛：牧民非常朴实的，他想不到把那个放到镜框里头的。

主持人：开个玩笑，开个玩笑。

德德玛：他流汗，汗流满面，可怜的这个孩子，他就把毛巾拿出来。

主持人：对对，真棒，来给拉苏荣老师再擦擦汗。那我回去好好留着，谢谢。

安达乐团表演。

一望无际的草原上，滚过骏马的蹄音，掠过牧人的呼啸，牧马人放牧马群，赶着畜群转场轮牧，看着自己膘壮的畜群，是那样的快乐幸福。一望无际的草原上，滚过骏马的蹄音，掠过牧人的呼啸，牧马人放牧马群，赶着畜群转场轮牧，看着自己膘壮的畜群，是那样的快乐幸福。

肉孜·阿木提演唱。

主持人：谢谢，谢谢肉孜·阿木提老师，请回到座位。肉孜·阿木提老师，您是什么时候来到我们中央民族歌舞团的？

肉孜·阿木提：我来中央民族歌舞团是1995年。

主持人：哦，也挺早的。

肉孜·阿木提：到民族歌舞团来，来了以后呢就是心里很激动，跟那个德德玛老师，拉苏荣老师，还有蒋大为老师，还有好多，杨丽萍，跟他们在一起工作。哎呀，那个我心里多激动。那个时候我也是小青年嘛，来到了以后，我感觉没那么好玩。

主持人：没那么好玩？

肉孜·阿木提：因为在新疆，我们觉得搞得很好，很不错了，但是到这里以后，看到这些艺术家以后，哎呀，该学的东西还很多。就是上台以前，我印象特别深的，我到民族歌舞团第一场演出，我记得是在北京的，我一来就演出了，在北京的这个中央财政部，那个地方演出。

主持人：您这一进北京就进部里头，那这起点太高了，还是财政部。

肉孜·阿木提：我们团的演出，完了以后在后台，他们怎么准备我印象也很深。就是那天德德玛老师，当时她是靠后的节目，她就在后面，就一直一个人站在那就想她的歌，有的时候哼一下，我想跟她说话她也不理我，我说这个大腕就是架子比较大嘛，还是怎么回事，我想跟她表示什么她也不理我。她唱完歌了以后下来，哎呀，她那个表情很好，说你新来的，你怎么样，跟刚才是两码事。

主持人：判若两人了。

肉孜·阿木提：我才知道，原来这个艺术家不光是在舞台上，还有在舞台的下面怎么准备，让我印象很深。

主持人：非常敬业，很严谨。

肉孜·阿木提：很敬业的，我的感触很大、很深。

主持人：上台之前，人家德德玛老师，其实早就瞄着你了，知道你要怎样，但是人家肯定要先把自己精力集中，要唱好这首歌。

肉孜·阿木提：对，我以为她没有看到我，结果她知道，但是她是为了演唱她要准备。

德德玛：他实际上是很谦虚的。他来民族歌舞团的时候，已经获得了中央电视台青年歌手大奖赛一等奖啊。那样的人你说来民族歌舞团，还用得着那么扒着后面看什么呀，多假啊他。

主持人：一下把你给戳穿了。

德德玛：他还是非常棒的一个维吾尔族歌唱家，所以他长相，个头各个方面，是全面的演员，所以说他自己谦虚呢。

肉孜·阿木提：现在中央民族歌舞团呢，这个风气特别好，这个老艺术家给我们传授，我们来给年轻的人传授，这也是那个乌兰牧骑精神，我觉得中央民族歌舞团，现在还一直在延续。

宝明演唱。

主持人：小伙子这嗓子可真棒啊，真嘹亮啊，谢谢，请入座。刚才这个年轻人，发现他的唱法已经跟老一代的歌唱家的唱法，有点不太一样了。他有些新的、学院派的一些唱法在里面。宝明，你现在是在什么团体，或者是什么个状况，你的歌唱事业？

宝明：我现在在北京内蒙古大厦，腾格里哈雅艺术团，我在那个团队里头。

主持人：平时做演出是吧，在里边。

宝明：平时就是演唱。

主持人：演唱。

宝明：我们家乡的歌，以我们蒙古族的歌曲为主的。

主持人：在两位歌王面前，你明显很紧张啊小伙子，正眼都不敢看，我观察到了对不对？

宝明：我非常紧张，刚才也听到，我们尊敬的艺术家们，今天跟他们在一起，我非常紧张。刚才在舞台上演出的时候那种压力真的是，到现在还是还挺紧张的。

主持人：你应该很年轻吧，多大了？

宝明：我三十多岁了，不年轻了。

主持人：跟我来比还可以，跟你同龄。你现在再去唱这些，就是你小时候从收音机里面听到的歌，而且现在作为艺术家也好，音乐人也好，你希望给这些传统的赞歌带来什么新的东西呢？我特别想听听你有没有什么想法。

宝明：就是这些歌曲呢，本身旋律是非常优美，然后歌词也非常好。原先我在学校的时候是学美声，所以说原先都是用美声唱，但是我想加点新鲜的感觉。

主持人：比如说呢？

宝明：就像老歌新唱，经典的曲目，比如说用通俗唱法唱，或者是再爆发一点，大气一点，热血沸腾、摇滚的那种也可以试一下，我就想融入一些新的风格来演唱这些歌曲。

主持人：德德玛老师和拉苏荣老师，你们怎么看？就是说我们在聊，就是赞歌的这种新生的问题，因为现在越来越多年轻人，怎么样让他们去喜欢我们当年的那些歌曲，怎么样让它有新鲜的血液，能够让80后90后甚至00后，更小的孩子们接受呢？是，小伙子要唱摇滚。

拉苏荣：年轻人都是老师了，原来我们是老师，他们是学生，现在他们是老师了，我们变学生了，是吧？

主持人：您太谦虚了。

拉苏荣：所以社会这么发展，人民只要喜欢你就唱去吧。如果人民不愿意看，没人看，你自己再吹也没用。德德玛老师，我们这些人呢，我们有我们的观众，我们有我们的粉丝是吧，所以我就觉得我们掌握了那个时代，那个时代就是我们的时代。

主持人：对对对。

拉苏荣：也就是我们唱过来的那些年，德德玛、拉苏荣他们的时代。那个时候年轻人，你不在，你还小呢，有的甚至还没有出生呢，是吧？那么现在不一样了，那么终究有人，有他们自己的年代，他们这一代有他们自己的粉丝。

主持人：真的，你看谦哥，我突然想起那个谭维维。慧儿知道吧，谭维维。原来我对她的印象就是超女嘛，然后唱一些流行歌，坦率地说真的是无感。自从那首《华阴老腔》之后，她把那个民族的东西，一下子就给你揪起来了，这个尕怂兄弟应该有发言权，他们采用了《华阴老腔》，有很多这个民族的、民俗的东西，包括板凳拿来当打击乐。虽然它的律动啊，很像当年崔健的《快让我在野地里撒点野》。但是前面他们所有的编排，还是很令人耳目一新的。而且结合得很好，是吧？你看现在这种当代的一些赞颂类的歌曲，包括古代，其实我认为人类文学有很多最高的表达方式，都是用在赞颂类歌曲里。赞颂类歌曲我个人觉得，一般肯定是关乎于神圣和伟大，唱这种歌曲的时候呢，歌唱者可能完全有一种想把自己交付给你的那种感觉，这在从古至今的赞颂类歌曲，甚至是诗歌里都有表达。现在我想请德德玛老师的学生，包田宝，为我们演唱这首歌曲，好不好？好！看看他是怎么传承这首歌的。

包田宝演唱。

主持人：好亮的嗓子。谢谢。

主持人：谢谢我们年轻的歌者，您看这个。真是谆谆教导，严师出高徒，拉苏荣老师还没等学生下台，就已经开始教上课了。并且我刚才注意到，德德玛老师一直在跟着唱，看着自己的徒弟在演唱，脸上洋溢着那种幸福还有期盼。

德德玛：他唱我非常紧张，因为这个歌呢，很多人都唱过了，但是要把它唱好，有很多讲究的地方。他不错，但还是缺少好多小的那种韵味，有些时候呢，韵味呀无形当中抓人。

主持人：细节。

德德玛：可能就是细节，所以说呢，我就非常紧张，他紧张得脸都发青了。

主持人：没那么严重吧，我们觉得已经很不错了。

德德玛：你不在的时候，他都发青了。后来我到那个导播室里面，我就说他了，我说你一点笑脸都没有，哪有美丽的草原。你美丽的草原这几句话，开始唱的时候，就是非常幸福、非常美丽，那个感觉是不一样的。后来那个导播里头，一个师傅还说呢，就是师傅说得对，后来他就更紧张了，所以现在我也非常紧张。

主持人：对，已经很棒了。德德玛老师，您说这点我特别有感触，就是我们在讲一些宏大叙事，因为可能我的工作环境，我的工作是跟很多领导人去外访，就是我们老觉得好像跟你是有距离感的。就比如说我们讲《赞歌》，然后讲一个很庞大的题材，甚至我们讲所谓的精神也好，它好像是很庞大的，但其实就是由我们这一个个人构成的。您刚刚说到一种细节，细节特别打动人。您跟我讲很多精神我不太理解，但是您只要让他看到那个细节，他一下子就懂了，您知道吗？其实，这种宏大叙事当中最打动人的就是细节。对，一种小的叙事。非常对，那听听我们年轻人怎么讲。

包田宝：非常紧张。然后这么多的老师，尤其是拉老师还有德老师，我的老师坐在这儿，面对面地这样唱。作为学生非常紧张，我主要是怕唱不好，但是通过刚才老师跟我讲的那种情感上的东西，我还是放松了很多。这个《美丽草原我的家》，男高音唱的时候非常少，很多的时候，女声唱。我就是音区的问题，很多对于我自己来说，有挑战的地方。我以后会继续努力把这首歌更完善一点。

主持人：好好，给我们年轻人点赞，鼓励。

青格乐图演唱。

主持人：谢谢，谢谢青格乐图。真是帅小伙，我们的蒙古帅哥，好。

尕怂：德德玛老师，我来自西北甘肃，是一个农村的。

主持人：帅小伙。

尕怂：农村的土小伙，也想赞美一下祖国的大好山水，赞美一下黄河跟麦浪，也赞美一下这个普通劳动人民的生活点滴。习近平总书记2019年8月，沿着河西走廊然后到了兰州，站在黄河两岸，他说黄河宁天下平。

主持人：对，黄河宁天下平。

尕怂：西北的这个风光不亚于南方，未来说不定会更好。我作为从小在黄河边长大的，想唱一首歌。

主持人：好。

尕怂：自弹自唱。

尕怂演唱。

主持人：这词我都没听懂，说实话。对，我也没听懂。如果说少数民族语言，我听不懂情有可原哈。但是这么个汉语我也没听懂。是啊，唱得大概啥意思，你解释一下，里边好像有扑棱蛾子是吧。

尕怂：对，很美，就是刚才说的，这是一首西北的歌儿嘛，左边是黄河，右边是悬崖、大山。然后天上有一对鸽子飞过去，田地里有一对男女在干活，听着哨子音这么响，那一对哨子肯定是天生的，这两对男女肯定也是天生的一对，讲的是这样一个故事，很美好的。

主持人：能想象这幅画面，也很美，民间的一个风景画。拉老师您点评一下，我们这个年轻的西北艺人。

拉苏荣：我认为啊，这个兰州的小伙子，讲得很好，唱得也很好。因为他唱到黄河了。我从小就在黄河里头耍水、玩水长大的。大家都知道，这是中华民族的母亲河，歌唱黄河，黄河的故事我们应该每个人都知道。这是中华民族，包括少数民族，包括蒙古族。

主持人：怎么说着说着我们听不懂了，你们在说什么呢，德德玛老师笑得不行了，你看说私房话。

拉苏荣：累得不行啦，哎呀不行啦，说是你少说两句吧，人家让我讲嘛，有这个机会我多说两句。兰州那个小伙子，唱了这么一首歌，引起我的一些……唉，不说了，算了。

单待演唱。

主持人：谢谢，谢谢单待。这首歌一出啊，我们所有人都精神了，你看咱们今天说赞，然后听了两位老前辈，又听了你们的故事，听了所有你们的歌，真的是特别感谢这个节目，我真的是交了好多好多的朋友。你说尕怂，我就觉得好喜欢你，还有好多其他的歌，每个人的歌，每个人你们的故事，你们在讲自己故事的时候，那些小细节让我好感动。我们这期是赞，但我觉得有的时候我们要赞赞自己，赞自己美好的事情。我们每个人每天过得开心了，我们周围的人都开心了，对吧。我们这片土地，也会因为我们美丽而更加美丽，我先给自己点赞好不好啊。好，为我们自己点赞。我最牛的事儿。看看胡玲最牛的事。我儿女双全，每次别人说，哎哟，你这么美这么瘦，还能有两个孩子。我老大10 岁了，但我真的是觉得，这是我这辈子最得意的成就。好吧，我先为我自己点赞，太好了太好了，赞，这太卖弄了。骄傲，好，谁先来，那请单待。

单待：确确实实，为什么今天唱这个《旗帜飘扬》，我也特别想说一个故事。接触我的都知道，称我作中国的惠特妮·休斯顿，我一直唱了很多英文歌，因为唱英文歌，也走在了国际舞台上，去了美国、加拿大。但是我感觉，作为一个中国人最最重要的，你不是要唱别的国家、别的民族的歌，站在国际舞台上。我在模仿她唱歌的时候，有人觉得你的声音你的形象很像，但是那个时候，我站在国际舞台上我就想，我一定要唱自己的歌，做一个中国的歌唱家，黑眼睛黄皮肤站在那个舞台上。所以说是在国外的，那样的一种经历，我就下决心，我说我一定回到国内，我要唱自己的歌，于是有了今天的这首《旗帜飘扬》，我也为我们祖国的繁荣昌盛而感到自豪。谢谢。

主持人：谢谢单待，谢谢单待。

孔会英：我用景颇话说好吗。

主持人：好。

孔会英：赞。

包田宝：在这个舞台上，跟着我的老师，展示自己的一首歌曲，心里非常地高兴。同时也为我们的老艺术家们点赞，为我们这个新时代点赞。我们作为学生、晚辈来说继续努力，研究，探索，发扬我们老一辈艺术家的这些艺术传统，为老师们点赞。

主持人：对。

乌兰红梅：在《赞歌》的舞台上，有这么多的老艺术家，和歌唱家们一起唱赞歌，我感觉到很幸福。这么多好听的歌曲，赞吧。

主持人：你们说得都太官方了，真是的，打断一下。

卞英花：我觉得赞自己的是，我是一名中国的朝鲜族人，我觉得更赞的是，我还唱过这首《红太阳照边疆》。我觉得更幸运的是，能够参加今天的这个节目，让全国的观众，都听得到这首美丽的歌曲，我衷心希望我们的国家越来越昌盛，谢谢。

主持人：谢谢。

嘉宾：今天与我们敬爱的老师们，共同坐在这里，这样近距离接触，感觉非常开心。也像刚才拉老师说的，就是将我们这个乌兰牧骑的精神，把更多接地气、传得开、留得下的更好作品献给我们的牧民，还有老百姓们。

主持人：好，谢谢。

宝明：我为今天幸福的生活而点赞，还有民族，为我们民族大团结点赞。

主持人：就是赞。

阿旺：首先我觉得，要为赞歌这个平台点赞，因为再好的演员，没有平台，一切都没有。为这个弘扬咱们自己民族的文化点赞，也感谢今天我们在座的单位的同事，能够有这样一个平台，给我们创造了一个家。中央民族歌舞团，我们一直当家一样，所以我们很多家人，今天又相聚在一起，为此而点赞，祝福各民族兄弟姐妹越来越好。

主持人：好，谢谢。

肉孜·阿木提：我给我们维吾尔族的民歌点赞。

主持人：好。

嘉宾：谢谢大家，我是塔吉克族，来自帕米尔高原。今天我最高兴的一点是，给我们中国的少数民族，提供了一个很好的平台，我为它点赞。

主持人：好，谢谢你们。

奥云格日乐：我想说为我们 56 个民族，和睦的大家庭、幸福的大家庭点赞，为我们的祖国点赞，为和平点赞，为《赞歌》点赞。

主持人：好，棒棒的。

德德玛：我觉得自己应该在 1998 年就离开这个人间，但是 20 年了，还没有离开这个人间，能够参加各种各样的活动，尤其“点赞”这个活动，使我非常高兴，谢谢你们给我这样的机会。作为我自己，我家里孩子们，整个一家人非常非常幸福，所以我就觉得为中国点赞。

主持人：为德德玛老师点赞。

拉苏荣：点赞。

主持人：您这个言简意赅。

乌兰红梅演唱。

【点评】

从《赞歌》的主题与立意，我们可以看到，制作团队能自觉承担起“以精品奉献人民、为民族培根铸魂”这一媒体责任。同时，《赞歌》还有一个闪光点，就是能在今天的电视生态中，主动以新的视角、新的传播逻辑进行节目形态创新，讲故事的手法创新。

以歌曲演唱为内容和形式的文化节目创作，难点在创新，突围路径也在于创新。在节目形态上，《赞歌》按照“电视文化节目”对形态的基本要求，力求在寻常视角中找到新的切入方式，并最终按“垂类细分”的传播新逻辑，确定了“讲故事 + 演唱 + 点评”的架构，并从“丰收歌、酒歌、情歌、山歌、风物歌、劳作歌、大歌、牧歌、颂歌、舞曲、儿歌”等 13 个维度，对 56 个民族独特的音乐密码进行特质化挖掘，使受众对流传于民间的民族音乐有了新的认识。

在制作技术上，《赞歌》采用 4K、MOCO 等影像新技术，在色彩调性、细节呈现等方面成为国内 4K 标杆作品之一，在体现 4K 视听特点的同时，也极大地提升了节目的思想性、艺术性和可视性。

广东在推动 4K 频道建设方面先行先试。《赞歌》的创作，可以说是严格按总局 4K 标准进行 4K 制作的范本。总体讲，《赞歌》体现出了 4K 的视听特点和效果，实现了音乐与文化、欣赏与审美相辅相成的传播效果。

（倪卓宏）

湾区儿女

广东爱虎投资股份有限公司　丁　潇　王　笛　潘秋婷　郑　桦

（文字稿略）

【点评】

电视剧《湾区儿女》以粤港澳大湾区的主要城市为背景，从小人物的喜怒哀乐入手，讲述了一群普通的年轻人紧抓时代机遇、勇敢追逐梦想，植根粤港澳大湾区与城市共同发展实现自我成长的励志故事。该剧将人物故事与时代进程紧紧关联，铺陈粤港澳大湾区20年的发展变化，以小见大，折射出在粤港澳大湾区建设这一国家战略的推动下，港澳与内地城市融合发展、欣欣向荣的繁荣景象。

该剧故事紧凑，演员表演自然，以疍家后代的生活、理想切入，视角独特，有烟火气，人物有成长性；同时该剧将主题思想与故事和人物有机结合，写出了有血有肉的人，写出了感人的情感，写出了梦想，写出了人物的内心冲突和挣扎，写出了普通人的喜怒哀乐。

该剧是国家广电总局2018—2022年百部重点电视剧选题剧目，同时也是广东省广播电视剧优秀剧本重点扶持项目。该剧于2020年6月21日登陆央视综合频道“黄金剧场”，并于当年底入选国家广电总局评出的“2020中国电视剧选集”。

（黄桂萍）

喜羊羊与灰太狼之异国大营救

广东原创动力文化传播有限公司　集体创作

（文字稿略）

【点评】

《喜羊羊与灰太狼》（*Pleasant Goat and Big Big Wolf*）是由广东原创动力文化传播有限公司制作的原创动画系列作品。

从 2005 年 8 月 3 日首播到 2021 年的 1 月份，在近 16 年的时间里，《喜羊羊与灰太狼》共播出作品 34 部 2 573 集（主线 23 部 1 922 集，网络短剧 11 部 651 集），电影 9 部，舞台剧 5 部。可以说在动画节目中，《喜羊羊与灰太狼》是一棵"常青树"，能够不断吸引着小朋友的眼球，经久不衰。除了思想性、艺术性外，更主要的在于作品的原创性，大的制作投入实现了节目内容跟表现形式的创新。

《喜羊羊与灰太狼之异国大营救》是由广东原创动力文化传播有限公司出品的 60 集二维动画连续剧，是《喜羊羊与灰太狼》的第 33 部作品。作为《羊村守护者》系列的第三季，作品呈现出一个崭新的奇幻世界，赋予各主角风、雷、云、水等属性的炫酷技能，并通过重塑主角间的关系，创作出全新的故事，既能让观看的小朋友产生巨大的新鲜感，又能令他们从故事背后读到友情、亲情的宝贵与美好，同时传递出了永不言弃的正能量。

近段时间以来，针对个别动画片存在暴力现象等问题，国内一些媒体再次展开了对动画片存在暴力情节和画面，且缺乏安全警示等问题的讨论。作为一家文化企业，创意是生命，创意辐射的社会影响更是企业灵魂之所在。因此，我们也希望《喜羊羊与灰太狼》在今后的创作当中尽可能地多一些积极向上、充满正能量的元素，为广大青少年以及幼儿观众呈现更加充满正能量的故事，来引导教育他们健康成长。

（李天生）

网络视听作品

深圳声音40年
——新高度上听风声

深圳广播电影电视集团　集体创作

【版头】是一声汽笛，满载渔获的船迎着朝阳归港；是城中村里的讨价还价，琐碎而又朴实；是机场塔台发出的每一次起飞降落的指令，迎来送往；是摩天大厦楼顶的风，唤醒这座城市又一个黎明；是千年南头古城的蝶变重生，是特区40年发展一声一声笃定的脚步……深圳声音40年。

【音响】深圳平安金融中心上的风声。

这是用全球第一个高空风之音符艺术互动装置，在深圳平安金融中心600米高空，收录到的风的声音。

1985年，160米高的深圳国贸大厦竣工，成为当时的“神州第一高楼”，同时也是“3天一层楼”的“第一速度”创造者。

10年后，1995年，384米高的地王大厦竣工，成为深圳新地标，也是当时的亚洲第一高楼。作为全国第一座钢结构高层建筑，位居目前世界十大建筑之列。

曾担任地王大厦测量负责人，被誉为“大国工匠”的全国劳动模范陆建新说：

【采访录音】

陆建新：我们说80年代看国贸，90年代看地王，1994年到1996年建成的地王大厦，高度又超过了深圳的国贸大厦，所以它必然又成为深圳新的地标了。深圳城市的变化，完全可以代表我们中国改革开放取得的成果，而地王大厦又见证了我们改革开放的全过程，所以我们对它应该是充满了一种特殊的深情。

2011年，地王大厦的地标之位被441.8米高的京基100取代，2017年，作为深圳市新地标的平安国际金融中心封顶，高度将近600米！

深圳地标不断刷新各项世界工程建设纪录！深圳高度40年来不断让世人瞩目！

如今高楼林立的深圳是全国建筑密度最高、拥有200米以上超高层摩天大楼最多的城市。深圳高度，折射着深圳创造的建设奇迹，向世界展示着我国改革开放的磅礴伟力。

【音响】深圳平安国际金融中心上的风声。

【点评】

2020年是深圳经济特区建立40周年，在此重要历史节点，《深圳声音40年——新高度上听风声》以深圳新地标——平安国际金融中心600米高空收录的风声作为切入点，先声夺人，角度独特。从深圳经济特区建立40年间地标建筑的不断更替，表现出深圳城市建设快速发展、日新月异的变化，从中折射出作品的核心主旨：热情讴歌深圳经济特区建立40年来取得的非凡成就与不断进取的奋斗精神，体现出深圳经济特区建设的新使命与新担当，激励一代又一代深圳奋斗者，为努力创建社会主义现代化强国的城市范例提供最强大的精神动力。节目的音响元素丰富，采访录音剪辑得当，音乐烘托恰到好处，极具听觉冲击力。旁白内容翔实紧凑，作品内容饱满，层次感强，感情真挚，以小见大，可听性高。整体而言，作品主题鲜明，视角独特，内容丰富，立意高远，感情真挚。同时，作品素材资料运用得当，催人奋进，具有鲜明的时代意义，体现出深圳特区的历史责任与担当。

（王玉玮）

我家的防疫生活

珠海广播电视台　唐春华　尚　涛　黄卫星
丛晓辉　陶俊树　霍　琳　郭　宇　李　哲　刘正仁

第一集

旁白：珠海的朋友，宅在家里这些日子，您的心情是怎样的呢？接下来请收听广播系列微剧《我家的防疫生活》，看看刘帅家的防疫生活是不是似曾相识呢？请收听广播系列微剧《我家的防疫生活》第一集《防疫复工第一天》。

（音乐起，压低混播）

旁白：随着疫情逐渐得到控制，大部分企业开始复工，冷冷清清的街道也慢慢地热闹起来了。这不，一大早，刘妈就开始在厨房里忙活了。

（音效）

刘妈（唱）：我们一起戴口罩，外出一定戴口罩……戴起来真好看，像春天的花儿一样……

老刘：呦呦呦，老伴，这心情不错嘛！

刘妈：那是！我现在发现啊，这戴口罩的好处啊是越来越多了。

老刘：哦？你说说。

刘妈：你看啊，首先咱们戴口罩是响应政府的防疫要求。其次啊，戴口罩不仅能够隔离细菌、预防传染病，还可以阻挡油烟进入人体，从而减少油烟的吸收啊！

老刘：是啊，上回你儿子不是说了吗？这厨房油烟中的有害物质超过 300 种呐！

刘妈：那可不是嘛，你说我这工作环境堪忧啊！现在好了，天天戴口罩，这好习惯要养成，这口罩啊简直就是我们的妇女之友啊！

合：哈哈哈……

刘帅：妈，饭做好了吗？我们公司今天复工，我可不能迟到啊！

刘妈：哎哟喂，这复工可是大事啊！哎呀可不能耽误了。好啦好啦，这就开饭！

老刘：儿子呀，今儿你们复工啊，你这防疫措施都准备好了吗？

刘帅：我妈早给我准备好了。口罩、消毒湿巾，还有这个含酒精的免洗洗手液，还有饭盒。

刘妈：这还不够啊。刘帅，昨儿我跟你说的那几个办公场所的注意事项，你都给我记住了没？

刘帅：妈，记住了！进大门，配合测量体温和消毒；进入办公楼，快干活少闲谈，保持距离，开窗通风戴口罩。最高危电梯里面，次高危饭堂、食堂，第三高危办公室。

刘妈：这非常时期啊，咱们复工、防疫都不能放松。

刘帅：嗯，知道了，妈。

老刘：诶，刘帅，你放了这么久的假，身体和心理都调整好了吗？

刘帅：那必须的呀！哎哟，激动的心情难以言表啊。我又能和我爱的工作朝夕相处了。哎，妈，我终于意识到，不是工作需要我，是我需要工作啊！

老刘：这孩子！

刘帅：到点了到点了。哎，妈，我走了。

旁白：广播系列微剧《我家的防疫生活》

总策划：黄卫星；

编剧：唐华；

制作：郭宇；

剧中人：

刘帅由小树演播；

老刘由安达演播；

刘妈由唐华演播。

各位听众，第一集就播送完了，欢迎您明天同一时间收听《我家的防疫生活》第二集。您还可以通过珠海电台FM95.1、FM87.5、FM91.5、微信公众号同步收听。

第三集

旁白：珠海传媒集团广播微剧《我家的防疫生活》第三集《正确进入农贸市场的打开方式》。

多地已经陆续复工复产，但疫情阻击战还在持续，既要保障民生所需，又要严格落实疫情防控措施。这对于许多便民市场是一个不小的挑战，对于操持家务的刘妈也是一个不小的挑战。既要吃饱又要吃好，可是家里的菜眼瞅着就要“干净”了，米面啥的也都“余额不足”了。

（音效）

播音员：从3月2日起至疫情结束，前往南坑市场的购物者需凭身份证入场。

老刘：老伴，你看今天的天气可真好。

刘妈：嘘，别说话。

播音员：两日之内仅允许进入市场一次。每天上午9点到11点和下午4点到6点，南坑市场将视人流量大小，实行出一进一控流措施，可能会出现户外排队时间过长的情况，请予以理解支持配合，提前做好安排，错峰购物。

刘妈：太好了，我得赶紧去市场买菜。老刘，老刘，拿好身份证，戴好口罩，陪我买菜去，晚上给你们爷俩加菜。

老刘：哎哎，来了来了，走走走。

工作人员：阿叔、阿姨，你们好，请你们这边先排队啊，前后保持距离，不要拥挤。

老刘：好好好，排队排队。

刘妈：哦哦哦，排队排队，排队去。

老刘：你看，这菜市场管理得多好啊！入口都放着电脑和读卡器呢。

刘妈：可不是嘛！你看，这谁进了市场，几点几分进的都给登记了，这样信息查起来那清清楚楚啊。

老刘：到咱们啦！

工作人员：您好，请您出示身份证。

刘妈：我带了，来，这呢，给你。

工作人员：阿姨，我再来给您测一下体温啊。36.2度，正常，来，请进吧。

刘妈：哎哎，谢谢啊。

老刘：谢谢你啊。

刘妈：哇，你快看，这菜多新鲜呐，档口分类井然有序，瞧瞧！哎哟这菜又整齐又干净啊。

老刘：哎老伴儿啊，这菜市场相对密闭，人员聚集。咱们俩一次多采购点儿，备足菜量，咱们俩分分工。你呢，在一楼买水产，买蔬菜，买水果，我去二楼买肉，买点干货。

刘妈：好，哎？你不会买错吧，记得买排骨、五花肉，还有牛肉。明天我给暖暖他们做牛排吃。

老刘：好嘞，瞧好吧！

蔬菜档主：刘妈，好久没见了，今天买点什么呀？

刘妈：哎呀张老板呐，恭喜发财呀，辣椒、西兰花、豆角，还有那个西红柿啊，一样给我来一点。

蔬菜档主：好嘞，刘妈。您要的菜已经给您打包好了，南坑市场现在啊，两天内只允许进出市场一次啊，您看还要点其他的不?

刘妈：那我可得多买一点儿，我还是去别的档口再看一看啊。谢谢你，谢谢你!

蔬菜档主：您就放心买啦。

老刘：老伴儿啊，你瞧！我已经买好啦，是不是你要的这些?

刘妈：哎哟！老刘啊，有进步啦！终于能分清楚韭菜和葱了，呵呵呵……

老刘：差不多了，那咱们回去吧!

刘妈：走，回家。

工作人员：阿叔阿姨，买好菜了吗？记得回家要先洗手，做好清洁工作。

老刘：好嘞好嘞，谢谢你啊，我打听一下，如果是同一家人的话，可以交替前往市场来采购吗?

工作人员：是啊，阿叔。不过建议您尽量错峰采购，最近南坑市场高峰时段这人特别多，人流量都接近每小时2 000人次了。所以呢为了降低疫情传播风险，避免人群过多聚集，如果您发现菜市场人多啊，您就换个时间再来。

刘妈：哦，那以后啊咱俩来一个人就行了。

老刘：谢谢你啊!

工作人员：两位慢走啊，再见了。

刘妈：诶，再见再见。

老刘：好的好的，再见。

刘妈：哎呀老刘，这下咱们就总能吃到新鲜的蔬菜了。不行，我可得赶紧告诉我那些姐妹们。

老刘：当前呀，疫情防控正处在特殊时期，咱们呢要多理解、多支持，还要多配合，保证自己还有家人的身体健康，就是对疫情控制最大的支持。

刘妈：嗯。

老刘：进场前先排队，前后一米不拥挤。

刘妈：量体温、戴口罩，都是为了保护你。

老刘：身份证要带好，两天一进，要牢记。

刘妈：扫一扫，录信息，避免接触才放心。

合：哈哈哈……

旁白：这就是进入农贸市场的正确方式。无论从个人考虑还是为别人着想，买菜都要做足防护，请您严格遵守进场秩序。

听众朋友，珠海传媒集团广播微剧《我家的防疫生活》第三集《正确进入农贸市场的打开方式》。

总策划：黄卫星;

编剧：唐华;

旁白：花晨；

播音员：王露；

剧中人：

老刘由李哲演播；

刘妈由唐华演播；

工作人员由张楠演播；

蔬菜档主由都予雅演播。

第三集就播送完了，您还可以通过珠海电台先锋951、交通875、音乐915、微信公众号同步收听留言，谢谢收听。

第十二集《公筷、公勺用起来》

旁白：疫情之下，戴口罩、勤洗手、常通风成为人们的共识。打喷嚏时遮挡口鼻、排队时保持距离等不少细节都已经成为人们的习惯，人们对生命健康高度重视，健康意识被唤醒。然而还有一个生活细节却被大多数人忽略了，那就是餐桌上缺少公勺、公筷。您瞧，刘帅家的“公筷行动”也应运而生。

（厨房音效）

刘妈：唉……来了来了……油焖大虾、红烧排骨、清炒小白菜、豆腐丸子汤，荤素搭配，营养均衡，怎么样怎么样？

老刘：哇！今天这么丰盛啊！来来来，开饭开饭喽，洗手洗手。

刘帅：开饭喽！

刘妈：来刘帅刘帅，这两天呀背单词背累了吧？妈给你夹块排骨。

刘帅：妈，我自己来。

刘妈：多吃点多吃点，再来个大虾，再来个大虾。

刘帅：谢谢妈，我自己来我自己来。

老刘：你瞧你，儿子都多大了，你还这么宠着他。

刘妈：他不是够不着嘛，我夹给他怎么了？是不是没有给你夹菜呀啊？来，老伴儿给你也夹一块儿。

老刘：行了行了行了，我自己来。

刘帅：唉！停！妈，现在全国各地都在提倡用餐使用公勺、公筷，倡导家庭用餐使用公勺、公筷，固定个人餐具。妈，您这喜欢夹菜的老毛病啊，也得改改了。

刘妈：啥？这打我记事开始啊，家里有老人在，晚辈就要给老人敬菜，有小孩在呢，老人更是不停地给他们夹菜。在咱们中国人的餐桌上，这承载的是感情，孝敬长辈、关爱小辈就体现在这儿了。啊，这老祖宗几千年的用餐习惯，你说改就改，你咋不上天？

老刘：刘帅说得对，在这次新冠肺炎疫情中啊，因为聚餐引发的感染屡见不鲜。一盘菜蘸了无数人的口水才吃进肚里，公勺、公筷很有必要。不仅如此，我们还应该响应分餐制呢。

刘妈：什么分餐制？哎越说越没边儿了啊，一家人吃饭还要分着吃嘛，一点儿也不热闹了。嗯，你这是嫌弃我们还是咋的？

老刘：当然不是啊，老伴儿，其实啊几千年前咱们老祖宗还真不是现在这样的用餐习惯，早在周、秦、汉、晋的时候就已经实行分餐制了。分餐制呢并不是说不在一起吃饭，而是不能共同使用任何餐具。所有的食物啊都是一人一份儿，吃多少盛多少，既卫生也不浪费。

刘帅：妈，分餐制和公勺、公筷，表面上看是少了点温情味儿，但这一良好的卫生习惯不仅保护了自己，也保护了他人呢。妈，你可是我们社区的文明标兵，从现在开始，你要带头使用公勺、公筷哦。

刘妈：这倒是，那……那我多备几双筷子啊，等着啊。

老刘：哎这就对了，吃饭新风尚，健康好习惯。

旁白：筷子是中国人发明的，公筷自然也不例外。加一双公筷，看似一个小细节，关注的是全民大健康，是防范病从口入的有效措施，是对自己的健康负责，也是对他人的尊重，更是社会文明进步的标志。让我们多添一双公筷，养成使用公筷的文明用餐习惯，让病菌不再口口相传。

各位听众，广播系列微剧《我家的防疫生活》第十二集

总策划：黄卫星；

编剧：唐华；

导演、制作：唐华；

剧中人：

旁白：花晨；

刘帅由小树演播；

老刘由李哲演播；

刘妈由唐华演播。

第十二集就播送完了，您还可以通过珠海电台FM95.1、FM87.5、FM91.5、微信公众号同步收听留言，谢谢收听。

【点评】

在新冠肺炎疫情最高峰的时间内，作品及时抓住如何做好每个家庭的防疫工作为主题，把重点放在老百姓平时的生活中会遇到的各种现实问题上，讲述每一个家庭如何在方方面面做好防疫，把抗疫的大主题和科普的小知识、家庭

和社会的共同防疫做法都巧妙地融合在作品中。《我家的防疫生活》讲述的是在疫情期间，老百姓如何在不同的生活场景中进行正确的防疫，比如在农贸市场，如何进行体温测试；不要去人流多的地方；如何使用公筷等，将防疫知识生活化，很容易获得普通市民的好感与共鸣，比单纯的说教式指导接受度更高。节目演播非常生活化，充满了人间烟火气。该剧每集只有3分钟，符合大众收听的心理需求，生动的表演把宣教内容做成了好听易懂的“故事”。该剧制作规范，表演生动，好听有启发，后期音效好。作品配音也非常生动，把生活场景演绎得活灵活现，同时，故事设计上将疫情防控知识与生活故事做了比较巧妙的结合，非常有趣。

（王玉玮）

忘不了餐厅（第二季）

深圳市腾讯计算机系统有限公司　集体创作

《忘不了餐厅》是一档关注认知障碍的公益节目。由著名艺人黄渤带领五位患有认知障碍的老人经营一家餐厅，通过记录餐厅的建立、运营，向观众讲述发生在餐厅的温暖故事，唤起全社会对认知障碍患者群体的关注，传播相关的科普知识，并引导观众科学理性认识衰老，传递社会正能量。节目第一季于 2019 年 4 月 30 日起每周二晚在腾讯视频、东方卫视联合播出，并于 2019 年 7 月 2 日收官。

秉承节目第一季的制作初心，怀揣真正落实公益的愿景与信心，节目计划于 2020 年 6 月起进行第二季拍摄，店长黄渤将带领全新班底，开启全新的餐厅经营。同时，店长团还将与老人们同吃同住，亲密分享生活点滴，用心守护忘不了临时家庭。

【点评】

《忘不了餐厅》直面中国社会逐渐进入老龄化，阿尔茨海默病患者达到几千万级这样一个社会问题，并以网络综艺的形式，向公众传达了对于老年认知障碍，该如何发现、如何干预、如何面对这样一个急迫的问题。《忘不了餐厅》由暖心店长黄渤、两位明星级副店长，携手五位患有轻度认知障碍的老年服务生组成一个“忘不了家族”，共同经营一家可能会上错菜的中餐厅，开启一场遗忘与守望的温暖碰撞。作品采取综艺与科普双向并重的模式，将认知障碍融入故事的讲述中，将容易被大众忽视的老年群体带到台前，通过节目的影响力激发大众对认知障碍和老年群体的关注，以公益和科普传递爱的温度。作品通过记录老人、明星、食客相处的真实状态，让观众看到“星老”之间真实有爱的趣味碰撞，感受食客与老人之间的爱与理解，体会餐桌上的百态人生和平静生活下暗涌的澎湃力量。《忘不了餐厅》第二季是一档满含社会责任感的节目，将镜头对准当代中国老人健康与生活质量，尤其是对老年认知障碍社会群体的关注，反映出作品创作者们对社会的关爱。节目细腻温暖，关心老人的身心健康，透露出全社会的敬老文化。

（王玉玮）

平凡人的伟大力量

广东广播电视台 邓 军 林 涛 梁 亮

2020年初，一种新型疾病的阴影笼罩了全国，恐惧悄悄弥漫，来自对疾病的未知和不确定。我们的城市病了，我们的人民病了……

危难关头，英雄从来不会横空出世，不过是平凡之辈的挺身而出。

正月初二，安庆市第一人民医院的一名护士，在接到电话后马上收拾行李，面对扑倒在怀里哭成泪人的4岁女儿，她红了眼眶，故作轻松地告诉孩子："妈妈是去打怪兽了，很快会回来！"

正月初三，一辆运载着新鲜蔬菜的三轮车从郊外行驶进武汉市中心的某酒店，司机是一位朴素的农民，下车后他就开始一箱箱地把蔬菜卸下来，他说："听说医疗队在这里，我送一些我种的蔬菜过来……"

正月初五，河南某家具工厂接到了一笔医疗柜的订单，老板发现是火神山医院要用的，他立即接单，却发现自家库存不够，把消息发到同行群里，14家企业连夜加班，一夜间凑齐了订单，这些低调的小老板们集体表示："不用买，我们免费捐赠！"

正月初七，武汉某医院门口，一辆援鄂物资运输车，抵达了医院。司机找不到入口，一位医生主动来引路，但他坚决不上车："我现在疑似感染，就在前面给你们引路吧！"他一路小跑，在昏暗的道路前留下一个普通的背影。

正月初九，当火神山医院终于完工，建筑工人拿到了辛苦赚来的工钱，整整8天，昼夜奔忙，饿了就站在工地里吃盒饭，累了就在土坡上躺一下。拿着沉甸甸的钱，他们决定把这笔钱捐出去："我们做的没什么……让医护人员补补身体……"

他们叫什么名字？"叫中国人就行了！"

这样一片炽热的土地，一批赤诚的普通人，竭尽所能而又超乎所能，驱散病毒的阴霾和恐慌，让善良坦诚如阳光一般温暖。在这场战"疫"中，没有人是孤勇的英雄，我们都是出生入死的战友，是伟大而又渺小的平凡人。

【点评】

如何在众多的多媒体宣传中突围而出，要“出圈”，《平凡人的伟大力量》作品主题鲜明，凡人勇士用真挚情感，讲述一段段质朴感人、饱含力量的抗疫故事。作品以疫情为题材，以时间为线索，讲述了护士、三轮车司机、家具店老板、医生以及建筑工人在疫情面前的同一选择——身体力行投身抗疫之中。每个人都如此平凡，却在岗位上默默奉献着，为大家守护着一方平安。《平凡人的伟大力量》具有极强的艺术性，通过连环画素描与新闻事实相结合的表现方式，描画了系列抗疫人物连环画，生动展现了抗疫人物形象，表达“细沙汇大爱，微光筑长城”的坚定信念。作品画面精美，形式新颖，主题突出，在连环画的视频化方向上，作出很好的探索和创新。

（王玉玮）

我们不怕

广东羊城晚报数字媒体有限公司　集体创作

（文字稿略）

【点评】

《我们不怕》采用集锦的方式，精心地筛选出疫情期间各电视台播出的发生在普通家庭、医院等各个场所的感人的、真实的细节，并用MV的方式重新组织编辑进行播出。即使疫情基本过去，看到这些细节、这些场景，仍然令人感动。作品结合原创新闻立体报道，以大视角、大格局、大历史观进行叙事，以真挚感人的画面、昂扬向上的歌词，直击心灵的旋律，鼓励奋战在抗疫一线的广大医务人员，传递坚定战“疫”必胜信心。作品巧妙地将正能量文艺创作与主题报道相融合，唱出中国力量，引发社会共鸣，彰显了主流媒体在疫情当中的责任与担当。作品旋律优美，歌词积极，既不回避疫情，又不渲染悲情，在致敬英雄的同时，传递出了一种温暖人心的精神力量。该原创MV的后期制作手法专业，寓意深长。画面从春节“封城”后一片寂静的武汉开始，随后切换至各种繁忙救治场景中，结尾以2月15日大雪融化后的武汉长江大桥航拍镜头结束，寓意“挺过寒冬，就是春天”。这种MV特有的画面表达方式，实现了新闻性和艺术性的统一。

（王玉玮）

新山海经故事

广州市广播电视台　郑晓蕾　黄震洲　黄雯婷
董　莹　吴华桐　陈谢思　梁星燎　彭　勇　梅斯朗

【脱贫攻坚】广州《新山海经》之一：山海相连　心手相牵
云雾缭绕的大山深处
这里的人们勤劳淳朴
世世代代贫穷而艰苦
盼望一天有出路

我从海边来
带着热忱与期待
一双手　一片情
一颗心　一份爱
成就彼此的精彩

山海相连　心手相牵
无论多远我都会到你身边
不畏艰险　披荆斩棘一路向前
与你创造一个幸福的明天

（说唱）
幸福的明天　嘿　幸福的明天
需要我们齐心协力坚持不懈
从东边到西边　从大海到山间
来自南方的暖阳洒满你我心田

风从珠江起　带来了改变
用勤劳的双手　托起共同富裕的心愿
我们是一家　情牵山海间

牵手哪怕荆棘　一起走向幸福明天

（重唱）
山海相连　心手相牵
无论多远我都会到你身边
不畏艰险　披荆斩棘一路向前
与你创造一个幸福的明天

【脱贫攻坚】广州《新山海经》之二："指尖芭蕾"　织金蜡染
贵州省　毕节市　织金县
指尖上的芭蕾
国家非物质文化遗产
产业活化带动脱贫

【脱贫攻坚】广州《新山海经》之三："地珠绿宝石"　荔波小七孔
布依族簸箕菜
贵州省　荔波县　小七孔
清晨采摘水蕨菜
用最特色的菜
招待远道而来的客人

【脱贫攻坚】广州《新山海经》之四：白花村的"白色强人"
毕节市　威宁县　白花村
生活贫困　交通不便
医疗资源严重匮乏
广州对口帮扶　带来优质医疗技术
解决边远贫困地区群众就医问题

【脱贫攻坚】广州《新山海经》之五：红色波密　不忘初心
波密红楼
国家4A级景区
扎木保卫战指挥中心
深挖红色资源
传承红色基因
筑牢思想根基

红色波密　不忘初心

【脱贫攻坚】广州《新山海经》之六：刺梨花开甜蜜蜜
刺柠吉
黔南州　龙里县　茶乡村
喜迎刺梨大丰收
知名国企进驻带动脱贫
打造响当当的产业名片

【脱贫攻坚】广州《新山海经》之七："滚山鸡"出山
纳雍非遗舞蹈"滚山珠"
苗族先民披荆斩棘
以身体开路
闯出广阔新天地
"滚山鸡"取其寓意
建立消费扶贫新模式
走出"黔货出山"的脱贫路

【脱贫攻坚】广州《新山海经》之八：美丽雪花湖　同走致富路
三都水族自治县　雪花湖安置点
看得见山　望得见水
1 200 多户易地搬迁群众
搬得出　稳得住
安居乐业　同走致富路

【脱贫攻坚】广州《新山海经》之九：雅江彩虹
拉林铁路藏木雅鲁藏布江双线特大桥
西藏自治区　山南市　加查县
艰苦不怕吃苦　缺氧不缺精神
历时 5 年　藏木特大桥主梁成功合龙

【脱贫攻坚】广州《新山海经》之十：云海花田
赫章县铁匠乡"云海花田"
开启产业扶贫新路子
芝樱被运往广州

装点番禺大夫山公园
高原上 1 000 多亩花田
带动铁匠乡实现脱贫

【脱贫攻坚】广州《新山海经》之十一：织金扶贫水
毕节市　织金县　中寨镇
与珠江水同源
世界罕有冷矿泉水
每售出一瓶　取 5 分钱作扶贫基金
绿水青山就是金山银山
落幅字幕：织金扶贫水

【脱贫攻坚】广州《新山海经》之十二：听，这是他们的声音
(片花)
开心　鸡喂大了　卖出去
钱放兜里就开心
想买个车几万块钱就可以了
想把农村的生活过成城市的生活
给孙孙
做个书房
再做个书桌　再做个书柜
谈到他的子孙后代
尤其是讲到他的孙孙
他就觉得确实需要发展
现在到厂里一个月就有 2 000 ~ 3 000 元
没想到我们的手艺还能换成现金
要让他们成为有光的孩子
眼睛里有光
脸上有光有笑容

同学们正式成为新广州港人
第一次看见这么大这么蓝的海
比我想象中的还要大
虽然说通过时间只有短短的 12 秒
但我们却花了整整 6 年的时间

努力艰辛付出换来这短短 12 秒

这里　痛吗?

把当地的医疗条件进行改善

在业务上带动他们在精神上感染他们

青菜一汤　我们顿顿都有得吃

【点评】

《新山海经故事》主题鲜明，全面有效地反映了广州在脱贫攻坚战这场国家行动中作出的贡献，阐释广州在脱贫攻坚战中总结出来的一套行之有效的方法、理念和经验。作品突破传统纪录片的传播形式，运用网络传播特点，大胆创新，短小精悍，既单独成片，又具有整体性，把脱贫攻坚战中的广州方法以及经验以碎片化而成系列的方式进行传播，为广州脱贫攻坚宣传工作带来了新的模式。本片以小切口讲述大情怀，选题精准、有代表性，选取了一批既有地方特色、又充分反映广州帮扶成效的题材进行制作，具有很高的艺术水准。镜头精良、剪辑流畅、感染力强、故事感人，结合贵州、西藏等地的鲜明民族特色，通过一批典型性故事作为切入点，如国家非物质文化遗产织金蜡染的产业活化、著名景点小七孔的旅游带动、高海拔贫困村落的医疗扶助、香港女孩扎根贫困山区发展鲜花产业助力一方群众脱贫等故事，充分发挥网络传播快捷、直接、精准、有效的特点，扩大受众面，加强了宣传效应。

（王玉玮）

广播播音主持作品

11月16日侨都之声
——开往春天的列车特别节目

江门市广播电视台　耿琦迪　冯紫薇

开往春天的列车

广东第四大轨道交通枢纽——珠西综合交通枢纽江门站今天正式开通。

（文字稿略）

【点评】

《侨都之声》是江门市广播电视台一档直播新闻节目，分为气象连线（主持人负责）、本地新闻以及国内国际新闻。节目对当天最能体现新闻价值、最吸引听众的新闻事件进行分析，有宽度有广度，既解读事实，又贴近民生，贴近听众生活；头条新闻使用记者口述，并配以大量现场同期声，使听众听感更加丰富；国内国际新闻要求时效性强且信息量足。节目比较规整，在节目包装上，每个环节都会使用风格各异的片花加以修饰，风格自然时尚令人印象深刻。

节目采用两位播音员对播的方式播出，达到新闻播音要求的语音标准、语言规范、态度以播报为主，具有较为鲜明的时代特色。两位主播声音配搭和谐、表达准确，节目呈现效果较好，有一定的新意和时代感，获得评委们的一致肯定。

作品文稿上应该标识得更清晰些，比如男女对播应标注出来，目前没有标注。

（佟　兵）

见信如面

深圳广播电影电视集团　孙海亮（海亮）、贺倩（佳倩）

（文字稿略）

【点评】

《见信如面》是由深圳交通广播与沈阳、南京、重庆等地交通广播联合创作的抗疫特别节目，作品获得了中宣部新闻阅评的点名表扬，并获得广电总局2020 年第一季度广播电视创新创优节目奖，在各地播出均引起巨大反响，引领了抗疫初期全国各地广播电视媒体宣传报道的新模式。深圳交通广播派出了最优秀的播音员、主持人参与节目制作，成为送评作品当中的佳作。该作品深情朗读了三封在抗击疫情战斗中具有代表性的信件，主持人对书信进行了细腻、深入的播音再创作，表现了扎实深厚的播音功力。两位主持人按照信件作者的不同身份特点和情绪状态，分别将面对疫情勇敢坚定、孝心深沉的医生，对孩子无限思念、温柔慈爱的母亲，对学生积极鼓励、热情洋溢的教师，通过播音创作的表现技巧塑造出声音形象，对不同稿件的基调把握准确、情感表达饱满、转换处理得当。以积极的播音状态传递出人间真情，反映出抗击疫情的人文情怀，折射出全社会面对突如其来的疫情所表现出的大爱与无畏。作品主题鲜明，内容充实，在众多反映抗击疫情的作品中，凸显了平凡人的真善美，给听众带来情感共鸣和温暖力量。

（李晓川）

阿钭与四岁女儿的诗和远方

东莞广播电视台　杜满平　李　勃

（文字稿略）

【点评】

由东莞广播电视台报送的节目《阿钭与四岁女儿的诗和远方》通过声音记述的方式，呈现了东莞奶爸阿钭与四岁女儿骑行去西藏的故事。26岁的单亲爸爸阿钭带着四岁女儿从广东东莞出发，历经71天完成4 139公里的骑行，他们像“连续剧”一样的骑行记录在抖音等短视频平台获得大量关注和点赞。为什么要带孩子去那么远的拉萨？为什么是用骑车这种艰苦的方式？这是带着孩子冒险、让孩子受罪的“作秀”吗？带着这些疑惑，节目组走近了刚从西藏骑行归来、生活在东莞的奶爸阿钭，发现他们的故事就是一堂生动的“亲子体验课”，告诉很多家长：陪伴就是给予孩子最好的爱。

这期节目通过大量采访，巧妙运用了奶爸阿钭和女儿一路上的实景声音与场景录音作为点缀，很好地统领了他们一路骑行的地点和时间线，并真实生动地呈现了他们在兴奋、疲惫、感动等不同状况下的声音表情；节目文稿创作精良、文笔优美，能充分运用广播声效、音乐、同期声录音等，凸显了主创人员的用心与专业。这期节目听觉元素丰富、画面感强，是一期具有听觉美感、可听性强的广播精品节目。两位主持人主持状态积极温暖、亲切自然、配合默契；片花制作精良，素材运用精当；节目结构清晰，内容丰富，充满浓郁的人文关怀，节目中恰到好处的配乐运用和相关歌曲的穿插起到了很好的情绪渲染和感情升华的作用；用讲故事的方式让听众在收获温暖、感动的同时，体悟该怎样与孩子和谐相处、相互陪伴成长。

从短视频平台知道“神兜兜的超级奶爸（抖音号名称）”骑行故事的人很多，他们的故事甚至登上网络热搜，他们的抖音账号粉丝数也从0开始直到突破了187万，于是有人质疑他们是有幕后团队协助的“炒作”，网络上也出现了这是“虐待孩子”的批判声音，作为单亲奶爸阿钭所在城市的主流媒体，这个时候需要勇敢站出来，走近当事人，了解真相、还原实情，更何况他们的这种旅行体验式的骑行对于孩子的成长是有益的。这期节目在播出之后反响热烈，很多听友说这期节目的播出太有必要了，自己差点被网络水军带偏了方向；还有一些孩子的家长非常认可阿钭的教育方式，以为自己从他们的故事里学到很多；还有奶爸阿钭和兜兜的网络粉丝也在线收听了这期节目，认为广播的呈现方式很独特，比短视频更有魅力。节目组在节目播出之后也将本期节目录音发送给了阿钭，他说会好好保留这期节目录音，这是记录他和女儿 2020 年西藏骑行的一份最特殊的“声音礼物”。

（吴　炜）

电视播音主持作品

10 月 2 日《六点半新闻》

佛山电视台　何健梅

（文字稿略）

【点评】

《六点半新闻》是佛山电视台最权威的时政新闻栏目，内容涵盖了政务政策、社会热点、民生关切等，是佛山市民了解政府政策、本地民生的重要平台。而作为这档粤语新闻栏目主播的何健梅，是一位资深新闻主播，亲切、自然、交流感强是她最大的特点。在本期节目中，何健梅的表现整体符合当下新闻播音的“解读”语态，平和亲切、自然流畅、态度认真，对新闻的内容理解到位，既流畅又真诚。语意清晰、基调正确、状态积极、分寸得当，刚好契合了当天的国庆假期版面。何健梅出镜形象端庄大方，朴素自然。对不同内容的理解准确到位，新闻事实传达清晰准确，对节目有较强的把控。对这个节目的串联顺畅，不留痕迹，既有整体感，又有细微变化。在节目中，何健梅的语调、声音得当，语感舒服。尤其难能可贵的是她自始至终保持情绪饱满，状态积极，活力又不失稳重和大气，具有较强烈的对象意识，成就了这一优秀的电视新闻播音作品。

（杨洁文）

权威访谈特别策划
——奔康领路人第一集

广东广播电视台 李 琳

（文字稿略）

【点评】

该作品选题具有较高新闻价值和社会意义。在 2020 年决战决胜脱贫攻坚的收官之年，也是全面建成小康社会目标的实现之年的时代背景下，讲述了两位云浮的驻村第一书记带领当地群众战胜疫情、脱贫奔小康的动人故事。李琳的配音基调积极明快，情感真挚朴素，没有过多地使用技巧来对人物和故事加以渲染，而是将扶贫干部和当地群众在脱贫奔康路上的故事娓娓道来，引人入胜。李琳的表达细腻流畅、不急不缓，将两位新时代基层党员干部的人格魅力、能力作风、内心情感都充分地展现在观众面前。

主持人的配音语言风格与片子的风格相吻合，对作品内容理解到位，明快的节奏中透着对作品内涵的表达。主持人并没有因题材大而刻意加重语气，语调不高，亦无外在“加料”，只作为画面的辅助，与镜头节奏、音乐节奏融合，听来十分和谐、舒服。主持人语言基本功扎实，吐字归音到位，规范之余不失讲述感，语言松紧恰当，不着痕迹，语意清晰，自始至终情绪到位，交流感好。

（杨继红）

“2020 年中国农民丰收节”特别策划 “庆丰收　迎小康”现场直播

广州市广播电视台　张小颖

（文字稿略）

【点评】

2020 年 9 月 22 日，是第三个中国农民丰收节。这期节目是一场网络 + 电视两个平台的媒体融合直播，以演播室为主会场，在广州的白云、番禺、南沙、黄埔、花都、从化、增城七个区以及英德市黄塘村各选取一个连线点，从多角度全方位“庆丰收”。题材内容契合当下时事热点和民生关注，诸如“脱贫”“小康”“农民”“丰收”等关键词，饱含主流电视媒体视频内容表达的情怀、责任和温度。97 分钟的丰收节大直播，涉及连线的分会场多达 9 个，加上演播室，10 个场景实时转换，多路信号随时切换，演播室的理性端庄、户外连线的热闹欢快以及能引发共鸣的嘉宾对话都增添了节目样态表达的丰富性和层次感，形成动静相宜的主持节奏，是对主持的业务能力、经验和体力的一次考验。在引导对话嘉宾的能力和现场连线的把控等方面，主持人要一边把控访谈节奏，一边听指令随时连线分会场，体现出较强的主持功力和准确的情绪表达能力，主持做到了精准流畅，语态能够贴近受众、自然端庄，较好地呈现“丰收”“小康”的节目主题。

（许雨燕）

论文作品

事实核查：社交媒体虚假新闻治理研究①

广东广播电视台　罗坤瑾　陈丽帆②

【摘　要】事实核查在社交媒体虚假新闻治理中扮演着重要角色。虚假新闻治理困境的根源在于：用户生产内容导致把关的弱化、社交媒体拟态环境的表演性导致虚假新闻泛滥、过度市场化导致新媒体从业者的浮躁。本文以美国事实核查机构的特性及特点为鉴，提出可从三个维度考量我国社交媒体事实核查的路径搭建：一是在生产维度上增加披露透明度和参与透明度；二是在技术维度上利用高新技术手段进行智能核查；三是在制度维度上健全事实核查的法律制度。

【关键词】事实核查　虚假新闻　舆情治理　社交媒体

1　社交媒体中虚假新闻的泛滥与事实核查

新闻真伪问题与新闻伦理、职业道德、公众知情权等密切相关。在传统媒体时代就一直存在的虚假新闻在社交媒体时代的传播与扩散愈加甚嚣尘上，传播技术的革新在一定程度上加剧了虚假新闻的传播。关于新闻打假的话题一直被学界、业界所热议。然而，虚假新闻的根除并非易事，虚假新闻从未从大众的视线中消失。究其原因，主客观因素皆有。一是传播主体的意愿。造假带来的名利盖过了职业伦理道德的约束；二是娱乐观感的享受使得接受客体心满意足；三是虚假新闻所带来的丰厚利益诱惑着新闻机构进行默许性的松散管制。虚假新闻带来的后果是公众社会信任度逐渐降低，公众对客观世界产生认知的偏差，不信任的社会风气蔓延，继而带来公众情绪的焦虑、恐慌，直至失去理性。

虚假新闻不仅动摇着公众对新闻业的信任，还激起公众对社交媒体的批评，很多人认为社交媒体没有采取更积极的对策，这导致了在社交媒体上的虚假新闻甚至多于真实新闻。而在传统媒体的新闻生产流程中有一道必要工序，即事

---

① 本文系国家社会科学基金一般项目“重大公共卫生事件群体性恐慌度量模型与调适机制研究”（19BXW111），广州国际城市创新传播研究中心课题“城市公共事件的舆情治理多元主体协同机制研究”（2017－IC－04）的阶段性成果。

② 罗坤瑾，广东外语外贸大学新闻与传播学院教授；陈丽帆，广东广播电视台。

实核查。复查纠错的事实核查程序能够纠正在新闻生产过程中存在的常识性，甚至违背伦理的错误，是保障媒体新闻质量的重要关口。20世纪20年代，《时代》周刊设立了早期的事实核查团队，至20世纪中后期更多媒体陆续设立事实核查部门，事实核查起到了加强社会信任、捍卫正义的作用。在当前新媒体环境下，伴随着社交媒体影响力的愈发强大，新闻造假现象也愈发严重，这使得事实核查更加受到关注。

2 社交媒体虚假新闻的治理困境

2.1 用户生产内容导致媒体把关弱化

社交媒体用户倾向于相信符合其理念的新闻，这使得他们在面对符合其观点的虚假新闻时更容易轻信。脸书（Facebook）曾尝试举报虚假新闻，但事实证明这种做法并无效果。社交媒体新闻与传统媒体新闻之间存在三个重要区别，这使得社交媒体用户难以识别假新闻。

其一是用户心态。人们在访问社交媒体时思维方式会带有享乐主义。当处于享乐状态时，人们对享乐的消极追求使其不愿意花费精力进行批判性的思考。由于拒绝新的信息认知比重新评估预先存在的认知更为简单，所以大多数人倾向保留其现有的意见，放弃对虚假新闻的判断。其二是新闻创建者。在社交媒体上，任何人都可以创建“新闻”。在用户生成内容（User Generated Content，UGC）的消费生产中，新闻报道有别于传统媒介渠道的生产机制，把关与控制的力度降低，作为事实真相的发现者和探索者的互联网用户在传播新闻之前通常很少考虑核实事实。其三是新闻来源。社交媒体通常会展示许多不同来源的新闻，用户不会对新闻来源进行选择。由于确认偏见，人们更有可能相信并分享与其信念相符的文章，假新闻即利用了这一点。而传统媒体的用户则首先选择新闻来源，报纸、电视、在线新闻站点等，他们通常会关注来源的性质。

2.2 社交媒体拟态环境的表演性导致虚假新闻泛滥

媒介技术的更迭延伸了公众的自我表达欲望，使其沉浸在虚拟镜像中不能自拔，甚至颠覆公众的认知判断，宁可以虚幻的美取代现实的真。无论是传播主体还是接受客体，对真实信息的追崇都不再是坚定的信仰。此外，社交媒体用户还将自己沉浸在人际交往关系和社交媒体内容生产的互文之中，以多种方式重建他们的网络圈层关系，并以此来判断网络圈层交往中信息的真实性。新媒体用户对社交媒体的依赖，一是维系交际圈层的联系，二是在使用社交媒体中重塑自我。无论是社交媒体交流中表情符号的使用，还是表情包的转发，都带有社交面具的伪装性，用户更愿意以这种交流方式塑造自己的社会角色。在真实与虚拟之间切换的用户，对虚假信息的接受与传播弥合在网络交流空间中。当出于交际需要的伪装成为人际交流的润滑剂，用户自然能接受虚假信息。在社交媒体拟态环境中的交际带有表演性质，助长了用户对虚假信息的滥用、扩散、传播。

2.3 过度市场化导致新媒体从业者的浮躁

新闻媒介市场化导致发行量、收视率、收听率成为媒介成败的标志。虚假新闻的滋生区域往往是容易引起人们关注，但也容易欺骗人们的地方。例如，大众对弱势群体往往会给予更高的关注，对遭受不幸的人抱有同情心是人的天性，同情弱者也是出于移情效应的感同身受。然而，在新媒体传播中，公众的同情心却一再被利用。挑动公众敏感神经的网络慈善诈捐、虚假医疗救助不断损耗公众的社会信任度。因此，所谓关注弱势群体的报道往往并未深刻反映社会的真实情况。以商业利益为生产目标的新媒体从业者，不再以核实信息真伪为主要的伦理标尺和媒体自律规范。这是媒介核实机制缺失带来的虚假新闻泛滥的现实困境。

3 他山之石：美国事实核查机构及其核查特点

欧美国家的事实核查机构发展较早。在过去的十余年中，事实检查在美国的竞选活动中已经占了上风，成为个人检验政客演说词真实性的方法。在 2008 年美国总统大选时期，就有好事的网站对奥巴马演说的可信度提出质疑，在其接受民主党总统提名演说的第二天，Factcheck. org 网站就公布了事实核查的结果，其结论认为奥巴马演讲有 7 点浮夸之处。到了特朗普竞选总统时，美国的自媒体更是炸开了锅，各种虚假新闻铺天盖地地传播，演绎出美国总统竞选史上虚假信息最为泛滥的一次奇观。虚假新闻大行其道在自媒体上的病毒式传播，给所有美国人敲响了警钟。2016 年，美国新闻学会发布的媒体公信力报告显示："在近 20 年间，美国传统媒体的公信力总体呈下降趋势。对美国民众而言，新闻导向有偏见和新闻内容不准确是他们对媒体丧失信任的重要原因。"[1] 对此，《纽约时报》在"布莱尔事件"后要求各部门领导和编辑记者将匿名消息来源控制在最小的范围内。

新闻媒体的事实核查使公民能够决定哪些信息需要内部化，哪些信息可以忽略。新闻界通过协助公民评估竞选广告的准确性，在选举过程中发挥着至关重要的作用。社交平台上虚假新闻的泛滥，一是归咎于公众对负面新闻的过度兴奋，公众媒介素养偏差导致虚假新闻的二级传播呈几何式传递；二是在造假与打假的过程中，恶性竞争助长了虚假新闻的传播。具体说来，美国事实核查具有如下特点。

一是重点考量事实的可核查性。确保新闻的准确性是媒体人必须遵守的一条准则，这是衡量新闻价值的基本前提。在众多事实核实网站中，最有影响力的是 Factcheck. org。该网站于 2003 年 12 月上线，挂靠在宾夕法尼亚大学的安南堡公共政策研究中心。网民可以对网络流行的各种谣言进行在线提问，该网站负责揭穿病毒式谎言以及澄清基于部分事实的谣言。西方新闻伦理认为，发布和传播事实性的虚假新闻属于传播者的道德问题，[2]社交媒体也普遍承认虚假新闻是目前面临的重大问题。

二是操作规则注重技术性和科学性。传统的人工核查无法做到对社交媒体上海量信息的快速核查，基于人工智能和大数据的自动化解决方案比人工解决方案要快速有效，后者已成为目前主要的事实核查手段。美国 Storyful 网站研发出一套信息监测工具——“新闻专线”（Newswire），可对社交媒体上的信息进行实时监测。同时，网站会在所有社交网站平台上搜索消息源的足迹，使用肖像技术、嵌入式数据技术和定位技术找到原始新闻的上传者，以确认此新闻发生的时间、地点等。[3]当然，事实核查自动化除速度要求外还面临其他设计挑战，如所使用的过程必须足够透明，以便可以使用户找到可信的推荐人。

三是消息来源评级。为了确保新闻报道的真实性和准确性，绝大多数国家的新闻职业准则中，都要求记者在新闻报道时必须清楚地交代消息来源。[4]拥有可靠、准确的消息源是记者保证新闻真实性的关键。《纽约时报》就曾曝出过记者造假的丑闻，虚假的传播致使媒体公信力跌入低谷。研究表明，消息来源的评级影响了社交媒体用户对文章的信任度，并且评级背后的评级机制很重要。为减少虚假新闻，美国社交媒体还会在文章首次发布时运用来源评分的解决方案。社交媒体可以将所得的来源评分与来源发布的后续文章相关联，从而避免了事实核查解决方案的延迟。[5]在消息来源评级中，专家起着重要的作用。社交媒体用户选择的文章大都与他们先前浏览过的主题相关，这些主题在其头脑汇总时已经形成了刻板意见。用户在遇到与他们预先存在的意见一致的信息时，会更倾向于相信它们。专家评级对用户信念的影响取决于用户如何看待专家评估文章。专家的评级强调功能声誉，因为专家具有评估“客观”事实的能力、知识和标准。

综上所述，美国对虚假新闻的核查强调信息来源，通过专家评级和网页评级来进行核查，并对事实之间的关联性进行检验，核实时间、地点、人物及事件的细节等。还强调对新闻的整体观照，反对片面评价，主张应符合事物发展的趋势与规律，反映事物的本质特征。这是检验新闻真假的核心所在。

4　借鉴与发展：我国社交媒体事实核查的路径搭建

在如火如荼的融媒体传播环境下，国内的事实核查机构逐渐兴起，较有代表性的平台，如人民网《求真》栏目和腾讯《较真》栏目等。人民网《求真》栏目创办于 2011 年，通过传统的调查研究来甄别网络上热点话题真实度，是我国第一代事实核查的典范。腾讯《较真》栏目开创于 2015 年，随后于 2017 年升级为专业化事实核查平台，2018 年又推出“较真辟谣神器”的小程序，进一步降低辟谣和事实核查的门槛。平台在内容呈现方面借鉴了国外标签分级的方式，在每篇查证文章的标题右侧借助标签进行分级，将信息划分为真实、有疑问和虚假三个级别。[6]

然而，我国目前第三方的事实核查机构还不够健全，无论从机构的数量、规模还是从技术手段来说，与国外的核查机构相比还存在一定差距。我国事实核查历史较短，机构较少，政府、媒体、高校与企业之间的合作也较为缺乏，核查数据难以实现资源的整合与共享，造成技术瓶颈与数据浪费。因此，可从三个维度考量我国社交媒体事实核查的路径搭建。

4.1 生产维度：增加披露透明度和参与透明度

披露透明度涉及新闻制作人是否对新闻的制作方式持开放态度，参与透明度则旨在使受众参与新闻制作过程。数字通信技术和数字出版的兴起重新唤起了公众对透明度的需求，为了满足受众的需求，事实检查员可以全面地介绍事实核查的结果。《国际事实检查网络准则》强调了事实检查方法、资金、组织以及信息来源透明的重要性。事实核查人员应使用可靠的信息来源，如专家的声明、外部文件、图形或其他类型的背景信息（历史或地理数据），通过降低这些资源的访问难度，使受众可以追溯其工作，并在理想情况下对所讨论的信息进行评估。[7]此外，第三方事实核查机构可采取开放式核查，充分调动互联网用户的积极性，鼓励用户参与到核查的生产过程中来，依赖公众的理性，在核查中留有足够多更正和检查的空间。互联网用户参与式核查也是提升网民媒介素养的一种路径。如腾讯“较真”平台发动用户参与，促进个体协作，凝聚群体智慧。除邀请各领域专业人士、机构、媒体参与事实核查外，各板块还邀请用户提供想要核查的信息内容，通过互动问答、嵌入游戏元素的手段吸引用户参与。[8]

4.2 技术维度：利用高新技术手段对信息进行甄别和追溯

目前 AI 技术中的自然语言处理（Natural Language Process，NLP）技术，主要是指语义识别、开放域对话聊天、基于任务的对话、自动翻译等。基于文章信息的核查方式旨在核查新闻中关键信息的正误，而通过自然语言处理技术，可以确定网络文章的核心语义，并将其与相似网络信息进行比较。[9]很多虚假新闻是有迹可循的，这些虚假新闻只是对真实新闻进行改动或者只是将同类新闻进行嫁接而形成的，可以通过内容核查算法与原始新闻进行比对的方法进行甄别。我国事实核查机构可充分利用区块链技术来核实事实。区块链采用开放式系统，具有公开透明的特征。通过算法开源保证业务逻辑可信，这种透明性体现为向所有用户公开数据，将数据的使用权还给用户。同时也专门针对用户隐私提供保护，用户通过认证与确权才可以被纳入区块链。但是公开透明并非通过引入公众而模糊媒体责任，而是将责任进一步细化与明晰，以确保信息可追溯。

4.3 制度维度：健全事实核查机构的法律制度

目前我国现有的法律条文对事实核查机构应具备的资质、核查的范围、核查对象的权限等尚无明确界定。这导致第三方事实核查机构的申报存在困难，也导致我国事实核查机构存在数量少、规模小、范围窄等难题。首先，应对事实核查机构的核查权限进行规定，一些社交媒体平台往往采用简易办法，借助人工审查或技术手段，自行筛查删除不当内容来应对国家的网络管理。但这种简单的办法往往因为缺乏法律程序的支撑而损害公众的知情权与表达权利。如果不对社交媒体平台限定核查权限，任由社交平台管控互联网用户数据的删除或保留，就可能存在较大的社会风险。其次，应制定相应的管理办法考核事实核查人员的资质。各行各业的专业人士需要具备权威的资质认证方能上岗，事实核查员应有别于记者，应该比记者具备更多的技术手段能力和鉴别新闻真伪的能力。事实核查人员具备相应的资质才能从事此行业，以此为规范有助于解决国内社交媒体虚假信息泛滥所带来的社会信任危机问题、公民知情权与隐私权问题等。

5 结语

健全我国的事实核查机构及核查制度，需将其放置于我国的社交媒体环境中。有别于欧美国家的事实核查特点，我国事实核查的宗旨在于保障公民的知情权与表达权利，监督政府及其他社会机构的日常运作，让一切公权力暴露在阳光之下，接受事实的检验，保障舆论传播环境的透明度与权威度，增强政府机构的公信力，保障社会秩序有条不紊。而搭建事实核查的路径需要人力、物力保障、技术支撑及法律制度保障。在我国互联网用户中，自由职业者、公民记者、职业拍客等数字劳工群体庞大，常年活跃在社交媒体平台从事数字生产，吸引他们参与事实核查过程，既是降低核查成本也是提升网民媒介素养的路径。随着高科技手段的不断发展，自然语言处理技术、区块链技术、脑神经认知科学等的运用，必将大大提升事实核查的效率和准确性；而相关法律法规的完善也必将使事实核查惠及大众，成为公民必备的一种知识素养。

参考文献

[1] 美国新闻学会：传统新闻媒体公信力倒数第二.2016－05－06，

http：//www. 199it. com/archives/469679. html.

［2］Graves，L. Deciding what's true：the rise of political fact－checking in American journalism. Columbia University Press，2018.

［3］张滋宜，金兼斌．西方媒体事实核查新闻的特点与趋势．中国记者，2017（1）．

［4］罗坤瑾．狂欢与规训：社交媒体时代虚假新闻传播及治理研究．现代传播，2019（2）．

［5］Wells，C. & Thorson，K. Combining big data and survey techniques to model effects of political content flows in Facebook. *Social science computer review*，2017，35（1）．

［6］李凌凌，秦瑞．我国事实核查网站现状及发展趋势．新闻爱好者，2020（5）．

［7］杨扬，张学骞．新闻生产的新模式：事实核查与社区精神的互嵌——以 WikiTribune 为例．中国编辑，2018（12）．

［8］高慧敏．区块链＋媒体：逻辑、实践与前瞻——基于媒体信任维度的考察．电视研究，2020（2）．

［9］李希光，吴艳梅．"后真相"时代的事实核查新闻：发展与局限．全球传媒学刊，2018（2）．

【点评】

论文选取事实核查这一社交媒体时代保证新闻真实性与客观性的重要环节作为研究对象，探讨社交媒体传播过程中频繁出现的虚假新闻现象及其治理问题，在此基础上阐述社交媒体事实核查的重要作用及其实现路径。论文选题新颖，关注人工智能和融合媒体时代新闻传播的重要现实问题，具有一定的理论价值和现实指导意义。论文通过分析虚假新闻的治理困境及其产生根源，借鉴传统媒体时代事实核查的经验，结合我国社交媒体事实核查的规律特征探索，提出我国社交媒体事实核查的具体路径与策略．目前，在移动互联网时代各类信息混杂，真假新闻难辨的环境下，论文提出的观点和策略对于有效治理社交媒体中的虚假新闻，营造清朗的网络空间，具有较大的指导价值，能够广泛应用于网络信息治理实践。全文学理性强，逻辑清晰，结构完整，立意新颖，见解独到，论点鲜明，论据较为充分，论证方法恰当，论证过程完整有力。从学理上和实践应用层面来看，是一篇较为优秀的论文。

（侯迎忠）

推进传统媒体深度融合流程再造研究
——基于企业管理视角

深圳广播电影电视集团　郭　玲

【摘　要】文章从企业管理视角，采用流程再造理论破题，提出推进传统媒体深度融合的重要路径是全面实施流程再造的观点，总结归纳出流程再造的基本原则和5项措施，对媒体融合实践具有一定的指导意义。

【关键词】媒体融合　流程再造　5G　改革

2013年8月，国务院发布了“宽带中国”战略实施方案，宽带成为国家战略性公共基础设施。2014年2月，习近平总书记在中央网络安全和信息化领导小组第一次会议上提出“努力把我国建设成为网络强国”的战略目标。[1]随即，全国传统媒体纷纷进行了媒体融合的积极探索。如今，互联网作为社会基础设施几乎全面融入社会活动的各个方面。尤其是2017年4G网络全面铺开，带动智能终端广泛普及，[2]各类网络平台及新兴媒体迅猛发展。应用平台、媒体形式、服务模式、终端产品、经营模式等方面都呈现出丰富样态，在线购物、网约车、移动支付、网络电视、视频直播等深刻改变了人们获取信息的习惯、广告投放方式以及媒体业态。截至2020年3月，我国网民达9.04亿，手机网民规模达8.97亿，网民使用手机上网的比例达99.3%。[3]

2020年我国实现5G商用，[4]5G网络的传输速度比4G网络的传输速度快数百倍。传输速率的极大提升，使移动用户体验感更强，在海量信息传输和设备链接的技术条件支持下，互联网环境下的媒体获得了更广阔的发展机遇但也面临着更激烈的竞争环境。

1　流程再造的重要性和全面性

20世纪80年代初西方国家许多公司出现了“大企业病”现象，机构臃肿、工作效率低，难以适应不断变化的市场环境。1993年迈克尔·哈默首次提出了“流程再造”的理论，从此企业流程再造管理模式在全世界蔓延开来。流程再造是打破企业按职能设置部门的管理架构，以具体业务为中心重新规划制定企业的管理过程，从整体明确企业各项业务流程，追求的是企业全局最优，而不是个别最优，其核心是对组织的作业流程进行根本的再思考和彻底的再设计，以达到对成本、质量、服务、速度等关键绩效的重大改进。[5] 从企业管理角度看，流程再造理论为传统媒体的深度融合提供了破题路径。

经过多年研究和工作实践，深感媒体融合不仅涉及技术升级、内容生产、经营模式等业务层面，还涉及人事、财务、考核等管理层面，尤其进入深度融合阶段时，任何一环如果滞后都会成为阻碍。哪怕是财务流程慢、项目审批烦琐等一些看似较小的问题，都需根据新媒体快节奏的业务发展需求进行流程再造。所以传统媒体只有全面实施流程再造，才能实现媒体真融合乃至深度融合。

2 流程再造的基本原则

传统媒体流程再造在发挥自身价值和优势的基础上，将互联网基因融入媒体机构运行的每一个环节，重新制订新的流程、形成新的规则，建立全新的媒体管理模式。现从以下五个方面阐述媒体流程再造的基本原则。

第一，以人为本的原则。从人的需求考虑，建立用户思维模式，深层次为人们的精神文化需求提供优质服务，拓展具有人性化特色的融媒体产品。在 5G 时代通过人的需求挖掘媒体与人之间新的链接渠道。

第二，以权威发布为核心的原则。传统媒体拥有信息发布的权威性以及常年累积的品牌效应，这是其重要的核心价值。无论何时必须确保宣传导向正确，为大众提供最理性、最可靠、最真实的资讯，打造网络空间的权威发布，做最有公信力的媒体。

第三，以管理能力为驱动的原则。面对纷繁复杂且快速多变的网络空间，媒体管理者的管理能力尤为重要。必须具备稳妥把握政治导向的能力，敏锐的洞察力和应变能力，独特的创新能力以及有效的团队领导能力。如果管理者的管理能力不足，将阻碍各项具体工作的开展。

第四，以全媒体模式为基础的原则。将媒体融合的改革思路落实到工作各个环节，打造全媒体生产模式、全媒体技术平台、全媒体采编队伍，全媒体策划营销模式等。

第五，以技术建设为保障的原则。建立能够支撑媒体融合发展的技术平台，在新技术、新应用方面积极探索，不断尝试新的媒体呈现方式。

3 流程再造的五项措施

传统媒体通过流程再造可以着重解决媒体融合过程中的“能上不能下”“两张皮”“部门壁垒”等诸多痛点和难点，将媒体融合要求落实到机构改革的各个环节，实现整体机构的迭代升级。经过对成功案例的研究与经验梳理，总结归纳出传统媒体全面实施流程再造的五项措施。

3.1　组织再造

通过组织再造建立全媒体模式的内部组织结构。首先，在互联网时代媒体边界逐步淡化，媒体组织结构从以媒体为中心向以内容类别为中心转变。例如，早在 2007 年，BBC 就将电台、电视台和网站组织整合，成立多媒体新闻编辑部和多媒体节目部。[6] 其次，根据全媒体业务需求，结合自身优势及特点，组建全新的组织结构，补充欠缺岗位和人才，缩减不必要岗位等。此外，发挥专业化、垂直化特色，建立融媒体生产团队“工作室”模式。例如：人民日报“麻辣财经”“学习大国”“侠客岛”等融媒体工作室，已在互联网上具有较大的影响力。

3.2　平台再造

通过平台再造打造全媒体传播平台。改变原有单一媒体传播形式，采取内部传播平台 + 外部传播平台的平台再造策略，整合自有媒体资源、借力商业平台、自建新媒体平台等，形成多媒体、多渠道、全覆盖的媒体传播模式。

3.3　生产再造

通过生产再造形成了融媒体的生产模式。以“移动优先”为核心，打造适用于全媒体的生产链条。首先，严格执行三审制，形成严谨、规范、标准的全媒体内容管理流程；其次，增强内容的丰富性和融媒体特色，提升生产效率、质量及进行创新。以易于传播、易于大众接受的表现形式，提供丰富的内容服务；再次，建立全媒体生产流程，形成一次采集、多样编辑、全平台分发，实现全天 24 小时生产和快速反应的生产模式。最后，基于云平台、媒资库、大数据等技术平台建设，加大数据新闻、智能推送、新媒体互动等新媒体产品开发，为 5G 时代的到来提供融媒体生产长效动能。

3.4　机制再造

通过机制再造提供人事、财务、激励、管理等方面的政策支撑。欲使传统媒体与新兴媒体各类要素深度融合，产生化学反应，需要建立有利于激发各方积极性、创造性的机制。重点包括：一是采取带任务上岗的考核办法，对无法完成任务或违规的管理者执行惩罚或下岗。二是为优秀人才提供引进和上升通道，以及激励和扶持政策。三是强化新媒体考核管理，直接关系到月度收入和年终奖，对表现突出的个人或团队予以奖励。四是为新媒体的业务拓展提供鼓励政策。五是提升内部管理效率和质量，优化审批流程、提升办事效率，增强管理的透明度，营造公平、公开、公正的氛围。

3.5 经营再造

通过经营再造拓展业务范围和盈利模式。在激烈的媒体竞争环境下，广告客户已不再满足于单一媒体形态的广告投入，大量选择“传统媒体+新媒体+互动”产品，甚至“+线下活动”的广告投放方式，所以传统媒体的经营模式必须随之改变。同时在当下激烈的市场竞争环境下，传统媒体必须提升自身业务拓展能力、经营能力、资本运作能力，依托自身特色和优势，拓展产业模式。通过经营再造探索垂直用户经营模式、联合经营模式、跨界经营模式等，为传统媒体发展寻求新的盈利增长点。

4 结束语

流程再造是企业管理中一项常态工作，企业通过不断优化各项业务流程，确保企业不被行业淘汰，保持竞争实力和发展动力。媒体融合是国家提出的战略要求，网络信息技术不断发展、媒体业态不断变化，考验着传统媒体是否具备顺应时代发展的现代化企业管理能力。传统媒体必须不断进行自我优化和调整，才能紧跟国家发展步伐，不辜负时代机遇和使命，成为新时代的主流媒体。在媒体不断融合过程中，流程再造会发挥重要作用。

参考文献

[1] 习近平主持召开中央网络安全和信息化领导小组第一次会议强调总体布局统筹各方创新发展 努力把我国建设成为网络强国．光明日报，2014-02-28.

[2] 余清楚．中国移动互联网发展报告2018．北京：社会科学文献出版社，2018.

[3] 推动媒体深度融合，做大做强主流舆论．人民网．http://sd.people.com.cn/GB/n2/2019/0125/c362710-32578488.html，2019-01-25.

[4] 中国互联网络发展状况统计报告．中国互联网络信息中心（CNNIC），2020-04-28.

[5] 张媛媛．媒介融合背景下的电视综艺节目产播流程再造．中国电视，2018（5）.

[6] 王梦宇．欧洲广播电视的媒介融合实践研究：以英国BBC和欧洲RTL为例．中国电视，2018（5）.

【点评】

2013年8月，国务院发布了“宽带中国”战略实施方案，宽带成为国家战略性公共基础设施。2014年2月，习近平总书记在中央网络安全和信息化领导小组第一次会议上提出“努力把我国建设成为网络强国”的战略目标。媒体融合的目标是打造强大的现代传播能力，核心是重建用户连接，途径则是打造自主可控的主流媒体平台与借助互联网媒体平台完成传播这两种模式。

本文从企业管理视角，采用流程再造理论破题，提出推进传统媒体深度融合的重要路径是全面实施流程再造的观点，总结归纳出流程再造的基本原则和5项措施，对媒体融合实践具有一定的指导意义。作者具有跨界的视角，拥有深厚的理论功底，特别是对企业管理和相关媒体的理论都有较深的研究，论文论点正确、论述严谨、层次分明、结构清晰，为媒体深度融合提供了有参考价值的思考路径。全文简短但全面，文中提到的原则、措施和解决问题的思路，可为各级广电媒体推进深度融合提供参考，具有较高的学术价值和现实意义。

（袁　侃）

5G 通信基站对邻频 C 波段卫星地球站干扰的分析与处置

梁刚毅 P[1]P①　许　斌 P[2]P②　朱勤伟 P[1]③
（1. 广州珠江数码集团股份有限公司，广东广州　510335；
2. 广州广播电视台，广东广州　510335）

【摘　要】　为了解决 5G 通信基站对 C 波段单收地球站的干扰共存问题，本文选取一个干扰的实例作为研究对象，分析干扰成因，并通过实测数据得出带外抑制比 ACLR 是影响邻频干扰大小的主要因素。根据地球站的干扰保护准则并通过工程实践，可计算得出两系统邻频共存时需要保持的 ACLR。

【关键词】　C 波段　5G　邻频干扰　阻塞干扰　干扰处置

《5G 通信基站对邻频 C 波段卫星地球站干扰的分析与处置》论文的 OSID 码：

Research on InterferenceDisposal of 5G Communication Base Station to Adjacent C－Band Satellite Earth Station

LIANG Gangyi P[1]P，XU Bin P[2]P，ZHU Qinwei P[1]
（1. Guangzhou Digital Media Group Co.，Ltd.，Guangzhou 510335，China；

① 梁刚毅（orcid. org/0000－0003－4817－845X）：工程师，毕业于中国传媒大学，现任职于广州珠江数码集团股份有限公司播控中心，主要从事有线数字播控前端系统和 IP 电视业务系统的设计、建设和运维工作。

② 许斌：工程师，广州广播电视台发射传送部副主任，主要从事电视制作、节目传送、无线发射和卫星接收系统设计、建设和运维管理工作。

③ 朱勤伟：教授级高级工程师，毕业于上海交通大学，广州珠江数码集团股份有限公司播控中心负责人，主要从事有线电视网络传输、高清数字电视和超高清电视系统的设计、建设和运维管理工作。

2. Guangzhou Broadcasting Network, Guangzhou 510335, China)

[Abstract] In order to solve the problem of interference coexistence of 5G communication base station to C－band single－receiving earth station, this paper selects an example of interference as the research object, analyzes the cause of interference, and obtains the ACLR (Adjacent Channel Leakage Ratio) as the main factor affecting the size of adjacent channel interference. According to the interference protection guidelines of the Earth station and through engineering practice, the ACLR that needs to be maintained when the two systems coexist with the frequency of the two systems can be calculated.

[Key words] C－band, 5G, Adjacent channel interference, Barrage Jamming, Interference Disposal

中图分类号：TN927　　　文献标识码：B

1　引　言

2018年12月7日，三大运营商先后公告称工信部同意其在全国开展第五代移动通信（5G）系统试验。2018年12月11日，工信部颁布《3 000—5 000MHz频段第五代移动通信基站与卫星地球站等无线电台（站）干扰协调管理办法》（以下简称《协调管理办法》）。2019年1月9日和14日，广州国际媒体港C波段卫星信号受到严重干扰，经排查确定为广州塔进行5G通信试验所致。由于现阶段5G通信基站对邻频C波段卫星地球站干扰处置仍停留在理论研究阶段，缺乏工程实践验证，相关单位按程序启动协调机制进行了多次联合电测，以求缓解干扰问题。本文详细介绍了这一过程，分析了干扰的现象及其产生的原因，并给出一些切实可行的缓解干扰的具体方法。

2　理论和实际干扰情况介绍

2.1　理论干扰类型的分析

基于3.5GHz频段的5G NR基站使用频率范围是3 400MHz—3 600MHz，其中，3 400MHz—3 500MHz为电信使用，3 500MHz—3 600MHz为联通使用。当前3 400MHz—4 200MHz频谱为卫星地球接收站使用，3.5G频段的5G NR基站对其产生三种类型的干扰：

同频干扰：对工作频率3 400MHz—3 600MHz的卫星接收系统造成同频干扰；

邻频干扰：对工作频率 3 600MHz—4 200MHz 的卫星接收系统造成邻频干扰；

阻塞干扰：卫星接收机在接收弱卫星信号时，受到接收频率旁一个强 5G 信号的干扰，导致卫星接收链路的 LNB 饱和，产生非线性失真而阻塞通信。

我国卫星广播电视信号频率分布情况如表 1 所示，表中频率为卫星转发器中心频率。

表 1　我国卫星广播电视信号频率分布情况（部分）

卫星	极化	卫星波束	工作频率范围
中星 6A	水平（H）	C 波段	3 720MHz—4 173MHz
	垂直（V）	C 波段	3 740MHz—4 145MHz
中星 6B	水平（H）	C 波段	3 709MHz—4 172MHz
	垂直（V）	C 波段	3 600MHz—4 192MHz
亚洲 6	水平（H）	C 波段	3 900MHz—4 180MHz

由表 1 可知，中星 6B 垂直（V）极化的卫星广播电视信号工作频率包含 3 600MHz—3 700MHz 范围，5G 通信基站可能同时对其产生同频干扰和邻频干扰。其余卫星广播电视信号工作在 3 700MHz—4 200MHz，与 3.5G 频段的 5G NR 基站存在 100MHz 的间隔带宽，5G 通信基站可能对其产生阻塞干扰。

2.2　现阶段邻频共存的研究

国际电联《ITU－R S.2199》报告经过建模仿真分析并通过实地验证，得出 5G 通信基站与卫星地球站共存的若干分析结论：

两者共存需要一定的间隔距离，两者在同一地区同频共存是不可行的；

邻频部署将存在两种干扰：①造成 LNB 饱和；②邻频干扰。

在某些情况，特别是不满足间隔距离时，基站的干扰会让卫星地球站完全无法工作；

卫星地球站附近不部署高功率的基站，能有效降低 LNB 饱和、减少邻频干扰的可能性；

在卫星天线安装带通滤波器的作用十分有限，不过在 LNB 前安装带通滤波器是有效的，可降低带外信号 10dB，但成本较高，会引入额外的损耗，且无法解决同频干扰；

当卫星地球站接收到干扰信号总功率超过 －60dBm 时，LNB 将进入非线性区间；当卫星地球站接收到干扰信号总功率超过 －50dBm 时，LNB 将进入饱和状态。

在广电总局2019年2月22日《3 000—5 000MHz频段第五代移动通信基站与卫星地球站等无线电台（站）干扰协调指南（征求意见稿)》中（以下简称《干扰协调指南》)，给出若干处置建议：

明确协调区范围：工作频段3 400—3 600MHz协调区半径42.5公里，工作频段3 600—3 700MHz协调区半径4公里，3 700—4 200MHz协调区半径最低100米；

地球站工作频段避开5G通信基站，以及为3 700—4 200MHz频段的卫星地球站加装该频段滤波器，可增加45dB左右的隔离度；

5G通信基站避让卫星地球站接收天线主瓣方向可增加20—34dB的隔离度；

为卫星地球站加装屏蔽网，单层可增加8—12dB的隔离度；有效率用建筑物隔离，单墙体可增加8－20dB的隔离度；

调整5G通信基站最大辐射方向和下倾角可增加0－8dB的隔离度；

降低5G通信基站发射功率，可以在一定能程度上缓解干扰。

综合上述现阶段国内外对两系统邻频共存的理论研究报告，我们不难发现：5G通信基站理论上对同频、邻频的卫星地球站存在干扰，且同频干扰难以消除。工作频段3 400—4 200MHz的卫星地球站，均需加装滤波器避免阻塞干扰；工作频段3 400—3 600MHz的卫星地球站，需考虑迁移至3 700—4 200MHz频段；工作频段3 600—3 700MHz的卫星地球站，理论上可通过一定措施缓解干扰，但没有给出明确指标和措施用于指导工程实践。因此对于工作频段3 600—3 700MHz的卫星地球站，必须在工程实践中对理论缓解措施进行验证，以求缓解干扰并得出进一步的研究结论。

2.3 实际干扰情况介绍

广州国际媒体港单收地球站C波段卫星信号受到5G基站信号干扰时，C波段所有极化（中星6B－H/V、中星6A－H/V、亚洲6－H）的全部节目（工作频段3 640MHz—4 192MHz）均出现信号异常的现象。经确认，广州塔新设立了5G基站，关闭该基站，干扰信号则立即消失，确认该干扰信号为该5G基站产生。该基站距离卫星天线距离120米、高度约35米、视距范围无明显遮挡。

3 测试过程及确认干扰原因

3.1 制订测试方案

根据《协调管理办法》规定，2019年2月15日，我方连同广州广播电视台，与联通、设备提供方华为共同召开干扰协调会议，讨论制订了如下测试方案：

测量卫星天线处5G信号的开路功率，结合卫星天线与LNB增益，根据计算结果确认是否存在阻塞干扰；

如若存在阻塞干扰，需在卫星天线的LNB前加装带通滤波器，确保LNB不工作在饱和状态及非线性区间，再确认是否存在邻频干扰；

如若存在邻频干扰，通过调整5G通信基站的场景波束方案和发射功率，尝试找出产生邻频干扰的临界点，得出5G系统工作频段和卫星地球站工作频段的实际所需隔离度；

各方通过设备优化、工参调整等手段，在留有一定冗余的前提下，满足实际所需隔离度，使5G通信基站与邻频C波段卫星地球站邻频共存。

3.2 消除阻塞干扰

通过比对分析卫星天线正常情况下和受干扰时的频谱及QPSK星座图，发现有干扰时卫星信号的Eb/No值低于门限值5.5dB，距离干扰信号最远的4 192MHz维特比译码输出误码率为1.45E-3，也大于门限值2.0E-4，维特比译码输出误码率急剧增加是信号异常现象的主要原因。分析受干扰频谱，3 550MHz的信号功率增加了20dB至-19dBm，不仅大于系统噪声功率，甚至远远超过了卫星信号的强度，不符合国际电联的要求，理论上将对卫星地球站接收系统产生了严重的阻塞干扰。

为最终确认是否存在阻塞干扰，使用无增益全向天线，测量得到卫星天线处5G信号的开路功率为-80dBm。卫星天线和LNB的主要参数如表2所示：

表2 卫星天线和LNB的主要参数

射频指标	卫星天线	LNB
频率（GHz）	3.4—4.2	3.4—4.2
增益（中心频率）	43.5dB	62dB
1dB压缩点输出功率	—	9dBm

5G NR基站采用Massive MIMO（大规模天线阵列）方案，其波束方向、空间场强不是固定的，而是随着时间和用户的移动在不断变化。所以在进行定性计算的时候，只考虑其落入天线主瓣的情况。经定性计算：-80dBm+43.5dB+62dB=25.5dBm，所得结果远大于LNB饱和点9dBm，结合理论分析，确认存在阻塞干扰。

在LNB前加装带通滤波器尝试消除阻塞干扰，带通滤波器频谱图如图1所示：

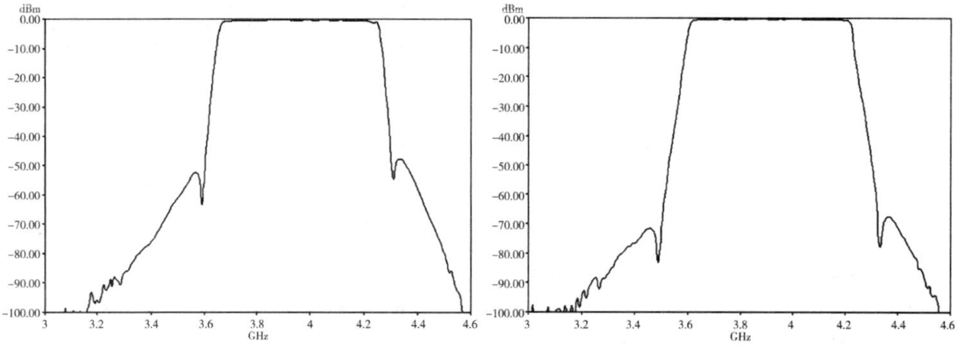

图1　3.7－4.2GHz 和 3.625－4.2GHz 带通滤波器频谱图

下文中的频谱图均为经过卫星天线和 LNB 一次变频后的频谱，并非空间中的实际频谱和实际场强，但能真实反映出空中电磁波的频谱特性和相对强度，其接收频率的计算公式为：中频接收频率＝本振频率（5150）－下行频率。可知 3 500MHz 信号在图中频率为 1 650MHz，3 600MHz 信号在图中为 1 550MHz。

鉴于亚洲 6－H 在 3 600MHz—4 000MHz 只存在天线底噪，故选取其作为加装 3.7－4.2GHz 带通滤波器前后的参照。图 2 为加装带通滤波器无天线增益的开路 5G 信号频谱，图 3 为未加装带通滤波器的亚洲 6－H 频谱，图 4 加装带通滤波器的亚洲 6－H 频谱，基站功率为 200W、默认场景。

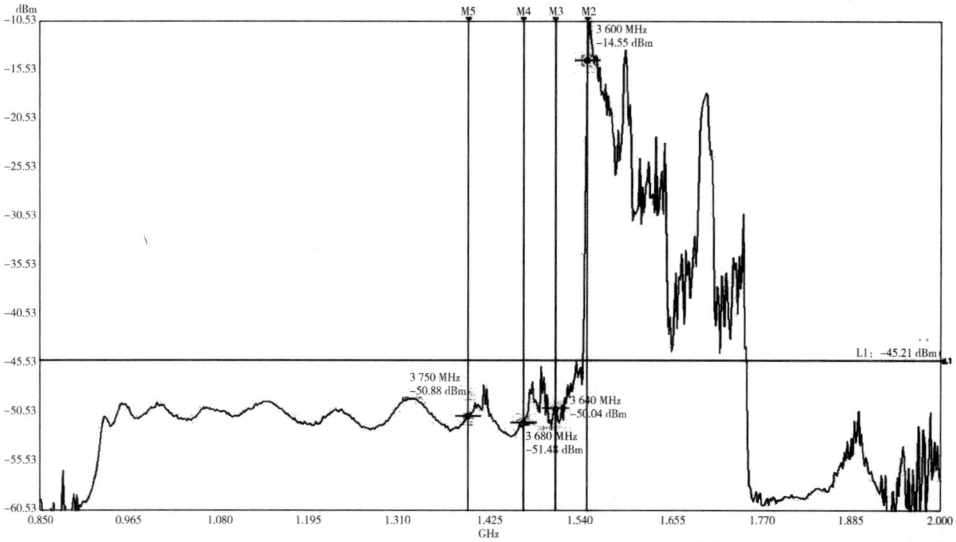

图2　加装带通滤波器无天线增益的开路 5G 信号频谱

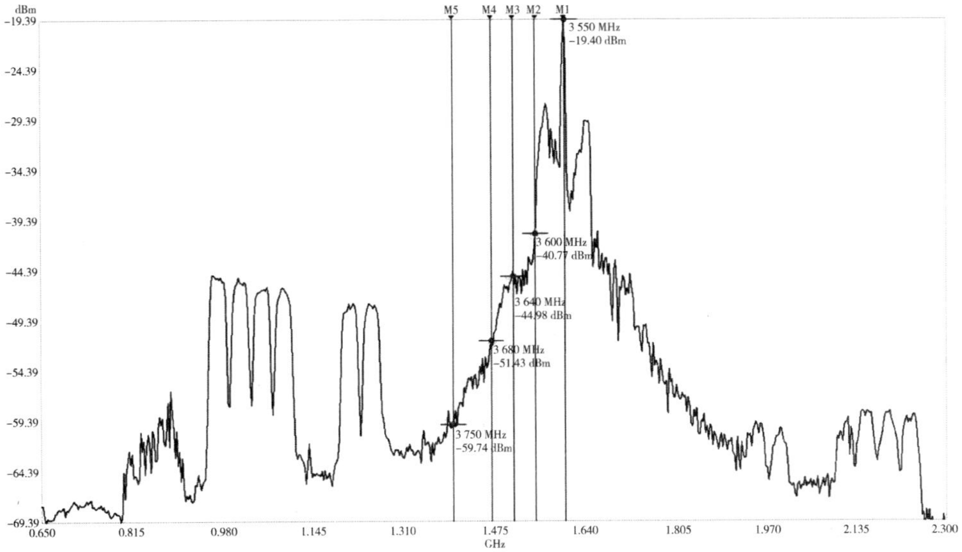

图 3　亚洲 6－H 未加装带通滤波器频谱

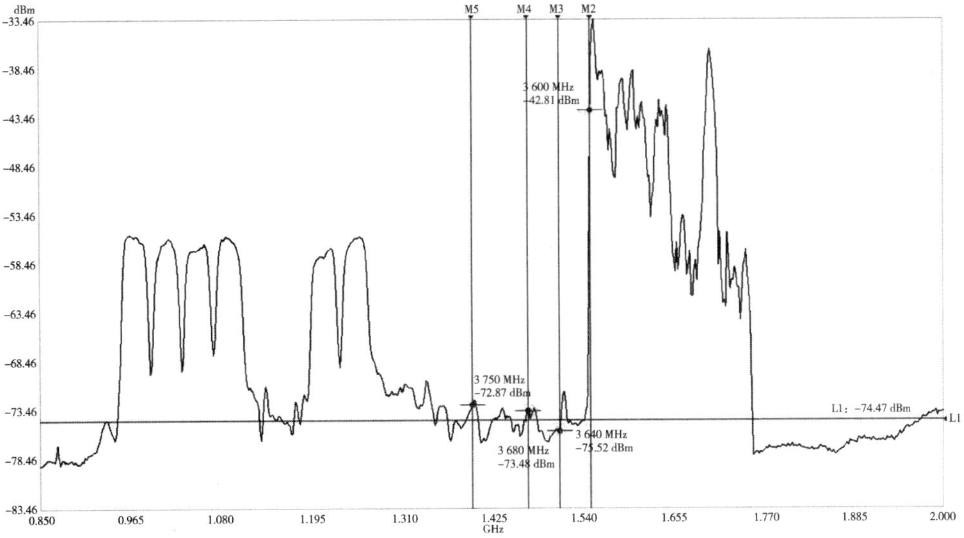

图 4　亚洲 6－H 加装带通滤波器频谱

对比图 3 和图 4 可知，在加装带通滤波器后，进入卫星天线系统的基站信号的最大功率由原来的－19. 4dBm 大幅下降至－33. 47dBm，由于 LNB 饱和造成 3 600MHz—4 200MHz 出现的严重干扰波形完全消失。此时，亚洲 6－H 的全部卫星信号受干扰的现象消失。将滤波器安装到 6A、6B 天线上，除 3 600MHz—3 700MHz的信号外，其他电视节目恢复正常接收。确认加装带通滤波器后，确实能够避免 LNB 饱和，消除阻塞干扰。

3.3 处置邻频干扰

对比图 3 和图 4，分析受干扰前后频谱，卫星信号受到干扰时整个系统底噪至少提升了 5dB，而卫星信号正常时，本系统卫星信号最低功率约为 -45dBm，要求外来信号的功率应低 10dB 左右，为 -55dBm。由图 3 可知，5G 通信基站带外约 150MHz 处的信号功率才小于此数值。

由图 2 可知，加装带通滤波器后，仍然有较强的 5G 通信基站信号带外功率落入 3 600MHz—3 750MHz。同时可以看出，5G 通信基站信号的带外频谱与天线其他频率的噪声频谱存在明显区别，其功率也超过了国际电联 ITU-R S.1432-1 建议书的要求，在卫星地球站工作频段及其相邻频段，干扰信号限制为晴空条件下卫星地球站接收系统噪声功率减 12dB。

根据图 2、图 3、图 4 的频谱，结合中星 6B-V 的 3 640MHz 节目及 3 680MHz节目仍旧出现严重马赛克的现象，证实 5G 基站信号对工作频段 3 600MHz—3 700MHz 卫星信号存在邻频干扰。

为了缓解邻频干扰，尝试调整 5G NR 基站的场景内波束方案和发射功率，寻找产生邻频干扰的临界点。该基站共有四个小区，按照表 3 方案进行联合电测。

表 3　5G NR 基站功率、场景波束方案调整测试用例及结果

<table>
<tr><th>基站小区
场景波束方案</th><th colspan="2">小区 1、2、4</th><th>小区 3</th><th>干扰情况</th></tr>
<tr><td rowspan="12">默认场景
水平宽覆盖场景
低层覆盖场景
中层覆盖场景</td><td>200W</td><td>200W</td><td colspan="2" rowspan="7">绝大部分频道出现失锁现象</td></tr>
<tr><td>160W</td><td>200W</td></tr>
<tr><td>120W</td><td>200W</td></tr>
<tr><td>80W</td><td>200W</td></tr>
<tr><td>40W</td><td>200W</td></tr>
<tr><td>0W</td><td>200W</td></tr>
<tr><td>200W</td><td>200W</td></tr>
<tr><td>200W</td><td>160W</td><td colspan="2">小部分频道出现失锁现象</td></tr>
<tr><td>200W</td><td>120W</td><td colspan="2" rowspan="2">3 640/3 680MHz 节目
或间歇性失锁或出现马赛克现象</td></tr>
<tr><td>200W</td><td>80W</td></tr>
<tr><td>200W</td><td>40W</td><td colspan="2" rowspan="2">节目播出正常</td></tr>
<tr><td>200W</td><td>0W</td></tr>
</table>

如表 3 所示，在测试不同功率组合时都会按照默认场景、水平宽覆盖场景、底层覆盖场景和中层覆盖场景依次调整场景波束方案并记录中星 6B－V 频谱和接收干扰现象，测试结果表明调整场景波束方案并不能缓解干扰情况，间接印证了《干扰协调指南》第 6 小点在实际操作中效果并不显著。

如表 3 所示，由于需要接收 3 640MHz 节目，本极化选取 3.625－4.2GHz 带通滤波器，当小区 3 发射功率较大时仍会出现阻塞干扰，造成该极化绝大部分节目出现失锁现象；当小区 3 发射功率下降时，干扰情况逐渐改善。当且仅当小区 3 发射功率降低至 40W 及以下时，干扰现完全消除，因此确认小区 3 为具体干扰源。上述测试结果间接印证了《干扰协调指南》第 3 和第 6 小点的有效性，并能得出实现两系统邻频共存只需要调整基站的具体干扰小区这一结论。

图 5 为 5G NR 基站功率 200W、默认场景、加装带通滤波器的中星 6B－V 频谱。图 6 为基站小区 3 功率 40W、其余小区功率 200W、默认场景、加装带通滤波器的中星 6B－V 频谱。

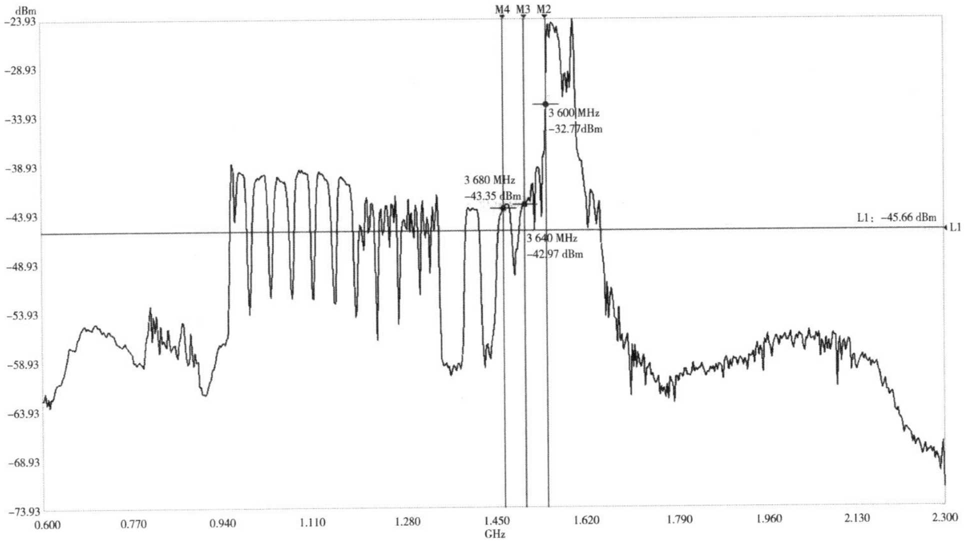

图 5　基站满发射功率情况下中星 6B－V 频谱

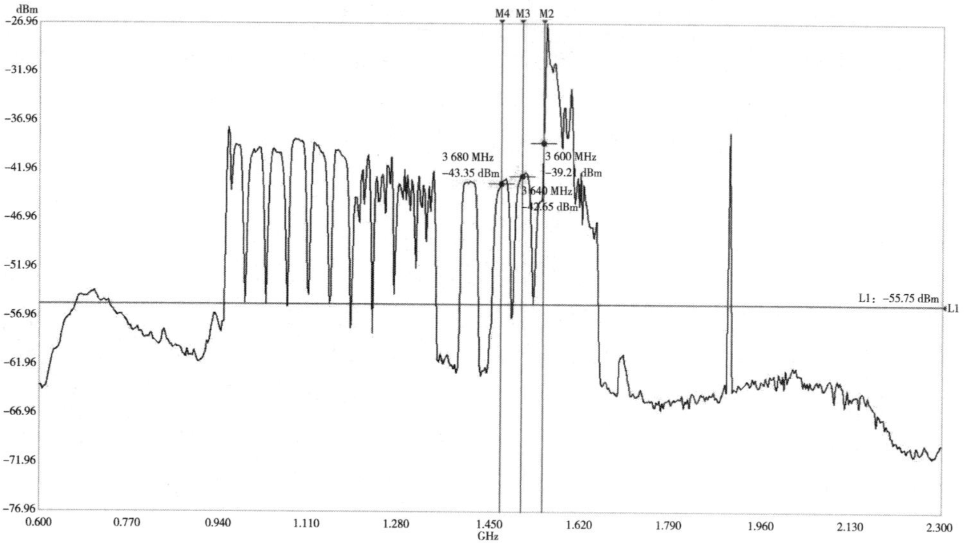

图6 小区3发射功率40W时中星6B-V频谱

由图5可知，当5G通信基站满功率发射时，3 600MHz—3 700MHz出现干扰波形。对比图5和图6可知，当基站小区3发射功率由200W降低至40W时，3 600MHz—3 700MHz频谱畸变变小，干扰减小，3 620MHz处的噪声电平下降10dB以上（55.75-45.66=10.09dB），与发射功率下降7dB的理论计算值相近。尝试将小区3发射功率恢复至80W，频谱未出现明显变化，可判断上两种情况带外功率落入3 600MHz—3 700MHz的功率都低于天线底噪，且存在一个邻频干扰的临界点。

3.4 通过临界点测算隔离度差值

为了验证5G NR基站小区3功率40W、其余小区功率200W、默认场景、加装带通滤波器时，是否处于临界状态，我们将卫星中频信号接入码流分析仪的QPSK模块进行传输指标分析。图7和图8分别为3 640MHz节目和3 680MHz节目的QPSK星座图及QPSK TR101 290告警，为更清晰地进行表述，QPSK星座图只保留第一、第二象限，省略第三、第四象限。

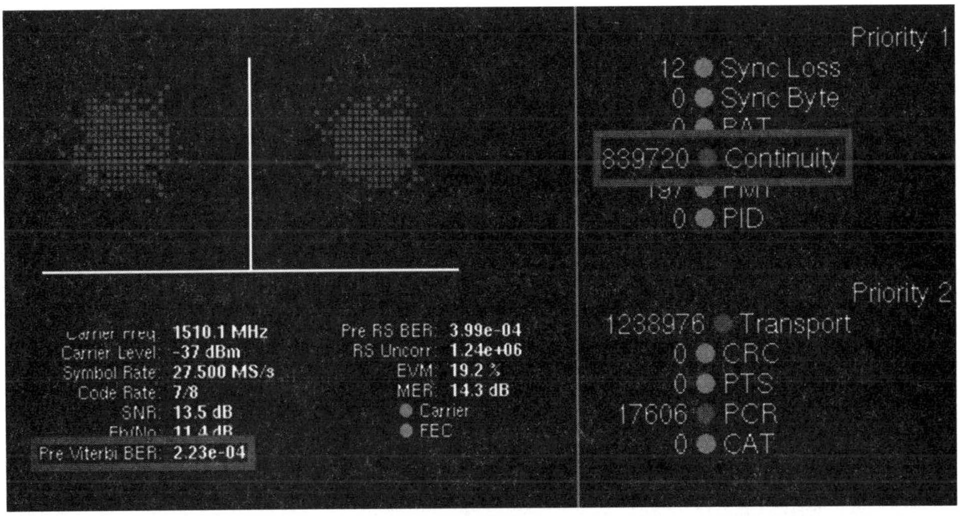

图7　3 640MHz 节目 QPSK 星座图及 QPSK TR101 290 告警

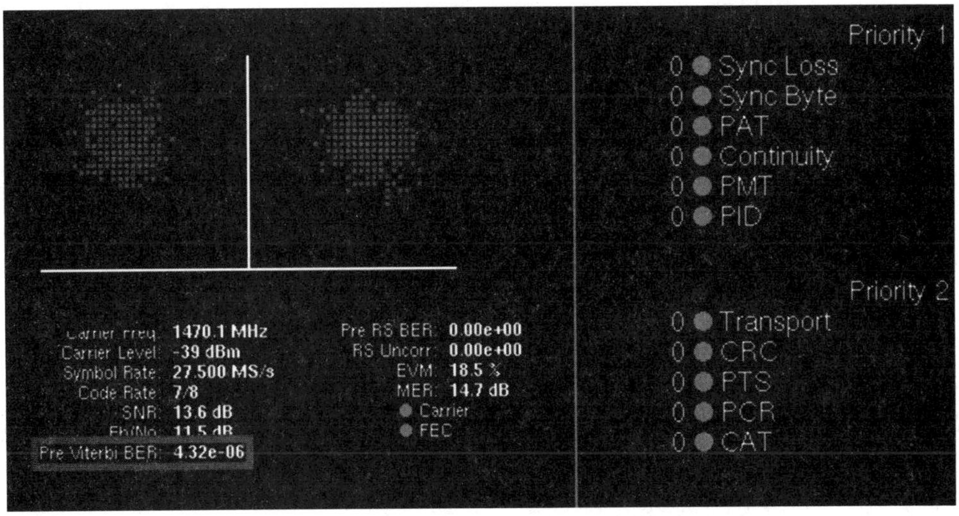

图8　3 680MHz 节目 QPSK 星座图及 QPSK TR101 290 告警

如图7所示，3 640MHz 的 QPSK 星座图部分点游离在外，其维特比译码输出误码率为2.23E－4，稍大于门限值2.0E－4，QPSK TR101 290 中出现大量连续计数错误。如图8所示，3 680MHz 的 QPSK 星座图聚集情况要优于3 640MHz，其维特比译码输出误码率为4.32E－6，小于门限值，QPSK TR101 290 无告警。经过卫星机纠错，3 640MHz 节目码流无 TR101 290 告警，播出正常，因此可估计小区3功率40W、其余小区功率200W、默认场景、加装带通滤波器，是一个邻频干扰的临界点。由于在 LNB 前加装带通滤波器理论能够增加约45dB 的隔离度，再增加约 10dB 隔离度至 55dB，应可恰好消除邻频干扰。如果能增加到 15dB 至 60dB，则卫星天线系统抗干扰的余量将更为充足。

4 缓解干扰的具体措施

卫星天线安装滤波器解决阻塞干扰后，同频干扰和邻频干扰就成为主要的干扰源，同频干扰非本文的主要讨论内容。总结本次干扰协调过程，带外抑制比 ACLR 是影响邻频干扰的大小的主要因素，只要能够全面解决这个问题，便能实现 5G 通信基站对邻频 C 波段卫星地球站的邻频共存。因此，建议可优先考虑采用如下措施解决邻频干扰：

在 5G NR 基站加装带通滤波器，提高 5G NR 基站的带外抑制比，邻频 100MHz 的带外隔离度提高 10－15dB，即 ACLR 由 45dB 提高到 60dB，则协调半径可由 4 公里下降到 1 公里，此项工作对设备的技术参数提出了更高要求，需设备厂家为主进行；

降低 5G NR 基站发射功率，调整基站发射场景和发射小区，此项工作以通信运营商为主进行。

由于本文只对一个位置的卫星接收站的干扰情况进行了测试，数据还不够全面和完整。随着 5G 的预商用，5G 通信基站必将会逐渐增多，造成干扰的因素也必将愈发复杂，需进一步进行测试和总结。设备厂家、通信运营商、卫星地面站三方通力协作，才能解决干扰问题，保证 5G 部署推广工作的顺利进行。

5 结束语

本文首先就 5G 通信基站对 C 波段卫星地球站的理论和实际干扰情况进行了介绍，然后通过多次联合电测以消除阻塞干扰和邻频干扰，并找出邻频干扰的临界点，最后给出缓解干扰的具体措施。由于各地 5G 通信基站和 C 波段卫星地球站的具体环境和距离不同，出现干扰的情况也不尽相同，因此有必要在按照《协调管理办法》要求做好协调工作的基础上，制定符合具体情况、切实可行的解决方案，以求实现 5G 系统与 C 波段卫星地球站之间的邻频共存，促进 5G 通信试验的顺利进行，保障卫星电视节目的安全播出。

本文初步证明了 5G 室外基站与 3 600MHz—3 700MHz 的 C 波段卫星地球站邻频共存间隔距离能够从 4 公里缩短至 1 公里以内，甚至可能缩短到 200 米以内（本次测试距离仅为 120 米）。另外考虑到各国在广州市中心的越秀区、天河区、海珠区共设有 63 个驻华领馆，大部分自建有卫星接收天线，若按照 4 公里的间隔距离进行布点，在广州市中心将无法完成 5G 信号覆盖。因此本文对提高卫星转发器的使用率，缩短 5G 基站布点距离，提高 5G 信号覆盖强度，加快 5G 技术部署，具有非常重要的意义。

参考文献

[1] 工业和信息化部.3 000－5 000MHz 频段第五代移动通信基站与卫星地球站等无线电台（站）干扰协调管理办法，2018.

[2] 国家广播电视总局司局.3 000－5 000MHz 频段第五代移动通信基站与卫星地球站等无线电台（站）干扰协调管理办法（征求意见稿），2019.

[3] ITU－R S 2199－0. Studies on compatibility of broadband wireless access（BWA） systems and fixed－satellite service （FSS） networks in the 3 400－4 200 MHz band，2010.

[4] 高少君，郭严，刘世贵等.GY/T 147－2000 卫星数字电视接收站通用技术要求，2000.

[5] 田议，李胜利，李培红等.GY/T 11442－2017 C 频段卫星电视接收站通用规范，2017.

[6] 肖孙圣，潘梁，章苏.GY/T 148－2000 卫星数字电视接收机技术要求，2000.

【点评】

该文章论点突出、文章结构合理、论据逻辑性强、实验数据完整，形成的结论对行业有很好的指导意义。

文章详细描述了解决 5G 通信基站对 C 波段地球站干扰问题的全过程，理论联系实际，是一篇典型的工程难题攻关文章，对同行业解决类似问题有很好的参考意义。值得一提的是该文通过对实测数据的分析，得出带外抑制比 ACLR 是邻频干扰的主要因素，并能定量计算出邻频共存时的 ACLR，使得这一文章从一般的参考价值上升到理论指导层面。

该论文的优点是针对解决 5G 通信基站对 C 波段单收地球站的干扰共存问题选取一个干扰的实例作为研究对象，分析干扰成因，并通过实测数据得出带外抑制比 ACLR 是影响邻频干扰大小的主要因素，并根据地球站的干扰保护准则并通过工程实践应用，计算得两系统邻频共存时需要保持的 ACLR，最后给出了处置 3 600MHz—3 700MHz 邻频干扰的一些具体解决方法，为干扰协调提供了应用实施经验，实现 5G 系统与 C 波段卫星地球站之间的邻频共存，促进 5G 通信试验的顺利进行，保障卫星电视节目的安全播出。并可以提高卫星转发器的使用率，缩短 5G 基站布点距离，提高 5G 信号覆盖强度，加快 5G 技术部署。

该论文的缺点是没有对 5G 基站的带外抑制进行论述。

该论文的获奖理由是其有助于保障卫星电视节目的安全播出，推动 5G 技术部署。

（庄宜学）

电影作品

拆弹专家2

广州市英明文化传播有限公司　林小强　高　影

（文字稿略）

【点评】

获得内地电影市场13.14亿票房的《拆弹专家2》，在场景、故事、人物以及思想方面精益求精、不断突破，代表国产警匪片工业化制作、艺术化呈现的新高度。

影片从多个层面展开故事冲突。在警与匪的主线冲突之外，还有警员间的个人冲突和个人与体制、与社会的冲突，以及人物内心“善恶”“真假”的自我冲突。密布的悬念令故事充满张力。身份反转、植入记忆，各个故事节点和时间衔接巧妙契合。高密度快节奏的叙事推进，人物情感过程的逻辑推演，呈现出警匪类型故事的集成与创新。

影片的独特性在于其人物力度和主题深度。合理演绎主人公从善到恶的黑化过程已是挑战，更胜在又一次的人性逆转依然具备合理性和可信度。从“你信我你就是警察，不信就是恐怖分子”的逻辑玄机，到记忆恢复后“弃恶扬善”，自主选择做一个“好人”，不仅拯救了一城百姓，也完成了自我救赎。

至于地铁火光冲天、机场被夷为平地，高空泳池爆炸，医院枪战，街巷追逐，广场拆弹，地铁站，地铁控制室，国际金融中心等的枪战，地铁车厢核弹、青马大桥炸毁、海水压向堤岸等暴烈场面，不仅富有叙事节奏，更因其工业制作和技术水准，使每一个火爆场景都极其逼真，给观众带来强烈的视觉震撼和情感冲击。

（刘海玲）

公益广告作品

“扶”助老年人跨越“数字鸿沟”

广州市番禺区广播电视台　何颖仪　韩嘉健

场景一：车站。

服务员：阿叔啊，为了做好疫情防控工作，进入车站前，麻烦出示一下“健康码”。

长者 1：嘿，我都不会搞什么“健康码”，哎，真是“智能拦路虎”啊！

场景二：医院。

导诊员：阿姨，你需要网上预约挂号才可以看病哦，你的预约号呢？

长者 2：哎呀！我根本不会用智能手机，怎么预约呢？真是“智能绊脚石”啊！

场景三：菜市场。

菜市场服务员：大叔，这袋番薯 5 元，你扫那边二维码付款，我们市场不收现金啊！

长者 3：年轻人，我都不会像你们那样用手机付款的，弄得我的心顶着顶着，真是“智能顶心杉”啊。

【过渡：长者感叹】日常生活处处受阻，谁可以扶我跨过这个难关呢？

服务员：阿叔，请走这边“无健康码通道”。

导诊员：阿姨，那边有挂号、缴费的人工窗口，我带你去吧。

菜市场服务员：大叔啊，给现金一样的，下次我教你怎样扫码付款啦。

【呼吁语（表态度）】加快建设充分兼顾老年人需要的智慧社会，我们一齐搭把手，让老年人搭上“数字快车”，一同享受便利的数字时代！

【点评】

公益广告的属性要求是既要突出服务于政治大局的宏大叙事，更要突出服务市民的微观“小事”，广州市番禺区广播电视台制作送评的广播公益宣传作品《“扶”助老年人跨越“数字鸿沟”》敏锐地抓住了“数字时代”的一个伴随产物——老年人如何对接数字时代，社会如何关心老人适应数字时代需求这个“民生热点”问题，主题鲜明，题材生动；作品通过音效、配音和解说真实展现了老人在乘车、看病、买菜时如何用手机扫码、没有智能手机如何走老人通道等等现实场景，给听众身临其境的真实感觉，作品通过服务人员的耐心解释、提示，广播主持人亲切提醒，既传递了有关素质生活的常识，又再现了尊敬老人的文明和谐的氛围，同时也提醒社会管理者以及各个相关的服务企业和工作人员要重视老年人在数字时代的特殊需求，作品体现了党和政府以及新闻媒体“不忘初心、牢记使命”的神圣职责。好的公益广告宣传作品首先要真实，其次要紧密联系民生，再者需要良好的制作表现形式，只有这样才能较好地发挥出公益广告宣传的作用。番禺广播电视台作为一家区级广播机构能够做出这样上乘之作，可喜可贺！

（戴　杰）

红树林合唱团
——守护候鸟，守护天籁之音

深圳广播电影电视集团 刘 倩 张艺多 尹 航 张 锐

童声 1：红树林候鸟合唱团音乐会现在开始。

【红树林候鸟嬉戏音效】

童声 2：这是黑脸琵鹭清脆华丽的高声部。

童声 1：这是卷羽鹈鹕浑厚低沉的低声部。

童声 2：这是黑嘴鸥、褐翅鸦鹃余音绕梁的和声。

【候鸟和声、红树林环境声音效】

【画外音】

主持人：这，是天空之城的声音。飞扬 971 和您一起，守护候鸟，守护天籁之音。

听我们，听深圳。

【点评】

广播公益广告《红树林合唱团——守护候鸟，守护天籁之音》主创人员构思巧妙、角度独特、富有创意，作品采集了大量丰富的音效，悦耳动听、轻松有趣，使听者能够产生强烈的画面感。

（1）本篇公益广告将创意与人们的生活巧妙融合，通过拟人化的手法将深圳红树林自然保护区的南迁候鸟比喻成一场别开生面的合唱音乐会，让听众感受到了大自然的和谐韵律，唤醒人们对自然资源的保护意识。

（2）语言精准有效，用孩童的声音和通俗易懂的表达方式普及候鸟知识，从小养成敬畏生命、守护自然的观念，对生态文明建设的影响源远流长。

（3）作品短小精悍、积极向上，传递出“保护鸟类资源、守护绿水青山”从我做起的正确价值观，具有较好的环保公益社会价值。

（戴 杰）

广泛使用公筷分餐　关爱你我安康

广东广播电视台　胡志慧　陈沛华

广东省疾病预防控制中心主任邓惠鸿提醒您："许多传染病的病原体可以通过'口水'，也就是'唾液'经由筷子传播给他人，所以使用公筷和分餐，可以为我们的健康筑起安全屏障。"

女：使用公筷，关爱你我。

男：实行分餐，保障健康。

男/女（合）：广泛使用公筷分餐，共筑健康安全屏障。

【点评】

受疫情影响，越来越多人开始关注公共卫生和社交距离，为了倡导更多人使用公筷公勺，保持健康文明的生活习惯，该作品应运而生，虽短小精悍，却能发挥较大的效能。该作品还特别邀请了全省最权威的卫生防控机构负责人、权威专家，从科学的角度发出强烈的呼吁：广大市民应养成良好健康文明的公筷分餐习惯，具有很强的号召力和感染力。作品的主题很明确，表达的内容很清晰，反复阐述"为什么要使用公筷"和"使用公筷的意义"。全程贴切民生问题，贴切生活点滴。整体创作从实际出发，用平实的方式进行呈现，直观直接，使整条音频内容引发公众共鸣，由于呼吁者具有权威，发声有理有据，从而产生良好的社会影响力，取得了预期的社会效果。

（徐思红）

大自然的情话

广州市广播电视台　霍浩晖

【文案】

这是山林中采录的画眉鸟的求偶声。
（清脆悦耳的鸟叫）
这是城市中豢养的画眉鸟的求偶声。
（大声、嘶哑的鸟叫声）
听见了吗？
长期生活在嘈杂的环境中，鸟儿被迫提高了嗓门；谈恋爱也似乎成了吵架。
【伴随着画眉鸟的喳喳叫声】

（音乐起）
保护环境，减少噪音，这是说给大自然的最好情话！

【长度】30 秒
【播出时间】：2020 年 12 月 11 日 0：00—22：00 广告时段
【主创人员】：霍浩晖

【点评】

“自然是生命之母，人与自然是生命共同体，人类必须敬畏自然、尊重自然、顺应自然、保护自然”。在科技高度发达的时代，我们依然必须保持对自然的敬畏之心，只有在尊重自然和顺应自然中利用自然和保护自然，才能真正实现人与自然的和谐共生。在 2020 年这特别的一年，我们尤其深刻地体会到尊重自然、保护环境的重要性。作为广播作品，作者选择从“声音”入手，创作出了最符合广播特质的公益广告，提醒人们关注环境噪音问题。

事实上，噪声污染不仅危害我们人类自身的健康，也会引起自然界的一系列连锁反应。作者选择广州的市鸟画眉鸟作“主角”，通过与热爱鸟类的群组沟通，拿到了他们采录的不同生存环境下的画眉鸟的鸣叫声，山林里的画眉鸟叫声清脆，而长期生活在城市嘈杂环境中的画眉鸟叫声嘶哑，二者产生鲜明的对比，作者也在这一真实素材的基础上，创作了特别的公益宣传广告“大自然的情话”。

在短短30秒的时间内，它就紧紧抓住了人的耳朵，这个作品兼备了情感、温度、戏剧性以及声音特点。作品表面上似乎只是在讲画眉鸟的叫声问题，其实是提醒人们关注噪声污染对自然界的伤害，提倡“人与自然是生命共同体”的理念。

（杨　露）

一只手转动梦想

广州市广播电视台　朱　刚　张建忠　陈津广

主题：社会主义核心价值观之平等篇

作品简介：

《一只手转动梦想》讲述的是篮球独臂少年张家城的故事。他从小因为少一只手臂被同龄人嘲笑，变得自卑、内向。一次偶然机会，他爱上了打篮球，却因为断臂不能进校队，在教练和母亲的帮助下，张家城克服重重困难，练就了一身篮球技能，娴熟的篮球技术超越了同龄的健康同学。通过篮球，他变得自信，同学们也不再嘲笑他，他还带领校队获得了比赛第一名，成为广东省注册的专业青少年篮球运动员，并受邀参加 CBA 复赛跳球，赢得了广大 CBA 明星的鼓励。张家城身残志坚，他就像一束光，勇敢地追求梦想，凭借努力实现自己的价值，这属于社会主义核心价值观的平等篇，残疾人也能和正常人一样，勇敢地追求自己的梦想。

人物形象：

张家城：13 岁篮球少年，一只手打篮球，非常执着，凭借努力，篮球技术突飞猛进，成功超越了同龄人篮球水平。

文案：

飞转的篮球划破心灵的阴霾，那个独臂少年——张家诚，单调艰苦的训练，汗水浸透的衣衫，怀着同样的青春梦想。他放下自卑，一步一个脚印，从默默无闻到冠军，坚定而自信。用拼搏赢得尊重，用信念创造奇迹，他用一只手托起自己的世界。

【点评】

本片以第三人称视角讲述了独臂少年张家城的故事，把独臂少年与实现篮球梦这两个具有一定反差的元素进行了很好的结合，描述张家城爱上篮球后通过严苛的训练，克服了巨大困难，练就了单手运篮的绝招。本片以张家城克服自卑、刻苦训练篮球为主线，采用了大量户外实景拍摄，选用自然音响、自然音效、非职业演员等，现实主义风格的叙事为本片增强了极大的真实性，给人以强烈的情感冲击，构筑起独臂少年单手托举篮球梦的主题。本片选材篇幅得当，内容凝练，节奏感强，传达了积极乐观的向上精神，具有很强的社会意义，是一部优秀的作品。

人生路，注定不会好走，但只要努力，就一定能获得命运的额外馈赠，独臂少年张家城用自己的巨大努力做对了这道人生的选择题。篮球，让张家城变得与众不同，他通过这项运动重新找回了自信、找到了人生追求的目标。

作品关注个体的人文情怀让人动容，多个记录镜头也都给观看者以奋进的力量，一部优秀的公益作品应该做到如此。俗话说“有志者事竟成”，一切皆有可能，人们在这个励志的独臂少年身上看到了积极向上的乐观精神。

（杨　露）

野生动物别乱吃　病从口入你要知

中山广播电视台　蔡燕萍　梁　欣　梁斐然

【蝙蝠】我白天已经不出现了，还长得丑，凭一己之力封印身上上百种病毒，为什么还有人要吃我？

【穿山甲】我还是国家级保护动物呢，还不是一样被吃。都要断子绝孙了，再这么吃下去，以后只能在博物馆看到我们了。

【蛇】他们还嫌我们不够毒，越毒越要吃。我身上那么多寄生虫，他们就是不害怕。

【蝙蝠】吃饱了吧，戴上口罩吧，别让人类有什么奇奇怪怪的病毒传染给我们。

【蝙蝠　穿山甲　蛇】走了走了。

【标语】野生动物别乱吃，病从口入你要知。

【点评】

正所谓没有买卖就没有杀戮。本片是一则只有短短 30 秒的公益广告，以蝙蝠、穿山甲、蛇等野生动物为代表，在餐桌上讲述自己的同类被人类吃的故事。片子借动物之口劝诫人们远离野生动物，不要为饱口腹之快而随意杀害野生动物。

片子通过动漫的形式、拟人的手法，诙谐幽默的对白，向人类发出一种危险警示信号。结尾的对白有些搞笑但又发人深省。

“野生动物别乱吃，病从口入你要知。”最后的字幕再次劝诫人类远离野生动物，反哺主题。这与 2020 年初全国人大常委会第十六次会议通过的《关于全面禁止非法野生动物交易、革除滥食野生动物陋习、切实保障人民群众生命健康安全的决定》精神相吻合。片子在 2020 年全球新型冠状病毒肆虐的大背景下推出，具有很强的宣传价值。

（雷小燕）

大医精诚

广东广播电视台　徐婉玲　陈建珣　杜一扬　蔡淑燕

新型冠状病毒肺炎疫情在武汉暴发。2020年1月20日，钟南山院士发出“肯定有人传人”“没有事情不要去武汉”的预警，钟南山关于新冠病毒人传人的判断，拉响了全中国全面防止疫情扩散的警报，史无前例的抗疫保卫战就此打响。他让大家不要去武汉，但自己第一时间义无反顾地逆行而上。

在疫情肆虐的暗夜中，钟南山就像一道闪亮的光，以他精湛的医术和真实敢言的风范，赢得了中国社会的高度赞誉，他的一言一行均引起中国公众的高度关注。广东广播电视台敏感地抓住了这一重点题材，创作了电视公益广告《大医精诚》。

本片以新冠疫情的发生为线索切入，讲述以钟南山为代表的医务工作者在2020年新冠肺炎疫情抗疫一线的故事。这次疫情，让“钟南山”这个名字再次深深地印在大家心中。84岁的钟南山，有院士的专业，有战士的勇猛，更有国士的担当。钟南山眼含泪花说出“有全国帮助，武汉是能够过关的，武汉本来就是一个英雄的城市”的话语，成了最激励人心的情景之一。钟南山在高危传染病面前始终坚守自己的职责与使命，为守护中国人民群众的身体健康作出了巨大贡献，对全球抗疫工作也起到了积极作用。而钟南山说，他所做的这一切，都仅仅是履行一名医护工作者的职责和使命：“我没有想太多，这个病人我想办法把他救活，这是我最大的追求。”在这部记录了钟南山院士真实言行的公益广告中，钟南山以其高尚的医德和真实敢言的风范，完美地诠释了“大医精诚”的精髓。

作为传播主流价值的主阵地，广东广播电视台整合全台资源，在钟南山获得共和国勋章前后，全台八大频道及新媒体平台密集播放该片。以“钟南山”为代表的广大医务人员白衣为甲、逆行出征，舍生忘死挽救生命，在中国的抗疫斗争中，展现了中国精神、中国力量、中国担当。他们的名字和功绩，国家不会忘记，人民不会忘记，历史不会忘记，将永远铭刻在共和国的丰碑上！我们用这部片子向抗疫英雄们、向奋战在抗疫前线的所有医护人员致敬！该作品播出后获得业界内外和社会公众一致好评，被广东省广播电视局选送参加国家广电总局抗疫公益广告专项征集，还先后在广东省卫健委指导的“弘扬钟南山精神研讨会”等大型活动现场循环播出，产生了良好的社会反响。

【点评】

该作品展示了以钟南山为代表的广大医务人员在疫情面前无所畏惧的大医精诚。在疫情肆虐的暗夜中，钟南山就像一道闪亮的光。他以精湛的医术和真实敢言的风范，赢得了中国社会的高度赞誉，他的一言一行均引起中国公众的高度关注。广东广播电视台敏感地抓住了这一重点题材，创作了电视公益广告《大医精诚》。本片以新冠疫情的发生为线索切入，讲述以钟南山为代表的医务工作者 2020 年新冠肺炎疫情在抗疫一线的故事。政治站位高，社会责任感强，叙事宏大，画面流畅感人，让“钟南山”这个名字再次深深印在了大家心中。钟南山以其高尚的医德和真实敢言的风范，完美地诠释了“大医精诚”的精髓。作为传播主流价值的主阵地，广东广播电视台整合全台资源，在钟南山获得共和国勋章前后，全台八大频道及新媒体平台密集播放该片。该片获得业界和公众的一致好评，被广东省广播电视局选送参加国家广电总局抗疫公益广告专项征集，还先后在广东省卫健委指导的“弘扬钟南山精神研讨会”等大型活动现场循环播出，产生了良好的社会反响。

（徐思红）

从黑白到五彩斑斓的世界

佛山拍掂影传媒有限公司　杨国华

穿越时光，见证精彩。

2020年全面建成小康社会。

【点评】

2020年是我国全面建成小康社会的决胜年，而全面建成小康社会是我国社会经济变革中的一个高光时刻。作品《从黑白到五彩斑斓的世界》以此为创作背景，通过一个小男孩的时空穿越，从不同年代家庭电视机前的瞬间定格，从黑白电视到彩色超大屏电视，从不同时期的国家重大事件，来展现让世人咋舌的中国巨变。

“全面建成小康社会”，留在人们脑海中更多的是一个标语横额式的红色解读。作者跳出固有的藩篱，以平常百姓家客厅一隅的变化，来突显新中国几十年来的巨变，构思巧妙，立意新颖。从早期的一群人围坐在一台电视机前看春晚，一家几口看女排夺冠，再到中国申奥成功、神七升空，以及2019年国庆70周年大阅兵，从远到近，由旧到新，从黑白电视到彩色电视，再到人工智能电视，一个个时空场景的变化，一段段具有代表性意义的电视内容的切换，有力地见证了老百姓家庭生活水平的提高，见证了国家的繁荣富强。

不仅如此，作品还巧妙地运用一些特殊的拍摄技法及后期制作，如场景人物的静止与电视机画面的流动，不同的场景、不同的历史片段通过小男孩的视觉来连接，让观众感受到不一样的强烈视觉冲击力。而以4K 50帧率的标准进行摄制让片子完美呈现，如随着时光的流动，片子的色调也作了微妙的处理：黑白电视时的昏黄的灯火，到彩电时的亮堂，再到智能电视时的溢彩流光，每一个细节的变化都在诉说着历史的进步与变迁。

（雷小燕）

小苹果实现大梦想

广州市少爷影视传播有限公司　王元帅　黄利元　翟朝璐　陈　浩

（文字稿略）

【点评】

习近平总书记 2013 年提出的“一带一路”倡议，是构建人类命运共同体的宏伟举措。7 年来，“一带一路”进入国际话语体系，写入联合国大会、安理会等重要决议；全球 100 多个国家和国际组织与中国签署共建“一带一路”合作文件，以双边合作筑底、多边机制呼应、高峰论坛引领的“三位一体”国际合作架构已经搭建。

在此大背景下，《小苹果实现大梦想》以小见大，用拟人的手法，讲述了小苹果“甜甜”和他的小伙伴们随着中国远洋货轮“畅游”“一带一路”，所到之处广受各国消费者好评和欢迎的故事。故事的开头，正在做自己成为汉代张骞走丝绸之路美梦的“甜甜”被小伙伴叫醒，意想不到地登船出发，去让各国的“吃货”们认识自己；各国“吃货”一见到中国苹果，无不欢呼雀跃，赞不绝口；这让小伙伴深深感叹“‘一带一路’让我们无论在哪里，都能品尝到中国的美食，用到中国的产品”。短短的 1 分半钟时间里，故事有悬念，有情节，生动直观。在表现手法上，作品用绘制精美的动画，配以萌宠稚嫩的童声和各国“吃货”夸张的表情和话语，给人留下了深刻的印象，这是一件不可多得的优秀公益宣传作品。

（余得通）

▶ 附　录 ◀

2020年度广东省广播影视奖获奖作品篇目

一等奖

广播新闻（9件）

▲深圳广播电影电视集团：广播短消息《深圳成为全球首个实现5G独立组网全覆盖的城市》

主创人员：潘家玉、王国玉

▲英德市广播电视台：广播短消息《我的冬瓜，只捐不卖！》

主创人员：吴永全、黄巧玉、姚天虹、谭耀基

▲广州市广播电视台：广播长消息《危急时刻彰显国企担当　广汽牌口罩今天诞生》

主创人员：卜涛、陈善恒

▲东莞广播电视台：广播长消息《我国首台加速器硼中子俘获治疗实验装置研制成功，可精准“杀死”癌细胞》

主创人员：田飞跃、谭倩、王红君、阳玉明

▲广东广播电视台：广播系列、连续及组合报道《共赴山海，同奔小康——广东参与东西部扶贫协作纪实》

主创人员：集体创作

▲广州市广播电视台：广播新闻评论《法不容情——最高法院一个指导性案例告诉我们什么？》

主创人员：徐宏、周文源、李素卿

▲珠海广播电视台：广播新闻专题《“总书记，我们等您来喝包谷酒！”》

主创人员：黄华、黄卫星、潘文海、陈苏栋

▲广东广播电视台：广播新闻节目编排《深圳，乘风破浪40年》

主创人员：黄缨、章艺（原名：章毅）、司徒昌

▲汕尾广播电视台：广播新闻访谈节目《父亲和爷爷是忠于理想的两代人——对话彭湃的孙女彭洁》

主创人员：胡芳、陈海珊、周贵良、陈鹏飞、李宽、陈星

电视新闻（10 件）

▲深圳广播电影电视集团：电视短消息《深圳“疫”中经济实现“V”形反弹　在全国一线城市中率先“转正”》

主创人员：黄涛、钟鹏超、康晓明

▲珠海广播电视台：电视短消息《称杆乡村民心中有杆“秤”》

主创人员：胡志刚、董晓宇、玖南益、马玩璇、甘颖恒

▲广东广播电视台：电视长消息《带着国徽去开庭 打通司法为民“最后一公里”》

主创人员：黄剑明、张巍、范晟基、邹炜旻、严彦子

▲广州市广播电视台：电视长消息《生死竞速！广东医疗队 10 秒换新 ECMO》

主创人员：林欣杰、陈智萌、谢晓清、沈妍、朱凯东

▲广东广播电视台：电视系列、连续及组合报道《湾区正青春》

主创人员：黄天文、傅群山、曾小强、刘灿娇、陈琨、陈壮、吴帆航

▲佛山电视台：电视新闻栏目《热线关键词》

主创人员：梁凯赞、黄柏琳、马涛、李丹、徐宇榴、张嘉杰

▲惠州市广播电视台：电视新闻评论《“老”难跨越的数字鸿沟　莫让“智能”变成“只能”》

主创人员：范洲、刘美娟、梁淑珍、易俊熙、黄铭坚

▲广东广播电视台：电视新闻专题《共赴山海》

主创人员：涂心怡、阮拥军、卓庆林、麦霖、韩栋、游渊

▲广州市广播电视台：电视新闻节目编排《1 月 30 日〈众志成城　抗疫最前线〉》

主创人员：周丽、叶青、郑瑾、郑瀚菁、蒋栎、胡晓燕

▲深圳广播电影电视集团：电视新闻访谈节目《深圳卫视对话钟南山》

主创人员：何嘉琪、徐华强、刘小燕、钟鹏超、郭广豪、陈晓星

新媒体新闻（5 件）

▲广州市广播电视台：新媒体新闻短视频《黄明：马不停蹄的“黄志愿”》

主创人员：赵耿之、古司祺

▲韶关市广播电视台：新媒体直播《英雄回家！韶关支援湖北医疗队到达韶关》

主创人员：集体创作

▲广东广播电视台：创意互动作品《我为两会“攒能量”》

主创人员：林勤生、郑敏璇、焦阳、李静、朱剑锋、万雅欣、关则伟、柯

尊仁

▲深圳广播电影电视集团：新媒体版面编排《40 年·40 天丨深圳经济特区建立 40 周年倒计时》

主创人员：李天南、芮沁、李雄飞、潘纯凤、马塬凯、苏新云、曾红清、姚炳文

▲珠海广播电视台：全媒体传播作品《问政珠海》

主创人员：李蓉、林景静、陈伊琼、杨秋敏、魏磊、张祖伟、李想

广播节目（7 件）

▲广东广播电视台：广播栏目《2020 年 11 月 6 日广东“民声热线”节目》

主创人员：龙俊峰、张宇航、余素琳、陈红艳、梁星月、金亮、胡志慧

▲深圳广播电影电视集团：广播社教节目《英雄回家》

主创人员：刘伟明、王帅、李娇娜、孙岩

▲佛山人民广播电台：广播少儿节目《龙狮小少年　传承大梦想》

主创人员：俞菲、梁健婷、潘思嘉、黄倩儿

▲深圳广播电影电视集团：广播综艺节目《敢立潮头唱大风　2020 年第 21 届深圳读书月经典诗文朗诵会》

主创人员：刘伟明、杨文、李娅岚、刘宇、吴维玮

▲广州市广播电视台：广播文化节目《老广记忆·鸡公榄——2020 城市台春节文艺大联播》

主创人员：陈颖、李熙郁

▲潮州市广播电视台：广播音乐节目《潮音今已动宫墙———姚璇秋的表演唱腔艺术》

主创人员：邱清旭、黄柳平、唐秋英、丁纯泓、黄武杰、邱梦泽

▲广东广播电视台：广播剧《一路逆行》

主创人员：集体创作

电视节目（9 件）

▲深圳广播电影电视集团：电视栏目《诗意中国》

主创人员：张艺、朱文婕、张笑然、李晓君、张悦如、赵菡青、张军、张潇、张雯雯

▲韶关市广播电视台：电视社教节目《我为什么要跑到这山沟来——记解放军原基建工程兵王明健》

主创人员：温盛远、黄云、王靖文、曹曦、陶宣伊、林桃、张冀、董炜、陈海

▲珠海广播电视台：电视少儿节目《海孩子　红树林》

主创人员：王浩浩、张剑宇、李炎强、王洪力

▲广东广播电视台：纪录片《同饮一江水》

主创人员：卢镇平、施燕峰、雷锋学、陈乾章、曾宪益、谢冰、翟佳、叶雨桐、林敏熙

▲广州市广播电视台：纪录片《海上来客》

主创人员：李林、黄震洲、邱瑞泓、王小娟、吴日初、梁星燎、谢文栋、程璐

▲深圳广播电影电视集团：电视综艺节目《逐梦·先行——庆祝深圳经济特区建立40周年文艺晚会》

主创人员：集体创作

▲广东广播电视台：电视文化节目《赞歌》

主创人员：周敏、李绮莹、余琼、王智宽、伊然、庄宇、唐强、吴培俊

▲广东爱虎投资股份有限公司：电视剧《湾区儿女》

主创人员：丁潇、王笛、潘秋婷、郑桦

▲广东原创动力文化传播公司：动画片《喜羊羊与灰太狼之异国大营救》

主创人员：集体创作

网络视听（6件）

▲深圳广播电影电视集团：网络音频节目《深圳声音40年——新高度上听风声》

主创人员：集体创作

▲珠海广播电视台：网络音频节目《我家的防疫生活》

主创人员：唐春华、尚涛、黄卫星、丛晓辉、陶俊树、霍琳、郭宇、李哲、刘正仁

▲深圳市腾讯计算机系统有限公司：网络综艺节目《忘不了餐厅（第二季）》

主创人员：集体创作

▲广东广播电视台：网络短视频（非新闻）《平凡人的伟大力量》

主创人员：邓军、林涛、梁亮

▲广东羊城晚报数字媒体有限公司：网络短视频（非新闻）《我们不怕》

主创人员：集体创作

▲广州市广播电视台：网络专题节目（非新闻）《新山海经故事》

主创人员：郑晓蕾、黄震洲、黄雯婷、董莹、吴华桐、陈谢思、梁星燎、彭勇、梅斯朗

广播播音主持（3 件）

▲江门市广播电台：广播新闻播音作品《11 月 16 日侨都之声——开往春天的列车特别节目》

主创人员：耿琦迪、冯紫薇

▲深圳广播电影电视集团：广播节目播音作品《见信如面》

主创人员：孙海亮（海亮）、贺倩（佳倩）

▲东莞广播电视台：广播主持作品《阿钭与四岁女儿的诗和远方》

主创人员：杜满平、李勃

电视播音主持（3 件）

▲佛山电视台：电视新闻播音作品《10 月 2 日〈六点半新闻〉》

主创人员：何健梅

▲广东广播电视台：电视节目播音作品《权威访谈特别策划——奔康领路人第一集》

主创人员：李琳

▲广州市广播电视台：电视主持作品《“2020 年中国农民丰收节”特别策划“庆丰收　迎小康”现场直播》

主创人员：张小颖

论文（3 件）

▲广东广播电视台：社科广播电视内容创作研究论文《事实核查：社交媒体虚假新闻治理研究》

主创人员：罗坤瑾、陈丽帆

▲深圳广播电影电视集团：广播电视融合发展研究论文《推进传统媒体深度融合流程再造研究——基于企业管理视角》

主创人员：郭玲

▲广州珠江数码集团股份有限公司、广州市广播电视台：广播电视技术研究论文《5G 通信基站对邻频 C 波段卫星地球站干扰的分析与处置》

主创人员：梁刚毅、许斌、朱勤伟

公益广告（9 件）

▲广州市番禺区广播电视台：广播公益广告长作品《“扶”助老年人跨越“数字鸿沟”》

主创人员：何颖仪、韩嘉健

▲深圳广播电影电视集团：广播公益广告长作品《红树林合唱团——守护候鸟，守护天籁之音》

主创人员：刘倩、张艺多、尹航、张锐

▲广东广播电视台：广播公益广告短作品《广泛使用公筷分餐　关爱你我安康》

主创人员：胡志慧、陈沛华

▲广州市广播电视台：广播公益广告短作品《大自然的情话》

主创人员：霍浩晖

▲广州市广播电视台：电视公益广告短作品《一只手转动梦想》

主创人员：朱刚、张建忠、陈津广

▲中山广播电视台：电视公益广告短作品《野生动物别乱吃　病从口入你要知》

主创人员：蔡燕萍、梁欣、梁斐然

▲广东广播电视台：电视公益广告长作品《大医精诚》

主创人员：徐婉玲、陈建珣、杜一扬、蔡淑燕

▲佛山拍掂影传媒有限公司：电视公益广告长作品《从黑白到五彩斑斓的世界》

主创人员：杨国华

▲广州市少爷影视传播有限公司：网络视听公益广告作品《小苹果实现大梦想》

主创人员：王元帅、黄利元、翟朝璐、陈浩

电影（1 件）

▲广州市英明文化传播有限公司：优秀电影故事片《拆弹专家 2》

主创人员：林小强、高影

二等奖

广播新闻（37 件）

▲广东广播电视台：广播短消息《国家西电东送重大工程——乌东德电站送电广东广西特高压多端柔性直流示范工程投产》

主创人员：黎辉、王建平、周羽

▲广东广播电视台：广播短消息《全国首个科技成果转化板开板　助力科技成果转化走上“快车道”》

主创人员：罗苏

▲广州市花都区广播电视台：广播短消息《“临时妈妈”黄彩云获团中央表彰》

主创人员：谢继文、陈琳

▲深圳广播电影电视集团：广播短消息《深圳科研人员今出征“硬核”科技驰援国际抗疫》

主创人员：郭超、许荣斌

▲珠海广播电视台：广播短消息《首单在珠海签约　港澳居民品尝大湾区重疾险“头啖汤”》

主创人员：肖皓方、王东、陈苏栋

▲佛山人民广播电台：广播短消息《桑园围申遗成功　填补了广东世界灌溉工程遗产空白》

主创人员：宋秀辉、丁素云、陈宁静

▲江门市新会区广播电视台：广播短消息《全球最大电子束处理工业废水项目在新会投入运行》

主创人员：陈淑媛、廖同乐、区浩铭、李薇

▲广东广播电视台：广播长消息《欢迎回广东！全国首趟湖北始发返岗专列抵达广州》

主创人员：央珍、罗俊琳

▲广东广播电视台：广播长消息《三个片段记录广东最后一批援鄂医疗队队员回家》

主创人员：何鑫、谢馨

▲广东广播电视台：广播长消息《广交会“云闭幕”海内外企业“云签约”打通国际经贸合作新渠道》

主创人员：央珍

▲广东广播电视台股市广播：广播长消息《创业板注册制首批18家公司今日上市，中国资本市场注册制改革迈出关键一步》

主创人员：关妙钿，陈伟彬，黄达迅，王洪斌

▲深圳广播电影电视集团：广播长消息《深圳老师滞留湖北农村，千里之外牛栏直播上课》

主创人员：徐傲寒

▲惠州市广播电视台：广播长消息《惠州“00后”小护士获习近平点赞》

主创人员：曾其勇、吴颖、旷桂红

▲汕尾广播电视台：广播长消息《一片丹心图报国——彭士禄获“光华工程科技成就奖”》

主创人员：胡芳、陈鹏飞、周贵良、陈海珊

▲江门市广播电视台：广播长消息《全国首个港澳地区人社服务点——江门市人社澳门服务点挂牌》

主创人员：潘小波、何晓鹏、温学创、江文明

▲梅州市广播电视台：广播系列、连续及组合报道《我的战疫故事》

主创人员：巫婉婷、李敏军、梁广卫、王丹、朱思敏、张洪旭

▲东莞广播电视台：广播系列、连续及组合报道《因书香，恋上一座城》

主创人员：田飞跃、邹薇、苏婵、谢慧龙、袁伟星、何振成、李庆华

▲中山广播电视台：广播系列、连续及组合报道《走向我们的小康生活》

主创人员：林绮武、黄静旻、林良宏、梁鑫

▲云浮广播电视台：广播系列、连续及组合报道《云浮 14 岁少年单手托起篮球梦》

主创人员：朱晓岚、谭柱军

▲广州市广播电视台：广播新闻栏目《新闻早报》

主创人员：姜文涛、徐燕

▲佛山人民广播电台：广播新闻栏目《今日舆论场》

主创人员：冯家殷、徐俊雄、陈绮颖、陈隽、陈蕾

▲深圳广播电影电视集团：广播新闻评论《立法突破制度约束，深圳为科技创新全生态链赋能》

主创人员：奚鹏

▲佛山人民广播电台：广播新闻评论《“工匠高地”的启示》

主创人员：付国华、林淑媚、梁韵诗、蔡佩

▲广东广播电视台：广播新闻专题《决战 ICU》

主创人员：何鑫

▲广东广播电视台：广播新闻专题《广东医生的康定情》

主创人员：高娜、吕囡囡

▲广州市广播电视台：广播新闻专题《新时代的青春之歌——追忆西部志愿者李莎》

主创人员：黎小培、张婧、刁家俊

▲深圳广播电影电视集团：广播新闻专题《2020，“歌诗达·威尼斯”号的深圳记忆》

主创人员：姜迎春、延鹏、梁轶琳、潘家玉

▲佛山人民广播电台：广播新闻专题《战“疫”声音日记——南海援鄂医疗队抗击新冠肺炎纪实》

主创人员：陈家荣、邓美球、袁晖、王佳莉

▲广州市广播电视台：广播新闻节目编排《2月7日新闻在线》

主创人员：李素卿、邹泳怡、彭穗祥

▲东莞广播电视台：广播新闻节目编排《2月5日午间新闻》

主创人员：邹薇、谭倩、邓菲、曹雪皎、周静文

▲广东广播电视台：广播新闻访谈节目《圆梦深圳，逐梦世界——“金顶奖”设计师赵卉洲专访》

主创人员：曹晨辰

▲汕头市广播电视台：广播新闻访谈节目《我在湖北“战疫”一线——访汕头市首批援鄂医疗队队员李涛》

主创人员：张育纯

▲中山广播电视台：广播新闻访谈节目《你好，大桥！》

主创人员：林健荣、杨娜、李庆辉、陆碧红、陈蜀艳、杨启宁

▲佛山人民广播电台：广播新闻现场直播《“走进桑园围”研学》

主创人员：宋秀辉、陈宁静、陆锦泉、温秋奋、梁韵诗、张家慧、邵瑞云

▲湛江广播电视台：广播新闻现场直播《扬帆起航，相向而行——徐闻港客货滚装码头开港》

主创人员：吴红辉、宋琪、曾鹏程、梁筱青、许程、陈思媛、周湛扬

▲广东广播电视台：广播对外新闻和广播对港澳台节目《外眼看中国脱贫攻坚》

主创人员：罗丽婷、李红忠、小哈、郑芷靖

▲广州市广播电视台：广播对外新闻和广播对港澳台节目《融入祖国发展大有可为——对话贵州扶贫创业的90后香港青年梁安莉》

主创人员：黄建伟、谢彩雯、韦永坚

电视新闻（47件）

▲广东广播电视台：电视短消息《广东碳排放累计成交额连续七年排名全国第一》

主创人员：周鹏、曹雉文、黎婵、周磊、任炜

▲广东广播电视台：电视短消息《粤港澳大湾区：解决跨境商事纠纷　今起有了90名特邀调解员》

主创人员：陈琨、杜曼、黄双娥、叶恩源、李永雷

▲广东广播电视台：电视短消息《抗疫英雄钟南山院士造访东莞赛区　赞扬CBA复赛具有特殊意义》

主创人员：凌铁、关辛、央金、范志轩

▲深圳广播电影电视集团：电视短消息《大年三十　深圳三院1632人全员

在岗》

主创人员：沈卫卫、关大军、韩松

▲深圳广播电影电视集团：电视短消息《深港间第 7 个陆路口岸——莲塘/香园围口岸开通》

主创人员：毛芸、崔波、李璨、王玲玲

▲梅州市广播电视台：电视短消息《1300.12 公斤！兴宁丝苗米年亩产量创世界纪录》

主创人员：苏书明、李卓思、钟宇锋、刘英梅、李振骞

▲东莞广播电视台：电视短消息《虎门大桥停止异常振动今日恢复通行》

主创人员：李万昌、谢慧龙、周莉、林思、刘新建

▲中山广播电视台：电视短消息《黎建南：坦坦荡荡来大陆　没有“背叛台湾”》

主创人员：林嘉、梁境标、郑旋玲、吴林平

▲江门市广播电视台：电视短消息《香港同胞喜提全国首张“智能湾区通”外商投资企业营业执照》

主创人员：刘雅、陈赛红、黄长根、莫浩杰

▲清远广播电视台：电视短消息《警护夫妻接站相遇　相互敬礼》

主创人员：钟华莹、何俊宏

▲揭阳广播电视台：电视短消息《援鄂出征前　他们进行一次特殊理发》

主创人员：辜美绒、许国姿、郑远玉、何凯纯

▲广东广播电视台：电视长消息《足球援疆　在孩子们心间种下希望的种子》

主创人员：周頔、杜曼、孙伟柏、杨程琨、吉秋霞

▲广东广播电视台：电视长消息《荆州日记：ICU 里的战斗》

主创人员：杨霄、洪峰、杨琨、周鹏、谭焯民

▲广东广播电视台：电视长消息《防控疫情最前线：夜探病房　记者蹲点汉口医院》

主创人员：臧穆、洪峰、杨琨、杨文、岳阳

▲深圳广播电影电视集团：电视长消息《深圳机场　成国际货运包机热门“提货地”》

主创人员：金岩、韩潇、刘韦彤、冯思铭、任洪涛

▲深圳广播电影电视集团：电视长消息《安全运行 5000 天！中国“核电名片”创世界纪录》

主创人员：刘志君、陈晗、张梓川、李星毅、肖冰

▲珠海广播电视台：电视长消息《“合作查验、一次放行”横琴口岸新旅检

区域开通》

主创人员：胡志刚、陈力欣、魏磊、陈博、莫观林

▲汕头市广播电视台：电视长消息《“世界级挑战性工程”汕头海湾隧道全线贯通》

主创人员：江文斌、李沅杰

▲东莞广播电视台：电视长消息《陈国志：带上妈妈去支教》

主创人员：唐佳雯、何春辉、吴燕玲、刘志斌、刘锐良

▲中山广播电视台：电视长消息《中山“最美逆行者”妈妈　帮孩子补交了一份特殊“作业”》

主创人员：曾燕、张哲、郑旋玲、林良宏、关志敏

▲清远广播电视台：电视长消息《县长做网红为大米地瓜代言》

主创人员：叶振华、钟华莹、纪新锋、高铭成、杨红光

▲广东广播电视台：电视系列、连续及组合报道《雪域高原粤藏情》

主创人员：董琳、郭丹、陈炳旭、王一凡

▲广东广播电视台经济科教频道：电视系列、连续及组合报道《特区40年·潮起南海再扬帆》

主创人员：巢吉欢、陈炯如、周金颖、李明、张伍生、张志斌

▲广州市广播电视台：电视系列、连续及组合报道《大山深处的青春之歌》

主创人员：谭耿彬、江哲、刁家俊、吴文光、吴晨飞、吕方晓、敖康达

▲深圳广播电影电视集团：电视系列、连续及组合报道《香港名人看特区40年》

主创人员：秦玥、王云霞、陈柯、侯军义、狄竞、杨振东、朱恩地

▲深圳广播电影电视集团：电视系列、连续及组合报道《全球，在战疫》

主创人员：刘桔红、黄海宁、曾子瑾、朱恩地、罗代姣、张漪、何王子彧

▲珠海广播电视台：电视系列、连续及组合报道《“特区再出发——城市对话”》

主创人员：董晓宇、沈梦恬、桂嘉晨、王晓峰、彭晨晨、王雨轩、张祖伟

▲深圳广播电影电视集团：电视新闻栏目《深视新闻》

主创人员：符立雄、康晓明、李大新、杜高强、刘兴意、刘宇宁、刘美佳、赵畅、王嘉

▲深圳广播电影电视集团：电视新闻评论《智能化生活　怎能“隔离”老年人?》

主创人员：王萌、宋世静、赵坤、刘琴、孙静

▲珠海广播电视台：电视新闻评论《民生工程不能一拖再拖》

主创人员：李蓉、李宇佳、林景静、何嘉豪、周泽坤

▲东莞广播电视台：电视新闻评论《高空之殇》

主创人员：陈雯婧、赵俊杰、刘锐良、周莉、蔡先艳

▲广东广播电视台：电视新闻专题《记“疫”2020》

主创人员：曹志强、欧琳琳、张琳玥、曾薇、林杰斌、彭曦翎

▲深圳广播电影电视集团：电视新闻专题《敢向潮头立》

主创人员：何军、叶安强、周锐华、汤妙、支丙然

▲珠海广播电视台：电视新闻专题《“打工书记”和他的乡亲们》

主创人员：刘青、王一格、陈博、杨佳颖、何嘉豪、李建東

▲佛山电视台：电视新闻专题《以佛山之名，共建“一带一路”上的边疆古城》

主创人员：李青桃、严剑锋、何淳伟、黎锦强、汤建华、区倩敏

▲梅州市广播电视台：电视新闻专题《隔离日记》

主创人员：魏永年、钟燕、丘明珠、钟栋贤、黄仕涛

▲惠州市广播电视台：电视新闻专题《青春战疫日记》

主创人员：杨成联、梁耀广、黄铭坚、赵鹏震、张娜、李树健

▲广东省公安厅：电视新闻专题《浪尖上的战斗》

主创人员：冼博文、张雷、莫文亮、周玮、丁豫峰

▲广东广播电视台：电视新闻节目编排《2 月 7 日防控疫情特别报道》

主创人员：连超、李灵子、魏焕青、卢亚鹏、肖洋洋、马晓旭

▲深圳广播电影电视集团：电视新闻节目编排《8 月 26 日第一现场》

主创人员：黄启明、但小立、田新华、魏金灿、张天宇、朱文峰

▲江门市广播电视台：电视新闻节目编排《11 月 16 日江门新时空》

主创人员：集体创作

▲广东广播电视台：电视新闻访谈节目《黄奇帆：中国经济必须要打好的 5 张牌》

主创人员：刘玉雯、项唯末、李玮、孙茄茹、李思强、林奕冰

▲广州市广播电视台：电视新闻访谈节目《云上广交会　激活外贸新动能》

主创人员：集体创作

▲深圳广播电影电视集团：电视新闻访谈节目《独家对话郑永年　拆解国际大时局》

主创人员：徐华强、毛昱、马莉、万霞、王玟玮、巫邓炎

▲深圳广播电影电视集团：电视新闻现场直播《鹏程万里新　40 小时读懂深圳 40 年》

主创人员：王云霞、李大新、曾子瑾、肖静、黄家驹、聂双双、杨溟晗、王鹤宇、李添裔、靳阳懿、汤蕊嘉、林惠珊、丁蓁蓁、岳丽红、吴蕾

▲珠海广播电视台：电视对外新闻《司徒下乡记之维拉坝的新生活（*Down to Earth*：*Si Tu's Experience of New Life in Weilaba*）》

主创人员：刘韬、张建波、梁彤英、吴桐、司徒建国、王不为

▲中山广播电视台：电视对外新闻《生死43天》

主创人员：宋璋、林嘉、陈晔、韩玉文、林振宇、唐俊

新媒体新闻（22件）

▲佛山电视台：新媒体新闻短视频《佛山　我们回来啦!》

主创人员：谢超贤、梁恺维、张昊男

▲东莞广播电视台：新媒体新闻短视频《英雄回家！东莞以最高礼遇迎接》

主创人员：何春辉、潘少均、何安琪、万柏荣、陈涌嘉、李克仔

▲中山广播电视台：新媒体新闻短视频《共谋民族复兴！两岸必须也必然走向统一》

主创人员：萧善芬、张建华、黄冬昱、邝献武、吴耀华

▲台山市广播电视台：新媒体新闻短视频《台山核电法方员工自发捐款支持驻地战疫》

主创人员：吴世明、陈舒文、方宝琳、邓嘉文、刘雪莎、周维欣

▲阳春市广播电视台：新媒体新闻短视频《金秋　袁隆平院士向阳春发来“云祝贺”》

主创人员：孙俐莉、张萍、关向荣、孙道楚

▲清远广播电视台：新媒体新闻短视频《煤气罐漏气，吓跑路人，但是黄大叔却往前冲》

主创人员：何雁舒、徐德兴、朱嘉亮、刘锦萍

▲广东广播电视台：新媒体直播《广东援汉医疗队员们抵达广州》

主创人员：林勤生、郑敏璇、焦阳、董江烁、王硕、许锡铭、伍海凤、曹雉文、周磊、李露一

▲广东广播电视台：新媒体直播《直击台风海高斯登陆！百人出击融媒大直播》

主创人员：顾铭、李君、钟央、古诚、王瑜、练达、洪毅斌、李斯琦、张雪晖、陈娜、麦葆林、袁方、李敏、荣小雨、李金旺

▲广州市广播电视台：新媒体直播《奔跑吧！青春——2020广州马拉松丨5G＋VR慢直播》

主创人员：周丽、马东明、甘锦文、谭弦、冯芸、李震宇、李子逸、方华、陈瑜、吕朝晖、何盛杰、林鹤轩、徐泳彤、樊庭立、刘剑涛

▲佛山电视台：新媒体直播《佛山复工复产进行时！制造业大市防疫复工

两不误》

主创人员：窦希、郑淡涛、冯妙兰、唐敏、吴洋、关国明、吴家键、胡晓燕、杨阳、叶育峰、杨啸峰、熊翊廷、吴科、孙溥浓、王再颖

▲广东广播电视台经济科教频道：创意互动作品《叮！你收到一封来自深圳的信件……》

主创人员：赖禧、刘捷、温周枚、麦见柔、丁海利、王沛然、何浩铭

▲广州市广播电视台：创意互动作品《2020扶贫答卷人》

主创人员：钟慧、吴雨晴、张婧、李东林、古司祺、蔡璇、赖冬昉、王雅婷

▲深圳广播电影电视集团：创意互动作品《H5 丨向逆行英雄致敬！你和他们的距离，就差这张合拍》

主创人员：张臻、王璜、练志广、蓝妙琴、罗冰楚、吴嘉玲、蔡晓弟、王晓茜

▲广东广播电视台：新媒体版面编排《经济特区40年丨勇立潮头，再出发!》

主创人员：黄天文、郑亚琴、王硕、谭然方、余知、林智鑫

▲佛山人民广播电台：新媒体版面编排《小设计，撬动大工业——工业设计赋能高质量发展》

主创人员：梁敏、刘新存、俞菲、余碧茵、罗启浩、郭恩定、古嘉颖

▲东莞广播电视台：新媒体版面编排《医者无疆——东莞医护的非洲援助日记》

主创人员：郑思琪、何安琪、李玉敏、谢瑞玲、于卓、江文得

▲广东广播电视台：全媒体传播作品《我在广东奔小康》

主创人员：集体创作

▲广东广播电视台：全媒体传播作品《飞越广东·特区40年“先行示范篇”》

主创人员：傅群山、曾超、郑亚琴、黄燕、李新、高欣、余俊俊、李月莹

▲广州市广播电视台：全媒体传播作品《荆楚战记》

主创人员：林欣杰、陈智萌、谢晓清、叶青、谭耿彬、伍定寰、刘香柏、叶慧妍

▲深圳广播电影电视集团：全媒体传播作品《“英雄回家了”系列报道》

主创人员：张臻、练志广、王淼、曾晓东、蓝妙琴、王晓茜、蔡晓弟、牟润润

▲中山广播电视台：全媒体传播作品《为了与你相遇，我已经走了3072小时!》

主创人员：李庆辉、张建华、萧善芬、叶倩儿、欧阳威、侯瑞霞、黄冬昱、古淑雯

▲深圳新闻网传媒股份有限公司：全媒体传播作品《见圳40丨秒懂知识产权发展的“深圳速度”（MG动画）》

主创人员：林玟姗、胡津玮、刘婷

广播节目（22件）

▲广州市广播电视台：广播栏目《老友记》

主创人员：陈卓贤、刘晟旻、余慕珩、陈子康

▲韶关市广播电视台：广播栏目《蒲公英》

主创人员：蒋励、吉珺

▲潮州市广播电视台：广播栏目《914有意思》

主创人员：吴泽钺、郑聪、陈佩菲

▲广东广播电视台：广播社教节目《走向小康，走进连樟村》

主创人员：章艺（原名：章毅）、黄缨、郑冰煜、谢倍伟

▲河源广播电视台：广播社教节目《不负韶华——对话“最美基层高校毕业生”刘天娇》

主创人员：吴静燕、陈盛开、王振宇、廖健英

▲东莞广播电视台：广播社教节目《回家真好!》

主创人员：蔡玲霞、蓝立新

▲潮州市广播电视台：广播社教节目《渔村人的“金色大厅”梦》

主创人员：邱清旭、黄伟忠、林新苗、陈秋云、黄武杰、唐秋英

▲广东广播电视台：广播少儿节目《那年的花儿——从广东驰援湖北医护战士孩子们2020年的春节假期想到的》

主创人员：林伟栋、陈俊超、黄寅、赵泽民、廖伟斌、王悦

▲深圳广播电影电视集团：广播少儿节目《迷路的瓢瓢》

主创人员：金晶、高明洁、魏威、杨文

▲惠州市广播电视台：广播少儿节目《神奇侦探队——请勿高空抛物》

主创人员：王艳萍

▲中山广播电视台：广播少儿节目《李兰娟院士回信了》

主创人员：赖敏辉、伍学标、罗晓凡

▲广东广播电视台：广播综艺节目《大医精诚，逆风飞扬——南粤白衣天使礼赞》

主创人员：廖怀凌、李燕梅、彭洁伟、王小敏、谢倍伟、刘远飞

▲深圳广播电影电视集团：广播文化节目《深圳设计彰显中国文化自信》

主创人员：魏庚庆、彭歆竹、孙明非、于浩洋、顾云峰、邱翔

▲珠海广播电视台：广播文化节目《光影珠海四十年》

主创人员：张琰

▲中山广播电视台：广播文化节目《倾一生，为一事——缅怀著名翻译家郑克鲁先生》

主创人员：朱洁玲、陆文臻、林簇、孙杰雄

▲广州市广播电视台：广播音乐节目《珠江交响耀湾区》

主创人员：刘蔷薇、陈仰菡、席鸿、招卓宁

▲珠海广播电视台：广播音乐节目《一起走，我们一起走》

主创人员：陶俊树、霍琳、刘正仁

▲韶关市广播电视台：广播音乐节目《弦歌一堂，救国、求真——救亡歌声里的华南研学》

主创人员：廖司弦、曹曦、温盛远

▲阳江广播电视台：广播音乐节目《新编原创爱国题材粤剧〈李惟扬传奇〉赏析》

主创人员：梁敏、刘小群、杨凯乔、温新颖

▲广东广播电视台：广播剧《叉仔——与深圳一起成长》

主创人员：吕囡囡、陈敏、林鲁阳、孙慕兰、陈宇、刘学、刘洋、刘弘、陈俊超

▲佛山人民广播电台：广播剧《爱不停步》

主创人员：林靖、赵皓研、白靖、李启光、梁伟青、卢伟琪

▲肇庆市广播电视台：广播剧《初心永成》

主创人员：梁瑞玲、黄亮、何广明、陈鉴亨、郭旭、陈亮、叶缨桃、陈咏、曾广南

电视节目（34 件）

▲广东广播电视台：电视栏目《邓璐时间（第二季）》

主创人员：邓璐、丁豫峰、彭思雁

▲广东广播电视台：电视栏目《全球零距离》

主创人员：贾真、林永祥、余洋、漆航、黄凯新、卢树仁、劳嘉亮、李今杰、张安洋

▲深圳广播电影电视集团：电视栏目《我的白大褂》

主创人员：集体创作

▲广东广播电视台：电视社教节目《众创英雄汇（第二季）第 2 期》

主创人员：何伟、黄敏丽、赵桂华、高黎黎、白炜、张莹、邓文山、郑臣

宁、叶雷

▲广东广播电视台：电视社教节目《乡村振兴大擂台》

主创人员：吴泳斌、李硕丰、吴建宇、吴树娜、李镜标、陈丽琦、郭鑫、陈丽帆

▲广州市广播电视台：电视社教节目《大咖有约——致敬最美逆行者》

主创人员：林笑秋、黄雯婷、陈谢思、吴华桐、袁婷婷、袁涵伦、杜冠英（杜雨轩）、金贞玉（金子楠）

▲深圳广播电影电视集团：电视社教节目《思想的田野·深圳篇》

主创人员：集体创作

▲佛山电视台：电视社教节目《大山里的扶贫人》

主创人员：杜惠玲、黄记华、杨广志、李洋林、梁宝强、刘付仲伟、杜文静、张伟宏、梁俊英

▲揭阳广播电视台：电视社教节目《闻春寻鲚》

主创人员：黄莹、陈奕波、吴紫福、陈永友、林林、蔡凌云、刘炎彦、纪树鸿

▲广东广播电视台：电视少儿节目《跟着爸爸去扶贫——决战脱贫攻坚特别节目》

主创人员：钟翠萍、罗勤辉、王梓兆、范立瀚、柯海萍、许铱楠、陈舒琪、王晓勉

▲深圳广播电影电视集团：电视少儿节目《周六问爸爸（第二季）》

主创人员：高宇、黄鹤、巫美美、李燕、吴梓瀚

▲佛山电视台：电视少儿节目《小时代之24节气——冬至》

主创人员：乔卫、蔡泽之、王东珊、杜燕

▲广东广播电视台：纪录片《2020，不可忘却的春季》

主创人员：马志丹、郑耀豪、朱磊、潘颖飞、蔡冬娜、周冠龙、杨康林、沈泰煜、陈惠军

▲广东广播电视台：纪录片《舍不得你的离去》

主创人员：马志丹、朱磊、郑耀豪、周冠龙、黄徐易、杨康林、蔡冬娜、沈泰煜、陈惠军

▲深圳广播电影电视集团：纪录片《先行》

主创人员：田定康、王凯凯、张天回、张弘、孙艺洋、张志红、王兴、张雯、陈敏瀚

▲佛山电视台：纪录片《云中的莲花》

主创人员：王小峰、冯强苏、张绿化、林歌、李瑞州、郭益、许智文、罗文斯

▲韶关市广播电视台：纪录片《归田》

主创人员：饶优明、罗金坡、周江玲

▲江门市广播电视台：纪录片《筑梦》

主创人员：成硕、梁宗鸣、林颖欣、纪嵩山、陈旭

▲云浮广播电视台：纪录片《铁血龙崖——抗倭名将陈璘》

主创人员：梅天恩、朱燕敏、叶云龙、黄毅武、冯国锐、冯锦标、柯如茵、区骞

▲广东省公安厅：纪录片《钢铁雄心——颜海龙》

主创人员：冼博文、吴泽锋、黄伟轩

▲广东广播电视台：电视综艺节目《岭南春来早——2020 广东卫视春节晚会》

主创人员：集体创作

▲广东广播电视台：电视综艺节目《国乐大典第三季》

主创人员：集体创作

▲广州市广播电视台：电视综艺节目《2020 致敬感动广州的最美教师文艺晚会》

主创人员：曾端、汪洵、刘珏、周雪颖、谭盛婷、郑虹、周丽达、黄锦波、翁苏君

▲梅州市广播电视台：电视综艺节目《2020 客家春晚》

主创人员：张威、李敏立、杨智、吴佳琳、谢妮、黄裕滨、黄伟强、梁冰峰、杨剑辉

▲广东广播电视台：电视文化节目《中国节日》

主创人员：梁满收、杨盈、朱思东、郭海涛、张向力、周萍、谢小洁、周陵琳、张嶓

▲广州市广播电视台：电视文化节目《我在春天等你》

主创人员：靳巾翰、冯明（冯黄明）、李家裕、曾裕尧、吴若愚

▲深圳广播电影电视集团：电视文化节目《粤菜大师》

主创人员：张丹、刘塞伊、陈许伟、宋洋、简晓靖、帖峥、王婷、司徒俊杰、李如儒

▲梅州市广播电视台：电视文化节目《传承》

主创人员：廖春婷、钟燕、丘明珠、叶斌、谢石峰、梁冰峰、黄仕涛、马焉新

▲广东广播电视台：电视剧《太行之脊》

主创人员：集体创作

▲深圳市至德融创影视文化有限公司：电视剧《追梦》

主创人员：向洋、余丁、温豪杰、王雷、刘涛

▲博罗县广播电视台：动画片《战疫“夫妻兵”最美“逆行者”》

主创人员：杨柳青、曾捷欢、刘秋霞、严敏娟、邱雪、王秀青

▲佛山市金木视觉文化传播有限公司：动画片《广州市科协抗疫手绘动画》

主创人员：张明术、黄辉腾、卢丽华、李晓鸣、陈欣欣、黎思雨

▲广州虹猫蓝兔动漫科技有限公司：动画片《古诗词水墨动画》

主创人员：集体创作

▲深圳华侨城文化集团有限公司：动画片《小凉帽之魔法凉帽》

主创人员：胡梅林

网络视听（23件）

▲广东广播电视台：网络音频节目《深圳时光——深圳经济特区建立40周年大事件》

主创人员：周纯、吴玲玲、刘凯、曾宏达、何昌明

▲广东广播电视台：网络音频节目《“90后”抗疫日记》

主创人员：徐婉玲、曾志群、郑淳予、刁木子、钟坚、范彦艳

▲广州市广播电视台：网络音频节目《人人都爱查尔斯》

主创人员：梁俊飞、刘晟旻

▲广州市广播电视台：网络音频节目《战疫哨兵》

主创人员：霍浩晖、吴海榕、罗丽、刘蔷薇、张戬、黎广怡、招卓宁、钟慧

▲台山市广播电视台：网络音频节目《口罩到达台山，像打了一场胜仗！无比兴奋！》

主创人员：陈舒文、吴世明、邓嘉文

▲广东省公安厅：网络电影《濯浪》

主创人员：莫文亮、郑辉龙、刘辉

▲深圳市腾讯计算机系统有限公司：网络电影《怒火追凶》

主创人员：李亚东、王苑

▲广东广播电视台：网络综艺节目《白衣执甲　时代英雄——致敬广东战疫英雄展咏会》

主创人员：王伟华、魏冬青、林子路、张旭、张孜、李霆、张龙跃、马笛、周秋洪

▲广州市广播电视台：网络综艺节目《“无毒青春　舞动阳光”——2020年广州市中小学生禁毒街舞大赛》

主创人员：冯晓莲、李德智、徐立新、曾正一、梁华、李维晟

▲深圳广播电影电视集团：网络短视频（非新闻）《德国小伙追梦3年，用中文说唱我的深圳故事!》

主创人员：于海滨、张弘、田定康、张志红、余珊、陈敏瀚

▲珠海广播电视台：网络短视频（非新闻）《了不起！珠海女记者用快门唤醒无声世界的孩子》

主创人员：李娜、陈庆顺、唐晓宇、孟晓彤、梁伟强、赵思

▲珠海广播电视台：网络短视频（非新闻）《Vlog隔离日记》

主创人员：金晶、常立波、陈庆顺、林卫旗、孟晓彤

▲佛山电视台：网络短视频（非新闻）《遇见未来的你之礼品的“枷锁”、免费的午餐、粗暴的代价》

主创人员：温慧莹、虞斌、马志娟、陈佩颖、王璐、罗志毅

▲佛山人民广播电台：网络短视频（非新闻）《打开一扇门，打开新世界》

主创人员：卢广宙、梁广棉、彭艳超

▲惠州市广播电视台：网络短视频（非新闻）《惠州杰之杰少的宅家欢乐生活》

主创人员：胡鹏飞、郑杰、杨裕港、卓美龄

▲东莞广播电视台：网络短视频（非新闻）《你的样子》

主创人员：周方、张菲、叶剑华、何心、陈耀洪、刘畅

▲东莞广播电视台：网络短视频（非新闻）《爱在两米之外》

主创人员：周艳、萧迪

▲中山广播电视台：网络短视频（非新闻）《第一书记》

主创人员：集体创作

▲广东广播电视台：网络专题节目（非新闻）《大匠》

主创人员：吴泳斌、彭蓉、宋飞、李泽玲、陈艳芬、侯朝霞、葛志江、庄以薇

▲广东广播电视台：网络专题节目（非新闻）《钟南山系列短视频》

主创人员：周莹莹、谭世桢、雷锋学、林庆坚、董珂、李佳

▲广东省公安厅：网络专题节目（非新闻）《让我再看你一眼》

主创人员：唐诗懿、樊青林、袁云清

▲广州市动景计算机科技有限公司：网络专题节目（非新闻）《童眼看变化》

主创人员：集体创作

▲深圳市全景网络有限公司：网络专题节目（非新闻）《数说中国资本力量》

主创人员：集体创作

广播播音主持（10 件）

▲广东广播电视台：广播新闻播音作品《10 月 28 日早晨新闻》

主创人员：赵鑫晔、金亮

▲深圳广播电影电视集团：广播新闻播音作品《11 月 21 日景妍资讯早茶》

主创人员：刘景妍

▲中山广播电视台：广播新闻播音作品《10 月 1 日中山广播新闻》

主创人员：罗嘉辉

▲广东广播电视台：广播节目播音作品《看不见的面孔，听得到的爱》

主创人员：黄纬

▲珠海广播电视台：广播节目播音作品《一个都不能少》

主创人员：唐春华

▲佛山人民广播电台：广播节目播音作品《“组团式”医疗帮扶，走入大山深处的“佛山天使”》

主创人员：霍立韵

▲惠州市广播电视台：广播节目播音作品《一群人温暖一座城——“中医人”正在抗疫最前线》

主创人员：张梦醒

▲广东广播电视台：广播主持作品《梦想让我飞得更高》

主创人员：林鲁阳

▲深圳广播电影电视集团：广播主持作品《关爱多动症儿童　让我们不再误解和伤害》

主创人员：马勇

▲潮州市广播电视台：广播主持作品《牌坊街又闻潮州歌册声——〈唱歌给你听〉走近歌册爱好者》

主创人员：郑奕芬、丁纯泓

电视播音主持（13 件）

▲广东广播电视台：电视新闻播音作品《7 月 1 日今日一线》

主创人员：严彦子

▲广东广播电视台：电视新闻播音作品《10 月 16 日正午体育新闻》

主创人员：华军

▲深圳广播电影电视集团：电视新闻播音作品《6 月 29 日第一现场》

主创人员：张天宇

▲深圳广播电影电视集团：电视新闻播音作品《1 月 24 日深视新闻》

主创人员：韩松

▲韶关市广播电视台：电视新闻播音作品《12 月 24 日全市新闻联播》

主创人员：聂园芳

▲梅州市广播电视台：电视新闻播音作品《11 月 22 日梅州新闻联播》

主创人员：孙涛、贺晓博

▲广东广播电视台：电视节目播音作品《脱贫攻坚万里行——一步千年》

主创人员：游渊

▲深圳广播电影电视集团：电视节目播音作品《奇妙的民居之福建土楼》

主创人员：张溢

▲中山广播电视台：电视节目播音作品《中山战“疫”：（第一集）集结号》

主创人员：牛宇华

▲广东广播电视台：电视主持作品《我要上外剧》

主创人员：宋嘉其

▲深圳广播电影电视集团：电视主持作品《思想的田野—深圳篇》

主创人员：史强、张美曦

▲佛山电视台：电视主持作品《粤读时光——生命》

主创人员：胡潇

▲潮州市广播电视台：电视主持作品《天天好生活》

主创人员：曾婉钰

论文（17 件）

▲广东省广播电视局：广播电视内容创作研究论文《探索文旅体验类电视节目创新创优路径——以广东卫视〈行进大湾区〉为例》

主创人员：张骥芳

▲广东广播电视台：广播电视内容创作研究论文《马拉松 3.0 时代如何发力——广东广播电视台体育频道马拉松转播的转型思考》

主创人员：梁茵

▲广东广播电视台：广播电视内容创作研究论文《从〈乡村振兴大擂台〉看媒体的作为与担当》

主创人员：杨春雨

▲深圳广播电影电视集团：广播电视内容创作研究论文《加快建设与我国大国地位相适的国际舆论主导权》

主创人员：王辛哲

▲深圳广播电影电视集团：广播电视内容创作研究论文《从新冠肺炎疫情

看主流媒体如何做好突发公共事件报道——以深圳广电集团为例》

主创人员：韩迅雷

▲韶关市广播电视台：广播电视内容创作研究论文《中央广播电视总台抗击新冠肺炎疫情纪实报道创新研究》

主创人员：罗清华

▲广东广播电视台：广播电视融合发展研究论文《国内 4K/8K 超高清电视发展观察与展望》

主创人员：周陵琳

▲广东广播电视台：广播电视融合发展研究论文《论传统媒体如何转化为电商顶流》

主创人员：陆敏华、李绮梅

▲广东省广播电视网络股份有限公司：广播电视融合发展研究论文《广电网络点播平台短视频转向的 SWOT 分析》

主创人员：罗小平

▲广州市广播电视台：广播电视融合发展研究论文《广播剧的融媒再创尝试——以“视听广播剧”〈守护英雄〉为例》

主创人员：谢彩雯、黄建伟

▲广州市广播电视台：广播电视融合发展研究论文《打通 4K 超高清产业的最后一公里》

主创人员：叶青

▲东莞广播电视台：广播电视融合发展研究论文《媒体融合中的“系统性思维”》

主创人员：李万昌

▲深圳广播电影电视集团：广播电视播音主持研究论文《融媒体直播中传统广电主持人的主持状态调整对策》

主创人员：孙海亮

▲佛山电视台：广播电视播音主持研究论文《网络传播环境下如何打造意见领袖型主持人》

主创人员：朱文杰

▲广东广播电视台：广播电视技术研究论文《4K 超高清演播室 IP 化设计和实践》

主创人员：陈文旭、成六祥

▲深圳广播电影电视集团：广播电视技术研究论文《以大数据和智能化促进广电媒体技术运维治理的现代化》

主创人员：查亚东、孟峰、叶宇凡

▲东莞广播电视台：广播电视技术研究论文《“黑广播”的精准快速定位方法》

主创人员：苏哲新

公益广告（32 件）

▲广东广播电视台：广播公益广告长作品《共同抗“疫”时间篇》

主创人员：黄纬

▲广东广播电视台：广播公益广告长作品《节约粮食，杜绝浪费——小米粒的自述》

主创人员：孙子阳、刘业泰

▲广东广播电视台：广播公益广告长作品《一路逆行钟南山》

主创人员：廖怀凌、李燕梅、王小敏、彭洁伟

▲珠海广播电视台：广播公益广告长作品《“6·26”国际禁毒日》

主创人员：徐菲、门俊彤

▲佛山人民广播电台：广播公益广告长作品《民法典，全面保障您的合法权益》

主创人员：黄龙劲

▲惠州市惠阳区广播电视台：广播公益广告长作品《塑料家族爷爷退休啦》

主创人员：祖利、黄丽景

▲广东广播电视台：广播公益广告短作品《剩“鱼”饭菜　打包有爱》

主创人员：陈子龙、区艺献

▲佛山人民广播电台：广播公益广告短作品《社会主义核心价值观——友善互助》

主创人员：霍立韵、徐俊雄、赵英杰

▲中山广播电视台：广播公益广告短作品《使用公筷之“双双对对”》

主创人员：陆碧红、林健荣、杨娜、蔡英华

▲广东广播电视台：电视公益广告短作品《不凡的快乐——脱贫攻坚的路上有我》

主创人员：李丽平、张楚鸿、洪希楠、黄思宁

▲广东广播电视台：电视公益广告短作品《我的扶贫日记 vlog》

主创人员：何伟、蒋长安、徐敏、黄子奕

▲广东广播电视台经济科教频道：电视公益广告短作品《盼归》

主创人员：宋鹏、梁珍妮

▲广州市广播电视台：电视公益广告短作品《献礼三八妇女节——战疫“她”力量》

主创人员：曾端、郑虹、刘珏、邓思妮

▲汕头市广播电视台：电视公益广告短作品《“文明健康，有你有我”系列公益广告之良好心态篇》

主创人员：杜婧、陈少鹏、严俊、陈可尼

▲东莞广播电视台：电视公益广告短作品《小恐龙防疫之口罩篇》

主创人员：周方、张菲、曾庆、熊羽添

▲江门市广播电视台：电视公益广告短作品《使用公筷　文明用餐　健康生活》

主创人员：谢颖凡、陈连生、周伟斌

▲肇庆市广播电视台：电视公益广告短作品《写好中国字做好中国人》

主创人员：集体创作

▲广东广播电视台：电视公益广告长作品《朋自远方来》

主创人员：彭海滨、文颖、庄泽勋、冯梓聪

▲广东广播电视台经济科教频道：电视公益广告长作品《2020 暖冬行动》

主创人员：卢传雄、李曲、陈晓南、侯金龙

▲广州市广播电视台：电视公益广告长作品《织金》

主创人员：李鑫、张建忠、陈津广

▲韶关市广播电视台：电视公益广告长作品《韶关战“疫”24 小时》

主创人员：周江玲、饶优明、罗金坡、钟健

▲广东广播电视台：网络视听公益广告作品《“口罩超人”漫画》

主创人员：钟翠萍、章鱼哥哥（王梓兆）、柯海萍、王晓勉、龚婷、管健嘉、郑皓丹

▲广东广播电视台：网络视听公益广告作品《回家过年——等你陪伴》

主创人员：唐诗、韩晖、王丁丁、罗少仪、邹双霜、张爽、饶玉婷、吴浩东

▲广东广播电视台：网络视听公益广告作品《南粤的体温》

主创人员：王伟华、张孜、何萌萌、李霆、张旭、陈嘉齐、王智宽、冯梓聪

▲广东广播电视台：网络视听公益广告作品《看见美好，传递力量》

主创人员：张璇、陈琳、王少浩、李金聪、陈雯雯、赵伯麟

▲广东广播电视台经济科教频道：网络视听公益广告作品《留守老人　困境儿童》

主创人员：张志斌、俎江涛、杨海涛、梁音、马玉亭、黄燕淑、刘琛、蔡雅、卢雄高

▲珠海广播电视台：网络视听公益广告作品《珠海战疫十二时辰》

主创人员：李蕴海、常立波、林卫旗、张浩、戴丹梅、袁俊、王春

▲珠海广播电视台：网络视听公益广告作品《震撼！1980—2020，见证珠海!》

主创人员：刘永刚、彭赞峰、甘颖恒、刘敏、叶秋明、王雨欣

▲湛江广播电视台：网络视听公益广告作品《文明过马路　生命没有第二次》

主创人员：李建文、施显彪、郑玉君

▲广东咏声动漫股份有限公司：网络视听公益广告作品《猪猪侠来示范如何为国做贡献》

主创人员：集体创作

▲广东省公安厅：网络视听公益广告作品《光》

主创人员：郑辉龙

▲星羽国际影业（深圳）有限公司：网络视听公益广告作品《心肺复苏指南 MV》

主创人员：陈婷、刘潮汛、唐诗

电影（2 件）

▲广州行人文化传播有限公司：优秀电影故事片《掬水月在手》

主创人员：徐薇

▲深圳市明时代文化传播有限公司：优秀电影故事片《活着唱着》

主创人员：侯明、邓婕

三等奖

广播新闻（70 件）

▲广东广播电视台：广播短消息《广东高速公路总里程率先突破一万公里，“十三五”路桥建设惊艳世界》

主创人员：黎辉、王建平

▲广东广播电视台股市广播：广播短消息《A 股率先全面复市，券商全力以赴做好准备》

主创人员：关妙钿、蔡奕茶、吴锡凌

▲广州市从化区广播电视台：广播短消息《中国大陆首次发现折柱天麻》

主创人员：谢文荟、黎静、吴芳

▲广州市增城区广播电视台：广播短消息《国内首台！增城华电燃气冷热电三联供项目正式投产发电》

主创人员：林永贤、蓝俏燕、张雅玲

▲深圳广播电影电视集团：广播短消息《把法律服务送到外国朋友的家门口——全国首个涉外公共法律服务中心在蛇口揭牌》

主创人员：余洁琳、彭歆竹、滕莉、贺倩

▲佛山人民广播电台：广播短消息《南海区在全国率先实现区级行政服务100%下沉到镇街》

主创人员：陈家荣、袁晖、陆佩兰、王佳莉

▲梅州市广播电视台：广播短消息《梅州获评广东首个“世界长寿之都”》

主创人员：欧阳晶、朱安琼、李琼、何雪芳

▲龙门县广播电视台：广播短消息《龙门县60吨特色农产品驰援湖北武汉》

主创人员：陈慧玲、李红华、沈知尚、杨锦成

▲汕尾广播电视台：广播短消息《凝心聚力汇智　共建靓丽明珠》

主创人员：陈小雪、胡雅丹、林展、王建瑜

▲东莞广播电视台：广播短消息《东莞首创“共享员工”互助调剂模式，解决企业用工难题》

主创人员：田飞跃、吴燕玲、袁伟星、周莉

▲中山广播电视台：广播短消息《第四届海峡两岸中山论坛开幕，洪秀柱发来视频表示：“两岸是一家，未来必须也必然走向统一”》

主创人员：陈明瑗、郑碧清、冯庆聪

▲中山广播电视台：广播短消息《女学生被小车撞倒，街坊合力抬车救人》

主创人员：汤嘉源、蒙羿帆、梁景文

▲阳江广播电视台：广播短消息《两大省实验室启动建设　为阳江产业发展注入创新动能》

主创人员：沈全虹、李红毅、黄惠明、李阳

▲化州市广播电视台：广播短消息《18吨番薯驰援湖北黄冈》

主创人员：罗海燕、钟凯泉、杨柳春

▲四会市广播电视台：广播短消息《石狗镇兰花直播带货一枝独秀创销售佳绩》

主创人员：廖志河、仇明杰

▲怀集县广播电视台：广播短消息《齐心抗疫，房东周树真今天给商家减免铺租近60万元》

主创人员：李蔚青、廖伟媚、徐逢莹

▲揭阳广播电视台：广播短消息《黄妙珊：援鄂抗疫显担当》

主创人员：林兰华、郭林耿、陈潮亮、许国轩

▲广东广播电视台：广播长消息《我国首台加速器硼中子俘获治疗实验装置在东莞研制成功，可精准杀死癌细胞》

主创人员：罗苏

▲广州市增城区广播电视台：广播长消息《感动！新塘86岁老党员捐赠20万元助力疫情防控》

主创人员：林永贤、蓝俏燕、袁展鹏、崔永东

▲深圳广播电影电视集团：广播长消息《创业板注册制改革在深落地　开启A股市场化改革新时代》

主创人员：杨瑜瑜、姜迎春

▲珠海广播电视台：广播长消息《称杆村人心里有杆秤》

主创人员：黄华、李灏菀、玖南益、孟江涌

▲汕头市广播电视台：广播长消息《收割和播种同框，我市首次尝试冬稻种植》

主创人员：林朝东、林燕春、林映丹、姚天爵

▲南雄市广播电视台：广播长消息《战“疫”伉俪：你保卫武汉　我守护家乡》

主创人员：姚卫蔚、叶志平、何小红、刘伊芸

▲河源广播电视台：广播长消息《龙川“米贝新村”今天落成启用57户受灾群众入住新家迎来新生活》

主创人员：练楚茹、邹俊钦、黄世翻、张文裕

▲兴宁市广播电视台：广播长消息《“19香”米年亩产1 300.12公斤　创世界纪录》

主创人员：肖云、罗文东、陈凯明、何浩

▲惠东县广播电视台：广播长消息《“临时妈妈”马小芬：隔离区的30个日夜坚守》

主创人员：黎爱平、王德民、蒋波、王晶晶

▲中山广播电视台：广播长消息《一场母爱的接力：4岁新冠肺炎康复女孩和她的三个妈妈》

主创人员：蒙羿帆、林振宇、赖敏辉、林良宏

▲阳江广播电视台：广播长消息《阳西：昔日医疗洼地变身全国县域医共体建设样板》

主创人员：沈全虹、林良琼、关秀同、李阳

▲怀集县广播电视台：广播长消息《怀集红光村“卖空气”撬动120万元“绿碳贷”》

主创人员：李蔚青、钱维敏、覃跃泉

▲清远广播电视台：广播长消息《破茧化蝶　打造“清远经验”乡村版》

主创人员：钟倩、郑艳华、李诚、黄振星

▲揭阳广播电视台：广播长消息《揭阳军埔：最美淘宝村凸显数字经济产业集聚效应》

主创人员：杨燕斌、黄丽文、蔡培旋、吴敏东

▲云浮广播电视台：广播长消息《云浮罗定：肉桂养鸡“育”出生态扶贫路》

主创人员：董楹、陈庆才、冯荣昌

▲广东广播电视台股市广播：广播系列、连续及组合报道《抗击疫情，复工复产一线直击》

主创人员：潘晓霞、关妙钿、蔡奕荼、陈胜、黄达迅、吴锡凌

▲广州市广播电视台：广播系列、连续及组合报道《我是驻村第一书记》

主创人员：张婧、蔡璇、利顺有、谢晓君、黎小培、曹曼茹、黎颖

▲佛山人民广播电台：广播系列、连续及组合报道《美丽的蜕变——佛山三水推进“乡村振兴”改革探索的成效》

主创人员：谢斌、陈雪红、冯东生、林慧华、王佳莉、李福涛、毕丽

▲惠州市广播电视台：广播系列、连续及组合报道《第一书记有点忙》

主创人员：林嘉玲、旷桂红、崔丹丹

▲阳江广播电视台：广播系列、连续及组合报道《阳江战疫日记：我在湖北抗疫的日夜》

主创人员：黄惠明、黄国尊、曾钟锐、梁运龙、梁庆提、沈全虹

▲茂名市广播电视台：广播系列、连续及组合报道《众志成城　抗击疫情之连线武汉》

主创人员：车菁华、莫涛

▲广东广播电视台：广播新闻栏目《热点面面观》

主创人员：集体创作

▲广东广播电视台股市广播：广播新闻栏目《周末大财经》

主创人员：王春仪、陈伟彬、吴锡凌

▲深圳广播电影电视集团：广播新闻栏目《新闻点评》

主创人员：章立蓓

▲广东广播电视台：广播新闻评论《恶意攻击中国共产党无异于蚍蜉撼树》

主创人员：牛日成、金亮

▲鹤山广播电视台：广播新闻评论《为了一个庄严的承诺——鹤山以“加减乘除”法推进绿色低碳发展的启示》

主创人员：吕悦怡、肖仰乐、刘飞、俞宏伟

▲阳江广播电视台：广播新闻评论《共享单车宜疏不宜堵》

主创人员：冯莺、刘天宇、关秀同、王佳光

▲清远广播电视台：广播新闻评论《如何开启广清接合片区建设之路上的“三重门”》

主创人员：杨琴、江春燕、钟倩

▲广州市番禺区广播电视台：广播新闻专题《向死而生，无畏逆行——广东省中医院副院长张忠德的抗疫故事》

主创人员：杜碧茵、苏诏辉、林劲、禤旭英

▲佛山人民广播电台：广播新闻专题《冲向前沿——2020年佛山制造科技创新成果巡礼》

主创人员：童思娜、谢斌、赵英杰

▲韶关市广播电视台：广播新闻专题《“光头书记”探新路》

主创人员：陈霖、王晓东、曹曦、刘子文

▲河源广播电视台：广播新闻专题《夫妻同心，家业万金——彭生根和他的田园梦》

主创人员：饶荣盛、廖璐、张文裕、江国强

▲惠州市广播电视台：广播新闻专题《从“污水靠蒸发”到“清水绕人家”——龙门“一村一策”打造污水治理全国样板》

主创人员：卓暎芸、崔丹丹、汤惠明

▲中山广播电视台：广播新闻专题《阻断，阻断!》

主创人员：郑碧清、张建伟、郑咏梅、孙杰雄

▲江门市广播电视台：广播新闻专题《最美英雄花》

主创人员：吴细源、邓永强、梁淑琳、何庆庭、梁嘉琪

▲阳江广播电视台：广播新闻专题《院士曾庆存的大气人生》

主创人员：梁敏、关秀同、冯莺、李阳

▲肇庆市广播电视台：广播新闻专题《全球抗疫：源源不断的肇庆力量》

主创人员：集体创作

▲深圳广播电影电视集团：广播新闻节目编排《10月15日898早新闻》

主创人员：熊忾洋、雷雨

▲汕头市广播电视台：广播新闻节目编排《10月18日汕头新闻》

主创人员：郑少强、林燕春、洪华

▲梅州市广播电视台：广播新闻节目编排《9月22日948最新闻》

主创人员：何雪芳、许文辉、宋新嘉、黄瑞勉

▲广东广播电视台股市广播：广播新闻访谈节目《惠民爆款“穗岁康”，有哪些独家属性?》

主创人员：梁玉婷，潘晓霞，蔡奕荼，王洪斌

▲广州市广播电视台：广播新闻访谈节目《潮剧名角姚璇秋》

主创人员：利顺有、肖阳、徐宏、吴央央、梁俊飞

▲深圳广播电影电视集团：广播新闻访谈节目《做环保药，做农民需要的药——访“全国劳动模范”农药制剂专家李谱超》

主创人员：姜贺、谷鹏飞

▲南雄市广播电视台：广播新闻访谈节目《最美逆行者》

主创人员：姚卫蔚、李英坚、刘伊芸、邓进前、何小红、黄金华

▲河源广播电视台：广播新闻访谈节目《河源两位女抗疫英雄洒泪话削发故事》

主创人员：陈盛开、焦洋、陈赣

▲茂名市广播电视台：广播新闻访谈节目《电波里的平安守护，你记住了吗？——茂名公安走进FM93.5一路畅通之警官上线》

主创人员：庞晓媚

▲潮州市广播电视台：广播新闻访谈节目《爱心接力　助爱回家——访谈2019年度“感动潮州”人物团体　潮州市弘德寻失志愿者联合会》

主创人员：林新苗、黄伟忠、张元纯、谢越

▲广东广播电视台：广播新闻现场直播《520，就用荔枝表达爱》

主创人员：黄缨、刘汝成

▲中山广播电视台：广播新闻现场直播《向城市美容师致敬——中山市环卫工人节巡游》

主创人员：杨沛、林小军、郑碧清、赖敏辉、蒙羿帆

▲茂名市广播电视台：广播新闻现场直播《化州民企捐赠化橘红驰援湖北抗击疫情》

主创人员：杜燕文、刘明璐、赖敏红、彭畅

▲深圳广播电影电视集团：广播对外新闻和广播对港澳台节目《外资投资新法实施首日，深圳发出全国首张港资和澳资执照》

主创人员：李晓梅、熊忾洋

▲珠海广播电视台：广播对外新闻和广播对港澳台节目《对澳供水今天起升级为“双保险”，供水能力提升一倍》

主创人员：黄华、李栋、戢敏泉、陈苏栋

▲江门市广播电视台：广播对外新闻和广播对港澳台节目《首个“云上世青会”今天在江门举行》

主创人员：莫浩杰、杨嘉敏、何晓鹏、李锐杰、方瑛

电视新闻（95 件）

▲广州市广播电视台：电视短消息《智能秒批　AI 赋能》

主创人员：王珊珊、付哲、林笑秋、梁燕飞、张笑秋

▲广州市从化区广播电视台：电视短消息《小智慧撬动大梦想　为孩子种下科技创新的种子》

主创人员：黄颖瑶、黄健怡、江楚君

▲广州市增城区广播电视台：电视短消息《粤港澳大湾区“菜篮子”通关增城便利区建成启用》

主创人员：汤芷欣、臧晓、熊伟棚、张丽、孙博群

▲深圳广播电影电视集团：电视短消息《市人大常委会通过〈深圳经济特区全面禁止食用野生动物条例〉》

主创人员：苑劲龄、郑志平、刘雨璇、陈国林、赵飞

▲汕头市澄海区广播电视台：电视短消息《“我无名，中国人!”澄海一老人省吃俭用积攒一万元助力抗疫》

主创人员：黄晓敏、陈颖生、卢思帆、陈祉媛

▲佛山电视台：电视短消息《“佛山桑园围”向国际申遗成功　入选世界灌溉工程遗产名录》

主创人员：王坚、吴家键、樊继成、何其辉、苏少华

▲韶关市广播电视台：电视短消息《北江水道千吨级航道贯通　韶关直达粤港澳大湾区》

主创人员：彭娟、叶铭珠、曹伟峰、李经海、曹元斌

▲河源广播电视台：电视短消息《河源市首个无人机直播水稻示范田迎来丰收》

主创人员：苏琳琳、梁小群、廖璐

▲惠州市广播电视台：电视短消息《打好打赢污染防治攻坚战：淡水河水质 20 多年来首次实现全年稳定达标》

主创人员：程海青、张蓝心、叶宗明、徐彬

▲汕尾广播电视台：电视短消息《举办重点项目集中开工仪式　将疫情影响降到最低限度》

主创人员：黄志雄、林展、陈曦、邝少娟

▲东莞广播电视台：电视短消息《中欧班列发运货值逆市增长，创历史新高!》

主创人员：麦正阳、何锡民、曾晶、陈文俊

▲江门市新会区广播电视台：电视短消息《我市首个援鄂人方舱医生钟景

良获评为2020年广东“最美科技工作者”》

主创人员：廖同乐、陈素霞、区浩铭、吴淑冰、李薇

▲台山市广播电视台：电视短消息《侨乡台山：内外同心　防控疫情》

主创人员：宋小龙、陈明凤、黄纪茵、梁锦超

▲廉江市广播电视台：电视短消息《抓实“六稳”“六保”350吨廉江荔枝鲜果“漂洋过海”》

主创人员：郑浩然、何江江、钟晓丹、全可富

▲信宜市广播电视台：电视短消息《水口镇“万能小哥”义务为群众“跑腿”》

主创人员：陆波、谢亮、黄国通、蒋子粤

▲化州市广播电视台：电视短消息《补贴释放“及时雨”化州罗非鱼价稳量增》

主创人员：钟叶苗、黄文凤、陈锌玲、黄俏玲

▲肇庆市广播电视台：电视短消息《肇庆梧州逾40项政务服务实现“跨省通办”》

主创人员：陈宝坤、唐军育、赵伟涛、秦志兴、彭秋琼

▲清远广播电视台：电视短消息《湖北返岗复工专车今天回清》

主创人员：钟华莹、刘威浩

▲潮州市广播电视台：电视短消息《潮州山涧发现植物新种　被正式命名“潮州莸”》

主创人员：蔡栩梓、王曙、王思传、李海

▲揭阳广播电视台：电视短消息《揭阳首批援鄂白衣天使今天“火线”入党》

主创人员：辜美绒、陈佳燕、吴耿标

▲云浮广播电视台：电视短消息《郁南宝珠：荔枝大量上市　政府组织直播带货促增收》

主创人员：钟敏华、梁哲熙

▲广东广播电视台：电视长消息《“撑国安法”收集近300万签名　香港各界人士支持涉港国家安全立法》

主创人员：陈晨、唐建恒、华晓倩、陈壮

▲广东广播电视台：电视长消息《我国首个自营深水油田群宣布投产》

主创人员：戚智勇、齐柳、任炜、卢亚鹏、叶恩源

▲广东广播电视台：电视长消息《记者探营：第三届进博会抢鲜看！》

主创人员：李新、曾超、余俊俊、毋冰、王珍

▲广州市广播电视台：电视长消息《隔离病区里的元宵团圆饭》

主创人员：郑瀚菁、蒋栎、沈妍、郑玮欣、伍定寰

▲广州市增城区广播电视台：电视长消息《增城复工“加速度”：千人凌晨奋战　战疫铁路拨接》

主创人员：张雅玲、袁展鹏、臧晓、李志勇、杨晟斌

▲深圳广播电影电视集团：电视长消息《“深圳星”成功发射升空　我国宽带卫星系统建设步入快车道》

主创人员：聂双双、于源灏、黄麟翔、刘美佳

▲汕头市澄海区广播电视台：电视长消息《澄海：数千玩具企业抱团抗疫“云”销售化危为机》

主创人员：陈晓纯、方乐、陈祉媛、黄妍婷

▲佛山电视台：电视长消息《“智慧渔芯”为水产养殖安装“最强大脑”》

主创人员：杨关山、陈枫、杨世杰、曾莉

▲韶关市广播电视台：电视长消息《支援湖北医疗队返韶　我市各界迎接战疫勇士归来》

主创人员：李政璋、叶铭珠、李经海、王志强、曹元斌

▲始兴县广播电视台：电视长消息《传承53年的“契约”将“乡风文明”种入村民“心田”》

主创人员：廖向荣、杨兰、曾卓、赖金艳

▲梅州市梅县区广播电视台：电视长消息《梅州东线今天正式开通　记者带你体验“梅县最美高速”》

主创人员：陈勇文、李小冰、沈嘉诚、曾滔

▲惠州市广播电视台：电视长消息《惠州：百亿美元石化项目开工建设　激活经济高质量发展澎湃动能》

主创人员：曾其勇、杨成联、罗国强、徐彬、黄家军

▲龙门县广播电视台：电视长消息《“会唱山歌”的农民画》

主创人员：黄水晶、杨冬雪、唐剑锋

▲汕尾广播电视台：电视长消息《爷爷烟盒里的爱国往事》

主创人员：卓斯境、陈鹏飞、张锡凯、黄桂安

▲江门市广播电视台：电视长消息《全球最大电子束处理工业废水项目在江门投运　填补国际技术标准空白》

主创人员：梁耀辉、陈赛红、李锐杰、张丽仪、黄元材

▲开平广播电视台：电视长消息《开平市塘口镇：光伏发电项目释放“阳光红利”》

主创人员：陈奕、区锐聪、张世奇

▲阳春市广播电视台：电视长消息《“80后”聋哑夫妻自强不息创造甜蜜

生活》

主创人员：陈鸿燕、谭奇露

▲信宜市广播电视台：电视长消息《钱排果农首开直播先河助销三华李》

主创人员：廖洪波、周鹏鸿、杨国鼎

▲德庆县广播电视台：电视长消息《“一村一策”助250户脱贫摘帽》

主创人员：梁杰、刘文杰

▲饶平县广播电视台：电视长消息《防疫“夫妻档”上阵“父女兵”》

主创人员：林镇彬、王嘉欣、黄凯彬、郑修栩、吴建民

▲云浮广播电视台：电视长消息《苏炳坚：转业不转志　10年扶贫路彰显军人本色》

主创人员：梁佩珊、冯锦标、余志咏、陈旭

▲广州市花都区广播电视台：电视系列、连续及组合报道《英雄儿女》

主创人员：集体创作

▲深圳广播电影电视集团：电视系列、连续及组合报道《深圳为什么行》

主创人员：丘倩怡、俞哲旻、牛玉龙、徐天星、陈惬、巫志刚、黄燎

▲汕头市广播电视台：电视系列、连续及组合报道《关注老旧小区水泵问题》

主创人员：刘凤彬、庄泰霖、余雁、刘津、林秀彬

▲佛山电视台：电视系列、连续及组合报道《新发展理念的顺德实践》

主创人员：张晨光、庄衡、王晓晖、陈杰、雷超越、彭恋慧、赵日光

▲汕尾广播电视台：电视系列、连续及组合报道《海陆丰红色印记》

主创人员：黄俊洁、黄映妮、黄丹、郃雷、郑泽荣、马景诗、秦郡泽

▲东莞广播电视台：电视系列、连续及组合报道《农民工吴桂春》

主创人员：苏婵、何振成、谢慧龙、李庆华、王红君、林泽珊

▲茂名市广播电视台：电视系列、连续及组合报道《众志成城　抗击疫情之连线武汉》

主创人员：车菁华、莫涛

▲怀集县广播电视台：电视系列、连续及组合报道《决战决胜脱贫攻坚》

主创人员：廖伟媚、孔坚华、卢德志、杜鹃

▲清远广播电视台：电视系列、连续及组合报道《智残少年打赏主播3万多元　退!》

主创人员：康乐、周昊、杨俊培、郑艳华

▲潮州市潮安区广播电视台：电视系列、连续及组合报道《龙湖古寨：整体提升促发展　千年古寨焕新颜》

主创人员：宋璋、方博、吴炯、许灿华、许泽杭、刘森秋

▲揭阳广播电视台：电视系列、连续及组合报道《美丽乡村·数说我的村》

主创人员：集体创作

▲云浮广播电视台：电视系列、连续及组合报道《丰碑之上——国家烈士纪念日》

主创人员：朱燕敏、黎文成、陈庆才、李忠辉、梁佩珊

▲广东广播电视台经济科教频道：电视新闻栏目《南方财经报道》

主创人员：张伍生、方晓茸、夏精棋、王志军

▲广州市广播电视台：电视新闻栏目《广州新闻联播》

主创人员：朱凯东、周丽、杨嘉良、傅志群、吕方晓、敖康达、吴诺思、郭子桃

▲惠州市广播电视台：电视新闻栏目《午间新闻》

主创人员：许苑苑、莫碧霞、洪雅红

▲东莞广播电视台：电视新闻栏目《今日莞事》

主创人员：蒋韶东、曾闽、何安琪、肖宁、钱静、吴剑平、马逸林

▲广东广播电视台：电视新闻评论《美国战疫的加减法》

主创人员：余洋、黄凯新、林燕冰、梁梓斌、周波

▲广州市广播电视台：电视新闻评论《上网课》

主创人员：集体创作

▲汕尾广播电视台：电视新闻评论《疫情防控警示：千里探亲铸成大错　心存侥幸整村封闭》

主创人员：周贵良、翁柱东、张锡凯、苏世定

▲中山广播电视台：电视新闻评论《重振虎威：一座湾区制造业城市的破茧重生》

主创人员：刘峥、郑旋玲、覃媛媛、陈大钧

▲肇庆市广播电视台：电视新闻评论《大数据何以助力中小企逆势上扬？——肇庆企业高质量发展启示录》

主创人员：李必辉、郭春江、余安、黄永宁、毛洪雷

▲广东广播电视台：电视新闻专题《共渡难关》

主创人员：范迪、郭皓淳、涂心怡、严子韵、徐海洋、刘畅

▲广东广播电视台：电视新闻专题《粤味动画首出海　被全球影迷追更》

主创人员：邓蕴、吴家强、黄月颖

▲广东广播电视台：电视新闻专题《生态扶贫　争当新时代的“卖碳翁”》

主创人员：邝雯珊、魏薇、俞量、张琳玥、廖培彦

▲广东广播电视台经济科教频道：电视新闻专题《广东中医在武汉》

主创人员：李明、杨毓、曹军

▲广州市广播电视台：电视新闻专题《人民至上　广州担当》

主创人员：谭耿彬、翁苏君、陈诚、郑瀚菁、易鸣、谭盛婷

▲广州市广播电视台：电视新闻专题《广州潮州跨市互动　历史名城以文铸魂》

主创人员：何少敏、郑集衔、邵凤玲、黄勇生、沈健新

▲韶关市广播电视台：电视新闻专题《公厕改造两年未完工　市民所“急”为何无回应?》

主创人员：颜力斌、刘志军、刘志平

▲河源广播电视台：电视新闻专题《包彩媚：从“帮扶对象”到“帮扶干部”》

主创人员：练楚茹、邹俊钦、吴丽红、熊鑫、王诗齐

▲汕尾广播电视台：电视新闻专题《市城区兴华路规划三十二年未贯通原因调查》

主创人员：卓斯境、朱北京、陈学招、苏世定、刘清华、卢玉真

▲东莞广播电视台：电视新闻专题《破解“问题少年”之困》

主创人员：陈雯婧、赵俊杰、刘锐良、解冉锐、王卉玲、邓菲

▲江门市广播电视台：电视新闻专题《我们都在努力奔跑——江门崇左扶贫协作路上追梦人的故事》

主创人员：何晓鹏、赵晨璞、张国新、纪嵩山、方芳、桑云霄

▲恩平市广播电视台：电视新闻专题《梁辉鹏：滞留武汉的 76 天》

主创人员：李莉、吴健星、郑君文、陈超炯、吴慧红

▲德庆县广播电视台：电视新闻专题《万亩蕉树理赔难　人大代表怒斥理赔条件苛刻　依法为蕉农追回 600 万元赔付款》

主创人员：徐樟宇、梁达晖

▲揭阳广播电视台：电视新闻专题《用生命之光照亮扶贫之路——追忆黄耿丰和他的扶贫故事》

主创人员：辜美绒，陈锐斌，郑远玉，方圣奇

▲云浮广播电视台：电视新闻专题《有梦想谁都了不起！14 岁少年单手托起篮球梦》

主创人员：梁佩珊、朱晓岚、陈庆才、谭柱军、朱燕敏

▲广东广播电视台经济科教频道：电视新闻节目编排《精准稳妥推进复工复产》

主创人员：方晓茸、夏精棋、王志军、张晓梅、宋洁

▲深圳广播电影电视集团：电视新闻节目编排《6 月 30 日直播港澳台》

主创人员：钟汉荣、林潇、黄海宁、赵楠、杨勇刚、曾子瑾

▲珠海广播电视台：电视新闻节目编排《8 月 26 日珠海新闻》

主创人员：胡志刚、赵乐、刘青、杨秋敏、陈力欣、梁彤英

▲中山广播电视台：电视新闻节目编排《7 月 18 日中山新闻》

主创人员：吴林平、张建伟、王华丽、张媛媛、邹岳廷

▲阳江广播电视台：电视新闻节目编排《10 月 22 日民生 12345》

主创人员：徐春雪、阮丽妍、谢凤玲、梁健

▲肇庆市高要区广播电视台：电视新闻节目编排《12 月 26 日高要新闻》

主创人员：杜永权、吕毅、朱国志、黄美诗、李一双

▲珠海广播电视台：电视新闻访谈节目《天琴计划：那些测量地月距离的人》

主创人员：郭凌轩、赵思、贾刘一珏、张浩

▲汕头市广播电视台：电视新闻访谈节目《聚焦侨峰会——华侨华人代表施乾平：讲好中国故事》

主创人员：周翀、陈彦伊、林林、陈浩然、谢锦琼、许悦佳

▲佛山电视台：电视新闻访谈节目《岭南范局》

主创人员：何君君、梁喜爱、陈淑枝、陆颖茹

▲肇庆市广播电视台：电视新闻访谈节目《农民的代言人——全国人大代表徐建贤》

主创人员：集体创作

▲潮州市广播电视台：电视新闻访谈节目《亲历潮州》

主创人员：石时忠、谢畅、林哲、王泽勇

▲广东广播电视台：电视新闻现场直播《运味》

主创人员：洪峰、杨琨、顾铭、张巍、杨霄、刘彪、鲁俊杰、陆容、陈颂辉、冯时、岳阳、李斯琦、练达、郑芸、荣小雨

▲广东广播电视台：电视新闻现场直播《广东省政府新闻办疫情防控第二十四场新闻发布会》

主创人员：关璐琳、梁向阳、李媚娟、游渊、周磊、黄欣、陈向丽、潘宇华、张苑、伍子翔、胡曼、孙琳茹、陈可儿、贺龙、张弛

▲深圳广播电影电视集团：电视新闻现场直播《先行示范新使命　庆祝深圳经济特区建立四十周年特别报道》

主创人员：徐华强、朱龙晃、马莉、俞哲旻、林惠珊、焦喆、陈人欢、王智婧、李熹、谭珺、叶纯、吴一琪、林锦霞、宋菁菁、马诗月

▲珠海广播电视台：电视新闻现场直播《广东首例新冠肺炎危重患者珠海治愈出院》

主创人员：李蓉、邓婉莹、陈博、沈梦恬、徐新辉、吴国俊

▲广东广播电视台：电视对外新闻《大山里的光影童话》

主创人员：范迪、涂心怡、吴多娇、郭皓淳、严子韵、黄妙杰

▲广东广播电视台：电视对外新闻《十三行》

主创人员：施燕锋、雷锋学、林庆坚、李侠、陈乾章、潘晨虹、华丽莎、梁梦漪、张熙

新媒体新闻（49件）

▲广东广播电视台：新媒体新闻短视频《湖北一线震撼现场，16秒抢回一条生命!》

主创人员：郑亚琴、周鹏、杨霄、王硕、高欣，黎婵

▲广东广播电视台经济科教频道：新媒体新闻短视频《三八妇女节武汉一线特辑：此身愿化中天月　半照边关半照家》

主创人员：李明、杨毓、伍文平、曹军

▲深圳广播电影电视集团：新媒体新闻短视频《钟南山：无证据证明无症状感染者有高传染性》

主创人员：何嘉琪、钟鹏超、陈晓星、郭风新、郭广豪、缪孟晴

▲珠海广播电视台：新媒体新闻短视频《跨越4 000里　这是足球帮扶进校园的故事》

主创人员：张建波、孙苗苗、李根、魏晶、李栋、杨秋敏

▲佛山电视台：新媒体新闻短视频《“涌”在前线｜休整下来的你们　笑起来真好看》

主创人员：王海涌、唐欣瑜、陈雪敏、林俊鹏、周永申

▲河源广播电视台：新媒体新闻短视频《“90后”男护士削发明志出征湖北》

主创人员：陈思思、冯轩、陈伟兵、廖运琳、黄亮

▲龙门县广播电视台：新媒体新闻短视频《无人机在龙门县城上空喊话，原来是……》

主创人员：林楚珊、邹奋、李红华、姚志玲、邬欣欣

▲汕尾广播电视台：新媒体新闻短视频《守望》

主创人员：黄映妮、黄俊洁、刘清华、邰雷、郑泽荣、黄丹

▲阳江广播电视台：新媒体新闻短视频《考场外她说不想考了！老师的举动“能记一辈子”》

主创人员：梁剑华、刘帝森、梁胜、杨春明、白金玉、林炜如

▲肇庆市广播电视台：新媒体新闻短视频《全球抗疫中的肇庆力量》

主创人员：何晓兰、陈思源、覃鹏、梁树刚、饶晓兰、李琳

▲四会市广播电视台：新媒体新闻短视频《春风至　英雄归》

主创人员：陈梦瑶、邝绮璇、谢斯美、何洪锋、陈绍升、杨振兴

▲英德市广播电视台：新媒体新闻短视频《驰援“疫”线视频③：英德接力！点亮 LED，致敬最美逆行者》

主创人员：郭丹琢、张剑华、张思雯、傅斌

▲广东省公安厅：新媒体新闻短视频《归途十九年——揭阳走失儿童与父母团聚》

主创人员：黄丽雯、吴格然

▲汕头市广播电视台：新媒体直播《“世界级超级工程”汕头海湾隧道双线全面贯通特别报道》

主创人员：林馥盛、林树强、陈珩、陈瑶、陈媛、姚天爵、肖卫东、陈史、方淦明、黄晓佳、蔡伟琦、林凯茵、李雅斓、陈勇、周翀

▲佛山电视台：新媒体直播《直击救援现场！“国家一级保护动物”中华白海豚误入佛山水道》

主创人员：冯妙兰、关劲文、徐家杰、吴忠良、谢玉美、梁莹、杨啸峰、叶育峰

▲惠州市广播电视台：新媒体直播《最美逆行者回家》

主创人员：胡鹏飞、邵琦、杨裕港、卓美龄、李馨、郑杰

▲中山广播电视台：新媒体直播《庆丰收　迎小康：让我们带着满满的喜悦看丰收》

主创人员：李照征、赖楚健、陈卫国、范燕鸿、刘妍、石昊、麦灿威、王敏浩、杨书琴、杨振鹏、严瀚英、李少强、陈凌茹、曹鸿恩

▲高州市广播电视台：新媒体直播《“荔枝北上　苹果南下”粤陕云连线》

主创人员：李戈、雷霄虹、赖奕良、区朋华、林智霖、张祖豪、李建

▲广宁县广播电视台：新媒体直播《返校第一天》

主创人员：骆翠云、王思婷、钟荣昊、蒋雪芳、伍健威、梁世坚、邓契金

▲清远广播电视台：新媒体直播《“广清同城　幸福全程”广清城际花都至清城段正式开通》

主创人员：李诚、钟倩、汤文飞、王绵、燕子俊、林家亮、李楠、曹晶晶

▲潮州市广播电视台：新媒体直播《窑火红红庆双节——直播中秋夜凤新大园烧瓦窑》

主创人员：林晓瀚、张文钊、蔡禧铄、刘祥宏、舒佳淋、蔡伟浩、戴鹏、李烁、王城、蔡堉源

▲深圳市全景网络有限公司：新媒体直播《“改革里程碑　创业新起点”创业板改革并试点注册制》

主创人员：集体创作

▲汕头市广播电视台：创意互动作品《一起重走习近平总书记在汕考察调研路线》

主创人员：曾眉妮、孙妙玲

▲韶关市广播电视台：创意互动作品《他们是身边的平凡人》

主创人员：华坚、林丽梅、黄诗雅、唐周智、邝明慧

▲南雄市广播电视台：创意互动作品《古道探秘，终于jian到“你”》

主创人员：邓进前、蓝惠娟、常涯、叶志平

▲惠州市广播电视台：创意互动作品《H5—惠州而今迈步从头越》

主创人员：彭染红、黄镇生、李树健

▲江门市广播电视台：创意互动作品《江门站使用手册H5》

主创人员：曾莉媛、王芬芳、秦恒、谭兵、王华、吴泽彬、胡洋斌、古小丽

▲湛江广播电视台：创意互动作品《镇镇互通　玉湛　加速！加速！》

主创人员：李建文、吕小兰、赵意、刘智健

▲潮州市广播电视台：创意互动作品《总书记在潮州留下的这些“金句”！》

主创人员：蔡旭彬、郭楚玉、郑佳妮、卢涓

▲广东广播电视台：新媒体版面编排《婚姻法实施70周年版面——我能想到最浪漫的事》

主创人员：林勤生、郑敏璇、施文辉、舒顺龙、梁绮雅、吕文斐、李雨蔓、凌芸

▲广东广播电视台经济科教频道：新媒体版面编排《咪兔课堂：玩转智能手机》

主创人员：梁欣仪、曹军、李纲宇、方烁纯、许志翔、刘桢滢

▲广州市广播电视台：新媒体版面编排《致我们的2020》

主创人员：李素卿、谢晓君、刘健、李东林、冼浩隽

▲汕头市广播电视台：新媒体版面编排《50张图片+高清视频　带你感受汕头亚青会场馆建设的特区速度！》

主创人员：林馥盛、林树强、李雅斓、陈史、黄晓佳、陈銮花、余文琛

▲韶关市广播电视台：新媒体版面编排《脱贫攻坚奔小康　共建美好新时代系列推文》

主创人员：集体创作

▲惠州市广播电视台：新媒体版面编排《战报丨众志成城　战疫必胜》

主创人员：胡鹏飞、刘志坚、杨裕港、李馨、邵琦、卓美龄、卢杰

▲佛冈县广播电视台：新媒体版面编排《战“疫”30天，佛冈人都经历了

什么》

主创人员：王菲

▲广东广播电视台：全媒体传播作品《中国谈｜一外国小伙走进广东复工现场，感叹“燃爆了！”》

主创人员：罗丽婷、小哈、部国欣、李红忠、郑芷靖、王子豪

▲广东广播电视台经济科教频道：全媒体传播作品《总书记在广东》

主创人员：张志斌、张伍生、赖禧、方晓茸、麦见柔、丁海利、王沛然、何浩铭

▲广州市广播电视台：全媒体传播作品《从春天到春天，她们接力唱响生命之歌》

主创人员：王小娟、王梓、梁星燎、蔡迪希、巢美琳、涂冠祺

▲深圳广播电影电视集团：全媒体传播作品《美国知名歌手瑞恩·泰德爱吃热干面　与中国媒体互动报平安、美国歌手直播大赞中国防疫做法　质疑特朗普防疫措施》

主创人员：朱龙晃、宋菁菁、陈佩瑶、谭郡、俞哲旻、杨颖、林锦霞

▲汕头市广播电视台：全媒体传播作品《快来围观！第三届亚青会会徽、吉祥物、主题口号今天正式公布》

主创人员：林馥盛、陈珩、陈瑶、钟昕、林树强、李津、余文琛、李琳

▲佛山人民广播电台：全媒体传播作品《佛山记“疫”》

主创人员：梁婷、童思娜、陈宁静、宋秀辉、邓之欣

▲河源广播电视台：全媒体传播作品《你好，深圳！好兄弟河源有话要对你说……》

主创人员：刘金明、曾佳颖、郑志豪

▲梅州市广播电视台：全媒体传播作品《同“州”共济！梅州、荆州主播隔空对话，两地网友温情互动》

主创人员：魏博林、池宇伟、晁豫青、钟宇锋、刘英梅、林瑜、李翠萍

▲东莞广播电视台：全媒体传播作品《走村直播看小康》

主创人员：邵蓝、何春辉、唐佳雯、邓笑、吴燕玲、万柏荣、王国春、郑思琪

▲鹤山广播电视台：全媒体传播作品《2020，鹤山最美笑脸》

主创人员：吕悦怡、吕桢华

▲清远广播电视台：全媒体传播作品《清远记疫：那些刻骨铭心的瞬间！》

主创人员：张瑞、张思考、孙怀强、郑慧苗、杨庆芳、徐德兴、郭铠睿

▲英德市广播电视台：全媒体传播作品《最高荣誉！热烈祝贺英德一人获全国脱贫攻坚奋进奖！》

主创人员：万山河、郭丹琢、余向怡

▲连山壮族瑶族自治县广播电视台：全媒体传播作品《这里是连山!》

主创人员：王美君、温锦霞、杨丰源、岳忠圣、李倩、孔志丽、金冠宇、孙乐

广播节目（45件）

▲深圳广播电影电视集团：广播栏目《我的战疫我的城》

主创人员：集体创作

▲珠海广播电视台：广播栏目《珠海刑小侦》

主创人员：丛晓辉、戢敏泉、晏激洪、刑小侦

▲汕头市广播电视台：广播栏目《潮剧大舞台》

主创人员：王岩（汪洋）

▲佛山人民广播电台：广播栏目《系咪松啲先》

主创人员：黄慧敏、范祺

▲博罗县广播电视台：广播栏目《新农村天地》

主创人员：于亮亮

▲广州市广播电视台：广播社教节目《信仰的力量》

主创人员：余慕珩、陈卓贤、刘晟旻、蔡璇、周洁瑜

▲佛山人民广播电台：广播社教节目《“凡警”的故事》

主创人员：王东华、谢燕平、杜文杨、吴绮雯

▲梅州市广播电视台：广播社教节目《经典咏流传　故事有温度——1058女人帮特别访谈节目》

主创人员：李海梅、林宽宇、于佳彤、许明、张洪旭、梁广卫

▲惠州市广播电视台：广播社教节目《妈妈，我是防疫小卫士了》

主创人员：吕艺文

▲湛江广播电视台：广播社教节目《“三八”特别节目　致敬最美逆行者：战“疫”中的天使》

主创人员：朱荣辉、李化冰、陈文蕾、蔡成、陈恒德、陈炜扬

▲茂名市广播电视台：广播社教节目《爸爸，打完怪兽早点回来!》

主创人员：刘明璐、彭畅

▲肇庆市广播电视台：广播社教节目《山区孤儿放飞梦想，怀集福利院六个孩子圆大学梦》

主创人员：吴婉丽、莫莹、赵凯、杜鹃

▲清远广播电视台：广播社教节目《少年的烦恼》

主创人员：江春燕、徐凯辉、孔燕婷、赵素华、练坚

▲云浮广播电视台：广播社教节目《成长密码——如何加强青少年学生抑郁症防治工作》

主创人员：谢蕴仪、冯永辉

▲梅州市广播电视台：广播少儿节目《客都小主播语言才艺大赛》

主创人员：赵杰、王丹、于佳彤、张洪旭、李海梅、梁广卫

▲汕尾广播电视台：广播少儿节目《小小朗读者——致敬最美逆行者》

主创人员：柏杨、王超、罗美娇、单智玉、王建瑜

▲江门市广播电视台：广播少儿节目《哪吒闹海——新冠病毒篇》

主创人员：张晨露、李昕蕾、何伟祥

▲江门市广播电视台：广播少儿节目《千金的家书，无价的家风——给孩子们的一堂敬业课》

主创人员：邝杰岚、莫惠玲、李俊仪

▲阳江广播电视台：广播少儿节目《童声童唱——疫情系列篇》

主创人员：岑纬南

▲湛江广播电视台：广播少儿节目《快乐起跑线——六一特别节目》

主创人员：何佩璐、袁祺

▲高州市广播电视台：广播少儿节目《让我们一起打败病毒》

主创人员：李云燕、李志宇、杨乐童

▲揭阳广播电视台：广播少儿节目《春暖花开幸福相伴之住进山村的扶贫干部——记火炬村扶贫干部何刚书记》

主创人员：陈燕霞、林少贞、林如、纪晓越

▲广东广播电视台：广播综艺节目《谢谢你，为我们拼过命》

主创人员：郭权、熊启涵、黄健瑜、谢倍伟、陈嘉慧、黄洁茹

▲广州市广播电视台：广播综艺节目《2020 致敬城市志愿者》

主创人员：罗兆安、谢璐欣、林可、席鸿

▲深圳广播电影电视集团：广播综艺节目《愤怒的钢铁》

主创人员：徐庆新、韦亮

▲珠海广播电视台：广播综艺节目《珠海，你变了！》

主创人员：陶俊树

▲湛江广播电视台：广播综艺节目《众志成城战疫情》

主创人员：宋琪、陈思媛、吴红辉

▲广东广播电视台：广播文化节目《抗疫演义——德叔有段古》

主创人员：何新仕、林少霞、纪瑞、何启明、王烁、林劲

▲汕头市广播电视台：广播文化节目《奋进汕头，大美汕头——汕头新八景》

主创人员：肖笛、章绵涛

▲韶关市广播电视台：广播文化节目《美丽韶关之“歌声的传承”》

主创人员：黄艳

▲江门市广播电视台：广播文化节目《今夜，我在荆州的寒冷中爱你——致敬驰援湖北荆州的南粤白衣战士》

主创人员：张晨露、吴丹、何伟祥

▲清远广播电视台：广播文化节目《二十四节气之美——冬至》

主创人员：江春燕

▲潮州市广播电视台：广播文化节目《潮州，为什么这么“潮”——吟诗诵文读潮州》

主创人员：黄伟忠、邱清旭、张元纯、王以琳、陈秋云、邱梦泽

▲广东广播电视台：广播音乐节目《深圳特区 40 年，歌声飘过 40 年》

主创人员：许学嘉，张靖华

▲广州市广播电视台：广播音乐节目《花城歌声记“疫”》

主创人员：陈仰菡、张戬、席鸿

▲深圳广播电影电视集团：广播音乐节目《每个人的战争》

主创人员：王晓红（扬阳）

▲深圳广播电影电视集团：广播音乐节目《鹏城歌飞扬特别节目“深圳歌声起”》

主创人员：刘伟明、王帅、孙岩、徐曼、李娇娜

▲佛山人民广播电台：广播音乐节目《爱不停步奔小康——原创脱贫攻坚主题歌曲展播》

主创人员：白靖、林靖、赵皓研、梁伟青

▲东莞广播电视台：广播音乐节目《心情与歌——庆祝中国共产党建党 99 周年特别节目》

主创人员：邱小真

▲清远广播电视台：广播音乐节目《以歌传声　为国加油》

主创人员：朱亦红、陈汛婕、冯少颜

▲广州市广播电视台：广播剧《花开乌蒙》

主创人员：黄建伟、钟慧、梁健波、黎广怡、谢彩雯、刘蔷薇、孙建国、胡梅、林岚

▲深圳广播电影电视集团：广播剧《回家》

主创人员：张萍、侯宇、张慧娟、栾绍东（高歌）

▲湛江广播电视台：广播剧《唤福》

主创人员：梁忠东、刘爽、苏志锋、曾鹏程

▲信宜市广播电视台：广播剧《护航美好生活，我有民法典》

主创人员：关晓珏、余宇、唐丽、潘燕、陈晓霞

▲清远广播电视台：广播剧《请战》

主创人员：郭嘉锐、徐凯辉、郭艳、童俊龙、杨雷、李静芝、于秀华

电视节目（69件）

▲广州市广播电视台：电视栏目《民族同心圆》

主创人员：王梓、袁婷婷、梁倬维、梅斯朗、宋潇毅、梁俊超、金贞玉、胡筱戈、侯志恒

▲佛山电视台：电视栏目《粤味厨神》

主创人员：杨生、霍钰雯、谭蕴哲、林歌、冯雨、区显辉、王嘉欣

▲梅州市广播电视台：电视栏目《小康路上》

主创人员：叶斌、丘明珠、林玉锦、江晓苑、陈炜方、杨锦龙、刘漫、马焉新

▲惠州市广播电视台：电视栏目《美丽惠州》

主创人员：叶翔宇、江宾、余梦、苏宏业、邱城杰、彭染红、向尧、胡君彦

▲中山广播电视台：电视栏目《阿乃驾到》

主创人员：黄宇平、李锐珊、高晓怡、陈青仪、肖维力

▲湛江广播电视台：电视栏目《发现你的美》

主创人员：吴尚、陈启华、邹丽丹、郑怡斐、黎军、韩旭、陆森森、郭智聪、赖仲斌

▲清远广播电视台：电视栏目《乡村振兴清远大擂台》

主创人员：刘青璞、孙魏、色日古楞、张文、董飘飘、曾梦婷、聂艺、邹宇亮、王敏怡

▲广东广播电视台：电视社教节目《粤讲越掂》

主创人员：李硕丰、吴树娜、陈丽琦、陈谨瑾、陈丽帆、马婉婷、朱映琳、顾惠嫦

▲广州市花都区广播电视台：电视社教节目《花开有声　不忘红色初心　传承红色精神——花都大地那些熠熠生辉的红色故事》

主创人员：周若菡、温明智、龚耀东、向尚、江绍成、王志文、赵贺

▲惠州市广播电视台：电视社教节目《惠州的“黄金埠头”》

主创人员：叶翔宇、江宾、苏宏业、邱城杰、马子楠

▲东莞广播电视台：电视社教节目《厨王之战——东莞市粤菜师傅烹饪电视大赛总决赛》

主创人员：周方、张菲、汤凌昱、韩紫雅、熊羽添、王秀艳、李敏婷、韩茜薇、杨天石

▲开平广播电视台：电视社教节目《秀姐的38载暖心义工路》

主创人员：杨焯琪、陈杰庚、张怀芳、区锐聪

▲阳江广播电视台：电视社教节目《先生之风——黄伯荣和他的现代汉语》

主创人员：何高、关荣、陈敏、徐春雪、王俊军、阮樱瓒、严振柱

▲湛江广播电视台：电视社教节目《湛江逸事之清官陈瑸》

主创人员：徐敬东、朱荣、梁广槐、彭哲敏、李志鹏、吴俊毅、黄锵、黄建芳、李志霞

▲茂名市电白区广播电视台：电视社教节目《萝卜书记》

主创人员：黄华、李志辉、黄利兴、陈小京、李仁

▲肇庆市广播电视台：电视社教节目《肇商·市长面对面协商　共谋全方位打造"肇庆汽配"产业集群》

主创人员：陈思源、陈惠红、李琳、卞玉祥、茹志祥、朱国锦、黄佩芬、邓惠洁、曾繁成

▲潮州市广播电视台：电视社教节目《"疯狗队"覆灭记》

主创人员：刘培钗、林超、陈佳敏、佃楚伟、谢静敏、洪苗、曾婉钰、张思瀚

▲广东广播电视台：电视少儿节目《漆彩乡村，七彩梦想——东源县黄村镇上漆村脱贫攻坚纪实》

主创人员：刘东霞、周媛、张玮、苏振南、张宏迈、袁睫、郑祺、罗辉娟、邝永聪

▲深圳广播电影电视集团：电视少儿节目《2020深圳"舞起来"青少年舞蹈季庆典晚会》

主创人员：袁小爱、武媛媛、颜鲁贞、何欢、陈浩、胡渊、蒋白平

▲汕头市广播电视台：电视少儿节目《少年派》

主创人员：陈虹、刘群、沈小沂、陈婕、何安妮、温洁燕、彭晓斌、刘喆、高虹方

▲中山广播电视台：电视少儿节目《2020年中山市少儿春晚》

主创人员：卢丽敏、刘雄满、曾志玲、刘颖琳、邓小圆、陈宇豪、林梓峰、陈朴、麦浩研

▲江门市新会区广播电视台：电视少儿节目《快乐小天使——居家学习宝典》

主创人员：李惠青、黄铁兵、李向为、钟炯祥、梁柳园、黄玮莛、邓月平、徐显彬、梁文静

▲阳江广播电视台：电视少儿节目《消防小课堂》

主创人员：蒋晓云、毛续、徐俊杰、吴其珊

▲清远广播电视台：电视少儿节目《“朝南集团　金鼠献福　福娃迎春”2020清远市少儿春节联欢晚会》

主创人员：蔡翊、龙赵纾扬、刘静媚、林利婵、何建鹏

▲广东广播电视台：纪录片《通海夷道》

主创人员：吴泳斌、彭蓉、侯朝霞、宋飞、葛志江、陈艳芬、李泽玲、庄以薇

▲广州市广播电视台：纪录片《我们一起扛的这些日子——荆楚战记》

主创人员：林欣杰、陈智萌、谢晓清、叶青、曾毅铭、伍定寰、刘香柏、叶慧妍

▲深圳广播电影电视集团：纪录片《庆祝深圳经济特区建立40周年——致敬深圳地标》

主创人员：梅宏、何亚叡、潘思源、赵喆勐、赵玉凯、吴美宏、单舒然、杜一凡

▲深圳广播电影电视集团：纪录片《深圳战疫实践启示录》

主创人员：缪孟晴、池薇、罗雅琴、李恒标、何嘉琪、陈玉婷、郭广豪

▲珠海广播电视台：纪录片《江海情》

主创人员：付冰、陈晓军、常立波、刘昕、高海员、贾刘一珏、张剑宇、曾小武、韩科

▲汕头市广播电视台：纪录片《百年汕头》

主创人员：黄圆圆、黄晓雄、黄汉东

▲佛山电视台：纪录片《伽师瓜出疆记》

主创人员：张绿化、王小峰、郭益、谢少文、游乐基、黎晓彤、吴科、罗文斯

▲佛山人民广播电台：纪录片《疫行——平凡人的抗疫纪实》

主创人员：梁敏、刘新存、俞菲、符聪

▲河源广播电视台：纪录片《厚土之上》

主创人员：江礼贤、陈伟兵、冯轩、江悦北

▲汕尾广播电视台：纪录片《罗广志：守望家乡稻花香》

主创人员：莫东川、曾宝珊、戴绛雪、柏桦、吴越、马景诗

▲中山广播电视台：纪录片《1/4圆》

主创人员：集体创作

▲江门市广播电视台：纪录片《元宵》

主创人员：吴细源、邓永强、王华、李永镇、张国新、梁淑琳、崔志力

▲吴川市广播电视台：纪录片《千帆过尽　初心不改——致我们一起走过的 2020 年》

主创人员：易康杰、林琳、张茗伟、陆华丽、李德岳、陈符兵、陈宇翔、龙直飞、侯聪

▲广东优创合影文化传播股份有限公司：纪录片《古茶密码》

主创人员：黄诗云、褚嘉骅、程涛、殷花、池志成、涂慧君、林泽鑫、赖建桦

▲广东羊城晚报数字媒体有限公司：纪录片《疫·家人》

主创人员：胡军、汤铭明、陶奕燃、杨奇、麦宇恒、谢小婉

▲广东金禾影视传媒有限公司：纪录片《四十三》

主创人员：陈创贤、王尉荧

▲广东广播电视台：电视综艺节目《流淌的歌声 2020　第六期》

主创人员：何伟、黄敏丽、高黎黎、白炜、赵桂华、张莹、陈一桁、杨斯穆、杜倩茵

▲广东广播电视台：电视综艺节目《2020 国际护士节特别节目　英雄花开》

主创人员：伍燕、邝景雄、吕耀东

▲深圳广播电影电视集团：电视综艺节目《起舞吧！齐舞（第二季）》

主创人员：高宇、黄鹤、肖芳艳、周琳琳

▲珠海广播电视台：电视综艺节目《海孩子　红树林》

主创人员：鲁鑫、张婷、蔡颖、魏伟、戢敏泉

▲佛山电视台：电视综艺节目《“佛山韵律·幸福小康”佛山全民综艺大舞台暨“舞动全城”第四届广场舞展演禅城赛区决赛》

主创人员：冯强苏、王旭、沈璟瑜、何晓丹、林文婷、潘文婧、冼玉湄、徐可珈、余永亮

▲中山广播电视台：电视综艺节目《致敬城市美容师　共建文明美丽中山——环卫工人节主题文艺晚会》

主创人员：陆碧红、覃媛媛、江秀娟、刘雄满、陈健文、梁欣、李彪、周裔兴

▲湛江广播电视台：电视综艺节目《“同一片海——2020 湛江、海口春节联欢晚会”》

主创人员：吴尚、刘付斌、马冀、林瑜、陈艳丹、蔡杨梅、黄韵怡、邹丽丹、柯毅文

▲潮州市广播电视台：电视综艺节目《广东道德模范与身边好人（潮州）现场交流活动》

主创人员：江萍、刘国栋、戴鹏、舒佳淋（舒畅）、林润哲、刘阳

▲广东广播电视台：电视文化节目《国乐大师》

主创人员：邹定宾、张璇、吴晓靓、陈琳、陈辉雄、麦发钦

▲广州市番禺区广播电视台：电视文化节目《记忆番禺——沙湾飘色》

主创人员：陈琨、杨熙、林劲、陈扬

▲深圳广播电影电视集团：电视文化节目《今夜星空灿烂——致敬深圳文艺名家》

主创人员：集体创作

▲珠海广播电视台：电视文化节目《航拍珠海（第二季）》

主创人员：江海、刘红杰、罗晓龙、贾刘一珏、贾淇缃、陈素璧、李炎强、袁俊

▲汕头市广播电视台：电视文化节目《潮汕左翼文化名人》

主创人员：集体创作

▲佛山电视台：电视文化节目《粤读时光》

主创人员：王旭、沈璟瑜、何晓丹、龚雪、冼玉湄

▲韶关市广播电视台：电视文化节目《悦读时间·岭南建筑之客家围楼》

主创人员：张冀、陈海、蒋励、温盛远、刘子文、陶宣伊、熊恬

▲江门市广播电视台：电视文化节目《“少年中国说”粤港澳台暨海外华裔青少年阅读公益行“爱的聆听”主题分享会——澳门专场》

主创人员：陈静、方瑛、黄娟、崔志力、杨小茜、吴思静、赵琦、李宝甜、钟炼瑛

▲湛江广播电视台：电视文化节目《走进赤坎老街》

主创人员：吴尚、刘付斌、郑怡斐、陆森森、韩旭、柯毅文、赖仲斌、黄韵怡、邹丽丹

▲广东广播电视台：电视剧《外来媳妇本地郎之疫情防控》

主创人员：集体创作

▲广东强视影业传媒有限公司：电视剧《如果岁月可回头》

主创人员：集体创作

▲深圳市中皇影业传媒有限公司：电视剧《幸福敲了两次门》

主创人员：郑凯南、田镇、张瀚予、那树枫、徐红亮

▲珠江电影集团有限公司：电视剧《火红的青春》

主创人员：集体创作

▲深圳市腾讯计算机系统有限公司：网络电视剧《不完美的她》

主创人员：刘飏、路怡、张娜、薄冰

▲广东广播电视台：动画片《健康生活家之头都大防疫系列科普动画》

主创人员：黄静宇、倪晓珊、陈斌、区玉薇、黄志聪、冯湄、李一凡、刘

畅、卢炜彤

▲广东广播电视台：动画片《大吉利车队之民法典知多点》

主创人员：韩晖、熊启涵、梁梓林、郭乐欣、孔建文、关丽嫦、何白瑜、黄健瑜、林泽吾

▲广东咏声动漫股份有限公司：动画片《百变校巴之超学先锋2》

主创人员：集体创作

▲广州百漫文化传播有限公司：动画片《西行纪之再见悟空》

主创人员：集体创作

▲广州超维互娱科技有限公司：动画片《果果别动队》

主创人员：集体创作

▲深圳崇德动漫股份有限公司：动画片《巧手鲁班智慧宝盒》

主创人员：集体创作

▲深圳市腾讯计算机系统有限公司：动画片《豆乐儿歌（第二季）》

主创人员：齐华杰、黄山、陈凡

网络视听（44件）

▲广东广播电视台：网络音频节目《粤藏两地情，听见昌都行》

主创人员：吕囡囡、黄纬

▲广东广播电视台：网络音频节目《在一起，战疫情》

主创人员：胡丹、吴钊颖

▲佛山人民广播电台：网络音频节目《少年读史记》

主创人员：张永全、卢伟琪、赵皓研、白靖、林靖、梁伟青

▲佛山人民广播电台：网络音频节目《给孩子们讲中国神话故事——哪吒闹海》

主创人员：刘新存、罗松龄、李丹

▲梅州市广播电视台：网络音频节目《梅城故事多》

主创人员：朱思敏、梁哲明、李佳芸、林宽宇、李敏军

▲惠州市广播电视台：网络音频节目《一名湖北返惠人员的口述：我居家隔离的十四天》

主创人员：朱雪涌、黄凌洁、欧阳莉娅、娄磊

▲汕尾广播电视台：网络音频节目《坚信爱会赢》

主创人员：高波、陈佳芬、王妍、黎素妮

▲高州市广播电视台：网络音频节目《粤语大课堂》

主创人员：车亮、杨惠

▲封开县广播电视台：网络音频节目《本土音乐　助力抗疫——请您出门

自觉戴口罩》

主创人员：石少强、侯玉娟、童雪妮、卢健飞

▲广州粤语喜马拉雅网络技术有限公司：网络音频节目《粤语有段古》

主创人员：李沛聪

▲广东广播电视台经济科教频道：网络电影《我与世“隔绝”的33天》

主创人员：卢传雄、侯金龙、陈晓南、陈雪君、马玉亭、陈跃、潘鹤双、韩喜耀、黄祥明

▲东莞广播电视台：网络电影《呼应》

主创人员：阮奕宁、程诗思、徐润祥、吴云、毛子平、万进、陈智超、赖志华、何水银

▲广东星语影业有限公司：网络电影《终极台风》

主创人员：陈洛曦、卢冠廷、李开浓、董伟、侯爽

▲广东广播电视台：网络综艺节目《红派流芳　岁月留痕——国际博物馆日特别直播》

主创人员：廖宝宙、周丽珊、黄艳蕾、黎骏

▲东莞广播电视台：网络综艺节目《知危险　会避险　122全国交通安全日东莞主题活动》

主创人员：沈平、王秀艳、李敏婷、熊羽添、汤凌昱、杨浩、陈晶晶、韩茜薇

▲广东优创合影文化传播股份有限公司：网络综艺节目《拜托了大厨》

主创人员：程涛、李孔恒、黄曦、龙伟全、池志成、涂慧君、林泽鑫、赖建桦

▲广东广播电视台：网络短视频（非新闻）《主播体验：垃圾焚烧发电厂？3A景区?》

主创人员：邝雯珊、许鲁南、张琳玥、郑伟川、王珍

▲广州市广播电视台：网络短视频（非新闻）《名家闪耀广州塔》

主创人员：李家裕、王嘉瑞、冯黄明、曾裕尧、侯晓霞

▲广州市从化区广播电视台：网络短视频（非新闻）《他们幸福的笑脸是小康路上最美的风景》

主创人员：罗素玲、黎静、胡东和、黄丽敏

▲深圳广播电影电视集团：网络短视频（非新闻）《用100秒拥抱这个春天》

主创人员：刘达奇、支丙然、肖静、郭锦池、赵冉、吕雨桐

▲汕头市广播电视台：网络短视频（非新闻）《疫情中的凡人“汕”举》

主创人员：黄晓雄、黄圆圆

▲佛山电视台：网络短视频（非新闻）《佛山抗疫十二时辰》

主创人员：叶亿强、何建强、张世玉、何绍贤

▲韶关市广播电视台：网络短视频（非新闻）《守护北大门》

主创人员：王晓东、董炜、陈海、熊恬、李军、陶宣伊

▲梅州市广播电视台：网络短视频（非新闻）《我的妈妈是皇华村第一书记》

主创人员：管慧文、谢石峰、魏永年、罗舒媚、马焉新

▲惠州市广播电视台：网络短视频（非新闻）《Rap版“丰字”大交通》

主创人员：杨成联、彭染红、黄镇生、陈林良、赵鹏震、陈博思

▲汕尾广播电视台：网络短视频（非新闻）《四季诗意的螺洞梅园》

主创人员：曾宝珊、莫东川、戴绛雪、柏桦、吴越、马景诗

▲东莞广播电视台：网络短视频（非新闻）《小康故事丨华阳湖：人不负青山　青山定不负人》

主创人员：张忻珏、曾闽、潘少均、梁汉君、陈涌嘉

▲中山广播电视台：网络短视频（非新闻）《国之重器　世界创举》

主创人员：张建华、萧善芬、黄冬昱、杨启宁、颜敏斯、张智凯

▲江门市广播电视台：网络短视频（非新闻）《我们》

主创人员：朱树慧、王芬芳、王华、秦恒、李鸿

▲肇庆市广播电视台：网络短视频（非新闻）《鼎湖山揽胜：曼舞白鹇》

主创人员：何晓兰、莫家枝、赵琪、陈剑羲、洪志锋、何颢明

▲潮州市广播电视台：网络短视频（非新闻）《原创沙画　当中秋遇上国庆》

主创人员：张文钊、安夏阳、陈润廷、蔡树新

▲揭阳广播电视台：网络短视频（非新闻）《爱无痕　战必胜》

主创人员：黄莹、纪树鸿、陈永友、陈奕波

▲广东省公安厅：网络短视频（非新闻）《这就是她》

主创人员：唐诗懿、杨淑淇

▲深圳新闻网传媒股份有限公司：网络短视频（非新闻）《2020，我们如何回顾这一年?》

主创人员：秦川、何润、叶梅、韩翔、马静欣

▲深圳广播电影电视集团：网络专题节目（非新闻）《青年医生说》

主创人员：黄启明、张臻、田磊、杨思玉、杨婕、戴丝丝、罗琳

▲珠海广播电视台：网络专题节目（非新闻）《“清零”背后》

主创人员：刘昕、付冰、曾一平、张剑宇

▲佛山电视台：网络专题节目（非新闻）《5讲你5知》

主创人员：张袁华、林嘉泳、陈艺允、林健烽、邱珊、谢超贤、陈俊霖、张鹏

▲博罗县广播电视台：网络专题节目（非新闻）《长大后我就成了您》

主创人员：林波、王国秀、李振豪、曾强、余晓敏、江惠容、叶舒婷、温寿辉、陈慧

▲中山广播电视台：网络专题节目（非新闻）《600 多万人说：谢谢中山!》

主创人员：欧阳威、耿小婷、麦诗好、叶倩儿

▲阳江广播电视台：网络专题节目（非新闻）《新春“蚝”鲜味》

主创人员：吴其珊、蒋晓云、林振威、严振柱

▲肇庆市广播电视台：网络专题节目（非新闻）《肇庆山水广府情》

主创人员：潘良、李韵、苏莉妮、黄永宁、何颢明、黄国思、陈宇、周小通、秦志兴

▲清远广播电视台：网络专题节目（非新闻）《生命至上　清远担当》

主创人员：何建鹏、刘薇、邓国胜、聂艺、刘蔓婷

▲潮州市广播电视台：网络专题节目（非新闻）《航拍潮州——广济桥、东风埭、别峰山日出》

主创人员：石时忠、林哲

▲广州荔支网络技术有限公司：网络专题节目（非新闻）《疫情下的家书》

主创人员：陆璐、陈永华、陈倩、林小榆、贾毅、梁朗然、陶飞宇

广播播音主持（20 件）

▲广东广播电视台：广播新闻播音作品《10 月 12 日早安广东》

主创人员：周敏莉、钱宇帆

▲广州市广播电视台：广播新闻播音作品《12 月 15 日新闻在线》

主创人员：周洁瑜、彭穗祥

▲佛山人民广播电台：广播新闻播音作品《12 月 31 日佛山电台新闻报道》

主创人员：温秋奋

▲东莞广播电视台：广播新闻播音作品《6 月 10 日 1075 资讯先锋》

主创人员：高莉

▲茂名市广播电视台：广播新闻播音作品《2 月 13 日共同战“疫”特别时间》

主创人员：肖坚清

▲清远广播电视台：广播新闻播音作品《10 月 30 日新闻三十分》

主创人员：张烨军

▲广东广播电视台：广播节目播音作品《用高端非遗品牌装点小康生活》

主创人员：廖伟斌

▲广州市广播电视台：广播节目播音作品《金城战役——史实中的〈金刚川〉》

主创人员：梁皓明

▲深圳广播电影电视集团：广播节目播音作品《中国经济特区建立始末》

主创人员：胡阿芳

▲深圳广播电影电视集团：广播节目播音作品《低碳从一件件小事开始》

主创人员：王薇

▲韶关市广播电视台：广播节目播音作品《瑶乡蝶变》

主创人员：周韵珊

▲惠州市广播电视台：广播节目播音作品《勤劳双手+全面保障，惠州脱贫开启新生活》

主创人员：邹欣欣

▲潮州市广播电视台：广播节目播音作品《914故事屋——爱干净讲文明》

主创人员：王以琳

▲广东广播电视台：广播主持作品《心手相连　我们在一起》

主创人员：刘弘

▲广州市广播电视台：广播主持作品《致敬战“疫”卫士，慷慨歌未央》

主创人员：麦晓蓓

▲广州市花都区广播电视台：广播主持作品《传承的味道——梁记鱼面》

主创人员：甘翠平、凌飞、杨靖

▲汕头市广播电视台：广播主持作品《我运动我快乐——登顶珠峰的故事》

主创人员：张育纯、蔡云文

▲佛山人民广播电台：广播主持作品《蔡小姐的朋友圈——陈皮飘香》

主创人员：蔡慧

▲江门市广播电视台：广播主持作品《小康路上》

主创人员：容楚琪、罗浩权

▲清远广播电视台：广播主持作品《都市青年说——秦汉古道的文化印记》

主创人员：龙赵纾扬

电视播音主持（27件）

▲广东广播电视台：电视新闻播音作品《10月13日全球零距离》

主创人员：吴荻

▲广东广播电视台：电视新闻播音作品《9月17日体育世界》

主创人员：张健、张可盈

▲广东广播电视台：电视新闻播音作品《10 月 20 日晚间新闻》

主创人员：陈炳旭、迟芳思、许鲁南

▲广东广播电视台：电视新闻播音作品《6 月 7 日广东新闻联播》

主创人员：林红

▲广州市花都区广播电视台：电视新闻播音作品《12 月 11 日花都新闻》

主创人员：吕丰

▲深圳广播电影电视集团：电视新闻播音作品《12 月 10 日第一现场》

主创人员：邢天琦

▲佛山电视台：电视新闻播音作品《10 月 15 日六点半新闻》

主创人员：杨韵、张键

▲湛江广播电视台：电视新闻播音作品《12 月 23 日湛江新闻联播》

主创人员：刘嘉

▲茂名市广播电视台：电视新闻播音作品《11 月 13 日茂名新闻》

主创人员：段雨虹

▲清远广播电视台：电视新闻播音作品《12 月 30 日清远新闻》

主创人员：李静芝

▲潮州市广播电视台：电视新闻播音作品《12 月 8 日民生直播室》

主创人员：严育

▲广东广播电视台：电视节目播音作品《守正创新　行稳致远——千年驿道走出时代新大道》

主创人员：刘璐

▲广东广播电视台：电视节目播音作品《文化珠江——战疫日记（下）》

主创人员：鲁俊杰

▲广东广播电视台：电视节目播音作品《从短板到潜力板——广东实施乡村振兴战略掠影》

主创人员：康毅

▲广州市广播电视台：电视节目播音作品《广州新气象》

主创人员：何子维

▲深圳广播电影电视集团：电视节目播音作品《智创宝安　匠造未来》

主创人员：姜贺

▲汕头市广播电视台：电视节目播音作品《强渡南澳歼顽敌　功垂青史七十载》

主创人员：吕江燕

▲肇庆市广播电视台：电视节目播音作品《政协之声——探寻有效破解传统优势制造业发展难题的新路径　为肇庆制造业高质量发展赋能》

主创人员：卞玉祥

▲广东广播电视台：电视主持作品《脱贫奔康　喜迎丰收　2020丰收节特别节目》

主创人员：陈慧媛

▲广东广播电视台：电视主持作品《国乐大典第三季之首轮成团竞演》

主创人员：郭蕾

▲广东广播电视台：电视主持作品《飞越广东·特区40年——庆祝经济特区建立四十周年大型系列直播节目》

主创人员：杜伟、吴姗姗

▲广东广播电视台：电视主持作品《从农场到餐桌》

主创人员：刘芯怡

▲广东广播电视台：电视主持作品《邓璐时间（第二季）“发现湾区开局者”——对话极飞科技创始人彭斌》

主创人员：邓璐

▲广州市广播电视台：电视主持作品《作风建设在路上：广州白云区上集》

主创人员：杜冠英（杜雨轩）

▲深圳广播电影电视集团：电视主持作品《温暖在身边——脱贫攻坚　靖西大莫村》

主创人员：王海东

▲韶关市广播电视台：电视主持作品《6月29日民生关注》

主创人员：邓丽

▲清远广播电视台：电视主持作品《10月12日清远头条》

主创人员：于秀华

论文（31件）

▲广东省广播电视局：广播电视内容创作研究论文《新媒体节目中女性意义的反传统式解读——〈以乘风破浪的姐姐〉为例》

主创人员：宋明刚

▲广东广播电视台：广播电视内容创作研究论文《全媒体时代重大突发性公共事件中主流媒体如何强化舆论引导和社会服务作用》

主创人员：李金聪

▲广东广播电视台：广播电视内容创作研究论文《传统广播公益传播创新的四大路径——以广东广播电视台“大爱有声”公益行动为例》

主创人员：王舒涓

▲广东广播电视台：广播电视内容创作研究论文《融媒时代重大主题报道

精品化路径之探寻——〈飞越广东·特区40年〉回眸》

主创人员：傅群山、李曲

▲广东广播电视台：广播电视内容创作研究论文《战“疫”广东广播融媒融出影响力》

主创人员：孙璟艳

▲广州市广播电视台：广播电视内容创作研究论文《新媒体环境下传统媒体应用短视频的思考》

主创人员：李嘉

▲广州市花都区广播电视台：广播电视内容创作研究论文《试论新时代舆论监督与民主监督的结合》

主创人员：王淼

▲汕头市广播电视台：广播电视内容创作研究论文《短视频冲击下电视民生新闻的应对探讨》

主创人员：林秀彬

▲佛山电视台：广播电视内容创作研究论文《重大突发公共事件中电视媒体的角色定位》

主创人员：卢运莲

▲韶关市广播电视台：广播电视内容创作研究论文《分析自拍式现场报道的应用——技术支撑下电视新闻探索新形式的自然选择》

主创人员：陈旭东

▲肇庆市广播电视台：广播电视内容创作研究论文《重大突发公共卫生事件的电视新闻报道思路——从“2019年新型冠状病毒肺炎疫情事件”谈起》

主创人员：秦志兴

▲肇庆市高要区广播电视台：广播电视内容创作研究论文《就县级台电视新闻守正创新融合发展的一点思考》

主创人员：杜永权

▲广东广播电视台：广播电视融合发展研究论文《移动优先、融合传播、多点推送——从新冠肺炎战“疫”看广东新闻广播媒体融合探索》

主创人员：李红忠

▲广东广播电视台：广播电视融合发展研究论文《精简、精炼、精选——浅论广播媒体的短音频“精加工”之道》

主创人员：王小敏

▲广东省广播电视网络股份有限公司：广播电视融合发展研究论文《人工智能时代有线电视广告的创新与发展》

主创人员：张玉杭、刘敏慧

▲广州市广播电视台：广播电视融合发展研究论文《5G 时代城市电视台生存探析——以占据“信息部落”间的“结构洞”为视角研究》

主创人员：黄佳殷

▲深圳广播电影电视集团：广播电视融合发展研究论文《直播带货正当红，入局还需巧操作——浅析主流媒体当下的直播带货热潮》

主创人员：邵小波

▲珠海广播电视台：广播电视融合发展研究论文《面对突发公共事件，应急广播如何发挥更大作用》

主创人员：安宁

▲汕头市广播电视台：广播电视融合发展研究论文《地市级媒体深度融合的思考——以汕头市为例》

主创人员：徐影

▲佛山电视台：广播电视融合发展研究论文《新时代城市电视台强化新闻立台的策略研究》

主创人员：王晓晖

▲佛山人民广播电台：广播电视融合发展研究论文《地市级主流媒体开展外宣工作的探索与思考——以佛山传媒集团为例》

主创人员：梁婷

▲惠州市广播电视台：广播电视融合发展研究论文《从主持人直播带货看广播电视相关业务发展》

主创人员：邓贺

▲清远广播电视台：广播电视融合发展研究论文《趋利避害　差异化破局——对地方广播电视台直播带货的冷思考》

主创人员：杨琴、江阳

▲广东广播电视台：广播电视播音主持研究论文《有味道的声音创作——广东卫视〈老广的味道〉配音实践探索》

主创人员：康毅

▲广东广播电视台：广播电视播音主持研究论文《人工智能时代职业主持人面临的机遇与挑战》

主创人员：李琳

▲广东广播电视台：广播电视技术研究论文《SDI 和 IP 混播下的同步系统》

主创人员：王丹华

▲广东广播电视台：广播电视技术研究论文《4K 远程制作技术的研究与实践》

主创人员：何伟成、温德宁

▲广东广播电视台：广播电视技术研究论文《5G + AI 技术在融媒体生产中的应用实践》

主创人员：李文伟

▲广东广播电视台：广播电视技术研究论文《4K 超高清电视三维声的选择与探索》

主创人员：陈纯丹

▲广东省广播电视网络股份有限公司：广播电视技术研究论文《统一 DHCP 系统在广电网络的应用》

主创人员：何志贤

▲东莞广播电视台：广播电视技术研究论文《历史新闻素材数字化系统的建设》

主创人员：苏哲新

公益广告（66 件）

▲深圳广播电影电视集团：广播公益广告长作品《文明使用公筷》

主创人员：金晶、高明洁、魏威、崔小娜

▲汕头市广播电视台：广播公益广告长作品《FM102.5 新型冠状病毒防疫歌》

主创人员：叶青、周翀

▲河源广播电视台：广播公益广告长作品《致敬不平凡的教育家》

主创人员：王振宇、张昭、邹颖、张炜聪

▲梅州市广播电视台：广播公益广告长作品《谨防网络“女友”诈骗》

主创人员：杨斯蕊、温丽丽、邹小霞、李琼

▲中山广播电视台：广播公益广告长作品《按下野生动物消费“停止键”》

主创人员：罗嘉辉、张建伟、牛宇华

▲江门市广播电视台：广播公益广告长作品《知识产权》

主创人员：何伟祥

▲阳江广播电视台：广播公益广告长作品《神圣的责任》

主创人员：司徒飞、林良琼、黄玉婷

▲湛江广播电视台：广播公益广告长作品《教育脱贫　托举希望》

主创人员：曾鹏程

▲高州市广播电视台：广播公益广告长作品《垃圾分类，暖男也有大智慧》

主创人员：赖诗琪、张家维

▲肇庆市广播电视台：广播公益广告长作品《防疫公益——小朋友勤洗手篇》

主创人员：刘亚菲

▲肇庆市高要区广播电视台：广播公益广告长作品《疫痕》

主创人员：王业民、卜建强、黄肇锋、陶琳琳

▲潮州市广播电视台：广播公益广告长作品《海上丝绸之路上的潮州瓷》

主创人员：林璜、陈佩菲、王以琳

▲揭阳广播电视台：广播公益广告长作品《齐心合力，众志成城，我们在一起!》

主创人员：林少贞、林如、朱秋龙、陈燕霞、林超男

▲广东广播电视台股市广播：广播公益广告短作品《优惠扫码多注意，账户安全需留心》

主创人员：王洪斌，王春仪，黄达迅

▲广州市番禺区广播电视台：广播公益广告短作品《节约粮食“请别抛弃我”》

主创人员：梁伟晋、叶诗岚

▲深圳广播电影电视集团：广播公益广告短作品《“小米粒”关系“大民生”》

主创人员：孙海亮、朱淼波、彭思洋、周子威

▲佛山人民广播电台：广播公益广告短作品《为了大家身体好》

主创人员：杜文杨

▲梅州市广播电视台：广播公益广告短作品《打破常规——从小事开始》

主创人员：朱思敏、姜浩然、林宽宇、邹小霞

▲广东广播电视台：电视公益广告短作品《我们都是“光盘侠”》

主创人员：莫永坚、邵凌君、李伟杰、林泽镳

▲广东广播电视台：电视公益广告短作品《用公筷，不见外，只见爱》

主创人员：蔡融裕、刘雅琪、陈小颜、黄洋

▲广东广播电视台经济科教频道：电视公益广告短作品《决胜之年——我们在行动》

主创人员：卢传雄、潘鹤双、陈跃、伍文平

▲深圳广播电影电视集团：电视公益广告短作品《锄禾日当午》

主创人员：邢保林、张志红、刘晓彤

▲深圳广播电影电视集团：电视公益广告短作品《致敬经济特区 40 周年》

主创人员：田定康、孙艺洋、李炜、陈敏瀚

▲韶关市广播电视台：电视公益广告短作品《抗击疫情　韶关在行动——致敬最美逆行者》

主创人员：周妍、钟健、陈少霞

▲韶关市广播电视台：电视公益广告短作品《善美韶关　因你而精彩——快递员篇》

主创人员：周妍、饶优明、陈少霞

▲惠州市广播电视台：电视公益广告短作品《手语演绎如何正确佩戴口罩，共同防控疫情!》

主创人员：许苑苑、洪雅红、王鹏翔

▲惠州市广播电视台：电视公益广告短作品《家是最小国　国是千万家》

主创人员：蓝安思、施璐、邓玉容、刘妙荷

▲东莞广播电视台：电视公益广告短作品《关注药品安全　共创健康生活》

主创人员：吴云、陈智超、万进、孙立佳

▲中山广播电视台：电视公益广告短作品《食品安全你我共同参与》

主创人员：李晓欣

▲中山广播电视台：电视公益广告短作品《童安同行》

主创人员：李晓欣、林希

▲江门市新会区广播电视台：电视公益广告短作品《敬畏自然，拒吃野味》

主创人员：李惠青、黄铁兵、李向为、钟炯祥

▲台山市广播电视台：电视公益广告短作品《抗疫　串门篇》

主创人员：伍炎昆、李於学、刘蓬勃

▲阳江广播电视台：电视公益广告短作品《节约粮食公益广告》

主创人员：林建设、冯业琮、陈其锋

▲德庆县广播电视台：电视公益广告短作品《文明一个人　温暖一座城》

主创人员：郭家辉、梁俊宇、刘秋仪、梁海燕

▲清远广播电视台：电视公益广告短作品《我们在一起，打好这“疫”仗》

主创人员：王敏怡、曾梦婷、溪浩然、邹建政

▲广东广播电视台：电视公益广告长作品《关爱老人，“智能”有温度》

主创人员：陈小颜、高菁楠、刘雅琪、黄洋

▲广东广播电视台：电视公益广告长作品《稻子熟了》

主创人员：陈琳、张璇、傅锦文

▲广州市广播电视台：电视公益广告长作品《聆听》

主创人员：谢德炬、曾端、陈嘉媚、廖正扬

▲珠海广播电视台：电视公益广告长作品《珠海人口罩里的秘密》

主创人员：刘昕、林卫旗、沈正海、曾一平

▲佛山电视台：电视公益广告长作品《他乡，人也亲月也明》

主创人员：王晓晖、朱祥玉、陈健宗、黄锦伦

▲龙门县广播电视台：电视公益广告长作品《不一样的元宵　为了以后更

好的相聚》

主创人员：杨锦成、邹奋、谭慧敏、姚志玲

▲中山广播电视台：电视公益广告长作品《盘子光光　脸上有光》

主创人员：曾剑平、洪楚君、韩玉文、卢家强

▲江门市新会区广播电视台：电视公益广告长作品《柑哥上班族防疫宝典》

主创人员：李惠青、陈健忠、宋玲、杨秀曼

▲吴川市广播电视台：电视公益广告长作品《复工防疫指南来了》

主创人员：李剑、麦芷晴、宁毅、陈华轩

▲肇庆市广播电视台：电视公益广告长作品《德庆家嫂》

主创人员：莫家枝、洪志锋、陈宇、冯健敏

▲清远广播电视台：电视公益广告长作品《献给战“疫”中的每一位英雄》

主创人员：邱国辉、李嘉、尹倩影

▲广东广播电视台：网络视听公益广告作品《学生返校防疫安全儿歌》

主创人员：袁媛、曹雉文、刘灿娇、肖炳奇、曾丹泉、何悦

▲广州市广播电视台：网络视听公益广告作品《光盘一起行动》

主创人员：梅一平、钟镇宇、李文昊、邓世恒、黄晓嘉、陈旻旻、李耀法、沈文龙

▲广州市广播电视台、广州瞳创文化传播有限公司：网络视听公益广告作品《爱自然，拒吃野生动物》

主创人员：张建忠、李鑫、张帆、何思思、朱刚、伍芷琳

▲深圳广播电影电视集团：网络视听公益广告作品《文明观影》

主创人员：邢保林、刘晓彤

▲汕头市广播电视台：网络视听公益广告作品《宅家上学歌》

主创人员：杜婧（片尾署名的“妈妈”）

▲汕头市广播电视台：网络视听公益广告作品《许友文教您正确佩戴口罩》

主创人员：许友文、宋楠、林凯茵、林秀彬、孙妙玲

▲河源广播电视台：网络视听公益广告作品《“土味”大喇叭开始广播啦》

主创人员：谢雨、周凤娟、王杰、刘澈、邓妮

▲梅州市广播电视台：网络视听公益广告作品《青春是什么?》

主创人员：张胜才、丘智、黄华盛、陈福彬、刘思燕、梁彬彬、吴锰、郭杞婷

▲梅州市广播电视台：网络视听公益广告作品《共建美丽梅州，共享美好家园》

主创人员：张胜才、吴锰、丘智、黄华盛、梁彬彬、刘思燕、丘嘉红、陈淑芳

▲博罗县广播电视台：网络视听公益广告作品《致敬每一位抗疫志愿者》

主创人员：林波、曾强、李振豪、余晓敏、王国秀、江惠容、叶舒婷、温寿辉

▲汕尾广播电视台：网络视听公益广告作品《健康年才是幸福年》

主创人员：陈佳芬、黎素妮、张志聪

▲东莞广播电视台：网络视听公益广告作品《这间爱心小屋3年1000多个清晨熬出24万碗免费爱心粥》

主创人员：潘少均、张忻珏、冯旭、杜洁莹、梁汉君、吴云

▲东莞广播电视台：网络视听公益广告作品《逆风前行》

主创人员：阮奕宁、郭明、万进、刘宇、赖志华、陈智超、孙琛、成伟龙

▲江门市广播电视台：网络视听公益广告作品《早预防早筛查早治疗，向宫颈癌SAY NO》

主创人员：吴君龙，、张国新、施颖坤

▲江门市新会区广播电视台：网络视听公益广告作品《杜绝舌尖上的浪费》

主创人员：陈长灿、林翠敏、林嘉辉、刘韵尧、刘淑芬

▲茂名市广播电视台：网络视听公益广告作品《FM106.1防控疫情小剧场之隐瞒、年例、口罩——口罩篇》

主创人员：刘晓萍、陈建儒

▲肇庆市广播电视台：网络视听公益广告作品《垃圾无罪　请你分类》

主创人员：李必辉、郭春江、梁佐、杨志浪、梁晓庆、伍志军、冯健敏、赵铁荣

▲清远广播电视台：网络视听公益广告作品《其实，我可以》

主创人员：邱国辉、李嘉、黄家乾

▲清远市清新区广播电视台：网络视听公益广告作品《"见义勇为""胶hong抛物""婚守快乐"》

主创人员：黄振寰、何钟澔、何永健、卢铮、黄慧、张良、唐晓莹

▲潮州市广播电视台：网络视听公益广告作品《战"疫"路上》

主创人员：陈远程、杨宗楷、江萍、刘国栋、戴鹏

电影（4件）

▲宁洋影业（佛山）有限公司：优秀电影故事片《我的女友是机器人》

主创人员：王韦程、王丹丹

▲广州小象影视文化传媒有限公司：优秀电影故事片《南拳之英雄崛起》

主创人员：朱晓翔

▲深圳市华浩影视有限公司：优秀电影故事片《空·巢》

主创人员：张唯、张敏、王子仁、顾长宁

▲深圳市环球数码影视文化有限公司：优秀电影动画片《士兵顺溜：兵王争锋》

主创人员：卢德响

2020年度广东省广播影视奖评选委员会成员名单

主　　　任：刘小毅（广东省广播电视局党组书记、局长，主任编辑）
副　主　任：张惠建（广东省广播影视协会会长，高级编辑）
执行副主任：谭奋博（广东省广播电视局二级巡视员，高级编辑）
秘　书　长：彭武军（广东省广播电视局宣传管理处处长）
　　　　　　赵随意（广东省广播影视协会副会长，高级编辑）
副 秘 书 长：程永婳（广东省广播电视局宣传管理处副处长）
　　　　　　白小慧（广东省广播影视协会专职副秘书长）

2020 年度广东省广播影视奖复评评选委员会组成人员名单

一、广播新闻一组（7 人）

组长：邓东力（广东广播电视台主任编辑）

组员：

1. 胡喜华（广东省广播电视局宣传管理处四级调研员）
2. 张敬忠（广播电视机构退休专家，主任记者）
3. 吴铭东（广州市广播电视台主任记者）
4. 黄中才（深圳广播电影电视集团高级编辑）
5. 何国平（广东外语外贸大学教授）
6. 李卓文（中山广播电视台高级编辑）

二、广播新闻二组（7 人）

组长：马杰颖（广州市广播电视台高级编辑）

组员：

1. 邓广志（中共广东省委宣传部对外宣传与新闻发布处二级调研员）
2. 李　键（广播电视机构退休专家，主任记者）
3. 阙俊波（广东广播电视台主任编辑）
4. 朱克奇（深圳广播电影电视集团主任编辑）
5. 赵　泓（华南理工大学教授）
6. 郑宇嘉（佛山人民广播电台主任记者）

三、广播节目一组（7 人）

组长：李志良（东莞广播电视台高级编辑）

组员：

1. 刘建国（广东省广播电视节目监听监看中心副主任）
2. 范干良（广播电视机构退休专家，高级编辑）
3. 冯洁萍（广东广播电视台高级编辑）
4. 邓淑华（广州市广播电视台主任编辑）

5. 杨　华（深圳广播电影电视集团一级文字编辑）
6. 刘颂杰（中山大学副教授）

四、广播节目二组（7 人）

组长：白玲（广播电视机构退休专家，高级编辑、一级文学编辑）

组员：

1. 程永婳（广东省广播电视局宣传管理处副处长）
2. 张竹梅（广东广播电视台高级编辑）
3. 何　泓（广州市广播电视台新闻高级编辑）
4. 李　静（深圳广播电影电视集团一级文学编辑）
5. 申启武（暨南大学教授）
6. 陈顺江（揭阳广播电视台高级记者）

五、广播播音主持组（7 人）

组长：香凝（广州市广播电视台播音指导）

组员：

1. 董　兵（广播电视机构退休专家，主任播音员）
2. 佟　冰（广东广播电视台主任播音员）
3. 李晓川（深圳广播电影电视集团二级文学编辑）
4. 刘玉萍（广州大学副教授）
5. 吴　炜（惠州广播电视传媒集团播音指导）
6. 姚忠呈（广东海洋大学副教授）

六、电视新闻一组（7 人）

组长：何日丹（广播电视机构退休专家，原广东省广播电视局副局长）

组员：

1. 曾宝瑜（广东省委宣传部新闻处二级调研员）
2. 范　文（广东广播电视台高级编辑）
3. 谭伟新（广州市广播电视台高级记者）
4. 陈海燕（深圳广播电影电视集团高级编辑）
5. 李俊良（华南农业大学教授）
6. 张　晋（珠海广播电视台高级记者）

七、电视新闻二组（7 人）

组长：陈红艳（深圳广播电影电视集团高级编辑）

组员：

1. 李保恒（广东省新闻工作者协会副主席兼秘书长）
2. 梁首钢（广东省广播影视协会副会长，高级编辑）
3. 高　崴（广东广播电视台高级记者）
4. 叶晓明（广州市广播电视台高级编辑）
5. 杨　凯（广东外语外贸大学教授）
6. 江　凌（广东省广播电视网络股份有限公司湛江分公司高级编辑）

八、电视节目一组（7人）

组长：张静民（广州大学教授）

组员：

1. 王继怀（广东省委宣传部文艺处副处长）
2. 黄慰汕（广播电视机构退休专家，中山大学教授，高级编辑）
3. 卢　战（广东广播电视台主任记者）
4. 刘　昊（广州市广播电视台高级记者）
5. 曲　实（深圳广播电影电视集团二级导演）
6. 汪忠民（江门广播电视台主任编辑）

九、电视节目二组（7人）

组长：罗乐生（广东省广播影视协会副会长，高级编辑）

组员：

1. 李　静（广东省广播电视局电视剧管理处处长）
2. 倪卓宏（广东广播电视台高级记者）
3. 安　勇（广州市广播电视台新闻主任）
4. 张　峥（深圳广播电影电视集团高级编辑）
5. 黄桂萍（华南理工大学教授）
6. 李天生（梅州广播电视台高级记者）

十、电视播音主持组（7人）

组长：李峻岭（广东外语外贸大学副教授）

组员：

1. 杨继红（广播电视机构退休专家，广东省广播影视协会播音主持专业委员会主任委员，高级编辑）
2. 秦海菲（广东广播电视台播音指导）
3. 陈国欣（广州市广播电视台主任播音员）

4. 袁小爰（深圳广播电影电视集团一级导演）
5. 郑大新（广州体育学院副教授）
6. 杨洁文（佛山电视台主任播音员）

十一、社科论文组（7 人）

组长：彭武军（广东省广播电视局宣传管理处处长）

组员：

1. 陈永光（广东省广播影视协会副会长，高级编辑）
2. 岑　力（广东广播电视台高级编辑）
3. 谭若风（广州市广播电视台新闻主任编辑）
4. 袁　侃（深圳广播电影电视集团高级编辑）
5. 侯迎忠（广东外语外贸大学教授）
6. 孟雪梅（肇庆市广播电视台高级编辑）

十二、技术论文组（7 人）

组长：傅峰春（深圳广播电影电视集团教授级高级工程师）

组员：

1. 庄　伟（广东省广播电视局总工程师，高级工程师）
2. 王　兵（广东南方新媒体股份有限公司教授级高级工程师）
3. 林小海（广东广播电视台教授级高级工程师）
4. 庄宜学（广州市广播电视台教授级高级工程师）
5. 钟维坚（江门广播电视台高级工程师）
6. 吴黎明（广东工业大学教授）

十三、新媒体新闻组（7 人）

组长：支庭荣（暨南大学教授）

组员：

1. 黄少江（中共广东省委网信办网络传播处副处长）
2. 赵随意（广东省广播影视协会副会长，高级编辑）
3. 张兴电（广东广播电视台高级编辑）
4. 刘　玮（广州市广播电视台主任编辑）
5. 苏荣才（深圳广播电影电视集团高级编辑）
6. 李国荣（韶关市广播电视台高级记者）

十四、网络视听组（7 人）

组长：高林（广播电视机构退休专家，原广东省广播电影电视局副巡视员）

组员：

1. 林巧俊（广东省广播电视局网络视听节目管理处处长）
2. 杨德建（广东南方新媒体股份有限公司一级文学编辑）
3. 余瑞金（广播电视机构退休专家，一级文学编辑）
4. 何建平（深圳大学教授）
5. 王玉玮（暨南大学教授）
6. 薛桂荣（阳江广播电视台高级记者）

十五、公益广告组（7 人）

组长：周卿（广东省广播电视局传媒机构管理处处长）

组员：

1. 余得通（广播电视机构退休专家，高级编辑）
2. 徐思红（广东广播电视台高级编辑）
3. 杨　露（广州市广播电视台主任编辑）
4. 戴　杰（深圳广播电影电视集团主任编辑）
5. 星　亮（暨南大学教授）
6. 雷小燕（中山广播电视台二级导演）

十六、电影组（7 人）

组长：刘海玲（广东省电影行业协会驻会副会长，广东外语外贸大学教授）

组员：

1. 祁　海（珠江电影集团有限公司一级文学编辑）
2. 董丹弟（退休电影院专家）
3. 孔令顺（广州大学教授）
4. 陶　冶（广州大学教授）
5. 滕　威（华南师范大学教授）
6. 卢忠光（广东省委宣传部电影管理处副处长）

2020年度广东省广播影视奖终评委员会委员名单

1. 省委宣传部、省广电局领导16人：
刘红兵（广东省委宣传部常务副部长）
崔朝阳（广东省委宣传部副部长）
邓　鸿（广东省人民政府新闻办公室副主任）
刘小毅（广东省广播电视局党组书记、局长）
钟庆才（广东省广播电视局党组成员、副局长）
陈春怀（广东省广播电视局党组成员、副局长）
陈小锐（广东省广播电视局党组成员、副局长）
谭奋博（广东省广播电视局二级巡视员，高级编辑）
侯小军（广东省委宣传部新闻处处长）
许永波（广东省委宣传部文艺处处长）
陈　松（广东省委宣传部电影管理处处长）
庄　伟（广东省广播电视局总工程师）
彭武军（广东省广播电视局宣传管理处处长）
李　静（广东省广播电视局电视剧管理处处长）
周　卿（广东省广播电视局传媒机构管理处处长）
林巧俊（广东省广播电视局网络视听节目管理处处长）

2. 评选服务单位领导3人：
张惠建（广东省广播影视协会会长，高级编辑）
梁首钢（广东省广播影视协会副会长兼秘书长，高级编辑）
赵随意（广东省广播影视协会副会长，高级编辑）

3. 广州、深圳广电主管部门领导2人：
刘晓明（广州市文化广电旅游局总工程师）
陈绍华（深圳市文化广电旅游体育局副局长）

4. **广东广播电视台领导 4 人：**

蔡伏青（广东广播电视台台长）
郑广宁（广东广播电视台总编辑）
曾少华（广东广播电视台副台长）
范创奇（广东广播电视台总工程师、高级工程师）

5. **广东省广播电视网络股份有限公司领导 1 人：**

叶志容（广东省广播电视网络股份有限公司董事长）

6. **广州、深圳播出机构领导 2 人：**

崔颂东（广州市广播电视台台长）
刘璋飚（深圳广播电影电视集团总编辑）

7. **各复评小组组长 16 人：**

邓东力（广播新闻一组组长，广东广播电视台主任编辑）
马杰颖（广播新闻二组组长，广州市广播电视台高级编辑）
李志良（广播节目一组组长，东莞广播电视台高级编辑）
白　玲（广播节目二组组长，广播电视机构退休专家，高级编辑，一级文学编辑）
香　凝（广播播音主持组组长，广州市广播电视台播音指导）
何日丹（电视新闻一组组长，原广东省广播电影电视局副局长）
陈红艳（电视新闻二组组长，深圳广播电影电视集团高级编辑）
张静民（电视节目一组组长，广州大学教授）
罗乐生（电视节目二组组长，广东省广播影视协会副会长，高级编辑）
李峻岭（电视播音主持组组长，广东外语外贸大学副教授）
彭武军（社科论文组组长，广东省广播电视局宣传管理处处长）
傅峰春（技术论文组组长，深圳广播电影电视集团教授级高级工程师）
支庭荣（新媒体新闻组组长，暨南大学教授）
高　林（网络视听组组长，原广东省广播电影电视局副巡视员）
周　卿（公益广告组组长，广东省广播电视局传媒机构管理处处长）
刘海玲（电影组组长，广东省电影行业协会驻会副会长，广东外语外贸大学教授）